D1684057

Niedersächsisches Jahrbuch für Landesgeschichte
Band 94 | 2022

# NIEDERSÄCHSISCHES JAHRBUCH FÜR LANDESGESCHICHTE

Neue Folge der
»Zeitschrift des Historischen Vereins für Niedersachsen«
Herausgegeben von der
Historischen Kommission für Niedersachsen und Bremen
Band 94 | 2022

Gefördert mithilfe von Forschungsmitteln des Landes Niedersachsen
und Mitteln des Historischen Vereins für Niedersachsen
Das Jahrbuch ist zugleich Organ des Historischen Vereins für Niedersachsen.
Redaktion:
Prof. Dr. Thomas Vogtherr (Universität Osnabrück), Prof. Dr. Dietmar von Reeken (Carl von Ossietzky Universität Oldenburg), Dr. Sabine Graf (Niedersächsisches Landesarchiv), Dr. Nicolas Rügge (Niedersächsisches Landesarchiv Abteilung Hannover)
(verantwortlich für die Aufsätze)
Dr. Christian Hoffmann (Niedersächsisches Landesarchiv Abteilung Hannover)
Dr. Christian Helbich (Niedersächsisches Landesarchiv Abteilung Hannover)
(verantwortlich für die Buchbesprechungen und Nachrichten)
Anschrift:
Historische Kommission für Niedersachsen und Bremen
Am Archiv 1
30169 Hannover
Manuskripte zur Veröffentlichung werden als Datei
in MS-Word oder einem kompatiblen Format an die Redaktion erbeten.
Die Manuskripte werden einem Begutachtungsverfahren unterzogen (Peer Review).
Die Annahme eines Manuskripts zum Druck kann von der Einarbeitung der dabei vorgenommenen Korrekturen oder sonstiger Hinweise abhängig gemacht werden.
Die Ablehnung von Manuskripten bleibt vorbehalten; sie wird nicht begründet.
Redaktionsschluss ist der 31. Mai.
Die verbindlichen Textrichtlinien sind auf der Homepage
der Historischen Kommission für Niedersachsen und Bremen abrufbar.

Bibliografische Information der Deutschen Nationalbibliothek
Die Deutsche Nationalbibliothek verzeichnet diese Publikation
in der Deutschen Nationalbibliografie; detaillierte bibliografische Daten
sind im Internet über http://dnb.d-nb.de abrufbar.

© Wallstein Verlag, Göttingen 2023
www.wallstein-verlag.de
Vom Verlag gesetzt aus der Aldus
Übersetzungen: Karin Schmidtke
Umschlaggestaltung: Susanne Gerhards, Düsseldorf
Druck und Verarbeitung: Pustet, Regensburg
ISSN 0078-0561
ISBN 978-3-8353-5230-8

# Inhalt

Nachruf auf Heinrich Schmidt (1928-2022).
Von Thomas VOGTHERR . . . . . . . . . . . . . . . . . . . . 7

*Tagungsbeiträge*

»Erinnerungsorte« – Eine Perspektive der Landesgeschichte?
Von Henning STEINFÜHRER . . . . . . . . . . . . . . . . . . 15

Geschichtskultur – Ein Konzept mit Potenzial für die Landesgeschichte?
Von Dietmar VON REEKEN. . . . . . . . . . . . . . . . . . . 17

Der Bremer Roland – Ein kommunaler und nationaler Erinnerungsort.
Ein städtisches Denkmal und seine überörtlichen Bezüge.
Von Jörn BRINKHUS . . . . . . . . . . . . . . . . . . . . . 35

Graf Wilhelm – Ein schaumburg-lippischer Erinnerungsort.
Von Stefan BRÜDERMANN . . . . . . . . . . . . . . . . . . . 73

Die Konsumgenossenschaft Hannover – Ein »erkalteter«
Erinnerungsort. Von Jana STOKLASA . . . . . . . . . . . . . 119

*Weitere Beiträge*

Ten Years After – Die Sachsenmission in neuer Beleuchtung.
Von Theo KÖLZER . . . . . . . . . . . . . . . . . . . . . 143

Digital, interdisziplinär, vernetzt. Überlegungen zur Neuedition der
»Braunschweigischen Reimchronik« als einer zentralen Quelle
niedersächsischer Landesgeschichte im 13. Jahrhundert.
Von Oliver AUGE und Gesine MIERKE . . . . . . . . . . . . . 167

Promotionen als Problem der Göttinger Universitätsgründung zwischen politischem Reformwillen und akademischer Eigendynamik.
Von Holger BERWINKEL . . . . . . . . . . . . . . . . . . . 189

Pandemie in der Provinz. Zur Quellenproblematik der »Spanischen
Grippe« in ländlich geprägten Regionen. Von Sebastian MERKEL . . . 225

Altertümer, Landesgeschichte, Archivare und Sachsenmission. Die
Ausgrabung eines sächsischen Missionsklosters in Brunshausen, das
es niemals gegeben hat. Von Philip HAAS . . . . . . . . . . . . 245

Die Diskussion um Hans Calmeyer und seine Rolle in den besetzten
Niederlanden. Eine debattengeschichtliche Darstellung der Jahre seit
2017. Von Rasmus NIEBAUM . . . . . . . . . . . . . . . . . 281

## Besprechungen

Allgemeines (299) — Allgemeine Geschichte und Landesgeschichte (304) — Rechts-, Verfassungs- und Verwaltungsgeschichte (321) — Wirtschafts- und Sozialgeschichte (323) — Kirchengeschichte (334) — Geistes- und Kulturgeschichte (353) — Geschichte einzelner Landesteile und Orte (381) — Personengeschichte (395)

## Nachrichten

Historische Kommission für Niedersachsen und Bremen.
    Jahresbericht . . . . . . . . . . . . . . . . . . . . . . . . . 409

Berichte aus den Arbeitskreisen . . . . . . . . . . . . . . . . . . . 417

Abstracts der Aufsätze . . . . . . . . . . . . . . . . . . . . . . 427

Verzeichnis der besprochenen Werke . . . . . . . . . . . . . 435

Anschriften der Autoren der Aufsätze . . . . . . . . . . . . . 438

Verzeichnis der Mitarbeiter . . . . . . . . . . . . . . . . . . . 439

# Heinrich Schmidt
## 1928 – 2022

Am 27. Juni 2022 starb im biblischen Alter von fast 94 Jahren Professor Dr. Heinrich Schmidt, Mitglied der Historischen Kommission für Niedersachsen und Bremen über volle sechs Jahrzehnte seit 1962 und ihr Vorsitzender in den Jahren 1986 bis 1998. Mit ihm verliert die Landesgeschichte Niedersachsens eine der prägenden Gestalten seit der zweiten Hälfte des 20. Jahrhunderts. Die Geschichtsforschung in Ostfriesland wie in Oldenburg hat den Verlust eines weit über die Grenzen des Akademischen hinaus richtungsweisenden Forschers, Autors und Vermittlers zu betrauern.

Heinrich Schmidt wurde am 9. August 1928 im niedersächsischen Lehrte geboren, erwarb dort seine Schulbildung und schrieb sich für das Studium der Mittleren und Neueren Geschichte an der damals einzigen niedersächsischen Landesuniversität, der Georgia Augusta, ein.[1] Seine Erfahrungen waren generationstypisch, genauer gesagt: sie müssen es gewesen sein, denn in diesen Dingen war der sonst so ungemein Beredte und Auskunftsfreudige zurückhaltend. Als Flakhelfer wurde der Schüler noch in den lange schon aussichtslos gewordenen Kampf der letzten Kriegsmonate geschickt. Was er dabei gefühlt haben mag, gesehen hat und in sich gespeichert hat, hat ihn vorsichtig gemacht gegenüber jeder Form von Totalitarismen, gegenüber dem sich allmächtig dünkenden Staat, gegenüber der Verführung durch die allzu einfachen Formeln und Appelle, gegenüber dem Militarismus. Es hat ihn skeptisch gemacht gegenüber der deutschen Geschichte. Erst als diese sinnlose Schlacht der letzten Kriegswochen geschlagen war, die zu seiner und der seiner Altersgenossen gemacht wurde, konnte er sein Abitur ablegen, gereift vor der Zeit und gefordert in Dingen, die sich vorzustellen den Nachgeborenen heute leider wieder leichter zu fallen beginnt.

Das Studium in Göttingen erwies sich als Glücksgriff: Sowohl was das Fach im Allgemeinen anging, als auch was die besonderen Göttinger Verhältnisse

---

1 Die Umstände haben es mit sich gebracht, dass ich zweimal vorher Heinrich Schmidt würdigen durfte: zu seinem 80. und zu seinem 85. Geburtstag. Aus diesen Texten habe ich Passagen übernommen, ohne dies eigens zu kennzeichnen: Laudatio auf Professor Dr. Heinrich Schmidt anlässlich des Kolloquiums zu Ehren seines 80. Geburtstages, in: Land, Dorf und Kirche. Gemeindebildungen vom Mittelalter bis zur Neuzeit in Nordwestdeutschland, hrsg. von Christine van den Heuvel u. a., Hannover 2009, S. 11-22; Laudatio zur Feier des 85. Geburtstages von Professor em. Dr. Heinrich Schmidt, in: Für und von Heinrich Schmidt aus Anlass seines 85. Geburtstages am 24. Oktober im Schloss zu Oldenburg, hrsg. von Reinhard Rittner, Oldenburg 2014, S. 19-28.

betraf, kam Schmidt an die richtige Stelle. Zeittypisch schnell durchmaß er die Semester bis zur Promotion 1954 bei Hermann Heimpel, einem der damals einflussreichsten und anregendsten deutschen Historiker überhaupt. Auf dem Weg dahin hatte sich Schmidt mit der Geschichte der Deutschen im Osten vertraut gemacht, hatte im Wintersemester 1949/50 bei dem Archivar und Landeshistoriker Georg Schnath in dessen erster Übung gesessen und überhaupt das auch damals beeindruckende Lehrangebot der Georgia Augusta genutzt. Schmidt war – und blieb – überaus neugierig, und das in einer staunenswerten Breite. Was er lernte und in seiner Dissertation über »Die deutschen Städtechroniken als Spiegel des bürgerlichen Selbstverständnisses im Spätmittelalter« nachwies, war ebenso zeittypisch, wie es über die Zeiten gültig geblieben ist.

Sicherlich ist es vermessen, in der Qualifikationsschrift des Anfängers schon den späteren Interpreten mittelalterlicher Quellen voraussehen zu wollen, aber Schmidt hielt es, wie er damals schrieb, für unvermeidlich, »Form und Inhalt ihrer Aussagen ganz ernst« zu nehmen und den spätmittelalterlichen Chronisten, deren Werke er analysierte, wörtlich zu glauben, »denn die Chronisten haben sich selbst geglaubt. [...] Man muß, um recht zu verstehen, zunächst einmal mitglauben, daß alles möglich ist, was eine Chronik für möglich hält.« Der damals 26-jährige Verfasser dieser Zeilen hat sich daran gehalten, sein langes Leben lang. Er hat den Menschen vergangener Jahrhunderte näherkommen wollen, hat ihnen abgenommen, was sie sagten und schrieben, hat es gewichtet und gewertet, aber er hat nur zögernd und zurückhaltend bewertet und gerichtet.

Schmidt wurde Archivar, im niedersächsischen Archivdienst und damit in einer Umgebung, in der wissenschaftliche Tätigkeit geachtet und gefördert wurde und in der, verteilt auf die bald sieben Staatsarchive des Landes, gestandene Historiker (recht spät auch Historikerinnen) die archivische Hinterlassenschaft eines ungemein vielfältigen Bundeslandes verwahrten, betreuten, erschlossen und in eigenen Forschungsarbeiten behandelten. Von Aurich über Hannover nach Oldenburg führte ihn ein nicht nur geographisch weiter Weg durch das Bundesland, das in den Jahren seiner Archivarszeit mehr noch als heute von widerstreitenden Identitäten seiner Bewohner und von politischen Versuchen geprägt war, das Allgemein-Niedersächsische an die Stelle des Ostfriesischen oder des Oldenburgischen setzen zu müssen. Geprägt war das Land damals auch – sicherlich weit mehr als in späteren Jahren – von der Auseinandersetzung um das, was »Heimat« in einem solchen, nicht selten als künstlich begriffenen und zusammengewürfelt erscheinenden, Territorium ausmachen mochte.

Als der junge Archivar Heinrich Schmidt in Hannover 1965 in die Schriftleitung des »Niedersächsischen Jahrbuchs für Landesgeschichte« aufgenommen wurde und 1966 die Hauptschriftleitung übernahm, war das nicht nur ein Zeichen für die Perspektiven, die ihm durch Carl Haase, den damaligen Leiter der Archivverwaltung des Landes, eröffnet wurden. Schmidt durchlief nahezu geräuschlos alle diejenigen Positionen, die den damaligen *Cursus honorum* ausmachten: die Schriftleitung des Jahrbuches, die Geschäftsführertätigkeit der Historischen Kommission und die Tätigkeit an mehreren Staatsarchiven, bis hin zum Direktorenposten am Staatsarchiv Oldenburg 1969.

Der sich in Niedersachsens Landesgeschichtsforschung zaghaft eben schon vor »1968« abzeichnende Epochenwandel war nicht zuletzt auch sein Verdienst. Er findet seinen Ausdruck in einem der nach wie vor lesenswertesten Beiträge Schmidts überhaupt, in einem Aufsatz über das nur scheinbar unverfängliche Thema »Heimat und Geschichte. Zum Verhältnis von Heimatbewußtsein und Geschichtsforschung«. Schmidt machte aus dem Thema etwas sehr Pointiertes. Heimat und Staat: für ihn keineswegs mehr bis zur Identität beider einander nahe. Die Rückbindung Niedersachsens an die Altsachsen des frühen Mittelalters: für ihn Ergebnis statischen Denkens, das irrigerweise einen allzeit gleichbleibenden niedersächsischen Raum postulierte. Heimat und Geschichte: nicht fassbar in »wortschwellenden Phrasen«. Heimatliebe: unter beständigem Ideologieverdacht, wo sie den Wert der Heimat gegen das Wertlose des Anderen zu behaupten für nötig hält. Was Schmidt über »den« niedersächsischen Bauern »jenseits aller Zeitlichkeit und Bedingtheit geschichtlicher Existenz« schrieb, das musste damals anstößig wirken und wirkte auch so. Schmidts Aufsatz war eine Absage an Heimattümelei und Etatismus, an die Behauptung des überzeitlich Bleibenden im Volkscharakter »des« Niedersachsen. »Wo man eine Heimat beschwört, die der eigenen, unmittelbaren, alltäglichen Lebenswirklichkeit nicht entspricht, stimmen Existenz und Selbstverständnis nicht überein, versteht man sich nicht selbst in und mit der tatsächlichen umgebenden Wirklichkeit, ist man nicht fähig oder nicht bereit, sich mir ihr zu identifizieren«. Diese Absage an ein ideologisch aufgeblasenes Heimatbewusstsein war freilich verbunden mit einem Konzept, das für Schmidt galt und für viele mit ihm und nach ihm gelten sollte: »Der Historiker aber, der sich dem Lande Niedersachsen verpflichtet weiß, wird in der Vergangenheit nicht Niedersachsen suchen, sondern die geschichtliche Wirklichkeit in ihrer territorialen, sozialen, kulturellen, politischen Vielfalt; er kann so der Gegenwart seines Landes am besten dienen.«

Diese Programmschrift, als die man den Aufsatz lesen kann und sollte, bestimmte Schmidts Arbeiten über Niedersachsen. Sie sind vielfach gerühmt worden, nicht zuletzt wegen ihres Stils. Auch das konnte frühzeitig erkennen, wer sich die Mühe machte. Denn als der eben 40-jährige Archivar dem damals 70-jährigen Vorsitzenden der Historischen Kommission für Niedersachsen und Bremen Georg Schnath einen Glückwunsch schrieb, fand sich im Niedersächsischen Jahrbuch die ebenso schlichte wie nobel formulierte Feststellung, dass über Schnaths Geschichtsbild nunmehr die Zeit hinweggegangen sei, weil »niemand sich aus seiner Zeit zu lösen vermag, [...] vielmehr jeder den Bedingtheiten seiner Herkunft, seiner Erlebnisse, seiner Vorstellungswelt verhaftet bleibt. Je mehr sich einem Menschen die Jahrzehnte runden, um so deutlicher muß er Stimmen wahrnehmen, die nicht mehr mit der eigenen Stimme gleichklingen.« Das war wie gesagt nobel, aber es war unüberhörbar der Anspruch der Generation Schmidts, nunmehr ihre eigenen Wege gehen zu wollen, »mögen immer ihre Wege hie und da von den seinen abzweigen«, wie Schmidt, auf Schnath gemünzt, hinzusetzte.

Schmidts Beiträge zur niedersächsischen Landesgeschichtsforschung sind monumental in ihrem Umfang, in ihrer Themenwahl, in der Vielfalt der territorialen Bezüge und in der selbstverständlichen, fast nonchalanten Überschreitung aller geltenden Großepochengrenzen der wissenschaftlichen Geschichtsforschung im Allgemeinen. Als gelernter Archivar, der er war, verleugnete er das auch nach 1976 nicht, als er zum Professor für Sozialgeschichte des Mittelalters an der eben erst gegründeten Universität Oldenburg berufen wurde. Er setzte einfach fort, was er bisher getan hatte, nun ohne den täglichen Kontakt mit den Quellen, die für den Archivar im Magazin neben dem Dienstzimmer zu finden sein mochten, stattdessen mit dem Auditorium junger Studierender als seiner Bühne.

Er würde es selber nur mit einem Schmunzeln quittiert haben, wenn so von ihm geredet wurde, aber er war sich seiner Wirkung im Vortrag und im Gespräch sehr gewiss und sehr sicher. Der baumlange Mann, der er war, eindrucksvoll schon durch seine Gestalt und je länger, je mehr durch seine schlohweiße Haarpracht, wandte sich im Gespräch den Menschen zu, beugte sich aus reiner Notwendigkeit zu den meisten herab, aber er würdigte jede Einzelne und jeden Einzelnen uneingeschränkt der Aufmerksamkeit und des Interesses. Denn auch das gehörte zu seinen Qualitäten: Den Menschen im Gegenüber so wahrzunehmen, so ernst zu nehmen, so zu schätzen, wie er das seinen mittelalterlichen Protagonisten als Haltung auch entgegenbrachte und wie er es in seiner Dissertation schon angedeutet hatte. Den Menschen zu glauben, weil sie sich selber glaubten, brachte ihn den Menschen nahe.

Aus diesem Geist entstanden seine Bücher und Aufsätze. Darunter finden sich dickleibige Handbücher wie seine »Politische Geschichte Ostfrieslands« von 1975 oder eine »Geschichte des Landes Oldenburg«, die er gemeinsam mit Albrecht Eckhardt 1987 herausgab und zu der er selber ebenso den Mittelalterteil beisteuerte wie zu einer 1999 vorgelegten »Oldenburgischen Kirchengeschichte«. Selbst in diesen Handbüchern offenbart sich Schmidts Grundhaltung: Quellen des – vor allem frühen – Mittelalters als Widerspiegelungen von Weltbildern sehr eigenen Rechts zu begreifen.

Als wäre es das Selbstverständlichste überhaupt, legte er also die erste wirklich moderne Geschichte Ostfrieslands vor und erwies sich als ungemein belesener Sachkenner mit einem feinen Gespür für die Begründung von Identitäten aus der Geschichte. Die Gegnerschaft Ostfrieslands zu Oldenburg leuchtete dem späteren Oldenburger Hochschullehrer nicht ein, die Skepsis der Ostfriesen gegenüber Hannover und vorher gegenüber Berlin schon eher. Die Friesische Freiheit hat er in zahlreichen Veröffentlichungen immer wieder behandelt und ebenso ihr Fundament in den Quellen durchmustert, wie er das Mythische ihrer Überhöhung deutlich werden ließ. Es spricht ebenso für seine Arbeit wie für die Größe der Ostfriesischen Landschaft, dass sie ihn 1966 mit der höchsten Auszeichnung bedachte, die dem Nicht-Ostfriesen zuteilwerden kann: mit dem Indigenat.

So ist es denn auch kein Wunder, dass diesem ostfriesischen Oldenburger oder oldenburgischen Ostfriesen – der beides zugleich sein konnte, weil er keines von beiden von Geburt war – die beiden Landschaften einen voluminösen Band mit Nachdrucken seiner Aufsätze zum 80. Geburtstag schenkten, der die Spannbreite seiner Arbeiten ebenso deutlich vor Augen führte, wie er gewissermaßen nebenbei Schmidt als glaubenden Christen erkennbar werden ließ. Was er über die Konfrontation der nichtchristlichen Friesen und Sachsen mit den ersten christlichen Missionaren schrieb und wie er den Skeptikern unter den Einheimischen das Recht zuschrieb, so zu denken, wie sie es eben taten, das war und ist menschenfreundlich geschrieben. Wie er die lange bleibende Distanz der Sachsen und Friesen zum gelebten Christentum auch als eine Folge von Entscheidungen der jeweils Mächtigen in den Dörfern erscheinen ließ und die gelegentlich vorkommende und deswegen unter Strafe gestellte bewaffnete Besetzung von Kirchen und ihre Umfunktionierung als Ersatz fehlender Burgen beschrieb, das alles nötigt noch dazu zur Demut vor allzu großer Selbstgewissheit manch anderer Geschichtsschreibung. Denn was wäre es anderes als Demut, solche im Nachhinein fragwürdig erscheinenden Praktiken als legitime Verhaltensweisen aus ihrer Zeit heraus zu werten?

Überhaupt könnte man den Begriff der Demut für einen Zentralbegriff in Schmidts Geschichtsauffassung halten, auch wenn er selber das womöglich für zu hoch gegriffen gehalten haben würde. Aber er sah es wohl so: Historiker haben die Pflicht, die Gegenstände ihres Erkenntnisdranges ernst zu nehmen. Denn diese Gegenstände sind Menschen in Zeit und Raum. Historiker beschäftigen sich mit unsereinem, mit Vorgängern und Vorfahren, mit Menschen, die Gefühle hatten, die ihre Sünden und Fehler bedauerten, ihre Leistungen und Errungenschaften mit Stolz quittiert haben mögen, die sich über ihre Kinder freuten und die zu Tode traurig waren, wenn sie sie zu Grabe tragen mussten. Der Gegenstand von Historikern sind »wir«. So dachte Heinrich Schmidt, und aus dieser Haltung heraus schrieb er Geschichte.

Natürlich kannte er die Anekdote vom friesischen Häuptling Radbod, der kurz vor seiner Taufe den Missionar noch einmal fragt, ob er – der bisherige Heide – denn im Paradies dereinst auch seine Vorfahren wiedersehen werde, und der auf die Taufe verzichtet, als ihm gesagt wird, das werde er nicht. Es fiele leicht, den Häuptling als verstockten Ignoranten, als Leugner der sieghaften Botschaft Christi, als Vertreter des heidnischen Unglaubens und also als einen Mann von gestern zu denunzieren. Man kann dieselbe Szene auch als Zusammenstoß der Kulturen betrachten, als einen friedlichen überdies, denn der Friese wird nicht zur Taufe gezwungen, und der Missionar muss die Konfrontation überlebt haben, um anschließend davon berichten zu können. Dieses Quellenzeugnis – naturgemäß von Heinrich Schmidt mehrfach behandelt – gibt ihm Gelegenheit, seine Meisterschaft zu beweisen: behutsam aus den Quellen heraus zu präparieren, was den einen und den anderen unter den Beteiligten denn so reagieren ließ; zu fragen, ob nicht beide aus ihrer Situation heraus adäquat dachten und handelten; zu sagen, dass die Haltung des Einen nicht besser ist als die des Anderen, sondern eben nur anders. Das zu tun, war Schmidts Auffassung von seiner Aufgabe als Historiker.

Der Historiker Heinrich Schmidt hat sich nicht gescheut, auch in der Öffentlichkeit zu wirken, ja er hat diese Öffentlichkeit geradezu gesucht. Nicht Eigennutz und Selbstbespiegelung waren sein Antrieb dafür, sondern das Bewusstsein, durch das, was er vermochte, dem zu nutzen, was ihm wichtig war: als Historiker für die Kenntnis der Geschichte zu werben und Geschichte zu vermitteln. Wer ihn in den Jahren seines Vorsitzes in der Historischen Kommission erlebte – als Nachfolger von Hans Patze, als Vorgänger von Ernst Schubert –, der verstand, wie charismatisch Schmidt dabei wirkte. Ob bei den kulturellen Veranstaltungen des »Historischen Quartetts« in Oldenburg, beim Vortrag vor den Historischen Vereinen des Landes oder bei den legendär gewordenen – weil immer frei gehaltenen und meist spontan-unvorbereitet erscheinenden – Ansprachen bei den Abendempfängen der Jahrestagungen der Historischen Kommission: Den richtigen Ton zu finden, ohne jede Überheblichkeit und ohne peinliche Anbiederung, das zeichnete ihn als Redner und Vortragenden ebenso aus wie als am Schreibtisch formulierenden Historiker. Spätestens beim Dank des Kommissionsvorsitzenden an die jeweils gastgebenden Kommunen erfuhren die Teilnehmer der Jahrestagungen, wie schön und historisch bemerkenswert, ja wie einzigartig gerade die Stadt war, in der die Kommission soeben tagte. Nicht nur die Bürgermeister und Vertreter der Stadträte glaubten es spontan. Zu seinem 80. Geburtstag verlieh ihm Ministerpräsident Christian Wulff das Verdienstkreuz I. Klasse des Niedersächsischen Verdienstordens und machte damit deutlich, dass und wie sehr Heinrich Schmidt auch in seinem öffentlichen Auftreten Maßstäbe gesetzt hatte.

Heinrich Schmidt war Familienmensch: Seine eigene Familie war ihm ungemein wichtig, und kaum ein Gespräch blieb ohne einen Hinweis auf sie. Seine 2007 verstorbene Frau und seine Kinder bedeuteten ihm so viel, dass sie sein Leben wohl mehr bestimmten als bei manch anderen Vertretern seines Berufsstandes. Er kokettierte damit nicht; es war ihm einfach selbstverständlich. Ebenso selbstverständlich war ihm die Liebe zum Fußball: Wer ihn und Ernst Schubert erlebte, wie sich die beiden beim abendlichen Gespräch die herausragenden Spiele der vergangenen Jahrzehnte gegenseitig vor Augen führten, Ergebnisse nicht rekonstruierten, sondern wussten, engagiert Mannschaftsaufstellungen diskutierten und Torszenen wieder auferstehen ließen, der erlebte einen anderen Heinrich Schmidt, gleichermaßen bei sich und in sich ruhend, interessiert an dem, was geschehen war und geschah, nur eben auf einem anderen Spielfeld.

Als Heinrich Schmidt in Oldenburg zu Grabe getragen und neben seiner Frau beigesetzt wurde, hielt sein Nachbar und Freund Pastor Dieter Qualmann die Andacht. Er war es, der aus einem Aufsatz des Verstorbenen über Theodor Fontane dieses Porträt des alten Stechlin zitierte: »Er hat seinen Heimatbereich als Arbeitsfeld vorgezogen. Dabei hat er nicht Heimat gegen Welt gestellt, er hat Welt in die Horizonte von Heimat hineingenommen. Dabei ist Welt hier verstanden im Sinne einer geistigen Mobilität, Offenheit und Weite, die sich auch verbindet mit der Fähigkeit zur Selbstkritik, zur Relativierung der eigenen Existenz. Er war nun einmal gegen Bindungen des Denkens und Verhaltens an Prinzipien und ewige Wahrheiten. Wer demütig ist, der sieht den Menschen im Menschen. Er wird den Menschen nicht mit seinem Stande, seiner Religion oder Ideologie gleichsetzen. Er kann dann auch [...] den Repräsentanten einer vergehenden Welt, Fürsprecher konservativer Vorstellungen, als eine ganz und gar sympathische und liebenswerte Erscheinung darstellen.« Alle Trauergäste wussten: Hier hatte Heinrich Schmidt auch über sich selbst geschrieben.

Heinrich Schmidt hat sich um die Historische Kommission für Niedersachsen und Bremen, um Niedersachsen und seine Geschichte verdient gemacht. Die ihn gekannt haben, verlieren einen zugewandten und noblen Kollegen, einen kenntnisreichen Forscher und weisen Weggefährten.

*Thomas Vogtherr*

# »Erinnerungsorte« –
# Eine Perspektive der Landesgeschichte?

von Henning Steinführer

Die ersten drei Aufsätze des vorliegenden Jahrbuches gehen auf Referate zurück, die während der ersten virtuellen Jahrestagung der Historischen Kommission am 11. Juni 2021 gehalten wurden. Gegenstand dieser Tagung war die Frage, ob die Beschäftigung mit sogenannten »Erinnerungsorten« eine lohnenswerte Perspektive der Landesgeschichte darstellen kann. Ein vierter Beitrag kam für den Druck hinzu.

Die Veranstaltung stand im Zusammenhang mit einem größeren Publikations- und Forschungsprojekt zu »Erinnerungsorten« in Niedersachsen und Bremen, das den wissenschaftlichen Beitrag der Kommission zum 75-jährigen Jubiläum der Gründung ihrer Stifterländer bildete. Mit diesem Projekt waren vor allem drei Erwartungen verbunden: Es sollte erstens geeignet sein, die Fülle landeshistorischer Themen einerseits und die Vielfalt der landesgeschichtlich arbeitenden Wissenschaftlerinnen und Wissenschaftler andererseits zu verdeutlichen. Es sollte zweitens in den verschiedenen Teilen Niedersachsens und in Bremen gleichermaßen auf Interesse stoßen und drittens sollte es eine möglichst breite Leserschaft erreichen. Dafür bot das auf den französischen Historiker Pierre Nora zurückgehende Konzept der »Erinnerungsorte« (der *lieux de mémoire*) beste Voraussetzungen.[1] Es geht – verkürzt gesagt – darum, Themen und Gegenstände in den Blick zu nehmen, mit denen im Lauf der Zeit sich wandelnde historische Erinnerungen verknüpft sind. Die Offenlegung dieser Erinnerungen erschließt nicht selten neue Perspektiven auf die erinnerten Gegenstände selbst. Bei diesen »Erinnerungsorten« muss es sich nicht um konkrete Örtlichkeiten handeln, sondern alles, was Gegenstand historischer Erinnerung wird, kann in diesem Sinne auch »Erinnerungsort« sein; also neben Orten auch Gegenstände der Kunst und Literatur, Liedgut, Personen, Bräuche oder Ideen. Diese Herangehensweise ist in den letzten Jahrzehnten durchaus

---

[1] Zur Genese des Projektes und zum Konzept der Erinnerungsorte vgl. die Einleitung zu: Geschichte und Erinnerung in Niedersachsen und Bremen. 75 Erinnerungsorte, hrsg. von Henning Steinführer und Gerd Steinwascher unter Mitwirkung von Brage Bei der Wieden, Jörn Brinkhus, Stefan Brüdermann, Hans-Eckhard Dannenberg, Konrad Elmshäuser, Sabine Graf, Christine van den Heuvel, Jochen Oltmer, Arnd Reitemeier, Detlef Schmiechen-Ackermann, Jana Stoklasa, Hendrik Weingarten und Paul Wessels, Göttingen 2021, S. 11-20.

erfolgreich in ganz unterschiedlichen Themenfeldern erprobt und fortentwickelt worden. Hier sei nur auf die von Etienne François und Hagen Schulze herausgegebenen »Deutschen Erinnerungsorte« verwiesen.[2]

Der Entscheidung, ein Projekt zu niedersächsisch-bremischen Erinnerungsorten ins Leben zu rufen, war eine Initiative des Arbeitskreises Geschichte des 19. und 20. Jahrhunderts aus dem Jahr 2015 vorausgegangen. Die Konzeption des pünktlich zum niedersächsischen Landesjubiläum 2021 erschienenen Bandes »Geschichte und Erinnerung in Niedersachsen und Bremen« konnte auf die Ergebnisse dieser Initiative aufbauen, ging jedoch thematisch und zeitlich weit darüber hinaus. Angesichts der großen Zahl der beteiligten Mitglieder kann sowohl die Erarbeitung des Konzepts als auch dessen Umsetzung in 75 Einzelbeiträgen mit Recht als ein Gemeinschaftsprodukt aus der Mitte der Historischen Kommission heraus betrachtet werden.

Ursprünglich war vorgesehen, das Vorhaben noch im Projektstadium im Rahmen der Jahrestagung 2020 in Osnabrück vorzustellen und ausführlich zu diskutieren. Die Coronapandemie hat dies leider verhindert. Und auch 2021 erzwang das Pandemiegeschehen eine Reduzierung des Umfangs der Tagung sowie das Ausweichen auf ein digitales Format. Zugleich war aus der publikationsvorbereitenden eine publikationsbegleitende Tagung geworden. Im Rahmen der auf einen statt der üblichen zwei Tage reduzierten Veranstaltung, die gleichwohl ein lebhaftes Interesse verzeichnete, wurden in sechs Vorträgen sowohl konzeptionelle Fragen diskutiert als auch einzelne Erinnerungsorte beispielhaft vorgestellt.

Die »75 Erinnerungsorte« sind sowohl in Niedersachsen wie auch in Bremen auf ein überwiegend positives Echo gestoßen. Allerdings wurde in den Reaktionen immer wieder ein Problem deutlich, das schon bei der Konzeption des Buches offensichtlich war: Die Zahl von 75 ausgewählten Erinnerungsorten ist nicht inhaltlich begründet, sondern ergab sich aus dem Gründungsjubiläum Bremens und Niedersachsens. Es gibt ohne jeden Zweifel eine große Zahl von Persönlichkeiten oder historischen Phänomenen, die es ebenfalls wert gewesen wären, im Rahmen eines »Erinnerungsortes« behandelt zu werden. Aus diesem Grund hat sich die Historische Kommission entschlossen, die »Erinnerungsorte in Niedersachsen und Bremen« in Form einer kontinuierlich zu ergänzenden Internetpräsentation fortzuschreiben. Wir freuen uns schon jetzt auf Vorschläge und engagierte Mitarbeit.

2   3 Bde., München 2001.

# Geschichtskultur – Ein Konzept mit Potenzial für die Landesgeschichte?

von Dietmar von Reeken

## Einleitung

Das Projekt der Erinnerungsorte in Niedersachsen und Bremen hat sich vor allem auf die konkreten Phänomene konzentriert und das seit Jahrzehnten bekannte und vielfach adaptierte Konzept der Erinnerungsorte, ähnlich wie andere Regionen und Nationen oder andere Kollektive, auf den Nordwestraum angewendet; eine theoretisch-konzeptionelle Weiterentwicklung war hierbei nicht geplant.[1] Der Band zeigt die Ertragskraft des Erinnerungsorte-Konzepts – gleichzeitig wird aber auch deutlich, dass damit nur ein Teil des Umgangs mit der Vergangenheit erfasst werden kann, nämlich derjenige, der sich an konkreten Phänomenen festmachen lässt und der von (meist bewusster) Erinnerung an diese Phänomene in unterschiedlichen historisch-gesellschaftlich-kulturellen Konstellationen und ihrer besonderen Fähigkeit zur Identitätsstiftung ausgeht.

Im folgenden Beitrag soll daher darüber nachgedacht werden, ein alternatives oder besser: ein Rahmenkonzept auf seine Eignung für die landesgeschichtliche Forschung zu prüfen: das Konzept der Geschichtskultur, das deutlich weiter greift als das Erinnerungsorte-Konzept und nicht ausschließlich, aber im Wesentlichen in der Geschichtsdidaktik entwickelt wurde. Im Folgenden soll dieses Theorieangebot zunächst knapp vorgestellt werden, um dann darüber nachzudenken, ob und ggf. wie es fruchtbringend in der Landesgeschichte genutzt wurde bzw. genutzt werden kann. Grundlage hierfür sind auf der einen Seite die konzeptionellen Debatten aus Landesgeschichte und Geschichtsdidaktik in den letzten Jahren, auf der anderen Seite zahlreiche in den letzten gut zehn Jahren erschienene Studien zur Geschichtskultur sowie

---

1 Vgl. Henning Steinführer/Gerd Steinwascher, Geschichte und Erinnerung in Niedersachsen und Bremen. 75 Erinnerungsorte, in: Dies. (Hrsg.), Geschichte und Erinnerung in Niedersachsen und Bremen. 75 Erinnerungsorte, Göttingen 2021, S. 11-20, hier S. 13. Zum Forschungsparadigma Erinnerungsorte vgl. Cornelia Siebeck, Erinnerungsorte, Lieux de Mémoire, Version: 1.0, in: Docupedia-Zeitgeschichte, 2.3.2017, http://docupedia.de/zg/Siebeck_erinnerungsorte_v1_de_2017, DOI: http://dx.doi.org/10.14765/zzf.dok.2.784.v1 (Zugriff: 16.5.2022). Da es sich bei dem Beitrag um einen Diskussionsanstoß handelt, wurde der Vortragsstil weitgehend beibehalten.

eigene empirische Arbeiten zur niedersächsischen Landesgeschichte, vor allem zur Geschichts-, Identitäts- und Heimatpolitik.[2]

## Geschichtskultur: Definition und Modellierung

Insgesamt bewegen wir uns beim Nachdenken über die Repräsentationen von Vergangenheiten in den jeweiligen Gegenwarten in einem überaus diffusen semantischen und konzeptionellen Feld: Neben Geschichtskultur tummeln sich dort auch Begriffe, Konzepte, Modelle und Theorien wie Gedächtnis (in seinen verschiedenen Spielarten als kommunikatives, kulturelles, kollektives, soziales usw. Gedächtnis), Erinnerungskultur, Erinnerungsorte, Geschichtspolitik, Cultural Heritage, neuerdings auch Public History oder Angewandte Geschichte.[3] Wissenschaftlerinnen und Wissenschaftler aus verschiedenen Disziplinen bemühen sich seit vielen Jahren, diese Begriffe zu schärfen und gegeneinander abzugrenzen – mit, zugespitzt gesagt, durchaus begrenztem Erfolg und manchmal auch gegenseitigen Missverständnissen. Vielfach wird mit bescheidenem Ertrag versucht, den eigenen Begriff als den besseren, höherwertigen, tragfähigeren, umfassenderen usw. zu konstruieren (wobei sich, zugegeben, auch der vorliegende Beitrag hiervon nicht ganz freimachen kann). Als jüngstes Beispiel sei die Public History genannt, auf deren Verhältnis zur Landesgeschichte gleich noch zurückzukommen ist. Sie hat zwar in den vergangenen Jahren einen gewissen Siegeszug in der akademischen Welt hingelegt und dabei

---

2 Verwiesen sei nur auf: Dietmar VON REEKEN, Geschichtskultur, in: Stefan BRÜDERMANN (Hrsg.), Geschichte Niedersachsens. Bd. 4: Vom Beginn des 19. Jahrhunderts bis zum Ende des Ersten Weltkriegs, Göttingen 2016, S. 1347-1393, DERS., »… gebildet zur Pflege der landesgeschichtlichen Forschung«. 100 Jahre Historische Kommission für Niedersachsen und Bremen 1910-2010. Mit Verzeichnissen zur Geschichte der Historischen Kommission für Niedersachsen und Bremen zusammengestellt von Uwe OHAINSKI, Hannover 2010, DERS., Von den Zeiten des Tacitus bis in die jüngste Gegenwart. Vergangenheitsdeutungen, Gegenwartsdiagnosen und Zukunftserwartungen in den Diskursen über die oldenburgische Selbstständigkeit nach 1945, in: Niedersächsisches Jahrbuch für Landesgeschichte 86, 2014, S. 161-183, DERS., Regionalismen im Konflikt. Auseinandersetzungen zwischen »Niedersachsen« und »Westfalen« in der ersten Hälfte des 20. Jahrhunderts, in: Wilfried REININGHAUS/ Bernd WALTER (Hrsg.), Räume – Grenzen – Identitäten. Westfalen als Gegenstand landes- und regionalgeschichtlicher Forschung, Paderborn u. a. 2013, S. 285-297, DERS., »Das Land als Ganzes!« Integration durch Heimatpolitik und Landesgeschichte in Niedersachsen nach 1945, in: Habbo KNOCH (Hrsg.), Das Erbe der Provinz. Heimatkultur und Geschichtspolitik nach 1945, Göttingen 2001, S. 99-116.

3 Ich verzichte hier auf Belege, weil dies den Rahmen sprengen würde – die Diskussion der letzten 30 Jahre ist schier unüberschaubar, hier Schneisen durch die Literatur zu schlagen, erscheint nahezu unmöglich.

manchmal einen Alleinvertretungsanspruch für den außerwissenschaftlichen (und außerschulischen) Umgang mit Geschichte an den Tag gelegt, ist aber in ihrem Profil und ihrem Verhältnis zu den anderen Konzepten ebenfalls nach wie vor unklar.[4]

Vor diesem Hintergrund soll im Folgenden das geschichtsdidaktische Konzept der Geschichtskultur dargestellt werden, das aus meiner Sicht den Anspruch erhebt oder besser: erheben sollte, so etwas wie ein Dachkonzept auch für die anderen Begriffe darzustellen – verkürzt gesagt, sind also sowohl Erinnerungsorte als auch Erinnerungskultur oder Geschichtspolitik Teilbereiche der Geschichtskultur bzw. sie werfen einen je spezifischen Blick auf dasselbe Phänomen.[5] Für Geschichtskultur gibt es in der Geschichtsdidaktik unterschiedliche Definitionsversuche, die sich aber inhaltlich kaum unterscheiden: Bei Jörn Rüsen etwa, dem wohl meistzitierten Autor in diesem Zusammenhang, heißt es: »Geschichtskultur läßt sich also definieren als praktisch wirksame Artikulation von Geschichtsbewußtsein im Leben einer Gesellschaft.«[6] Sieht man einmal davon ab, dass Rüsen hier den einen Begriff (Geschichtskultur) durch einen zweiten, erklärungsbedürftigen Begriff (Geschichtsbewusstsein) erläutert (der den Zentralbegriff der Geschichtsdidaktik schlechthin darstellt[7]) und auch noch zu klären wäre, was unter »praktisch wirksam« genau zu verstehen ist, so wird aus dieser Definition dennoch deutlich, dass es sich bei Geschichtskultur um ein gesellschaftliches Phänomen handelt, bei dem es um einen wie auch immer gearteten Umgang mit Vergangenheit bzw. Geschichte (Geschichtsbewusstsein) geht. Etwas ausführlicher, allerdings immer noch recht abstrakt und bereits mit einer Funktionsbestimmung versehen formuliert Rüsen in demselben Zusammenhang: »Geschichtskultur ist also die durch das Geschichtsbewußtsein geleistete historische Erinnerung, die eine zeitliche

---

4 Vgl. zur Public History etwa die neueste Einführung: Martin LÜCKE/Irmgard ZÜNDORF: Einführung in die Public History, Göttingen 2020, sowie Christine GUNDERMANN u. a.: Schlüsselbegriffe der Public History, Göttingen 2021.

5 Grundlegend zum geschichtsdidaktischen Verständnis vgl. jetzt Holger THÜNEMANN: Geschichtskultur revisited. Versuch einer Bilanz nach drei Jahrzehnten, in: Thomas SANDKÜHLER/Horst Walter BLANKE (Hrsg.), Historisierung der Historik. Jörn Rüsen zum 80. Geburtstag, Köln u. a. 2018, S. 127-149.

6 Jörn RÜSEN, Was ist Geschichtskultur? Überlegungen zu einer neuen Art, über Geschichte nachzudenken, in: Klaus FÜSSMANN/Heinrich Theodor GRÜTTER/Jörn RÜSEN (Hrsg.), Historische Faszination. Geschichtskultur heute, Köln u. a. 1994, S. 3-26, hier S. 5.

7 Vgl. zu dieser Kategorie und ihrer Geschichte: Jörg van NORDEN, Geschichte ist Bewusstsein. Historie einer geschichtsdidaktischen Fundamentalkategorie, Frankfurt a. M. 2019.

Orientierung der Lebenspraxis in der Form von Richtungsbestimmungen des Handelns und des Selbstverhältnisses seiner Subjekte erfüllt.«[8]

Ähnlich wie Rüsen, wenn auch knapper, definiert der Geschichtsdidaktiker Hans-Jürgen Pandel: »Geschichtskultur ist die Art und Weise, wie eine Gesellschaft mit ihrer Vergangenheit und ihrer Geschichte umgeht.«[9] Deutlich wird aus beiden Definitionen der breite Anspruch des Begriffes – Geschichtskultur umfasst prinzipiell alle Formen des Umgangs mit Vergangenheit bzw. Geschichte, und damit unterscheidet er sich deutlich von anderen oben genannten Begriffen in dem semantischen Feld: Geschichtspolitik bezeichnet etwa die Nutzung von Geschichte für politische Zwecke, Erinnerung ist (eigentlich) an Menschen gebunden, die sich erinnern können (und damit vor allem ein jeweils zeitgeschichtliches Phänomen),[10] Erinnerungsorte, wie erwähnt, an konkrete identitätsstiftende Phänomene und Angewandte Geschichte bezieht sich (meist) vor allem auf die Vermittlung geschichtswissenschaftlicher Erkenntnisse an eine breite Öffentlichkeit. Einzuräumen ist allerdings, dass manche Verständnisse von Erinnerungskultur und Public History einen ähnlich breiten Anspruch erheben wie der Begriff der Geschichtskultur.[11] Ob in diesem Feld klare Abgrenzungen und trennscharfe Modellierungen überhaupt noch möglich sind, erscheint nach dreißig Jahren intensiver Diskussion und empirischer Forschung durchaus fraglich.[12]

---

8   RÜSEN, Geschichtskultur, wie Anm. 6, S. 11.
9   Hans-Jürgen PANDEL, Geschichtsdidaktik. Eine Theorie für die Praxis, Schwalbach/Ts. 2013, S. 164.
10  So wird Erinnerung und damit auch Erinnerungskultur jedenfalls von manchen Wissenschaftlern verstanden (vgl. etwa Marko DEMANTOWSKY: »Public History« – Aufhebung einer deutschsprachigen Debatte, in: Public History Weekly 3 (2015) 2, DOI: dx.doi.org/10.1515/phw-2015-3292 (Zugriff 19.5.2022)). Andere sprechen dagegen von »historischer Erinnerung«, die dann auch über die Zeitspanne der Lebenden hinausreichen kann. Auch das ist eher umstritten (wobei ich Demantowskys Vorschlag zuneige).
11  Vgl. etwa zur Public History das Verständnis von Habbo KNOCH: Wem gehört die Geschichte? Aufgaben der »Public History« als wissenschaftlicher Disziplin, in: Wolfgang HASBERG/Holger THÜNEMANN (Hrsg.): Geschichtsdidaktik in der Diskussion. Grundlagen und Perspektiven, Frankfurt a.M. 2016, S. 303-345. Knoch bezeichnet Geschichtskultur zwar als Oberbegriff, bezieht aber Public History auf alle öffentlichen Phänomene außerhalb von Wissenschaft, Schule und Familie (S. 304 und 308), womit aber unklar bleibt, welches Profil das Dachkonzept Geschichtskultur dann überhaupt noch besitzt (und auch die Begründung für die unterschiedliche Behandlung der Bereiche fehlt). Zuzustimmen ist Knoch, dass es sich um ein »diffuses Konzeptfeld« (S. 310) handelt.
12  Zugespitzt formuliert Marco Dräger nach einer Auseinandersetzung mit den Konzepten: »Im Großen und Ganzen gleicht die Suche nach Unterschieden einem Glasperlenspiel, sie ist völlig willkürlich. Die Definitionskriterien liegen in den Augen der jeweiligen Betrachter: quot homines, tot sententiae. Eine stringente Abgrenzung der Konzepte ist

In der Geschichtsdidaktik hat sich Geschichtskultur seit den späten 1980er Jahren allmählich als zweite zentrale Kategorie der Disziplin neben dem Begriff des Geschichtsbewusstseins (und eng mit ihm verbunden) durchgesetzt.[13] Hierzu beigetragen haben aus meiner Sicht vor allem zwei theoretische Modellierungen dieses Begriffes, zunächst durch Jörn Rüsen, dann durch Bernd Schönemann. Rüsen war der Erste, der sich des Begriffes in seiner »Historik« systematisch annahm und ihn im Zusammenhang seiner Überlegungen zu Fachwissenschaft und Lebenspraxis entfaltete. Wichtig für sein Verständnis ist, dass er Geschichtskultur als eine anthropologische Größe ansieht, also die durch historische Erinnerung des menschlichen Bewusstseins geleistete Sinnbildung[14] als eine dem Menschen als Menschen grundsätzliche Eigenschaft versteht. Daher ist auch seine Ausdifferenzierung und Modellierung des Begriffes außerordentlich grundsätzlich – er unterscheidet zunächst drei, später dann fünf Dimensionen der Geschichtskultur (die letzten beiden fügte er später hinzu),[15] die sich alle auf grundlegende Dimensionen des Menschseins zurückführen lassen:

---

unmöglich.« (Marco Dräger, Deserteur-Denkmäler in der Geschichtskultur der Bundesrepublik Deutschland, Frankfurt a. M. 2017, S. 107).

13  In unserem Zusammenhang keine Rolle (bzw. nur eine randständige) spielt die Tatsache, dass die Geschichtsdidaktik mittlerweile intensiver darüber nachgedacht hat, das Konzept der Geschichtskultur viel stärker für den Geschichtsunterricht fruchtbar zu machen. Dies geschah nicht zuletzt angesichts der Tatsache, dass Schülerinnen und Schüler in ihrem Leben außerhalb bzw. nach der Schule vor allem mit Produkten der Geschichtskultur (und weniger Produkten der Geschichtswissenschaft oder historischen Quellen) in Berührung kommen dürften, weshalb entsprechende Kompetenzen im Umgang mit solchen Phänomenen auch Gegenstand des schulischen Unterrichts sein sollten; vgl. hierzu etwa Dietmar von Reeken: Geschichtskultur im Geschichtsunterricht – Begründungen und Perspektiven, in: Geschichte in Wissenschaft und Unterricht 55, 2004, S. 233-240, und jetzt auf breiter Basis: Vadim Oswalt/Hans-Jürgen Pandel (Hrsg.): Handbuch Geschichtskultur im Unterricht, Frankfurt a. M. 2021. Für die Landesgeschichte ist allerdings auch dieser Aspekt durchaus interessant, ermöglichte er doch auch – im Sinne der Überlegungen im Fazit unten – eine stärkere Integration der Landesgeschichte auch in den Geschichtsunterricht.

14  Kritisch zu diesem Begriff: Michael Sauer, »Sinnbildung über Zeiterfahrung« – eine Leerformel?, in: Public History Weekly 2 (2014) 4, DOI: dx.doi.org/10.1515/phw-2014-1203 (Zugriff: 16.5.2022).

15  Die Modellierung mit drei Dimensionen etwa in Rüsen, Geschichtskultur, wie Anm. 6, S. 11-21 (wobei Rüsen schon seit Ende der 1980er Jahre darüber nachdachte). Zu der neueren Version mit fünf Dimensionen: Jörn Rüsen, Historik. Theorie der Geschichtswissenschaft, Köln u. a. 2013, S. 234-246.

| Dimension | anthropologische Grundlage | dominantes Sinnkriterium |
|---|---|---|
| kognitiv | Denken | Wahrheit |
| ästhetisch | Fühlen | Schönheit |
| politisch | Wollen | Legitimität |
| moralisch | Werten | Gut und Böse |
| religiös | Glauben | Erlösung |

Tabelle 1: Fünf Dimensionen der Geschichtskultur nach Jörn Rüsen[16]

Diese fünf Dimensionen kommen in unterschiedlichen geschichtskulturellen Phänomenen unterschiedlich stark vor – ein Nationaldenkmal des 19. Jahrhunderts etwa besitzt durch seine äußere Gestalt eine ästhetische Dimension, die auf seine Betrachter eine Wirkung ausüben soll (ob sie das tatsächlich tut und wie sich dies im Laufe der Zeit verändert, wäre eine interessante Forschungsfrage); es hat eine politische Absicht, weil es an bedeutsame Ereignisse oder Personen der nationalen Vergangenheit gegenwarts- und zukunftsrelevant erinnern soll; es hat auch eine moralische Dimension, weil es durch seine Aussagen Werte vermitteln, das positiv besetzte Eigene vom negativ besetzten Fremden abgrenzen will. Rüsens Modell beinhaltet übrigens nicht nur eine solche strukturelle Ebene, die es zu einem Instrument für die Erforschung der Geschichtskultur werden lassen kann, sondern auch eine normative, indem Rüsen fordert, »die verschiedenen Dimensionen der Geschichtskultur sollten so ineinander verschränkt werden, dass die Menschlichkeit des Menschen voll zur Entfaltung kommt«[17] – aber dies steht hier nicht im Mittelpunkt. Rüsens Modell ist zwar in der Forschung viel erwähnt, aber auch immer wieder an einzelnen Stellen kritisiert worden. So wurden etwa weitere Dimensionen eingefordert wie z. B. die ökonomische Dimension, die ohne Zweifel in der gegenwärtigen Geschichtskultur eine zentrale Rolle spielt,[18] in der mit der Vermittlung von Geschichte auch Geld verdient werden soll (z. B. durch die Produktion von Filmen und Computerspielen, das Schreiben von historischen Romanen usw.). Der Dimension fehlt es aber möglicherweise an einer ähnlichen anthropologischen Fundierung wie den anderen, weshalb ich (wie auch Holger Thünemann) vermute, dass Rüsen sie deshalb bislang nicht aufgenommen hat

16 Ebd., S. 241.
17 Ebd., S. 245.
18 Kühberger und Pudlat sprechen sogar von »Vergangenheitsbewirtschaftung«: Christoph KÜHBERGER/Andreas PUDLAT (Hrsg.), Vergangenheitsbewirtschaftung. Public History zwischen Wirtschaft und Wissenschaft, Innsbruck u. a. 2012.

(anders als etwa die später ergänzte religiöse).[19] Rüsens Modell diente in vielen empirischen Studien der letzten Jahre als Referenz, auf die man sich in seinen theoretischen Überlegungen bezog, ist allerdings ob seiner sehr theoretischen und anthropologischen Fundierung in der konkreten Erforschung geschichtskultureller Phänomene heuristisch und methodisch bislang nur eingeschränkt zur Geltung gebracht worden.[20]

Etwas anders sieht das bei einem zweiten Konzept aus: Bernd Schönemann, früherer Münsteraner Geschichtsdidaktiker, hat auf der Basis der Rüsenschen Überlegungen dessen Perspektive einige Jahre später deutlich erweitert bzw. verlagert:[21] Ihm geht es darum, Geschichtskultur weniger als anthropologisch begründet als vielmehr als soziales System zu begreifen – wenn man es etwas zugespitzt formulieren will, stellt Schönemann die Theorie der Geschichtskultur dadurch vom Kopf auf die Füße und wendet sie vor allem stärker ins Heuristische. Er unterscheidet vier weitere Dimensionen der Geschichtskultur, die gleichsam quer zu den Rüsenschen liegen, aber stärker die gesellschaftlichen Grundlagen und Funktionen betonen, die er dann an Beispielen aus den letzten zweihundert Jahren konkretisiert: Geschichtskultur vollzieht sich in *Institutionen* der Vergangenheitserforschung und Geschichtsdarstellung (wie z.B. Universitäten, Schulen, Museen, Denkmalpflege oder der heutige »Erlebnismarkt«), diese Darstellung geschieht in je spezifischen *Medien* (Büchern, Filmen, Zeitschriften, Computerspielen, Ausstellungen), Forschung und Darstellung werden durch *Akteure* oder *Professionen* (Historikerinnen und Historiker, Geschichtslehrkräfte, Museumsmitarbeiterinnen, Archivarinnen und Archivare, Spieleentwickler, Drehbuchautoren, Schriftsteller usw.) vorangetrieben und diese agieren jeweils für einen bestimmten *Adressatenkreis* (Museumsbesucher, Leserinnen, Spieler, Kinobesucher, Fernsehzuschauerinnen, Besucher eines Mittelaltermarktes). Institutionen, Medien, Akteure und Adressaten (oder Publika) sind also vier zentrale Dimensionen, die das soziale System Geschichtskultur in Vergangenheit und Gegenwart in je spezifischer Weise prägen und die gemeinsam im Prozess einer »kulturell durchformten Kommunikation«, so Schönemann, »Geschichte als Bedeutung« erzeugen.[22]

---

19 Vgl. etwa THÜNEMANN, Geschichtskultur, wie Anm. 5, S. 137. Auch Hans-Jürgen Pandel forderte die Aufnahme einer ökonomischen Dimension (PANDEL, Geschichtsdidaktik, wie Anm. 9, S. 165).

20 Vgl. hierzu die Beispiele unten im Text.

21 Vgl. zum Folgenden: Bernd SCHÖNEMANN, Geschichtsdidaktik und Geschichtskultur, in: Bernd MÜTTER/Bernd SCHÖNEMANN/Uwe UFFELMANN (Hrsg.), Geschichtskultur. Theorie – Empirie – Pragmatik, Weinheim 2000, S. 26-58, hier vor allem S. 46f. sowie mit Beispielen entfaltet S. 50-55.

22 Ebd., S. 46.

| Geschichtskulturelle Dimension | Beispiele aus den letzten 200 Jahren |
| --- | --- |
| Institutionen | Universitäten, Archive, Museen, Schulen, Wissenschaftsorganisationen, historische Vereine, Denkmalpflege, Erlebnismarkt |
| Medien | Politische Reden, Zeitungen, Universitätsvorlesungen, Schullehrbücher, Literatur, bildende Kunst, Denkmäler, Feste und Feiern, Rundfunk, Fernsehen, historische Bildungsreisen, Zeitreisen im Erlebnispark, Computerspiele, Werbung |
| Akteure (bzw. Professionen) | Universitätshistoriker, Geschichtslehrer, Archivare, Bibliothekare, Museumsfachleute, Denkmalpfleger, Freizeitunternehmer, Marketingspezialisten, Animateure |
| Adressaten | Bildungsbürger, Staatsbürger, Freizeitbürger im Jogginganzug |

Tabelle 2: Vier Dimensionen der Geschichtskultur nach Bernd Schönemann[23]

Das Forschungsfeld der Geschichtskultur ist ein durchaus fruchtbares und wird keineswegs nur von der Geschichtsdidaktik bestellt. So sind etwa in der Reihe »Beiträge zur Geschichtskultur« im Böhlau-Verlag, die Rüsen lange mit herausgegeben hat, mittlerweile über 40 Bände erschienen, die höchst unterschiedliche Themen der Geschichtskultur behandeln (z. B. Filme, populäre Geschichtsschreibung, Archive, Denkmäler, Feiertage, Werbung, politische Rhetorik, Geschichtsschulbücher); ähnliches gilt für die Reihe »Geschichtskultur und historisches Lernen«, die von Bernd Schönemann und Saskia Handro im LIT-Verlag herausgegeben wird. In vielen Arbeiten – selbstverständlich auch außerhalb dieser Reihen – wurden die Rüsenschen und Schönemannschen Modellierungen aufgegriffen, manchmal beide in Ergänzung, manchmal auch nur eine von beiden, und in manchen Fällen auch nur durch semantische Erwähnungen ohne intensive theoretische oder methodologische Debatten. Beide Konzepte nutzt etwa Marco Dräger in seiner Studie zu Deserteur-Denkmälern in der Geschichtskultur der Bundesrepublik Deutschland 2017 (wobei er mit »Generationalität« sogar noch eine weitere Kategorie hinzufügt).[24] Nina Reusch bezeichnet 2015 Familienzeitschriften im 19. Jahrhundert als »Akteure der Geschichtskultur«, ohne sich auf Schönemann zu beziehen; Rüsen dagegen

---

23  Ebd., S. 50-55. Die Beispiele stammen zum Teil von Schönemann, zum Teil sind sie vom Autor ergänzt.
24  DRÄGER, wie Anm. 12.

nutzt sie, aber nicht besonders intensiv.[25] Juliane Tomann bezeichnet in ihrer Studie von 2018 zur Geschichtskultur in Katowice nach 1989 das Museum mit Bernd Schönemann als Institution der Geschichtskultur, nutzt in der Konzeptualisierung ihrer Arbeit aber vor allem Rüsens Historik und seine Überlegungen zur Geschichtskultur.[26] Markus Drüding analysiert 2014 Universitätsjubiläen im 20. Jahrhundert und nutzt hierfür Rüsen und vor allem Schönemann, wobei er sich um eine Erweiterung des Modells um die Rahmenbedingungen der handelnden Akteure bemüht.[27] Ähnlich bezieht sich Melanie Fritscher-Fehr 2019 auf beide Konzepte und kombiniert in ihrer Untersuchung zum Radio in Westdeutschland zwischen 1945 und 1963 die Schönemannschen Dimensionen Akteur und Medium. Ein letztes Beispiel, das das Potenzial des Ansatzes für die Analyse von Museen zeigt: Martin Schlutow hat sich in seiner Studie zum Migrationsmuseum von 2012 konsequent auf beide Konzepte bezogen und das Museum sowohl nach Rüsen auf seine politischen, kognitiven und ästhetischen Dimensionen hin untersucht als auch die Schönemannschen Kategorien Institution, Medium, Akteure und Publikum für seine Analyse genutzt.[28]

Insgesamt zeigt sich eine durchaus beachtliche Produktivität dieses Forschungsfeldes, das natürlich von der Konjunktur des Gedächtnisparadigmas in den Kulturwissenschaften seit den 1990er Jahren profitierte und profitiert. Allerdings muss man einräumen: Keineswegs alle Studien, die das Wort »Geschichtskultur« in ihrem Titel führen oder in einer entsprechenden Reihe erscheinen, nahmen und nehmen Bezug auf die o.g. Theorieangebote – bei einigen (wie den erwähnten) ist dies sehr explizit der Fall und diese zeigen das Potenzial der Modelle, andere dagegen nehmen ihre Anleihen bei den diversen Gedächtnistheorien der Assmanns, bei Halbwachs, Nora usw. oder sie arbeiten mit dem Begriff ohne weitere theoretische Fundierung. Und es ist in der Forschung auch nicht unumstritten, wie groß die Reichweite des Geschichtskulturkonzepts eigentlich ist: Einzelne Geschichtsdidaktiker und Historiker sind der Auffassung, Geschichtskultur sei ein Phänomen der Moderne und daher auch nur für diese Zeit konzeptionell zu fassen, weil Geschichtskultur

---

25 Nina REUSCH, Populäre Geschichte im Kaiserreich. Familienzeitschriften als Akteure der deutschen Geschichtskultur 1890-1913, Bielefeld 2015, vor allem S. 11-17.

26 Juliane TOMANN, Geschichtskultur im Strukturwandel. Öffentliche Geschichte in Katowice nach 1989, Berlin-Boston 2017, vor allem Kap. 3.

27 Markus DRÜDING, Akademische Jubelfeiern. Eine geschichtskulturelle Analyse der Universitätsjubiläen in Göttingen, Leipzig, Münster und Rostock (1919-1969), Berlin 2014, vor allem S. 27-33.

28 Martin SCHLUTOW, Das Migrationsmuseum. Geschichtskulturelle Analyse eines neuen Museumstyps, Berlin 2012; vgl. auch die neuere Studie von Regina GÖSCHL, DDR-Alltag im Museum. Geschichtskulturelle Diskurse, Funktionen und Fallbeispiele im vereinten Deutschland, Berlin 2019, die sich ebenfalls auf Rüsen und Schönemann stützt.

ein spezifisches, reflektiertes Verhältnis zur Vergangenheit, eben: ein modernes Geschichtsverständnis voraussetze.[29] Andere (wohl eher die Mehrheit, zu der ich auch gehöre[30]) widersprechen dem, indem sie entgegensetzen, dass es in der Erforschung geschichtskultureller Phänomene eben darum geht, herauszufinden, ob, warum und wie sich Gruppen oder ganze Gesellschaften in je spezifischer Weise mit ihren Vergangenheiten auseinandersetzen und die Ergebnisse ihrer Auseinandersetzung medial repräsentieren – und dies gilt dann eben auch für vormoderne oder ggf. nicht-westliche Gesellschaften. Für die Landesgeschichte, von der gleich die Rede sein soll, ist die Frage der epochalen Begrenztheit oder Unbegrenztheit des Geschichtskulturkonzepts durchaus von Belang.

Zwei weitere grundsätzliche Überlegungen zur Geschichtskultur seien noch angefügt, weil sie ebenfalls Relevanz für eine mögliche Adaption des Konzepts für die Landesgeschichte besitzen: Zum einen betonen viele Forscher die bedeutsamen *Funktionen*, die die je spezifische Ausformung der Geschichtskultur für die jeweiligen Kollektive besitzen und denen für die Erforschung der Geschichtskultur, ihrer Bedingungen und ihrer Konsequenzen, zentrale Bedeutung zukommt. Jörn Rüsen benannte etwa »die Funktionen der Belehrung, der Unterhaltung, der Legitimation, der Kritik, der Ablenkung, der Aufklärung«, ohne dass diese Aufzählung schon vollständig wäre.[31] Und Geschichtskultur zeichnet sich auch durch sehr unterschiedliche *Praktiken* aus – neben die Popularisierung von wissenschaftlichem Wissen (z.B. durch die Fachjournalistik) treten etwa, so Pandel, in der gegenwärtigen Geschichtskultur imaginative (z.B. auf dem Mittelaltermarkt oder im Roman), ästhetische (in der Kunst), diskursive (in Deutungskontroversen wie dem »Historikerstreit« oder dem Streit um Straßennamen), simulative (in Reenactment bzw. Living History), rhetorische (in Gedenk- und Politikerreden), kontrafaktische (in Romanen, aber auch in Mythen und Lügen) und didaktische Zugänge (in Schule, Erwachsenenbildung, Gedenkstätten), die sich jeweils spezifisch in den Medien der Geschichtskultur niederschlagen und den Umgang mit Vergangenheit prägen.[32] Ggf. wären diese Praktiken auch noch um frühere Formen zu ergänzen, denn Pandel beschränkt seine Überlegungen zur Geschichtskultur ja auf die Gegenwart.

29 Vgl. etwa PANDEL, Geschichtsdidaktik, wie Anm. 9, S. 165.
30 Vgl. auch Holger THÜNEMANN (Geschichtskultur, wie Anm. 5, S. 137), der von einer »präsentistischen Verengung von Geschichtskultur« durch Pandel spricht.
31 RÜSEN, Geschichtskultur, wie Anm. 6, S. 4.
32 Vgl. etwa PANDEL, Geschichtsdidaktik, wie Anm. 9, S. 167-169 und DERS., Geschichte als kulturelle Bildung. Mechanismen der Geschichtskultur, in: OSWALT/PANDEL, Handbuch, wie Anm. 13, S. 11-35, hier S. 20. Die Beispiele stammen von mir.

## Landesgeschichte und Geschichtskultur

Es stellt sich also die Frage, ob das dargestellte Geschichtskulturkonzept auch in der Landesgeschichte Potenzial besitzt und wenn ja: wofür. In der Landesgeschichte allgemein ist es bislang, wenn ich das richtig sehe, kaum rezipiert worden. Ein prominentes Beispiel hierfür ist das 2018 erschienene »Handbuch Landesgeschichte«.[33] In Werner Freitags grundlegendem Beitrag über »Begriffe, Theorien und Methoden in der Praxis des Landeshistorikers« taucht der Begriff nur an einer eher marginalen Stelle auf, nämlich als ein Faktor der Identitätskonstruktion unter anderen.[34] Ansonsten muss man Fehlanzeige melden – mit einer kleinen Ausnahme: Christine Reinles Aufsatz über »›Meistererzählungen‹ und Erinnerungsorte zwischen Landes- und Nationalgeschichte« erwähnt den Begriff Geschichtskultur an wenigen Stellen, ohne ihm aber einen kategorialen Status zuzuweisen; bei ihr geht es eher um die Erinnerungsorte, die sie (analog zu meinem Verständnis) als »Manifestationen der Geschichtskultur« versteht, ohne hier auf die Bedeutung von Geschichtskultur insgesamt für die Landesgeschichte einzugehen.[35] Rüsens und Schönemanns Modelle spielen in keinem der Beiträge eine Rolle als Ideengeber oder heuristische Instrumente für landesgeschichtliches Nachdenken.

Dies scheint mir auch bei vielen landesgeschichtlichen Publikationen der letzten Jahrzehnte der Fall zu sein, die für diesen Beitrag gesichtet wurden. Auf der einen Seite hat sich die Landesgeschichte in den letzten Jahren zwar verstärkt mit Erinnerung und Gedächtnis beschäftigt, auf der anderen Seite spielt das Konzept der Geschichtskultur dabei nur eine marginale Rolle, wie einige Beispiele zeigen mögen: (1) In der neueren niedersächsischen Landesgeschichte taucht der Begriff bzw. das Konzept fast gar nicht auf – mit der Ausnahme der »Geschichte Niedersachsens«, wo der Herausgeber von Band 4, Stefan Brüdermann, mich vor fast 15 Jahren gebeten hat, einen Beitrag über »Geschichtsvereine, Museen, Niedersachsen-Gedanke« im 19. Jahrhundert zu schreiben (so der Auftrag), den ich dann bewusst mit der Überschrift »Geschichtskultur« versehen habe, in dem ich einleitend auf das Forschungskonzept Geschichtskultur verwiesen habe und bei dem ich allerdings deutlich mehr Forschungslücken als Ergebnisse präsentieren konnte.[36] (2) Im benachbarten Westfalen erschien 2019 ein Themenheft der »Westfälischen Forschungen«, herausgegeben von Katrin

---

33  Werner FREITAG u. a. (Hrsg.), Handbuch Landesgeschichte, Berlin/Boston 2018.
34  Werner FREITAG, Begriffe, Theorien und Methoden in der Praxis des Landeshistorikers, in: ebd., S. 72-88, hier S. 82.
35  Christine REINLE, »Meistererzählungen« und Erinnerungsorte zwischen Landes- und Nationalgeschichte. Überlegungen anhand ausgewählter Beispiele, in: ebd., S. 56-71.
36  REEKEN, Geschichtskultur, wie Anm. 2.

Minner, mit dem Titel »Public History in der Regional- und Landesgeschichte«. In ihrem Einleitungsbeitrag versucht sie, dieses Forschungsfeld zu umreißen[37] – wobei mir viele ihrer Argumente eher für das Konzept der Geschichtskultur als das der Public History zu sprechen scheinen, aber dies hängt, wie oben angedeutet, natürlich von der Definition und Reichweite der Begriffe und Konzepte ab. Dass hier Public History als Oberthema für das Heft gewählt wurde, scheint darauf hinzudeuten, dass dieses Schlagwort gegenwärtig deutlich attraktiver, aktueller und damit öffentlichkeitswirksamer ist als die Geschichtskultur. Während etwa nur wenige geschichtsdidaktische Professuren in Deutschland den Begriff »Geschichtskultur« in ihren Denominationen tragen, erhält »Public History« durch die Schaffung neuer Studiengänge und neuer Professuren in den letzten Jahren deutlich mehr Aufmerksamkeit. Dahinter steckt wohl auch die Hoffnung, geschichtswissenschaftlich erzeugtes Wissen systematischer an eine breitere Öffentlichkeit zu vermitteln (und auch die sinnvolle Absicht, die »Employability« von Geschichtsstudierenden jenseits des Berufsfeldes Schule zu erhöhen bzw. überhaupt erst einmal zum Gegenstand akademischen Nachdenkens und hochschulcurricularen Planens zu machen). Übrigens bewegen sich nahezu alle Beiträge des dicken Bandes der »Westfälischen Forschungen« ausschließlich im 20. oder gar im 21. Jahrhundert, obwohl die Herausgeberin in ihrer Einleitung von einer »zeitliche(n) Offenheit der Public History« spricht[38] – hier scheint der Zuschnitt des Bandes meine Ansicht zu bestätigen, dass Geschichtskultur ein Dachkonzept darstellt und Public History als Teilbereich gelten kann. (3) Ebenfalls 2019 führte die AG Landesgeschichte im Verband der Historikerinnen und Historiker Deutschlands eine Tagung unter dem Titel »Landesgeschichte und public history« durch, deren Vorträge 2020 gedruckt wurden.[39] Auch hier wird also das Konzept Public History bevorzugt, obwohl Arnd Reitemeier in seiner Einführung auch auf das Geschichtskultur-Konzept verweist.[40] Sieht man einmal von dem längeren konzeptionellen Beitrag des Geschichtsdidaktikers Bernd-Stefan Grewe ab (dem es allerdings auch vornehmlich um die Legitimation von Public History und deren Relevanz für die Landesgeschichte geht),[41] folgen die meisten Beiträge des Sammelbands dem oben skizzierten engeren

---

37 Katrin MINNER, Public History als Pluralisierung regionaler Geschichte, in: Westfälische Forschungen 69, 2019, S. 1–27.
38 Ebd., S. 6.
39 Arnd REITEMEIER (Hrsg.), Landesgeschichte und public history, Ostfildern 2020.
40 Vgl. etwa Arnd REITEMEIER, Einführung, in: ebd., S. 1–9, z. B. S. 3 f.
41 Vgl. Bernd-Stefan GREWE, Verortete Geschichte: Public History und Landesgeschichte, in: Arnd REITEMEIER (Hrsg.), Landesgeschichte und public history, Ostfildern 2020, S. 11–31. Grewe ist Geschichtsdidaktiker und leitet an der Universität Tübingen das »Institut für Geschichtsdidaktik und Public History«.

Verständnis von Public History und erwähnen Geschichtskultur höchstens am Rande. Und schließlich (4): Überprüft man die einschlägigen landesgeschichtlichen Zeitschriften der letzten Jahrzehnte, so ergibt sich ein ähnliches Bild: Geschichtskultur als Konzept spielt – jedenfalls nach den Titeln der Aufsätze – praktisch keine Rolle, obwohl sich einzelne Beiträge mit Themen befassen, die inhaltlich durchaus in diesen Rahmen passen würden.

Eine Bestandsaufnahme der bisherigen Beziehungen von landesgeschichtlicher Forschung und Geschichtskultur muss also weitgehend Fehlanzeige melden. Man kann aber auch danach fragen, ob zwar nicht Geschichtskultur selbst und die entsprechenden Modelle, aber vielleicht die vorgeschlagenen Inhalte in den landesgeschichtlichen Forschungen eine Rolle spielen. Überprüft man dies (vor allem mit dem Blick auf die niedersächsische Landesgeschichte und die benachbarten Regionen), so zeigen sich bemerkenswerte Schwerpunkte, aber vor allem auch Lücken bzw. Defizite: Nimmt man Rüsens fünf Dimensionen, so sind die kognitive und die politische Dimension Gegenstand von landesgeschichtlichen Forschungen insbesondere zur Geschichte der Landesgeschichte und ihrer Bezüge zu den jeweiligen politischen bzw. staatlichen Rahmungen; dies gilt auch für meine eigenen Forschungen zur Geschichts-, Identitäts- und Heimatpolitik in Niedersachsen seit dem 19. Jahrhundert. Dagegen kommen Rüsens ästhetische, religiöse und moralische Dimensionen der Geschichtskultur nicht vor. Nimmt man Schönemanns Modellierung zum Maßstab, so gibt es auch hier eindeutige Favoriten: Bei den Institutionen geht es fast ausschließlich um Universitäten, historische Kommissionen und Geschichtsvereine, in letzter Zeit auch ergänzt um die Archive,[42] bei den Medien im Wesentlichen um wissenschaftliche Publikationen in Form von Büchern und Zeitschriften,[43] bei den Akteuren stehen die Landeshistoriker selbst im Mittelpunkt (in Westfalen mit der schönen Bezeichnung der »Geschichtsbaumeister«),[44] während die

---

42   Vgl. zu Niedersachsen meine eigenen Arbeiten zur Historischen Kommission und zur Geschichtskultur im 19. Jahrhundert (siehe Anm. 2), außerdem etwa am Hamburger Beispiel die sehr überzeugende Geschichte eines Geschichtsvereins in der NS-Zeit: Gunnar B. ZIMMERMANN, Bürgerliche Geschichtswelten im Nationalsozialismus. Der Verein für Hamburgische Geschichte zwischen Beharrung und Selbstmobilisierung, Göttingen 2019. Zimmermann versteht den Geschichtsverein explizit als »Akteur der Geschichtskultur«, ohne sich auf die Rüsensche oder Schönemannsche Modellierung zu beziehen. Zu den Archiven bzw. den in ihnen tätigen Archivaren vgl. unten die Angaben in Anmerkung 44.

43   Hier ist vor allem ein Sammelband aus dem benachbarten Westfalen zu nennen: Thomas KÜSTER (Hrsg.), Medien des begrenzten Raumes. Landes- und regionalgeschichtliche Zeitschriften im 19. und 20. Jahrhundert, Paderborn 2013.

44   Vgl. Werner FREITAG/Wilfried REININGHAUS (Hrsg.), Westfälische Geschichtsbaumeister. Landesgeschichtsforschung und Landesgeschichtsschreibung im 19. und 20. Jahrhundert, Münster 2015. Jüngst sind die Archivare stärker ins Blickfeld der Forschung geraten,

Adressaten nirgends systematisch im Fokus der Forschungen sind, sondern höchstens am Rande mit erwähnt werden. Diese inhaltlichen Schwerpunkte sind verständlich, zeigen aber eindeutige Schlagseiten und sehr große Forschungsdefizite, wenn man die oben erwähnten Modelle zur Grundlage nimmt.

## Perspektiven

Aus der Bestandsaufnahme landesgeschichtlicher Forschungen ist zu erkennen, dass Geschichtskultur als Forschungskonzept hier bislang kaum eine Rolle spielt und geschichtskulturelle Themen nur insoweit behandelt wurden und werden, wie sie die Wissenschaft selbst, ihre Institutionen und Akteure und ihre Entwicklung betreffen – die Landesgeschichte ist also in den letzten Jahren selbstreflexiver geworden. Dies ist ohne Zweifel zu begrüßen, insbesondere vor dem Hintergrund der Tatsache, dass Winfried Speitkamp vor einigen Jahren festgestellt hat, dass Landesgeschichte Erinnerungsorte nicht nur wissenschaftlich analysiert, sondern auch selbst produziert, und zwar nicht nur wie in früheren Jahrzehnten als Dienerin staatlicher Identitätspolitik, sondern selbst dann, so Speitkamp, wenn sie diese Erinnerungsorte erforscht, wie er an hessischen Beispielen zeigen kann.[45] Selbstreflexivität in dieser Hinsicht steht

---

vgl. für Niedersachsen etwa Thomas VOGTHERR, Beobachtungen zur Biographie von Georg Schnath (1898-1989), in: Niedersächsisches Jahrbuch für Landesgeschichte 81(2009), S. 405-424, und DERS. (Hrsg.), In des Teufels Küche. Autobiografische Aufzeichnungen von Georg Schnath aus den Jahren 1945-1948, Göttingen 2021 (eine Biographie des Archivars und Landeshistorikers Schnath ist in Arbeit); Martin SCHÜRRER, Zwischen allen Stühlen. Das Oldenburger Archiv und sein Leiter Hermann Lübbing zwischen politischen Umbrüchen und Verwaltungsreformen (1932-1957), in: Niedersächsisches Jahrbuch für Landesgeschichte 93 (2021), S. 207-238, und Dietmar VON REEKEN, Beobachtungen zur Biographie von Hermann Lübbing (1901-1978), in: Christine VAN DEN HEUVEL/Henning STEINFÜHRER/Gerd STEINWASCHER (Hrsg.), Perspektiven der Landesgeschichte. Festschrift für Thomas Vogtherr, Göttingen 2020, S. 719-737; bei Letzterem geht es um einen ersten Versuch, Schönemanns Konzept der geschichtskulturellen Akteure anzuwenden. Einen weiteren kleinen Versuch hat der Autor zu Museumsleitungen unternommen: Dietmar VON REEKEN, Museumsleiter als geschichtskulturelle Akteure? Vorbereitende Überlegungen zu einem neuen Forschungsfeld, in: Michael SCHIMEK (Hrsg.), Mittendrin. Das Museum in der Gesellschaft. Festschrift für Uwe Meiners, Cloppenburg 2018, S. 139-144.

Wie in Anm. 42 deutlich wurde, können als Akteure nicht nur Einzelpersonen, sondern auch z.B. Geschichtsvereine angesehen werden – der Akteursbegriff ist bislang in diesem Zusammenhang theoretisch noch nicht konzeptualisiert worden.

45  Vgl. Winfried SPEITKAMP, Raum und Erinnerungsorte. Das Dilemma der Landesgeschichte, in: Sigrid HIRBODIAN u.a. (Hrsg.), Methoden und Wege der Landesgeschichte, Ostfildern 2015, S. 81-93, vor allem S. 90-93.

den Landeshistorikerinnen und Landeshistorikern also gut an – aber im Kontext meines Themas bedeutet dies auch eine starke Beschränkung, denn wir untersuchen im großen Feld der Geschichtskultur bislang vor allem uns selbst, wir schmoren sozusagen in unserem eigenen Saft.

Das Plädoyer lautet also, die geschichtskulturellen Theorieangebote viel stärker, breiter und systematischer auch in der Landesgeschichte zu nutzen (und umgekehrt). Aus meiner Sicht wäre dies für beide Seiten sinnvoll:

Zum einen sollte die vor allem aus der Geschichtsdidaktik stammende Theorie, für die hier die Modelle Rüsens und Schönemanns standen, durch die Integration der Raumperspektive, für die die Landesgeschichte steht, weiterentwickelt werden.[46] Und zwar nicht nur im Hinblick auf die wichtige und in den letzten Jahren verstärkt untersuchte Frage, wie Räume jeweils durch Geschichte konstruiert wurden und werden.[47] Sondern auch umgekehrt, also: Gibt es besondere Bedingungen von Land und Region für die Ausbildung von (regionalen) Geschichtskulturen?[48] Malte Thießen und ich haben vor einigen Jahren versucht, die Spezifika regionaler und lokaler Geschichtskulturen herauszuarbeiten[49] – wobei ich einräumen muss, dass es uns deutlich leichter gefallen ist, die Spezifika eines lokalen Umgangs mit Vergangenheit und Geschichte zu identifizieren als die der regionalen Perspektive. Bei einer solchen Ergänzung der theoretischen Modelle um die Raumperspektive sollte auch gleich noch über weitere Dimensionen nachgedacht werden, aus meiner Sicht etwa über *Narrative* (also etwa die landesgeschichtlichen Meistererzählungen,[50]

---

46 Vgl. hierzu Saskia HANDRO/Bernd SCHÖNEMANN (Hrsg.), Raum und Sinn. Die räumliche Dimension der Geschichtskultur, Berlin u. a. 2014, und Waltraud SCHREIBER, Raum – vernachlässigte Kategorie der Geschichtskultur, in: Zeitschrift für Geschichtsdidaktik 16, 2017, S. 48-66.

47 Hierzu gibt es zahlreiche Forschungen aus unterschiedlichen Regionen; vgl. etwa Winfried MÜLLER/Martina STEBER, »Heimat«. Region und Identitätskonstruktionen im 19. und 20. Jahrhundert, in: FREITAG, Handbuch Landesgeschichte, wie Anm. 33, S. 646-676; zu Westfalen: Wilfried REININGHAUS/Bernd WALTER (Hrsg.), Räume – Grenzen – Identitäten. Westfalen als Gegenstand landes- und regionalgeschichtlicher Forschung, Paderborn 2013, und allgemein: Martina Löw, Raumsoziologie, Frankfurt a. M. 2001 u. ö.

48 Vgl. zu regionalen Geschichtskulturen auch: Eugen KOTTE, Überreste – Erinnerungen – Identitäten. Zur Problematik regionaler Geschichtskulturen, in: Bernd Ulrich HUCKER (Hrsg.), Landesgeschichte und regionale Geschichtskultur, Isernhagen 2013, S. 13-33. Kotte konzentriert sich allerdings in seinem Beitrag eher auf die erste Frage, also die Konstruktion von Räumen durch Geschichte.

49 Dietmar VON REEKEN/Malte THIESSEN, Regionale oder lokale Geschichtskulturen? Reichweite und Grenzen von Erinnerungsräumen, in: Janina FUGE u. a. (Hrsg.), Gedächtnisräume. Geschichtsbilder und Erinnerungskulturen in Norddeutschland, Göttingen 2014, S. 71-93.

50 Vgl. REINLE, Meistererzählungen, wie Anm. 35.

aber auch z. B. in der Selbstdarstellung von Städten und Regionen präsentierte Geschichtsbilder und Deutungsmuster[51]) und über geschichtskulturelle *Praktiken* (z. B. in Form von Jubiläen, Festen usw.).[52] Vielleicht kann dadurch ein erweitertes Modell der Geschichtskultur entwickelt werden, das alle diese Aspekte integriert. Gleichzeitig wäre es notwendig, die einzelnen Dimensionen noch viel stärker zu konkretisieren und zu operationalisieren, was auch in den oben dargestellten Beispielen noch zum Teil unzureichend geschieht. Wichtige Fragen wären z. B.:

– Ästhetische Dimension: Wie erfasst man die ästhetische Dimension der Geschichtskultur? Benötigt man hierfür Anleihen aus anderen Wissenschaftsdisziplinen?
– Akteure: Was versteht man unter geschichtskulturellem Handeln? Sprechen wir nur von menschlichen oder auch von nicht-menschlichen Akteuren (etwa im Sinne der Akteur-Netzwerk-Theorie)? Was unterscheidet individuelle und kollektive Akteure?
– Adressaten: Welche Forschungsmethoden braucht man, um angestrebte und tatsächliche Publika zu untersuchen, welche, um die Wirkungen bzw. Rezeption geschichtskultureller Angebote zu erfassen? Welche Quellen kann man heranziehen, um dies nicht nur in gegenwärtiger, sondern auch in historischer Perspektive zu untersuchen?

Zum anderen sollten die theoretischen Modelle zur Geschichtskultur für die landesgeschichtliche Forschung genutzt werden, um neue Perspektiven und neue Forschungsfragen zu gewinnen.[53] Katrin Minner hat dies in ihrem Aufsatz zur Public History in den Westfälischen Forschungen (mit einem starken zeitgeschichtlichen Schwerpunkt) getan,[54] und oben wurden ja bereits Defizite bei der Erforschung der Rüsenschen und Schönemannschen Dimensionen benannt, die noch ergänzt werden können: So haben Malte Thießen und ich

---

51 Vgl. z. B.: Jochen GUCKES, Konstruktionen bürgerlicher Identität. Städtische Selbstbilder in Freiburg, Dresden und Dortmund 1900-1960, Paderborn u. a. 2011.
52 Vgl. zur Performanz von Geschichtskultur: Sarah WILLNER u. a. (Hrsg.), Doing history. Performative Praktiken in der Geschichtskultur, Münster/New York 2016. Speziell zu Jubiläen die überzeugende Studie von DRÜDING, Jubelfeiern, wie Anm. 27.
53 Vgl. hierzu auch die Überlegungen von Lena Krull und Bernd-Stefan Grewe, die zwar beide vom Konzept der Public History und nicht der Geschichtskultur ausgehen, aber in eine ähnliche Richtung wie der Autor denken: Lena KRULL, Landesgeschichte und Public History. Fachgeschichte und Perspektiven, in: Jahrbuch für Regionalgeschichte 37 (2019), S. 91-112, sowie GREWE, Verortete Geschichte, wie Anm. 41.
54 MINNER, Public History, wie Anm. 37, vor allem S. 16-23.

vor einigen Jahren etwa darauf verwiesen,[55] dass lokale und regionale Erinnerungsräume auch konfessionell geprägt sind, dass möglicherweise auch naturräumliche Bedingungen beim Umgang mit Vergangenheit und Geschichte eine Rolle spielen (z. B. in Norddeutschland die Erfahrung des Meeres)[56] und dass die Bedeutung von Emotionen (ich erinnere an den emotional aufgeladenen Heimatbegriff) bei der Erinnerung noch weitgehend unterschätzt wird[57] – auch hier liegen Forschungspotenziale mit Anschlussmöglichkeiten an die allgemeine historische Forschung (etwa zur Umwelt- oder Emotionsgeschichte).

Die Landesgeschichte, um die es mir ja hier vor allem geht, kann in mehrfacher Hinsicht von einer solchen geschichtskulturellen Erweiterung ihrer Perspektiven und ihres Gegenstandsbereiches profitieren: (1) Sie verstärkt dadurch den Trend zur Selbstreflexivität der Wissenschaft Landesgeschichte, indem sie im Sinne Rüsens den Zusammenhang von Wissenschaft und Lebenspraxis immer wieder in den Blick nimmt. (2) Sie verstärkt auch ihr kritisches Potenzial, indem sie die gesellschaftlichen und politischen Funktionen landesgeschichtlicher Forschung und landesgeschichtlicher Kommunikation systematisch berücksichtigt. Und (3) sie kann auch die Legitimation der Landesgeschichte deutlicher machen, indem Phänomene des Umgangs mit Vergangenheit und Geschichte in der Region in den Fokus geraten, die auch von aktueller Relevanz sind.[58] Aus meiner Sicht ist daher die aus Anlass des Landesjubiläums in Angriff genommene Erforschung der Erinnerungsorte im heutigen Niedersachsen ein erster wichtiger Schritt hin zu einer breiteren Forschungsanstrengung, die sich die Analyse regionaler und lokaler Geschichtskulturen zum Ziel setzen könnte.

---

55   Vgl. REEKEN/THIESSEN, Regionale Geschichtskulturen, wie Anm. 49.

56   Erste eigene Überlegungen hierzu: Dietmar VON REEKEN, Das Meer als Heimat? Erfahrung, Wahrnehmung, Deutung und Erinnerung im regionalen Gedächtnis Nordwestdeutschlands, in: Rudolf HOLBACH/Dietmar VON REEKEN (Hrsg.), »Das ungeheure Wellen-Reich«. Bedeutungen, Wahrnehmungen und Projektionen des Meeres in der Geschichte, Oldenburg 2014, S. 99-113.

57   Mit »Heimat(en)« aus geschichtsdidaktischer Sicht wird sich das diesjährige Heft der »Zeitschrift für Geschichtsdidaktik« (21, 2022) beschäftigen. Zu Emotionen vgl. Juliane BRAUER/Martin LÜCKE (Hrsg.), Emotionen, Geschichte und historisches Lernen. Geschichtsdidaktische und geschichtskulturelle Perspektiven, Göttingen 2013.

58   Vgl. etwa KRULL, Landesgeschichte, wie Anm. 53, S. 111 f., und GREWE, Verortete Geschichte, wie Anm. 41, S. 28-31; ob Grewes Vorschlag einer »doppelten Publikationsstrategie« (einmal für den innerwissenschaftlichen Diskurs, einmal für die regionale Öffentlichkeit, Letzteres ggf. in Zusammenarbeit mit »Public historians«) realistisch ist, sei dahingestellt.

# Der Bremer Roland – Ein kommunaler und nationaler Erinnerungsort
## Ein städtisches Denkmal und seine überörtlichen Bezüge

von Jörn Brinkhus

## I. Einleitung

Außer in Bremen waren Rolandstatuen und andere Rolanddarstellungen während des Mittelalters und der Frühen Neuzeit auch an manchen niedersächsischen Orten anzutreffen: Einige galten als Versinnbildlichungen der historisch-literarischen Rolandfigur, also des Paladins Karls des Großen, der in Westeuropa als ein Ritterheiliger verehrt wurde; andere, darunter das Exemplar an der Weser, wurden als kommunale »Freiheits- und Autonomiesymbole verstanden und behandelt« (wie Bernd Ulrich Hucker ausgeführt hat). In einem Sammelband über Erinnerungsorte des Mittelalters charakterisiert Bernhard Jussen den Roland deswegen als eine hybride Figur.[1] Als ein städtisches Wahrzeichen erlangte die Bremer Freiplastik eine überregionale Bekanntheit, ohne dass Verbindungen des historischen Rolands zu Bremen bekannt sind. Von dem frühmittelalterlichen Markgrafen ist nur dessen Tod auf einem Spanienfeldzug überliefert, ein Aufenthalt des bretonischen Adeligen in Norddeutschland kann als ausgeschlossen gelten. Das Rolandslied oder spätere literarische Verarbeitungen liefern ebenfalls keinen Anhalt dafür, warum eine spätmittelalterliche norddeutsche Stadtgemeinde eine solche imposante Statue errichtete.

Folglich konzentriert sich dieser Beitrag auf die örtlichen Umstände und die dem Denkmal zugeschriebenen Deutungen und symbolischen Verwendungen, speziell im Vergleich zu den Rolanden auf dem Gebiet des heutigen Niedersachsens (II.). Statt das Thema chronologisch zu entfalten,[2] sollen die

---

1 S. Bernd Ulrich Hucker, Kritische Annotationen zur Klassifizierung von Rolanden, in: Dieter Pötschke (Hrsg.), Stadtrecht, Roland und Pranger. Zur Rechtsgeschichte von Halberstadt, Goslar, Bremen und Städten der Mark Brandenburg, Berlin 2001, S. 238-256, hier: S. 239 mit Hinweisen zur Forschungsliteratur. Art. Roland, in: Lexikon des Mittelalters, Bd. 7, München 1995, S. 951-958; Bernhard Jussen, Roland, in: Johannes Fried/Olaf Rader, Die Welt des Mittelalters. Erinnerungsorte eines Jahrtausends, München 2011, S. 396-408.

2 Eine chronologisch angelegte Vorstudie: Jörn Brinkhus, Der Bremer Roland – eine Symbolfigur bremischer Identität, in: Wittheit zu Bremen (Hrsg.), Heimat und Identität. Beiträge und Dokumentation zum Bremer Heimatpreis, Bremen 2021, S. 70-97.

verschiedenen, sich zeitlich überlappenden Interpretationen, Narrationen und Praktiken dargestellt werden: die politischen Deutungen als ein kommunales und föderales Freiheitsdenkmal (III.), die gelehrte Kritik ebenso wie die populär- und hochkulturellen Aneignungen seit der Frühen Neuzeit (IV.), die Neuerfindung des Rolands als ein Nationaldenkmal durch Bremer Politiker und politisierte Schriftsteller mit bisweilen deutschlandweiter Reichweite seit 1800 (V.), seine Bedeutung als Versammlungsort bei öffentlichen Inszenierungen und als Gegenstand wissenschaftlicher Forschung (VI.) sowie schließlich die Bedeutungsverschiebungen nach 1945 (VII.).

Obgleich bisweilen inhaltliche Vor- und Rückgriffe unerlässlich sind, erlaubt diese Gliederung, den Bremer Roland als einen Erinnerungsort[3] und damit vielschichtigen, generationenübergreifenden Fokus »kollektiver Erinnerung und Identität«[4] darzustellen. Systematisch soll dieser Beitrag dabei die bis ins 20. Jahrhundert reichenden populärkulturellen Aneignungen und die kulturelle Praxis mit und um den Roland behandeln. Dagegen wird auf formengeschichtliche Analysen zum Denkmal[5] und die Forschungsdiskussion über Rolandstatuen im Allgemeinen[6] nur soweit nötig zurückgegriffen.

## II. Rolande in Niedersachsen

Der folgende Überblick zu Rolanden in Niedersachsen strebt keine Vollständigkeit an, sondern konzentriert sich auf prominente, in der Forschungsliteratur behandelte Beispiele, wobei die Begrenzung auf das heutige Bundesland historische Bezüge, etwa zwischen niedersächsischen Rolanddarstellungen und

---

3 Dazu: Jörn BRINKHUS, Der Bremer Roland, in: Henning STEINFÜHRER/Gerd STEINWASCHER (Hrsg.), Geschichte und Erinnerung in Niedersachsen und Bremen. 75 Erinnerungsorte, Göttingen 2021, S. 123-129.

4 Etienne FRANÇOIS/Hagen SCHULZE, Einleitung, in: DIES., Deutsche Erinnerungsorte, Bd. 1, München 2001, S. 9-24, hier: S. 18.

5 Vgl. bspw.: Kristina DOMANSKI/Doerte FRIESE, Roland und Karl der Große am Rathaus in Bremen. Legitimation einer städtischen Oberschicht, in: Lieselotte E. SAURMA-JELTSCH, Karl der Große als vielberufener Vorfahr. Sein Bild in der Kunst der Fürsten, Kirchen und Städte, Sigmaringen 1994, S. 113-137, hier: S. 127-130, sowie Rolf GRAMATZKI, Das Rathaus in Bremen. Versuch zu einer Ikonologie, Bremen 1994, S. 21-26.

6 Grundlegend dazu: Bernd Ulrich HUCKER, Der hansestädtische Roland, in: Matthias PUHLE (Hrsg.), Hanse Städte Bünde. Die sächsischen Städte zwischen Elbe und Weser um 1500, Magdeburg 1996, S. 474-494, hier: S. 480-486.

solchen in Ostdeutschland, zerschneiden mag. Innerhalb dieses Einschränkungen lassen sich drei Gruppen von Rolanden in Niedersachsen identifizieren.[7]

Erstens existierten und existieren zahlreiche bildliche oder figürliche Rolanddarstellungen als Teile größerer Objekte. Zeitlich reicht ihre Entstehung von einer 1448 gegossenen, nicht mehr erhaltenen Wildeshauser Kirchenglocke bis in die Nachkriegszeit, beispielsweise zur Ausschmückung eines Kaufhauses mit einem Mosaik. Manche Zuschreibung ist allerdings fragwürdig: Eine 1545 errichtete Hildesheimer Brunnenfigur wurde nachträglich als Roland bezeichnet; in Lüneburg scheint dagegen eine als Roland konzipierte Giebelfigur diese Bezeichnung eingebüßt zu haben. Darüber hinaus ist bei anderen Kleinfiguren fraglich, ob diese überhaupt Roland darstellen sollten oder nicht näher bestimmbare Ritterheilige, was etwa für eine in der Weser bei Kirchweyhe gefundene Schiffsfigur des 15. Jahrhunderts gilt. Bei anderen Einzelobjekten wie bspw. einem untergegangenen Rathausgiebel in Hoya bleibt diskutabel, ob diese nur Zierrat oder eigenständige Bedeutungsträger waren.

Dass ein solcher selbständiger Symbolgehalt vorliegt, ist bei einer zweiten Gruppe, den im Spätmittelalter und in der Frühen Neuzeit errichteten Freiplastiken, unbestreitbar, wenngleich eine trennscharfe Abgrenzung zu den Gerichts- und Schandsäulenfiguren schwerfällt. Neben zwei Exemplaren in Dörfern (Brobergen und Hehlingen) ist für Verden (im 17. Jahrhundert) sowie für Buxtehude (Anfang des 18. Jahrhunderts) die Existenz von Holz- oder Steinrolanden überliefert. Für Braunschweig und Wildeshausen gibt es dagegen nur wenig belastbare Aussagen. Dies gilt nicht für den Göttinger Roland, der von Peter Aufgebauer gründlich behandelt worden ist: Vermutlich um daran zu erinnern, dass Göttingen sich de facto von der fürstlichen Stadtherrschaft gelöst hatte, wurde diese nach 1383 errichtete Steinstatue auf dem Marktplatz aufgestellt. Wegen der 1512 vollzogenen Huldigung des Rats und der anschließend in der Stadt dominanten Landesherrschaft verlor der Roland diese exponierte Lage. Die ca. einen Meter große Freiplastik wurde in die Hauptpfarrkirche der Bürgerschaft verbracht, wo der Roland sich in eine Gruppe von Heiligenfiguren einreihte, in der Reformationszeit beschädigt und später repariert wurde. Am Ende des 18. Jahrhunderts ging er verloren.[8]

---

7 Hucker, Kritische Annotationen, wie Anm. 1, S. 242f., S. 247-250, S. 252f.; Peter Aufgebauer, »So hat man auch in Gottingen gehabt eynen Rholant ...«. Ein Denkmal und seine Überlieferung, in: Ders. u. a. (Hrsg.), Festgabe für Dieter Neitzert zum 65. Geburtstag, Bielefeld 1998, S. 109-144; Dietlinde Munzel-Everling, Rolande. Die europäischen Rolanddarstellungen und Rolandfiguren, Dößel 2005. Der Roland in Bad Bederkesa fehlt in dieser Übersicht, auf diese Steinstatue wird weiter unten eingegangen.

8 Aufgebauer, Göttingen, wie Anm. 7, S. 120, 124-126.

Vom Göttinger Roland und anderen Statuen älteren Errichtungsdatums zu unterscheiden sind, drittens, die seit 1800 hergestellten Darstellungen, etwa als Hauszeichen oder als Kriegerdenkmäler. Dass die Rolandsymbolik noch im 20. Jahrhundert aufgegriffen wurde, belegt zwar eine formensprachliche Kontinuität, aber wegen ihrer näheren Baudaten ist die zweite Gruppe der älteren Freiplastiken zur Kontextualisierung des Bremer Rolands relevant.

Mag offen sein, ob die Rolande in Niedersachsen ein ähnlicher Symbolgehalt verbindet, so wurden alle diese Statuen (soweit nachvollziehbar) von einer Kommune als Bauherrin errichtet. Im Fall Göttingens sind die politischen Hintergründe für die Errichtung am klarsten zu greifen, nämlich Konflikte mit dem Landesherrn. Dieser Zusammenhang zwischen stadtgeschichtlichen Zäsuren und Errichtung sowie Veränderung der Denkmäler verbindet den Bremer Roland mit seinem Göttinger Pendant und mit anderen Rolandstatuen in Nordwestdeutschland. So schützte die Verbringung des Göttinger Rolands in eine Kirche diesen vor eben jenen fürstlichen Übergriffen, die für Bremen, Verden und andernorts überliefert sind.[9]

Noch mehr fällt auf: Zwar handelt es sich beim Göttinger Roland nicht um den einzigen Roland, der im heutigen Niedersachsen durch einen kommunalen Bauherren errichtet wurde.[10] Gemessen an der Gesamtfläche des heutigen Niedersachsens aber wurden nur wenige Freiplastiken aufgestellt. Da unklar ist, warum vielerorts eine Errichtung unterblieb, wirken die Aufstellung von Rolandstatuen und deren räumliche Verteilung auf dem Gebiet des heutigen Niedersachsens geradezu zufällig.[11] Offenkundig ergriffen nur manche Städte und Landgemeinden die Gelegenheit zum Denkmalbau; andere Kommunen nutzten andere Sinnbilder; wieder andere legten auf eine bildhafte Darstellung

---

9  In Verden wurden Rolandfiguren vom Bischof und später den schwedischen Landesherren niedergerissen. Dagegen wurde der Roland in Bad Bederkesa vor den schwedischen Truppen in Sicherheit gebracht. Vgl. HUCKER, Kritische Annotationen, wie Anm. 1, S. 245. Zum Abbruch des Hamburger Rolands als Folge der Unterwerfung unter den Grafen von (Schauenburg-)Holstein: AUFGEBAUER, Göttingen, wie Anm. 7, S. 112, sowie über die Auseinandersetzungen Hamburgs mit dem Landesherrn ausführlich Antonius David GATHEN, Rolande als Rechtssymbole. Der archäologische Bestand und seine rechtshistorische Deutung, Berlin 1960, S. 92-98. Auf das Niederbrennen des Bremer Rolands 1366 und seine spätere Wiederrichtung wird weiter unten eingegangen. Weitere Beispiele für niedergelegte Rolande außerhalb Norddeutschlands: Karl HOEDE, Das Rätsel der Rolande. Festschrift zum Jubiläum des Rolands von Belgern 1610-1910, Gotha 1911, S. 196f., sowie HUCKER, Roland, wie Anm. 6, S. 487-492.

10  Differenziert zu der Frage nach Rolandfiguren in welfischen Territorien: AUFGEBAUER, Göttingen, wie Anm. 7, S. 110 und S. 136-138. Zur kommunalen Bauherrenschaft: GATHEN, wie Anm. 9., S. 53 f.

11  Zur heterogenen Verteilung der Rolande bspw.: HOEDE, Rätsel der Rolande, wie Anm. 9, S. 187.

ihrer Autonomie nur wenig Wert.¹² Auf Grund dieser Unverbindlichkeit waren die Rolandsfreiplastiken (so die Einschätzung des Verfassers) nur fakultativ verwendete Symbole kommunaler Unabhängigkeit ohne näheren Aussagewert über die Qualität dieser gemeindlichen Autonomie.

Demgegenüber stellte ein einzelner, 1868 veröffentlichter Forschungsbeitrag eine gehäufte Verteilung von Rolanden in Niedersachsen fest. Dafür kombinierte der Verfasser einen auf die Grenzen des alten sächsischen Stammesherzogtum bezogenen Niedersachsenbegriff mit einer ebenso ausgreifenden Identifizierung überlieferter Plastiken als Rolande.¹³ Angesichts der Entwicklung der Rolandforschung kann diese Argumentation heute nicht mehr überzeugen, zumal sie an Jacob Grimms überholte These anschloss, dass die seit dem Mittelalter errichteten Rolande in der Nachfolge von Irminsäulen an diese sächsische Gottheit erinnerten. Auch die vom Hannoveraner Kunsthistoriker Victor Curt Habicht 1914 vorgebrachte Herleitung des Bremer Rolands aus einer spezifisch niedersächsischen Grabmalkunst (»Der Roland steht durchaus in ihrer Entwicklung und gehört seiner Gestaltung nach mehr in diese, als in die hanseatische oder engere bremische Plastik hinein«), ist heute nicht mehr anschlussfähig.¹⁴ Denn seine Veröffentlichungen bezweckten, dem damals im Umfeld der Heimatschutzbewegung schillernden Niedersachsenthema neben historischer Patina eine dezidierte Bremennote zu geben. Dabei orientierte Habicht sein Untersuchungsgebiet an einem erweiterten niedersächsischen Reichskreis, nämlich einschließlich von Hamburg, Lübeck, Schwerin, Quedlinburg und Wernigerode sowie Corvey und Höxter. Allerdings blieb diese Argumentation eine Skizze, in seinem magistralen Werk zum niedersächsischen Kunstkreis von 1930 griff der Verfasser seine eigene Deutung nicht wieder auf.¹⁵

---

12 Vgl. dazu den instruktiven Vergleich zwischen Bremen und Lübeck: Dietrich W. POECK, Vrigheid do ik ju openbar. Geschichtsbilder in Hansestädten (2000), in: DERS., unde we dit bock lefft hefft unde gerne leset, de bidde vor uns. Memoria in Hansestädten, Dortmund 2020, S. 307-322.

13 Hugo MEYER, Abhandlung über Roland, Bremen 1868, meinte, nicht weniger als 40 bis 50 niedersächsische Rolande nachweisen zu können.

14 V. Curt HABICHT, Die kunsthistorische Einreihung des Rolandes zu Bremen vom Jahre 1404, in: Zeitschrift für bildende Kunst 51, 1915/16, S. 271-279. Zitat: S. 276.

15 V. Curt HABICHT, Der Roland zu Bremen, Bremen 1922, S. 18, formuliert: »Die außerordentliche Bedeutung des Bremer Rolandes, was Sinn der Gestalt und Formwiedergabe anlangen, beweisen am besten die eifrigen Nachahmungen der Patriziate der niedersächsischen Städte im ganzen weiten Bezirk und die nun aus dem Boden schießenden Steinrolande allerorts ...« (S. 18) Habicht veröffentlichte diese Schrift im Bremer Angelsachsen-Verlag, der zahlreiche Niedersachsen-Titel in seinem Programm hatte. Später kommt V. Curt HABICHT, Der Niedersächsische Kunstkreis, Hannover 1930, S. 190, nicht mehr auf diese Ausführungen zurück.

Auch ist festzustellen, dass alle für Niedersachsen bekannten Freiplastiken bis 1850 untergingen. So interessant diese Objekte als Facetten spätmittelalterlicher und frühneuzeitlicher Ortsgeschichte sein mögen (schon der Oldenburger Rolandforscher Georg Sello schrieb 1902 von einem »lokalhistorischen Affectionswert«[16]), so hat keine dieser niedersächsischen Rolanddarstellungen die Qualität eines von der Bürger- und Stadtgesellschaft geteilten, eine gemeinsame Identität formulierenden und dieses Angebot zur kollektiven Selbstdeutung über die Jahrhunderte hinweg vermittelnden Symbols erreicht. Dagegen erlangte der Bremer Roland solche Eigenschaften und wurde zu einem bis heute wichtigen Fixpunkt des kulturellen Gedächtnisses.[17] Seine Größe und sein Alter sowie der gute Erhaltungszustand mögen diese Sonderentwicklung begünstigt haben, und auch die schon im späten 19. Jahrhundert übliche Verwendung Rolands als Firmen- und Markennamen verstärkte dessen Bekanntheit noch. Doch zu einem Erinnerungsort (und damit zu mehr als einem sehr bekannten städtischen Wahrzeichen) wurde der Roland an der Weser, weil mit der Statue seit ihrer Erbauung und bis heute Politik betrieben wird.

## III. Politische Deutungen: Der Bremer Roland als ein kommunales und föderales Freiheitsdenkmal

Die ältere Geschichte des Bremer Rolands ist gut erforscht und häufig erzählt worden.[18] Laut der Stadtchronik besaß die Steinstatue einen hölzernen Vorgänger, von dem nur überliefert ist, dass er einer Brandstiftung zum Opfer fiel: 1365/66 erschütterten gewalttätige innere Auseinandersetzungen die Stadtgesellschaft. Um die Weserstadt unter seine Vorherrschaft zu zwingen, griff der Bischof des Bistums Bremen erfolglos mit Waffengewalt ein; dabei brannten seine

---

16  Georg SELLO, Der Roland zu Bremen, in: Bremisches Jahrbuch 20 (1902), S. 1-70, hier: S. 1.

17  Jan ASSMANN, Das kulturelle Gedächtnis. Schrift, Erinnerung und politische Identität in frühen Hochkulturen, München 2000, S. 52.

18  Zum Folgenden vor allem: Konrad ELMSHÄUSER, Der erste Roland und das erste Rathaus von Bremen, in: Bremisches Jahrbuch 84 (2005), S. 9-46. Die Position, dass der Bremer Roland von 1366 nur eine Erfindung gewesen sei, vertritt: Dieter PÖTSCHKE, Fälschung – Dichtung – Glaube. Wie aus Rolanden Rechtssymbole wurden, in: DERS. (Hrsg.), Stadtrecht, Roland und Pranger. Zur Rechtsgeschichte von Halberstadt, Goslar, Bremen und Städten der Mark Brandenburg, Berlin 2002, S. 177-237, hier: S. 193-201. Das Für und Wider dieser These wurde bereits im 19. Jahrhundert gewogen: Georg SELLO, Vindiciae Rulandi Bremensis, in: Bremisches Jahrbuch 21 (1906), S. 1-94, hier: S. 7-10. Sello selbst vertritt die Position, dass bald nach 1366 ein Holzroland errichtet worden sei, der später als Vorbild für den Steinroland gedient habe (ebd., S. 23).

Kriegsknechte den Holzroland nieder. Indem sich der Rat für den 1404 erfolgten Wiederaufbau der Plastik entschied – und zwar in Stein und damit in haltbarerer Form sowie benachbart zum Rathaus und in zeitlicher Nähe zu dessen Umbau –, erinnerte die Stadtgemeinde an die endgültige Niederlage des Stadtherrn, mithin wie Bremen zu einer von der Landesherrschaft fast vollständig freien Stadt geworden war.[19] Während über die historischen Motive zur Errichtung des alten Holzrolands nichts überliefert ist,[20] bezog sich die neu errichtete Steinstatue mit ihrem einzigartigen, vielleicht erst mit zeitlicher Verzögerung angebrachten Wahlspruch *vrijheit do ik ju openbar de karl und mennich vorst vorwar desser stede ghegheven hat des danket gode is min radt* auf den Begriff der Freiheit.[21]

Im Spätmittelalter meinte diese Freiheit allerdings nicht – wie heute – ein festes Korpus individueller Rechte. Vielmehr bezeichnete die *vrijheit* des Rolandschilds eine historisch gewachsene Menge von kommunalen Vorrechten, über welche Bremen als Stadtgemeinde verfügte, zum Beispiel die Marktfreiheit, den Zugriff auf die Hafengebühren oder die Mitwirkung an der Gerichtsbarkeit.[22] Aus Sicht der Ratsobrigkeit galt es, diese Privilegien zu wahren und zu mehren. Um diese Interessenpolitik zu legitimieren, wurde die freistädtische Ausdeutung des Rolands fortgeschrieben und gefestigt, wobei durch Manipulationen an den Bremer Stadtchroniken sowie durch gefälschte Urkunden eine angeblich bis ins Jahr 1111 zurückreichende Vorgeschichte ausgesponnen wurde. Diese erfundene Geschichte des Denkmals sollte u. a. dessen Ausschmückung mit einzelnen Insignien des Heiligen Römischen Reichs erklären und diente zugleich den Ambitionen Bremens, von einer vom Landesherrn de

---

19  Zum Zusammenhang zwischen Rathaus und Roland: DOMANSKI/FRIESE, Roland und Karl, wie Anm. 5. Vgl. Konrad ELMSHÄUSER, Von der Kaiserfreiheit zur Kaisertreue. Bremens Rathaus als Ort stadtstaatlicher Selbstrepräsentation, in: Niedersächsisches Jahrbuch 89 (2017), S. 7-35, hier: S. 8-15.

20  Verschiedene Theorien diskutieren bspw. Herbert MEYER, Freiheitsroland und Gottesfrieden. Neue Forschungen über den Bremer Roland, in: Hansische Geschichtsblätter 56 (1931), S. 5-82, hier: S. 29-37; Theodor GOERLITZ, Der Ursprung und die Bedeutung der Rolandsbilder, Weimar 1934, S. 32 f.; Karl HELDMANN, Die Rolandsbilder Deutschlands in dreihundertjähriger Forschung und nach den Quellen. Beiträge zur Geschichte der mittelalterlichen Spiele und Fälschungen, Halle an der Saale 1904, S. 106 f.

21  Vgl. dazu die Bewertung von Rudolf STEIN, Romanische, gotische und Renaissance-Baukunst in Bremen, Bremen 1962, S. 231 f. Zu der abweichenden Meinung, dass mit *stede* nicht die Stadt, sondern eine Gerichtsstätte gemeint sei, prägnant: Karl HOEDE, Deutsche Rolande. Neue Fragen, neue Wege, Magdeburg 1934, S. 67-73, und GRAMATZKI, Rathaus, wie Anm. 5, S. 23.

22  Vgl. als Übersicht: Hartmut MÜLLER, »Wy hebben ene frye Stadt«. Historischer Abriss zur Selbständigkeit, in: Volker KRÖNING u. a., Das Land Bremen in Deutschland und Europa, Bremen 1991, S. 22-41, sowie Dieter HÄGERMANN, Bremens Weg zur Freien Reichsstadt, in: Bremisches Jahrbuch 76 (1997), S. 17-35.

facto bereits weitgehend freien Stadt zu einer unmittelbaren Stellung unter Kaiser und Reich zu avancieren, wovon sich die Ratsobrigkeit erweiterte politische Gestaltungsmöglichkeiten versprach.[23]

Wie Sello bereits Anfang des 20. Jahrhunderts feststellte, war der Roland somit zu einem janusköpfigen lokalen Stadtrechtssymbol geworden. Gegenüber Kaiser, Reichstag und Fürsten beglaubigte die Statue eine scheinbar lange Kontinuität von Privilegienverleihungen, in der Stadt selbst erinnerte sie an die gegenüber dem vormaligen Stadtherrn erkämpfte Autonomie.[24] Dazu passte die Vermutung, dass der Steinroland Anfang des 16. Jahrhunderts umgesetzt wurde, so dass er dann dem Dom und damit dem Bischof die *Stirn biete*.[25] So gut sich diese Idee zur Deutung des Rolands als Symbol städtischer Freiheit fügt, trifft sie doch nicht zu: Der Roland wurde nie versetzt und – genau genommen besitzt er bis heute keine Blickachse zum Dom.[26]

1602 gab der Bremer Rat beim bekannten hessischen Geographen und Schriftsteller Wilhelm Dilich eine illustrierte Chronik Bremens in Auftrag, um die fingierte Vorgeschichte des Denkmals zu popularisieren.[27] Der von Bürgermeister Heinrich Krefting an entscheidenden Stellen ausgeschmückte Text legte nahe, dass der Roland (andeutungsweise als Stein- und nicht als Holzstatue) ein Geschenk Karls des Großen gewesen sei, womit sich seine erfundene Geschichte bis zur Reichsgründung Anfang des 9. Jahrhunderts verlängerte (und wahrscheinlich auch das Wissen um den 1366 zerstörten Holzroland in den Hintergrund trat). Ähnliches hatte schon die 1583 endende Stadtchronik Johann Renners fabuliert,[28] auch um die eigenwillige, andernorts nicht verwendete Schildumschrift zu erklären. Demzufolge erinnerte der steinerne Roland nicht mehr an seine authentischen kommunalen Ursprünge, sondern präsentierte die Stadtwerdung als Teil der Reichsgeschichte. Zugleich unterstrich die Steinfigur eines Paladins des ersten Frankenkaisers den Anspruch auf

---

23 Vgl. Liselotte KLINK, Johann Hemelings »Diplomatarium fabricae ecclesiae Bremensis« von 1415/20, Hildesheim 1988, S. 24-26, mit einem Forschungsüberblick zu den Urkundenfälschungen sowie zur Einfügung von Falsa in die Stadtchronik.

24 Ausführlich bei SELLO, Roland zu Bremen, wie Anm. 16, S. 30-32.

25 Bspw. erwähnt bei: Carsten MIESEGAES, Chronik der freyen Hansestadt Bremen, Bd. 1, Bremen 1828, S. 266.

26 Vgl. STEIN, Baukunst, wie Anm. 21, S. 235, und ELMSHÄUSER, Der erste Roland, wie Anm. 18, S. 14 f.

27 Bettina SCHLEIER, Wilhelm Dilichs Bremer Chronik, in: Bremisches Jahrbuch 73 (1994), S. 12-47, hier: S. 28-31. Weitere Hinweise zur Argumentation des Bremer Rats bei SELLO, Roland zu Bremen, wie Anm. 16, S. 20 f.

28 KLINK, Johann Hemeling, wie Anm. 23, S. 35. Vgl. zur Renner-Chronik sowie zu weiteren Bewertungen in dem *Discursus de Republica Bremensi*: SELLO, Roland zu Bremen, wie Anm. 16, S. 31.

eine Statusaufwertung zur Reichsstadt – analog zu der von der Bremer Ratsobrigkeit behaupteten (tatsächlich nicht erfolgten) Verleihung von Stadtrechten durch Karl den Großen. Zur Nutzung des Denkmals durch die städtische Interessenpolitik gehörte zudem, im Unterwesergebiet um 1600 einen weiteren Roland zu errichten, um den eigenen Gebietsanspruch anzuzeigen, nämlich im Amt Bederkesa, das von 1381 bis 1654 der bremischen Hoheit unterstand.[29]

Natürlich blieb diese Geschichtsdeutung nicht unwidersprochen, schließlich wollte die Gegenpartei, also das Bremer Erzbistum, das nach dem Westfälischen Frieden zum schwedischen Königreich gehörte, eine Aufwertung Bremens zur Reichsstadt verhindern.[30] Ein bekannter Gutachter, der Schweden nahestehende Diplomatiker Hermann Conring, zog 1652 eine Erbauung des Rolands zu karolingischen Zeiten als *ein ziemlich altes, dennoch lächerliches Märchen*[31] in Zweifel – letztlich aber ohne greifbare Konsequenzen. Neben geschickter Diplomatie, üppigen Bestechungsgeldern und militärischen Mitteln war die öffentlich inszenierte Karlstradition ein Instrument, mit dem die Ratsobrigkeit es verstand, die Reichsunmittelbarkeit Bremens durchzusetzen: 1646 bestätigte das durch Kaiser Ferdinand III. ausgestellte Linzer Diplom diese Rechtsstellung. Welchen Anteil die Verwendung des Rolandthemas an dieser Verwirklichung städtischer Machtambitionen hatte, kann nicht mit Bestimmtheit gesagt werden.[32] Den Schlusspunkt dieser politischen Entwicklung bildete die Anerkennung Bremens als freie Reichsstadt in einem 1741 mit dem Kurfürstentum Hannover geschlossenen Vergleich.

Während dieses Konfliktes nutzte die Ratsobrigkeit den Roland auch, um innerhalb der Stadt für ihre wehrhafte Interessenpolitik zu werben.[33] Im Dreißigjährigen Krieg wurde von der Plastik ebenso wie von den als *Rolandskinder*

---

29  Vgl. über die Karlstradition in Bremen: Dieter HÄGERMANN, Karl der Große und die Karlstradition in Bremen, in: WITTHEIT ZU BREMEN, Jahrbuch, Bremen 1983, S. 49-80; MEYER, Freiheitsroland, wie Anm. 20, S. 75-82. Zu Bederkesa: HUCKER, Kritische Annotationen (wie Anm. 1), S. 245 f.; SELLO, Roland zu Bremen, wie Anm. 16, S. 35.

30  Beate-Christine FIEDLER, Bremen und Verden als schwedische Provinz (1633/45-1712), in: Geschichte des Landes zwischen Elbe und Weser, Bd. 3: Neuzeit, Stade 2008, S. 173-253, besonders: S. 235-240.

31  Zitiert nach SCHLEIER, Dilich, wie Anm. 27, S. 30. Zur Biographie Conrings: Erich DÖHRING, Art. Conring, Hermann, in: Neue Deutsche Biographie 3 (1957), S. 342-343 [Online-Version: URL: https://www.deutsche-biographie.de/pnd11852190X.html#ndbcontent. (Zugriff 10.8.2022).

32  Karl Heinz SCHWEBEL, Bremens Beziehungen zu Kaiser und Reich, vornehmlich im 18. Jahrhundert, Bremen 1937, S. 19-46; Herbert SCHWARZWÄLDER, Geschichte der Freien Hansestadt Bremen, Bd. 1, erweiterte Ausgabe, Bremen 1995, S. 343-458; Hartmut MÜLLER, Das Linzer Diplom von 1646, in: Bremisches Jahrbuch 74/75 (1995/96), S. 11-28.

33  Vgl. SELLO, Roland zu Bremen, wie Anm. 16, S. 36.

Abb. 1: Abbildung des Bremer Rolands aus dem Zierenbergschen Wappenbuch, um 1635 angelegt, im Original farbig. Auffällig ist die überdeutliche Abbildung des Reichsadlers, gleichzeitig hat der Künstler auf eine Darstellung der Schildumschrift verzichtet. Quelle: Staatsarchiv Bremen, 10.B Kartei 94.

bezeichneten Bremern *Wachsamkeit* verlangt. Eine Einheit des Bremer Militärs verwendete den Roland als Bannerfigur, versehen mit dem Motto *antiqua libertas*. Als Symbolfigur diente der Roland also dazu, die Stadtgemeinde als Gesamtheit für die Ratspolitik zu gewinnen und in der schweren Zeit der politisch-militärischen Auseinandersetzungen mit der schwedischen Großmacht innere Eintracht zu fördern. Doch auch ein für Schweden optierender Repräsentant der Bremer Kaufmannschaft, Eltermann Burchard Lösekanne, ließ den Roland in einem von ihm verfassten Pasquill auftreten und den Rat geben, auf die Reichsstandschaft zu verzichten. Bekanntlich ohne Erfolg: Der Rat setzte sich durch, Lösekanne wurde 1654 als Verräter hingerichtet, und zwar beim Roland, dessen Funktion als Wahrer der Bremer Freiheit auf diese makabre Weise bekräftigt wurde.[34]

\*

Nach der Erlangung der Reichsunmittelbarkeit hatte die Figur ihre appellative Funktion verloren, vielmehr wurde der Roland zu einem Symbol des Status quo. Anlässlich von Einladungen zum Reichstag, dem für Bremen vorteilhaften Westfälischen Frieden und dem Rechtsstreit um den Weserzoll entstanden zwischen 1640 und 1650 vier Gedenkmedaillen, die mit dem Roland ausgeschmückt sind.[35] In bildhaften Darstellungen wurde die Steinstatue häufig zusammen mit dem Reichsadler dargestellt. Auch der Wahlspruch eines 1737 in der Bremer Neustadt errichteten Rolands sowie andere Inschriften bekräftigten, dass die Rolandsgestalt im Lichte der Kaiserfreiheit zu verstehen sei. Deswegen blieb das Ende des Heiligen Römischen Reichs deutscher Nation, insbesondere, dass die meisten Reichsstädte 1803 ihre Unabhängigkeit verloren, sowie die Niederlegung der Kaiserkrone 1806, nicht ohne Einfluss auf das Denkmal. So büßte der Roland seine unmittelbare symbolische Bedeutung ein, nämlich Bremens Selbständigkeit durch seine Kaiserunmittelbarkeit und den Status als Reichsstadt zu repräsentieren. Senator Denekens Einschätzung, dass der Roland *wie der Geist eines Verstorbenen vor uns* stehe, weil *wir doch keinesweges mit Gewißheit behaupten* können, *daß wir die Sprache verstehen, worin unsere Vorfahren durch diesen Roland zu uns reden*, ist ein zeitgenössischer Beleg dieses Sinnverlusts.[36] Denn zeitgleich verschwand die alteuropä-

---

34 Über Lösekanne: Alfred KÜHTMANN, Burchard Lösekanne und Statius Speckhahn, in: Bremisches Jahrbuch 12 (1883), S. 35-76, hier: S. 48-51. Vgl. zum Zusammenhang: Beate-Christine FIEDLER/Christine VAN DEN HEUVEL (Hrsg.), Friedensordnung und machtpolitische Rivalität. Die schwedischen Besitzungen in Niedersachsen im europäischen Kontext zwischen 1648 und 1721, Göttingen 2019.
35 Zum Folgenden: SELLO, Roland zu Bremen, wie Anm. 16, S. 37, FN III; DENKMALE DER GESCHICHTE UND KUNST DER FREIEN HANSESTADT BREMEN, Bd. I, Bremen 1862, S. 27.
36 Arnold Gerhard DENEKEN, Die Rolands-Säule in Bremen, Bremen 1803, S. 23.

isch-ständische *vrijheit*, an ihre Stelle trat ein moderner Begriff von Freiheit, der freilich mit neuen Inhalten gefüllt wurde. Auf das Verschwinden einer jahrhundertealten politischen Ordnung und den damit einhergehenden Orientierungsverlust reagierten die städtischen, zumeist juristisch und theologisch gebildeten Führungsschichten und die übrigen gelehrten Stände,[37] indem sie den Bremer Roland als ein Nationaldenkmal neu erfanden, das an die napoleonischen Freiheitskriege erinnerte (was noch darzustellen ist).

Erst nach der kleindeutschen Nationalstaatsgründung konnte die Statue wieder an ihren alten Symbolgehalt als Wahrerin der Autonomie Bremens innerhalb eines größeren politischen Gebildes anknüpfen. Sie schien nun den Fortbestand der Weserstadt als Gliedstaat innerhalb der bundesstaatlichen Ordnung des 1871 gegründeten Deutschen Reichs zu garantieren. Augenfällig machte dies eines der bekanntesten Denkmäler des Wilhelminismus, das Hamburger Bismarckstandbild. Die 1906 fertiggestellte monumentale Granitplastik orientierte sich explizit an der Statue aus der Weserstadt.[38] Für die Kuratoren war dabei ausschlaggebend, dass der Entwurf Bismarck, neben seiner Rolle als Reichsgründer, auch als einen Schutzpatron der freien Städte Hamburg, Lübeck und Bremen darstellte, die im frisch etablierten föderalen Nationalstaat ihre hergebrachte Rolle bewahren sollten. Im 19. Jahrhundert verlor der Roland trotz einer nationalen Neudeutung nicht seine Rolle als ein Symbol für die innere und äußere Freiheit der Stadt Bremen. Vielmehr wurden beide Themen miteinander verwoben, wie das 1872 veröffentlichte Gedicht *Roland und die Rose* des Bremer Künstlers Arthur Fitger zeigt: In diesem Reimwerk tritt der karolingische Adelige als Schutzherr der Weserstadt auf, der gleichzeitig als deutscher Held den Rhein gegen *die Mohren* verteidigt.[39]

Als Sinnbild für Bremens Selbständigkeit blieb der Roland äußerlich unverändert – abgesehen von einer Entfernung der farblichen Bemalung, was ihm eine Anmutung antiker Statuen gab.[40] Spätere Vorschläge, die Steinstatue wieder farblich zu gestalten, versandeten. Eine 1910 angedachte Versetzung des Rolands aus Gründen der innenstädtischen Verkehrslenkung wurde nicht weiterverfolgt. Nicht nur baulich, ebenso geschichtspolitisch übte die Stadtspitze

---

37 Nicola Wurthmann, Die Franzosenzeit als generationsspezifische Erfahrung der Bremer politischen Elite, in: Niedersächsisches Jahrbuch für Landesgeschichte 79 (2007), S. 99-117.

38 Vgl. Jörg Schilling, »Distanz halten«. Das Hamburger Bismarck-Denkmal und die Monumentalität der Moderne, Göttingen 2006.

39 Arthur Fitger, Roland und die Rose. Eine Phantasie im Bremer Ratskeller, Oldenburg 1872.

40 Bremische Chronik 1851-2016, S. 151; StAB 2-P.2.m.1.c; 3-B.13 Nr. 12 [1] und [2]. Ich danke Herrn Dr. Daniel Tilgner für diese sehr wertvollen Hinweise.

Zurückhaltung: 1880 lehnte der Bremer Senat (wie sich die Landesregierung seit dem 19. Jahrhundert nennt) es ab, auf eigene Kosten einen Abguss für das Germanische Nationalmuseum in Nürnberg anfertigen zu lassen – erst die Spende mehrerer Bürger erlaubte die Herstellung einer Replik. Zum 500-jährigen Errichtungsjubiläum des Rolands verfuhr der Senat ähnlich reserviert und entschied sich (neben einer Renovierung der Statue) statt Feierlichkeiten für das Prägen und Verteilen einer Rolandmedaille sowie die Förderung von wissenschaftlichen Forschungsarbeiten.

Damit hatte sich die kommunal-föderale Deutung endgültig als Hauptnarrativ der Denkmalsgeschichte etabliert, dessen Zählebigkeit wie Flexibilität sich schließlich unter den Bedingungen des *Dritten Reichs* erwies. Anlässlich der Berliner Olympiade 1936 legte der Bremer Schriftsteller Friedrich Lindemann eine Bühnenfassung von Wilhelm Hauffs *Phantasien im Bremer Ratskeller* vor, einer literarisch bedeutenden Aneignung des Rolandthemas, auf die noch näher einzugehen sein wird.[41] Dieses Drama unterstrich die Bedeutung der Weserstadt und konterte so Bestrebungen, den Stadtstaat im Rahmen einer Reichsreform einem größeren politischen Verband einzugliedern. Entsprechend tritt Roland in dem Stück als starker Recke auf, der die Bremer für ihre Entschlusskraft und Handlungsbereitschaft lobt. Dabei plädiert die Plastik für eine fortdauernde Unabhängigkeit Bremens, womit gemeint war: unter den Bedingungen des NS-Staats. Wenig überraschend nutzte der Autor sein Thema auch für ein politisch erwünschtes Bekenntnis zur Reichsidee. Zwar verzichtete Lindemanns Roland auf eine offene Parteinahme für die NS-Bewegung, warb aber für einzelne Aspekte der NS-Programmatik.

*

*Fragt man aber in der Stadt herum, wofür* [der Bremer Roland] *denn ein Wahrzeichen sei, so wissen neunundneunzig von hundert Bremern keine Antwort zu geben. Und auch der eine pflegt nur unbestimmte Sätze von Freiheit und kaiserlichen Privilegien hervorzubringen. Ein Wahrzeichen der Marktfreiheit also. Damit hat es aber auch sein Bewenden.* Mit dieser erstaunlichen Einlassung überraschte Manfred Hausmann, der damalige Feuilleton-Chef des »Weser-Kuriers«, 1947 seine Leser.[42] Und nicht nur das: Nach Meinung des Kulturjournalisten lasse der wenig aussagekräftige, sogar töricht zu nennende

---

41 Vgl. Thomas ELSMANN, Zum Wohle Bremens. Geschichte und Rezeption von Wilhelm Hauffs »Phantasien im Bremer Rathskeller«, Bremen 2016, S. 86-95.

42 S. Weser-Kurier, 24.4.1947. Vgl. zum Folgenden: Bernhard RIEGER, Was Roland a Nazi? Victims, Perpetrators, and Silences during the Restoration of Postwar Identity in Postwar Bremen, in: History and Memory 19 (2007), S. 75-112, hier: S. 87-89.

Gesichtsausdruck der Großplastik das Herz des Betrachters komplett kalt. Ohne die scharfe Zäsur des Jahres 1945 ausdrücklich zu erwähnen, schrieb der Schriftsteller dem Denkmal keine politische Bedeutung mehr zu. Hausmanns Versuch, die Statue für bedeutungslos zu erklären, ist im Kontext der Besatzungszeit zu verstehen. Die außen- und sicherheitspolitische Orientierung, die wirtschafts- und gesellschaftspolitische Ordnung, die verfassungsmäßigen und innenpolitischen Grundlagen: Dies alles war für die Westzonen Deutschlands zunächst ungeklärt, so dass viele Zeitgenossen eine unsichere Zukunft vor sich wähnten. Die junge Vergangenheit war diskreditiert, die ferne Historie bot ebenso keine Orientierung. Der am Beispiel des Rolands vorgeführte Versuch, geschichtspolitisch Tabula rasa zu machen, erledigte darüber hinaus die Frage nach Hausmanns eigener, höchst ambivalenter Rolle in der NS-Zeit – eine Gemeinsamkeit, die den Bremer Intellektuellen mit vielen anderen Deutschen verband.[43]

Eine Antwort auf Hausmanns journalistische Provokation ließ nicht lange auf sich warten.[44] In einem Leserbrief verwies Hermann Apelt auf ein angeblich hintergründiges Lächeln des Rolands, das er mit dem der Mona Lisa verglich. Mehr noch: Der Hafensenator hielt dem diagnostizierten Sinnverlust entgegen, dass die Statue eine städtisch-bürgerliche Freiheit, die es fortwährend zu verteidigen gelte, noch immer ausdrucksstark symbolisiere. Der Bremer Roland sei *ein Paladin des großen Kaisers, der uns in seinem Standbild das uns von Kaiser und Reich verliehene Privileg verbürgt, eine Freie Hansestadt zu sein*. Dass der spätere FDP-Politiker Apelt mehrere geschichtliche Fakten wie Versatzstücke verwendete, dürfte dem Leserbriefschreiber bewusst gewesen sein, vorsorglich erklärte er nämlich die historischen Details zur *Nebensache*.

Auch rang sich Apelt zu keiner Definition von *Freiheit* durch, sondern formulierte metaphernreich, diese sei als eine fortwährend einzuhaltende Verpflichtung *der innerste Nerv und das Lebensgeheimnis* Bremens – was angesichts der historisch offenen Situation Deutschlands eine inhaltliche Anschlussfähigkeit in viele Richtungen erlaubte. Wichtiger als ein Räsonnement zur überwölbenden politischen Ordnung war Apelt die Forderung, dass die Weserstadt weiterhin unabhängig bleibe. Erfolgreich reaktivierte der Landespolitiker die im Kaiserreich von 1871 wiederbegründete föderal-kommunale Deutungstradition des Bremer Rolands. Seitdem wird der Roland immer wieder herangezogen,

---

43  Zu Hausmann: Arn STROHMEYER, Unerwünscht? Der Schriftsteller Manfred Hausmann in der Zeit des Nationalsozialismus, in: DERS. u. a., Landschaft, Licht und Niederdeutscher Mythos. Die Worpsweder Kunst und der Nationalsozialismus, Weimar 2000.

44  S. Weser-Kurier, 31.5.1947. Zu Apelts Gedankenwelt: Hermann APELT, Reden und Schriften, Bremen 1962, sowie die Biographie Mathilde APELT SCHMIDT, My father, Hermann Apelt. The legacy of a great German Senator, Bloomington 2011.

bspw. auf Titelbildern entsprechender Publikationen, um Bremens Selbstständigkeit im föderalen Gefüge der Bundesrepublik Deutschland zu unterstreichen, insbesondere anlässlich von Diskussionen um eine Neugliederung des Bundesgebiets.[45] So wurde eine Rede, die Bürgermeister Klaus Wedemeier in Berlin 1995 zur Eigenständigkeit Bremens hielt, als *Rolandrede* tituliert. Auch zu anderen Gelegenheiten wird mit Rolands gutem Namen für Bremens Interessen mehr oder minder erfolgreich geworben: In Berlin veranstaltet die Bremer Landesvertretung unter der Bezeichnung *Roland-Runde* ein jährliches Kohl- und Pinkel-Mahl, während der Industrie-Club Bremen hochrangige Gäste zu seinem *Roland-Essen* in das Bremer Rathaus einlädt.

## IV. Gelehrte Kritik, volks- und hochkulturelle Aneignungen: Errichtung, Bedeutungen und Funktionen des Denkmals

Conrings Veröffentlichung von 1652 bildete einen frühen Meilenstein in der kritischen Auseinandersetzung mit dem Bremer Roland. In seinem Gutachten bezweifelte der Diplomatiker, der bereits mit gewichtigen Beiträgen zur Reichspublizistik hervorgetreten war, eine Errichtung des Denkmals durch Karl den Großen u. a., weil aus der Zeit vor 1200 keine Nachrichten über Rolandsdenkmäler überliefert seien und die Schildumschrift sprachlich nicht an den Beginn des 9. Jahrhunderts passe.[46] Mit solchen kritischen Anmerkungen zur Entstehungsgeschichte der Freiplastik setzte der Gelehrte einen Kontrapunkt gegen die politische Instrumentalisierung durch den Bremer Rat. Gleichwohl war auch Conrings Beschäftigung interessengelenkt: Schließlich sollten so Bremens Ambitionen auf städtische Autonomie und Reichsstandschaft hinterfragt werden.[47] Zugleich erwies sich die historische Camouflage, gegen die der mit dem schwedischen Königshof verbundene Helmstedter Professor anschrieb, als so erfolgreich, dass die Bremer Ratsobrigkeit selbst von der legendenhaften Errichtung des Rolands zu karolingischen Zeiten überzeugt war und darüber das authentische Errichtungsdatum allmählich vergaß.[48] Später indes kamen Zweifel auf. Um 1700, also nachdem die Reichsunmittelbarkeit Bremens erlangt worden war, hinterfragte der Ratssekretär Eggeling mit baugeschichtlichen Argumenten eine karolingische Schenkung, doch erst im 19. Jahrhun-

---

45   Bremische Chronik 1851-2016, S. 973, 1194 und 1289.
46   Vgl. SCHLEIER, Dilich, wie Anm. 27, S. 30 f.
47   DÖHRING, Conring, wie Anm. 31, kommt zur Einschätzung: »Die Ansichten, welche [Conring] dabei vertrat, waren nicht selten von der Rücksicht auf seinen persönlichen Vorteil bestimmt.« Zu Conring: HELDMANN, Rolandsbilder, wie Anm. 20, S. 7 f.
48   So die Einschätzung von SELLO, Vindiciae Rulandi Bremensis, wie Anm. 18, S. 32 f.

dert gelang es, das korrekte Baujahr wieder zu ermitteln.[49] Als Spätfolge dieser vormodernen Geschichtsklitterung vertraten noch im 20. Jahrhundert einzelne Forscher die Ansicht, dass (hölzerne) Rolande in Bremen und andernorts bereits zu karolingischen Zeiten errichtet worden seien.[50]

Doch nicht nur das Errichtungsdatum der Bremer Großplastik beschäftigte frühneuzeitliche Gelehrte, sondern auch die – bis heute offene – Frage, was alle damals vorhandenen Rolandstatuen inhaltlich miteinander verbinde. Zu diesem Thema äußerten sich bedeutende Wissenschaftler wie Philipp Melanchthon, Gottfried Wilhelm Leibniz oder Jacob Grimm und nahmen dabei auf den Bremer Roland Bezug – bisweilen mit durchaus polemischer Note.[51] In seiner wohl 1667 verfassten, aber erst deutlich später veröffentlichten Ausarbeitung *Exsequiae Rulandi Bremensis* stellte Johann Justus Winckelmann der Plastik nichts weniger als ihre Beerdigung in Aussicht.[52] Dazu bündelte der damals in Oldenburg ansässige Historiograph die bekannte Kritik an den Bremer Urkundenfälschungen und setzte sich mit der zeitgenössischen Rolandliteratur von Johannes Gryphiander und anderen Autoren auseinander. Zu Recht sprach der Verfasser dem Bremer Denkmal wie den Rolanden insgesamt jeglichen Beweiswert für eine Verleihung von Stadtprivilegien ab. Indes lässt der provokante Titel von Winckelmanns Schrift Hintergedanken vermuten. So wurde der Verfasser durch Graf Anton Günther gefördert, der als Oldenburger Landesherr mit Bremen eine juristische Auseinandersetzung über den Weserzoll

---

49   Vgl. Johann Heinrich EGGELING, De Statuis Ruhlandicis, Bremen 1700, S. 34. Über Eggeling: Thomas ELSMANN, Johann Heinrich Eggeling (1639-1713). Eltermann, Ratssekretär, Gelehrter und Sammler, in: Bremisches Jahrbuch 71 (1992), S. 81-102. In Philip Adam STORCKS nachgelassener Schrift (Ansichten der Freien Hansestadt Bremen, Frankfurt a. M. 1822, Nachdruck Bremen 1977, S. 179 f.) wird beispielsweise eine Errichtung des Holzrolands zu ottonischen Zeiten angenommen und die Aufstellung des Steinrolands auf das Jahr 1512 fehldatiert, doch schon die Berichtigungen im Anhang nennen das korrekte Erbauungsdatum 1404 und vermuten, dass der Holzroland Mitte des 14. Jahrhunderts errichtet wurde (ebd., S. 619 f.).

50   Vgl. Hans REMPEL, Die Rolandstatuen. Herkunft und geschichtliche Wandlung, Darmstadt 1989.

51   Vgl. zu Grimm: Dieter PÖTSCHKE, Roland und Recht. Ursprung und rechtliche Bedeutung insbesondere der märkischen Rolandstandbilder, in: DERS. (Hrsg.), Rolande, Kaiser und Recht. Zur Rechtsgeschichte des Harzraums und seiner Umgebung, Berlin 1999, S. 44-132, hier: S. 52-55. Vgl. zu Leibniz: AUFGEBAUER, Göttingen, wie Anm. 7, S. 128, und zu Melanchton: GOERLITZ, Rolandsbilder, wie Anm. 20, S. 2f., sowie HELDMANN, Rolandsbilder, wie Anm. 20, S. 5.

52   Johann Justus WINCKELMANN, Exsequiae Rulandi Bremensis, in: Ernst Joachim VON WESTPHALEN (Hrsg.), Monumenta Inedita Rerum Germanicum Praecipue Cimbricarum et Megapolensium, Bd. 3, Leipzig 1743, Sp. 2035-2154. Bereits SELLO (Vindiciae Rulandi Bremensis, wie Anm. 18, S. 1) hat sich kritisch mit Winckelmann auseinandergesetzt.

führte.[53] Indem der Verfasser über eine kritische Auseinandersetzung mit dem Bremer Roland auch die Beweisführung zur (noch hinterfragten) Reichsstandschaft angriff, unterminierte er ebenso die Position der Stadt im Gerichtsverfahren um den Weserzoll. Denn in Bremen galt der Roland mittlerweile zugleich als Garant für die Zollfreiheit.[54]

Mögen Conrings Gutachten und Winckelmanns Gelegenheitsschrift für bestimmte politisch-juristische Streitigkeiten entstanden sein, so formulierten die beiden frühneuzeitlichen Gelehrten Fragen, mit denen sich die Forschung zum Roland noch lange beschäftigen sollte. Und nicht nur durch ihre Fragestellungen, auch in ihrer Methodik gaben beide Gelehrte (Conring sicherlich stärker als Winckelmann) einer zukünftigen geschichtswissenschaftlichen Behandlung wichtige Anregungen. Doch diese Kritik verhinderte nicht, dass der Bremer Roland eine fortwährende und breite Symbolkraft entfaltete.

\*

Denn der Bremer Roland war mehr als ein von der gebildeten Ratsobrigkeit gebautes, ausgedeutetes und verwendetes Sinnbild für Bremens Unabhängigkeit oder ein kulturhistorisches Objekt, für das sich einzelne Gelehrte interessierten. Auch die illiterate Mehrheit der ständisch gegliederten Bremer Stadtgesellschaft setzte sich mit der Großplastik auf dem Zentralplatz auseinander und eignete sich das Denkmal durch ihre Alltags- und Festkultur an. In Volkssprüchen und in Liedern, bei der Benennung von Schiffen und bei Hausinschriften – vor 1800 griffen die Bremer regelmäßig den Namen des Denkmals auf. Auch die Popularität von Roland als Männername belegt die damalige Beliebtheit. Der Roland wurde mit der Marktfahne geschmückt und kündete so den Beginn des Freimarkts. Zur Fastnachtszeit wurde er mit Scherz und Witz bedacht.[55]

---

53 Vgl. weitere Belegstellen über die angebliche Errichtung von Rolanden durch Karl den Großen: Dietlinde MUNZEL-EVERLING, Rolandfiguren und Kaiserrecht. Zum rechtshistorischen Hintergrund der Errichtung von Rolanden, in: Dieter PÖTSCHKE (Hrsg.), Rolande, Kaiser und Recht. Zur Rechtsgeschichte des Harzraums und seiner Umgebung, Berlin 1999, S. 133-157, hier: S. 139f. Zur frühneuzeitlichen Kritik daran: HUCKER, Kritische Annotationen, wie Anm. 1, S. 240. Zu Gryphiander: Art. Gryphiander (Griepenkerl), Johannes, in: Hans FRIEDL u. a. (Hrsg.): Biographisches Handbuch zur Geschichte des Landes Oldenburg, Oldenburg 1992, S. 261, sowie AUFGEBAUER, Göttingen, wie Anm. 7, S. 125-128, und HELDMANN, Rolandsbilder, wie Anm. 20, S. 6-8. Zu Winckelmann: Art. Johann Justus Winckelmann, in: Allgemeine Deutsche Biographie, Band 43 (1898), S. 363-364.

54 GOERLITZ, Rolandsbilder, wie Anm. 20, S. 45. Vgl. zum Weserzoll: Gerd STEINWASCHER, Der Elsflether Weserzoll und seine Bedeutung für die oldenburgische Geschichte, Oldenburg 2005.

55 SELLO, Roland zu Bremen, wie Anm. 16, S. 35f.; DENKMALE, wie Anm. 35, S. 28; MEYER, Freiheitsroland, wie Anm. 20, S. 7.

Darüber hinaus besaß (und besitzt) die populärkulturelle Aneignung des Rolands eine politische Dimension. Insbesondere während der Frühen Neuzeit erlaubte das Denkmal den von den politischen und wissenschaftlichen Diskursen ihrer Zeit abgeschnittenen Bevölkerungskreisen, sich auf ihre eigene Weise mit dem Thema der städtischen Autonomie auseinanderzusetzen. Spätestens um 1700 wurde der Roland mit der Sage zur Erlangung der Bürgerweide verknüpft. Dabei galt ein zwischen seinen Beinen dargestellter Kopf als Abbild jenes sagenhaften Krüppels, dem die Bremer ihre Allmende zu verdanken meinten. So berichtete Eggeling, *dass bey dem gemeinen Manne*, also bei der Mehrheit der nicht ratsfähigen und überwiegend nicht lesekundigen bremischen Stadtgesellschaft, *davon eine wunderliche Fabel einer Krüppelinne, welche die Bürger-Weide solle ümmkrochen, und dardurch solche dieser Statt erworben haben, im Schwange gehet: also hat der grosse fabuleuse Roland ein kleines fabuleuses Krüppelgen gezeuget,*[56] wie der Ratssekretär spottete, der vermutlich die distanzierte Einstellung der gelehrten Stände Bremens zu solchen Aneignungen des Denkmals durch den »Volksmund« wiedergab. Dabei übersah Eggeling freilich den tieferen Sinn dieser Deutung: Denn durch die Verbindung mit einer örtlichen Sage gewann der Bremer Roland an Lokalkolorit, und zugleich wurde der für die Stadtgemeinde wichtigen Besitzergreifung der Bürgerweide so ein symbolischer Ort innerhalb der Stadtmauern zugewiesen.

Als wohl wichtigster Bestandteil einer um die Statue gepflegten Oraltradition etablierte sich zugleich die Vorstellung, dass Bremens Freiheit so lange gesichert sei, wie der Roland auf dem Marktplatz stehe – und in weiser Voraussicht habe der Senat schon einen hölzernen Ersatzroland anfertigen lassen, der im Schadensfall nur aufgestellt zu werden brauche. Vielleicht kam diese »moderne Sage« (Sello)[57] während und nach dem Dreißigjährigen Krieg im Zuge einer verstärkten politischen Instrumentalisierung des Denkmals auf. Möglicherweise entstand diese Idee erst nach 1760 als eine Reaktion darauf, dass Bremen während des Siebenjährigen Kriegs, statt wie eine eigenständige Macht militärisch zu agieren, nur den Durchzug wechselnder Feldheere erdulden konnte, weswegen die Unabhängigkeit der Reichsstadt an der Weser ge-

---

56 EGGELING, De Statuis Ruhlandicis, wie Anm. 49, S. 22. Vgl. als Beispiel verschiedener wissenschaftlicher Deutungen dieses Details des Denkmals: SELLO, Roland zu Bremen, wie Anm. 16, S. 8, FN 20, und mit Hinweisen zur Baugeschichte, DENKMALE, wie Anm. 35, S. 31 f. Zur Sage: Herbert SCHWARZWÄLDER, »Gräfin Emma« von Lesum und der »Bremer Krüppel«. Historische Wahrheit – Sage – Dichtung, in: WITTHEIT ZU BREMEN (Hrsg.), Jahrbuch 18 (1974), S. 387-406, sowie Hermann TARDEL, Bremische Sagen nach Kunstwerken (Gluckhenne am Rathaus, Roland), in: Niedersächsisches Jahrbuch für Volkskunde 22 (1947), S. 55-110.

57 S. SELLO, Roland, wie Anm. 16, S. 38.

fährdet schien.⁵⁸ Jedenfalls wurde dieses Stück frühneuzeitlicher Populärkultur wohl 1799 erstmals verschriftlicht, als ein Bremer Gymnasialprofessor klagte über *des gemeinen Mannes irrigem Wahne, falls Roland von Ungefähr umfiele, er bei Verlust der Stadtfreiheit binnen 24 Stunden wieder aufgerichtet werden müsse.* Noch 1803 bestritt Senator Deneken mit den Worten: *[M]ag immer jener Koloß umstürzen: unter seinen Ruinen wird unsere Freiheit nie begraben werden ...,* dass ein Ende der Statue als Menetekel für kommendes Unheil zu sehen sei.⁵⁹

Bis zum ausgehenden 18. Jahrhundert stand die städtische Oberschicht den populärkulturellen Aneignungen des Rolands also kritisch gegenüber, was zur akademischen Ausbildung und konfessionellen, in Bremen reformierten Prägung dieser Sozialgruppe ebenso passte wie zum Zeitgeist von Aufklärung und Rationalismus.⁶⁰ Dabei übersah die städtische Führungsschicht allerdings das Selbstvergewisserungspotential dieser als volkskulturell geltenden Vorstellung. Denn die während der Frühen Neuzeit entstandene mündliche Überlieferungsgeschichte schrieb der Kommune eine ganz eigene Handlungsfähigkeit zu: Durch Pflege des Denkmals konnte die Stadt ihre Unabhängigkeit in politisch unsicheren Zeiten sichern; praktischem Bauunterhalt kam so ein apotropäischer, also ein Unheil abweisender Nutzen zu.

\*

Nach den Zäsuren von 1789 und 1815 wurde die zuvor abgelehnte Vorstellung, ein Fortbestand des Rolands garantiere die äußere wie innere Autonomie Bremens, positiv aufgegriffen. So sah Deneken 1828 in der Standhaftigkeit der Großplastik ein Symbol für die Stabilität der bremischen Verfassung.⁶¹ Ein Bremer Geschichtsschreiber sprach bereits 1822 vom Roland als dem *Palladium* der bremischen Freiheit und setzte das Denkmal so mit dem *Palladion*, dem Schnitzbild der Athene, gleich, welches Troja vor der Eroberung schützte (bis Odysseus das Bildnis schließlich stahl).⁶² Auch ein anderer Ortshistoriker

---

58  Vgl. dazu: Marian FÜSSEL, Reichsstädte im Siebenjährigen Krieg – Erfahrungen von Gewalt und Okkupation im 18. Jahrhundert, in: Evelien TIMPENER/Helge WITTMANN (Hrsg.), Reichsstadt und Gewalt, Petersberg 2021, S. 255-278, hier: S. 265 f. und S. 273.

59  Roller zitiert nach SELLO, Roland zu Bremen, wie Anm. 16, S. 38, FN 116; DENEKEN, Rolands-Säule, wie Anm. 36, S. 23.

60  Zur Reformation in Bremen: Konrad ELMSHÄUSER (Hrsg.), Bremische Kirchengeschichte, Bd. 2: Bremische Kirchengeschichte von der Reformation bis zum 18. Jahrhundert, Bremen 2017, S. 453-495.

61  Arnold Gerhard DENEKEN, Die Rolands-Säule in Bremen, Bremen ² 1828, S. 23.

62  STORCK, Ansichten, wie Anm. 49, S. 186. Vgl. Emil WÖRNER und Johannes SIEVEKING, Palladion, in: Wilhelm Heinrich ROSCHER (Hrsg.), Ausführliches Lexikon der griechischen und römischen Mythologie. Bd. 3, 1, Leipzig 1902, Sp. 1301-1333.

stellte 1828 den Bezug zur Antike her. Die Statue sei *eine, die Stadtrechte gegen die erzbischöflichen Anmaßungen schirmende Aegide*,[63] also eine wie der Schirm des Zeus wirkende Schutzherrschaft. In ihren nach 1800 erschienenen Schriften adaptierte die gebildete Oberschicht Ideen frühneuzeitlicher Populärkultur, durch Referenzen zur Antike wertete sie diese Vorstellungen weiter auf. Eine andere Darstellung formulierte über den vermeintlichen Krüppel zwischen den Beinen der Bremer Plastik, dass *die dankbaren Mitbürger sein Andenken dadurch geehrt hätten, dass sie sein Bild zu den Füssen ihres städtischen Heilthumes* [also des Rolands] *verewigten*.[64] 1862 wurde formuliert: *Dem Roland schrieb man das Gute zu, was der Stadt zum Theil wurde*. Deswegen habe die Darstellung des karolingischen Ritters *im Bewusstsein des Volkes geradezu die mythische Bedeutung eines Stadtheros*[65] erlangt.

In diesen Zeilen ist nicht länger eine Distanz der »gebildeten Stände« gegenüber einer »Volkskultur« enthalten – ganz im Gegenteil. Nach 1813 gewährten solche hochkulturellen Aneignungen von Geschichten und Brauchtum um den Roland den gebildeten Gruppen der Stadtgesellschaft eine erneuerte Selbstvergewisserung über die – im Deutschen Bund scheinbar nicht als vollständig gesichert geltende – städtische Autonomie und Souveränität. Nicht zuletzt durch die populäre Bremenliteratur werden die Vorstellung, ein Fortbestand des Denkmals garantiere das Wohlergehen der Stadt, sowie die Deutung des Gesichts zwischen den Beinen des Rolands nach 1945 und bis in die Gegenwart wachgehalten.[66]

Auch der vermutlich versierteste Kenner des Bremer Rolands am Ende des 19. Jahrhunderts, Georg Sello, beschäftigte sich mit dem Rolandbrauchtum. Für ihn ist der Roland ein *bürgerlicher Schutzpatron der Stadt*. Außerdem verglich Sello den auf einem Brunnen in der Neustadt aufgestellten Roland mit *einer Votivgabe für die Schutzgottheit der Stadt*[67] und stellte damit den Bezug zu Formen antiker Religionsausübung her. Rolands Hilfe wollten sich die Bürger *auch nach der Reformation als Schutzheiliger und Schirmherr der Stadt*[68] versichern. In der Tat ist zu vermuten, dass das frühneuzeitliche Rolandbrauchtum ein Stück weit die spirituelle Lücke füllte, die im Zuge der Reformation durch

---

63  MIESEGAES, wie Anm. 25, S. 266

64  Heinrich ZOEPFL, Die Rulands-Säule. Eine rechts- und kunstgeschichtliche Untersuchung, Leipzig 1861, S. 52.

65  DENKMALE, wie Anm. 35, S. 2

66  Vgl. Lüder DÖSCHER, Bremer Rathaus-Plaudereien, Bremen 1967, S. 71-73; Wilhelm WAGENFELD, Bremen's Volkssagen, Neuauflage, hrsg. von Bernd Ulrich HUCKER, Bremen 2021, S. 20. Zum Rolandbrauchtum im 20. Jahrhundert außerhalb Bremens: HOEDE, Deutsche Rolande, wie Anm. 21, S. 137.

67  S. SELLO, Roland zu Bremen, wie Anm. 16, S. 35, 37.

68  MEYER, Freiheitsroland, wie Anm. 20, hier: S. 7.

das Ende der katholischen Heiligenverehrung in der Weserstadt entstanden war.[69] Deswegen wurden die populärkulturellen Aneignungen des Rolands als *Volksglaube*[70] bezeichnet und als eine bremische Besonderheit herausgestellt, auswärts bisweilen aber auch mit Spott bedacht.[71]

Am Rolandbrauchtum faszinierte Sello und andere Forscher aber offenkundig auch die vermeintlich reibungslose Vergemeinschaftung einer vormodernen, ständisch geschichteten Stadtgesellschaft durch ein Symbol. Dieses, das Denkmal überhöhende Bild der Vergangenheit, stand im deutlichen Kontrast zur Gegenwart der Forscher, die von sozialen und politischen Spannungen geprägt war. Dabei fanden Details wie der ehemals kritische Blick der »gelehrten Stände« auf das Rolandbrauchtum, die diesem Geschichtsbild widersprachen, wenig Aufmerksamkeit.[72] Solche Facetten der Denkmalgeschichte passten nicht zur Reaktivierung eines frühneuzeitlichen Rolandpathos nach 1800 und einer Idealisierung der Plastik, die sich mit einer Neuerfindung des Bremer Rolands als Nationaldenkmal organisch verband.

## V. Literarische und politische Umdeutungen im 19. und 20. Jahrhundert: Der Bremer Roland wird zum Nationaldenkmal

Bei der Neubestimmung ihres politischen Standorts wandte sich Bremens städtische Führungsschicht während der ersten Jahrzehnte des 19. Jahrhunderts nationalem Gedankengut zu und nahm dabei eine prononciert antifranzösische Haltung ein. In der im Umfeld des späteren Bürgermeisters Johann Smidt mit dem Ende der französischen Besatzung in Bremen aufkommenden Befreiungslyrik wurde der Roland als der Ort verehrt, an dem die Standarten der napoleonischen Truppen vernichtet worden waren. *Napoleons Adler wurde zu Rolands Füßen verbrannt*, formulierte Senator Horn in einem Gedicht und rühmte das Standbild als Verteidiger der Freiheit *seit Carols Zeiten*. Die Bürger hätten heimlich untereinander gesprochen: *Der Herr Gott waltet doch, –/Es fällt der große Würger/Denn Roland steht ja noch!* Mit dem *Würger* ist zweifellos Napoleon gemeint, retro-

---

69 GRAMATZKI, Rathaus, wie Anm. 5, S. 27, etwa stellt fest, dass die ursprüngliche, katholisch gemeinte »Heiligkeit« des Rolands ab 1600 in Vergessenheit geraten war.

70 S. Johann KRÜGER, Bilder aus der Geschichte Bremens, Bremen 1855, S. 63, Fußnote.

71 Über die allgemeine Verbreitung des Rolandbrauchtums: HOEDE, Das Rätsel der Rolande, wie Anm. 9, S. 4 f. Zur Einzigartigkeit des Bremer Rolands: ebd., S. 7 f. Zum Spott: TARDEL, Sagen (wie Anm. 56), S. 97.

72 So zitiert SELLO (Roland zu Bremen, wie Anm. 16, S 38, FN 116) Rollers Äußerung über *des gemeinen Mannes irrigen Wahne* lediglich im Anmerkungsapparat.

spektiv wurde der Fortbestand der Statue als Vorzeichen für ein baldiges Ende seiner Herrschaft gesehen. Damit griff diese Neuinterpretation des Denkmals in der populären Kultur gängige Vorstellungen zur Statue auf. Zugleich schaue der Roland auf *deutsche Sieger*. Nach 1813 richtete sich der Bremer Roland somit an das gesamte deutsche (und nicht nur an ein bremisches) Publikum und wurde dadurch zum Mittelpunkt einer lokalen Nationalerzählung.[73]

Während die Bremer Steinstatue vor 1800 die politische und rechtliche Freiheit der Hansestadt an der Weser mit der Reichsidee verknüpfte, sollte sie nun die nationale Freiheit Deutschlands versinnbildlichen. Die frühneuzeitlichen Ausdeutungen der Statue stellten keinen Bezug zur Idee einer deutschen Nation her,[74] dagegen diente der nachnapoleonische Roland auch als ein Nationalsymbol. Die Umdeutung eines städtischen Wahrzeichens in ein anschauliches nationales Bekenntnis war indes keine singuläre politische Leistung der bremischen Führungsschicht. Am Beispiel des Kölner Doms hat Thomas Nipperdey die Verwandlung eines altertümlichen Relikts zu einem Nationaldenkmal beschrieben, zudem gilt die »invention of tradition« als länderübergreifendes Charakteristikum des modernes Nationalismus schlechthin.[75]

Glaubhaft erschien dieser veränderte Symbolgehalt auch wegen der Pläne des von den französischen Behörden eingesetzten Bürgermeisters Wilhelm Ernst Wichelhausen, die Plastik für eine generelle Umgestaltung des Marktplatzes abzureißen – ein Vorschlag, der von den Pariser Zentralbehörden abgelehnt wurde. Später wurden die Geschehnisse verkürzt nacherzählt; es waren »die« Franzosen, die den Roland abreißen oder – wahlweise – nach Paris abtransportieren lassen wollten. Indes wurde vergessen, dass der Anstoß für dieses Projekt aus Bremen kam.[76] Dass Wichelhausen, nach Geburt und

---

73 Gottlieb Friedrich Carl Horn, Die Rolandssäule zu Bremen [1815], StAB 7,20-134. Vgl. zum Kontext: Hartmut Müller, »Die glückliche Wiedergeburt der freien Hansestadt Bremen«. Ein Beitrag Johann Smidts zur Befreiungslyrik des Jahres 1813, in: Wittheit zu Bremen (Hrsg.), Klassizismus in Bremen, Bremen 1993, S. 35-43, und Katherine B. Aaslestad, Krieg, Demobilisierung und Erinnerungskultur in den republikanischen Stadtstaaten Hamburg, Bremen und Lübeck, 1813-1830, in: Jörg Echternkamp (Hrsg.) Kriegsenden, Nachkriegsordnungen, Folgekonflikte, Wege aus dem Krieg im 19. und 20. Jahrhundert, Freiburg 2012, S. 53-74.

74 Vgl. zum Reichspatriotismus und frühneuzeitlichen Nationalbewusstsein: Otto Dann, Nation und Nationalismus in Deutschland 1770-1990, München ³ 1996, S. 36-56. Die jüngste zusammenfassende Darstellung zum Thema bietet: Helmut Walser Smith, Deutschland. Geschichte einer Nation, München 2021.

75 Thomas Nipperdey, Der Kölner Dom als Nationaldenkmal, in: Ders., Nachdenken über die deutsche Geschichte, München 1986, S. 156-171; Eric Hobsbawm/Terence Ranger (Hrsg.), The Invention of Tradition, Cambridge 1983.

76 Ein Beispiel für eine zeitgenössische Deutung bei Storck, Ansichten, wie Anm. 49, S. 186, aber auch S. 620. Vgl. zu den Hintergründen des Bauprojekts: Rolf Kirsch, Die

Werdegang Mitglied der städtischen Oberschicht, eine Demontage des Bremer Rolands überhaupt ins Auge fasste, lässt indes Zweifel daran aufkommen, ob das Denkmal um 1810 tatsächlich noch als ein unverbrüchliches Wahrzeichen der Weserstadt allgemeine Anerkennung fand.

Dessen ungeachtet spiegelte die Neuerfindung des Rolands als Nationalsymbol den nachnapoleonischen, deutschlandweiten »Intellektuellen- und Elitennationalismus« (Hans-Ulrich Wehler) in Form einer lokalen, eben spezifisch bremischen Ausprägung wider.[77] Unter der vom Denkmal adressierten *vryheit* wurde jetzt eine nationale Freiheit verstanden. Dabei dominierte eine konservative Deutung der Ereignisse von 1813 als Befreiungskriege, die eine Fremdherrschaft über eine unfreie Nation beendeten, die aber kein Freiheitskrieg waren, der eine Nation gleicher Bürger in einem modernen Staat mit freiheitlicher Verfassung herstellte.[78]

Die damit einhergehende »Frankophobie als Surrogat eines positiven Patriotismus« (Wolfgang Burgdorf)[79] zeigte sich in dem bekannten, 1817 erstmals publizierten Gedicht Friedrich Rückerts: *Roland der Ries' am Rathaus zu Bremen*. In dem Poem machte der vielseitig gebildete Verfasser ausgerechnet den bretonischen Markgrafen (*Männlich die Mark einst / Hütend mit Macht.*) aus karolingischen Zeiten (*Kämpfer einst Kaiser / Karls in der Schlacht.*) zum Überwinder französischer Politik und Kultur (*Ende ward wälschem / Wesen gemacht.*), da diese die Existenz der Freiplastik bedroht hatte (*Wollten ihm Wälsche / Nehmen die Wacht.*). Der spätere Orientalistikprofessor Rückert spielte so unverkennbar auf das Ende der Napoleonzeit in Bremen an. 1863 ergänzte er sein Reimwerk um drei Strophen, in denen er Bremen für seine feste Haltung in der Schleswig-Holstein-Frage lobte und gegen Dänemark polemisierte.[80] Durch Gedichtsammlungen und Schulbücher popularisiert, befeuerte Rückerts

---

Ringhallen-Projekte von Jacob Ephraim Polzin und Heinrich Averdieck für den Bremer Marktplatz (1811), in: WITTHEIT ZU BREMEN (Hrsg.), Klassizismus in Bremen, Bremen 1993, S. 66-72, sowie bereits SELLO, Roland zu Bremen, wie Anm. 16, S. 44.

77  S. Hans-Ulrich WEHLER, Nationalismus. Geschichte, Formen, Folgen, München 2001, S. 41. Ausführlich dazu: WALSER SMITH, Deutschland, wie Anm. 74, S. 200-230.

78  Kristin Anne SCHÄFER, Die Völkerschlacht, in: Etienne FRANÇOIS/Hagen SCHULZE (Hrsg.), Deutsche Erinnerungsorte, Bd. 2, München 2009, S. 187-201, hier: S. 193. Zu den unterschiedlichen Freiheitsbegriffen auf: TARDEL, Sagen (wie Anm. 58), S. 97

79  S. Wolfgang BURGDORF, Ein Weltbild verliert seine Welt. Der Untergang des Alten Reiches und die Generation 1806, München 2006, S. 262.

80  Zitate nach Friedrich RÜCKERT, Werke, Bd. 2, Göttingen 2009, S. 896 f. Als Entstehungszeitraum für das Gedicht nimmt die Rückert-Forschung 1814/15 an, vom Literaten selbst sind Briefe an Bürgermeister Johann Smidt aus dem Jahr 1816 erhalten. Ich danke Herrn Dr. Rudolf Kreutner (Schweinfurt) für diese Hinweise. Vgl. zur Nationaldeutung des Rolands: Andreas FRENZEL, 600 Jahre Bremer Roland, Bremen 2004, S. 19-21.

Gedicht ein deutschlandweites Interesse am Rolandthema, das vermutlich einsetzte, weil die Bremer Steinstatue eine Sinnbildlücke im Nationaldiskurs füllte: Außerhalb Berlins existierte lange Jahre kein überregional bedeutendes Denkmal, das an die Befreiungskriege erinnerte.[81]

Rund zehn Jahre nach Rückerts Gedicht erschien mit Wilhelm Hauffs 1827 veröffentlichter Erzählung *Phantasien im Bremer Ratskeller* eine andere literarische Aneignung des Bremer Rolandmotivs.[82] Während eines Bremen-Aufenthalts 1826, bei dem er Umgang mit der gesellschaftlichen Oberschicht der Stadt pflegte, gewann Hauff wichtige Anregungen für sein Prosawerk. Der Verfasser verschaffte dem lebendig gewordenen Roland einen imposanten, der Handlung einen Wendepunkt gebenden Auftritt und erinnerte damit an die Karlstradition sowie an die Reichsidee. Indem der Ich-Erzähler dem Roland das Ausscheiden Deutschlands aus der *Welthistorie* erläutert, diagnostiziert er einen politischen Bedeutungsverlust, der durch die Auflösung des Heiligen Römischen Reichs eingetreten sei. Auch die Demagogenverfolgungen werden erwähnt, damit übte der Verfasser unterschwellige Kritik ebenso an den repressiven politischen Verhältnissen nach 1815 wie an der Wiederherstellung einer Vielzahl von deutschen Mittel- und Kleinstaaten. Zudem legte Hauff dem Roland zustimmende Worte für den zur Zeit der Niederschrift des Textes stattfindenden griechischen Unabhängigkeitskampf gegen die osmanische Herrschaft in den Mund. Zwar begründet der fränkische Paladin dies mit seinem eigenen Kampf gegen die Sarazenen. Für den zeitgenössischen Leser bedeutete eine Identifikation mit der hellenischen Freiheitsbewegung aber eine Zustimmung zu einer in einem Staatsverband geeinten Nation, eine politische Ordnungsvorstellung, deren Verwirklichung durch die Beschlüsse des Wiener Kongresses für Deutschland in weite Ferne gerückt schien.

Erkennbar bildeten Rückerts Ausdeutung des Rolands und Hauffs Auseinandersetzung mit dem Stoff Gegenpole zueinander: Hauff legte dem Bremer Roland eine äußerst sublime Kritik an den zeitgenössischen Verhältnissen in den Mund, ein verstecktes Plädoyer für die Nation als eine Gemeinschaft freier und selbstbestimmter Bürger. Rückerts Gedicht dagegen pointierte und verkürzte die Idee der Nation auf eine Freiheit von Fremdherrschaft. Trotz ihrer Unterschiede trugen beide Werke auf ihre Art – Rückerts prägnantes Gedicht durch eine klare politische Botschaft, Hauffs Erzählung mit ihrem eigenwilligen

---

81 SCHÄFER, Völkerschlacht, wie Anm. 78, S. 189, mit Hinweisen zu Denkmälern.
82 Vgl. ELSMANN, Zum Wohle Bremens, wie Anm. 41. Der Text nach: https://de.wikisource.org/wiki/Phantasien_im_Bremer_Ratskeller (Zugriff 10.8.2022).

Humor – zu einer Bekanntheit des Rolandstoffs bei, die sich ab 1871 auf eine bemerkenswerte Weise weiter entfaltete, auch außerhalb Bremens.

\*

Nach der Reichsgründung gewann die Rolandthematik an Zugkraft: Mancherorts wurden neue Rolande gebaut, zumeist in Form von Rolandbrunnen. Ein Exemplar entstand sogar in den kolonialen Besitzungen in China, wo es an die gefallenen Soldaten der deutschen Chinaoperation von 1900/1901 erinnerte.[83] Durch Postkarten wurde die monumentale, dem Roland nachgebildete Hamburger Bismarckstatue popularisiert; sie diente zahlreichen kleineren Plastiken als Vorbild. Den Zeitgenossen galt der Roland als *Symbol des souveränen und monarchischen Prinzips*, was der linksliberale Intellektuelle Theodor Wolff als *eine interessante Erscheinung* kommentierte, *an der man sieht, daß man eine tote Symbolik aus verklungenen Zeiten heute auferwecken und künstlich wiederbeleben kann*.[84] Gerade wegen dieser historischen Entrücktheit gewann die Rolandsymbolik im neu gegründeten Kaiserreich eine besondere Attraktivität: Als eher literarische, gleichwohl geschichtlich beglaubigte Figur aus den Gründungszeiten des ersten Reichs stand er jenseits aller Spaltungen, die den 1871 gegründeten Nationalstaat durchzogen, etwa zwischen Preußen und Süddeutschland, zwischen Konservativen, Liberalen und Arbeiterbewegung, zwischen Protestanten und Katholiken. Der Roland wurde damit zu einem Sinnbild für den vorherrschenden vagen »Reichsnationalismus« (Hans-Ulrich Wehler), gerade weil er Aussagen darüber vermied, was das innenpolitisch, sozial und konfessionell fragmentierte Deutsche Reich ausmachte.[85]

Diese Umdeutung fand ihren Niederschlag auch in der zeitgenössischen Rezeption von Hauffs Ratskellerphantasien. In Fitgers (schon oben erwähntem) Werk kündigte der Roland seine Wiederkehr für den Fall an, dass das Vaterland bedroht sei – dem zeitgenössischen Leser musste diese Bezugnahme auf den Barbarossa- und Kyffhäuser-Mythos augenfällig sein. In einer anderen Nacherzählung von 1882 äußerte die Statue ihre Zufriedenheit mit der Reichsgründung von 1871, in einem weiteren Textbeispiel von 1894 ist der mittelalterliche Recke im Unterschied zum Ich-Erzähler höchst entrüstet über Bismarcks Entlassung als Reichskanzler.[86] Den Abschluss bildete Lindemanns bereits oben erwähnte Bühnenfassung aus den 1930er-Jahren. Im Unterschied

---

83  Zum Roland in Tientsin: HOEDE, Deutsche Rolande, wie Anm. 21, S. 153-156.

84  Zitiert nach: MUNZEL-EVERLING, Rolande, wie Anm. 7, S. 148. Zur Errichtung neuer Rolande bspw: HOEDE, Das Rätsel der Rolande, wie Anm. 9, S. 197 f. Über die Denkmalkultur nach 1871: WALSER SMITH, Deutschland, wie Anm. 74, S. 317-323 und S. 333-339.

85  S. WEHLER, Nationalismus, wie Anm. 77, S. 79.

86  Vgl. ELSMANN, Zum Wohle Bremens, wie Anm. 41, S. 56 f. und S. 146-148.

zu Hauffs Werk fehlt allen diesen seit 1871 angefertigten Bearbeitungen ein emanzipativer Gehalt, ihr national gedeuteter Roland beschränkt sich auf eine Verteidigung des Status quo. Somit folgten diese literarischen Aneignungen des Denkmals einen größeren politischen Prozess, nämlich der »Umwandlung« des Nationalismus von einem »Vehikel der gesellschaftlichen Modernisierung«, was Hauff noch andeutete, zu einer konservativen »Integrationsideologie« (Heinrich August Winkler).[87]

Ähnlich wie nach 1813 wurde der Roland im Ersten Weltkrieg wieder zu einem Symbol für die Nation in Waffen und beglaubigte die städtischen Anstrengungen, die Deutschlands nationale Freiheit zu verteidigen.[88] Hierzu diente der Eiserne Roland, eine in direkter Nachbarschaft aufgestellte Holzfigur, in die gegen eine kleine Spende für die nationale Sache Nägel eingeschlagen werden konnten. Die Einweihung von Rolands *kleinem Bruder* (so die zeitgenössische Bezeichnung) erfolgte 1915 in einem eigenen Festakt. In diesen Jahren warb die Freiplastik für einen Kriegsnationalismus und symbolisierte »eine Volksnation als Kampf-, Schicksals- und Opfergemeinschaft« (Thomas Nipperdey).[89] Solche Nagelrolande wurden ebenso in Hannover, Magdeburg und in zahlreichen weiteren Städten des Deutschen Reichs errichtet, doch nur in Bremen diente der »Eiserne Roland« nach dem Ersten Weltkrieg als Sinnbild für den Kampf gegen innere Feinde: Für die gewaltsame Niederschlagung der linksradikalen Bremer Räterepublik 1919 erhielten die Kämpfer der Regierungstruppen eine als *Eiserner Roland* bezeichnete Ehrenmedaille. Folgerichtig und im Unterschied zu anderen Städten wurde das Rolandmotiv während der Weimarer Republik in Bremen dann nicht zur Ausgestaltung eines Kriegsdenkmals aufgegriffen.[90]

Erst als 1936 eine Plastik aufgestellt wurde, um die 1919 gefallenen Bremer Freikorpskämpfer zu ehren, stellte eine Plakette mit der Aufschrift *Vryheit do ik ju openbar* einmal mehr einen Zusammenhang zum Roland her und rechtfertigte die gewaltsame Liquidierung der örtlichen Räterepublik somit als eine in der Tradition bremischer Geschichte stehende Voraussetzung für die Machtübernahme

---

87  Vgl. den klassischen Aufsatz dazu: Heinrich August WINKLER, Vom linken zum rechten Nationalismus. Der deutsche Liberalismus in der Krise von 1878/79, in: DERS., Liberalismus und Antiliberalismus. Studien zur politischen Sozialgeschichte des 19. und 20. Jahrhunderts, Göttingen 1979, S. 36-51. Zitate: S. 36. Mit Bezug auf das Beispiel Preußen datiert Winkler den Umschlagpunkt dieses Prozesses auf die Jahre 1878/79.

88  Vgl. zum Bremer Roland nach 1914: MUNZEL-EVERLING, Rolande, wie Anm. 7, S. 171-174.

89  Thomas NIPPERDEY, Nationalidee und Nationaldenkmal in Deutschland im 19. Jahrhundert, in: DERS., Gesellschaft, Kultur, Theorie. Gesammelte Aufsätze, Göttingen 1976, S. 133-173. Zitat: S. 166.

90  Vgl. MUNZEL-EVERLING, Rolande, wie Anm. 7, S. 175 f.

durch die NS-Bewegung.⁹¹ Mit einem reichsweiten Presseecho bot die 1938 stattfindende Restaurierung des Denkmals eine weitere Gelegenheit, den Roland in eine sinnhafte Beziehung zum *Dritten Reich* zu setzen.⁹² Beim Festakt am 5. November wurde dem im Wiederaufbau befindlichen Denkmal eine Kassette mit Dokumenten beigegeben, und in seiner Festrede unterstrich Staatsarchivdirektor Friedrich Prüser, dass der Roland neben der städtischen Freiheit gerade die *Reichsverbundenheit* Bremens symbolisiere. Die zu diesem Anlass ausgestellte Urkunde verkündete *die glänzende Wiedergeburt der Herrlichkeit des Reichs*, stellte aber den lokalen Bezug her, indem sie Bremens *geschichtlich gebührende Aufgabe* erwähnte, *für Großdeutschland ein Schlüssel zur Welt zu sein*.

Durch seine Bezüge auf das *Reich* und *Großdeutschland* verwies der Bremer Roland nicht mehr auf eine als räumlich und personell begrenzte Gemeinschaft konzipierte Nation, wie beispielsweise den preußisch-kleindeutschen Nationalstaat von 1871. Auch das föderal strukturierte Alte Reich meinten die beigegebenen Dokumente nicht, sondern eine, die militärische Revision des Versailler Vertrags einschließende, im völkischen und rassistischen Denken wurzelnde imperialistische Reichskonzeption.⁹³ Um den aggressiven Expansionskurs des *Dritten Reichs* historisch zu legitimieren, stellte die NS-Propaganda seit 1935, dem Jahr der Rheinlandbesetzung, vielfach positive Bezüge zu den auf Kriegszügen erfolgreichen mittelalterlichen Kaisern wie zum Beispiel Karl dem Großen her – und eben seinem Paladin Roland.⁹⁴

Gleichwohl verzichteten die NS-Politiker auf bauliche Veränderungen, etwa (wie 1938 angeregt), *einen neuen Roland im Gewande unserer Zeit zu schaffen*. 1942 wurde der von einem Volksgenossen eingereichte Vorschlag nicht aufgegriffen, die Wappenumschrift zu ändern und von einer Freiheit zu sprechen, *de Hitler und sin Heer vorwar, dem dütschen Land* gegeben hat.⁹⁵ Die örtlichen Vertreter des NS-Regimes vereinnahmten den Roland zwar, verzichteten aber auf eine dezidiert nationalsozialistische Umgestaltung des Denkmals. Vielleicht sorgten sich die Verantwortlichen, dass eine solche plumpe Instrumentalisierung wirkungslos verpuffen oder sogar unvorteilhaft auf sie zurückfallen könnte.

91  Zur Eröffnung des Denkmals: Michael BRAUER u.a., 75 Jahre für und gegen die Räterepublik. Drei Denkmale im Wandel der Zeit und im Spiegel des politischen Klimas, Bremen 1994, S. 86-90.
92  Das Folgende nach den Unterlagen in: StAB 3-B.13. Nr. 12.
93  Vgl. zum während der NS-Zeit benutzten *Reichsvokabular*: Hans MAIER, Hitler und das Reich, in: Vierteljahrshefte für Zeitgeschichte 67 (2019), S. 521-536.
94  Vgl. dazu: Thomas VOGTHERR, Karl der Große, in: Henning STEINFÜHRER/Gerd STEINWASCHER (Hrsg.), Geschichte und Erinnerung in Niedersachsen und Bremen. 75 Erinnerungsorte, Göttingen 2021, S. 27-32, und Justus H. ULBRICHT, Der Sachsenhain, in: ebd., S. 33-38 mit weiteren Angaben zur Forschungsliteratur.
95  Eingaben in StAB 3-B.13. Nr. 12.

Für die bisherige Rolandrezeption bedeutete das Kriegsende 1945, wie oben ausgeführt, eine scharfe Zäsur. Mit dem Ende des Deutschen Reichs verschwand eine offen nationalistische Instrumentalisierung des Denkmals, allerdings aktualisierten sich die nationalen Bezüge später in sublimer Form: 1955 nutzte die Deutsche Bruderhilfe e.V. (eine private Hilfsorganisation, die DDR-Bürger mit Paketsendungen unterstützte) ein Haus am Marktplatz. Um so an die deutsche Teilung zu erinnern, wurde dort die Inschrift *Gedenke der Brüder, die das Schicksal unserer Trennung tragen!* angebracht. Wegen der räumlichen Nähe stellte ein aufmerksamer Journalist der »Frankfurter Allgemeinen Zeitung« die Verbindung zum Bremer Roland her, womit die Steinstatue gleichsam zu einem Mahnmal für die deutsche Wiedervereinigung wurde.[96] Und in der Tat: Bei frontaler Betrachtung des Rolands richtet sich das Augenmerk noch heute auf den Fassadenspruch, der deswegen vielen Besuchern der Stadt auffiel. Nach 1945 war der Roland damit auf eine hintergründige Weise abermals zu einem Nationalsymbol geworden und forderte dazu auf, die deutsche Einheit wiederherzustellen.

## VI. Öffentliche Inszenierungen, wissenschaftliche Erforschung: Der Roland als Versammlungsort und Forschungsgegenstand

Nach 1813 wusste der frisch etablierte Senat die Bedeutung der Steinstatue in einem innenpolitisch defensiven Sinne zu nutzen: Alljährlich am 5. November, dem Vorabend der Restauration ihrer vormodernen, ständischen Verfassung, gedachten die Bremer beim Roland der Befreiung ihrer Stadt von der französischen Besatzung. Erst 1863 endeten diese Feierlichkeiten. Gleichzeitig wurde das Denkmal zu diesem Jahrestag von der Bevölkerung mit Blumen geschmückt, im Volksmund galt der 5. November bald als der Geburtstag des Bremer Rolands. Unter veränderten, dann auch nationalen Vorzeichen bewahrte der Roland nach 1815 seine Funktion als Integrationssymbol; durch einen festen Platz im städtischen Festkalender wurde diese noch verstärkt. Vermutlich bereiteten diese fest- und alltagskulturellen Aneignungen des Denkmals den Boden dafür, den Roland in die größte politische Veranstaltung einzubeziehen, die in Bremen während des 19. Jahrhunderts stattfand.

Als sich die national gesonnenen Schützenvereine 1865 zu ihrem zweiten Bundesschießen in der Weserstadt trafen, wurde die Statue in Schwarz-Rot-

---

96 Konrad ELMSHÄUSER, Vom Provisorium zum Denkmal. Die Inschrift der Bruderhilfe am Deutschen Haus, in: Eva DETERMANN (Hrsg.), Von Mensch zu Mensch. Die Deutsche Bruderhilfe – eine Bremer Initiative im geteilten Deutschland, Bremen 2010, S. 140-163, S. 143; RIEGER, Roland, wie Anm. 42, S. 101 f.

Gold eingekleidet.[97] Auch trug eine der Festscheiben, auf die geschossen wurde, die Bezeichnung *Roland*, wobei ein Artikel in der Festzeitung die Besucher auf die Bedeutung des Doppeladlers als ein Reichssymbol hinwies. Weder organisatorisch noch finanziell unterstützte der Senat dieses Fest. Es wurde vom Bremer Ableger des Nationalvereins getragen, der sich überwiegend aus dem Bildungsbürgertum rekrutierte und für eben jene kleindeutsch-preußische Lösung der deutschen Frage warb, die 1871 Wirklichkeit wurde. Wie das Beispiel der Schmückung durch den Nationalverein zeigt, ermöglichte die Freiplastik also politischen Bewegungen des Bürgertums, die abseits der elitären Stadtpolitik standen, wirksame Ausdrucksmöglichkeiten.

Dass der Senat es nicht verstand, den Roland als Nationalsymbol für seine Zwecke zu monopolisieren, sondern die Plastik auch von oppositionellen Kräften instrumentalisiert werden konnte, zeigte sich in flagranter Weise am 6. März 1933.[98] Noch vor Vollendung der Machtübernahme durch die örtliche NS-Bewegung wurde nicht nur die Rathausfassade während einer öffentlichen Protestversammlung von NSDAP-Mitgliedern mit Hakenkreuzflaggen geschmückt, auch dem Roland zog man eine solche über den Schild. Die Bremer Vorgänge entfalteten eine Musterwirkung: Im *Dritten Reich* verbreitete sich eine Schmückung von Rolanden mit Hakenkreuzflaggen, und das so ausstaffierte Denkmal zierte als Titelbild eine einflussreiche Roland-Publikation von 1934.[99] Zu Propagandazwecken wurde eine moderne Form von Rolandbrauchtum – Heeresrekruten trafen sich zum Ende ihrer Militärzeit am Roland und schworen sich ewige Kameradschaft – von der NS-Stadtpolitik adaptiert, indem sich die zum Reichsarbeitsdienst verpflichteten jungen Männer jahrgangsweise beim Roland zurückmeldeten.[100]

Nach 1945 verpufften dagegen staatliche Inszenierungen am und mit dem Bremer Roland fast wirkungslos.[101] Auf Initiative des Verkehrsvereins wurde der Roland zu seinem Geburtstag am 5. November zwar wieder mit Blumen geschmückt, natürlich ohne nationale Untertöne, die angesichts der deutsch-französischen Aussöhnung obsolet geworden waren. Allerdings belegt der auffordernde Zeitungsartikel – *Wer schmückt Roland zum Geburtstag? Staatsarchivdirektor*

---

97 Vgl. zu den Details des Treffens: Wilhelm Lührs, Das Zweite Deutsche Bundesschießen in Bremen (1865), in: Wittheit zu Bremen (Hrsg.), Festschrift Karl H. Schwebel, Bremen 1972, S. 125-166, und Malte Ritter, Die Bremer und ihr Vaterland, Berlin 2004, S. 58-91.

98 Vgl. zum Bremer Roland nach 1933: Rieger, Roland, wie Anm. 42, S. 85 f., und Munzel-Everling, Rolande, wie Anm. 7, S 152 f.

99 Bremische Chronik 1851-2016, S. 250. Vgl. Hoede, Deutsche Rolande, wie Anm. 21.

100 Bremische Chronik 1851-2016, S. 295.

101 Das Folgende ist durch die Zeitungsausschnittsammlung belegt: StAB 9, S 0-720.

*i. R. Dr. Prüser wendet sich an Bremens Frauen* –, dass es in den 1960er-Jahren eben nicht gelang, dieses Brauchtum zu revitalisieren.[102] Vermutlich scheiterte dieser Versuch von Traditionspflege an den gewandelten Lebensverhältnissen nach 1945. Gleichwohl wird das Rolandmotiv bis heute zu Zwecken des Stadtmarketings verwendet, ohne es dabei mit den historischen Details zu genau zu nehmen. Beispielsweise wurde die *Rolandfestwoche 1979*, also zum 575. Jahrestag, ausdrücklich nicht am 5. November eröffnet, sondern in den Sommer gelegt, offenkundig um so mehr auswärtige Besucher nach Bremen zu locken.[103]

Diese gemischten Erfolge offiziöser Geschichtspolitik schlossen nicht aus, dass die Angehörigen der jungen Generation sich den Roland auf ihre eigene Weise aneigneten. Ähnlich wie Wehrmachtsrekruten in den 30er-Jahren schworen sich nach 1945 Absolventen der Hochschule am Roland ewige Freundschaft.[104] Der Roland blieb somit ein eingeführter Treffpunkt und Versammlungsort, dessen Popularität in Passanten- und Telefonbefragungen der Lokalpresse sowie in Leserbriefen immer wieder zum Ausdruck kommt. Dazu gehörte auch, über den Roland Zeitungsartikel mit gewollt witzigem Unterton zu veröffentlichen, zumeist mit einer Karikatur illustriert. Vom Rolandnationalismus und -pathos der Zeit vor 1945 waren diese Formen der Denkmalsaneignung denkbar weit entfernt, vielmehr reflektierten der humorvolle Umgang mit dem städtischen Wahrzeichen einen gewandelten, liberalen Zeitgeist. Schleichend wandelten sich die äußeren Formen, in denen sich einzelne Bevölkerungsgruppen mit dem Roland auseinandersetzten: Während der 1960er-Jahre nutzten jüngere Bremer den angeblichen Rolandgeburtstag als Vorwand, um am Abend des 5. Novembers auf dem Marktplatz alkoholische Getränke zu konsumieren – eine letzte Spur vergangenen Rolandbrauchtums.[105]

Mutmaßlich aus dieser leutseligen Aneignung des Denkmals entstand eine neue Form von politischer Instrumentalisierung der Statue, die alte Muster auf eigene Weise wieder aufnahm.[106] Wohl 1968 forderten Studenten durch auf dem Rolandschild platzierte Slogans den Rücktritt des in der Bremer Baulandaffäre diskreditierten Landespolitikers Richard Boljahn. Auch spätere Protestaktionen wiederholen dieses Muster: 1982 sprach sich der Roland für den Erhalt der Großwerft AG »Weser« mit Steuermitteln aus; mit dem Slogan *Roland hab' Acht vor Sozialabbau und Unternehmermacht* machte die IG Metall ihn später zu ihrem Bündnispartner; Anfang der 90er-Jahre wies die Plastik

---

102  S. Bremer Nachrichten, 26.10.1963.
103  Bremische Chronik 1851-2016, S. 814.
104  Rieger, Roland, wie Anm. 42, S. 88.
105  Presseresonanz in: StAB 9, S 0-720.
106  Das Folgende ist dokumentiert durch die zahlreichen in Gotthilf HEMPEL/Hans KLOFT (Hrsg.), Der Roland und die Freiheit, Bremen 2004, abgebildeten Fotografien.

auf das Problem einer offenen Drogenszene hin.

Nach 1945 hat sich damit die Form der politischen Vereinnahmung gründlich geändert. Waren Statue und Schild vorher in eine Flagge gehüllt worden, womit der Roland als ein – pathetisch aufgeladenes – Gemeinschaftssymbol fungierte und die Farben sowie Symbole, z.B. das Hakenkreuzmotiv, die politischen Akzente setzten, so adressierten die Schildüberschreibungen und -ergänzungen später konkrete Forderungen an die Politiker in Rathaus und Bürgerschaft. Die situative Rolandschmückung wurde zu einem unkonventionellen Mittel unmittelbarer Interessenartikulation und diente nicht mehr dazu, sich der Existenz eines Reichs oder einer Nation sowie der Zugehörigkeit zu und der eigenen Rolle in dieser politischen Gemeinschaft zu versichern.

*

Das Ende des Alten Reichs 1806 erlaubte nicht nur neue Formen der politischen Inszenierung an und mit dem Denkmal, es ermöglichte erstmals eine dezidiert geschichtswissenschaftliche Behandlung des Bremer Rolands. Denn eine kritische Erörterung seines Errichtungsdatums oder des allgemeinen Symbolgehalts von Rolanddenkmälern bedeutete nicht mehr, gleichzeitig zum

*Abb 2: Karikatur zum Artikel »Roland könnte größer sein. Schüler aus Hannover schrieben Briefe an den Verkehrsverein«, Weser-Kurier, 2.4.1967, Zeichner: unbekannt*

Thema der bremischen Reichsunmittelbarkeit Stellung zu beziehen. Das Ende der Reichsstädte hatte solche politischen Streitfragen zu geschichtswissenschaftlichen Fragestellungen transformiert. Im 19. Jahrhundert gab die Bremer

Historiographie das Errichtungsdatum korrekt an und verwarf damit alle Spekulationen über eine Errichtung zu karolingischen Zeiten. Zwar verfolgten die Lokalhistoriker unterschiedliche Ideen über die ursprüngliche Bedeutung der Rolandstatuen. Einen Beweiswert für die Reichsunmittelbarkeit einer Stadt erkannte allerdings keiner dieser Autoren darin.[107] Ihre Veröffentlichungen schlossen nicht länger an die Diskurse der Reichspublizistik an, wie noch Conrings und Winckelmanns Beiträge, sondern verstanden sich ausdrücklich als Erträge historischer Forschung.

Diese wissenschaftliche Beschäftigung mit dem Bremer Roland war zwar nicht wie bisher politisch motiviert, sie blieb aber politisch konnotiert und reflektierte die damaligen Zeitverhältnisse. So orientierten sich zahlreiche Wissenschaftler seit 1850 mehr oder weniger deutlich am Nationalstaat als »gedachter Ordnung« (Benedict Anderson) und neuem Bezugsrahmen.[108] Ein nach dem preußisch-österreichischen Krieg veröffentlichter Beitrag sah in der Rolandverehrung *im mehr und mehr geeinigten Vaterlande* eine *stete Mahnung an echte bürgerliche und menschliche Freiheit,* was als Bekenntnis zum Ziel einer Reichseinigung unter liberalen Vorzeichen zu verstehen ist.[109] 1890 ordnete ein Autor die Bremer Plastik in einen ganz anderen Zusammenhang ein: Die Rolandssäulen hätten in der Tradition von Marktkreuzen gestanden, beide *erscheinen als die mittelalterlichen Wahrzeichen der sozial-politischen Aufgaben des Königthums*[110] – eindeutig ein Reflex darauf, dass Wilhelm II. sein Kaisertum mit sozialpolitischen Ambitionen verband. Ein weiterer Autor sprach 1911 von den Rolanden als *Ergebnis der Bekehrung und Besiedlung des slawischen Ostens,*[111] womit die Plastiken zu Fürsprechern der preußischen Polenpolitik gemacht wurden. Diese und spätere vordergründig politischen Wertungen ließen sich kaum mit den Besonderheiten des Bremer Denkmals in Einklang bringen. Gleichwohl musste der Bremer Roland regelmäßig zur Exemplifizierung solcher Thesen herhalten, ohne dass die offenkundigen Widersprüche aufgelöst wurden.

Auch im wissenschaftlichen Schrifttum erlebte der Rolandnationalismus nach 1933 einen neuen Schub. Die Schmückung des Bremer Rolands mit einer

---

107 MIESEGAES, wie Anm. 25, S. 259-268; Ferdinand DONANDT, Versuch einer Geschichte des Bremischen Stadtrechts, Bd. 1, Bremen 1830, S. 216-220; Johann Hermann DUNTZE, Geschichte der freien Stadt Bremen, Bd. 1, Bremen 1845, S. 277-279; DENKMALE, wie Anm. 35, S. 26.

108 Benedict ANDERSON, Die Erfindung der Nation. Zur Karriere eines folgenreichen Konzepts, Frankfurt a. M.² 1996 (englische Erstausgabe: 1983).

109 MEYER, Roland, wie Anm. 13, S. 22.

110 Richard SCHRÖDER u. a., Die Rolande Deutschlands, Berlin 1890, S. 36.

111 HOEDE, Das Rätsel der Rolande, wie Anm. 9, S. 181.

Hakenkreuzflagge diente als Titelbild einer einflussreichen Roland-Publikation von 1934, deren Autor meinte seine Erkenntnisse mit einem Hitlerzitat zieren zu müssen und bilanzierte: *Die Rolandgestalt ist zum Wahrzeichen für das Deutschtum im Auslande geworden.*[112] In einem Aufsatz vom Sommer 1939 sah der gleiche Autor in Rolanden *deutsche Siegeszeichen [...] Rolands Reckengestalt hat in Großdeutschland die würdige Heimat ...* Gemeint ist damit wohl die Eingliederung Österreichs und Tschechiens in den deutschen Machtbereich, was als eine Anknüpfung an das Heilige Römische Reich galt. Denn mit *Großdeutschland sind die Ziele erreicht, die großen Führern vom Mittelalter her vorgeschwebt haben.*[113] Solche wissenschaftlichen Beiträge bemäntelten die nationalsozialistische Macht- und Eroberungspolitik auf eine äußerst durchschaubare Weise.

Bei der wissenschaftlichen Auseinandersetzung mit dem Denkmal anlässlich des Jubiläums 2004 traten die – ganz anderen – Gegenwartsbezüge (von denen Historiographie nie frei ist) dagegen diffiziler zu Tage. Dem politischen Prozess der europäischen Einigung nach 1945 folgend, wurde die transnationale Dimension des Rolandthemas ausführlich beleuchtet, beispielsweise im Rahmen der Vortragsreihe »Der Roland – ein alter Europäer«.[114] Als ebenso ertragreich erwies sich eine intensive Behandlung des Freiheitsbegriffs. Unter Anschluss an Reinhart Kosellecks Konzept einer »Sattelzeit« der politisch-sozialen Umbrüche zwischen 1770 und 1830 wurde »Freiheit« als begriffsgeschichtlich wandelbar konzipiert, womit eine Historisierung des Denkmals gelang.[115] Erst diese Vorarbeiten erlaubten es, den Bremer Roland im Rahmen des Projekts der Historischen Kommission »Erinnerungsorte in Niedersachsen und Bremen« angemessen zu thematisieren. Beides – die Bearbeitung der transnationalen Bezüge und die Auseinandersetzung mit dem Freiheitsbegriff – fügten sich zudem in die erfolgreiche Bewerbung um den Titel als UNESCO-Weltkulturerbe (siehe unten) ein.

---

112 Vgl. HOEDE, Deutsche Rolande, wie Anm. 21, S. 139 f. Zitat: S. 156, Hitlerzitat: S. 144. Im Übrigen verweist der Autor auf die nach 1918 errichteten Kriegerdenkmäler in Rolandsgestalt sowie auf die »Der Roland. Blätter für Volkstum und Heimat« genannte Unterhaltungsbeilage nationalsozialistischer Zeitungen (ebd. S. 157).

113 Karl HOEDE, Alte Rechtsdenkmäler – deutsche Siegeszeichen, in: Der Schlüssel 4 (1939), S. 284-304, Zitate: S. 284 und S. 303 f.

114 Publiziert in: Bremisches Jahrbuch 84 (2005).

115 Vgl. mit weiteren Hinweisen: Johannes PAULMANN, Die »freie Welt« in den internationalen Beziehungen – eine Spurensuche vom 20. in das 21. Jahrhundert, in: Gotthilf HEMPEL/Hans KLOFT (Hrsg.), Der Roland und die Freiheit, Bremen 2004, S. 161-182.

## VII. Bedeutungsverschiebungen nach 1945: die neue Westorientierung des Bremer Rolands und seine *Entnazifizierung*

Das im Zeitungsfeuilleton der Nachkriegszeit diagnostizierte Bedeutungsvakuum (siehe oben) bedeutete freilich nicht, dass das Denkmal selbst fragwürdig wurde und damit die Last der jüngeren Vergangenheit gleich mitentsorgt werden konnte. Ganz im Gegenteil erlebte der Roland in der jungen Bundesrepublik eine neuerliche Politisierung. Denn parallel zur Reaktivierung des Denkmals als Symbol für die Selbständigkeit des Stadtstaats im Föderalgefüge Deutschlands entwickelte sich in den 1950er-Jahren eine zeitgenössisch eingefärbte, antitotalitäre Interpretation der Freiplastik heraus, die über die Massenmedien transportiert werden sollte.[116] In einer für Radio Bremen verfassten Hörszene *Roland 1366* lieferte Friedrich Lindemann eine den gewandelten Zeitverhältnissen entsprechende Neudeutung des Denkmals, für die er verschiedene Details der Stadtrevolten des 14. Jahrhunderts sehr frei miteinander kombinierte. Diese Konflikte seien dem Eintreten für ein falsches, zu weitreichendes Freiheitsideal mit gewaltsamen und damit abzulehnenden Mitteln geschuldet gewesen, was vielleicht auch als ein Kommentar zur Weimarer Republik gedacht war. In einem späteren Treatment *Roland der Riese. Geschichten aus der Geschichte einer alten Stadt. Anregungen zu einem Kulturfilm* ergänzte Lindemann dieses Thema um weitere Bezüge: Der Roland wird als *bremische Freiheitsstatue* bezeichnet, die Freundschaft mit den USA positiv dargestellt, womit die Plastik für die transatlantischen Beziehungen und die außenpolitische Westorientierung vereinnahmt wurde.

Dabei fehlte der Nachkriegsinterpretation des Denkmals eine dezidiert antikommunistische Stoßrichtung. In Bremen bildete stattdessen der Umgang des NS-Regimes mit der Freiplastik den – negativen – Bezugspunkt der anti-totalitären Nachkriegsdeutung des Rolands. Über die Anekdote, dass die kriegsbedingte Einmauerung des Rolands nicht seinem Schutz vor Luftangriffen gedient habe, sondern die NS-Stadtpolitiker seine Wirkung als ein Freiheitssymbol auf diesem Wege hätten unterbinden wollen, adaptierte der »Volksmund« die Neuinterpretation des Denkmals im Sinne der westlichen Wertegemeinschaft, wobei Fragen nach eigener Schuld und Verantwortung für die NS-Verbrechen außen vor blieben. Nach dem Zweiten Weltkrieg sollen sich manche Zeitgenossen nach einem Zusammenhang zwischen der Verwüstung Bremens durch alliierte Luftangriffe und der Restaurierung des Denkmals gefragt haben: Denn 1938 war der Roland vorsätzlich abgebaut und keineswegs

---

116  Vgl. zum Folgenden: StAB 7.152-59 f.

innerhalb von 24 Stunden wieder errichtet worden![117] Später wurde diese Deutung an anderer Stelle wieder aufgegriffen. So trägt ein bekannter Abriss zur bremischen Verfassungsgeschichte den Titel *Vryheit do ik ju openbar* und behandelt die Zeit des Nationalsozialismus unter der Überschrift der *eingemauerte Roland*.[118] Mit der Freilegung des Rolands im September 1945 wurde somit eine Wiederherstellung städtischer Autonomie scheinbar bestätigt – passenderweise lieferten ältere wissenschaftliche Beiträge mit der Bezeichnung des Denkmals als *Freiheitsroland* hierfür ein geeignetes Schlagwort, das insbesondere von Friedrich Prüser aufgegriffen wurde.[119]

Es war eine Konsequenz dieser Deutung, dass Richard Boljahn, Fraktionsvorsitzender der SPD in der Bremischen Bürgerschaft, forderte, die 1938 eingelassene Dokumentenkassette zum 20. Jahrestag des Kriegsendes zu entfernen. Am Einspruch des Landesamts für Denkmalpflege (dieses hielt das Vorhaben für baulich riskant) und am Desinteresse Bürgermeister Hans Koschnicks scheiterte damals des *Riesen Entnazifizierung*. Insbesondere verfing der Hinweis, dass die vormalige Vereinnahmung der Plastik durch die lokale NS-Politik nicht mehr sichtbar sei.[120] Nach einem erneuten Anlauf war es 1989 dann so weit. Die Kassette wurde auf nachhaltiges Betreiben des Kultursenators Hans-Werner Franke entfernt, der seine Motivation so wiedergab: *Die Verfälschung des Rolands zu einem Erinnerungsträger für Adolf Hitler wird in Kürze beendet sein. Roland wird zurückverwandelt in ein zeitloses Dokument Bremer Freiheit*. Franke sprach von einer *Vergewaltigung – Der Roland ist von den Nazis okkupiert worden*. Da diese Vereinnahmung durch den Nationalsozialismus noch fortwirke, gebe es im Hinblick auf die Kassette nur eine Konsequenz: *Diese Scheußlichkeit muss raus*.[121]

Mit ähnlichen Argumenten sekundierte das Staatsarchiv Bremen. Der Roland sei weder entnazifiziert noch befreit worden, wie Straßen, Gebäude, Schulen nach 1945 umbenannt wurden, weswegen diese *ihre volle Identität zurück [erhalten hätten]. Nicht so der Roland, der in seiner jetzigen Form Zeugnis ist für die Vergewaltigung seiner einstigen symbolischen Integrität durch die Nationalsozialisten*. Trotz des Endes des *Dritten Reichs* und obwohl die Ereignisse des Jahres 1938 längst in Vergessenheit geraten waren, wirke die Vereinnahmung der Statue

---

117 Vgl. dazu RIEGER, Roland, wie Anm. 42, S. 87-90; DÖSCHER, wie Anm. 66, S. 72 f.

118 Volker KRÖNING (Hrsg.), Handbuch der Bremischen Verfassung, Baden-Baden 1991, S. 13 und S. 36.

119 Vermutlich erstmals bei: Eugen ROSENSTOCK[-HUESSY], Rathaus und Roland im deutschen Stadtrecht zwischen 1186 und 1280, Leipzig 1912, S. 38. Prominent aufgegriffen durch: Friedrich PRÜSER, Roland und Rolandia, Bremen 1957, bspw. S. 9, S. 18 und S. 32.

120 Vgl. zum Folgenden die Presseberichte in: StAB 9, S 0-720.

121 S. »Der Roland soll die Nazi-Kiste schnell loswerden«, Weser-Kurier, 22.11.1988; Die Zeit, 17.2.1989.

durch das NS-Regime fort: *Äußerlich blieb der Roland zwar in seiner überkommenen Gestalt, bekam in seinem Inneren jedoch ein neues Bewußtsein eingepflanzt ...*[122] Mit dieser Äußerung wurde dem Bremer Roland über seine wandelbare Bedeutung hinaus geradezu eine Art Eigenleben zugeschrieben. Dass diese gedächtnispolitische Begründung zudem von der – starken – Annahme ausging, die Instrumentalisierung eines Denkmals im *Dritten Reich* könne durch Vergessen nicht einfach wirkungslos werden, sondern solche nach 1933 erfolgten, kontaminierten Bedeutungszuschreibungen seien nach wie vor kontaminierend und deswegen öffentlich zu tilgen, belegt den in Folge des kontrovers geführten Historikerstreits gestiegenen Stellenwert von Erinnerungskultur.[123] Mit Rolands *Entnazifizierung* konnte das Ergebnis dieser in den Feuilletons bundesweit geführten Grundsatzdebatte beispielhaft vor Ort bekräftigt werden: Ohne relativierende Vergleiche blieb die NS-Vergangenheit zentraler und alleiniger Bezugspunkt der Identität von Staat und Gesellschaft Westdeutschlands.

Die mit viel Medienbegleitung inszenierte Entfernung der Urkunden aus den 1930er-Jahren entglitt den Beteiligten allerdings, als – völlig unerwartet – zwei Zeitkapseln zum Vorschein kamen, die 1938 und 1984 von jeweils mit Restaurierungsarbeiten betrauten Handwerkern in der Statue deponiert worden waren.[124] Jedenfalls konzentrierte sich die anschließende Presseberichterstattung auf diese Überraschung, während die eigentliche geschichtspolitische Maßnahme in den Hintergrund geriet. Diese erinnerungskulturelle Intervention markierte zugleich den Hoch- wie den Endpunkt der anti-totalitären Deutung des Denkmals.[125]

Möglicherweise bedingt durch die deutsche Einheit veränderte sich nach 1989 der Bezugsrahmen, innerhalb dessen der Plastik ein politischer Sinn gegeben wurde – weg von einer nach 1945 stets kritischen Befragung der deutschen Nationalgeschichte hin zu europäischen Bezügen. So wurde das Jubiläum 2004 zur Förderung der (gescheiterten) Bewerbung Bremens als Kulturhauptstadt Europas 2010 genutzt.[126] Zu den transnationalen Bezügen mit touristischer Breitenwirkung gehört ebenso, dass der Roland als Teil des

---

122 S. StAB Wissenschaftliche Auskunft 47/1989 und Vermerk, 14.11.1988, Dienstakte StAB 97-05, Bd. 7.

123 Dietrich Sattler, »Die Bremer Stadtdilettanten«, Deutsches Allgemeines Sonntagsblatt, 4.12.1988, S. 21, StAB 9, S 0 0-720. Vgl. zur gesamten Debatte CHARLES S. MAIER, Die Gegenwart der Vergangenheit. Geschichte und die nationale Identität der Deutschen, Frankfurt a. M. 1992.

124 Alle relevanten Unterlagen überliefert in: StAB 3/4, 59 bis 65.

125 Presseresonanz in StAB 9, S 0-5377.

126 Kulturhauptstadt Europas 2010. Die Bewerbungsschrift der Freien Hansestadt Bremen. Bd. 1: Was Bremen ist, Bremen 2004, S. 158 f.

Rathausensembles von der UNESCO in die Weltkulturerbeliste aufgenommen worden ist. Pünktlich zu Rolands 600. Geburtstag gab die in Paris beheimatete Organisation ihre Entscheidung bekannt. Der erfolgreichen Bewerbungsschrift zu Folge verkörperten das Rathaus und der Roland *Werte der Demokratie, der Freiheit des Glaubens und der politischen und der wirtschaftlichen Selbstbestimmung* als ein Teil des Kulturerbes der Menschheit.[127] Diese so glaubhaft gemachte neue Westorientierung des Bremer Rolands leistete damit ihren eigenen Beitrag zum kulturpolitischen Großerfolg der Weltkulturerbebewerbung.

## Fazit

Der Bremer Roland besitzt eine jahrhundertelange, variantenreiche Ausdeutungs- und Rezeptionsgeschichte mit zahlreichen Details (ob authentisch oder erdacht), die zunächst durch frühneuzeitliche Ratspolitiker entwickelt und instrumentalisiert wurde. Später beteiligten sich eine Vielzahl von Akteuren mit z. T. wechselnden Bewertungen an der Interpretation des Denkmals. Seit Beginn und bis in die Gegenwart wirkt der Roland als Kommunaldenkmal in die Stadtgesellschaft hinein, richtete sich als Nationalsymbol zwischen 1813 und 1945 ebenso an ein überregionales Publikum und wurde von deutschlandweit gelesenen, politisierten Literaten rezipiert. Nach dem Ende des *Dritten Reichs* verkörperte die Statue vor Ort eine Westbindung Deutschlands, die durch seine *Entnazifizierung* beglaubigt wurde. Mittlerweile haben sich diese zeitgebundenen Interpretationen verflüchtigt. Von Bremer Landespolitikern wird dagegen noch heute eine föderale Interpretation bemüht. Trotz aller gelehrter und wissenschaftlicher Auseinandersetzungen wurde die Freiplastik wegen ihrer festen Verankerung in der Alltags- und Populärkultur zum Kristallisationspunkt im kollektiven Gedächtnis der Stadtgesellschaft. Dazu zählten nicht nur narrative Ausschmückungen des Rolands, sondern auch seine Nutzung als Versammlungsort, um politische Interessen zu artikulieren. Dabei war und ist der Roland eine politische Ressource, derer sich auch Strömungen jenseits der etablierten Stadt- und Landespolitik bedienen.

Während des Mittelalters und der Frühen Neuzeit entfaltete sich die Denkmalgeschichte in unmittelbarer Auseinandersetzung mit der Herausbildung von Territorialstaatlichkeit und Landesherrschaft im – heute niedersächsischen – Umland. Dem Konflikt mit dem Stadtherrn verdankte die Steinplastik ihre (Wieder-)Errichtung, einer ambitionierten städtischen Machtpolitik die

---

127 Konrad ELMSHÄUSER u. a., Welterbeantrag. Das Rathaus und der Roland auf dem Marktplatz in Bremen, Bremen 2003, Zitat: S. 27.

nachhaltige Bedeutungsaufladung, während die kontinuierliche Thematisierung des Denkmals in der örtlichen Populärkultur einer breitenwirksamen Selbstvergewisserung der Stadtgemeinde diente. Manchem schien der Roland selbst – wegen dieser fortwährenden politischen und kulturellen Praxis – ein geschichtswirksamer Faktor zu sein. Dabei wurden ihm geradezu Persönlichkeit und Handlungsmacht zugeschrieben – die hochkulturelle Aufwertung des Denkmals im 19. Jahrhundert spiegelt auch dies wider.

Mit der »Sattelzeit« (Koselleck) hat sich zugleich das der Freiplastik einen Sinn gebende Bezugssystem mehrfach verändert: 1803/1806, 1815, 1871, 1945 und 1989 – es waren wichtige Zäsuren und offene historische Situationen der deutschen Nationalgeschichte, die mit Neudeutungen, Reaktivierungen alter Sinngehalte und Bedeutungsverschiebungen zusammenfielen. Dabei entfalteten sich die verschiedenen Bedeutungen des Bremer Rolands zumeist in einem dialektischen Wechselspiel von Ausdeutung und Verwendung durch die politischen Entscheidungsträger einerseits, davon differierender alltagskultureller Aneignung und Neudeutung durch breite Bevölkerungsgruppen andererseits. Parallel zur Instrumentalisierung als ein politisches Symbol formulierten die von, zumeist lokalen, Deutungseliten vorgelegten Interpretationen ebenso pointierte Geschichtsbilder zu Bremens Stadt- und Landeshistorie, freilich stets unter Einschluss eines übergeordneten Deutungsrahmens: zunächst das Alte Reich, dann ein deutscher Nationalstaat, später Europa und der »Westen«. Somit war der Bremer Roland ein Spiegelbild deutscher Nationalgeschichte, über das zugleich eine sinnhafte Positionierung Bremens in diesem von Brüchen und Konflikten geprägten historischen Prozess gelang – bis zum Aufgehen in einer europäischen Geschichte nach 1989.

Wegen solcher mannigfaltigen Bedeutungen und seiner bis in die Gegenwart reichenden Bekanntheit hebt sich das Bremer Denkmal zweifelsfrei von den übrigen nordwestdeutschen Kommunalrolanden ab: deren Geschichte endet in der Frühen Neuzeit, und diese Freiplastiken haben nie eine landesgeschichtliche Relevanz erlangt, weswegen eher von Rolanden in Niedersachsen als von niedersächsischen Rolanden gesprochen werden kann. Doch dem Bremer Roland war seine anhaltende Bedeutung nicht vorbestimmt, da seine baugeschichtliche Kontinuität weder selbstverständlich noch ungefährdet war. Ohne den 1404 erfolgten Wiederaufbau in Steinform würden wir Bremen jetzt in einer Reihe mit Göttingen, Verden, Buxtehude und anderen Städten mit untergegangenem Roland nennen. Und wäre die Plastik während der napoleonischen Besatzungszeit abgebrochen worden, dann wäre das Denkmal heute nur noch wegen seines »lokalhistorischen Affectionswert[s]« (Sello) interessant, aber nicht als ein kommunaler oder nationaler Erinnerungsort.

# Graf Wilhelm –
# Ein schaumburg-lippischer Erinnerungsort

VON STEFAN BRÜDERMANN

*Graf Wilhelm! Ein Gefühl des Stolzes hebt die Brust des Schaumburg-Lippers bei diesem Namen; er ist der Glanzpunkt in der Geschichte seines engeren Vaterlandes, und wer schaumburg-lippische Waffen nach ihm getragen hat, zehrte von seinem Ruhm.* So schreibt Franz Knöllke im Vorwort seines 1896 erschienenen, heute fast unbekannten historischen Romans »Die alten Bückeburger. Ein Charakterbild aus der Zeit des Grafen Wilhelm«.[1] Während Knöllke sich allein auf die militärische Tradition bezieht, wird vierzig Jahre später Graf Wilhelm zur Identifikationsfigur aller »eingesessenen Bürger«. In einer seinerzeit viel gelesenen Erinnerungsschrift der schaumburg-lippischen Schriftstellerin Lulu von Strauß und Torney heißt es: *Stellt [man] einen eingesessenen Bürgersmann [Bückeburgs] vor das große Porträt im Schloß, das einen hageren Herrn in roter Uniform mit Tressen und Stern darstellt, die Rechte auf den Feldmarschallstab gestützt, einen kleinen Dreispitz über dem klugen, gebräunten und merkwürdig langen Gesicht – und fragt Wer ist das? Der Bürgersmann wird ohne Besinnen antworten: Graf Wilhelm! Und ein Unterton wird darin liegen, der sagt: UNSER Graf Wilhelm!*[2] (Abb. 1)

Keine Frage, Graf Wilhelm war und ist bis heute[3] in Schaumburg-Lippe ein Erinnerungsort, ein »Kristallisationspunkt kollektiver Erinnerung«.[4] Erinnerungsorte stiften Identität für verschiedene gesellschaftliche Gruppen, Erinnerungsorte können auch ihre konkrete Bedeutung im Laufe der Zeit verändern. »Jede Gegenwart hat das Bedürfnis, sich ihr Gewordensein, ihre Vergangenheit von neuem zu rekonstruieren«, um es mit Johann Gustav Droysen zu sagen.[5]

---

1  Franz KNÖLLKE, Die alten Bückeburger. Ein Charakterbild aus der Zeit des Grafen Wilhelm während des siebenjährigen Krieges. Geschichte der Feldzüge des Grafen Wilhelm in Deutschland und Portugal, Bückeburg 1896, S. III.

2  Lulu von STRAUSS UND TORNEY, Vom Biedermeier zur Bismarckzeit. Aus dem Leben eines Neunzigjährigen, Jena 1933, S. 11 f. Gemeint ist das bekannte Gemälde von Johann Georg Ziesenis dem Jüngeren, hier Abb. 1.

3  Vgl. unten ab Anm. 226.

4  Etienne FRANÇOIS und Hagen SCHULZE, zitiert nach Henning STEINFÜHRER/Gerd STEINWASCHER (Hrsg.): Geschichte und Erinnerung in Niedersachsen und Bremen. 75 Erinnerungsorte, Göttingen 2021, S. 11.

5  Johann Gustav DROYSEN, Historik. Vorlesungen über Enzyklopädie und Methodologie der Geschichte, hrsg. von Rudolf Hübner, München 1977, S. 83.

*Abb. 1: Graf Wilhelm zu Schaumburg-Lippe, Gemälde von Johann Georg Ziesenis, Kopie im Schloss Bückeburg, Original verschollen.*

Graf Wilhelm ist ein besonders aussagefähiges Beispiel eines Erinnerungsortes, weil er seit 250 Jahren ganz unterschiedlich interpretiert und in ganz verschiedene, ja gegensätzliche Bezüge gesetzt wurde. Gerade diese Bedeutungsveränderung je nach dem veränderten Blick einer Zeit auf die Geschichte ist ein wichtiges Merkmal eines Erinnerungsortes.[6] In diesem Aufsatz soll ausführlich dargestellt werden, was im kurzen Beitrag für die »Geschichte und Erinnerung in Niedersachsen und Bremen«[7] nur stark verdichtet und gekürzt präsentiert werden konnte, und es wird versucht zu zeigen, wie die Erinnerung an Graf Wilhelm in verschiedene Zeitsituationen eingepasst und sein Beispiel unterschiedlichen Interessenlagen dienstbar gemacht wurde.

## Biographische Fakten

Graf Wilhelm zu Schaumburg-Lippe[8] wurde 1724 in London geboren. Seine Großmutter Johanna Sophie hatte ihren jähzornig-gewalttätigen Ehemann, den regierenden Grafen Friedrich Christian zu Schaumburg-Lippe, in einer spektakulären heimlichen Flucht verlassen und war mitsamt ihren Kindern ins Exil gegangen, zunächst nach Hannover, dann aufgrund der englischen Sukzession mit dem welfischen Hof nach London.[9] Ihr ältester Sohn Albrecht Wolfgang heiratete in London Gertrud Margarethe von Oeynhausen, die

---

6  STEINFÜHRER/STEINWASCHER, wie Anm. 4, S. 14.

7  Stefan BRÜDERMANN, Graf Wilhelm zu Schaumburg-Lippe, in: STEINFÜHRER/STEINWASCHER, wie Anm. 4, S. 221-226.

8  Eine umfassende Biographie auf dem gegenwärtigen Forschungsstand gibt es nicht, zusammenfassend siehe Gerd STEINWASCHER, Art. Graf Wilhelm zu Schaumburg-Lippe, in: Hubert HÖING (Hrsg.), Schaumburger Profile. Teil 1, Bielefeld 2008, S. 276-280. Die militärische Biographie bietet Hans Heinrich KLEIN, Wilhelm zu Schaumburg-Lippe: Klassiker der Abschreckungstheorie und Lehrer Scharnhorsts, Osnabrück 1982 (Studien zur Militärgeschichte, Militärwissenschaft und Konfliktforschung 28). Wilhelms Schriften und Briefe: Wilhelm zu SCHAUMBURG-LIPPE, Schriften und Briefe. Bd. 1-3, hrsg. v. Curd OCHWADT, Frankfurt a. M. 1976-1983; darin in Bd. 1, 1976, S. 463-524, ein biographischer »Nachbericht« von Curd Ochwadt.

9  Anna-Franziska von SCHWEINITZ, Johanna Sophia Gräfin zu Schaumburg-Lippe, in: Gerhard TADDEY (Hrsg.), Lebensbilder aus Baden-Württemberg Bd. 20, Stuttgart 2001, S. 100-128, u. Silke WAGENER-FIMPEL, Ein Leben im Geist des Pietismus – Gräfin Johanna Sophie zu Schaumburg-Lippe (1673-1743), in: Jahrbuch der Gesellschaft für niedersächsische Kirchengeschichte 100 (2002), S. 61-118; Friedrich-Wilhelm SCHAER, Graf Friedrich Christian zu Schaumburg-Lippe. Als Mensch und als Repräsentant des kleinstaatlichen Absolutismus um 1700, Bückeburg 1966; Stefan BRÜDERMANN, Graf Friedrich Christian zu Schaumburg-Lippe. Großer Skandal im kleinen Land, in: Beate Christine FIEDLER/Christine van den HEUVEL (Hrsg.), Friedensordnung und machtpolitische Rivalitäten. Die schwe-

schon damals als uneheliche Tochter des englischen Königs Georg I. angesehen wurde.[10] In dieser Ehe wurde Wilhelm am 9. Januar 1724 in London geboren und kam erst mit fünf Jahren, nach dem Tod des Großvaters, nach Bückeburg. Wilhelm galt also schon seinen Zeitgenossen als Enkel des englischen Königs und er selbst bezeichnete sich noch viel später als *born Englishman*.[11] 1735 wurde er zusammen mit seinem älteren Bruder Georg zur Ausbildung nach Genf und Leiden geschickt. Er strebte eine militärische Karriere an – was für den zweitgeborenen Abkömmling eines kleinen regierenden Hauses nahe lag – und trat daher 1742 in ein englisches Garderegiment ein. Aber noch im gleichen Jahr wurde mit dem Duelltod seines Bruders Georg klar, dass Wilhelm später in Bückeburg regieren würde.

Die folgende Zeit verbrachte er mit Reisen, Italienaufenthalten und der Teilnahme an Feldzügen bei der österreichischen Armee. Nach dem Tod seines Vaters trat Wilhelm 1748 die Regierung in Bückeburg an. Zunächst widmete er sich der Sanierung des Landeshaushalts und suchte das Land wirtschaftlich zu fördern.[12] Sein Hauptaugenmerk widmete er aber schnell dem Aufbau einer kleinen Armee, obwohl er in der Grafschaft Schaumburg-Lippe mit 16 Kirchspielen, etwa 16.000 Einwohnern (1760) und einer Fläche von etwa 340 Quadratkilometern nur sehr geringe Ressourcen zur Verfügung hatte.[13] Aus diesem Grund entwickelte er ein weitgehendes militärisches Erfassungssystem für die wehrpflichtige Landbevölkerung.[14]

1757 trat er mit seinen Truppen in den Siebenjährigen Krieg ein und diente in der Armee des Herzogs Ferdinand von Braunschweig-Lüneburg, die in Norddeutschland gegen die Franzosen kämpfte.[15] Er wurde aufgrund seiner

---

dischen Besitzungen in Niedersachsen im europäischen Kontext zwischen 1648 und 1721, Göttingen 2019, S. 264-281.

10 Peter VEDDELER, Das Porträt des Feldmarschalls Wilhelm Graf zu Schaumburg-Lippe im Rathaus zu Münster – Ein Zeugnis zur Geschichte der Stadt während des Siebenjährigen Krieges, in: Westfalen. Hefte für Geschichte, Kunst und Volkskunde 95 (2017), S. 89-166, hier S. 94-102.

11 In einem Schreiben an seinen Vater vom 3.5.1741 (SCHAUMBURG-LIPPE, Schriften und Briefe, wie Anm. 8, Bd. 3, S. 21).

12 Silke WAGENER-FIMPEL, Absolutismus und Merkantilismus. Manufakturwesen in Schaumburg-Lippe unter dem Grafen Wilhelm (1748-1777), in: Hubert HÖING (Hrsg.), Strukturen und Konjunkturen. Faktoren der schaumburgischen Wirtschaftsgeschichte, Bielefeld 2004, S. 138-178.

13 Hans Werner ROTHE, Zur Geschichte der ländlichen Gesellschaft im Schaumburger Land: Lindhorst, Melle 1998, S. 102; Karl Heinz SCHNEIDER, Schaumburg in der Industrialisierung, Teil I: Vom Beginn des 19. Jahrhunderts bis zur Reichsgründung, Melle 1994, S. 27.

14 KLEIN, wie Anm. 8, S. 31-41.

15 Walther MEDIGER, Herzog Ferdinand von Braunschweig-Lüneburg und die alliierte Armee, Hannover 2011.

besonderen Kenntnisse und Fähigkeiten auf diesem Gebiet zum Artilleriekommandeur der Armee ernannt und errang in der Schlacht bei Minden 1759 sowie bei anderen Kampfhandlungen dieses Feldzuges anerkannte militärische Erfolge.[16]

Im April 1762 wurde Wilhelm auf englisches Betreiben in Portugal als Oberkommandierender zur Verteidigung gegen einen spanischen Angriff eingesetzt. Es gelang ihm, die desolaten portugiesischen Truppen zu reorganisieren und den Angriff abzuwehren. Geehrt mit dem britischen Rang des Feldmarschalls und dem portugiesischen Titel »Altezza«, blieb er bis 1764 in Portugal und kehrte – beauftragt mit einer Heeresreform – 1767/68 noch einmal dorthin zurück.[17] Im Steinhuder Meer ließ er ab 1761 auf einer künstlich aufgeschütteten Insel den »Wilhelmstein« als sturmfreie Landesfestung Schaumburg-Lippes errichten, auf der er ab 1767 eine Kriegsschule betrieb, an der er selbst unterrichtete.[18] Sein berühmtester Schüler war der spätere General Gerhard von Scharnhorst.[19]

Wenn Graf Wilhelms Ruf und »Nachruhm« auch vor allem mit seinen militärischen Tätigkeiten in Verbindung steht, so war es ihm doch auch ein wichtiges Anliegen, an seinen Hof *hommes de génie* zu ziehen.[20] 1750 stellte er Johann Christoph Friedrich Bach, einen Sohn von Johann Sebastian Bach, als Leiter der Hofkapelle in Bückeburg ein.[21] 1765 holte er den Rintelner Professor der Philosophie Thomas Abbt an seinen Hof, der allerdings bereits Ende 1766

---

16 Vgl. z.B. Wilhelm STRACK VON WEISSENBACH, Regierender Graf Wilhelm zu Schaumburg-Lippe bezüglich seiner Leistungen als Artillerist, insbesondere im 7-jährigen Krieg, Ludwigsburg 1884; Martin STEFFEN, Die Schlacht bei Minden. Weltpolitik und Lokalgeschichte, Minden 2009; Stefan BRÜDERMANN, Graf Wilhelm und die Schaumburg-Lipper in der Schlacht bei Minden, in: Schaumburgische Mitteilungen 1 (2017), S. 110-133.

17 Christa BANASCHIK-EHL, Scharnhorsts Lehrer, Graf Wilhelm von Schaumburg-Lippe, in Portugal: Die Heeresform 1761-1777, Osnabrück 1974; António BARRENTO, Guerra Fantástica. The Portuguese Army and the Seven Years War, Warwick 2020.

18 KLEIN, wie Anm. 8, S. 249-261; Curdt OCHWADT (Hrsg.), Das Steinhuder Meer: eine Sammlung von Nachrichten und Beschreibungen bis 1900, Hannover 1967, S. 88-168; Silke WAGENER-FIMPEL/Martin FIMPEL, Die Festung Wilhelmstein im Steinhuder Meer, Bückeburg 2003; Hermann TIEMANN, Geschichte der Festung Wilhelmstein im Steinhuder Meer, Stadthagen 1907.

19 Vgl. unten bei Anm. 43 u. 111.

20 *Attirer des hommes de génie en divers départements, tels que Abbt, Herder* (SCHAUMBURG-LIPPE, Schriften und Briefe, wie Anm. 8, Bd. 1, S. 240).

21 Hannsdieter WOHLFARTH, Johann Christoph Friedrich Bach: Ein Komponist im Vorfeld der Klassik, Bern u.a. 1971; Ulrich LEISINGER (Hrsg.), Johann Christoph Friedrich Bach (1732-1795). Ein Komponist zwischen Barock und Klassik. Eine Ausstellung im Niedersächsischen Staatsarchiv in Bückeburg, Schloß, vom 8. Juni bis 11. August 1995. Katalog, Bückeburg 1995.

starb.[22] Johann Gottfried Herder, wohl die bekannteste kulturelle Errungenschaft des Grafen, blieb als Superintendent immerhin von 1771 bis 1776 in Bückeburg, gewann aber nicht das Vertrauen von Graf Wilhelm.[23]

Die letzten Lebensjahre des Grafen Wilhelm waren von Trauer und Einsamkeit geprägt. Relativ spät hatte er 1765 die Gräfin Marie Barbara Eleonore zur Lippe-Biesterfeld (*1744) geheiratet.[24] Das einzige Kind aus dieser Verbindung, die Tochter Emilie, starb 1774 im Alter von drei Jahren, möglicherweise an den Folgen einer Pockenimpfung;[25] zwei Jahre darauf starb auch Marie Barbara Eleonore an Tuberkulose. Zurückgezogen in sein noch in Bau befindliches Haus Bergleben, im Wald bei Wölpinghausen gelegen, starb Wilhelm am 10. September 1777.

## Im Urteil der Zeitgenossen

Als der Göttinger Physikprofessor Georg Christoph Lichtenberg im September 1772 auf einer Reise kurz in Bückeburg weilte, besuchte er der Sitte seiner Zeit entsprechend die bedeutenden und interessanten Männer. Den zu seinem Bedauern abwesenden Grafen Wilhelm bezeichnete er als die *gröste* der *Merckwürdigkeiten des Schlosses* in Bückeburg.[26] Graf Wilhelm war nach dieser Einschätzung schon zu seinen Lebzeiten zu einer Sehenswürdigkeit geworden und zu einer höchst »merkwürdigen« obendrein.

22 Stefan BRÜDERMANN, Der Aufklärungsphilosoph Thomas Abbt in Rinteln und Bückeburg, in: Niedersächsisches Jahrbuch für Landesgeschichte 90 (2018), S. 77-99; Alexander KOŠENINA, Abbt, Thomas, in: Gerhard PAIL/Hans-Gert ROLOFF u. a., Die Deutsche Literatur. Biographisches und bibliographisches Lexikon. Reihe IV: Die Deutsche Literatur zwischen 1720 und 1830. Bd. 1, Stuttgart-Bad Cannstatt 1998, S. 20-37.

23 Über Herder in Bückeburg gibt es eine Fülle von Literatur, nur eine kleine Auswahl: Werner FÜHRER, Herder, Johann Gottfried, in: Hubert HÖING (Hrsg.), Schaumburger Profile. Teil 1, Bielefeld 2008, S. 128-131; Stefan BRÜDERMANN, Schaumburg-Lippe, Graf Wilhelm und Herder in der Lichtenberg-Zeit, in: Lichtenberg-Jahrbuch, 2013, S. 33-49; Brigitte POSCHMANN, Herders Tätigkeit als Konsistorialrat und Superintendent in Bückeburg, in: DIES. (Hrsg.), Bückeburger Gespräche über Johann Gottfried Herder 1983, Rinteln 1984, S. 190-213; Wilhelm DOBBEK, Johann Gottfried Herder in Bückeburg 1771 bis 1776, in: Schaumburg-Lippische Mitteilungen 20 (1969), S. 37-56; Hermann HEIDKÄMPER, Herder in Bückeburg, in: Zeitschrift für niedersächsische Kirchengeschichte 16 (1911), S. 1-42.

24 Helge BEI DER WIEDEN, Schaumburg-Lippische Genealogie: Stammtafeln der Grafen – später Fürsten – zu Schaumburg-Lippe bis zum Thronverzicht 1918, Melle 1995, S. 22 f.

25 Silke WAGENER-FIMPEL, Pockenimpfungen am Bückeburger Hof im 18. Jahrhundert, in: Schaumburg-Lippische Mitteilungen 34 (2007), S. 159-181, hier S. 162-173.

26 Lichtenberg an Johann Christian Dieterich 7.9.1772 (Georg Christoph LICHTENBERG, Briefwechsel, hrsg. von Ulrich JOOST und Albrecht SCHÖNE. Bd. I, 1765-1779, München 1983, S. 150). Vgl. BRÜDERMANN, Lichtenberg-Zeit, wie Anm. 23, S. 34.

Lichtenbergs Einschätzung des Grafen Wilhelm mag aus den Gesprächen mit Johann Gottfried Herder und Christian Friedrich Westfeld stammen, die er am gleichen Tag besuchte, sie kann sich aber auch zuvor schon durch seine vielfältige Korrespondenz und Erzählungen von Reisenden oder schaumburg-lippischen Studenten geformt haben.[27] Was Graf Wilhelm für Lichtenberg zu einer *Merckwürdigkeit* macht, erfahren wir nicht, nur, dass er am ehesten einen Besuch in Bückeburg wert sei, mehr noch als der damals schon berühmte junge Herder.

Die nachfolgend ausgewerteten zeitnahen Veröffentlichungen von Briefen, biographischen Schriften, Anekdotensammlungen oder Anmerkungen über den Grafen Wilhelm von Thomas Abbt (ab 1771),[28] Moses Mendelssohn (1782),[29] Theodor Schmalz (1783),[30] Gerhard von Scharnhorst (1783/1788)[31] Johann Georg Zimmermann (1785)[32] oder Karl Christian zur Lippe-Weißenfeld (1789)[33] kann er noch nicht gekannt haben. Sie erschienen in einem Zeitraum bis etwa 20 Jahre nach dem Tod des Grafen und können wohl noch als zeitgenössische Wahrnehmung gelten, zumal sie auf unmittelbare persönliche Kenntnis des Grafen zurückgehen. In diesen Schriften wird Graf Wilhelm aus der Perspektive seiner Zeitgenossen dargestellt und charakterisiert.

Mit Blick auf seine Jugendzeit wird Wilhelm zu einem unbändigen Spaßvogel mit skurrilen Zügen stilisiert, der mit seiner überschüssigen Kraft kaum

---

27  C. F. Westfeld hatte 1763-1767 gleichzeitig mit Lichtenberg in Göttingen studiert, ebenfalls Mathematik und Physik bei Abraham Gotthelf Kästner, die beiden kannten sich sicherlich (vgl. BRÜDERMANN, Lichtenberg-Zeit, wie Anm. 23, S. 42). Vier Söhne Westfelds studierten später bei Lichtenberg (Hans-Joachim HEERDE (Hrsg.), Das Publikum der Physik. Lichtenbergs Hörer, Göttingen 2006, S. 661-663).

28  Thomas ABBT, Vermischte Werke. Dritter Theil, welcher einen Theil seiner freundschaftlichen Correspondenz enthält, Berlin/Stettin 1771.

29  Moses MENDELSSOHN, Anmerkungen zu Abbts freundschaftlicher Correspondenz, Berlin 1782.

30  Theodor SCHMALZ, Denkwürdigkeiten des Grafen Wilhelm zu Schaumburg-Lippe, Hannover 1783. Dazu auch die Rezensionen »Versuch einer kurzen und zuverlässigen Lebensgeschichte des Grafen Wilhelm von Schaumburg-Lippe zu Bückeburg«, in: Journal von und für Deutschland 6 (1789), Nr. 7, und »Leben des regierenden Grafen Wilhelm zu Schaumburg, Lippe und Sternberg«, in: Allgemeine Deutsche Bibliothek 99 (1791), S. 285-288, die mit eigenständigen Informationen aufwarten.

31  Gerhard von SCHARNHORST, Characterzüge und Anecdoten. Aus einem ungedruckten Schreiben eines Officiers von der Alliirten Armee im Jahr 1761, in: Neues militairisches Journal 1 (1788), S. 123-127; Gerhard von SCHARNHORST, Anecdoten, in: Neues militairisches Journal 1 (1788), S. 271-278.

32  Johann Georg ZIMMERMANN, Über die Einsamkeit. Dritter Theil, Leipzig 1785, darin S. 456-468 über Graf Wilhelm.

33  GERMANUS [Karl Christian zur Lippe-Weißenfeld], Leben des regierenden Grafen Wilhelm zu Schaumburg-Lippe und Sternberg, Wien 1789.

etwas Vernünftiges anzufangen wusste und zum männlichen Abenteurertum neigte. Der hannoversche Leibarzt Johann Georg Zimmermann (der Wilhelm später persönlich kannte) berichtet, ein Verwandter des Grafen habe ihm erzählt, *daß er in seiner Jugend mit jedem Engländer in Allem wetteiferte. Er wettete, zum Exempel, daß er rückwerts von London nach Edinburg reiten wolle; das ist, der Kopf des Pferdes mußte nach Edinburg gerichtet seyn, und der Kopf des Grafen nach London. So ritt Er durch einige englische Provinzen. Er reiste nicht etwa nur zu Fusse durch England; zum Spaaße bettelte Er sich durch verschiedene englische Provinzen, gemeinschaftlich mit einem deutschen Fürsten.* Durch die Donau sei er an einer Stelle geschwommen, an der sie so reißend und gefährlich sei, dass man ihn kaum noch habe retten können.[34] Wieviel an diesen von mehreren Seiten berichteten Geschichten authentisch ist, ist kaum noch festzustellen.

Derlei Ausflüge in die Welt der unteren Stände – wie etwa das Betteln »zum Spaß« – waren im 18. Jahrhundert nicht gänzlich unüblich unter den Herren. Von Wilhelm wird auch in späteren Jahren noch das Incognito-Reisen berichtet.[35] Und der Wilhelmsteiner Militärschüler Gerhard von Scharnhorst wusste von großen Fußreisen in der Jugend Wilhelms.[36] In dem 1742 angetretenen englischen Offiziersdienst war Wilhelm wohl kein Mustersoldat. Er wurde einmal wegen Dienstversäumnis eingesperrt – was er später als heilsam und nützlich erklärte –, ging nie in die Kirche und war öfter in Geldverlegenheit.[37] Sein Biograph Schmalz räumt etwas verschämt ein, *daß seine Jugend nicht ganz seinem männlichen Charakter entsprach,* sondern *von der Nachahmung sonderbarer Größen und einer Art von Rauhigkeit der Sitten verdunkelt* gewesen sei,[38] er zeigt also Distanz gegenüber den Streichen des jungen Grafen.

Das alles passt zum Bild eines jungen Mannes, der sich aus sicherem Stand erprobt, Grenzen, Möglichkeiten und Verhaltensalternativen austestet, ähnlich dem, was vom Leben der Studenten der Frühen Neuzeit bekannt ist.[39] Die

---

34 ZIMMERMANN, wie Anm. 32, S. 459 f. Beide Anekdoten bringt (offenkundig sekundär) auch Samuel BAUR, Graf zu Schaumburg-Lippe, in: DERS., Geschichtserzählungen grosser und seltener Menschen unseres Zeitalters. Bd. 2, Leipzig 1798, S. 1-35, hier S. 3.

35 Johann Gottfried Herder an Johann Georg Hamann 24.8.1776 (Johann Gottfried HERDER, Briefe. Bd. 3 (Mai 1773 – September 1776), bearb. von Wilhelm DOBBEK und Günter ARNOLD, Weimar 1978, S. 292).

36 SCHARNHORST, Characterzüge, wie Anm. 31, S. 124.

37 Curdt OCHWADT, Nachbericht, in: SCHAUMBURG-LIPPE, Schriften und Briefe, wie Anm. 8, Bd. 1, 1976, S. 463-524, hier S. 466.

38 SCHMALZ, wie Anm. 30, S. 12 f.

39 Vgl. z. B. Marian FÜSSEL, Studentenkultur als Ort hegemonialer Männlichkeit? Überlegungen zum Wandel akademischer Habitusformen vom Ancien Régime zur Moderne, in: Martin DINGES (Hrsg.), Männer – Macht – Körper. Hegemoniale Männlichkeiten vom Mittelalter bis heute, Frankfurt a. M. 2005, S. 85-100.

Erzählungen von körperlicher Kraft, Mut und Geschick begleiten auch seine späteren Jahre, zum Übermut kommt die militärische Askese: Am bekanntesten ist eine Episode beim preußischen König Friedrich II. etwa in den frühen 1750-er Jahren.[40] Jener hatte *einen breiten Graben ziehen lassen, um die Desertion der Reiterei zu verhindern; Wilhelm setzte über denselben, zum Erstaunen der Zuschauer.*[41] Eine ähnliche Geschichte eines gewaltigen Sprunges mit dem Pferd wird aus dem Siebenjährigen Krieg erzählt.[42] Noch Scharnhorst, der Graf Wilhelm erst 1773 als Offiziersschüler auf dem Wilhelmstein persönlich begegnete,[43] berichtete, *alle die ihn kennen, behaupten seine Stärke übertreffe alles, was sie gesehen. Er springt über die breitesten Gräben, und gehet zu Fuß durch Koth und Morast, damit sein Körper in der Gewohnheit bleibet, solche Unbequemlichkeit zu ertragen.*[44] Auch Moses Mendelssohn, der Wilhelm in Bad Pyrmont traf, berichtet, dass er *harte, mit Gefahr verbundene Leibesübungen* [...] *und große Thaten* [...] *liebte.*[45] Und die jugendliche Neigung zum Wetten begleitete ihn: Als unter seinem Befehl 1761 die Festung Kassel belagert wurde, beschloss er *so lange bis er sich dieser Vestung bemeistert hätte, weder zu kämmen, noch zu waschen, noch umzukleiden, oder auch nur die Kleider zum Schlafen auszuziehn.*[46] In all diesen Berichten wird das Bild eines militärisch disziplinierten und asketischen Grafen deutlich, dem Äußerlichkeiten gleichgültig sind und der damit die Anerkennung seiner Soldaten erringt.

Kraft, große Taten, Gefahr: Die Neigung zu Gefahren ist ein weiterer Charakterzug Wilhelms, über den seine Zeitgenossen berichten. Beispiele für eine Art von Todesverachtung[47] finden sich zunächst im militärischen Kontext, wo

---

40 Graf Wilhelms längere Berlin- und Potsdam-Aufenthalte fallen in diese Zeit, vgl. OCHWADT, Nachbericht, wie Anm. 37, S. XXXVIII.

41 Versuch einer kurzen und zuverlässigen Lebensgeschichte, wie Anm. 30, S. 8.

42 Georg Wilhelm DÜRING, Geschichte des Schaumburg-Lippe-Bückeburgischen Karabinier- und Jäger-Korps, Berlin/Posen/Bromberg 1828, S. 14.

43 Gerhard von SCHARNHORST, Private und dienstliche Schriften. Band 1: Schüler, Lehrer, Kriegsteilnehmer (Kurhannover bis 1795), hrsg. von Johannes KUNISCH, bearb. von Michael SIKORA/Tilman STIEVE, Köln/Weimar/Wien 2002, S. 1-37; Klaus HORNUNG, Scharnhorst. Soldat, Reformer, Staatsmann, Esslingen 2001, S. 19-23; Georg Heinrich KLIPPEL, Das Leben des Generals von Scharnhorst. Erster Theil, Leipzig 1869, S. 38-64.

44 SCHARNHORST, Characterzüge, wie Anm. 31, S. 124.

45 MENDELSSOHN, wie Anm. 29, S. 83.

46 Leben des regierenden Grafen Wilhelm, wie Anm. 30, S. 285 f. Ebenso BAUR, wie Anm. 34, S. 12.

47 Die Frage, ob es sich dabei eher um eine philosophische Haltung oder militärischen Mut handelt, wird kontrovers diskutiert bei Curdt OCHWADT, Wilhelm im Widerstreit. Robert Hepp über den Grafen Wilhelm zu Schaumburg-Lippe, in: Der Staat. Zeitschrift für Staatslehre, Öffentliches Recht und Verfassungsgeschichte 24 (1985), S. 254-264; Robert HEPP, Anleitung zur Verteidigung der Souveränität kleiner Staaten, in: Der Staat. Zeitschrift

immer wieder auf den persönlichen Mut des Grafen verwiesen wird. Wilhelm *sah sich als Soldat dazu bestimmt, Gefahren und Strabatzen zu ertragen.*[48] Aber er ertrug die Gefahr nicht nur, er suchte sie geradezu. Andere Offiziere vermieden es, mit ihm auf Erkundung zu gehen, weil er sich jeder Gefahr aussetzte, *wenn er nur fürs gefangen werden sicher war.* Bei der Belagerung von Kassel stellte er sich mehrmals auf die Brustwehr des Grabens und exponierte sich, mit der Begründung *In der Belagerung muß niemand Kugeln scheuen.*[49] Aus seinen späteren Jahren berichtet Scharnhorst, der Graf habe beim Zielschießen immer ganz nahe an der Schusslinie gestanden und *war unzufrieden, wenn die Schützen, aus Furcht, ihn zu treffen, nach der entgegen gesetzten Seite vorbey schossen.*[50] Aus dem portugiesischen Krieg wird berichtet, Wilhelm habe öfters Nachrichten mit Warnungen erhalten, sei dann aber *gewöhnlich allein an dem bedenklichen Orte* erschienen, *um seinen Gegnern zu zeigen, daß er ihre Kabalen verachte.*[51] Einmal habe ein portugiesischer Soldat, *von närrischem Religionseifer, vielleicht von Geistlichen verführt*, in einer Lagergasse auf ihn geschossen. *Die Kugel ging durch seinen Hut. Er rief einigen Offizieren* [etwas zu], *ohne seinen Platz zu verlassen. Eine zweyte Kugel rauschte noch an seinem Kopfe hin. Man bat ihn dringend, sich zu entfernen. Allein er blieb, um den Täter zu entdecken.*[52] Eine andere Anekdote aus dem portugiesischen Krieg berichtet von einer schon mit Sprengstoff zur Explosion vorbereiteten Mine, aus der die Arbeiter flohen. *Der Graf, welcher befürchtete, man möchte während der Zeit, daß sich die Arbeiter entfernten, würklich Feuer hineinbringen, ließ sich selbst in die Miene hinunter.*[53] Zur Erzählung der Todesverachtung gehört als fester Topos, dass andere sterben, wo der Graf überlebt: Bei der Belagerung Münsters soll sich Graf Wilhelm in den Laufgräben aufgehalten haben, *wo es besonders scharf herging*, darauf *riß einer seiner tapferen Schaumburger ihn herum beim Arm, in seinem Platdeutsch sprechend:* »Go he weg hier, gnädger Herr! Hie dögt es nicht,« *stellte sich hin auf des Kommandirenden Platz, und eine Kanonenkugel kam, schnitt dem ihn Rettenden den Kopf weg: eine Anekdote, die der Graf mit herzlichem Bedauern seines Kameraden erzählte.*[54]

für Staatslehre, Öffentliches Recht und Verfassungsgeschichte 23 (1984), S. 273-279; Robert Hepp, Wilhelm im Widerstreit. Eine polemologische Polemik zur Rezensionsreplik von C. Ochwadt, in: Der Staat. Zeitschrift für Staatslehre, Öffentliches Recht und Verfassungsgeschichte 24 (1985), S. 265-286.

48 Scharnhorst, Anecdoten, wie Anm. 31, S. 275.
49 Scharnhorst, Characterzüge, wie Anm. 31, S. 125.
50 Scharnhorst, Anecdoten, wie Anm. 31, S. 275.
51 Baur, wie Anm. 34, S. 20 f.
52 Schmalz, wie Anm. 30, S. 131 f.
53 Schmalz, wie Anm. 30, S. 43-45, danach Baur, wie Anm. 34, S. 20.
54 Germanus, wie Anm. 33, S. 47 f.

Graf Wilhelms Todesverachtung hatte aber in der Wahrnehmung der Zeitgenossen auch eine philosophische Seite, sie war nicht bloßer Mut, Übermut oder soldatische Tapferkeit. Johann Georg Zimmermann berichtet von einem Besuch auf dem Wilhelmstein. Er habe mit Graf Wilhelm neben einem Pulvermagazin gestanden, das dieser unter seinem Schlafzimmer hatte anlegen lassen. *Da würde ich in schwülen Sommernächten nicht gut schlafen, sagte ich: der Graf bewies mir, ich weiß nicht mehr wie, die größte Gefahr und keine Gefahr seyen Einerley.*[55] Und Moses Mendelssohn, der ihn aus langen philosophischen Gesprächen in Pyrmont kannte, berichtete seinen Lesern: *Devouement à la mort* [Hingebung zum Tod] *war sein Losungswort, das er fleißig im Munde führte, und dazu er die Gelegenheit beynahe zu wünschen schien.*[56]

Wie bereits angedeutet wurde, muss für Wilhelms Umgebung sein Umgang mit Gefahr anstrengend gewesen sein, er war sogar eine Quelle für Konflikte. Eine der am häufigsten erzählten Anekdoten aus Graf Wilhelms Leben ist die vom Zielschießen auf sein Zelt:

*Der Graf habe in dem Kriege, da er die Artillerie bey der Armee des Herzogs Ferdinand von Braunschweig gegen die Franzosen commandirte, einst einige Hannöverische Officiere in sein Zelt zum Essen gebeten; und als die ganze Gesellschaft vergnügt und guter Dinge war, seyen einige Canonkugeln oben über das Zelt geflogen. Die Officiere sagten, die Franzosen müssen wol in der Nähe seyn? Nein, erwiederte der Graf, die Franzosen sind weit von uns weg; die Herren möchten also nur fortessen. Bald kamen wieder ein paar Canonkugeln und schlugen oben durch das Zelt. Die Officiere standen auf und sagten, die Franzosen sind da? Nein, sagte der Graf, die Franzosen sind nicht da; meine Herren bleiben sie sitzen, und glauben sie mir auf mein Wort. Eine Canonkugel kam immer wieder nach der andern; die Officiere aßen und tranken geruhig, und machten nur ganz leise ihre Spekulationen über dieses wunderliche Fest. Endlich stand der Graf auf, und sagte: meine Herren, ich habe ihnen nur zeigen wollen, wie sehr ich mich auf meine Artilleristen verlassen kann: denn ich befahl ihnen, so lange wir bey Tische sitzen, immer mit scharfgeladenen Canonen nach dem Knopfe unseres Zeltes zu schießen, und das haben sie auch mit der größten Genauigkeit ausgeführt.*[57]

Diese Anekdote erzählte Johann Georg Zimmermann 1785 und nannte auch den Gewährsmann, von dem er sie gehört hatte: den hannoverschen Geheimen Justizrat Strube. Unabhängig davon wird sie in einer leicht veränderten Vari-

---

55 ZIMMERMANN, wie Anm. 32, S. 461 f.
56 MENDELSSOHN, wie Anm. 29, S. 83.
57 ZIMMERMANN, wie Anm. 32, S. 460 f. Entsprechend BAUR, wie Anm. 34, S. 10.

ante von Scharnhorst 1788 mitgeteilt.⁵⁸ Überlieferung und Kontext sprechen daher durchaus für einen wahren Kern dieser erstaunlichen Erzählung.

Aufgrund solcher Begebenheiten wurde Graf Wilhelm durchaus zwiespältig wahrgenommen, es war *eine sehr seltsame Seite [...], die ein Biograph nicht verhehlen, ein Vernunft und Wahrheit liebender Mann noch viel weniger beschönigen darf.*⁵⁹ Man *wich ihm gerne aus,* schreibt Zimmermann.⁶⁰ Johann Gottfried Herder hatte wohl besonders stark diese Wahrnehmung, wenn er Graf Wilhelm *bei allem wahrhaft Großen und Guten des Herrn [...] in manchem Betracht abscheulich* fand.⁶¹

Neben Kraft, Mut und Todesverachtung wurde von den Zeitgenossen aber auch Wilhelms ausgezeichnete Bildung wahrgenommen, die selbst für seinen privilegierten Stand außergewöhnlich war. Thomas Abbt berichtete, er habe *ihn bey Tische ganze Stellen aus dem Shakespear mit der vollen Empfindung des Inhaltes her sagen* [hören], *und ihn bey einer gestirnten Nacht mit philosophischem Tiefsinn und bescheidenem Zweifel, über die wichtigsten Materien, die den Menschen angehen, sprechen* [hören]. *[...] Ich habe Ihn [...] eine schwere Stelle des Cäsars bey der Tafel erklären hören, und habe mich geschämt.*⁶² Justus Möser erklärte er, Wilhelm kenne *die Franzosen, Engländer, Italiäner und deutschen Schriftsteller in Originalien und die Alten aus Uebersetzungen.*⁶³

Graf Wilhelm wurde als höchst eigenwilliges Original wahrgenommen. Johann Georg Zimmermann berichtet von einem Spaziergang mit dem Grafen Wilhelm zu Pyrmont:

*In der grossen Allee zu Pyrmont unterhielt er mich an einem Sonntage, mit einer Ruhe als wenn Er und ich alleine in der Welt wären, zwischen einigen tausend Menschen, die da paradirten, buhlten, und tanzten, zwey Stunden lang auf einem Fleck, von allen Beweisen die bisher für das Daseyn Gottes geführet*

---

58 SCHARNHORST, Characterzüge, wie Anm. 31, S. 124. Die Begebenheit ähnelt der von einem Gastmahl in Portugal, als der Graf seine Gäste (portugiesische Offiziere) zum pünktlichen Verlassen der Tafel auffordert. Hinter dem letzten fliegt kurz darauf das ganze Zelt in die Luft und der Graf belehrt seine Gäste, wie wichtig doch Pünktlichkeit beim Militär sei. Sie wird aber erst in einer späteren Darstellung mitgeteilt (Ernst Graf zur LIPPE-WEISSENFELD, Wilhelm Graf zu Schaumburg-Lippe, in: *Militair-Wochenblatt* 54 (1869), Nr. 5, S. 34 f.).
59 Leben des regierenden Grafen Wilhelm, wie Anm. 30, S. 286.
60 ZIMMERMANN, wie Anm. 32, S. 466 f.
61 J. G. Herder an Caroline Flachsland 24. 1. 1772 (Johann Gottfried HERDER, Briefe. Bd. 1 (April 1763 – April 1771). Bearb. v. Wilhelm DOBBEK u. Günter ARNOLD, Weimar 1977, S. 128).
62 Aus einem Brief (an Nicolai?) Dez. 1765 (ABBT, Vermischte Werke, wie Anm. 28, S. 376).
63 An Justus Möser Anf. Aug. 1765 (Justus MÖSER, Briefwechsel, neu bearb. von William F. SHELDON, Hannover 1992, S. 369 f.).

*worden, von dem was allen diesen Beweisen mangle, und wie es Ihn dünke, daß man alle könnte übertreffen. Damit ich dieser Lection nicht entschlüpfe, hielt er mich zwey Stunden hindurch, immer bey einem Knopfe meines Rockes fest.*[64]

Auch Johann Wolfgang von Goethe, der Graf Wilhelm vor allem aus den Erzählungen Herders kannte, bescheinigt ihm aus 50 Jahren Distanz vor allem *Wunderlichkeit.*[65]

Den Beschreibungen seiner merkwürdigen Eigenarten entspricht die Darstellung eines exzentrischen Äußeren: *Er hatte eine hohe vorstehende Stirn. Das fast furchtbar Majestätische seiner großen durchdringenden Augen verlohr sich, wenn man ihn länger ansah, mehr in dem Blick des forschenden Weisen. Seine Nase war groß und gebogen, der Mund fast zu klein. Wenn er da stand, war er fast schreckend; […]. Seine Stimme war, wie seine Rede, leutselig, sanft und fest.*[66] Während des Portugiesischen Feldzuges wurde er aufgrund seiner äußeren Gestalt mit Don Quichotte verglichen: *Es ist wahr, er hatte von weitem ein romantisches Wesen, wegen der heroischen Haltung seines Körpers, wegen seiner fliegenden Haare, wegen seiner ausserordentlich langen hagern Figur, und zumal durch das ungewöhnlich lange Oval seines Kopfes, wobey man freylich an den Don Quichotte denken konnte.*[67] Auch Herder nannte ihn später so.[68]

Eigenwillig, gelehrt und auch mitfühlend wird Graf Wilhelm dargestellt: Ein in den *Mindenschen Beyträgen zum Nutzen und Vergnügen* 1775 anonym erschienenes Gedicht erzählt von einem Landesvater, der einem Bauern ein Almosen anbietet, das dieser aus edlen Motiven ablehnt:

*Ein Landesherr, der als ein Weiser denkt*
*Als Vater herrscht, als Menschenfreund empfindet,*
*Um dessen Heldenkranz die Muse Myrten windet*
*Ging an dem heilgen Quell, den Meditrine schenkt*
*Sann dem Gespräch vom wichtigsten Geschäfte*
*der Seele nach u. wog mit Tiefsinn ihre Kräfte.*
*Kaum sah er einen Bauersmann*
*Zur Seite der Alleen*
*Mit kummervoller Miene gehen*
*So nahet er sich ihm heran:*
*»Mich dünkt, spricht er, ihr seyd mein Unterthan*

---

64 Zimmermann, wie Anm. 32, S. 463.
65 Johann Wolfgang von Goethe, Biographische Denkmale von Varnhagen von Ense, in: Über Kunst und Altertum 5 (1824), Nr. 1, S. 149-154, hier S. 152f.
66 Schmalz, wie Anm. 30, S. 127f.
67 Zimmermann, wie Anm. 32, S. 457f.
68 Herder an Johann Georg Hamann 20.7.1776 (Herder, Briefe 3, wie Anm. 35, S. 281).

*Was macht Ihr hier?« – »Ach gnädger Herr*
*Mein Weib braucht hier die Kur für Schwachheit im Gemüthe!«*
*Das kostet Geld, erwiedert er,*
*Kommt heut zu mir u. holts. »Dank! Dank für diese Güte*
*Ich habe noch, Gottlob! nothdürftig Brot.*
*Doch manchen drücket wahre Noth,*
*Der, wenn nicht Ihre Huld sie oft zu lindern wüste*
*ganz hülflos darben müsste.« –*
*Der Landesvater schwieg*
*Und eine warme Thräne stieg*
*Aus seinem Herzen auf u. feuchtete den Blick.*
*Gerührt war er vom Götterglück,*
*dem Dürftgen ungesucht die Wohlthat anzutragen,*
*u. von der seltnen Art, ihr würdig zu entsagen.*

Den Zeitgenossen dürfte die Zuordnung zum Grafen Wilhelm leichtgefallen sein, der anonyme Verfasser war Johann Gottfried Herder, die Begebenheit ist aus den Quellen als authentisch belegbar.[69] Diese Anekdote zeigt den Landesherrn gerührt über einen dankbaren Untertanen als vorbildhaft mitfühlenden, barmherzig handelnden Menschen und Regenten.

Diese Empfindsamkeit wird Graf Wilhelm selbst im militärischen Kontext zugeschrieben, wo er sonst als ein todesmutiger Befehlshaber erscheint. Als er während des westfälischen Feldzuges die Stadt Münster beschießen lassen musste (Abb. 2), brachte ihn der Anblick der Zerstörung zum Weinen, wie Zeitzeugen berichteten: *Der Graf sah von einer Anhöhe dies Feuer an, wandte sich, und weinte.*[70] Die Erzählung von dieser Begebenheit schließt auch an antike Vorbilder weinender Heerführer, Herrscher und Helden an, wo auch z. B. der Sieger um den Besiegten weint, wie etwa Scipio laut Polybios beim Anblick des brennenden Karthago weinte und damit über die Vergänglichkeit irdischer Größe überhaupt.[71] Der Erzähler beschrieb damit das vorgebliche Verhalten

---

69 Stefan BRÜDERMANN, Lobpreis und Fürstenspiegel. Ein neu entdecktes panegyrisches Erzählgedicht Herders auf Graf Wilhelm zu Schaumburg-Lippe, in: Herder Jahrbuch/ Herder Yearbook XV/2020, S. 167-173.

70 SCHMALZ, wie Anm. 30, S. 137; ebenso LIPPE-WEISSENFELD, wie Anm. 58, S. 47. Zum Bild vgl. VEDDELER, Zeugnis zur Geschichte, wie Anm. 10, u. DERS., Das Portrait des Grafen Wilhelm zu Schaumburg-Lippe in Münster – eine Kopie des von Johann Heinrich Tischbein dem Älteren geschaffenen Originalgemäldes in der »Royal Collection«, in: Westfalen. Hefte für Geschichte, Kunst und Volkskunde 98 (2020), S. 269-285.

71 Z. B. Judith HAGEN, Die Tränen der Mächtigen und die Macht der Tränen. Eine emotionsgeschichtliche Untersuchung des Weinens in der kaiserzeitlichen Historiographie, Stuttgart 2017, bes. S. 293-301. Über die archaischen Helden vgl. Hans van WEES, A Brief History

*Abb. 2: Unbekannter Künstler, Bildnis des Grafen von Schaumburg-Lippe als Belagerer der Stadt Münster, 1759, Öl/Leinwand, 148,0 x 112,5 cm, LWL-Museum für Kunst und Kultur, Westfälisches Landesmuseum, Münster, Inv.Nr. 695 LM. Foto: Tomasz Samek, Münster.*

des Grafen nach einem uralten Topos, passte ihn so aber zugleich aktuellen Erwartungen an einen guten Befehlshaber und Herrscher an.

Der Graf war in diesen Darstellungen nicht nur der Äußerung von Empfindungen fähig, er pflegte auch einen militärischen Habitus der Gleichheit und Kameradschaftlichkeit. Scharnhorst berichtet über Arbeiten auf dem Steinhuder Meer, bei denen sich sein Boot festfuhr. Da einer ins kalte, morastige Wasser musste, ließ der Graf durch das Los entscheiden und ging selbst ins Wasser, als es ihn traf.[72] Auch an anderer Stelle betonte Scharnhorst: *Wo er commandirte, lebte er wie der gemeine Soldat und in den Belagerungen liegt er mit ihnen des nachts in der Trenchee [Graben].*[73] *Schwärmerisch liebte ihn jeder*, so fasst Schmalz die Beziehung der Militärschüler zu ihm zusammen.[74] Diese soziale Offenheit, der Ständegesellschaft fremd, war in der Außenwahrnehmung des Grafen Wilhelm nicht auf die besonderen Umstände der militärischen Sphäre beschränkt, sie zeigte sich auch in seinen zivilen Beziehungen. So pflegte er die nahe Beziehung zu seinem Konsistorialrat und Hofphilosophen Thomas Abbt ganz offen als Freundschaft, über Standesgrenzen hinweg, und dokumentierte dies schließlich nach dessen frühem Tod in Abbts Beisetzung in der Schlosskapelle und einer sehr persönlichen Grabinschrift.[75] *In den Stunden, die er einsam mit ihm verbrachte, verschwand ihnen aller Unterschied des Standes. Beyde waren in der Gleichheit, in die sie gleiche Gelehrsamkeit, gleicher Edelmuth, gleiche Gesinnung hob.*[76] Schmalz schreibt ihm zu, *er zog alle in ein Gefühl, ich weiß nicht, ob mehr von Ehrfurcht oder von Liebe.*[77]

Zu Beginn des 18. Jahrhunderts diente noch das demonstrative Zeremoniell der Herrschaftsstabilisierung,[78] bis zur Mitte des Jahrhunderts orientierten sich die Eliten noch am Ideal des Heroischen, Heldentum war der Sphäre des Adels vorbehalten.[79] Voltaire verglich Friedrich II. von Preußen mit Cäsar,

---

of Tears, in: Gender Differentiation in Archaic Greece. When Men Were Men: Masculinity, Power and Identity in Classical Antiquity, hrsg. von Lin FOXHALL und John SALMON, New York 1998, S. 10-53. Über Scipio: Michael SOMMER, Schwarze Tage. Roms Kriege gegen Karthago, München 2021, S. 264 f.

72 SCHARNHORST, Anecdoten, wie Anm. 31, S. 275.
73 SCHARNHORST, Characterzüge, wie Anm. 31, S. 124.
74 SCHMALZ, wie Anm. 30, S. 65.
75 BRÜDERMANN, Abbt, wie Anm. 22, bes. S. 94-99.
76 SCHMALZ, wie Anm. 30, S. 147 f.
77 Ebd., S. 128.
78 Andreas GESTRICH, Absolutismus und Öffentlichkeit. Politische Kommunikation in Deutschland zu Beginn des 18. Jahrhunderts, Göttingen 1994.
79 Ronald G. ASCH, Herbst des Helden. Modelle des Heroischen und heroische Lebensentwürfe in England und Frankreich von den Religionskriegen bis zum Zeitalter der Aufklärung, Würzburg 2016, S. 17-19.

Augustus, Marc Aurel etc.[80] Auch in den Darstellungen Graf Wilhelms werden entsprechende Stereotypen formuliert: Zimmermann findet die *Haltung seines Körpers [...] heroisch* und er hört *heroische Gesinnungen und erhabene Gedanken [...] aus seinem Munde, so leicht und häufig als sie aus dem Munde des größten Römers oder Griechen mögen gegangen seyn.*[81] Schmalz meint, hätte Plinius über Graf Wilhelm geschrieben, so hätte er ihn wie Trajan dargestellt.[82]

Aber im letzten Drittel des 18. Jahrhunderts entstand ein neuartiger, eher informeller Kult um die Landesherren.[83] Der Siebenjährige Krieg brachte Helden eines neuen Typs hervor, es mussten nicht unbedingt Feldherren und Adlige sein.[84] Graf Wilhelm war einer dieser neu verehrten Helden. Das Zeitalter der Empfindsamkeit entwickelte einen neuen Typus von Helden, den *homme sensible*.[85] Graf Wilhelm wurde als eine solche Leitfigur konturiert, die zum Zeitalter der Empfindsamkeit passte. In seiner Jugend wurde er eher dargestellt als ein »Kraftkerl« oder »Originalgenie« im Sinne des Sturm und Drang, das nicht recht weiß, wohin mit seiner Kraft, als ein Mensch, der nach seinen eigenen Wünschen und Regeln lebt, sich unbändig gegen die konventionelle Gesittung auflehnt und sich nicht irgendwelchen Autoritäten unterordnet.[86] Nun wird er als ein Mann gesehen, der die moralische Kraft entwickelt hat, für sich und andere zu fühlen. In der Charakterzeichnung des Grafen Wilhelm zeigen sich zeitgenössische Ideale, individuelle Züge mischen sich mit idealtypischen.

## Prägung der Erinnerung

Unter den biographischen Veröffentlichungen der Zeitgenossen über Graf Wilhelm haben die 1783 erschienenen »Denkwürdigkeiten des Grafen Wilhelm zu Schaumburg-Lippe« aufgrund ihrer erklärten Absicht und ihrer Rezeption eine besondere Stellung.

---

80   Tim BLANNING, Friedrich der Große. König von Preußen, München 2019, S. 399, nannte ihre Beziehung einen »Beweihräucherungsverein auf Gegenseitigkeit«.
81   ZIMMERMANN, wie Anm. 32, S. 457-459.
82   SCHMALZ, wie Anm. 30, S. 127 f.
83   Hubertus BÜSCHEL, Untertanenliebe. Der Kult um deutsche Monarchen 1770-1830, Göttingen 2006.
84   Marian FÜSSEL, Der Preis des Ruhms. Eine Weltgeschichte des Siebenjährigen Krieges, München 2019, S. 481-486.
85   Ute FREVERT, Gefühlspolitik. Friedrich II. als Herr über die Herzen?, München 2012, S. 33. Ähnlich ASCH, wie Anm. 79, S. 119 f.
86   Vgl. Roy PASCAL, Sturm und Drang, Stuttgart 1963, S. 164-205, hier bes. S. 189; ferner auch Matthias LUSERKE, Sturm und Drang, Stuttgart 1997, S. 66-80.

Sie wurden verfasst von dem damals 23-jährigen Theodor Schmalz (1760-1831).[87] Schmalz stammte aus Hannover, studierte in Göttingen Theologie und Jura, arbeitete dazwischen als Privaterzieher (Hofmeister) und wurde später Juraprofessor in Rinteln, Königsberg und 1809 Gründungsrektor der preußischen Reformuniversität in Berlin.

Im Herbst 1781 wurde Schmalz' Werk anonym in der *Hamburger Neuen Zeitung* angekündigt und zur Subskription ausgeschrieben. Unmittelbar nach der ersten Ankündigung ließ Philipp II. Ernst zu Schaumburg-Lippe, Graf Wilhelms Nachfolger,[88] in Hamburg nachfragen, was es mit dieser Veröffentlichung auf sich habe, und warnte per Zeitungsnotiz den Verfasser vor der Veröffentlichung der Lebensbeschreibung. Kaum hatte die schaumburg-lippische Regierung von der Zeitung Namen und Herkunft des Verfassers erfahren, wandte sie sich sofort an das Ministerium in Hannover mit der dringenden Bitte, gegen den Biographen einzuschreiten, weil das Erscheinen einer *unvollkommenen, mangelhaften und aus unächten Quellen hergenommenen Schrift* zu befürchten sei.[89] Die hannoversche Regierung antwortete allerdings im Dezember 1781 kurz und abschlägig: Es gebe eine bestehende Zensurregelung, über die man nicht hinausgehen wolle.

Als das Buch dann erschien, ließ Graf Philipp es trotz seiner Kritik für seine Bibliothek auch kaufen. Auf seinem persönlichen Exemplar – noch heute in der Fürstlichen Hofbibliothek erhalten – hat er oben auf dem Titel vermerkt (Abb. 3): *Von einem Schmierer und Lügner verfasset*.[90] Und hinter den gedruckten Satz *Man liest gute Handlungen lieber in einem Roman* hat Philipp Ernst mit Tinte geschrieben: *ist auch besser als dieses mit lauter Unwahrheiten angefüllete Geschmier.*

Nach dem Erscheinen von Schmalz' Buch lancierte die schaumburg-lippische Regierung drei Rezensionen an verschiedene Blätter, eine von Graf Philipp Ernst selbst konzipierte erschien am 15. März im »Hamburgischen unparteiischen Correspondenten«: Philipp Ernst nennt Schmalz' Werk eine *höchst elende, mit den unverschämtesten Unwahrheiten angefüllete und in buntschäckiger Schreibart aufgesetzte Biographie des verstorbenen Grafen Wilhelms von Schaumburg*.

---

87   Hans-Christof KRAUS, Theodor Anton Heinrich Schmalz (1760-1831). Jurisprudenz, Universitätspolitik und Publizistik im Spannungsfeld von Revolution und Restauration, Frankfurt a. M. 1999.
88   Über Philipp Ernst gibt es noch keine biographische Arbeit, einige zusammenfassende Anmerkungen bei Stefan MEYER, Georg Wilhelm Fürst zu Schaumburg-Lippe (1784-1860). Absolutistischer Monarch und Großunternehmer an der Schwelle zum Industriezeitalter, Bielefeld 2007, S. 28-34.
89   KRAUS, wie Anm. 87, S. 30-33.
90   FHB Cb 104.

Diese Sammlung abfälliger Zitate aus der Feder von Graf Wilhelms Nachfolger ließe sich fortsetzen. Philipp Ernst reagierte auffallend gereizt auf das Buch.[91] Tatsächlich enthielt Schmalz' Buch eine ganze Reihe unzutreffender Daten und Fakten, sie wurden am schaumburg-lippischen Hof säuberlich aufgelistet.[92] Aber die nachträglich entdeckten Fehler können nicht der maßgebliche Grund für den Widerstand schon gegen die bevorstehende Buchveröffentlichung gewesen sein. Es wurde gerätselt, Philipp Ernst habe an der Verbreitung des Ruhmes seines Vorgängers kein Interesse gehabt oder ihm gar einen solchen Nachruhm nicht gegönnt. Dies ist aber nur eine Vermutung, die Schmalz selbst in einer Entgegnung auf die Rezensionen äußert.[93] Es gibt zwar Hinweise darauf, dass Graf Philipp Ernsts Verhältnis zum Grafen Wilhelm eher kritisch war,[94] aber selbst damit sind die gehässigen Bemerkungen des Grafen Philipp Ernst schwer zu erklären. Philipp Ernst wies drei Bitten möglicher Biographen des Grafen Wilhelm um Be-

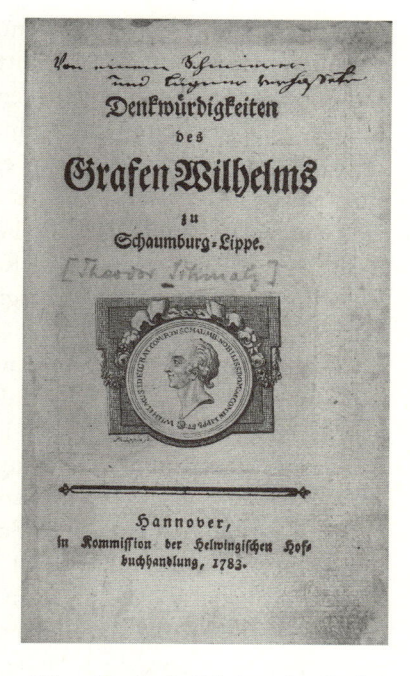

*Abb. 3: Denkwürdigkeiten des Grafen Wilhelms zu Schaumburg-Lippe, Hannover, 1783, Titelblatt des Exemplars der Fürstlich Schaumburg-Lippischen Hofbibliothek, Cb 104.*

91 Ein ähnlicher Fall ist vielleicht die von David Fassmann verfasste Lebensbeschreibung Friedrich Wilhelms I. von Preußen, auf die der König sehr gereizt reagiert. Der Grund lag allerdings in der Person des Biographen (Frank Göse, Friedrich Wilhelm I. Die vielen Gesichter des Soldatenkönigs, Darmstadt 2020, S. 124).
92 Niedersächsisches Landesarchiv (im Folgenden: NLA) Bückeburg F 1 A XXXV 18 Nr. 1. Vgl. Otto Müller, Zur Geschichte des Grafen Wilhelm zu Schaumburg-Lippe. Die im 18. Jahrhundert gemachten Versuche, die Geschichte dieses Grafen zu schreiben; zugleich ein Beitrag zur Geschichte der Zensur in Deutschland, Hannover 1912, S. 22 f. Vgl. auch Stephan Kekule von Stradonitz, Eine merkwürdige literarische Fehde um die Schmalzsche Lebensbeschreibung des Grafen Wilhelm zu Schaumburg-Lippe, in: Niedersachsen 16 (1910/11), S. 480-483.
93 Müller, wie Anm. 92, S. 2 f.
94 Christian Westfeld teilt mit, dass Graf Wilhelm seinem Vetter Philipp Ernst *nicht wohl wollte* (Erinnerungen aus dem Leben Joh. Gottfrieds von Herder. Gesammelt und beschrieben von Maria Caroline von Herder, hrsg. von Johann Georg von Müller, Bd. 1, Tübingen 1820, S. 287 (= Herders Sämmtliche Werke Bd. 16)).

reitstellung von Material aus dem Nachlass ab, dabei wurden jeweils mögliche Interessen Portugals angeführt. Vielleicht spielte die Sorge eine Rolle, es würden Staatsgeheimnisse ausgeplaudert, insbesondere die portugiesischen Angelegenheiten betreffend.[95] Einer der Interessenten war Johann Gottfried Herder.[96] Auf diese Weise kam es nicht zu einer Biographie aus der Feder eines Mannes, der Graf Wilhelms unterschiedliche Seiten wie kaum ein anderer Zeitgenosse kannte. Negativ beschieden wurden auch Anfragen von Fürst Friedrich zu Waldeck und Graf Karl zur Lippe-Weißenfeld. Letzterer veröffentlichte ungeachtet der abschlägigen Antwort von Philipp Ernst 1789 unter Pseudonym eine Biographie über Graf Wilhelm.[97]

Es stellt sich die Frage, warum ausgerechnet ein 22-jähriger Göttinger Theologiestudent aus Hannover eine Biographie über den Grafen Wilhelm verfasste. Der Grund dafür lag wohl in einem persönlichen Zufall: Schmalz hatte Gerhard von Scharnhorst kennengelernt, den ehemaligen Kriegsschüler vom Wilhelmstein, der seit 1778 in der hannoverschen Armee diente und zeitweise in Northeim stationiert war.[98] Scharnhorst heiratete später sogar Schmalz' Schwester Clara. Man darf wohl annehmen, dass Scharnhorst für Schmalz' »Denkwürdigkeiten« die präzisen Informationen über die Kriegsschule und persönliche Eindrücke vom Grafen Wilhelm beisteuerte. Obwohl die Biographie schon fünf Jahre nach Wilhelms Tod erschien, war ihr Autor also kein Zeitgenosse Wilhelms und berichtet über ihn nur aus zweiter Hand – allerdings informiert von einem ausgezeichneten Zeugen.

Die Zeitgenossen haben ungeachtet der Fehler bei einigen Fakten die »Denkwürdigkeiten«[99] geschätzt, schon die Subskriptionsliste war bemerkenswert für einen unbekannten Autor. Johann Georg Zimmermann sah in dieser Darstellung den *Kern einer Lebensgeschichte, den eine junge Meisterhand in Hannover, mit tiefem Gefühle, historischer Kunst, edelem Styl, und so wahrheitvoll und ehrlich, der unpartheyischen Nachwelt übergab.*[100]

Schmalz' Absicht war, Wilhelms *Charakter zu schildern, […] seinen Charakter als Feldherr und Regent von der Seite seines Herzens darzustellen; und jeden Zug dieser Schilderung mit Geschichte zu belegen.*[101] Mit den Worten von Hans-Christof Kraus gilt Schmalz' Buch heute als »Geschichtsschreibung in politisch-pädagogischer Absicht«, die »das Musterbild eines humanen und im wahren

---

95 MÜLLER, wie Anm. 92, S. 6.
96 MÜLLER, wie Anm. 92, S. 4-9 u. 68-76. NLA Bückeburg F 1 A XXXV 20 Nr. 182.
97 GERMANUS, wie Anm. 33. NLA Bückeburg F 1 A XXXV 20 Nr. 170.
98 KRAUS, wie Anm. 87, S. 29.
99 Am Anfang des Bandes.
100 ZIMMERMANN, wie Anm. 32, S. 466 f.
101 SCHMALZ, wie Anm. 30, S. 4 f.

Sinne aufgeklärten Fürsten« entwirft; Schmalz wollte ein Idealbild zeichnen, das »auch als positives Gegenbild zum Leben und Regieren der meisten mittleren und kleineren deutschen Landesfürsten in jener Zeit gedacht sein sollte«.[102]

Der Darstellungsabsicht von Schmalz dienten auch die vielen im Buch enthaltenen Anekdoten. Sie bilden einen Teil der erstaunlichen Menge an Anekdoten, die über Graf Wilhelm überliefert sind und schon von den Zeitgenossen publiziert wurden, von Scharnhorst auch ausdrücklich als solche bezeichnet.[103]

Die Anekdoten existierten im letzten Drittel des 18. Jahrhunderts im Bewusstsein der Zeitgenossen einerseits als weit verbreitete Unterhaltungsliteratur, andererseits aber auch als wichtige Form der historischen Biographik, Anekdoten hatten dabei die Funktion von Zeitzeugenberichten. Die ursprünglich herrschaftskritische Tendenz erfuhr eine deutliche Abschwächung und schließlich Umkehrung bis zur Idealisierung des aufgeklärten Monarchen. Anekdotensammlungen setzten den konkreten Einzelmenschen gegen den als allzu komplex erfahrenen historischen Prozess. Eigen ist den Anekdoten eine typisierende Idealisierungstendenz, zugleich aber eine Neigung zur Individualisierung.[104]

Als etwa Friedrich II. von Preußen 1786 starb, erschienen binnen kurzem etliche Anekdotensammlungen. Ute Frevert spricht von einem »Wettlauf der Anekdotensammler«.[105] Dabei handelte es sich oft um Projektionen der Untertanen auf den König, den sie als fühlenden Menschen wahrnahmen und wahrnehmen wollten und deshalb liebten. Einerseits diente der klassische Tugendkanon als Orientierung, andererseits wurde der König mit spezifischen Charakterzügen ausgestattet. Die Erzähler und Sammler von Anekdoten berichteten und entwarfen Situationen und Charakterzüge und mahnten die porträtierten und andere Regenten, dem in diesen Anekdoten gezeichneten Typus eines volksnahen, mitfühlenden Regenten zu entsprechen. In den nach seinem Tod erscheinenden Texten erschien Friedrich II. als *homme sensible*, mitfühlend und phantasiebegabt. Ein wesentlicher (gewünschter) Charakterzug war die liebevolle Fürsorge für die Soldaten, deren Mühsal er zuweilen demonstrativ teilte.[106]

Graf Wilhelm ist in seiner historischen Bedeutung selbstredend nicht mit Friedrich II. von Preußen vergleichbar, auch die Zahl der Anekdoten ist es

---

102  Kraus, wie Anm. 87, S. 610-612.
103  Scharnhorst, wie Anm. 31.
104  Sonja Hilzinger, Anekdotisches Erzählen im Zeitalter der Aufklärung. Zum Struktur- und Funktionswandel der Gattung Anekdote in Historiographie, Publizistik und Literatur des 18. Jahrhunderts, Stuttgart 1997, S. 55-59.
105  Frevert, wie Anm. 85, S. 28. Zum Weiteren S. 122-125.
106  Ebd., S. 57-59. Vgl. auch Füssel, Preis des Ruhms, wie Anm. 84, S. 394.

nicht, und dennoch handelt es sich bei seinem unmittelbaren Nachruhm um ein ähnliches Phänomen: Ein kraftvoller und furchtloser Held, der mit seinen Soldaten lebt und leidet, den Tod nicht fürchtet, die Standesgrenzen nicht achtet, dabei dem Bildungskanon der Zeit auf hohem Niveau gerecht wird, in Krieg und Frieden Mitleid und Barmherzigkeit fühlt und nach außen auch zeigt. Angesichts des Rang- und Bedeutungsunterschiedes mag es erstaunen, aber tatsächlich wurden beide schon kurz nach Friedrichs Tod nebeneinandergestellt: *Kein Jahrhundert hat vielleicht zwey solche Männer geliefert, als das unsrige: Friedrich den Einzigen und Wilhelm den Edlen.*[107]

## Im 19. Jahrhundert – auf dem Weg zum »Kanonengrafen«

Aus einigem zeitlichen Abstand bündelte Johann Wolfgang von Goethe die zeitgenössische Sicht auf Graf Wilhelm, als er im 1812 erschienenen 3. Teil seiner Erinnerungsschrift »Dichtung und Wahrheit« über die Anstellung Herders in Bückeburg berichtete: *sein [Herders] neuer Patron hatte den höchsten Ruf als ein einsichtiger, tapferer, obwohl sonderbarer Mann gewonnen.*[108] Graf Wilhelm war für Goethe vor allem der Mann, der vorbildhaft *geistreiche und vielversprechende Männer* an seinen Hof zog.

Zugleich wurde Graf Wilhelm schnell der Topos beigelegt, nach seinem Tod rasch vergessen worden zu sein. Bereits Schmalz behauptete dies 1783.[109] 20 Jahre nach Wilhelms Ableben wurde beklagt, dass Wilhelms Grabmal im Schaumburger Wald vernachlässigt und sein Sterbehaus in Bergleben umgesetzt worden war: *Ja wahrlich, wären Griechen und Römer mit den Denkmählern ihrer großen Männer so umgegangen, so würden auch wir wenig oder nichts mehr von diesen theuern Ueberresten der Vergangenheit besitzen.*[110]

Dabei konnte von Vergessenheit angesichts der zeitgenössischen Veröffentlichungen keine Rede sein. Und 30 Jahre nach seinem Tod wurde das Andenken an Graf Wilhelm unter tagespolitischem Vorzeichen aktiviert. Im Oktober

---

107 Versuch einer kurzen und zuverlässigen Lebensgeschichte, wie Anm. 30, S. 16.
108 Johann Wolfgang von GOETHE, Dichtung und Wahrheit, in: DERS., Werke. Bd. IX, München 1974, S. 516.
109 SCHMALZ, wie Anm. 30, S. 197f.
110 F., Auszüge aus Briefen. Minden. Die Kluse. Andenken an den großen Wilhelm von Schaumburg-Bückeburg. Dilettantentheater daselbst, in: Journal des Luxus und der Moden, September 1798, S. 487-494, Zitat S. 490f. Tatsächlich wurde das Haus 1789/90 verkauft und nach Nenndorf umgesetzt (NLA Bückeburg K 2 H Nr. 116). Die Errichtung eines Gedenksteins wurde 1790 und 1805 erwogen, aber nicht realisiert (F 1 A XXXV 18 Nr. 236 u. K 2 B Nr. 2927).

1806 waren die Preußen bei Jena und Auerstedt vernichtend geschlagen worden. Wilhelms wichtigster Militärschüler, Gerhard von Scharnhorst, wurde nach dem Frieden von Tilsit im Juli 1807 in Preußen zum Chef des Kriegsdepartements (Kriegsministerium), zum Chef des preußischen Generalstabs und zum Leiter der Militär-Reorganisationskommission ernannt. Er griff bei der Neuorganisation des preußischen Heeres auf Graf Wilhelms Gedanken eines Volksheeres zurück, mit denen Graf Wilhelm seiner Zeit voraus gewesen war. General August Neidhardt von Gneisenau (1760-1831) hob gegenüber Karl Varnhagen von Ense, dem späteren Verfasser einer Wilhelm-Biographie, Graf Wilhelms Bedeutung für die Heeresreform hervor: *Sie haben den Grafen zur Lippe sehr gerühmt, aber noch lange nicht nach Verdienst, er war viel größer noch, als sie ihn darstellen. Ich habe mich früher eine Zeitlang in Bückeburg aufgehalten und dort im Archiv seine Handschriften durchgelesen. Unsere ganze Volksbewaffnung vom Jahre 1813, Landwehr und Landsturm, das ganze neuere Kriegswesen, hat der Mann ausführlich bearbeitet, von den größten Umrissen, bis auf das kleinste Einzelne, alles hat er schon gewusst, gelehrt, ausgeführt.[...] Denken Sie nun, was das für ein Mann gewesen, aus dessen Geiste so weit in der Zeit voraus zwiefach die größten Kriegsgedanken sich entwickelt, an deren später Verwirklichung zuletzt die ganze Macht Napoleons eigentlich zusammengebrochen ist.*[III]

*Abb. 4: Graf Wilhelm der Portugiese, Donaustauf bei Regensburg, Walhalla. © Bayerische Schlösserverwaltung, Rainer Herrmann, München.*

Dieser Bezug zu Graf Wilhelm fand schon unmittelbar in der Zeit der Neuorientierung Preußens ihren Ausdruck: 1807 beauftragte der bayerische Kron-

---

III Karl August VARNHAGEN VON ENSE, Biographische Denkmale, 3. vermehrte Auflage, Leipzig 1872, S. 52. Die Erstauflage von 1824 enthielt dieses Zitat noch nicht. Vgl. auch Konrad FEILCHENFELDT, Varnhagen von Ense als Historiker, Amsterdam 1971, S. 236. Gneisenaus Aufenthalt in Eilsen bei Bückeburg ist dokumentiert in NLA Bückeburg F 1 A XXXV 28 E Nr. 20.

prinz Ludwig den Berliner Bildhauer Johann Gottfried Schadow mit einigen Büsten für sein »Walhalla«-Projekt.[112] Auch Graf Wilhelm wurde ausgewählt, und zwar ausdrücklich, weil er an »Befreiungskriegen« gegen die Franzosen beteiligt gewesen war.[113] Tatsächlich angefertigt wurde die Büste (Abb. 4) von Januar bis Oktober 1809, der Bildhauer wartete mit der Arbeit, bis Gerhard von Scharnhorst anwesend war, der den Grafen ja persönlich gekannt hatte. Sie trägt die Inschrift:

*Wilhelm*
*Graf zu Lippe-Schaumburg*
*Der Portugiese*

Die Entstehung dieser Büste steht nicht nur in Zusammenhang mit den preußischen Militärreformen. 1807 hatte Napoleon mit einem Angriff auf Portugal begonnen, im folgenden Jahr begann der spanische Volksaufstand gegen die Franzosen, im ersten Halbjahr 1809 startete der britische General Arthur Wellesley (Herzog von Wellington) seinen erfolgreichen Vormarsch in Portugal. 1809 war zudem das Jahr des Tiroler Volksaufstandes von Andreas Hofer und des »Schwarzen Korps« des braunschweigischen Herzogs Friedrich Wilhelm – die »Befreiungskriege« gegen die Franzosenherrschaft beginnen auch in Deutschland. Wenn der Schaumburg-Lipper Graf auf einem in diesem Jahr geschaffenen Bildnis als »Wilhelm der Portugiese« bezeichnet wird, dann wird er damit einerseits in Beziehung gesetzt mit dem Unabhängigkeitskampf der Portugiesen 1762 (gegen Spanien und damit gegen Frankreich). Gneisenau schrieb ja sogar: *Seine* [Graf Wilhelms] *Denkschrift über die Vertheidigung Portugals, die nach Lissabon gesandt und dort sorgsam aufbewahrt wurde, enthält Zug um Zug auf das genaueste alle Maßregeln, welche später Lord Wellington dort genommen hat, dessen Stellungen und Bewegungen nur die Ausführung von Lippe's Angaben und Vorschriften sind.*[114] Mit der historischen Anspielung auf den längst vergangenen Siebenjährigen Krieg wurde damit andererseits zugleich Bezug genommen auf aktuelle Ereignisse, die den Gegnern Napoleons in Deutschland Hoffnung gaben. Graf Wilhelm wird zum Protagonisten des »Befreiungskampfes«.

---

112 Simone STEGER, Die Bildnisbüsten der Walhalla bei Donaustauf. Von der Konzeption durch Ludwig I. von Bayern zur Ausführung (1807-1842), Inaugural-Dissertation zur Erlangung des Doktorgrades der Philosophie der Ludwig-Maximilians-Universität München, München 2011, über die Graf-Wilhelm-Büste S. 537 f. [https://edoc.ub.uni-muenchen.de/13690/, abgerufen am 27.1.2022].
113 STEGER, wie Anm. 112, S. 38.
114 Zit in VARNHAGEN VON ENSE, Biographische Denkmale, 3. Aufl., wie Anm. 111, S. 52.

*Abb. 5: Gerhard von Scharnhorst, Kenotaph, Fries von Friedrich Tieck, Foto von Hans Joachim Jung.*

Für den 1813 nach einer Verwundung gestorbenen Scharnhorst entwarf Karl Friedrich Schinkel unter Aufsicht einer Kommission, deren Vorsitz bei Gneisenau lag, ein ehrendes Grabmal. Der Hochkenotaph auf dem Berliner Invalidenfriedhof, in den Scharnhorst 1826 umgebettet wurde, war mit einem umlaufenden Fries von Friedrich Tieck mit Szenen aus dem Leben des Generals versehen.[115] Als erstes Bild ist in antikisierendem Stil die Entlassung Scharnhorsts aus der Militärschule auf dem Wilhelmstein dargestellt, als er aus den Händen des Grafen Wilhelm sein Schwert empfängt: *Gr. v. d. Lippe entlaesst den Zoegling 1777* (Abb. 5). Graf Wilhelm wurde hier und mit der Schadow-Büste in der erst 1842 fertig gestellten Walhalla ikonographisch an prominenter Stelle in der preußischen bzw. deutschen Militärtradition verankert.

Eine einflussreiche biographische Darstellung des Grafen Wilhelm dieser Zeit stammt von Karl Varnhagen von Ense, Offizier und preußischer Gesandter, bis er nach 1819 wegen demokratischer Neigungen den Dienst verlassen musste.[116] Gleich im ersten Band seiner 1824 begonnenen »Biographischen

---

115 Bernhard MAAZ, Christian Friedrich Tieck 1756-1831. Leben und Werk unter besonderer Berücksichtigung seines Bildnisschaffens mit einem Werkverzeichnis, Berlin 1995, S. 367 f.

116 FEILCHENFELDT, wie Anm. 111, S. 194; Werner GREILING, Varnhagen von Ense. Lebensweg eines Liberalen. Politisches Wirken zwischen Diplomatie und Revolution, Köln/Weimar/Wien 1993, S. 69 f.

Denkmale« widmete er sich neben dem Feldherrn Matthias Johann von der Schulenburg (1661-1747) und König Theodor von Korsika (1694-1756) auch dem Grafen Wilhelm.[117] Dabei fasziniert ihn der Aufstieg der Helden in Militärwesen und Politik, er schildert Persönlichkeiten, die den »Charakter der Abenteuerlichkeit«[118] haben. Sein Buch, dessen Darstellung mit einer von Friedrich de La Motte Fouqué verfassten Ballade über den Grafen Wilhelm schließt,[119] rückte Varnhagen nicht zuletzt aufgrund der werbewirksamen Besprechung Goethes in den »Mittelpunkt allgemeinen Interesses«.[120] Er beschrieb Wilhelms Leben auf der Basis der vorhandenen Literatur, referierte auch die bekannten Anekdoten und stellte die Verbindung zu dem für die Ära der preußischen Militärreformen so bedeutungsvollen Scharnhorst her.

Der militärische Mythos des Grafen wurde indes zu dieser Zeit auch in Schaumburg-Lippe weiter gepflegt. 1828 publizierte Georg Wilhelm von Düring (1789-1828), schaumburg-lippischer Major und Adjutant des Fürsten Georg Wilhelm zu Schaumburg-Lippe, die Geschichte des schaumburg-lippischen Karabinierkorps.[121] Es handelte sich um eine kleine Truppe, teils beritten (Karabinier), teils zu Fuß (Jäger), die an den großen Schlachten nicht teilnahm, aber während der Feldzüge durch Aufklärung und kleine Überfälle eine große Rolle spielte.[122] Düring beschreibt, welche Bedeutung das persönliche Vorbild des Grafen für die Ausbildung und das Selbstverständnis der Truppe hatte: *Unter der speziellen Aufsicht des Grafen Wilhelm wurde rastlos an der Ausbildung der Mannschaft und Pferde gearbeitet und erstere sowohl im Gefechte zu Fuß als hauptsächlich zu Pferde geübt. Man erzog eine Anzahl Reiter, die mit einer Kühnheit ritten, von der die Geschichte wenig Beispiele aufzustellen hat. Oft setzte sich Graf Wilhelm an die Spitze dieser Schaar wenn es zum Exerciren hinausging, dann aber ging es gleich queerfeldein. Keine Hecke, kein Schlagbaum, kein Graben ward Hinderniß! Graf Wilhelm setzte zuerst hinüber. Wer von den Reitern hätte da zurückbleiben können? [...] Die geschicktesten und besten Reiter wurden dann vom Grafen öffentlich belobt, oft auch mit Gelde beschenkt. Rechnet man dazu, wie sehr es auf die Gemüther der Mannschaft wirken mußte, daß der Graf persönlich sich der Sache so sehr annahm, daß er selbst zuerst alle Wagstücke des Reiters*

---

117 Karl August VARNHAGEN VON ENSE, Biographische Denkmale, Berlin 1824, S. 1-130.
118 E. GANS (1825), zit. nach FEILCHENFELDT, wie Anm. 111, S. 215.
119 VARNHAGEN VON ENSE, Biographische Denkmale, wie Anm. 117, S. 113-117.
120 GREILING, wie Anm. 116, S. 70; GOETHE, Biographische Denkmale, wie Anm. 65.
121 DÜRING, wie Anm. 42.
122 KLEIN, wie Anm. 8, S. 44-47. Vgl. Martin RINK, Der kleine Krieg. Entwicklungen und Trends asymmetrischer Gewalt 1740 bis 1815, in: Militärgeschichtliche Zeitschrift 65 (2006) u. Martin RINK, Vom »Partheygänger« zum Partisanen: die Konzeption des kleinen Krieges in Preußen 1740-1813, Frankfurt a. M. 1999.

*versuchte, so kann es nicht befremden, daß von Anfang an ein Geist in das Korps kam, der keine Unmöglichkeiten kennend – da selbst oft die ganze Truppe völlig bewaffnet durch die Weser schwamm – mit dem höchsten Enthusiasmus an dem allgeliebten Grafen hing, der Alles selbst verstand, selbst zeigte, was er von seinen Untergebenen forderte.*[123] Der Graf wird hier nicht nur zum Befehlshaber und Vorbild, auch zum Prototyp des schaumburg-lippischen Kriegers.

Die militärische Tradition stand im Vordergrund der Wilhelm-Erinnerung, andere Aspekte traten eher zurück. Sicherlich war es kein Zufall, dass gerade in dem Notjahr 1848 der sozial und publizistisch engagierte Arzt Friedrich Wilhelm Stricker in seinem kleinen Artikel das soziale Engagement des Grafen hervorhob: *Er sorgte väterlich für seine Unterthanen in den Nothjahren 1771-73 und schenkte seinen tapferen Soldaten Kolonistenhäuser als Belohnung.*[124] Gleichwohl blieb dies eine vereinzelte Stimme.

Eduard Vehse (1802-1870), Archivar und Historiker, veröffentlichte 1851 bis 1858 eine 48-bändige skandalträchtige »Geschichte der deutschen Höfe«, einer der Bände befasste sich mit der »Geschichte des Hauses Lippe zu Detmold und Bückeburg«.[125] Hier fand selbstredend auch Graf Wilhelm eine anekdotenreiche Darstellung, die stark bestimmt war vom Interesse an der Ansammlung aufmerksamkeitsheischender Kuriositäten, bis hin zur Skandalisierung. Für Vehse war Wilhelm *eines der merkwürdigsten Originale des daran so reichen achtzehnten Jahrhunderts.*[126] Der Autor teilt z. B. mit, dass Wilhelm, der sich *auf die in England und damals noch ungleich mehr als jetzt mit Vorliebe cultivierten körperlichen Uebungen, aufs Reiten, Fechten, Tanzen, Boxen, Springen* geworfen habe, 19 Fuß weit und 5 ½ Fuß in die Höhe springen konnte.[127] Er ließ den Grafen beim Spaziergang in Pyrmont mit Moses Mendelssohn auf dem Arm über einen breiten Graben springen und nackt im Bückeburger Park mit dem Blasrohr Vögel erlegen.[128] Woher Vehse einhundert Jahre später gewisse Detailkenntnisse und bislang unbekannte außergewöhnliche Anekdoten haben

---

123  Düring, wie Anm. 42, S. 6.

124  Wilhelm Stricker, Friedrich Wilhelm Ernst, regierender Reichsgraf zu Lippe-Schaumburg-Bückeburg, königl. portugiesischer Generalissimus, in: Ders., Germania. Archiv zur Kenntnis des deutschen Elements in allen Ländern der Erde. Bd. 2, Frankfurt a. M. 1848, S. 462-468, hier S. 466.

125  Eduard Vehse, Geschichte des Hauses Lippe zu Detmold und Bückeburg, Leipzig 1854, über Graf Wilhelm, S. 134-143. Vgl. Herbert Kaden, Vom Hörer physikalischer, chemischer und mineralogischer Vorlesungen zum promovierten Juristen, Historiker und Archivar. Der ungewöhnliche Bildungsweg des Freiberger Bergakademisten Carl Eduard Vehse 1802-1870, Freiberg 2003, S. 7.

126  Vehse, wie Anm. 125, S. 134.

127  Ebd., S. 135.

128  Ebd., S. 139 f.

konnte, bleibt unklar, der Verdacht liegt nahe, dass es sich um phantasievolle Zutaten handelt.

Die Erinnerung an Graf Wilhelm bekam eine neue Qualität, als er in der Mitte des 19. Jahrhunderts erstmals auch zur literarischen Gestalt wurde. Der schaumburg-lippische Jurist Viktor von Strauß und Torney (1809-1899),[129] tätig als Beamter, Geheimer Rat, Archivar, Regierungschef und schließlich Gesandter, später Wissenschaftler und Schriftsteller, veröffentlichte 1854 unter dem Titel »Aus der Vergangenheit« eine historische Erzählung, die versucht, Graf Wilhelm, seine Gemahlin Marie Barbara Eleonore, Johann Gottfried Herder und Gerhard von Scharnhorst literarisch »lebendig« werden zu lassen.[130] Er lässt einen literarischen Herder den Grafen wie folgt charakterisieren: *Er ist ein großer und edler Mann, der Welt und Menschen von oben herab betrachtet, vielleicht oft nur zu sehr. Er ist ein Riese in einem Zwergenhause; er fühlt, daß er die Einengung, über die sein hoher Geist weit hinaus reicht, weder weiten noch sprengen kann, daß seine größten und schönsten Thaten ungethan bleiben müssen, daß vielleicht dunkle Vergessenheit einst seine Gruft deckt, und das ist's, was wie ein Schatten über seinen Tagen liegt. [...] Sein durch Leutseligkeit gemilderter Stolz, sein vom edelsten Wohlwollen durchleuchteter melancholischer Ernst und gewisse englische Sonderbarkeiten bezeichnen nur um so schärfer seinen Charakter, ohne ihn zu entstellen. Züge der edelsten Humanität verschönern ihn, – und doch, was ist ihm diese Welt und was ist er ihr?*[131] Dabei arbeitet er mit eingefügten historischen Dokumenten, wobei angesichts der ausgezeichneten Quellenkenntnis des literarisch tätigen Archivars, der von Strauß und Torney war, heute Echtes von Fiktivem kaum zu unterscheiden ist.[132] Mit dem – fiktiven – Satz: Der *Riese in einem Zwergenhaus* greift der Autor den berühmt gewordenen Herdersatz vom Grafen auf, der zu groß für sein kleines Reich sei.[133]

In dieser Tradition bewegte sich 40 Jahre später auch der eingangs zitierte Franz Knöllke mit seinem Roman »Die alten Bückeburger«.[134] Knöllke war im Zivilberuf schaumburg-lippischer Subalternbeamter und stützte sich bei seinem historischen Roman aus dem Siebenjährigen Krieg nach eigener Angabe

---

129 Vgl. Hubert Höing, Art. Strauß und Torney, Friedrich Viktor (von), in: Ders. (Hrsg.), Schaumburger Profile. Teil 1, Bielefeld 2008, S. 291-296.

130 Viktor von Strauss und Torney, Aus der Vergangenheit, in: Ders., Lebensbilder in Erzählungen und Gesprächen, Heidelberg 1854, S. 3-83.

131 Ebd., S. 5 f.

132 Brüdermann, Herder, wie Anm. 69, S. 168; Beate Christine Fiedler, Scharnhorsts Jugendliebe – Dichtung oder Wahrheit? Eine quellenkritische Studie zur Bückeburger Lokalgeschichte, in: Schaumburg-Lippische Mitteilungen 35 (2012), S. 91-100.

133 Herder an Caroline 22.8.1772 (Johann Gottfried Herder, Briefe. Bd. 2 (Mai 1771 – April 1773), bearb. von Wilhelm Dobbek u. Günter Arnold, Weimar 1977, S. 206).

134 Knöllke, wie Anm. 1, Zitat S. VII.

auf zeitgenössische Briefe, die heute leider verschollen sind. Mit seinem über 700 Seiten umfassenden Roman, dessen Handlung die Zeit des Siebenjährigen Krieges umfasst, wollte der Autor in einer *Schilderung der Kriegsjahre* über seiner Ansicht nach falsche Sichtweisen von Graf Wilhelms Handeln aufklären und *zur Würdigung seines erhabenen Charakters beitragen.*

Der 100. Todestag des Grafen Wilhelm gab 1877 wiederum den Anlass für eine intensivere historiographische Beschäftigung mit Graf Wilhelm.[135] Wilhelm Strack von Weissenbach (1838-1917),[136] ein baden-württembergischer Artillerieoffizier, zuletzt Generalmajor, veröffentlichte 1884 eine Monographie über Graf Wilhelm als Artillerist, fünf Jahre später eine Biographie, die wohl längere Zeit maßgeblich blieb.[137] Er nennt Wilhelm einen *bedeutenden Fürsten, hochsinnigen deutschen Patrioten, tapferen Helden, großen Artilleristen und Ingenieur* und schreibt ihm *Ehre, Treue, Bravheit und Vaterlandsliebe* zu. Er sei ein *Held [...], dessen Name in Schaumburg-Lippe einen herrlich tönenden, nie verhallenden Klang hat.*[138] Strack von Weissenbach macht ihn vollends zu einem idealen Regenten, denn: *Mit solch herrlichen Kräften des Verstandes ausgestattet war er, in Verbindung mit seiner wahrhaft fürstlichen Hochsinnigkeit, so recht zum Hervorragendsten seines Landes geschaffen.*[139]

Hermann Löns verfasste in seiner Bückeburger Zeit (1906-1909) einen kleinen biographischen Artikel über Graf Wilhelm unter dem markanten Titel »Der Kanonengraf«.[140] Er dürfte dabei Strack von Weissenbachs Arbeit über Graf Wilhelm als Artilleristen im Blick gehabt haben.[141] Auf kleinstem Raum sammelt er die bekanntesten Anekdoten über Wilhelm und spart auch nicht die zweifelhaften Mitteilungen von Eduard Vehse aus. Er regionalisiert Wilhelm und überzeichnet ihn gleichzeitig: *Er [Graf Wilhelm] war ein echter Westfale, ein eigenartiges Gemisch von Träumer, Theatermensch, Religionsphilosoph und Kriegsmann.*[142] Er nannte ihn zugleich Graf Wilhelm den Großen und stellte ihn als Feldherrn gleichrangig neben Friedrich II. von Preußen und

---

135  BANASCHIK-EHL, wie Anm. 17, S. 5.
136  Landesarchiv Baden-Württemberg, Abt. Hauptstaatsarchiv Stuttgart, M 707 Nr. 1822 (https://www.deutsche-digitale-bibliothek.de/item/KLXF7M5RGIBVZBZE2UBLRCE3Q K5DIHXC, abgerufen am 12.2.2022).
137  STRACK VON WEISSENBACH, Graf Wilhelm Artillerist, wie Anm. 16, u. DERS., Der Regierende Graf Wilhelm zu Schaumburg-Lippe. Ein Beitrag zu der Geschichte des Fürstenthums Schaumburg-Lippe sowie der des siebenjährigen Kriegs, Bückeburg 1889.
138  STRACK VON WEISSENBACH, Graf Wilhelm zu Schaumburg-Lippe, wie Anm. 137, S. 1f.
139  Ebd., S. 7.
140  Hermann LÖNS, Der Kanonengraf, in: DERS. (Hrsg.), Gedanken und Gestalten, Hannover 1924, S. 82-96.
141  STRACK VON WEISSENBACH, Graf Wilhelm Artillerist, wie Anm. 16.
142  LÖNS, Kanonengraf, wie Anm. 140, S. 84.

Herzog Ferdinand von Braunschweig. Zugleich beklagt er, dass er *halb vergessen ist, so vergessen, daß kein Denkmal daran erinnert, was er war.*[143]

Löns schied aus Bückeburg in Unfrieden und hinterließ posthum mit der kleinen polemischen Schrift »Duodez« eine giftige Abrechnung mit Schaumburg-Lippe.[144] Ob er mit seiner Bemerkung auf konkrete Denkmalpläne in Schaumburg-Lippe anspielt, lässt sich nicht sagen. Tatsächlich hatte in dieser denkmalfreudigen Zeit der Jurist und schaumburg-lippische Kammerherr Stephan Kekulé von Stradonitz 1908 in Bückeburg für ein Graf-Wilhelm-Denkmal geworben, jedoch aus dem Fürstenhaus einen Wink erhalten, dass daran kein Interesse bestehe. Er antwortete: *Ich danke verbindlichst, daß eure Exzellenz mir in der Frage des Graf Wilhelm-Denkmals so offen ihre Meinung gesagt haben, und weiß jetzt, wie ich mich zu verhalten habe.*[145] Der Denkmalgedanke wurde nicht weiterverfolgt, die Hintergründe bleiben unklar.

## Ein schaumburg-lippischer Preuße

Unter dem Einfluss des nationalstaatlichen Gedankens im 19. Jahrhundert und schließlich der Reichseinigung im Zeichen Preußens stand auch die Erinnerungskultur in einem Spannungsverhältnis zwischen deutscher Nation und Einzelstaat.[146] Dabei stehen durchaus zwei Prozesse der »Nationsbildung« nebeneinander, konkurrierend, aber nicht notwendig gegensätzlich.[147]

Strack von Weissenbach beschrieb Graf Wilhelm als herausragenden Schaumburg-Lipper, aber auch als einen *deutschen Patrioten*.[148] Der ambitionierte Volksschullehrer Wilhelm Wiegmann[149] gab in seiner »Heimatkunde des Fürstentums Schaumburg-Lippe« einen gut hundertseitigen Abriss der schaumburg-lippischen Geschichte. Graf Wilhelm finden wir hier in einer Reihe mit Arminius und Widukind, den tragischen Vorkämpfern gegen römische bzw. fränkische Unterdrückung. Für Wiegmann war Wilhelm der bil-

---

143 Ebd., S. 82 u. 88.
144 Hermann LÖNS, Duodez [1911], Hameln/Hannover ⁸1997.
145 NLA Bückeburg L 4 Nr. 10278; vgl. Brage BEI DER WIEDEN, Verwaltungsgrenzen als Bewußtseinsgrenzen? Überlegungen zur schaumburgischen Identität, in: Hubert HÖING (Hrsg.), Der Raum Schaumburg: Zur geschichtlichen Begründung einer regionalen Identität, Melle 1998, S. 50-62.
146 Volker SELLIN, Nationalbewußtsein und Partikularismus in Deutschland im 19. Jahrhundert, in: Jan ASSMANN (Hrsg.), Kultur und Gedächtnis, Frankfurt a.M. 1988, S. 241-264.
147 Ebd., S. 257.
148 Siehe oben bei Anm. 138.
149 Gerd STEINWASCHER, Art. Wiegmann, Friedrich Wilhelm, in: Hubert HÖING (Hrsg.), Schaumburger Profile. Teil 1, Bielefeld 2008, S. 320-323.

dungs- und kulturbeflissene, sparsame Landesvater, *leuchtendes Vorbild* für andere deutsche Fürsten. *Unter ihm wurde Schaumburg-Lippe ein Militärstaat, indem er ein wehrhaftes Volk heranbildete.* Während bei anderen Fürsten *Soldatenliebhaberei in Spielerei ausartete*, so hatte Wilhelm *ausschließlich das Wohl des Staates im Auge.* Und er zahlte, so meint Wiegmann, die Militärausgaben aus eigener Tasche, ohne das Volk zu belasten.[150] Wiegmanns Darstellung dürfte in Schaumburg-Lippe umfassende Verbreitung gefunden haben.

Der deutsche Nationalstaat wurde 1866/71 unter preußischer Dominanz gegründet, Schaumburg-Lippe stand seit 1866 ganz unter preußischem Einfluss.[151] Die Erinnerung an den Grafen Wilhelm wurde nun ergänzt und konzentriert auf vorgeblich nationale wie auch preußische Bezüge. Der Ausgangspunkt dafür war mit Scharnhorst gegeben, der einige der militärischen Gedanken Wilhelms in die preußische Militärtradition eingeführt und ihn damit gewissermaßen zu einem Ahnherrn preußischer Militärerfolge und schließlich der Reichseinigung gemacht hatte. Ein zweiter Bezugspunkt wurde nun Friedrich der Große, der selbst nach der deutschen Reichsgründung zum Vordenker und Vorbereiter der deutschen Reichseinigung unter Preußen stilisiert wurde.[152]

Gewisse Ähnlichkeiten zwischen Graf Wilhelm und Friedrich II. von Preußen waren schon Ende des 18. Jahrhunderts ein Thema, jetzt wurden die beiden gar zu Mitstreitern, ja Freunden stilisiert. Auf dem 1839/51 von Christian Daniel Rauch geschaffenen Reiterstandbild Friedrichs II. findet sich Graf Wilhelm *unter den Mitstreitern des Königs* allerdings an nicht sehr prominenter Stelle.[153] Der antisemitische Publizist und Politiker Paul Förster (1844-1925) stellte 1885 beide in ihrer Bedeutung nebeneinander,[154] Strack von Weissenbach konstatierte 1889 eine freundschaftliche Beziehung zwischen beiden.[155] Graf Wilhelm stand beim Ausbruch des Siebenjährigen Krieges *auf der Seite seines großen*

---

150  Wilhelm WIEGMANN, Heimatkunde des Fürstentums Schaumburg-Lippe. Für Schule und Haus, Stadthagen 1912, S. 259-262 (ND 2005).

151  Gerhard KNAKE, Preußen und Schaumburg-Lippe 1866-1933, Hildesheim 1970.

152  Frank-Lothar KROLL, Friedrich der Große, in: Etienne FRANÇOIS/ Hagen SCHULZE (Hrsg.), Deutsche Erinnerungsorte III, München 2001, S. 620-635, hier S. 626 f.; Hans DOLLINGER, Friedrich II. von Preußen. Sein Bild im Wandel von zwei Jahrhunderten, München 1986, S. 115-160.

153  Bernhard SCHWERTFEGER, Graf Wilhelm zu Schaumburg-Lippe, Osnabrück 1941, S. 57 (Schöpferische Niederdeutsche, Bd. 11). Schwertfeger war ein ehemaliger Generalmajor, der sich nach 1918 mit der Widerlegung der deutschen Kriegsschuld befasste (https://de.wikipedia.org/wiki/Bernhard_Schwertfeger, abgerufen am 17.2.2022).

154  Paul FÖRSTER, Wilhelm Friedrich Ernst, Graf von Lippe (1724-1777), in: Neue preußische (Kreuz-)Zeitung, Sonntagsbeilage 31.5.1885.

155  STRACK VON WEISSENBACH, Graf Wilhelm zu Schaumburg-Lippe, wie Anm. 137, S. 13.

*Vorbildes Friedrich II.*, so formulierte Arnsperger 1902 im Historischen Verein für Niedersachsen.[156]

Eduard Vehse hatte in seinen Anekdoten des Grafen Wilhelm (unzutreffend) behauptet, der österreichische Staatskanzler Kaunitz habe Maria Theresia vergeblich den Grafen Wilhelm als Oberbefehlshaber des österreichischen Heeres im Siebenjährigen Krieg vorgeschlagen.[157] Hermann Löns hat das später gerne aufgegriffen und damit den Grafen Wilhelm gewissermaßen zum gleichrangigen Gegenspieler des Preußen gemacht.[158] Es gibt also die historische Rolle des gleichgesinnten »Mitstreiters«, zugleich gespiegelt als die eines verhinderten Antipoden. Beides dient der erinnerungspolitischen Erhöhung des Grafen Wilhelm bzw. Schaumburg-Lippes.

Äußerst zugespitzt wurde die Nähe zwischen dem schaumburg-lippischen Wilhelm und dem preußischen Friedrich bezeichnenderweise mitten im Ersten Weltkrieg. 1916 erschien unter dem Titel »Die Sendung der Gräfin Maria Barbara. Ein Roman aus der deutschen Vergangenheit«[159] ein Roman mit dem Grafen Wilhelm als zentraler Figur (der Titel ist etwas irreführend). Der Autor Paul Burg stand offenbar zeitweise im Kontakt mit dem Bückeburger Hof, entlieh sich auch in der Hofbibliothek Quellen zur Forschung und nannte sich programmatisch »Paul Schaumburg«.[160] Es gibt mehrere feuilletonistische Publikationen von ihm über Graf Wilhelm und Fürstin Juliane,[161] er scheint seinerzeit eine gewisse Bekanntheit gehabt zu haben.[162]

---

156 Walter Arnsperger, Graf Wilhelm zu Schaumburg-Lippe. Vortrag, gehalten im Historischen Verein für Niedersachsen am 17. Februar 1902, in: Zeitschrift des Historischen Vereins für Niedersachsen 3 (1902), S. 331-347, hier S. 333.

157 Vehse, wie Anm. 125, S. 136. Die Legende beruht wahrscheinlich auf einer 1746 tatsächlich erfolgten vergeblichen Bewerbung Wilhelms auf eine österreichische Offiziersstelle, vgl. Curdt Ochwadt, Einführung, in: Wilhelm zu Schaumburg-Lippe, Schriften und Briefe. Bd. 3: Briefe, Frankfurt a. M. 1983, S. XXXIII-LXXVII, hier S. XXXVIf.

158 Löns, Kanonengraf, wie Anm. 140, S. 83f.

159 Paul Burg, Die Sendung der Gräfin Maria Barbara. Ein Roman aus der deutschen Vergangenheit, Leipzig 1916.

160 NLA Bückeburg K 6 Nr. 1259.

161 Paul Burg, Der große Graf Wilhelm zu Schaumburg-Lippe, in: Niedersachsen 28 (1922/23), S. 111-115; Ders., Fürstin Juliane, in: Niedersachsen 29 (1924), S. 353-355; Ders., Der Kommandant vom Wilhelmstein, in: Schaumburg-Lippische Heimatblätter 51 (75) (2000), Nr. 3, S. 47-49; Ders., Ein Freund Friedrichs des Großen. Aus dem Wirken eines großen Feldherrn und Volksmannes, in: Schaumburg-Lippische Landes-Zeitung, 24.7.1915. In der Fürstlich Schaumburg-Lippischen Hofbibliothek werden Artikel von ihm in einer Sammelmappe Cb 130 F aufbewahrt.

162 Er hat ein Buch über seine Jugend geschrieben, aber eigentliche biographische Informationen über ihn konnte ich nicht ermitteln: Paul Burg, Meine Jugend, Ausgänge und Anfänge, Halle 1924.

Graf Wilhelm ist in Burgs Werk ein enger Freund Friedrichs II. Ein fiktiver Hofrat Zimmermann redet den Grafen an: *Eure Durchlaucht sind ein deutscher Regent und führen ihr Volk, ein soldatisches Volk, deutschen Zielen entgegen.*[163] Graf Wilhelm erwähnt im Gespräch mit seinem Schwiegervater den preußischen König: *Sehet den König in Preußen an! Was sind wir Potentaten alle gegen ihn? Und was ist er aus Pflichtbewußtsein seinem Lande, der Welt geworden?* Worauf sein Schwiegervater in Gedanken antwortet: *Du, ja, du bist sein wahrer Schatten! Ihr beide könntet zusammen das heilige römische Reich der deutschen Nation regieren, könntet eine ganze Welt in Schach halten mit euren Soldaten und euerm Verstande.*[164] Der Preußenkönig blickt im Roman wohlgefällig auf den Grafen: *Dieser Bückeburgische Graf mit dem englischen Phlegma! War ein deutscher Mann aus bestem Holz und hielt auf sein Land. […] Und propere Soldaten, die was bedeuten! – Was für eine Menge Militär!*[165] Und auf der gleichen Seite, auf der auf des Grafen angebliches *englisches Phlegma* angespielt wird, bringt der Autor die tagesaktuelle Propaganda gegen England unter, legt sie Friedrich in den Mund: *So schwarz ist die Hölle nicht wie die englische Scheußlichkeit.* Die allbekannte Identifikationsfigur wird benutzt, um aktueller Kriegspropaganda – in diesem Fall den Vorwürfen gegen England – einen scheinbar glaubwürdigen Zeugen zu verschaffen. In diesem Roman wird eine enge Freundschaft zweier Landesherren stilisiert, die ihrer Zeit weit voraus sind und an Deutschlands Zukunft denken. Am Ende legt der König nach einem Besuch dem Grafen nahe: *Die Späteren, Herr Freund und Bruder, die sollten Deutschlands Freiheit bauen mit Eisen und Blut, wie ihnen der Grund geleget ist.*[166]

Zum preußisch geprägten Graf-Wilhelm-Bild gehörten auch Sparsamkeit, die Verachtung von höfischer Pracht und persönlicher Fleiß. Graf Wilhelm *räumte zu Hause schonungslos auf mit der Pracht und Maitressenwirtschaft, die, wie an den meisten deutschen Höfen, so auch in Bückeburg eingerissen war*, heißt es 1902.[167] Der Detmolder Archivar Hans Kiewning leitete seinen biographischen Artikel über Graf Wilhelm in den »Westfälischen Lebensbildern« mit einer plastischen Schilderung ein: *Kaum zur Regierung gekommen, zertrümmerte er in verbissener Wut alles was sein Vater an Pracht geschaffen hatte, riß Gebäude ohne Grund herunter und ließ sie als Ruinen liegen, verwüstete seine*

---

163 Burg, Sendung, wie Anm. 159, S. 182.
164 Ebd., S. 58.
165 Ebd., S. 127 f.
166 Ebd., S. 345.
167 Arnsperger, wie Anm. 156, S. 333.

*Gärten, verschleuderte, verkaufte, zerbrach Möbel und Geräte.*[168] Das ist ein Stereotyp, wie es auch dem preußischen »Soldatenkönig« Friedrich Wilhelm I. zugeschrieben wurde – zu Unrecht in dieser Zuspitzung.[169] Paul Burg lässt seinen Grafen Wilhelm nächtelang am Schreibtisch arbeiten: *Die Lampe in der Kammer des Grafen brannte bis in den Morgen. Er saß über den Berichten und prüfte, rechnete, wie er sein Heer ohne Schaden und Not für das schaffende Volk ständig unterhalte und erweitere [...] Arbeiten und sparen! Das war die Losung für jeden sorgenden Regenten, hieß er der große Friedrich in Preußen oder bloß der Schaumburger Graf, auf den die großen Herren herabsahen.*[170] Die selbstlose unablässige Aufopferung des Anführers für sein Volk in diesem Roman aus dem Ersten Weltkrieg weist schon voraus auf Führerstereotype, wie sie bei Stalin oder Hitler wieder begegnen.

Paul Burg machte auch Wilhelms Bauernpolitik zum Thema und spitzte sie zu. Angesichts der zeitgenössischen Sorgen über die schlechte körperliche Verfassung vieler Rekruten aus den Städten richteten sich die militärischen Hoffnungen auf die Landbevölkerung.[171] Hier wird das Bauerntum zum wehrhaften Kern des Volkes, Sprache und Ideologie weisen auf »Blut und Boden«-Literatur voraus: *Innere Not und harte Arbeit der Hände adelten das deutsche Land. Aus der Kraft seiner Scholle erwuchs es in Sturm und Drang zu neuem Heldentume.*[172] Graf Wilhelm denkt im Roman daher: *In seiner Wurzel Stamm ist meiner Bauern Stamm erschüttert, viel Land liegt brach, ich will neue Bauern machen.* Einem Bauern ruft er zu: *Euch wehret keine Macht! Fest ist der Segen und Frieden gegründet!* So stark ist hier die Bindung zwischen Grafen und Bauern, dass am Ende – völlig unhistorisch – ein Bauer den Sarg des Grafen zimmert und ihn zu Grabe trägt.[173]

Dieser »preußische« Graf Wilhelm hatte bei seinem Wirken auch bereits Deutschland im Auge. Seinen Wilhelmstein dachte er sich, so sah Arnsperger es 1902, *am liebsten als einzelnes Glied einer großen, durch ganz Deutschland gezogenen Kette von ähnlichen Befestigungen.*[174] Strack von Weissenbach nennt Wilhelm einen *hochsinnigen deutschen Patrioten*,[175] für Paul Burg bauten Fried-

---

168 Hans KIEWNING, Graf Wilhelm zu Schaumburg-Lippe, in: Westfälische Lebensbilder. Hauptreihe Bd. 3, Heft 1, Münster 1932, S. 11-33, hier S. 15.
169 GÖSE, wie Anm. 91, S. 55.
170 BURG, Sendung, wie Anm. 159, S. 145.
171 Anna BRAMWELL, Blut und Boden, in: Etienne FRANÇOIS/Hagen SCHULZE (Hrsg.), Deutsche Erinnerungsorte III, München 2001, S. 380-391, hier S. 389.
172 BURG, Sendung, wie Anm. 159, Zitate S. 8, S. 50 u. S. 344.
173 Ebd., S. 346 f.
174 ARNSPERGER, wie Anm. 156, S. 332.
175 STRACK VON WEISSENBACH, Graf Wilhelm zu Schaumburg-Lippe, wie Anm. 137, S. 1.

rich und Wilhelm gemeinsam als Freunde an einem künftigen Deutschland als Nationalstaat. Eine gewisse Hybris bei der Beurteilung des Grafen läuft im nationalen Überschwang mit. Schon Viktor von Strauß und Torney hatte in seinem Roman Scharnhorst enthusiastisch ausrufen lassen: *Er ist der größte Feldherr der Welt!* [...] *Seine Schlachten* [...] *sind lauter militärische Meisterwerke.*[176] Paul Burg will gar *die ganze Welt bei ihm in der Schule sitzen* haben.[177]

## Im Nationalsozialismus

Als zentrale militärische Leistung des Grafen Wilhelm wurde im 19. Jahrhundert bereits die militärische Mobilisierung des Volkes, schließlich die »Erfindung« der »allgemeinen Wehrpflicht« angesehen. Für den Nationalsozialismus war dies angesichts der forcierten Wiederaufrüstung nach den Beschränkungen des Versailler Vertrags und der Wiedereinführung der Allgemeinen Wehrpflicht 1935 der entscheidende Anknüpfungspunkt. In Wilhelms Werk ließen sich leicht Bezugspunkte für die von der NSDAP betriebene Militarisierung der Gesellschaft finden. Bezeichnenderweise 1937 erschien eine Dissertation des jungen Historikers Erich Hübinger mit dem programmatischen Titel »Graf Wilhelm zu Schaumburg-Lippe und seine Wehr. Die Wurzeln der allgemeinen Wehrpflicht in Deutschland«.[178] Wilhelm wird hier gleichsam als Ahnherr von Hitlers Maßnahmen in Anspruch genommen: *Was Graf Wilhelm aus der Haltung seiner Zeit heraus in ersten Anfängen forderte, ist durch die Tat des Führers im Gesetz über den Aufbau der deutschen Wehrmacht vom 16. März 1935 stolze Wirklichkeit und zum Träger des neuen Reiches geworden.* Und der konservative Militärhistoriker Schwertfeger schrieb 1941, Wilhelm habe *in kleinem Rahmen den Gedanken der allgemeinen Wehrpflicht zuerst praktisch erprobt und ihn dann zum tragenden Pfeiler seiner Auffassung vom Staat gemacht.* Die Wehrpflicht habe ihm eine *kraftvolle politische und militärische Beteiligung an den kriegerischen Handlungen* in Europa ermöglicht, Scharnhorst *rettete aus der räumlichen Enge des Wilhelmsteins die Wehrgedanken des Grafen Wilhelm in die Zukunft hinüber.*[179] Auch der christlich-konservative Autor Reinhold Schneider hob Wilhelms Bedeutung für den Militarismus hervor, indem er aus der

---

176 V. von Strauss und Torney, Vergangenheit, wie Anm. 130, S. 6.
177 Burg, Sendung, wie Anm. 159, S. 29 f.
178 Erich Hübinger, Graf Wilhelm zu Schaumburg-Lippe und seine Wehr. Die Wurzeln der allgemeinen Wehrpflicht in Deutschland, Leipzig 1937 (zugl.: Heidelberg, Univ., Diss., 1937). Zitat S. III (Vorwort). Lt. Anmerkung im Exemplar des Schaumburg-Lippischen Heimatvereins (NLA Bückeburg HV I i 105) ist Hübinger am 18.12.1941 gefallen.
179 Schwertfeger, wie Anm. 153, S. 7 f. Über Schwertfeger vgl. Anm. 153.

Bevölkerung seiner Grafschaft ein *Soldatenvolk* machte.[180] Friedrich Christian zu Schaumburg-Lippe (1906-1983),[181] ein Bruder des letzten regierenden Fürsten zu Schaumburg-Lippe und glühender Nationalsozialist über 1945 hinaus, meinte noch im Jahr 1960 gar, erst die allgemeine Wehrpflicht im Deutschen Reich habe den Grafen Wilhelm in Erinnerung gebracht.[182]

Regionalpolitisch wurde in der NS-Zeit versucht, Graf Wilhelms Bedeutung in der Militärtradition Deutschlands zu Gunsten des kleinen Landes auszuspielen. In einem Zeitungsbericht über ein Treffen der »Alten Garde« der NSDAP in Bückeburg wurde als wichtigstes regionales Charakteristikum genannt, dass in Schaumburg-Lippe die allgemeine Wehrpflicht geschaffen worden sei.[183] Eine Denkschrift des Bückeburger Ortsgruppenleiters der NSDAP und des Bückeburger Bürgermeisters Wiehe forderte im Oktober 1934, der *Wilhelmstein und das Hagenburger Schloss, Wirkungsorte des Schöpfers der allgemeinen Wehrpflicht, müssen Ehrenstätten der deutschen Wehrmacht werden.*[184] Der Bückeburger NS-Propagandist Adolf Manns, Chefredakteur der regionalen Tageszeitung »Die Schaumburg«, protestierte denn auch im Oktober 1935 öffentlich energisch gegen den Verkauf der Ziesenis-Gemälde von Graf Wilhelm und seiner Gemahlin nach Berlin und reklamierte bei dieser Gelegenheit, die Kunstgegenstände seien zwar *rechtlich dem Hause Schaumburg-Lippe eigen, aber moralisch doch Eigentum des ganzen Volkes.*[185]

Graf Wilhelm wurde aber nicht nur zum bloßen »Erfinder« der Wehrpflicht reduziert, er wurde als soldatischer Held gegen den toleranten Geist der Aufklärung in Stellung gebracht. Adolf Manns schrieb am 29. Oktober 1935 in seiner Zeitung: *Wir bekennen uns nicht zu dem Geist eines Nathan des Weisen. Wir*

180 Reinhold SCHNEIDER, Graf Wilhelm, 1941 (Weiße Blätter), S. 195. Nachdruck in DERS., Graf Wilhelm, in: DERS., Die Rose des Königs, 1958, S. 21-33. Schneider selbst ist nicht dem Nationalsozialismus, sondern dem christlich-konservativen Widerstand zuzurechnen (vgl. Cordula KOEPCKE, Schneider, Reinhold, in: Neue Deutsche Biographie Bd. 23, Berlin 2007, S. 305 f.).

181 Vgl. Thomas RIECHMANN, Schaumburg-Lippe, Friedrich Christian Prinz zu, in: Hendrik WEINGARTEN (Hrsg.), Schaumburger Profile, Bd. 2, Bielefeld 2016, S. 237-242 u. DERS., Vom Herrenreiter zum Adjutanten von Goebbels, Friedrich Christian zu Schaumburg-Lippe – Karriere im Propagandaministerium, in: Frank WERNER (Hrsg.), Schaumburger Nationalsozialisten. Täter, Komplizen, Profiteure, Bielefeld 2009, S. 445-478.

182 Friedrich Christian zu SCHAUMBURG-LIPPE, Zur Ehre des revolutionären Menschen. Wilhelm Regierender Graf zu Schaumburg-Lippe, Stadthagen 1960, S. 59.

183 Die Schaumburg. Schaumburg-Lippische Landes-Zeitung, 10.8.1936.

184 Denkschrift vom 24.10.1934 (NLA Bückeburg Dep. 11 Acc. 31/85 Nr. 4).

185 Adolf MANNS, Schaumburg-Lipper wahrt eure kulturellen Güter, in: Die Schaumburg. Schaumburg-Lippische Landes-Zeitung, 24.10.1935. Über Adolf MANNS vgl. Tanja Theiß, Journalisten als Scharfmacher. Adolf Manns – Schriftleiter der NS-Zeitung »Die Schaumburg«, in: WERNER, wie Anm. 181, S. 321-362.

# GRAF WILHELM – EIN SCHAUMBURG-LIPPISCHER ERINNERUNGSORT

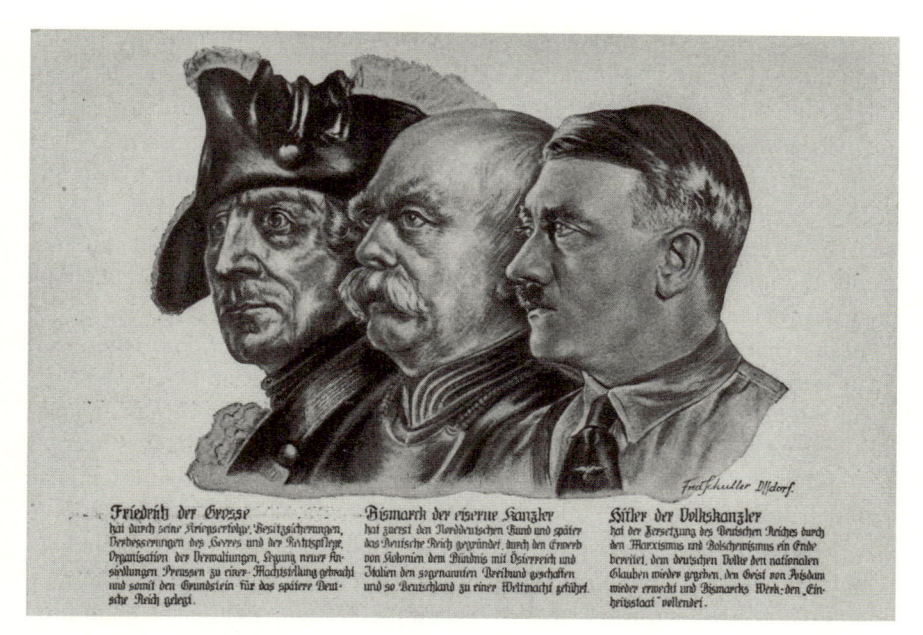

*Abb. 6: Friedrich der Große – Bismarck der eiserne Kanzler – Hitler der Volkskanzler, aus: Sammlung Prof. Dr. Sabine Giesbrecht, https://bildpostkarten.uni-osnabrueck.de, ID: os_ub_0015628. Nutzung frei für wiss. Zwecke.*

*bekennen uns zur heldischen Gesinnung unseres Grafen Wilhelm. Den wir den Großen nennen wollen.*[186] Der aufgeklärte Landesherr, der seinerzeit den jüdischen Philosophen Moses Mendelssohn nach Bückeburg hatte holen wollen,[187] wurde nun von einem antisemitischen Einpeitscher beansprucht und als Gegenpol einer toleranten jüdischen Dramenfigur der Aufklärung bezeichnet.

Der erinnerungspolitische Bezug auf Friedrich II. von Preußen spielte auch im Nationalsozialismus eine große Rolle. Friedrich Wahl sah in seiner Berliner Dissertation von 1938 Wilhelm dem König Friedrich auf *mehrfache Art verbunden: Bewundert und verehrt hat er Friedrich bereits zur Zeit seines Regierungsantritts, der ihn selbst als Persönlichkeit und bedeutenden Soldaten geschätzt hat.*[188] Aus der NS-Propaganda bekannt sind die Plakate und Postkarten, die Friedrich

---

186 Adolf MANNS, Graf Wilhelm oder Nathan der Weise?, in: Die Schaumburg. Schaumburg-Lippische Landes-Zeitung, 29.10.1935.

187 Andreas RANKE, Schaumburg-Lippe und Mendelssohn, in: Ibykus 18 (1999), Nr. 68, S. 23-28; BRÜDERMANN, Abbt, wie Anm. 22, S. 95.

188 Friedrich WAHL, Verfassung und Verwaltung Schaumburg-Lippes unter dem Grafen Wilhelm: Von den Anfängen volkhaften Staatsdenkens im Zeitalter des Absolutismus, Stadthagen 1938, S. 8.

den Großen, Bismarck, Hindenburg und Hitler in eine Traditionsreihe der Schöpfer und Wahrer des Deutschen Reiches stellten (Abb. 6). Ähnlich versuchte nun ein ebenso prominenter wie selbstbewusster Schaumburg-Lipper auch den Grafen Wilhelm an die Seite Hitlers zu stellen: *Wenn unseres Führers Wille und Graf Wilhelm's Geist sich vereinen, wird das neue Deutschland eine höchst unerschütterliche Unterstützung gefunden haben,* so schrieb Wolrad Prinz zu Schaumburg-Lippe (1887-1962), Bruder des letzten regierenden Fürsten Adolf und nach dessen Tod 1936 Nachfolger als Chef des Hauses, am 24. August 1933 in einer Zeitungsbeilage.[189]

In der Beurteilung der Persönlichkeit des Grafen Wilhelm erschienen nun Schlüsselwörter aus der Führervorstellung des Nationalsozialismus: Die Verehrung der charismatischen Persönlichkeit, deren Handeln von Gesetz und traditioneller Legitimation losgelöst ist.[190] Neben der oben zitierten Dissertation von Hübinger fallen hier vor allem die Schriften des völkisch orientierten Historikers Rudolf Craemer,[191] des Militärhistorikers Bernhard Schwertfeger[192] und die Dissertation von Friedrich Wahl auf. Friedrich Wahl sieht 1938 die *Vorsehung* (providence), die Graf Wilhelm als Bedingung seines Herrscheramtes nennt, näher bei dem, was Friedrich der Große »Zufall« nenne, als beim protestantischen Gottesgnadentum.[193] Um Graf Wilhelm habe sich eine *Aura des Unbegreiflichen, die den Soldaten erst zum Gefolgsmann seines Führers macht,* gebildet,[194] an ihm zeige sich, *wie es das Wesen wahren Führertums ausmacht, unter Nichtachtung und mit Überwindung entgegenstehender Fehlmeinungen einen als richtig erkannten Weg unerschrocken bis ans Ende zu gehen.*[195] Aus seinem Heeresdienst spreche ein *Bewusstsein des Volkhaften,*[196] und indem er *Tapferkeit und Todesbereitschaft [...] zum Kern seiner Gesinnung* mache, lege er ein *Bekenntnis zur Lebensform echten Kriegertums* ab.[197]

Wilhelm wird weiterhin noch stärker zum »Deutschen« gemacht. Der dritte Abschnitt im Schlusskapitel *Der Staat des Grafen Wilhelm* in Friedrich Wahls Dis-

---

189 Wolrad zu SCHAUMBURG-LIPPE, Geleitwort, in: Hannoverscher Kurier, 24.8.1933 Beilage.
190 Vgl. Wolfgang BENZ u.a. (Hrsg.), Enzyklopädie des Nationalsozialismus, 2. Aufl., München 1989, S. 22-33.
191 https://de.wikipedia.org/wiki/Rudolf_Craemer, abgerufen am 28.2.2022.
192 https://de.wikipedia.org/wiki/Bernhard_Schwertfeger, abgerufen am 28.2.2022.
193 WAHL, wie Anm. 188, S. 100.
194 SCHNEIDER, Graf Wilhelm, wie Anm. 180, S. 193 f.
195 SCHWERTFEGER, wie Anm. 153, S. 61. Bezüge zum *Führertum* sah auch Rudolf CRAEMER, Graf Wilhelm von Schaumburg-Lippe. Ein deutscher Fürst der Aufklärungszeit, in: Niedersächsisches Jahrbuch für Landesgeschichte 12 (1935), S. 111-143, hier S. 119 f.
196 CRAEMER, wie Anm. 195, S. 11.
197 WAHL, wie Anm. 188, S. 8 f.

sertation heißt *Deutsche Bestimmung und volkhaftes Denken*.[198] Wilhelm habe, so behauptet Wahl, bei seinen politischen Maßnahmen Deutschland im Auge gehabt, er habe sich zu Preußen bekannt und dem Alten Reich die Gefolgschaft versagt. Der kleinstaatliche Verteidigungsgedanke wird Grundlage einer deutschen Gemeinsamkeit: *Fast in all seinen Maßnahmen wird ein volkhaftes Element sichtbar, das die Grenzen des Zeitgeistes, in denen auch er weitgehend begangen ist, durchbricht.* Schon die Bedeutung, die er der deutschen Sprache in Unterricht und Literatur einräume, weise auf die *größere Gemeinschaft aller Deutschen* hin.[199]

Hier ist die Uminterpretation der Erinnerung an den Grafen Wilhelm offenkundig am extremen Ende des völkischen Denkens angekommen. Der Umgang mit dem Andenken Wilhelms hat sich von der Bewertung der Zeitgenossen und auch von der Erinnerung an Wilhelm zu Beginn des 19. Jahrhunderts als Protagonisten des antifranzösischen »Freiheitskampfes« vollkommen gelöst. Bezeichnend für die Umprägung der Graf-Wilhelm-Erinnerung im Zeichen eines engstirnigen Nationalismus ist das Unverständnis, mit dem Prinz Friedrich Christian zu Schaumburg-Lippe auf die Inschrift von Schadows Büste in der Walhalla reagierte. Weder erkannte er die europäische Dimension von Wilhelms Wirken noch den ehrenden Bezug auf den antinapoleonischen Freiheitskampf:

> *Als ich zum ersten Male als junger Mensch mir die Walhalla ansah, jene monumentale Gedenkstätte, die ein romantisch und sehr deutsch empfindender König von Bayern bei Regensburg an der Donau zu Ehren der Großen des deutschen Volkes errichtete, da fand ich dort auch in Marmor gehauen den Kopf des Grafen Wilhelm. Zu meinem Entsetzen war darunter nichts anderes zu lesen als: Wilhelm der Portugiese! Welche Verkennung, wie peinlich für uns alle. Und das ist meines Wissens das einzige Denkmal, welches die Nachwelt diesem Menschen in Deutschland errichtet hat.*[200]

## Erfinder der Abschreckungsstrategie und Lehrer der Verteidigung

Nach dem Zweiten Weltkrieg werden unterschiedliche Tendenzen der Graf-Wilhelm-Erinnerung verfolgt. Die Vorstellung einer engen Verbindung von Friedrich II. und Graf Wilhelm hat weiterhin große Bedeutung. Der Mindener Heimatforscher Otto Kurt Laag (1897-1971) schrieb Graf Wilhelm 1959 zu,

---

198  Ebd., S. 103.
199  Ebd., S. 79, vgl. auch S. 7 f.
200  F. C. zu Schaumburg-Lippe, Zur Ehre, wie Anm. 182, S. 7.

er habe sich *zum spartanischen Leben am preußischen Königshof hingezogen* gefühlt und *die Bewunderung für Friedrich II. beeinflußten ihn so, daß er Zeit seines Lebens ein Anhänger Friedrichs des Großen blieb*.[201] Hans-Peter Fiebig etwa schreibt 2012, Graf Wilhelm sei ein *begeisterter Bewunderer und Verehrer des preußischen Königs* gewesen, er habe *den preußischen König wegen seiner eisernen Disziplin und seines selbstkritischen Blicks* bewundert.[202]

Zugleich gibt es eine starke Abneigung gegen die zuvor so hervorgehobenen militärischen Tendenzen. Der Schriftsteller Arno Schmidt schrieb 1958 unter Rückgriff auf eine Bemerkung Johann Gottfried Herders über Graf Wilhelm: *der hohe Herr brachte das Ländchen nämlich durch seine Soldatenspielereien an den Rand des Ruins!*[203] Der Landeshistoriker Carl-Hans Hauptmeyer äußerte sich 1980 in seiner Untersuchung über Souveränität und Partizipation am Beispiel Schaumburg-Lippes sehr kritisch über Wilhelms Militärpolitik.[204] Er habe *mit seiner Vorliebe für das Militärwesen das gesamte Land dreißig Jahre belastet*, etliche Untertanen *mußten für die Kriegsabenteuer ihres Grafen in Portugal ihr Leben lassen*, während die wirtschaftlichen Folgen der militärischen Belastung eher negativ waren.

Einen grundlegenden Wandel der Sicht auf Graf Wilhelm brachte 1976-1983 die von Curd Ochwadt (1923-2012) mit der Akribie einer kritischen Klassikerausgabe besorgte Edition seiner Schriften und Briefe.[205] Für Ochwadt war der Graf im Moment seiner Editionsarbeit *eine fast unbekannte Gestalt*, seinen eigenen Bericht über das zeitgenössische und spätere Interesse an Wilhelms Werk nennt er die *Geschichte der Verweigerung seiner Veröffentlichung*.[206] Er sah in Wilhelms Schriften das Bestreben, *das gesamte Kriegswesen in ausschließliche Verteidigungsstruktur mit dem erklärten Ziel der Verhinderung von Kriegen oder zum mindesten Begrenzung ihrer verhängnisvollen Folgen umzufor-*

---

201 Otto-Kurt LAAG, Graf Wilhelm als Großmeister der Artillerie, in: Minden, Stadt und Landkreis (Hrsg.), Die Schlacht bei Minden. The battle of Minden. Ein Erinnerungsbuch zum 200. Gedenktag der Schlacht bei Minden am 1. August 1759, Minden 1959, S. 85-96, hier S. 85-87.

202 Hans-Peter FIEBIG, 300 Jahre – Friedrich II., der Große (21.1.1712-17.8.1786), in: Schaumburg-Lippische Heimatblätter 63 (87) (2012), Nr. 2, S. 4-8, hier S. 5 u. 7.

203 Arno SCHMIDT, Fouqué und einige seiner Zeitgenossen. Biographischer Versuch, 2. Aufl., Darmstadt 1958, S. 127.

204 Carl-Hans HAUPTMEYER, Souveränität, Partizipation und absolutistischer Kleinstaat. Die Grafschaft Schaumburg(-Lippe) als Beispiel, Hildesheim 1980, hier S. 95f.

205 SCHAUMBURG-LIPPE, Schriften und Briefe, wie Anm. 8.

206 Curdt OCHWADT, Vorbemerkung, in: SCHAUMBURG-LIPPE, Schriften und Briefe, wie Anm. 8, Bd. 1, S. VII-X, hier S. IXf.

men.[207] In seiner breit angelegten Edition sind Äußerungen über die grausame Natur des Krieges nachzulesen wie etwa: *La guerre est, parmi tous les obstacles à amélioration dont les hommes sont cause, le plus grand, surtout à cause des exemples que les gouvernants donnent. Ils donnent trop souvent, de la manière la plus eclatante, le démenti en pratique à tous les principes moraux qu'ils paroissent sérieusement vouloir établir par la législation et les soins pour l'education etc.*[208] Der zweite Band enthält neben einer Fülle von militärischen Reglements und Plänen, die nur noch von historischem Interesse sind, vor allem Wilhelms Hauptschrift *Mémoires pour servir à l'art militaire défensif*, in der er seinen Gedanken einer starken Defensive zur Verhinderung des Krieges überhaupt darlegt.[209]

Dieser Aspekt von Wilhelms Denken ist durchaus vor 1945 schon gesehen worden, allerdings nur vereinzelt: Schon Arnsperger hatte 1902 erkannt, dass die *Vervollkommnung der Kriegsmittel zur Verhütung des Krieges* das Grundthema von Wilhelms theoretischen Betrachtungen war.[210] Craemer schrieb 1935 (!) vom sittlichen Recht des Verteidigungskrieges, das Graf Wilhelm gewürdigt habe.[211] Bernhard Schwertfeger stellte 1941 einen Bezug zu den Belastungen in den Schlachten des Ersten Weltkrieges her: *Uns ist es, als wenn er schon vorausahnend die gewaltigen Schwierigkeiten eines durch alle Mittel des Angriffs und der Vernichtung gesteigerten Materialkrieges, wie wir ihn jahrelang im Weltkrieg erlebt haben, vorausgeahnt hätte, wenn er darauf hinweist, welche gewaltigen seelischen Antriebe dazu erforderlich seien, die Todesfurcht zu überwinden und im Verteidigungskampfe auf alles gefasst zu sein.*[212]

Nach dem Zweiten Weltkrieg aber wurde aus dem Feldherrn im Zeitalter der »Kabinettskriege« ein Urahn der Abschreckungsstrategie der zweiten Hälfte des 20. Jahrhunderts. Denn inzwischen hatte sich die politische und militärstrategische Lage und damit auch die deutsche Militärdoktrin völlig gewandelt. Die preußische und später deutsche militärische Theorie und Praxis des Krieges war seit dem Beginn des preußischen Aufstiegs im späten 17. Jahr-

---

207   Ebd., S. VIII. Zuvor bereits ausgeführt in Curdt OCHWADT, »Verteidigungskriegskunst« als Hilfsmittel der Vernunft: Vor 250 Jahren wurde Graf Wilhelm zu Schaumburg-Lippe geboren, in: Schaumburg-Lippische Heimatblätter 21 (1974), Nr. 1.

208   SCHAUMBURG-LIPPE, Schriften und Briefe, wie Anm. 8, Bd. 2, S. 143 f.: Übersetzung: *Der Krieg ist unter allen Hindernissen für Verbesserungen, die von Menschen verursacht werden, das größte, besonders wegen der Beispiele, die die Herrscher geben. Sie widerlegen allzu oft in der eklatantesten Weise alle sittlichen Grundsätze, die sie durch Gesetzgebung und Erziehung etc. ernstlich durchsetzen zu wollen scheinen.*

209   SCHAUMBURG-LIPPE, Schriften und Briefe, wie Anm. 8, Bd. 2, bes. S. 167-375.

210   ARNSPERGER, wie Anm. 156, S. 338.

211   CRAEMER, wie Anm. 195, S. 124.

212   SCHWERTFEGER, wie Anm. 153, S. 52 f.

hundert, erst recht aber seit Friedrich II. von Preußen vollkommen von der Konzeption der Offensive geprägt gewesen: »Bewegungskrieg – the war of movement on the operational level [...] meant the maneuver of large units to strike the enemy a sharp, even annihilating blow as rapidly as possible.«[213] So führte Friedrich II. seine verlustreichen Schlachten im Gegensatz zur vorsichtigen Manöverstrategie der Zeit, so wurden die Kriege der Reichseinigung von Preußen gewonnen und der Erste Weltkrieg verloren und so führte die Wehrmacht des NS-Staates den Krieg bis zur allerletzten Offensive, die nur noch in Hitlers Phantasie stattfand. Es ist bezeichnend, dass Graf Wilhelm gerade in der NS-Zeit zwar als Soldat und Heeresorganisator, eben als »Schöpfer der allgemeinen Wehrpflicht«, wahrgenommen wurde, kaum jedoch seine Sicht auf den Krieg und erst recht nicht seine Eigenart als Taktiker.

Doch in der Zeit des Kalten Krieges beruhte die ganze NATO-Doktrin auf Abschreckung, um einen Krieg überhaupt zu verhindern, und die deutsche Bundeswehr wurde Teil eines Defensivkonzepts. Für die Bundeswehr mit ihren Generälen, die zum Teil noch in den Kategorien der Panzerangriffe und Kesselschlachten des Zweiten Weltkrieges dachten, lag darin eine erhebliche Schwierigkeit.[214] Auf taktischer Ebene wurde immer noch »Vorwärtsdrang, das Streben nach Initiative, Siegeswillen, zielstrebiges, zupackendes Handeln ins Ungewisse« gefordert. Dagegen stand als realistische Perspektive die Erwartung eines massiven sowjetischen Panzerangriffs, der von der in der ersten Welle stehenden Bundeswehr keinesfalls zurückgeschlagen, allenfalls verlangsamt werden konnte.

Die vielzitierte »innere Führung« war naturgemäß schwierig in einer Armee, die auf einen »Ernstfall« wartete, der nie eintreten durfte, weil er mit totaler Vernichtung geendet hätte. Hans-Heinrich Klein, der Kommandeur der 11. Panzergrenadierdivision, beklagte 1970 »militärisches Desinteresse und mangelnde Einsicht vieler Wehrpflichtiger«.[215] Eben dieser Hans-Heinrich Klein war es, der 1982 in seinem Ruhestand eine Arbeit mit dem programmatischen Titel *Wilhelm zu Schaumburg-Lippe: Klassiker der Abschreckungstheorie und Lehrer Scharnhorsts* verfasste.[216] Klein versucht, Graf Wilhelm aus der militaristischen Verehrung zu lösen, und sieht seine entscheidende Leistung

---

213 Robert M. Citino, The German Way of War. From the Thirty Years War to the Third Reich, Lawrence, Kansas 2005, S. XIV. Vgl. auch Sönke Neitzel, Deutsche Krieger. Vom Kaiserreich zur Berliner Republik – eine Militärgeschichte, Berlin 2020.

214 Neitzel, wie Anm. 213, S. 249-408, bes. S. 388-395, das nachfolgende Zitat S. 395.

215 Ebd., S. 311.

216 Klein, wie Anm. 8. Kurz Hans-Heinrich Klein, Eine historische Wurzel unserer Abschreckungsstrategie – Das Wirken Wilhelms zu Schaumburg-Lippe, in: Europäische Wehrkunde 30 (1981), S. 551-554.

in einer *Strategie gegen den Krieg*.²¹⁷ Nun »passten« Wilhelms unkriegerische Motivation, seine defensive Strategie und sein Bestreben, die Landesverteidigung durch Dienstpflicht zur Sache des Volkes zu machen, in jeder Hinsicht für eine neue erinnerungspolitische Anknüpfung.²¹⁸ Graf Wilhelm war damit auch in einer friedfertigen Gesellschaft wieder anschlussfähig geworden. In das postheroische Zeitalter, in dem jeder Gedanke eines heroischen Opfers für die Nation diskreditiert war,²¹⁹ fügte sich auch Wilhelms Idee eines speziellen, besonders anspruchsvollen Heroismus der Verteidigung.²²⁰ Eine Armee, die in den strategischen Vorstellungen bis 1989 quasi damit rechnen musste, überrollt zu werden, bedurfte dringend einer sinnvollen Motivation. So fand Graf Wilhelm als Verteidiger und Denker des »kleinen Krieges« weiteres militärhistorisches Interesse beim Militärgeschichtlichen Forschungsamt in der Bundeswehr in Potsdam²²¹ und sogar in der US-amerikanischen Armee. Charles E. White, United States Army Forces Command, Fort Bragg, sieht Graf Wilhelm an den *Origins of the Modern National Army*²²² und hebt hervor: *He was also the first German prince to condemn aggressive, offensive war.*

Diese neue Wahrnehmung seiner Militärtheorie wirkte mittelbar auch insgesamt auf die Sicht des so lange von Nationalismus und aggressivem Militarismus vereinnahmten Graf Wilhelm zurück. Der »Kanonengraf«, unschuldig an seiner nationalistischen und nationalsozialistischen Instrumentalisierung, wurde gewissermaßen rehabilitiert. Ernst Hinrichs nannte ihn 1995 *den Intellektuellen* unter den kleinen Fürsten Niedersachsens und rechnete seine *Auffassungen über das Kriegswesen und den Sinn des Verteidigungskampfes mit dem Ziel des dauerhaften Friedens […] zu den originellsten Beiträgen des gesamten deutschen 18. Jahrhunderts.*²²³

Im Januar 2008 wurde ein Hörsaal der Heeresfliegerwaffenschule bei Achum in »Hörsaal Graf Wilhelm« umbenannt, Oberstleutnant Johann Hansen begründete dies mit den Eigenschaften des Namengebers: *Eine Führungspersönlichkeit*

---

217 KLEIN, wie Anm. 8, S. 282 f.
218 Ebd., S. 229-231.
219 ASCH, wie Anm. 79, S. 136 u. 143.
220 SCHAUMBURG-LIPPE, Schriften und Briefe, wie Anm. 8, Bd. 2, S. 149-152.
221 Martin RINK, Wilhelm Graf von Schaumburg-Lippe: Ein »sonderbarer« Duodezfürst als militärischer Innovator, in: Martin STEFFEN, Die Schlacht bei Minden: Weltpolitik und Lokalgeschichte, Minden 2009, S. 137-158.
222 Charles E. WHITE, Scharnhorst's Mentor: Count Wilhelm zu Schaumburg-Lippe and the Origins of the Modern National Army, in: War in History 24 (2017), Nr. 3, S. 258-285, Zitat S. 258.
223 Ernst HINRICHS, Die großen Mächte … und die kleinen Mächte: Zur Stellung der kleinen niedersächsischen Staaten im europäischen Mächtesystem des 18. Jahrhunderts, in: Niedersächsisches Jahrbuch für Landesgeschichte 67 (1995), S. 1-22, hier S. 16 f.

*mit perfektem lokalen Bezug, die die Weiterentwicklung der Streitkräfte mit einer zeitgemäßen Einbindung in die Gesellschaft, gepaart mit militärischem Geniewesen, verkörperte und damit hervorragend die Lehrinhalte der Führerausbildung der Heeresflieger widerspiegelte.*[224] Die Reservistenkameradschaft Bückeburg nennt sich »Graf Wilhelm zu Schaumburg-Lippe«.[225] Eigentlich ist es erstaunlich angesichts der Nöte der Bundeswehr, eine unbelastete militärische Tradition zu rekonstruieren, dass Graf Wilhelm nicht als Namengeber einer ganzen Kaserne dient.

Heute ist Graf Wilhelm in der schaumburg-lippischen Erinnerungskultur präsent, vor allem als Erbauer und Namengeber des Wilhelmstein im Steinhuder Meer.[226] Dazu ist in den letzten Jahren der »Steinhuder Hecht« gekommen, eine originale Schiffskonstruktion des unter Graf Wilhelm dienenden Militäringenieurs Johann Chrysostomos Praetorius, die in einem Entwurf von 1762 vorliegt und nach Meinung einiger Forscher tauchfähig gewesen sein soll.[227] In letzter Zeit hat auch Wilhelms in den letzten Lebensjahren so unglückliches Privatleben größere Beachtung gefunden, mit einer kleinen Arbeit über die tödlich verlaufene Pockenimpfung seiner Tochter Emilie[228] und einer in kleiner Auflage verbreiteten Auswahl von Briefen und Tagebucheinträgen seiner Gemahlin.[229] So wird das Andenken an Graf Wilhelm um ein technikhistorisches Element und eher sentimentale Aspekte erweitert. Mit dem Wilhelmstein als »historischem« Hintergrund sind in den letzten Jahren auch zwei Kriminalromane erschienen, in denen Graf Wilhelm als (allerdings blasse) Hintergrundfigur nicht fehlt.[230] Hier werden Phantasie und historische Anspielung wild gemischt. In einem anderen Regionalkrimi ist Wilhelm einfach nur *der, der die Insel im Steinhuder Meer erbaut hat*.[231] Verglichen etwa mit Strauß und Torneys

---

224 Schaumburg-Lippische Landes-Zeitung, 25.1.2008.
225 Schaumburg-Lippische Landes-Zeitung, 31.3.2022.
226 Silke WAGENER-FIMPEL/Martin FIMPEL, Die Festung Wilhelmstein im Steinhuder Meer, Bückeburg 2003.
227 Curdt OCHWADT, Die Erfindung ist kein flüchtiger Gedanke, in: Schaumburg-Lippische Heimatblätter 21 (1970), Nr. 3; Timm WESKI, ›Hippopotame‹ and ›Schaumburgische‹ or ›Steinhuder Hecht‹: an amphibious craft and a submarine from the second half of the eighteenth century, in: The Mariner's Mirror Heft 3, 88, 2002, S. 271-284.
228 WAGENER-FIMPEL, Pockenimpfungen, wie Anm. 25, S. 162-173.
229 Inge BÜHRMANN, Des Grafen Liebste. Die Korrespondenz der Gräfin Marie Barbara Eleonore zu Schaumburg-Lippe geb. zur Lippe-Biesterfeld mit ihrem Gemahl Graf Wilhelm Friedrich Ernst zu Schaumburg-Lippe in den Jahren 1774-1776 und ihre Tagebucheinträge, Hagenburg 2019.
230 Bodo DRINGENBERG, Mord auf dem Wilhelmstein. Ein historischer Kriminalroman, Springe 2007, u. DERS., Die Gruft im Wilhelmstein, Springe 2011.
231 Nané LÉNARD, Schattenschuld, Hameln 2019, S. 146.

*Abb. 7: Infanterieregiment Graf Wilhelm auf dem Wilhelmstein, © Infanterieregiment Graf Wilhelm.*

sorgfältig recherchierter Erzählung oder Paul Burgs kriegerischer Rückprojektion[232] sind diese Anspielungen aber von unverbindlicher Beliebigkeit.

Als Namengeber für historisches Reenactment dient Wilhelm dem in Wölpinghausen beheimateten »Infanterieregiment Graf Wilhelm«, das auch alljährlich zum Geburtstag am Mausoleum im Schaumburger Wald dem Grafen die Reverenz erweist (Abb. 7).[233] Dort findet sich auch eine Ehrenplakette des portugiesischen Verteidigungsministeriums für den »Befreier Portugals«. Als »literarischer Topos« ist er heute der, *für dessen Größe das Land zu klein* war.[234]

Graf Wilhelm wurde bereits zu seinen Lebzeiten als besonders bemerkenswerte Persönlichkeit wahrgenommen, kurz darauf zum Idealregenten der Aufklärung stilisiert. Gewisse skurrile oder wunderliche Züge ergänzten dabei das Bild. Anfang des 19. Jahrhunderts erlangte Graf Wilhelm größere erinnerungspolitische Bedeutung als Lehrer Gerhard von Scharnhorsts und damit Vordenker der preußischen Militärreformen und der »Befreiungskriege«. Nach der Reichseinigung blieb er Bestandteil der preußischen Militärtradition und wurde als Freund Friedrichs des Großen vereinnahmt, der angeblich weitblickend das preußisch geprägte geeinte Deutschland schuf. In der NS-Zeit

232 Vgl. oben bei Anm. 130 und 159.
233 https://www.ir-graf-wilhelm.de/ abgerufen am 13.1.2022.
234 Brage BEI DER WIEDEN (Hrsg.), Schaumburger Lesebuch, Stadthagen 1989, S. 346.

wurde Wilhelm schließlich auf den »Erfinder der Wehrpflicht« reduziert und als völkische und soldatische Führerfigur im Sinne des Nationalsozialismus umgedeutet. Eine erinnerungspolitische Wende erfolgte nach dem Zweiten Weltkrieg, indem sein militärisches Engagement zunächst kritisch gesehen wurde, bis er auf der Basis seines theoretischen Werkes als Ahnherr der militärischen Abschreckung erkannt wurde. Der erinnerungspolitische Blick auf den Grafen Wilhelm zeigt damit ein im Laufe von 250 Jahren besonders vielseitiges und wandlungsfähiges Bild.

# Die Konsumgenossenschaft Hannover – Ein »erkalteter« Erinnerungsort

VON JANA STOKLASA

## Einführung

Erinnern und Vergessen sind untrennbar miteinander verbunden, als Tätigkeiten, die dem menschlichen Wesen eigen sind. An sich sind sie weder gut noch schlecht, denn sie dienen dazu, das Leben zu bewältigen. Trotz ihres komplementären Verhältnisses, da schließlich Erinnern ohne Vergessen gar nicht denkbar ist,[1] repräsentiert Erinnern für uns oft einen klaren Gegensatz, ja Widersacher zum Vergessen, so dass dem Erinnern auch in der Forschung lange Zeit viel mehr Aufmerksamkeit gewidmet wurde. In der heutigen Gedächtnisforschung steht inzwischen das aufs Engste Ineinandergreifen von Erinnern und Vergessen für die komplexe Organisation unseres (Geschichts-)Bewusstseins.[2] Die Kulturwissenschaftlerin Aleida Assmann benutzt deshalb eine räumliche Metapher, um zu verdeutlichen, wie wir die Bewegungen zwischen Bewusstmachen und Unbewusstwerden wahrnehmen, wenn das Gedächtnis über unser Erinnern und Vergessen waltet:

> Das Gedächtnis, in dem sich Erinnern und Vergessen auf vielfältige Weise verschränken, arbeitet zwischen den Extremen ›alles speichern‹ oder ›alles löschen‹. Dafür eröffnet es unterschiedliche Räume [...]. Diese Räume können wir uns nach dem Modell eines Geschäfts mit Schaufenster, Verkaufsraum und Magazin vorstellen. Ebenso sind auch im Gedächtnis manche Dinge mehr oder weniger zugänglich, präsent und zugriffsbereit. Weniges wird im Schaufenster ausgewählt und ausgestellt, vieles kann im Inneren

---

[1] Platon entwarf das Bild von der Wachstafel des Gedächtnisses, die als grundlegendes Denkmodell für viele spätere Überlegungen zum Erinnern und Vergessen diente. Im Altertum verwendeten die Griechen und Römer nämlich wachsüberzogene Schreibtafeln, auf denen festgehalten wurde, was für den Augenblick von Bedeutung war. Durch Glättung der Wachsschicht konnten die festgehaltenen beiläufigen Aufzeichnungen schnell wieder gelöscht werden. Damit standen die Wachstafeln dem Vergessen näher als dem überwiegend auf teurerem Papier festgehaltenen Erinnern. Vgl. Harald WEINRICH, Lethe. Kunst und Kritik des Vergessens, München 2005, S. 35 f.

[2] Vgl. Aleida ASSMANN, Formen des Vergessens, Göttingen 2016, S. 11-16.

des Ladens besichtigt werden, und noch mehr ist entzogen und muss auf bestimmte Stichworte warten, bis es noch einmal zum Vorschein kommt.[3]

Unser Wissen über die Vergangenheit, welches Gemeinschaften kollektiv teilen und auf welches soziale Gruppen Bezug nehmen, um die Formierung ihrer Identität historisch zu begründen, ist von der Dynamik zwischen Erinnern und Vergessen geprägt.[4] Dabei machen sich Menschen bestimmte Bilder von »ihrer« Geschichte, indem sie auf die Erfahrungen anderer verweisen oder sie auch ausblenden. Diese »Manifestation« kollektiven Gedächtnisses kann bewusst durch kulturelle Aktivitäten angeregt, stabilisiert, aber auch zurückgedrängt werden.[5] Geschichtsbewusstsein beeinflusst so unser Zugehörigkeitsgefühl und vice versa. Auf diese Weise entsteht ein »Bild, das wir uns von einer in der Vergangenheit gründenden ›Wirklichkeit‹ machen«.[6]

Als eine bedeutsame historische Veränderung gilt die Auflösung der Arbeiterbewegung als einer sozialen Massenbewegung, deren Milieus im Zusammenhang mit den gesellschaftlichen Umbrüchen und der Nationalbewegung im 19. und 20. Jahrhundert ideologisch aufgeladen wurden. Das dichte und komplexe soziale Geflecht der Arbeiterschaft, das in Form von politischen Parteien, Gewerkschaften und Konsumgenossenschaften insbesondere Anfang des 20. Jahrhunderts zunehmend Freiräume für kulturelle und politische Aktivitäten ermöglichte, gilt seit der Nachkriegszeit als verschwunden.[7] Während der nationalsozialistischen Diktatur wurden die Milieus der Bewegung kulturell wie wirtschaftspolitisch vereinnahmt und mobilisiert und dies habe, so jedenfalls eine These in der Forschung, in ihrer Zerstörung gemündet.[8]

Konsumgenossenschaften trugen zwar wesentlich zum Wiederaufbau nach dem Zweiten Weltkrieg bei, aber ihr Selbstbild sowie das gesellschaftliche Verhältnis zu den Organisationen waren nach den Erfahrungen im »Dritten Reich« verändert. Die Teilung Deutschlands, aber auch die Individualisierung und damit einhergehende Verbesserung des Lebenshaltungsniveaus begünstigten diese Entwicklung, als die Politisierung von Verbrauchergenossen-

---

3   Ebd., S. 17 f.
4   Vgl. Christoph CORNELISSEN, Erinnerungskulturen, Version: 2.0, in: Dokupedia-Zeitgeschichte, 22.10.2012, https://docupedia.de/zg/Erinnerungskulturen_Version_2.0_Christoph_Corneli%C3%9Fen (Zugriff 15.8.2022).
5   Vgl. Lena KRULL (Hrsg.), Westfälische Erinnerungsorte. Beiträge zum kollektiven Gedächtnis einer Region, Paderborn 2017, S. 9.
6   Vgl. Reinhold WEBER u. a. (Hrsg.), Baden-württembergische Erinnerungsorte, Stuttgart 2012, S. 18.
7   Jürgen SCHMIDT, Arbeiter in der Moderne. Arbeitsbedingungen, Lebenswelten, Organisationen, Frankfurt a. M. 2015, S. 148-155.
8   Ebd., S. 234.

schaften, wie die Konsumgenossenschaften während der NS-Zeit hießen, von den Nachfolgeorganisationen verdrängt wurde. Ausgehend von dem Beispiel der hannoverschen Konsumgenossenschaft gehe ich der Entwicklung dieser Erinnerungsverweigerung nach, die bis dato ebenso im Falle der einstigen westdeutschen Organisationen und insbesondere im Zusammenhang mit der NS-Geschichte auch für die ostdeutschen Konsumgenossenschaften besteht.[9]

Zu den Grundsätzen der Genossenschaften, den sogenannten Rochdaler Prinzipien,[10] zählten vor 1933 politische und religiöse Neutralität, Solidarität sowie die Freiheit durch Eigenproduktion. Auch die in lokaler Eigeninitiative entstandene Konsumgenossenschaft Hannover identifizierte sich mit diesen Grundsätzen und hatte neben der Versorgung mit Grundnahrungsmitteln gleichzeitig den Zugang der ärmsten Bevölkerungsschichten zu Kultur und Bildung und damit Chancengleichheit gefördert. Die Rochdaler Prinzipien gelten heute noch als Leitlinien der Genossenschaftsbewegung, die weltweit über eine Milliarde Mitglieder zählt.[11] 2014 wurde die dahinter stehende Idee von der UNESCO zum Weltkulturerbe erklärt. Seit 2016 ist die »Idee und Praxis der Organisation gemeinsamer Interessen in Genossenschaften« als erster deutscher Beitrag auch auf der Repräsentativen UNESCO-Liste des Immateriellen Kulturerbes der Menschheit eingetragen.[12] Gleichzeitig können wir jedoch auf der lokalen wie auch teils nationalen Ebene in punkto Konsumgenossenschaften von einem »blinden Fleck« im kollektiven Gedächtnis ebenso wie von ihrer Mythisierung in der Geschichtsbetrachtung sprechen. Dieser Widerspruch zwischen der großen zeitgenössischen Bedeutung bis zur NS-Zeit und dem weitgehenden Vergessen in der Gegenwart ist erklärungsbedürftig.

---

9   Vgl. Jana STOKLASA, The Transformation of German Consumer Cooperatives after the Second World War, in: Acta Universitatis Carolinae – StudiaTerritorialia Vol. 20, No 1 (2020), Charles University Karolinum Press, S. 51-59.

10  Diese Prinzipien gehen auf die *Rochdale Society of Equitable Pioneers* zurück, die 1844 von 28 Webern in Rochdale in der Nähe von Manchester den ersten »Konsumladen« erfolgreich gründete und die als die berühmteste *co-operative* in England gilt. Die Rochdale-Pioniere haben Praktiken wie offene Mitgliedschaft, demokratische Verwaltung, Verteilung von Gewinnüberschüssen, politische und religiöse Neutralität, Bildungsförderung und Kapitalverzinsung begründet, die dann zu den Rochdaler Prinzipien wurden. Seit 1895 bilden sie die Basis zur Aufnahme in den Internationalen Genossenschaftsbund und werden bis heute weltweit von über 700 Millionen Genossenschaften umgesetzt. Vgl. Brett FAIRBAIRN, The Meaning of Rochdale: The Rochdale Pioneers and the Co-operative Principles, Saskatchewan 1994.

11  International Co-operative Alliance: https://www.ica.coop/en/about-us/international-cooperative-alliance (Zugriff 14.5.2022).

12  Deutsche UNESCO Kommission, www.unesco.de/kultur/immaterielles-kulturerbe/bundesweites-verzeichnis/eintrag/genossenschaftsidee.html (Zugriff 17.8.2022).

Assmanns Metapher folgend scheint die Geschichte der sozialpolitischen Errungenschaften der Konsumgenossenschaften heute im »Lagerraum« des kollektiven Gedächtnisses verschwunden, wo sie zunehmend in Vergessenheit gerät und im Geschichtsbewusstsein »erkaltet«.[13] Die Begrifflichkeit des Erkaltens von bestimmten historischen Ereignissen in unserem Geschichtsbewusstsein habe ich in Anlehnung an Charles Maier gewählt. Der US-amerikanische Historiker für europäische und internationale Geschichte untersuchte das Zusammenspiel von »hot memory of Nazism vs. cold memory of Communism«, um unseren Umgang mit den Erinnerungen an die totalitären Erfahrungen im 20. Jahrhundert aufzuzeigen. Insbesondere ging Maier der Frage nach, warum in unserem Geschichtsbewusstsein »das schwarze Buch des Nazismus« mehr Platz einnimmt als »das schwarze Buch des Kommunismus«. Die Metaphern der *hot memory* stehen dabei für ein langlebiges Trauma im kollektiven Gedächtnis und der *cold memory* für traumatische historische Erfahrungen, die sich relativ schnell auflösen.[14]

Ausschlaggebend für diese Unterscheidung von *hot* und *cold memory* ist also die Intensität der gegenwärtigen Präsenz oder entgegengesetzt der Auflösung von historischen Erfahrungen im kollektiven Geschichtsbewusstsein. *Hot* oder *cold* als Intensivitätsfaktoren reflektieren für mich im Zusammenhang mit Assmanns räumlichem Modell die gegenwärtige Positionierung von »Dingen« in der Organisation unseres Geschichtsbewusstseins, also welche konkrete Position sie in diesem »Geschäft mit Schaufenster, Innenraum samt Lager« einnehmen. Je weiter gen »Lager« die historischen Ereignisse rücken, umso »kälter«, d. h. loser ist ihre Platzierung bzw. Verankerung in unserem Bewusstsein. Den Auflösungsprozess von historischen Erfahrungen im kollektiven Gedächtnis bezeichne ich insofern als Erkalten.

Einen geeigneten Ansatz, um zu untersuchen, wie historische Erinnerungs- und Vergessensprozesse verlaufen, welchen Einflüssen, Entscheidungen und geistigen Strömungen sie unterliegen, wenn die Vergangenheit gedeutet wird und Gemeinschaften sich Deutungen vergangener Ereignisse aneignen, bietet das populäre Konzept der »Erinnerungsorte«.[15] Die Vorstellung, dass sich an bestimmten Erinnerungsorten das kollektive Gedächtnis von Gemeinschaften

---

13 Vgl. Charles S. MAIER, Hot Memory … Cold Memory. On the Political Half-Life of Fascist and Communist Memory, *Transit. Tr@nsit online*, Nr. 22/2002. Hot Memory … Cold Memory. On the Political Half-Life of Fascist and Communist Memory. | IWM WEBSITE (Zugriff 17.8.2022).

14 Die Termini entlehnte Maier der Nuklearphysik, wonach beispielsweise die Strahlung von Plutonium jahrhundertelang abgebaut wird (*hot memory*), während überschwerer Wasserstoff (Tritium) relativ schnell verschwindet (*cold memory*). Ebd.

15 Für eine bessere Lesbarkeit wird nachfolgend bei dem Terminus Erinnerungsort/e auf die Anführungszeichen verzichtet.

kristallisiert, stellt seit seiner Einführung durch den französischen Historiker Pierre Nora in den 1980ern ein spezifisches Forschungsparadigma dar.[16]

Als Forschungsansatz erlaubt das heuristische Modell der Erinnerungsorte, die Verhandlungen von Geschichts- und Selbstbildern zu dekonstruieren,[17] und bildet im vorliegenden Beitrag die Möglichkeit, die Konzeption vom »erkalteten« Erinnerungsort zu erproben, um Zugriff auf Kristallisationspunkte kollektiven Gedächtnisses um deutsche Arbeiterorganisationen zu erlangen und die Bedingungen offenzulegen, unter denen sich diesbezügliche Gedächtnis- und Identitätsdiskurse verändert haben.[18] Erinnerungsorte betrachte ich hier insofern als inszenierte Schaufenster ins kollektive Gedächtnis.

Gewählt habe ich für die Überprüfung der These, dass das Erkalten von deutschen Konsumgenossenschaften bzw. ihres sozialreformerischen Beitrags als Erinnerungsorten im kollektiven Gedächtnis mit dem Umgang mit ihrer NS-Vergangenheit in der Nachkriegszeit zusammenhängt, den mikrohistorischen Zugang über die Konsumgenossenschaft Hannover. Das Vorliegen von Rückerstattungsverfahren der Organisation aus der Nachkriegszeit sowie Entnazifizierungsverfahren von ehemaligen NS-Leitern im Niedersächsischen Landesarchiv Abteilung Hannover (NLA HA) bietet hierfür eine günstige Quellenlage.[19] Weiterhin konnte ich die bruchstückhaft überlieferten Selbstzeugnisse heranziehen, die im Auftrag der coop-Niedersachsen veröffentlicht worden sind.[20]

Ebenso berücksichtige ich den Beitrag der Historiographie zur Durchsetzung und Vermittlung eines bestimmten Geschichts- und Selbstbildes[21] von deutschen Arbeiterorganisationen oder genauer gesagt zur kollektiven Vergessensleistung um die historische Bedeutung der Konsumgenossenschaft Hannover. Inwiefern halfen spezifische Weltsichten in Form von »rationalen Erklärungen«,

---

16 Cornelia SIEBECK, Erinnerungsorte, Lieux de Mémoire, in: Dokupedia-Zeitgeschichte, https://docupedia.de/zg/Siebeck_erinnerungsorte_v1_de_2017 (Zugriff 19.8.2022), S. 1 f.
17 Das Konzept »Erinnerungskultur(en)«, welches im Laufe der 1990er Jahre in die Geschichtswissenschaft breiten Eingang fand, bezieht alle denkbaren Formen der bewussten Erinnerung an historische Ereignisse, Persönlichkeiten und Prozesse, den geschichtswissenschaftlichen Diskurs sowie ahistorische und private Repräsentationsmodi von Geschichte ein, sofern sie in der Öffentlichkeit Spuren hinterlassen. Vgl. ebd., S. 2 f.
18 SIEBECK, Erinnerungsorte, wie Anm. 16, S. 2 f.
19 Bestand Niedersächsisches Landesarchiv Abt. Hannover (im Folgenden: NLA HA), Nds. 720 Hannover Acc. 2009/126, und Bestand NLA HA, Nds. 171 Hannover.
20 ver.di Landesbezirk Niedersachsen Bremen/coop-Geschichtsgruppe Hannover (Hrsg.): Bildgeschichte der Konsum-Genossenschaften in Niedersachsen: coop – ein Stück Wirtschafts- und Sozialgeschichte 1867-1994, Archiv mit 1250 Dokumenten (3 CDs), Hannover 2008.
21 Astrid ERLL, Kollektives Gedächtnis und Erinnerungskulturen. Eine Einführung, Stuttgart/Weimar² 2011, S. 42 und 46.

dem Erinnerungsort Konsumgenossenschaft Hannover als einem historisch-sozialen Bezugspunkt seine Relevanz zu entziehen und ihn erkalten zu lassen?

## I. Ein Einstieg in die frühe Geschichte deutscher Konsumgenossenschaften

Am Ende des 19. Jahrhunderts wurden infolge des raschen Fortschritts der Industrialisierung die herkömmlichen familiären, dörflichen, religiösen und beruflichen Strukturen der meisten Arbeiter[22] und Handwerker zerstört, so dass Unsicherheit und Fremdbestimmung zu prägenden Faktoren ihres Lebens wurden.[23] Dieser Entwicklung begegneten die Industriearbeiter mit aktiver Selbsthilfe, indem sie in lokalen Initiativen Konsumvereine[24] gründeten.[25] Zunächst ging es um ihre Versorgung mit Grundnahrungsmitteln wie Kartoffeln, Zucker und Brot, später auch um die Sicherung eines besseren sozialen Auskommens mithilfe von weiteren gemeinwirtschaftlichen Maßnahmen wie eigenen Sparinstituten und Versicherungsangeboten.[26] Als frühe Formen der Gemeinwirtschaft boten die Konsumvereine den Notgemeinschaften von Fabrikarbeitern und Handwerkern so eine Basis für sozialen, kulturellen, aber auch politischen Zusammenhalt.[27]

Die Bezeichnung Hannoverscher Konsumverein wurde 1892 eingeführt, als die Gründungsphase schon abgeschlossen war. Zuvor war 1885 auf dem Gebiet der heutigen Stadt Hannover den Lindener Arbeitern die erste erfolgreiche Gründung in Form des Haushaltsvereins Linden gelungen.[28] Nach der Eingemeindung Lindens in die Stadt Hannover 1920 verschmolz dann der Haushalts-

22 Im Text wird außer in den Fällen, wo die Beteiligung von weiblichen Akteurinnen explizit bekannt ist, das generische Maskulinum verwendet.

23 Josef MOOSER, Arbeiterleben in Deutschland 1900-1970. Klassenlagen, Kultur und Politik, Frankfurt a. M. 1984, S. 14.

24 In der Anfangszeit der Bewegung wurde die Bezeichnung Konsumverein verwendet. Sie steht für die kleinen lokalen Gemeinschaften.

25 Die ersten Gründungsversuche fanden wie im Falle der *Rochdale Society of Equitable Pioneers* Anfang des 19. Jahrhunderts in Ländern mit stark entwickeltem Kapitalismus wie England statt. Vgl. Michael PRINZ, Brot und Dividende. Konsumvereine in Deutschland und England vor 1914, Göttingen 1996.

26 Bezeichnenderweise ist im Jahre 1850, nach den sogenannten Hungerjahren 1846-1848, im sächsischen Eilenburg auch die erste deutsche Lebensmittelassoziation gegründet worden. Zu der frühen Entwicklung deutscher Konsumvereine vgl. Erwin HASSELMANN, Im Strom der Zeit. 60 Jahre Zentralverband deutscher Konsumgenossenschaften, Hamburg 1963.

27 Gert-Joachim GLAESSNER, Arbeiterbewegung und Genossenschaft. Entstehung und Entwicklung der Konsumgenossenschaften in Deutschland am Beispiel Berlins, Göttingen 1989, S. 97.

28 ver.di/coop, Bildgeschichte, wie Anm. 20, Kapitel 8.2, S. 12.

verein Linden mit dem Oststädtischen Haushaltsverein, welcher 1888 in Hannover durch 100 Metallarbeiter gegründet worden war.[29] Über die Geschichte der Organisation liegt bisher keine eigenständige Veröffentlichung vor.[30]

Als entscheidendes Attraktivitätsmerkmal der Konsumvereine erwies sich die sogenannte Rückvergütung, die am Ende eines jeden Jahres bei durchschnittlichem Einkauf in etwa einem Weihnachtsgeld entsprach. Die Mitglieder der Konsumvereine, die für ihre Mitgliedschaft geringfügige Beträge als Geschäftsanteile einzahlten, wurden nämlich entsprechend ihrem Umsatz prozentual an den Gewinnen ihrer Organisation beteiligt. Auf diese Weise entwickelten sich die Konsumvereine allmählich zu einer ernstzunehmenden Alternative zum Einzelhandel.[31] Dieser übte daher Druck auf Großhändler und Fabrikanten aus, die Konsumvereine nicht zu beliefern. In diesem Zusammenhang wurde 1894 nach der Außerkraftsetzung des sogenannten Sozialistengesetzes die Großeinkaufsgesellschaft deutscher Konsumvereine (GEG) in Hamburg gegründet.[32]

Neben den Arbeiterkonsumvereinen bestand auch eine Entwicklungslinie der sogenannten mittelständischen Konsumvereine, zu welcher auch der 1858 gegründete Haushaltsverein zu Hannover gehörte.[33] Die mittelständischen Konsumvereine vertraten keine Arbeiterinteressen, sondern nahmen ihren Bestimmungen gemäß lediglich Beamte und Ärzte auf. Weiterhin berücksichtigten sie die Interessen des Einzelhandels. Der 1864 gegründete Allgemeine Verband bildete die zentrale organisatorische Grundlage zunächst für alle genossenschaftlichen Verbände von städtischen Handwerkern, Kaufleuten und Beamten, also hauptsächlich Mittelständlern.[34]

Aufgrund der unterschiedlichen Interessen der Arbeiter- und mittelständischen Vereine kam es 1902 auf dem Genossenschaftstag zum Ausschluss von 98 (Arbeiter-)Konsumvereinen, die als sozialistisch angesehen wurden, sowie der GEG aus dem Allgemeinen Verband.[35]

---

29   Ebd., Kapitel 8.1, S. 17 f. und S. 72-90.

30   Die Veröffentlichung der Dissertation zu diesem Thema durch die Autorin erfolgt im Jahr 2023 unter dem Titel »Umstrittenes Vermögen« im Wallstein Verlag.

31   GLAESSNER, Arbeiterbewegung, wie Anm. 27, S. 56 und 77.

32   Hans POHL, Aufstieg und Niedergang der deutschen Konsumgenossenschaften, Stuttgart 2007, S. 22, und Jan-Frederik KORF, Von der Konsumgenossenschaftsbewegung zum Gemeinschaftswerk der Deutschen Arbeitsfront: zwischen Gleichschaltung, Widerstand und Anpassung an die Diktatur, Norderstedt 2008, S. 15.

33   Erwin HASSELMANN, Geschichte der deutschen Konsumgenossenschaften, Frankfurt a. M. 1971, S. 167, und ver.di/coop, Bildgeschichte, Kapitel 8.1, S. 72-90.

34   Ebd. S. 109 ff. und S. 123 und KORF, Gemeinschaftswerk, wie Anm. 32, S. 13.

35   Korf gibt an, dass 99 Konsumvereine und die GEG ausgeschlossen wurden. KORF, Gemeinschaftswerk, wie Anm. 32, S. 16.

Abb. 1: Werbetafel des Konsumvereins Hannover aus der Zeit zu Beginn des 20. Jahrhunderts im Genossenschaftsmuseum Hamburg. Foto: Jana Stoklasa.

1903 entstand dann als ein gemeinwirtschaftlich orientierter Konsumgenossenschaftsverband der Zentralverband deutscher Konsumgenossenschaften (ZdK) in Hamburg.[36] Infolge der Spaltung der Konsumvereine in zwei Entwicklungslinien: die Arbeitervereine und die Mittelständler, schloss sich auch der Hannoversche Konsumverein[37] der sogenannten Hamburger Richtung[38] an, die als die »rote« bezeichnet wird.

Die sogenannte Kölner oder als »schwarz« bezeichnete Richtung, die sich am Zentrum und später den christlichen Gewerkschaften orientierte, fußte vor allem auf mittelständischen Kreisen aus der Beamtenschaft. Dieser Zweig von Konsumgenossenschaften hatte ab 1913 auch einen eigenen Verband, den Reichsverband Deutscher Konsumvereine[39] und als Gegenstück zur GEG seit 1923 die Großeinkaufs- und Produktions-Aktiengesellschaft deutscher Konsumvereine (Gepag).[40] Die traditionelle Konkurrenz der beiden Richtungen »rot« und »schwarz« prägte bis zu ihrer Zwangsvereinheitlichung zum Reichsbund der deutschen Verbrauchergenossenschaften im Jahre 1933 die Struktur der deutschen Konsumgenossenschaften und auch die Erinnerungskultur in der Nachkriegszeit.

Der ZdK, dem die hannoversche Konsumgenossenschaft angehörte, bekannte sich zwar während seiner Mitgliedschaft in der weltweiten Vertretung genossenschaftlicher Organisationen,[41] dem 1895 in London gegründeten Internationalen Genossenschaftsbund (IGB),[42] zu den Rochdaler Prinzipien wie

---

36 HASSELMANN, 60 Jahre Zentralverband, wie Anm. 26, S. 21.

37 ver.di/coop, Bildgeschichte, Kapitel 8.1, S. 72–90.

38 Der Begriff Hamburger Richtung war einst abschätzig gemeint gewesen. KORF, Gemeinschaftswerk, wie Anm. 32, S. 16.

39 Der Reichsverband ging aus dem 1909 gegründeten Verband westdeutscher Konsumvereine hervor. KORF, Gemeinschaftswerk, wie Anm. 32, S. 30 ff.

40 Die Gepag war ihrerseits aus der 1912 gegründeten Groß-Einkaufs-Zentrale deutscher Konsumvereine (GEZ) hervorgegangen. HASSELMANN, 60 Jahre Zentralverband, wie Anm. 26, S. 29 f.

41 Die deutschen Verbände waren während des Nationalsozialismus bis 1948 sowie die ostdeutschen Konsumgenossenschaften auch danach ausgeschlossen.

42 Zur Geschichte des IGB vgl. Rita RHODES, The International Co-operative Alliance in War and Peace, Genf 1995, sowie die offizielle Internetseite des IGB, https://www.ica.coop/en/about-us/international-cooperative-alliance (Zugriff 22.5.2021).

der parteipolitischen und konfessionellen Neutralität sowie Freiheit durch Eigenproduktion. Trotzdem bestand aber eine solidarische Zusammenarbeit des ZdK mit der gewerkschaftlichen Bewegung, den Sozialdemokraten wie auch Kommunisten, um die Lage der vielen Arbeiter zu verbessern.[43] Diese praktische Nähe erfolgte im Sinne eines praktizierten Sozialismus und war für die genossenschaftlichen Organisationen der Hamburger Richtung prägend.[44] Viele ihrer Mitglieder waren Angehörige der sogenannten Arbeiterparteien und der Gewerkschaften, so auch im Vorstand, Aufsichtsrat und den Kommissionen der hannoverschen Organisation.[45]

Der Umgang mit der konsumgenossenschaftlichen Geschichte verdeutlicht, dass sich diese solidarische Zusammenarbeit für die Mitglieder und Mitarbeiterinnen und Mitarbeiter als identitätsstiftend erwies, ebenso wie das durch das ZdK und Genossenschaftshistoriker geprägte erinnerungskulturelle Masternarrativ von den Arbeiterkonsumvereinen als sehr gewissenhaft in Eigenverantwortung geführten Betrieben, die ökonomische mit moralischen Interessen verbanden. So prägen bis dato die ethischen Werte wie »Arbeiterverbrüderung« und »Hand in Hand gemeinsam nach Erfolg streben«, um sich selbst »unter schärfsten Konkurrenzbedingungen behaupten zu können«, das erinnerungskulturelle Masternarrativ über die frühen Konsumgenossenschaften.[46]

Von Relevanz war in den von mir untersuchten Rückerstattungsverfahren in der Nachkriegszeit der klare Bezug auf Organisationen der Sozialdemokratischen Partei Deutschlands (SPD) und der Gewerkschaften, wobei Kommunisten nur eine Außenseiterrolle gespielt haben sollen. Die Abgrenzung zu kommunistischen Organisationen erfolgte in der Nachkriegszeit im Zusammenhang mit dem Ost-West-Konflikt und resultierte aus der Angst, als

---

43 HASSELMANN, 60 Jahre Zentralverband, wie Anm. 26, S. 29 f.

44 Zu dem Verhältnis des Zentralverbands zu den Gewerkschaften und der SPD vgl. KORF, Gemeinschaftswerk, wie Anm. 32, S. 15 ff.

45 Etwa 80 % der Mitglieder der Konsumgenossenschaften waren gewerkschaftlich oder in der SPD organisiert. Ebd., S. 19.

46 Vgl. u. a. SCHMIDT, Arbeiter in der Moderne, wie Anm. 7; Wilhelm KALTENBORN, Schein und Wirklichkeit. Genossenschaften und Genossenschaftsverbände. Eine kritische Auseinandersetzung, Berlin 2014; Wolfgang SCHULZ, Das Beispiel einer ländlichen Konsum-Genossenschaft in der Region Hannover. Der Haushaltsverein und die Konsum-Genossenschaft in Wennigsen 1886-1994, Wennigsen 2010; KORF, Gemeinschaftswerk, wie Anm. 32; Jan BÖSCHE, Die Konsumgenossenschaften in der Wende von 1989/90. Von der Plan- zur Marktwirtschaft am Beispiel der Genossenschaft Sachsen-Nord/Eilenburg, Hamburg 2007; POHL, Aufstieg und Niedergang, wie Anm. 32; Zentralverband deutscher Konsumgenossenschaften (Hrsg.), 100 Jahre Zentralverband deutscher Konsumgenossenschaften e. V., Hamburg 2003; Ulrich KURZER, Nationalsozialismus und Konsumgenossenschaften. Gleichschaltung, Sanierung und Teilliquidation zwischen 1933 und 1936, Pfaffenweiler 1997.

zu sozialistisch zu gelten. Sie diente in den Wiedergutmachungsverfahren der Sicherung von Leistungsansprüchen.[47]

An dieser Stelle wird bereits deutlich, wie die politischen Konstellationen des geteilten Deutschlands dazu beitrugen, dass in der Nachkriegszeit der sozialreformerische Beitrag der Konsumgenossenschaften aus dem eingangs von Assmann entworfenen »Schaufenster« in den »Innenraum« des kollektiven Gedächtnisses rückte.

## II. Von der Etablierung im Ersten Weltkrieg und vom lokalen Vergessen

Während im Jahre 1900 rund 255.000 Arbeiter genossenschaftlich organisiert waren, zählten die deutschen Konsumvereine 1913 bereits über 1.621.000 Mitglieder.[48] Auch die hannoversche Organisation war um 1912/1913 auf 8.280 Mitglieder und circa 100 Angestellte angewachsen.[49] Noch entscheidender als der Mitgliederzuwachs in der Zeit um den Ersten Weltkrieg[50] war, dass die Organisationen zu einem wichtigen Element der dritten Säule, d.h. der Auseinandersetzung um eine Alternative zur kapitalistischen Ökonomie, der insgesamt vier Säulen des Emanzipationskampfes der Arbeiterbewegung wurden.[51] Die Konsumgenossenschaften hätten sich hier, so Hasselmann, in ihrer Versorgungsfunktion »auf vorbildliche Weise« bewährt. Die Kreierung dieses Mythos von der »redlichen Arbeit« der Organisationen diente der Kodierung einer bestimmten Moral.[52] Die Überhöhung dieser Werte erfüllte nach den Erfahrungen in der NS-Zeit eine ethische Funktion und wurde daher von den Nachfolgeorganisationen und ihren Vertretungen besonders herausgestellt.

---

47 So sagte Dr. Henry Everling als Vertreter des ZdK in den Verfahren in der Nachkriegszeit beispielsweise aus, dass die von Kommunisten geführten Konsumgenossenschaften Halle, Merseburg und Gotha nicht wie andere Genossenschaften durch Kredite der GEG gestützt wurden, sondern sie seien 1931 absichtlich dem Liquidationsverfahren in Folge der Wirtschaftskrise überlassen worden. NLA HA Nds. 720 Hannover Acc. 2009/126 Nr. 882/2, Bl. 212.

48 Hasselmann, Geschichte, wie Anm. 33, S. 247 und 312.

49 ver.di/coop, Bildgeschichte, wie Anm. 20, Kapitel 8.1, S. 72-90.

50 Bis 1918 stieg die Gesamtzahl der Mitglieder in Deutschland auf 2.231.900. Hasselmann, Geschichte, wie Anm. 33, S. 31 und 352 ff., ver.di/coop, Bildgeschichte, wie Anm. 20, Kapitel 8.1, S. 97.

51 Die weiteren drei Säulen waren: der Kampf um die politischen Institutionen, der Kampf am kapitalistischen Arbeitsplatz und -markt und der Kampf um eine eigene Kultur. Vgl. Kurzer, Nationalsozialismus, wie Anm. 46, S. 4.

52 Hasselmann, Geschichte, wie Anm. 33, S. 382 f. Vgl. auch Anm. 46.

*Abb. 2: Betriebszentrale des Hannoverschen Konsumvereins in der Hildesheimer Straße 7, Hannover – Laatzen, erbaut um 1913 (heute Hildesheimer Straße 1). Quelle:* Ver.di/Coop, *Bildgeschichte, Kapitel 8.2, S. 62.*

Auffällig ist allerdings das diesbezüglich fehlende Geschichtsbewusstsein auf der lokalen Ebene. Im Ersten Weltkrieg belieferte auch die hannoversche Konsumgenossenschaft als sogenannte Kommissbrotbäckerei das Heer mit Brot, welches in ihrer neu erbauten Betriebszentrale in Laatzen gebacken worden war. Die Zentrale mit der damals in Hannover größten Großbäckerei und Konditorei mit eigenem Bahnanschluss, Wasserturm, Entlüftungsanlage, Elektrizitätsanschluss sowie Zentralheizung, war samt Zentrallager und Verwaltungsgebäude 1913 entstanden.[53] Bis in die 1960er Jahre fungierte sie als Betriebszentrale der Organisation.

Obwohl diese Betriebszentrale mit ihrer Großbäckerei über 50 Jahre lang bis Ende der 1960er Jahre[54] eine wichtige Funktion in der regionalen Versor-

---

53 Die Baukosten betrugen ca. 1,5 Millionen Mark. ver.di/coop, Bildgeschichte, wie Anm. 20, Kapitel 8.1, S. 91-94, und Kapitel 8.9, S. 6, sowie NLA HA Nds. 720 Hannover Acc. 2009/126 Nr. 882/4, Bl. 392 ff., Letztes Sitzungsprotokoll der Verbrauchergenossenschaft Hannover vom 20. September 1941.

54 Infolge von Modernisierungsmaßnahmen sind die Lager dann in die neue Zentrale in Sarstedt gezogen. Coop ag Niederlassung Niedersachsen: Die coop AG Niederlassung Niedersachsen auf dem Weg in das Jahr 2000, Hildesheim o. J. Bei diesem Umzug wurden Archivalien und Unterlagen der hannoverschen Organisation mitgenommen, die heute verschollen sind.

*Abb. 3: Das Verwaltungsgebäude der Konsumgenossenschaft Hannover heute. Foto: Jana Stoklasa.*

gung erfüllte, fand dies bis dato in die heutige lokale Erinnerungskultur keinen Eingang. Nachdem das Gelände bis in die 1980er Jahre brachlag, erwarb es 1986 die Industriefirma Siemens, baute dort einen neuen Verwaltungskomplex und ließ alles außer dem alten Verwaltungsgebäude abreißen. Bis dahin hatte das Gelände zu den ältesten Industriebauten von Laatzen gezählt.[55]

Das lokale Vergessen der hannoverschen Betriebszentrale und der mit dieser einhergehenden sozialreformerischen Leistung steht in starkem Widerspruch zu der Mythisierung der Versorgungsfunktion von Konsumgenossenschaften in der Literatur und deutet auf den Prozess des Erkaltens des Erinnerungsortes deutscher Konsumgenossenschaften hin. Anhand dieser Vergessensleistung kann ein erinnerungskultureller Kristallisationspunkt festgemacht werden, der die Position der Organisation im »Lager« des kollektiven Gedächtnisses aufdeckt. Die historischen Entstehungs- und Konstruktionsbedingungen dieses sozialen Vergessens verweisen auch auf die nachfolgend offengelegten Veränderungen in der Wahrnehmung der Arbeiterkultur und -identität während und nach der NS-Zeit.

---

55 Jana STOKLASA, Die Konsumgenossenschaft Hannover, in: Henning STEINFÜHRER u.a., Geschichte und Erinnerung in Niedersachsen und Bremen. 75 Erinnerungsorte, Göttingen 2021, S. 339.

## III. Aufstieg vor und Fall in der NS-Diktatur

Angesichts der Not im Ersten Weltkrieg und in der Inflationszeit gewannen bei allen abstiegsbedrohten Gruppen, also weiten Teilen der Bevölkerung, wirtschaftliche Interessen an Bedeutung,[56] und auch der Mitgliederstand der Konsumgenossenschaften verdoppelte sich nach 1923 auf über vier Millionen.[57] Mit der Stabilisierung der Währung im Jahre 1924 traten die Organisationen wieder in eine Aufschwungphase, die bis zum Beginn der Weltwirtschaftskrise Ende der 1920er Jahre anhielt.[58] Bis in die 1930er Jahre stiegen die Umsätze der Organisationen kontinuierlich.[59]

Nach dem Börsencrash von 1929 in den USA folgte Massenarbeitslosigkeit, die die Lebensbedingungen vor allem der Menschen beeinträchtigte, die von den »Arme-Leute-Läden« am meisten abhängig waren.[60] Diese Entwicklung spiegelt auch der Mitgliederbestand in Hannover. Er ist von 25.087 Mitgliedern im Jahre 1925 auf den Höchststand von 35.179 Mitgliedern im Jahre 1931 angewachsen.[61] Genau in dieser Zeit wurden die Existenzängste des Mittelstandes von der NSDAP aufgegriffen, und nationalsozialistische Wirtschafts- und Kampfbünde wetterten zunehmend gegen die Konsumgenossenschaften.[62] 1932 hatten die Konsumgenossenschaften nämlich immerhin ca. 3,66 Millionen Mitglieder, die reichsweit in 1.208 Konsumvereinen mit 12.452 Verteilerstellen organisiert waren.[63]

Die Angriffe auf diese gemeinwirtschaftlich angelegten Strukturen führten zu einer, wie es auch in der Nachkriegszeit seitens der Konsumgenossenschaften hieß, »ungerechtfertigten Vertrauenskrise«.[64] Die Diskreditierung des

---

56 GLAESSNER, Arbeiterbewegung, wie Anm. 27, S. 82 f.
57 HASSELMANN, Geschichte, wie Anm. 33, S. 383.
58 HASSELMANN, 60 Jahre Zentralverband, wie Anm. 26, S. 34.
59 Der Gesamtumsatz ist beim Zentralverband von 381 Millionen RM im Jahr 1924 auf 1,18 Milliarden RM im Jahr 1929 angewachsen und dann auf 0,78 Milliarden RM im Jahre 1932 gesunken. Der Umsatz der Konsumvereine, die dem Kölner Reichsverband angeschlossen waren, ist von 1929 bis 1932 um 30 % gesunken. KORF, Gemeinschaftswerk, wie Anm. 32, S. 37, 39 und 42.
60 So repräsentierten Arbeiter und Angestellte im Jahre 1928 68 % der Mitglieder der »roten« Konsumvereine, gefolgt von 11 % der Ehefrauen aus der Mittelschicht. KORF, Gemeinschaftswerk, wie Anm. 32, S. 37.
61 Der Umsatz ist von 13.801.004 Reichsmark (RM) im Jahre 1928/29 auf 16.032.156 RM (1930/31) gestiegen, bevor er dann in den Krisenjahren 1931/32 auf etwa 11 Millionen sank. NLA HA Nds. 720 Hannover Acc. 2009/126 Nr. 882/1, Bl. 37 und 61-79.
62 KURZER, Nationalsozialismus, wie Anm. 46, S. 59.
63 Ebd., S. 77.
64 BÖSCHE, Von der Plan- zur Marktwirtschaft, wie Anm. 46 S. 15.

genossenschaftlichen Wirtschaftsmodells wirkte bis in die Nachkriegszeit nach. Von besonderer Bedeutung war dabei die Auflösung der konsumgenossenschaftlichen Sparinstitute. Ende 1931 verfügten diese über fast 450 Millionen RM. Nach der antikonsumgenossenschaftlichen Hetze betrugen die Bank- und Giroeinlagen nach einer Bilanz der GEG vom 31. Dezember 1934 nur noch etwa 53 Millionen RM.[65] Die Spareinrichtungen, die dann 1940 aufgelöst wurden, hatten eine zentrale wirtschaftliche Bedeutung, weil sie den Organisationen ihre Unabhängigkeit von Banken und privatem Kapital garantierten.

Auch in Hannover folgte der Hetzkampagne ein massenhafter Abzug von Spareinlagen.[66] Es kam zu Hunderten von sogenannten Sparerprozessen gegen die hannoversche Konsumgenossenschaft, die in der Öffentlichkeit als Beleg für die Zahlungsunwilligkeit der Organisation inszeniert wurden.[67] Die damals ausgelöste Vertrauenskrise war noch in den Streitverfahren um Wiedergutmachung in der Nachkriegszeit spürbar, als Antragsgegnerinnen und -gegner der Konsumgenossenschaft Hannover teilweise bis in die 1960er Jahre Argumentationsmuster aus der NS-Zeit über die Unwirtschaftlichkeit der Organisation fortsetzten.[68] Es ist naheliegend, dass die nachhaltige Diffamierung des gemeinwirtschaftlichen Modells auch eine Auswirkung auf die kollektiven Gedächtnisinhalte hatte.

Bezüglich der NS-Zeit lässt sich insgesamt festhalten, dass die Konsumgenossenschaften die Strategie des wirtschaftlichen Selbsterhalts durch »Anpassung« an den radikalen politischen Wandel verfolgten[69] und dabei in Kauf nahmen, dass die Gemeinschaften allmählich unter wirtschaftspolitischem Druck von Nationalsozialisten infiltriert und nazifiziert, die Läden ab 1935 teilprivatisiert und schließlich trotz Protestmaßnahmen das Vermögen 1941

---

65  NLA HA Nds. 720 Hannover Acc. 2009/126 Nr. 1264, Auszug aus der Abschrift des Hamburger Amtsgerichts vom 31. August 1951 in der Sache Konsumgenossenschaft Hannover gegen de Fries u.a.

66  In Hannover betrugen die Spareinlagen 1931 etwa sechs Millionen RM. Innerhalb eines Jahres wurden über zwei Millionen RM abgehoben, was zu einer ernsthaften Verschuldung führte. VER.DI/COOP, Bildgeschichte, wie Anm. 20, Kapitel 8.2, S. 88. »Die Genossenschaft in der Krise«.

67  Die genaue Anzahl bleibt unbekannt, denn die diesbezüglichen Akten sind durch Kriegseinwirkung verloren gegangen. NLA HA Nds. 720 Hannover Acc. 2009/126 Nr. 807, Bl. 14 f.

68  STOKLASA, Transformation, wie Anm. 9, S. 60.

69  Im Mai 1933 wurden die Selbsthilfeorganisationen von der Deutschen Arbeitsfront (DAF) »übernommen«. Bei der Unterzeichnung der »Übergabe« an die DAF wurden aber die Geldgeschäfte der GEG schon von Revisoren der Deutschen Zentralgenossenschaftskasse umgesetzt, die alle NSDAP-Mitglieder waren. KORF, Gemeinschaftswerk, wie Anm. 32, S. 96 f. Der Vorstand des ZdK hatte zuvor seine Loyalität mit dem Reichskanzler Adolf Hitler erklärt. Vgl. HASSELMANN, Geschichte, wie Anm. 33, S. 459.

vom NS-Staat beschlagnahmt wurde.[70] Diese »wirtschaftsbedingte Überwinterungsstrategie« verhinderte nicht die Beschlagnahme des sogenannten kollektiven Eigentums der Konsumgenossenschaften in einem geschätzten Wert von über 500 Millionen RM[71] und kann als ein asynchroner Selbstgleichschaltungsprozess bezeichnet werden. Diese Entwicklung wurde auch dadurch begünstigt, dass die Enteignung der Konsumgenossenschaften aufgrund ihrer Versorgungsfunktion nur allmählich umzusetzen war. Daher wechselten sich Hetzephasen mit Entschleunigungsmomenten der Verfolgung ab, die dann von den Organisationen strategisch für den Selbsterhalt genutzt wurden.

Der Gehalt der Arbeitertraditionen wurde während des Nationalsozialismus zwar verändert, als der Einfluss von »marxistischen Elementen« unterbunden wurde und zahlreiche nationalsozialistisch Gesinnte in die Organisationen strömten. Als das traditionelle Geflecht aus Kultur, Bewegung und Milieu zerstört wurde,[72] haben die Arbeiter diesen Prozess aber auch zugelassen und teilweise zu ihrem Vorteil genutzt. Die in der Nachkriegszeit gegenüber der einstigen Arbeiterbewegung eingenommene Distanz resultierte wohl auch aus diesem historischen »Versagen« und trug damit zum hier analysierten Erkalten bei.

Das »Versagen« gegenüber dem Nationalsozialismus verlief jedoch nicht ohne Kämpfe für den Erhalt der Arbeitermilieus. Die erfolgten NS-Widerstandsmaßnahmen wären ohne den Umstand, dass sich die Organisationen nicht offen gegen das NS-Regime stellten, unmöglich gewesen und fanden zudem in der Nachkriegszeit kaum Anerkennung. Dies lässt sich zumindest ausgehend vom hannoverschen Beispiel aufzeigen.

In der Folge des sogenannten Liquidationsgesetzes vom 21. Mai 1935 wurde etwa ein Drittel der hauptsächlich städtischen Großgenossenschaften, so auch die hannoversche Organisation, zwangsaufgelöst.[73] Im Rahmen dieser Liquidationen ist es in manchen Städten gelungen, sogenannte Auffanggesellschaften

---

70 Jana STOKLASA, Kollektives Bewältigen und Verdrängen in Wiedergutmachungsverfahren für nationalsozialistisches Unrecht in Hannover (1948 bis 1968), in: Radhika NATARAJAN (Hrsg.): Sprache – Bildung – Geschlecht. Interdisziplinäre Ansätze in Flucht- und Migrationskontexten, Wiesbaden 2021, S. 464 f..

71 Der Gesamtwert kann nur geschätzt werden. Er setzte sich zusammen aus dem Grundbesitz (200 Millionen RM), offenen und stillen Reserven (100 Millionen RM) sowie weiteren Einrichtungs- und Vermögensgegenständen (200 Millionen RM). KORF, Gemeinschaftswerk, wie Anm. 32, S. 185 ff.; HASSELMANN, Geschichte, wie Anm. 33, S. 41, und Aussage des Direktors der deutschen Zentralgenossenschaftskasse Rudolf Hartmann: NLA HA Nds. 720 Hannover Acc. 2009/126 Nr. 882/2 Bl. 231 und 238.

72 SCHMIDT, Arbeiter, wie Anm. 7, S. 234.

73 HASSELMANN, 60 Jahre Zentralverband, wie Anm. 26, S. 39 f.; GLAESSNER, Arbeiterbewegung, wie Anm. 27, S. 95; KORF, Gemeinschaftswerk, wie Anm. 32, S. 134 f. Es handelte sich vor allem um städtische Großgenossenschaften, die entsprechend ihrer Größe auch das

als Filialbetriebe der GEG zu errichten – wie in Hannover die »Gesellschaft für Haushaltsbedarf eGmbH«. Die mithilfe des hannoverschen NS-Ortsbeauftragten Willy Görres[74] 1936 gegründete Gesellschaft ermöglichte bis 1941, die Auflösung in Eigenregie umzusetzen und der Verschleuderung der Vermögenswerte so teilweise entgegenzuwirken.[75] Damit hatte Görres zumindest den wirtschaftlichen Selbsterhalt der Organisation bis zu seiner Entlassung 1939 als ihr Geschäftsführer gesichert.[76] Denn Aufgabe der Auffanggesellschaften war es, die einzelnen Konsumläden an selbstständige Kaufleute zu verkaufen, die im Sinne der Organisation möglichst ehemalige Lagerhalterinnen und -halter oder Angestellte sein sollten.[77] Die von den Auffanggesellschaften praktizierte Privatisierung wurde vom ZdK im Rahmen der Wiedergutmachungsverfahren Ende der 1940er/Anfang der 1950er Jahre als eine Maßnahme im Sinne einer Vorbereitung für das »Danach« gewertet. Es sei davon ausgegangen worden, dass die Veräußerungen einer Übergabe der Läden in Pfand gleichen und die ehemaligen Angestellten der Konsumgenossenschaft nach der NS-Zeit die Läden schon an die Organisation zurückgeben würden. Im Rahmen der Restitution wurden diese Privatisierungen jedoch nicht eindeutig als NS-Schäden anerkannt, so dass der Konsumgenossenschaft Hannover ein Teil der Läden nach dem Zweiten Weltkrieg verloren ging.[78] Diese Form der Veräußerungen war in Hannover nur möglich, weil Görres sich vor der Industrie- und Handelskammer (IHK) und dem Einzelhandel für die Errichtung der hannoverschen Auffanggesellschaft eingesetzt hatte. Dies stand in keinem Widerspruch dazu, dass er in Versammlungen der Mitgliedschaft zum Beitritt in die NSDAP aufrief und als überzeugter NS-Anhänger die Organisation von sogenannten politisch unzuverlässigen Elementen »säuberte«.[79] Damit hatte Görres einerseits aktiv

größte politische Widerstandspotential bargen. Der Umsatzausfall der liquidierten Verbrauchergenossenschaften wurde auf die Hälfte des Gesamtumsatzes geschätzt.

74 Willy Görres wurde am 18. Mai 1883 geboren. Er war von 1933 bis 1938 NS-Ortsbeauftragter der Verbrauchergenossenschaft Hannover. VER.DI/COOP, Bildgeschichte, wie Anm. 20, Kapitel 8.3, S. 8, und eigene Angaben von Görres. NLA HA Nds. 720 Hannover Acc. 2009/126 Nr. 145. Er war seit 1930 NSDAP- und seit 1934 SA-Mitglied und später SA-Obersturmführer.

75 NLA HA Nds. 720 Hannover Acc. 2009/126 Nr. 145, Bl. 17 ff.

76 Die Angaben zu Görres' Tätigkeit als Geschäftsführer der Auffanggesellschaft stammen aus seinem Entnazifizierungsfragebogen von 1947. NLA HA Nds. 171 Hannover Nr. 20261.

77 Frauen als ehemalige Ladenangestellte beziehungsweise Verkäuferinnen waren hier in einer Vielzahl der Fälle involviert. Für Hannover wird der Anteil der Ladenerwerberinnen auf mindestens 20 % geschätzt.

78 STOKLASA, Kollektives Bewältigen, wie Anm. 70, S. 473.

79 So wurden auf Görres' Veranlassung hin mindestens 36 Belegschaftsmitglieder entlassen.

Unrechtsmaßnahmen des NS-Regimes vorangetrieben und andererseits die Enteignungsprozesse seines Betriebs gleichzeitig behindert. Diese Verwicklung steht exemplarisch für die komplexe Gemengelage der Organisationen und ihrer Angestellten während des NS- Regimes.

Das bis 1941 noch nicht privatisierte Vermögen wurde dann auf Grundlage der Verordnung über die Anpassung der verbrauchergenossenschaftlichen Einrichtungen an die kriegswirtschaftlichen Verhältnisse vom 18. Februar 1941 in das Gemeinschaftswerk (GW) der DAF überführt.[80] Auf der Stufe des Einzelhandels wurden 135 kriegswirtschaftliche Versorgungsringe eingerichtet, die wie der Versorgungsring Hannover regional die Lebensmittelversorgung sicherten.[81] Das GW fungierte als Holdinggesellschaft der Versorgungsringe und sollte zum europaweiten Konsumgüterkonzern ausgebaut werden.[82]

Das ehemals konsumgenossenschaftliche Vermögen diente also ab 1941 der NS-Kriegswirtschaft,[83] und insbesondere die Großbäckereien stellten ihre Kapazitäten für Lieferungen an die Wehrmacht zur Verfügung.[84] Das GW arbeitete mit dem DAF-Amt für Arbeitseinsatz zusammen und belieferte alle bekannten Formen von Lagern wie Arbeitslager und Konzentrationslager, Gemeinschaftslager der DAF sowie Rüstungsbetriebe samt SS-Personal und setzte dabei Zwangsarbeiter ein.[85]

Die Laatzener Großbäckerei belieferte in diesem Zusammenhang das KZ Bergen-Belsen.[86] Auch der Einsatz von ca. 30 Zwangsarbeitern in der Laatzener Großbäckerei ist belegt.[87] Die diesbezügliche Korrespondenz der GEG aus der Nachkriegszeit zeugt von der Ignoranz, mit welcher der Zwangs-

---

80   Korf, Gemeinschaftswerk, wie Anm. 32, S. 182 ff.

81   ver.di/coop, Bildgeschichte, wie Anm. 20, Kapitel 8.3, Einleitung, S. 3, und Korf, Gemeinschaftswerk, wie Anm. 32, S. 186 f.

82   Ebd., S. 186.

83   Die Eigenproduktionsanlagen belieferten auch bereits vor 1941 die Wehrmacht.

84   In 119 Versorgungsringen des GW gab es 308 in Betrieb stehende Großbäckereien, von denen allein 83 für die Belieferung der Wehrmacht zuständig waren. Korf, Gemeinschaftswerk, wie Anm. 32, S. 231.

85   Die Betriebe waren mit einem hohen Prozentsatz ausländischer Zwangsarbeiter versehen. Die durchschnittliche Anzahl der Zwangsarbeiter pro Versorgungsring wird auf circa zehn Personen geschätzt. Belege für den Einsatz von Zwangsarbeitern in den Betrieben der Versorgungsringe sind jedoch rar. Vgl. Korf, Gemeinschaftswerk, wie Anm. 32, S. 249.

86   Steffen Meyer, Ein Kriegsgefangenen- und Konzentrationslager in seinem Umfeld: Bergen-Belsen von außen und innen 1941-1950, Stuttgart 2003, S. 57. Auch die Brotfabrik Georg Fiedler aus Hannover-Wülfel lieferte Brot für das KZ Bergen-Belsen sowie weitere kleinere Firmen (Schlachtereien, Molkereien und Bäckereien aus der Umgebung von Bergen). Gemüse wurde durch Bauern aus der näheren Umgebung geliefert.

87   NLA HA Nds. 171 Hannover Nr. 38190.

arbeitereinsatz als Teil des täglichen Lebens betrachtet wurde.[88] Über die konkrete Beteiligung der Versorgungsringe am NS-Unrecht ist weiterhin bekannt, dass Geschäfte mit Raubwaren aus den besetzten Gebieten in Europa betrieben wurden.[89] Diese Aktivitäten standen in starkem Widerspruch zu den ethischen Werten der Organisationen.

Die Geschichte der deutschen Konsumgenossenschaften im Nationalsozialismus ist zwar bereits mehrfach rekapituliert worden.[90] Die erfolgte Infiltration der Milieus, Umsetzung der »Rassenlehre«, die gewollte oder ungewollte Stabilisierung des NS-Systems und schließlich die verbrecherische Kollaboration ebenso wie aber auch konkrete Widerstandserfahrungen wie die Gründungen der Auffanggesellschaften wurden jedoch bisher nicht kritisch aufgearbeitet. In der Nachkriegszeit behandelten die Nachfolgeorganisationen insbesondere die Zeit ab 1941 als »organisationsfremd«.[91]

Die NS-Geschichte der deutschen Konsumgenossenschaften ist vielmehr vereinfacht und ihre Eigenschaft als NS-verfolgte Organisation überbetont worden, ohne im Rahmen der kommunikativen Stille der Nachkriegsgeneration auf die konkreten Verstrickungen in NS-Gesellschaftsverbrechen einzugehen. Diese Überbetonung reflektiert eine Umgangsform der Nachkriegsorganisationen mit »ihrem Anteil an der ›Kollektivschuld‹«.[92] Die Überhöhung des Opfernarrativs diente auch der Legitimierung von kollektiven Spezialmaßnahmen wie dem Wiederaufbau der Organisationen im Rahmen der Entnazifizierung und Demokratisierung der Nachkriegsgesellschaft.[93] Diese Vergangenheitsblindheit entfaltete eine insofern therapeutisch-konstruktive Wirkung, als dass die Tabuisierung der Beteiligung an NS-Gesellschaftsverbrechen in der Nachkriegszeit eine Distanz gegenüber der NS-Zeit signalisierte.[94] Für die folgenden Generationen mündete jedoch diese Form des »Ungeschehen-Machen-Wollens« und Reduktion von Gedächtnisinhalten zusammen mit den

---

88 Für die Zwangsarbeitereinsätze bei den Versorgungsringen liegen nach Korf nur drei Belege aus der Kriegszeit vor. KORF, Gemeinschaftswerk, wie Anm. 32, S. 246.

89 Ebd., S. 198 f.

90 Um nur einige zu nennen: KURZER, Nationalsozialismus, wie Anm. 46; GLAESSNER, Arbeiterbewegung, wie Anm. 27; HASSELMANN, Geschichte, wie Anm. 33; Karl DITT, Die Konsumgenossenschaften im Dritten Reich, in: Internationale Korrespondenz zur Geschichte der deutschen Arbeiterbewegung, Berlin 1987, S. 82-111; Kuno BLUDAU, Nationalsozialismus und Genossenschaften, Hannover 1968.

91 STOKLASA, Kollektives Bewältigen, wie Anm. 70, S. 465.

92 Ebd.

93 Brett FAIRBAIRN, Wiederaufbau und Untergang der Konsumgenossenschaften in der DDR und in der Bundesrepublik 1945 bis 1990, in: Internationale wissenschaftliche Korrespondenz zur Geschichte der deutschen Arbeiterbewegung 2 (Juni 1998), S. 171-198, hier S. 185 f.

94 STOKLASA, Kollektives Bewältigen, wie Anm. 70, S. 471.

sozialwirtschaftlichen und politischen Veränderungen der Nachkriegszeit in einem Verlust an Attraktivität und Wirkungsmächtigkeit des gegenkulturellen Entwurfs der Gemeinwirtschaft und damit schließlich dem hier beobachteten erinnerungskulturellen Erkalten. Symptomatisch ist, dass mehrere Jahrzehnte auch in der Fachliteratur die Verfolgungsschäden und der Wiederaufbau in der Nachkriegszeit kaum oder lediglich aus der Perspektive der materiellen Rehabilitation in Bezug zueinander gesetzt wurden.[95] Erst jüngere Arbeiten thematisieren – wenn auch marginal – den Umgang mit Antisemitismus und dem Einsatz von Zwangsarbeitern.[96] Die historische Urteilskraft hatte hier also gegenüber dem Kollektivgedächtnis eine reduktive Funktion.[97]

## IV. Kollektive Identitätsbildung in der Nachkriegszeit

Die oben beschriebene diskursive Ausrichtung reflektiert auch den Umstand, dass die Wiedererrichtung von Konsumgenossenschaften auf beiden Seiten Deutschlands vor allem eine funktionierende Bevölkerungsversorgung garantieren sollte. Immaterielle Schäden waren insofern zweitrangig.[98] Auf der ohnehin strukturell und ökonomisch komplexen Ausgangssituation lasteten zudem die Konstellationen des Ost-West-Gegensatzes, als die Organisationen ost- bzw. westdeutsch wurden. In beiden deutschen Staaten setzten Selbstrepräsentationen ein, in denen die Nachkriegsvertretungen die Konsumgenossenschaften als ein von Resilienz geprägtes Milieu romantisierten, während sie aber konkrete Widerstandserfahrungen aus der NS-Zeit übergingen. Als normative Probleme

---

95  Vgl. u.a. Henry EVERLING, Der Einzelhandel und die Konsumgenossenschaften im Dritten Reich. Notgedrungene Abwehr gegen unberechtigte Angriffe, Hamburg 1947; HASSELMANN, 60 Jahre Zentralverband, wie Anm. 26; Georg DRAHEIM, Zur Ökonomisierung der Genossenschaften, Göttingen 1967; BLUDAU, Nationalsozialismus, wie Anm. 90; HASSELMANN, Geschichte, wie Anm. 33; Werner HOTH, Die Bedeutung und Stellung der Konsumgenossenschaften in Deutschland nach 1945, Wien 1971; DITT, Konsumgenossenschaften im Dritten Reich, wie Anm. 90; Axel HÄCKER, Genossenschaftliche Zukunftsperspektiven in marktwirtschaftlich geprägten Industriegesellschaften, Berlin 1990; KURZER, Nationalsozialismus, wie Anm. 46; BÖSCHE, Von der Plan- zur Marktwirtschaft, wie Anm. 46; Hans POHL, Die Rekonstituierung der konsumgenossenschaftlichen Organisation nach dem Zweiten Weltkrieg, in: Vierteljahrschrift für Sozial- und Wirtschaftsgeschichte, Wirtschaft, Unternehmen, Kreditwesen, soziale Probleme. Ausgewählte Aufsätze, Stuttgart 2005, Teil 1, S. 373-381; POHL, Aufstieg und Niedergang, wie Anm. 32.
96  Vgl. FAIRBAIRN, Wiederaufbau und Untergang der Konsumgenossenschaften, wie Anm. 93; KORF, Gemeinschaftswerk, wie Anm. 32; Wilhelm KALTENBORN, Schein und Wirklichkeit, wie Anm. 46.
97  LETHE, Kunst und Kritik, wie Anm. 1, S. 97.
98  STOKLASA, Kollektives Bewältigen, wie Anm. 70, S. 471 f.

der sozialen Nachkriegsgemeinschaft blieben diese außerhalb des Sagbaren. Bestimmte Seiten der NS-Geschichte waren eben (noch) nicht repräsentierbar.

Ehemalige Konsumgenossenschaftler, die in der NS-Zeit verhaftet oder verfolgt worden waren, konnten in der Bundesrepublik auch nur mit Bezug zu ihrer Mitgliedschaft in der SPD oder den Gewerkschaften Anträge auf persönliche Entschädigung stellen. In der DDR fielen die Organisationen der Planwirtschaft »erneut zum Opfer«, als sie der Realsozialismus vereinnahmte und instrumentalisierte, so dass hier für eine kritische Aufarbeitung der Vergangenheit kein geschichtspolitischer Raum vorhanden war. Die Restitution und der materielle Wiederaufbau in den sogenannten Westzonen setzten wiederum eine Geschichtspolitik der Vergangenheitsblindheit in punkto Verstrickungen von konsumgenossenschaftlichen Organisationen in NS-Unrecht voraus. Diese »Flucht nach vorne« half dem Arbeitermilieu, die NS-Vergangenheit ertragbar zu machen, und mündete in der Kreierung eines »geschönten«, ergo selektiven Erinnerungsdiskurses.

Die einst kollektiv typischen Lebensmuster von Arbeitern erfuhren gleichzeitig eine Individualisierung und die romantisierten Selbstbilder, die sich auf die Werte der Vorkriegsorganisation bezogen, ohne dabei auf den »Werteverfall« in der NS-Zeit einzugehen, waren für die affirmative Leistung des Wiederaufbaus hilfreich. Die Erinnerungsverweigerung in punkto NS-Zeit ist im Zusammenhang mit der Resozialisierungspolitik und den massenpsychologischen Transformationsprozessen der Nachkriegszeit als eine identitätsstiftende Form des Erträglichmachens von Geschichte zu sehen, die von den typischen Entschuldigungsmustern der Nachkriegsgesellschaft geprägt war. Die erfolgte Überlagerung der Milieus, die gewollte oder ungewollte Stabilisierung des NS-Systems und schließlich die verbrecherische Kollaboration wurden bis dato nicht kritisch aufgearbeitet.

## V. Der deutsch-deutsche »Untergang«

Mitte der 1950er Jahre wurde immer deutlicher, dass es für die Konsumgenossenschaften schwierig war, mit den rasanten Veränderungen auf dem Markt nach den Zerstörungen der NS-Zeit mitzugehen.[99] Den Verstrickungen in NS-Unrecht war man auf beiden Seiten Deutschlands mehr oder weniger mit der Strategie des kollektiven Schweigens der »Verführten, die der Krieg und seine Folgen

---

99 STOKLASA, Transformation, wie Anm. 9, S. 50.

sogar selbst zu Opfern gemacht hatten«,[100] begegnet. Die Stille hatte gravierende Folgen, denn auf diese Weise wurde eine historische Gelegenheit verpasst, an die traditionellen Werte nach dem Selbstverständnis der Konsumgenossenschaften vor dem Zweiten Weltkrieg und im Sinne der Rochdaler Prinzipien wieder anzuknüpfen. Das gemeinwirtschaftliche Konzept war auf beiden Seiten Deutschlands diskreditiert worden, und der Modernisierungsprozess war verlangsamt worden, weil die NS-Verfolgung den Generationswechsel behindert hatte. Das milieubezogene Selbstverständnis war nicht mehr restauriert worden, und in der Nachkriegszeit nahm dann das gemeinwirtschaftliche Bewusstsein zudem durch das Aussterben der noch traditionsbewussten Genossenschaftler rapide ab.[101]

Ein Perspektivenwechsel war jedoch in einer Zeit des steigenden Lebensstandards und sich verändernder Konsumkultur dringend notwendig.[102] Durch die Verbesserung des allgemeinen Lebensstandards war der Wohlstand breiter Bevölkerungsschichten, auch der einstigen Arbeiterschicht, angestiegen, und das Konsumverhalten veränderte sich dementsprechend. Die Ziele der Arbeiterorganisationen, wie im Falle der Konsumgenossenschaften besonders gut greifbar wird, schienen damit allmählich »erledigt« und ihre Milieus entideologisiert.

Die einst gemeinsame Geschichte des Kampfes von Arbeiterorganisationen für demokratische Werte und politischen Freiraum wurde »entproletarisiert« und insbesondere angesichts der politischen Unterdrückung und Verfolgung im »Arbeiterstaat DDR« als unsagbar versiegelt. Denn im Konsum, wie die Organisationen in der DDR hießen, fanden ideologische »Säuberungen« der Milieus von Sozialdemokraten und unwillkommenen Andersdenkenden statt.[103] Durch die Übernahme zahlreicher NS-Geschäfte sind die Konsumgenossenschaften in der Sowjetischen Zone zwar »privilegiert« behandelt worden, und die Mitgliederzahlen wuchsen hier rasch an.[104] Nach den Zerstörungen während des Nationalsozialismus beschnitt das Diktat der Planwirtschaft aber erneut die Handlungsfreiheit der ostdeutschen Organisationen und infolge dieser Sowjetisierung war weder Mitgliederpartizipation oder ein Anknüpfen an die traditionellen Werte noch eine kritische Auseinandersetzung mit der NS-Vergangenheit

---

100  Norbert FREI, Vergangenheitspolitik. Die Anfänge der Bundesrepublik und die NS-Vergangenheit, München 1996, S. 405.

101  Detlef SCHMIECHEN-ACKERMANN, Nationalsozialismus und Arbeitermilieus: Der nationalsozialistische Angriff auf die proletarischen Arbeiterquartiere und die Reaktion in den sozialistischen Vereinen, Bonn 1998, S. 600.

102  STOKLASA, Transformation, wie Anm. 9, S. 50 f.

103  Ebd.

104  Ebd., S. 57: 1945: 500.000 Mitglieder; 1949: 2 Millionen; 1956: 3 Millionen; 1965: 4 Millionen. Mit 4,6 Millionen Mitgliedern lag dann 1985/86 ein Mitgliederhöchststand vor, der die Zahlen im Westen überstieg. Vgl. FAIRBAIRN, Wiederaufbau und Untergang der Konsumgenossenschaften, wie Anm. 93, S. 174.

erfolgt. Obwohl ihre ökonomische Ausrichtung auf eine freie Gemeinwirtschaft nicht wirklich mit dem sozialistischen System zu vereinbaren war, wurden die Organisationen toleriert, weil sie wirtschaftlich gebraucht wurden.[105]

Der Umschwung vom Sozialismus auf den Kapitalismus ab 1990 war dann mit Anforderungen der Marktwirtschaft verbunden, die eine Herausforderung für die Managementqualitäten der damaligen Vorstände ostdeutscher Konsumgenossenschaften bedeuteten. Ohne Unterstützung der Regierungsstellen, als beispielsweise die Organisationen im Einigungsvertrag infolge des Beitritts zur Bundesrepublik »vergessen« wurden, scheiterten die Versuche während des Transformationsprozesses, die ostdeutschen Organisationen in großem Stil zu einem Einzelhandelsanbieter zu verwandeln.[106] Trotz der bereits gegebenen Strukturen ist ein umfassendes Revival der ostdeutschen Konsumgenossenschaften nach der Wende nicht gelungen.[107]

Dieses doppelte, ja dreifache »zum Opfer fallen« behindert ebenso wie der Untergang der westdeutschen coop AG[108] bis dato ein Aufarbeiten der NS-Vergangenheit deutscher Konsumgenossenschaften, welches wiederum zum Erkalten des Erinnerungsortes »Konsumgenossenschaft« beitrug. Weitere Studien sind erforderlich, um die komplexen historischen Problemzusammenhänge dieser Geschichtsvergessenheit näher zu beleuchten.

Die »coop«-Firmierung ist 1969 im Zusammenhang mit dem organisatorischen Umbau eingeführt worden, als Massenproduktion, Technikentwicklung und Konkurrenzdruck eine kommerzielle Revolution und Umgestaltung der Handelsstruktur beförderten. An die Stelle von kleinen Einzelhandelsgeschäften traten dann der Großraum- und Selbstbedienungsladen sowie der Supermarkt.[109]

Die Reformdebatten hielten zu lange an, erst 1972 erfolgte die Umwandlung in eine Aktiengesellschaft (AG), unter deren Dach die meisten westdeutschen Konsumgenossenschaften, so auch die niedersächsischen Konsumgenossenschaften, zusammengefasst wurden. Zu diesem Kontinuitätsbruch hielt der

---

105 STOKLASA, Transformation, wie Anm. 9, S. 58.

106 Es kam aber auch zu Erfolgen wie im Falle der Konsumgenossenschaft Sachsen-Nord, als Eilenburg, Torgau und Wurzen fusionierten und mit Dortmund-Kassel kooperierten. BÖSCHE, Von der Plan- zur Marktwirtschaft, wie Anm. 46, S. 54 ff. und 62.

107 Von den 198 Organisationen der DDR existieren heute noch 13.

108 Der Untergang war nicht vollständig, denn heute noch gibt es die coop Schleswig-Holstein, welche nicht mit der bundesweiten coop AG fusioniert hatte. Auch sind die Märkte einiger weniger westdeutscher Konsumgenossenschaften in der Supermarktkette Edeka aufgegangen.

109 BÖSCHE, Von der Plan- zur Marktwirtschaft, wie Anm. 46, S. 193.

ZdK fest, dass für die Verbraucher nicht die Rechtsform, sondern der »Geist des Unternehmens« entscheidend gewesen sei.[110]

In der Praxis eröffnete die Umwandlung zur coop AG erhebliche Freiräume, so dass es an Kontrolle mangelte und schließlich den coop-Managern gelang, das äußerst komplizierte System von Aktiengesellschaften, Holdinggesellschaften, Stiftungen und Treuhändern so lange zu manipulieren, bis sie einen völlig geschlossenen Kreis von Gesellschaften um die coop hergestellt hatten und sich die Vermögensmasse selbst aneigneten. Der Skandal wurde 1988 durch den »Spiegel« aufgedeckt und führte zur Auflösung des Unternehmens.[111] Mit diesem ging dann ein Jahrhundert deutscher (Konsum-)Genossenschaftsgeschichte quasi zu Ende.[112] Bezeichnend ist, dass die Auflösung der coop AG dazu führte, dass auch die Firmenunterlagen der coop Niedersachsen aus ihrer Niederlassung in Sarstedt nicht mehr vorliegen[113] und damit die Erforschung des Untergangs der niedersächsischen coop erschwert ist.

Der deutsch-deutsche »Untergang« der Konsumgenossenschaften besiegelte dann scheinbar endgültig das Ausbleiben der kritischen Hinterfragung der NS-Zeit. In der Ausarbeitung des Wissenschaftlichen Dienstes des Deutschen Bundestags zur Geschichte der Konsumgenossenschaften vom 19. Jahrhundert ausgehend bis zur aktuellen Situation werden die gravierenden Kontinuitätsbrüche im Zusammenhang mit dem Zweiten Weltkrieg sowie die Deformierung durch die deutsche Teilung ausgespart. Auch der Untergang der coop AG fand hier nur eine marginale Erwähnung.[114] Die Entideologisierung der Milieus während des Wiederaufbaus nach 1945 sowie der folgende Verlust der Fähigkeit, zum gesellschaftlichen Wandel beizutragen, stellten dabei wesentliche Faktoren für die »Versetzung« ins Lager des kollektiven Gedächtnisses.

---

110 Es sind über 100 selbstständige Konsumgenossenschaften in der coop AG aufgegangen. Die starken und profitablen wie Schleswig-Holstein oder Dortmund-Kassel blieben jedoch selbstständig. Vgl. Zentralverband, 100 Jahre, S. 39 f.

111 https://www.manager-magazin.de/unternehmen/missmanagement/a-149040.html (Zugriff 26.5.2021).

112 FAIRBAIRN, Wiederaufbau und Untergang der Konsumgenossenschaften, wie Anm. 93, S. 195 f.

113 Auskunft von Wolfgang Schulz, Vorstandsmitglied des Bundesvereins zur Förderung des Genossenschaftsgedankens e.V. sowie der 1992 gegründeten coop-Geschichtsgruppe-Hannover, die die Bildgeschichte der Konsumgenossenschaften in Niedersachsen auf drei CDs herausgegeben hat. Vgl. ver.di/coop, Bildgeschichte, wie Anm. 20.

114 https://www.bundestag.de/resource/blob/551654/645df4e523cdb75608768f8726 37fcd8/WD-1-001-18-pdf-data.pdf, S. 18 (Zugriff, 26.5.2021).

## Schlussbetrachtung

Die eingangs gestellte Frage, auf welche identitätsstiftenden Topoi das Erkalten des Erinnerungsortes »Konsumgenossenschaft Hannover« verweist, erforderte eine dekonstruktive Annäherung an die vielfältigen gesellschaftlichen Wandlungsprozesse seit der Gründung der Organisation am Ende des 19. Jahrhunderts. Im Geschichts- und Selbstbild der Konsumgenossenschaftsbewegung erfuhren insbesondere die ethischen Werte der frühen Vereine wie Solidarität und Selbsthilfe durch »redliche Arbeit« eine Überhöhung zu symbolischen Elementen. Durch die ständige Wiederverwendung dieses Topos wurde der Bedeutungsgehalt identitätsstiftend aufgeladen. Die weiter offengelegten Entstehungs- und Konstruktionsbedingungen zeigen, dass eine wesentliche Rolle für das Erkalten der hannoverschen Organisation als Erinnerungsort insbesondere die soziohistorischen Zusammenhänge in punkto Umgang mit der NS-Zeit im Rahmen des Wiederaufbaus sowie die Situierung des gemeinwirtschaftlichen Konzeptes zwischen der Plan- und Marktwirtschaft infolge der deutschen Teilung spielten.

Die Entwürfe der frühen Arbeiterbewegung, über eine Gegenkultur eine »andere« Gesellschaft zu erschaffen, galten trotz des therapeutisch-konstruktiven »Löschens« der Erfahrungen im Nationalsozialismus und angesichts der dystopischen Entwicklung in der DDR als zunehmend überholt. Der sozialreformerische Beitrag erlitt durch die Verstrickungen in der NS-Zeit einen Verlust an Wirkungsmacht, da er durch traumatische historische Erfahrungen und die strategische »Flucht nach vorne« im Wiederaufbau überlagert wurde. Die relativ schnelle Auflösung im kollektiven Gedächtnisspeicher verweist auf die Veränderungen der Identitätsdiskurse bzw. das Verdrängen des Gemeinwirtschaftlichen aus dem Diskurs zugunsten einer »Ökonomisierung« und »Entideologisierung«. Dieser Prozess des Erkaltens wurde dann durch die erinnerungskulturellen Kontinuitätsbrüche, die mit dem quasi vollständigen Untergang der deutsch-deutschen Organisationen eintraten, »besiegelt« und beschleunigte, wie am Beispiel der Konsumgenossenschaft Hannover gezeigt, das lokale soziale Vergessen.

Das Scheitern einer deutsch-deutschen Zusammenarbeit nach der »Wende« erscheint so als Symptom und Ergebnis des Entfremdungsprozesses und der Identitätssuche von Konsumgenossenschaften nach dem Zweiten Weltkrieg. Das kommemorative Erbe bezüglich dieser historischen Erfahrungen erkaltete aufgrund pragmatischer, soziokultureller wie auch vergangenheitspolitischer Hürden, deren Zusammenwirken in weiteren regionalgeschichtlichen wie europaweit vergleichenden Studien zu ergründen ist.

# Ten Years After –
# Die Sachsenmission in neuer Beleuchtung

VON THEO KÖLZER

*Manfred Rudersdorf zum 70. Geburtstag*

Ich bin Ihrer Einladung[1] nur zögernd gefolgt, nicht weil ich Angst hatte, vor ein Tribunal gestellt zu werden, sondern weil ich das, was ich zur Missionierung Sachsens sagen kann, bereits seit nunmehr zehn Jahren sukzessive publiziert habe, wenn auch mit unterschiedlichem Erfolg. Die einen akzeptierten die Ergebnisse,[2] sogar in einem Podcast zur hamburgischen Geschichte sowie

---

1  Abendvortrag auf der Jahrestagung der Germania Sacra am 10. Juni 2022 in Münster. Der Text ist unverändert und nur um die Anmerkungen ergänzt.

2  Zustimmend etwa Stephan FREUND, Das Bistum Halberstadt – Gründung ohne Gründer, in: Axel NOACK/Thomas A. SEIDEL (Hrsg.), Die evangelische Kirche in Mitteldeutschland. Schlaglichter der Kirchengeschichte vom frühen Mittelalter bis heute, Weimar 2021, S. 81-91, der allerdings Thiatgrim (†840) als ersten Bischof ansieht; so auch Thomas VOGTHERR, Visbek, Münster, Halberstadt: Neue Überlegungen zu Mission und Kirchenorganisation im karolingischen Sachsen, in: Archiv für Diplomatik (im Folgenden: AfD) 58 (2012), S. 125-145, bes. S. 143. Wir bleiben skeptisch, weil dieser noch im liudgeridischen Familienkloster Werden bestattet wurde, nicht in seiner Bischofskirche: Die Inschriften der Stadt Essen, bearb. von Sonja HERMANN (Die Deutschen Inschriften 81), Wiesbaden 2011, S. 48 ff. Nr. 24† (ebd. Nr. 22†-23† und 25† weitere Tumben der Liudgeridenkrypta). Wir denken daher an Thiatgrims Nachfolger, den an dritter Stelle der Bischofsliste stehenden Hemmo/Heimo (†853), der als Erster in seiner Bischofsstadt bestattet wurde: Andreas M. MEHDORN, Prosopographie der Missionare im karolingischen Sachsen (ca. 750-850) (MGH Hilfsmittel 32), Wiesbaden 2021, S. 204 ff., bes. S. 208 mit Anm. 1021, 210. Die Nachricht der Ann. Fuldenses: *Hemmo Halbarensis episcopus VI. Kl. Aprilis defunctus est* (ed. Friedrich KURZE, MGH SS rer. Germ. in us. schol. 7, Hannover 1891, S. 44) ist eine Fremdaussage, und überdies ist die Datierung der Annalen nach wie vor umstritten; vgl. zuletzt www.Deutsche Geschichtsquellen.de. – Akzeptiert sind unsere Ansätze auch für Hamburg, Hildesheim, Minden, Osnabrück und Verden; vgl. Anm. 4. Für Münster (vgl. einstweilen die oben zit. Arbeit von VOGTHERR sowie Anm. 30 und 51 und künftig Manfred BALZER, Die Anfänge des Bischofssitzes in Münster (Vortrag auf der Jahrestagung der Germania Sacra [wie Anm. 1]) ist beachtenswert, dass auch Bischof Altfrid (839-849) wie sein Vorgänger Gerfrid noch im Familienkloster Werden bestattet wurde, dessen Vorsteher (rector) er war und wo er die Liudgeridenkrypta errichten ließ: Die Inschriften der Stadt Essen, ed. HERMANN, S. 50 f. Nr. 25†. Altfrid ist auch der Verfasser der ersten Vita Liudgers, dessen *nepos* er war; vgl. Joachim WOLLASCH, in: LThK 13, Freiburg-Basel-Rom-Wien 1993, Sp. 464 f. Allerdings wird vermutet, dass die Bestattung in der Kathedrale damals noch keineswegs überall fes-

in einem historischen Comic³ – und damit vermutlich mit größerer Breitenwirkung als jede noch so gelehrte Studie. Einige erörterten zustimmend die Konsequenzen für die eigene Region oder ihre eigenen Untersuchungen,⁴ auch in den benachbarten Niederlanden.⁵ Andere beschwichtigten in Vorträgen vor Ort und hielten ohne Falsifikation der neuen Ergebnisse an dem alten Befund

---

ter Brauch gewesen sei, weshalb gerade – aber doch bezeichnend! – im Osten »wegen der Unfertigkeit der Verhältnisse und vorrangiger familiärer Bindungen der Verstorbenen« Sepulturen außerhalb der Bischofskirche gewählt wurden, dass aber gleichwohl »von Anfang an der Grundsatz galt, Bischöfe in oder recht nahe bei ihrer Kathedrale zu begraben«: Rudolf Schieffer, Das Grab des Bischofs in der Kathedrale (Sitzungsberichte der Bayerischen Akademie der Wissenschaften, phil.-hist. Kl. Jg. 2001, Heft 4), München 2001, bes. S. 18 ff., Zitate S. 19. – Die erste bezeugte Domweihe in Halberstadt erfolgte 859, doch wären den Experten zufolge diesem Bau bereits zwei Bauten vorausgegangen, was sich schwerlich mit unserer Chronologie verträgt; vgl. Theo Kölzer, Die Anfänge der sächsischen Diözesen in der Karolingerzeit, in: AfD 61 (2015), S. 11-37, bes. S. 15. – Emsbüren sagte – anders als Visbek – eine wegen D LdF. †198 für 2021 geplante 1200-Jahrfeier ab. – Zu der ambitionierten Dissertation von Ingrid Rembold, Conquest and Christianization. Saxony and the Carolingian World, 772-888 (Cambridge Studies in Medieval Life and Thought, Fourth Series 108), Cambridge 2018 (Paperback 2020), vgl. unten bei Anm. 61.

3 https://www.geschichte.fm/podcast/zs66/: »Der Aufstieg Hamburgs – Fake it 'til you make it« (Daniel Meßner, 2017; Zugriff 2.1.2022); Jens Natter, Hammaburg, mit einem Vorwort von Prof. Dr. Rainer-Maria Weiss, Direktor des Archäologischen Museums Hamburg, Hamburg ²2020.

4 Sebastian Kreyenschulte, Eine frühmittelalterliche Urkundenfälschung und die Auswirkungen auf die Missionsgeschichte des Emslandes sowie die Kirchen- und Ortsgeschichte von Emsbüren und Freren, in: Emsländische Geschichte 22 (2015), S. 51-75; Ders., Neue Forschungen zur Mission, Christianisierung und Kirchengeschichte im nordwestlichen Münsterland, in: Mechthild Beilmann-Schöner (Hrsg.), Bürgersinn & Seelenheil. Der Kirchenschatz von St. Dionysius in Rheine, Oppenheim 2020, S. 52-71; Andreas Hummel, Das spätsächsische Gräberfeld von Visbek-Uhlenkamp II, in: Siedlungs- und Küstenforschung im südlichen Nordseegebiet 39 (2016), S. 195-212; Karl Bernhard Kruse, Die Baugeschichte des Hildesheimer Domes, Regensburg 2017; Christian Popp/Joachim Stephan, Bischof in oder von Halberstadt? Überlegungen zum Entstehungsprozess eines ostsächsischen Bistums, in: Andreas Bihrer / Hedwig Röckelein (Hrsg.), Die ›Episkopalisierung der Kirche‹ im europäischen Vergleich / The ›Episcopalization of the Church‹ in European Comparison (Studien zur Germania Sacra, Neue Folge 13), Berlin-Boston 2022, S. 23-59; zu Halberstadt vgl. auch oben Anm. 2; Thomas Vogtherr, Die Anfänge des Bistums Minden. Diplomatische Grundlagenforschung ohne Diplome, in: AfD 67 (2021), S. 1-28; Ders., Die Anfänge des Bistums Osnabrück, in: AfD 68 (2022), S. 17-45. An älteren Vorstellungen in Bezug auf Minden (Gründung ab ca. 799, Erkanbert als erster Bischof) hält fest Frederieke Maria Schnack, Zwischen geistlichen Aufgaben und weltlichen Herausforderungen. Die Handlungsspielräume der Mindener Bischöfe von 1250 bis 1500 (Vorträge und Forschungen Sonderband 62), Ostfildern 2022, S. 53 ff., bes. S. 56 f.

5 Remi van Schaik/Henny Groenendijk, Isolated and backward Westerwolde (Groningen, The Netherlands)? A confrontation of archaeological and historical data from the

fest.⁶ Wieder andere werteten die diplomatischen Argumente als »Behauptung« und hielten sich mangels eigenen Urteilsvermögens gleichfalls an das vertraute Alte.⁷ Ein Hamburger schrieb mir im Januar 2021, es sei gut, dass meine Erkenntnisse zu Hamburg nicht schon 1994 bekannt geworden seien, weil es sonst vielleicht kein Erzbistum Hamburg gegeben habe!⁸ Da scheinen allerdings Einfluss und Wirkung historischer Arbeiten weit überschätzt, wie auch die hier und da trotz der Warnhinweise gefeierten ›Jubiläen‹ bezeugen!

\*

Lassen Sie mich mit einer persönlichen Reminiszenz beginnen: Als mein Doktorvater Brühl und ich die Edition der merowingischen Königsurkunden in Angriff nahmen, waren wir keine ausgewiesenen Merowingerspezialisten – und das war gut so! Denn wir waren nicht involviert in die fachlichen Diskussionen und Grabenkämpfe der Spezialisten. Wir vertrauten auf die diplomatische Methode, schauten erst dann auf die inhaltlichen Konsequenzen – und staunten nicht schlecht. Denn es leuchtet ein, dass bei einem Fälschungsanteil von ziemlich genau zwei Drittel manche liebgewordenen Fixpunkte aufzugeben waren mit Konsequenzen für alle Bereiche der merowingischen Geschichte.⁹ Das zeigt einmal mehr: Auch in unserem Metier gibt es – wie in der Mathematik – eine bestimmte Reihenfolge der methodischen Schritte. Die *prima vox* gebührt

---

Middle Ages in a wider geographical context, in: Palaeohistoria 61/62 (2019/20, ersch. 2021), S. 273-344. Ich danke Herrn Kollegen van Schaik für den Hinweis auf diese Arbeit.

6   Werner Rösener, Das Kloster Corvey und die Christianisierung im westlichen Sachsen, in: Niedersächsisches Jahrbuch für Landesgeschichte 87 (2015), S. 7-32; ders., Reichsgut, Missionierung und Kirchenorganisation im frühmittelalterlichen Sachsen, in: Jahrbuch der Gesellschaft für niedersächsische Kirchengeschichte 115 (2017), S. 7-28; Hans-Werner Goetz, Ansgar und die Anfänge des Erzbistums Hamburg, in: Martin J. Schröter (Hrsg.), Norddeutsche Heilige im Mittelalter (Nordalbigensia sacra 13), Husum 2018, S. 7-34. Kritisch zu beiden Theo Kölzer, Corvey, Reichsgut und konstruierte Missionszentren, in: AfD 65 (2019), S. 1-14; ders., Ansgar und das Erzbistum Hamburg. Eine Nachlese, in: AfD 66 (2020), S. 21-32. Vgl. auch unten Anm. 52 und 88.

7   Art. »Ansgar (Erzbischof)« in: Wikipedia (Zugriff 20.12.2021). Bestärkt durch den Rettungsversuch von Manfred Balzer (unten Anm. 51), bezeichnete das Emslandmuseum Lingen unsere Kritik an der vermeintlichen Rolle Visbeks als »Sturm im Wasserglas«: https://www.emslandmuseum.de/2021/03/16/castus-und-der-sturm-im-wasserglas/ (Zugriff 6.4.2022); vgl. aber unsere Replik unten Anm. 52.

8   Errichtet am 7.1.1995 mit den Suffraganen Hildesheim und Osnabrück: Michael Reimann, in: LThK 4³ (Freiburg-Basel-Rom-Wien 1995), Sp. 1165.

9   Theo Kölzer, Die Editionen der merowingischen Königsurkunden und Kaiser Ludwigs des Frommen, in: Martina Hartmann/Horst Zimmerhackl (Hrsg.) unter Mitarbeit von Anna Claudia Nierhoff, Quellenforschung im 21. Jahrhundert (MGH Schriften 75), Wiesbaden 2020, S. 3-24.

eindeutig dem Diplomatiker und Quellenkritiker, und nicht von ungefähr sprach Reinhart Koselleck vom »Vetorecht der Quellen«,[10] denn es war schon immer riskant, imposante Gebäude auf unsicherem Fundament zu errichten!

Durch das *discrimen veri ac falsi* im Zuge der kritischen Edition der Urkunden Ludwigs des Frommen (2016) sind nun ebenfalls mancherlei frühere Gewissheiten und chronologische Fixpunkte erschüttert worden. Das gilt nicht zuletzt hinsichtlich des Missionsgeschehens im frühkarolingischen Sachsen: Die vermeintlichen »Gründungsdaten« der sächsischen Bistümer wurden falsifiziert, der Vorgang selbst als gestreckter Prozess verstanden, der erst unter Ludwig dem Deutschen einen vorläufigen Abschluss fand, und von den zahlreichen Kirchen- und Klostergründungen, die für die Zeiten Karls des Großen und Ludwigs des Frommen postuliert wurden, hielten unter Letzterem nur eine Handvoll einer kritischen Überprüfung stand. Es hat sich gezeigt, dass sich mitunter Hypothese auf Hypothese türmte, so dass schließlich der Blick für die brüchige Quellengrundlage mehr und mehr verlorenging. Ein Kenner wie Gerhard Streich hat bereits vor Jahrzehnten nicht ohne Grund bemerkt, es könne angesichts der schlechten Quellenlage trotz aller Fortschritte der Forschung »nicht übersehen werden, dass auch die neuere Forschung allzu gern auf den oft genug höchst spekulativen Prämissen ihrer Vorgänger bereitwillig aufbaut und somit Gefahr besteht, dass ein allseitig praktizierter Wissenschaftskonsens den Eindruck eines abgerundeten, gesicherten Geschichtsbildes fördert und immer weniger die Vorläufigkeit und Grenzen unserer Kenntnisse herausgestellt werden«.[11] Der von Rudolf Schieffer noch 2005 im »Gebhardt« knapp zusammengefasste und damit nicht nur für Examenskandidaten gleichsam ›kanonisierte‹ Forschungsstand über »Die kirchlichen Anfänge« ist jetzt in allen Details überholt![12] Dabei war es Schieffer selbst, der durch eine kritische

---

10 Reinhart Koselleck, Standortbindung und Zeitlichkeit. Ein Beitrag zur historiographischen Erschließung der geschichtlichen Welt, in: ders./Wolfgang J. Mommsen/Jörn Rüsen (Hrsg.), Objektivität und Parteilichkeit in der Geschichtswissenschaft, München 1977, S. 17-46, bes. S. 45 f.

11 Gerhard Streich, Klöster, Stifte und Kommenden in Niedersachsen vor der Reformation (Studien und Vorarbeiten zum Historischen Atlas Niedersachsens 30), Hildesheim 1986, S. 1.

12 Rudolf Schieffer, Die Zeit des karolingischen Großreichs (714-887) (Gebhardt, Handbuch der deutschen Geschichte 2[10]), Stuttgart 2005, S. 61-63. Vgl. ders., Christianisierung und Reichsbildungen. Europa 700-1200 (Geschichte Europas 2), München 2013, S. 48 ff.; ders., Christianisierung Europas, in: Christoph Stiegemann u.a. (Hrsg.), Credo. Christianisierung Europas im Mittelalter 1 (Petersberg 2013), S. 44-52. Die älteren Ansätze auch in: Erwin Gatz (Hrsg.), Die Bischöfe des Heiligen Römischen Reiches 1198 bis 1448. Ein biographisches Lexikon, Berlin 2001, S. 78, 217, 239, 452, 462, 520, 536, 835.

Nachfrage bzgl. Halberstadts den Stein ins Rollen brachte![13] Die Sicherheit, mit der in der Forschung über die Kirche in Sachsen geurteilt werde, kontrastiere auffällig mit den geringen Quellen, die überhaupt für eine solche Aussage zur Verfügung stehen, betonte schon Ernst Schubert,[14] auch, dass die unsichere Überlieferung, etwa in Hildesheim, zugleich ein Indiz für mangelnde institutionelle Festigkeit sein dürfte.[15] Dass überdies die kritische Inventur über Sachsen hinaus auch die generelle Frage nach den Entstehungsbedingungen kirchlicher Strukturen im Rahmen einer Missionskirche und das Gesamtbild der Missionspraxis[16] tangiert, über die wir aus zeitnahen Quellen nur wenig wissen, leuchtet ein. Auch dazu hat der von mir sehr geschätzte Ernst Schubert in seinem Band der »Geschichte Niedersachsens« viele beherzigenswerte Beobachtungen gemacht,[17] wenngleich auch er noch von der alten Chronologie ausgehen musste. Ich resümiere nur weniges:

Die Grundlegung einer Bistumsorganisation gehe nicht schon auf Karl den Großen, sondern frühestens auf Ludwig den Frommen zurück (S. 57). Die Vermeidung einer eigenen sächsischen Metropole sei politischen Motiven gefolgt (58). Wo der Bischofssitz war, sei zunächst unerheblich erschienen, denn der Missionar musste zu den zu taufenden Sachsen gehen, nicht die Sachsen zu einem an einem festen Ort residierenden Missionar kommen (62). Der Übergang vom Missionsbezirk zum Bistum sei fließend, weshalb es keine ›Gründungsdaten‹ gebe (58). Der Aufbau der sächsischen Bistümer erfolgte zunächst in den von Karl dem Großen am frühesten befriedeten Regionen (59). Eine Schlüsselrolle sei Paderborn zugefallen, das politisch hervorragte und von Würzburg aus vorgeprägt war (59).

Gründung setze einen datierbaren Vorgang voraus, wie er wohl dem Kirchenrecht, aber nicht den Verhältnissen in Sachsen entsprechen konnte (61).

---

13   D LdF. †24. Von den Konsequenzen ist auch Schieffers seinerzeit zu Recht gerühmte Dissertation betroffen: Die Entstehung von Domkapiteln in Deutschland (Bonner historische Forschungen 43), Bonn 1976 (²1982). Gleiches gilt für die in Anm. 12 zitierten Überblicksdarstellungen.

14   Ernst SCHUBERT (Hrsg.), Geschichte Niedersachsens 2/1 (Veröffentlichungen der Historischen Kommission für Niedersachsen und Bremen XXXVI/II,1), Hannover 1997, S. 44.

15   Ebd., S. 61.

16   Grundlegende Einsichten verdanke ich dem Studium bei Hans-Dietrich KAHL; vgl. etwa DERS., Die ersten Jahrhunderte des missionsgeschichtlichen Mittelalters. Bausteine für eine Phänomenologie bis ca. 1050, in: Knut SCHÄFERDIEK (Hrsg.), Kirchengeschichte als Missionsgeschichte 2/1, München 1978, S. 11-76 = DERS., Heidenfrage und Slawenfrage im deutschen Mittelalter. Ausgewählte Studien 1953-2008 (East Central and Eastern Europe in the Middle Ages, 450-1450, Bd. 4), Leiden/Boston 2011, S. 271-342.

17   SCHUBERT, Geschichte, wie Anm. 14, S. 44 ff.

Fehlende kirchenrechtliche Voraussetzungen hätten Improvisation erzwungen (59); ein zentrales Problem sei z.B. die Reliquienarmut gewesen (45). Auf genaue Grenzen habe man zunächst keinen Wert gelegt (57f.). Wie etwa in Verden sei eher von einer allmählichen Entstehung denn von einer datierbaren Gründung zu sprechen (61). Erst mit dem Immunitätsprivileg Ludwigs des Deutschen sei dort 848/49 aus Entstehung: Gründung geworden (64).

Wichtiger sei den Zeitgenossen die Gründung von Klöstern erschienen (46). Aber weder Corvey noch Fulda oder Hameln dürften als Missionszentralen verstanden werden, denn Klöster seien in erster Linie Stätten des Gebetes und des Gebetsgedächtnisses, nicht der Pastoral; sie hätten keine Seelsorge getrieben[18] (52). Aufgabe von Fulda und Corvey sei es nicht zuletzt gewesen, den sächsischen Adel an die *christianitas* in ihrer karolingischen Ausprägung zu binden (50, 54).

Nochmals: Das alles stammt nicht von mir, sondern aus Ernst Schuberts Handbuch, war also spätestens seit 1997 die ›Meistererzählung‹ der niedersächsischen Landesgeschichte! Dazu wiederum eine persönliche Reminiszenz: Zu Beginn meiner Beschäftigung mit der Missionsgeschichte Niedersachsens habe ich ein Bonner Oberseminar zum Thema in ›unserem‹ Zisterzienser-Kloster Marienstatt abgehalten. Parallel hatte ich im Antiquariat Schuberts Band der »Geschichte Niedersachsens« bestellt, der in der Seminarbibliothek ohne Vertreter am Ort nicht aufzufinden war. Nach Rückkehr vom Oberseminar lag der Band auf meinem Schreibtisch. Ich habe die betreffenden Kapitel sofort gelesen, war – wie man heute sagt – ›geflasht‹ und habe sofort eine resümierende Rundmail an die Teilnehmer des Oberseminars geschrieben! Denn Schuberts Beobachtungen hätten uns bei unserem Bemühen sehr geholfen und haben uns dann mit Ausnahme der Chronologie wenigstens in unserem Ansatz bestärkt!

Bestärkt hat uns auch der Aufsatz von Klaus Naß über »Fulda und Brunshausen« von 1987,[19] ein ›Meilenstein‹ der niedersächsischen landesgeschichtlichen Forschung! Seine These: vor 815 seien in Sachsen keine Klöster sicher

---

18 Anders z.B. Johannes FRIED, Das Missionskloster Memleben, in: Alfried WIECZOREK/Hans-Martin HINZ (Hrsg.), Europas Mitte um 1000, Bd. 2, Stuttgart 2000, S. 761-763. Die angebliche rechtsrheinische Mission des Klosters Weißenburg und dessen Gründung des Erfurter Petersklosters schon um 700 beruhen auf einer Fälschung des 12. Jahrhunderts: D Merov. †70.

19 Klaus NASS, Fulda und Brunshausen. Zur Problematik der Missionsklöster in Sachsen, in: Niedersächs. Jahrbuch für Landesgeschichte 59 (1987), S. 1-62; damit überholt: Hans GOETTING, Das Fuldaer Missionskloster Brunshausen und seine Lage, in: Harz-Zeitschrift 5/6 (1953/54), S. 9-27; DERS., Die Bistümer der Kirchenprovinz Mainz. Das Bistum Hildesheim 2: Das Benediktiner(innen)kloster Brunshausen ... (Germania Sacra, N.F. 8), Berlin/New York 1974; DERS., in: LexMA 2 (1983), Sp. 794.

nachzuweisen, Corvey sei das älteste nach dem gescheiterten Versuch von *Hethis* im Solling (815/822), wenn das an der Grenze zu Sachsen gelegene liudgeridische Familienkloster Werden (799) außer Betracht bleibt. Ich habe den Befund in der Festschrift für Thomas Vogtherr überprüft und bestätigt: Unter Ludwig dem Frommen ist überhaupt nur eine Handvoll Klöster sicher nachzuweisen.[20] Betroffen waren zunächst vor allem das älteste sächsische Bistum Paderborn sowie das werdende Bistum Halberstadt, Ersteres mit Billigung des Kaiserhofes um den sächsischen Vorort entstanden, Letzteres das Wirkungsfeld liudgeridischer Missionsbischöfe. Eine erste ›Gründungswelle‹ aus adliger Initiative ist erst seit der Mitte des 9. Jahrhunderts in der Regierungszeit Ludwigs des Deutschen erkennbar,[21] also etwa parallel zur Verfestigung der Diözesanstruktur. Das verwundert nicht, denn für die werdenden Diözesen haben Kirchen und Klöster eine raumprägende Funktion, wie schon Caspar Ehlers feststellte.[22] Überzogen ist aber dessen These, dass »die Kirche [...] bis zur Mitte des 9. Jahrhunderts die erste flächendeckende Raumgliederung in Sachsen« entwickelt habe.[23] Das ist chronologisch und in der Sache falsch, denn noch lange wird man mit sich verändernden Ausgleichsgrenzen rechnen müssen, markieren die Diözesen noch kein geschlossenes Territorium, allenfalls gedachte Einheiten. Grenzbeschreibungen stammen zumeist aus

---

20   Theo KÖLZER, Frühe Kirchen und Klöster in Sachsen – eine Nachlese, in: Christine VAN DEN HEUVEL u.a., Perspektiven der Landesgeschichte. Festschrift für Thomas Vogtherr (Veröffentlichungen der Historischen Kommission für Niedersachsen und Bremen 312), Göttingen 2020, S. 47-80. Nach Vita Anskarii c. 22 (ed. Werner TRILLMICH, Quellen des 9. und 11. Jahrhunderts zur Geschichte der Hamburgischen Kirche und des Reiches [Freiherr vom Stein-Gedächtnisausgabe XI], Darmstadt ⁵1978, S. 70): *in hac provintia cellam nullam huic legationi habebat congruam*, wobei Trillmich wohl zutreffend *provintia* mit »in Sachsen« übersetzt. Überdies habe Ansgar nur über vier Taufkirchen verfügt (ebd.). Vgl. auch Brigitte WAVRA, Salzburg und Hamburg. Erzbistumsgründung und Missionspolitik in karolingischer Zeit (Gießener Abhandlungen zur Agrar- und Wirtschaftsforschung des europäischen Ostens 179), Berlin 1991, S. 243 ff.; Enno BÜNZ, Was glaubten die Dithmarscher vor der Reformation? Zur Kirchen- und Frömmigkeitsgeschichte der Bauernrepublik um 1500, in: Detlev KRAACK/Martin J. SCHRÖTER (Hrsg.), Wendezeiten 1500 bis 1600. Glaube und Leben zwischen Norm und Abweichung (Quellen und Forschungen zur Geschichte Schleswig-Holsteins 128), Husum 2020, S. 103-143, bes. S. 112 f.

21   Zur Rolle lokaler Donatoren und Förderer vgl. etwa REMBOLD, Conquest and Christianization, wie Anm. 2, S. 175 ff., 183 ff.

22   Caspar EHLERS, Die Integration Sachsens in das fränkische Reich (751-1024) (Veröffentlichungen des Max-Planck-Instituts für Geschichte 231), Göttingen 2007, bes. S. 400 ff.

23   Caspar EHLERS, *Totam provinciam illam in parochias episcopales divisit*. Erschließung des Raumes durch die Kirche am Beispiel Sachsens, in: Credo 1, wie Anm. 12, S. 330-340, bes. S. 334.

dem späteren Mittelalter oder aus Fälschungen.[24] Die in Sachsen deutlich überwiegenden Frauenkonvente waren nicht nur Bestandteil von Adelsherrschaft und adliger Memoria, sondern nähren die Zweifel, dass die frühen Konvente zum Zwecke der Mission gegründet wurden, was auch kaum monastischem Selbstverständnis entspräche. Die überproportionale Gründung von Frauenkonventen in Sachsen ist jedoch jenseits von Gründen, die auch anderwärts gelten, noch nicht recht geklärt.[25]

Die bereinigte Chronologie ist zugleich Indikator für einen retardierten Erfolg der Missionsbemühungen im Sächsischen und die Verwurzelung des christlichen Glaubens zumindest in der Führungsschicht – und sollte vor allzu großem Optimismus warnen. Denn es gab z. B. selbst in der alten Diözese Köln bis in die Frühzeit Ludwigs des Frommen neben dem liudgeridischen Werden (um 799) nur drei weitere Klöster: Malmedy (643/48), Kaiserswerth (Gründung Suitberts †713) und als jüngstes Inden (Kornelimünster) aus der Frühzeit Ludwigs des Frommen.

Lutz von Padberg hat überdies mehrfach auf die ungeheure Kraftanstrengung verwiesen, die das Missionsunternehmen erforderte, »musste doch von der Versorgung der Ortschaften mit Priestern und deren Ausstattung mit liturgischem Gerät über den Kirchenbau bis hin zur Schaffung von Diözesanverbänden alles gleichsam aus dem Nichts geschaffen werden. Eine solche Leistung beanspruchte nicht nur viel Zeit, sondern bedurfte auch vielfältiger sachlicher und personeller Hilfe«.[26] Letzteres betrifft vermutlich auch die hier und da postulierten frühen Steinbauten, für die doch wohl externe Expertise

---

24 Beherzigenswerte Beobachtungen bereits von Michael TANGL, Forschungen zu Karolinger Diplomen, in: Archiv für Urkundenforschung 2 (1909) S. 210 ff.; überarbeitet in DERS., Das Mittelalter in Quellenkunde und Diplomatik 1, Graz 1966, S. 617 ff. Revisionsbedürftig ist: Edeltraud KLUETING u. a. (Hrsg.), Bistümer und Bistumsgrenzen vom frühen Mittelalter bis zur Gegenwart (Römische Quartalschrift für christliche Altertumskunde und Kirchengeschichte, 58. Suppl.-Bd.), Rom/Freiburg/Wien 2006, darin insbes. Edeltraud KLUETING, Die karolingischen Bistumsgründungen und Bistumsgrenzen in Sachsen, S. 64-80.

25 Claudia MODDELMOG, Metelen ohne Billunger – Hauskloster ohne Haus. Zur Beschreibung der frühmittelalterlichen Frauenkonvente Sachsens ohne »Geschlecht« und »Adelshaus«, in: Thomas FLAMMER/Jürgen SCHMITTER (Hrsg.), Beiträge zur Kirchengeschichte des Scopingaus, Münster 2014, S. 157-185, bes. S. 158 ff.; vgl. auch MODDELMOG, Stiftung, wie Anm. 43, S. 222 ff. (Beispiele seit dem letzten Drittel des 9. Jahrhunderts) sowie REMBOLD, Conquest and Christianization, wie Anm. 2, S. 223 ff.

26 Lutz E. VON PADBERG, Das Christentum als missionierende Religion. Missionskonzepte von Bonifatius bis ins späte Mittelalter, in: Credo 1, wie Anm. 12, S. 130-139, bes. S. 137 mit Verweis etwa auf DERS., Die Christianisierung Europas im Mittelalter, Stuttgart ²2006, S. 38-40. »Aufbau und Funktion der Kirchenorganisation im Missionsgebiet« beschreibt *idealiter* WAVRA, Salzburg und Hamburg, wie Anm. 20, S. 19 ff.

vorauszusetzen wäre, was – soweit ich sehe – noch eingehenderer Abklärung bedürfte.[27]

*

Sie sehen: der Weg war längst bereitet, wir sind ihn nur konsequent zu Ende gegangen:

Durch das erstmals systematisch mögliche *discrimen veri ac falsi* entscheidender Urkunden, wonach jetzt *alle* Urkunden und Deperdita Karls des Großen und Ludwigs des Frommen für sächsische Bistümer als falsch gelten müssen. Sodann durch eine kritischere Betrachtung zentraler erzählender Quellen, wie der Vita Anskarii und Vita Waltgeri, oder gar frühneuzeitlicher »Geschichtsbaumeisterei«.[28] Inzwischen sind auch alle postulierten Ursprungswechsel von Bistümern falsifiziert worden.[29]

Aus diesem bislang nicht widerlegten Befund ergibt sich zwangsläufig ein neuer chronologischer Orientierungsrahmen, und das gilt dann *a fortiori* auch für die Bauarchäologie, wie etwa in Hildesheim deutlich wurde.[30]

---

27 Gabriele ISENBERG, Das Bistum Münster in der ersten Hälfte des 9. Jahrhunderts: Ein Sonderfall in Sachsen?, in: Westfälische Zeitschrift 167 (2017), S. 9-35, bes. S. 17; KÖLZER, Frühe Kirchen, wie Anm. 20, S. 54 Anm. 37.

28 Franz J. BENDEL, Die Gründung der Abtei Amorbach nach Sage und Geschichte, in: Studien und Mitteilungen zur Geschichte des Benediktinerordens 39 (1918), S. 1-29, bes. S. 23. ISENBERG, Das Bistum Münster, wie Anm. 27, S. 18, betrachtet nicht zu Unrecht auch die zweite Vita Liudgeri als »ein äußerst faszinierendes Lehrstück für Geschichtsklitterung«. Vita Anskarii auctore Rimberto, ed. Georg WAITZ (MGH SS rer. Germ. in us. schol. 55), Leipzig 1884; Carlies Maria RADDATZ, Vita sancti Waltgeri. Leben des heiligen Waltger. Die Klostergründungsgeschichte der Reichsabtei Herford, Münster 1994.

29 Tobias ULBRICH, Die Anfänge des Bistums Bardowick/Verden, in: Niedersächsisches Jahrbuch für Landesgeschichte 63 (1991), S. 107-137; Christof RÖMER, Anfang in Halberstadt, nicht Osterwieck. Zur Erfindung einer Gründungsgeschichte eines Bistums, in: Harz-Zeitschrift 67 (2015), S. 13-26; Theo KÖLZER, Elze oder Hildesheim? Zu den Anfängen des Bistums Hildesheim, in: Karl Bernhard Kruse, Die Baugeschichte, wie Anm. 4, S. 39-55; KÖLZER, Frühe Kirchen, wie Anm. 20, S. 50 ff.

30 KRUSE, Die Baugeschichte, wie Anm. 4. Den bisherigen Kenntnisstand dokumentiert Uwe LOBBEDEY, Die frühen Bistumssitze Sachsens. Einsichten aus der aktuellen Forschung, in: Rainer-Maria WEISS/Anne KLAMMT (Hrsg.), Mythos Hammaburg. Archäologische Entdeckungen zu den Anfängen Hamburgs (Veröffentlichungen des Helms-Museums, Archäologisches Museum Hamburg, Stadtmuseum Harburg 107; Hamburg 2014), S. 391-406. Sehr zu beachten bleibt ISENBERG, Das Bistum Münster, wie Anm. 27, die den Ertrag der archäologischen Befunde kritisch sichtet. Speziell zu Münster vgl. auch die kritischen Bemerkungen von LOBBEDEY, Die frühen Bistumssitze, in: Mythos Hammaburg, S. 395 ff., sowie Martin KROKER, Die Domburg in Münster in karolingischer Zeit, ebd., S. 407-416. Zuversichtlicher ist M. BALZER, Die Anfänge, wie Anm. 2.

Wir haben aber nicht nur dekonstruiert, sondern überprüfbare und im Ergebnis übereinstimmende Kriterien benannt für die Bestimmung der Anfänge der Bistümer, vor allem Immunitätsprivilegien, die ja stets auf eine Fläche bezogen sind.³¹ Hinzu kommen die Selbstbenennung der Bischöfe nach ihrer *sedes* oder zeitgenössische Zeugnisse, etwa des Erzbischofs Hrabanus Maurus für Ebo von Reims in Hildesheim und die dortigen revisionistischen Maßnahmen von dessen Nachfolger Altfrid.³²

Damit ergibt sich ein neues Verständnismodell für die Anfänge kirchlicher Strukturen im paganen Missionsgebiet, man könnte sagen: *bottom up*, nicht *top down*,³³ Entwicklung statt Gründung, was auch das dem Mediävisten Geläufige ist; »Gründung ohne Gründer« formulierte jüngst Stephan Freund einprägsam!³⁴ Das ist folglich etwas anderes als verordnetes Geschehen, etwa die Taufmission, die sich in erzwungenen Massentaufen ohne bleibende Wirkung manifestierte! Denn Religion war nicht – wie heute – die Sache des Einzelnen, sondern vollzog sich im sozialen Verband, weshalb es zunächst immer um die Gewinnung der führenden Köpfe ging. Diese besaßen auch die nötigen Ressourcen für eigene Initiativen.

Gestärkt wird in diesem Verständnismodell sodann der Phänotypus des Missionsbischofs, den jüngst mein Schüler Andreas Mehdorn skizziert hat,³⁵ während die ›Dekonstruktion‹ der frühen Missionszentren einhergeht mit der jüngsten Kritik an einem sich angeblich schon recht früh entwickelnden Pfarrsystem und an sogenannten ›Urpfarreien‹.³⁶

\*

31  KÖLZER, Die Anfänge, wie Anm. 2, S. 22 ff.

32  Hrabanus Maurus, Poenitentiale c. 34 (MGH Epp. 5, ed. Ernst DÜMMLER u. a., Berlin 1899, S. 514 Nr. 56); KÖLZER, Elze, wie Anm. 29, S. 50; DERS., Ohne Masterplan und Reißbrett. Die Entstehung von Bistümern in der Saxonia im 9. Jahrhundert, in: Saxones, hrsg. von Babette LUDOWICI, Darmstadt 2019, S. 320-327, bes. S. 323.

33  Vgl. auch Gabriele ISENBERG, Die Entstehung und Entwicklung der Kirchenlandschaft im Ruhr-Hellweg-Raum, in: Stefan PÄTZOLD/Reimund HAAS (Hrsg.), Pro cura animarum. Mittelalterliche Pfarreien und Pfarrkirchen an Rhein und Ruhr (Studien zur Kölner Kirchengeschichte 43), Siegburg 2016, S. 45-58, bes. S. 56 f.; REMBOLD, Conquest and Christianization, wie Anm. 2, S. 187. Linksrheinisch ist das in den durch römische *civitates* vorgeprägten Bistümern anders, bestimmt der Bischof die Mission: SEMMLER, Mission und Pfarrorganisation, wie Anm. 73.

34  Oben Anm. 2.

35  MEHDORN, Prosopographie, wie Anm. 2, S. 375 ff.

36  Enno BÜNZ, Die mittelalterliche Pfarrei. Ausgewählte Studien zum 13.-16. Jahrhundert, Tübingen 2017; Wolfgang PETKE, Aufsätze zur Pfarreigeschichte in Mittelalter und Früher Neuzeit (Studien zur Kirchengeschichte Niedersachsens 52), Göttingen 2021.

Aus all dem ergibt sich, dass sich der Wandel von einem mobilen sächsischen Missionsbischof mit bevorzugtem Sitz *in* zu einem Bischof *von* gleitend vollzog. Ältester Bischofssitz ist spätestens 815/22 – und nicht überraschend – der alte sächsische Vorort Paderborn. Zeitlich parallel wurde als erstes Kloster Corvey gegründet, sodann als private Gründung der früh christianisierten Hessi-Sippe das Kloster Wendhausen im Harz. Eine private Wurzel hat möglicherweise auch Herford, das aber erst unter Ludwig dem Frommen durch die Karolinger-Brüder Adalhard und Wala von Corbie als Nonnenkloster nach westfränkischem Vorbild etabliert wurde.

Die übrigen sächsischen Bistümer konstituierten sich erst unter Ludwig dem Deutschen, dessen südlicher Reichsteil bereits seit den Tagen des Bonifatius kirchenorganisatorisch erschlossen war. Hier konkretisierten sich nach der epochalen Reichsteilung von Verdun (843) die normative Kraft des Faktischen sowie ein herrscherlicher Integrationswille. Die entstehenden Diözesen, die sich aus den nur grob an Landschaften orientierten Missionsbezirken bildeten, waren nicht am Reißbrett geplant, sondern das Ergebnis von Wildwuchs, zunächst ohne feste Grenzen, wenn auch von Beginn an durch eine herrscherliche Entscheidung den beiden neu eingerichteten Metropolen Köln und Mainz zugeordnet.[37] Entscheidend war die *in praxi* ausgeübte Amtsgewalt des Bischofs. Wenn aber dafür gerade Klöster und Stifte eine raumkonstituierende Funktion hatten, ist deren zunächst noch geringe Anzahl ein zusätzliches Argument für die retardierte Ausbildung der Diözesanstruktur.

Auch in Bezug auf die Klostergründungen ist generell zu betonen, was bezüglich der sächsischen Bistümer gilt, »dass redselige späte Gründungstraditionen [...] nur mit größter Vorsicht verwertet werden dürfen«.[38] Analog zu den Bistümern gilt auch hier, dass statt eines singulären Gründungsaktes wohl mit einem langgestreckten Prozess zu rechnen ist, dem oft erst spätere Rückschau Linearität und Konsequenz verlieh. Die Ausbildung der sächsischen Bistümer war – wenn wir von dem weiteren Ausbau in der Ottonenzeit absehen[39] – spä-

---

37 Daniel Carlo PANGERL, Die Metropolitanverfassung des karolingischen Frankenreiches (MGH Schriften 63), Hannover 2011, S. 100 ff., 121 ff., 149 ff.

38 KÖLZER, Anfänge, wie Anm. 2, S. 28. Grundsätzliche Einsichten vermittelt Isabelle ROSÉ, Fondations et réformes à l'époque carolingienne, in: Monachesimi d'Oriente e d'Occidente nell'alto medioevo (Settimane di studio della Fondazione Centro italiano di studi sull'alto medioevo LXIV), Spoleto 2017, S. 397-459; die Bemerkungen zu Sachsen sind freilich überholt.

39 Stefan PETERSEN, Bistumsgründungen im Widerstreit zwischen Königen, Bischöfen und Herzögen. Die Bistumsgründungen in ottonischer, salischer und staufischer Zeit, in: KLUETING/KLUETING/SCHMIDT (Hrsg.), Bistümer und Bistumsgrenzen, wie Anm. 24 S. 81-106; Ludger KÖRNTGEN, Heidenkrieg und Bistumsgründung. Glaubensverbreitung als Herrscheraufgabe bei Karolingern und Ottonen, in: Andreas HOLZEM (Hrsg.), Krieg und

testens 868 abgeschlossen, als sich die sächsischen Bischöfe auf einer Synode zu Worms erstmals geschlossen nach ihren *sedes* benannten; das Wirken Erzbischof Ebos von Reims in Hildesheim (844/45-852) sowie die erteilten Immunitätsprivilegien lassen individuell geringfügig frühere Ansätze innerhalb der Regierungszeit Ludwigs des Deutschen zu.

*

So weit der von uns vorgeschlagene Neuansatz. Die dezimierte Liste früher Klöster und Stifte ist sodann auch hinsichtlich königlicher Initiativen auszudünnen,[40] denn Karl der Große war allenfalls *Spiritus rector* einer Kirche in Paderborn (St. Salvator) sowie der Kapellen in den Festungen Eresburg und *Sigiburg* (Hohensyburg), Ludwig der Fromme bei der Gründung von *Hethis*/Corvey und Herford nur unterstützend tätig, und er und sein Sohn Ludwig der Deutsche ermöglichten durch Übertragung an Corvey den Ausbau der *cellulae* Meppen und Visbek. Für das Engagement der Karolinger Adalhard und Wala in Bezug auf Corvey und Herford dürfte vor allem ihre monastische Prägung und weniger der familiäre Hintergrund ausschlaggebend gewesen sein,[41] wie dies für Wendhausen, die Gründung der Grafentochter und -witwe Gisla, angenommen werden darf.

Bischöfliche Initiativen sind für die Frühzeit noch nicht zu erwarten, zumal es mit Ausnahme Paderborns ortsfeste Diözesanbischöfe erst unter Ludwig dem Deutschen gab. Helmstedt wurde vermutlich von liudgeridischen Missionsbischöfen gegründet, die bezeichnenderweise noch in dem bereits seit um 799 bestehenden Familienkloster Werden (Diözese Köln) bestattet wurden, die also noch nicht mit einem Bischofssitz ›verheiratet‹ waren. Die vermutete Vermittlung des Bischofs Badurad von Paderborn im Fall von Böddeken ist nicht zu sichern. Und mit Ausnahme Paderborns sind auch die zahlreichen Altarweihen, die Papst Leo III. 799 bei seinem Aufenthalt in Sachsen an mindestens neun Orten vorgenommen haben soll, »in das Gebiet der Fabel zu verweisen«, wie

---

Christentum. Religiöse Gewalttheorien in der Kriegserfahrung des Westens (Krieg in der Geschichte 50), Paderborn u. a. 2009, S. 281-304.

    40  Für das Folgende vgl. KÖLZER, Frühe Kirchen, wie Anm. 20, passim.

    41  Dass Walas Mutter Sächsin gewesen sei, ist nur eine bereits von Jean Mabillon geäußerte Vermutung; vgl. zuletzt Manfred BALZER, Wala, »Graf, Mönch und Rebell«, und seine Bedeutung für die Gründung von Hethis und Corvey. Ein »sächsischer« Karolinger?, in: 1200 Jahre Kosmos Corvey. Monastische Kultur, frühe Stadt und europäische Verflechtung (Wiss. Tagung der Hist. Komm. für Westfalen und des Vereins für Geschichte und Altertumskunde Westfalens, 18.-20. Mai 2022, im Druck). Die Vermutung wurde nicht verwertet von Philippe DEPREUX, Prosopographie de l'entourage de Louis le Pieux (781-840) (Instrumenta 1), Sigmaringen 1997, S. 390 ff.

vor 150 Jahren schon Bernhard Simson befand.[42] Von den von der Forschung postulierten frühen »Missions*zentren*« war schon die Rede; sie sind mit Skepsis zu betrachten.

Zu beachten bleibt auch, dass alle früh bezeugten Kirchen ›privat‹ gegründete Eigenkirchen waren,[43] die man in größerer Zahl erst *nach* einer tieferen Verwurzelung des Christentums wird annehmen dürfen.[44] Eigenkirchen konnten dann potentiell Keimzellen späterer Kirchspiele sein.[45] »Das Niederkir-

42 Sigurd ABEL/Bernhard SIMSON, Jahrbücher des fränkischen Reiches unter Karl dem Großen 2, Leipzig 1883, S. 183 f. Vgl. KÖLZER, Frühe Kirchen, wie Anm. 20, S. 76 mit Anm. 143.

43 Auf die jüngere Diskussion um die Stutz'sche Eigenkirche sei hier nicht eingegangen, zumal es sich nicht zuletzt um eine Definitionsfrage handeln dürfte und zudem die zuletzt von Steffen PATZOLD genannten Kritikpunkte für das sächsische Missionsgebiet nicht verfangen: Bischöfe und ihr Diözesanklerus im 9./10. Jahrhundert, in: BIHRER/RÖCKELEIN (Hrsg.), Die ›Episkopalisierung der Kirche‹, wie Anm. 4, S. 225-248, bes. S. 231 ff. Ich verwende den Begriff wie PATZOLD, Die fränkische Verführung, wie Anm. 89, S. 82: »Stiftung eines Adligen in Eigeninitiative«. Zur anhaltenden Diskussion vgl. etwa Andreas HEDWIG, Die Eigenkirche in den urbarialen Quellen zur fränkischen Grundherrschaft zwischen Loire und Rhein, in: ZRG KA 78 (1992), S. 1-64; Wilfried HARTMANN, Der rechtliche Zustand der Kirchen auf dem Lande: die Eigenkirche in der fränkischen Gesetzgebung des 7. bis 9. Jahrhunderts, in: Cristianizzazione ed organizzazione ecclesiastica delle campagne nell'alto medioevo. Espansione e resistenze (Settimane di studio del Centro italiano di studi sull'alto medioevo 28), Spoleto 1982, Bd. 1, S. 397-441; Susan WOOD, The Proprietary Church in the Medieval West, Oxford 2006; Steffen PATZOLD, Den Raum der Diözese modellieren? Zum Eigenkirchen-Konzept und zu den Grenzen der *potestas episcopalis* im Karolingerreich, in: Philippe DEPREUX u.a. (Hrsg.), Les élites et leurs espaces. Mobilité, rayonnement, domination (du VI$^e$ au XI$^e$ siècle) (Collection *Haut Moyen Âge* 5), Turnhout 2007, S. 225-243; Claudia MODDELMOG, Stiftung oder Eigenkirche? Der Umgang mit Forschungskonzepten und die sächsischen Frauenklöster im 9. und 10. Jahrhundert, in: Wolfgang HUSCHNER/Frank REXROTH (Hrsg.), Gestiftete Zukunft im mittelalterlichen Europa. Festschrift für Michael Borgolte zum 60. Geburtstag, Berlin 2008, S. 218-243; Steffen PATZOLD, Presbyter. Moral, Mobilität und die Kirchenorganisation im Karolingerreich (Monographien zur Geschichte des Mittelalters 68), Stuttgart 2020, S. 25 ff., 477 ff. In unserem Zusammenhang sind entscheidend die unterschiedlich ausgeprägten Reservatrechte des Gründers, die durch die eingesetzten Eigenmittel legitimiert waren, und man wird auch »die Mehrzahl der sächsischen Frauenklöster als stark herrschaftlich bestimmte Stiftungen bezeichnen müssen« (MODDELMOG, Stiftung, S. 242); vgl. PATZOLD, Die fränkische Verführung, wie Anm. 89, S. 82, sowie oben Anm. 25.

44 LANDON, Economic incentives, wie Anm. 88, S. 47 vermutet – wie andere auch – den Grund für die Verbreitung von Eigenkirchen vornehmlich in dem Bestreben, die damit verbundenen Einkünfte abzuschöpfen, was zu einseitig gesehen sein dürfte.

45 Die Kriterien benennt Enno BÜNZ, Pfarrei und Seelsorge auf dem Land. Beobachtungen zum kirchlichen Leben in Oberschwaben im Jahrhundert vor der Reformation, in: Sigrid HIRBODIAN/Sabine HOLTZ/Petra STEYMANS-KURZ (Hrsg.), Zwischen Mittelalter und Reformation. Religiöses Leben in Oberschwaben um 1500 (Oberschwaben 6), Stuttgart 2021, S. 233-310, bes. S. 249.

chenwesen entstand folglich in langgestreckter Entwicklung in Verbindung mit der Herrschafts- und Siedlungsgeschichte und keineswegs als ein vom Bischof gelenkter Prozess«.[46] Manche Eigenkirchen entwickelten sich später zu Klöstern oder Stiften, wobei in dieser Zeit eine eindeutige Charakterisierung oft gar nicht möglich ist.

Die ›privaten‹ Gründungsinitiativen ohne zentrale Steuerung haben oft eine sehr späte Bezeugung in den Quellen, sind bisweilen legendenhaft verbrämt, was vor allem für die Vita Waltgeri des 13. Jahrhunderts gilt. Ich versuche mir vorzustellen, was z. B. Bruno Krusch (†1940), der wohl schärfste Kritiker frühmittelalterlicher Viten-Literatur, zu der ominösen Vita Waltgeri gesagt hätte, die für Herford eine zentrale Rolle spielt. Denn einem Kenner zufolge pflegte Krusch »ohne Rücksicht auf liebgewordene und pietätvoll gepflegte Anschauungen mit dem scharfen Messer der Kritik streng wissenschaftlicher Forschung einen Weg durch das dichte Gestrüpp der älteren hagiographischen Literatur zu bahnen«.[47] Und darf man etwa den Namen des exklusiv in Fälschungen Bischof Bennos II. von Osnabrück (†1088) belegten ältesten Vorgängers *Wiho* mit seinem sonst nirgends belegten Namen (etwa: ›der Geweihte / Heilige‹) für ähnlich sprechend halten wie den des vermeintlich ersten Speyerer Bischofs *Principius*,[48] der im 11. Jahrhundert auch an die Spitze der Abtsliste des merowingerzeitlichen Klosters Weißenburg gestellt wurde,[49] oder den des vermeintlich ersten Abts des Klosters Klingenmünster *Celebris*, der gleichfalls nur in einer von Weißenburg beeinflussten Fälschung des frühen 12. Jahrhunderts belegt ist?[50]

Das neue chronologische Koordinatensystem erhöht natürlich auch den Begründungsdruck für angeblich sehr frühe Gründungen, etwa für einen Nonnenkonvent Müdehorst schon zu 789 oder die neuerdings sogar noch früher angesetzte Missionszelle Visbek.[51] Visbek ist in der Tat ein in mancher Hinsicht

---

46 KÖLZER, Anfänge, wie Anm. 2, S. 26.

47 Harry BRESSLAU, Geschichte der Monumenta Germaniae Historica (NA 42), Hannover 1921, S. 655.

48 Kritisch MEHDORN, Prosopographie, wie Anm. 2, S. 315 ff., bes. S. 317 f. Anm. 1681 mit Bezug auf D Merov. †46.

49 Theo KÖLZER, Merowingerstudien II (MGH Studien und Texte 26), Hannover 1999, S. 111 f.

50 D Merov. †68. Der Name ist gleichfalls sonst nicht bezeugt; KÖLZER, Merowingerstudien II, wie Anm. 49, S. 145.

51 Manfred BALZER, Abt Castus von Visbek, in: Nordmünsterland 8 (2021), S. 7-63, bes. S. 33 f. Balzer hält im übrigen *en passant* an einer frühen Existenz für die Bischofssitze in Münster (S. 17, 54 f.), Paderborn (S. 54), Halberstadt (S. 18 Anm, 38, 37 Anm. 90) und Bremen (S. 33, 39 Anm. 96) fest und befindet etwa, »dass spätestens seit der Mitte der neunziger Jahre des 8. Jahrhunderts feststand, dass beide Orte [scil. Paderborn und Münster] Bischofssitze werden sollten« (S. 55); vgl. aber auch Anm. 30. Balzers Rettungsversuch gilt Bernhard

besonderer Fall: Denn trotz der Bemühungen Manfred Balzers, Bernhard Brockmanns und anderer müssen der Abt Castus und das Missionszentrum Visbek auch weiterhin als Ergebnis eines Gewebes von Hypothesen beurteilt werden, die nicht dazu angetan sind, die neuen Perspektiven in Bezug auf das Missionsgeschehen im Sächsischen zu erschüttern.[52] Die in frühkarolingischer Zeit nirgends dokumentierte *cellula* Visbek ist nicht das standhafte ›kleine gallische Dorf‹, sondern wird sich ebenfalls in die neue Chronologie einfügen lassen müssen, zumal der missverstanden aus Châlons-en-Champagne geborgte Missionsauftrag ausschließlich einer Ganzfälschung auf den Namen Ludwigs des Frommen (D LdF. † 198) verdankt wird. Und überhaupt: Was bleibt eigentlich von dieser Ganzfälschung übrig, wenn man die nachgewiesenen Fremdanteile eliminiert und das Eigengut des Fälschers in der Zeit des aufflammenden Zehntstreits ausgerechnet Zehnten und – gleichsam als Blankoscheck – namentlich nicht genannte unterstellte Kirchen betrifft? Und wie lässt sich plausibel begründen, dass nach all den Dekonstruktionen die vor 855 nirgends bezeugte *cellula* Visbek plötzlich an die Spitze der sächsischen Gründungen gerückt wird? Dazu gehört ein starker Glaube! Es ist natürlich richtig, dass Hypothesen und Phantasie, das heißt aber doch: methodisch gezügelte Phantasie, zum Geschäft des Historikers gehören,[53] aber das Aufeinandertürmen von Hypothesen sprengt den methodischen Toleranzrahmen des Fachs. Gemessen daran bleibt der nur in einer Ganzfälschung genannte Abt Castus des vermeintlichen Missionszentrums Visbek, der »Apostel des Oldenburger Münsterlandes«,[54] ein Phantom!

Gescheitert ist auch der Rettungsversuch von Hans-Werner Goetz bzgl. des Bistums bzw. Erzbistums Hamburg.[55] In seiner ›Vorstellungsgeschichte‹ wäre Hamburg nach Paderborn das älteste sächsische (Erz-)Bistum, überdies die einzige direkte Initiative Ludwigs des Frommen, noch dazu unmittelbar an ungesicherter Grenze in Sichtweite der Wikinger, deren Überfällen man sich ständig erwehren musste, und zudem ohne Suffragane, was ein kirchenrechtliches Unikum wäre. Auch dazu gehörte schon immer ein starker Glaube! Die 2019 erschienene

---

Brockmann, Die Christianisierung des Oldenburger Münsterlandes. Abt Gerbert-Castus in seiner Zeit (Quellen und Beiträge zur Kirchengeschichte des Oldenburger Landes 1), Vechta 1996.

  52  Dazu demnächst Theo Kölzer, Castus redivivus, in: AfD 68 (2022), S. 1-15; vgl. auch Vogtherr, Visbek, wie Anm. 2, S. 127 ff.

  53  Vgl. statt anderer Werner Paravicini, Die Wahrheit der Historiker, München 2010, S. 29 ff.

  54  Brockmann, Die Christianisierung, wie Anm. 51, S. 141.

  55  Oben Anm. 6.

Edition der Hamburger Papsturkunden durch Josef Dolle hat dagegen unsere Ergebnisse rezipiert und wird vermutlich künftig als Orientierungsrahmen dienen.[56]

Eigene Nachlese[57] hat inzwischen insofern neue Einsichten erbracht, als die Hamburger Urkundenfälschungen nicht erst kurz vor der Entscheidung Papst Formosus' zur Errichtung des Erzbistums Hamburg-Bremen im Jahre 893, sondern bereits drei Jahrzehnte früher, parallel zu Rimberts Arbeit an der Vita Anskarii (865/71), von einem kongenialen Gehilfen angefertigt worden sein müssen: Diese tendenziöse Vita und die Urkundenfälschungen sind folglich zwei Seiten derselben Medaille zur Beförderung eines Hamburger Erzbistums! Wie man hört, ist in Cambridge bzw. Wien seit Jahren eine Neuedition der Vita Anskarii im Gange, und wir sind gespannt, was das Team von Paul Gazzoli aus unserer ›Vorlage‹ machen wird.

In Hamburg haben sich die Archäologen nach einer im Dezember 2013 durchgeführten Tagung zum »Mythos Hammaburg«,[58] die noch zu ganz anderen Erkenntnissen gekommen war, schließlich mit unserem Befund arrangiert.[59] Sie haben diesen aber sogleich auch überzogen, weil der von Erzbischof Adalgar (888-909) inaugurierte »Bauboom« um 900, den man auf diesen ›zweiten Blick‹ festgestellt haben will,[60] sich aus unseren Ergebnissen nicht ableiten lässt, denn Bischofssitz war und blieb Bremen. Hamburg musste folglich nicht als *sedes* ausgebaut werden, was zweifellos eine moderne Vorstellung ist!

\*

Was gibt es Neues? Die 2018 veröffentlichte Dissertation von Ingrid Rembold aus der Schule von Rosamond McKitterick in Cambridge, über »Conquest and Christianization«[61] ist zumindest in einem der beiden Hauptteile für unser Thema einschlägig und folgt tatsächlich unseren Hauptthesen, hat jedoch die Literatur nur bis 2014 rezipiert, so dass die Schlussfolgerungen allenfalls partiell einbezogen sind und Rembold folglich in manchem noch der älteren

---

56 Papsturkunden in Niedersachsen und Bremen bis 1198, bearb. von Josef DOLLE (Veröffentlichungen der Historischen Kommission für Niedersachsen und Bremen 306), Göttingen 2019, bes. S. 13, 67f., wonach Nr. 17, S. 97-99 (Errichtung des Erzbistums Hamburg-Bremen durch Papst Formosus zu ca. 892; J³ 7298 zu 893) die älteste echte Papsturkunde für Hamburg wäre.

57 KÖLZER, Ansgar und das Erzbistum Hamburg, wie Anm. 6.

58 Wie Anm. 30.

59 Rainer-Maria WEISS, Mythos Hammaburg – Fakten und Fiktionen zur Frühgeschichte Hamburgs, in: Mythos Hammaburg, wie Anm. 30, S. 17-53.

60 Ebd., S. 35.

61 REMBOLD, Conquest and Christianization, wie Anm. 2, bes. S. 141 ff. Frau Rembold war 2014/15 DAAD-Stipendiatin in Göttingen.

Chronologie und Deutung verhaftet bleibt.[62] Das wäre Stoff für eine längere kritische Diskussion, was hier nicht zu leisten ist.[63]

Bereits erwähnt habe ich die Dissertation meines Schülers Andreas Mehdorn, der soeben eine Prosopographie von 50 namentlich bezeugten Missionaren in dem Jahrhundert zwischen 750 und 850 vorgelegt hat.[64] Ihm war aufgegeben, auf kritisch erarbeiteter Quellengrundlage jene Personen ausfindig zu machen und quellennah in ihrem Wirken zu beschreiben, die an dem Missionsgeschehen Anteil hatten. Dabei waren quellenbasierte Urteile von reinen Hypothesen und Spekulationen sorgsam zu unterscheiden. Das schließt kritische Urteile über ominöse Namen wie etwa *Wiho* von Osnabrück oder *Spatto* von Verden und dessen fiktive Vorgänger ein. Zugleich ergaben sich Einsichten in die nur schwach belegte Missionspraxis[65] sowie vor allem für den Phänotypus des in der Forschung kaum behandelten ›Missionsbischofs‹:[66] Obwohl es sich nur um einen nicht quellengestützten Verabredungsbegriff handelt, muss daran festgehalten werden. Denn wenn man das Entstehen kirchlicher Strukturen aus der Perspektive einer Missionskirche als einen gestreckten Prozess auffasst, dann ist die Annahme von ›Missionsbischöfen‹ für die Frühzeit als Regelfall unumgänglich, sofern nicht vorübergehend externe Bischöfe tätig wurden, wie etwa im Raum Halberstadt Bischof Hildigrim von Châlons-en-Champagne aus der Familie der Liudgeriden. Als Kennzeichen für den Missionsbischof dürfen gelten die Verleihung der Bischofswürde *ad personam*, die gentil-räumliche Definition seines Zuständigkeitsbereiches und das mobile Agieren. Missionare, die bereits vor der Bischofsweihe bischöfliche Funktionen ausübten, wie etwa Willehad und Liudger, sind folglich zunächst nicht als Missionsbischöfe zu bezeichnen. Sie zeigen vielmehr, dass die strengen Normen des Kirchenrechts unter Missionsbedingungen nicht immer eingehalten werden konnten, was ja schon Bonifatius in Bezug auf die Gründung von Bischofssitzen gewärtigen musste.

Die gleichsam im Handumdrehen zu Mehdorns Arbeit verfasste Rezension von David S. Bachrach[67] konserviert dagegen erneut die ältere Sicht, etwa

---

62  Allerdings ist auch die Edition der Ludwigs-Urkunden von 2016 benutzt, aus der sich unsere Schlussfolgerungen bereits ergeben.

63  Vgl. oben Anm. 2 sowie die Rezensionen von Rudolf SCHIEFFER, in: Francia recensio 2018/2, und Stephan FREUND, in: Deutsches Archiv für Erforschung des Mittelalters 76 (2020), S. 363 f.

64  MEHDORN, Prosopographie, wie Anm. 2.

65  Ebd., S. 367 ff. Vgl. auch REMBOLD, Conquest and Christianization, wie Anm. 2, S. 188 ff.

66  MEHDORN, Prosopographie, wie Anm. 2, S. 375 ff.

67  Francia recensio 1/2022. Bachrach hat sich auch sonst gelegentlich gegen die ›Dekonstruktion‹ der älteren Verfassungsgeschichte gewandt; vgl. etwa DERS., The Benefices of

hinsichtlich der Einführung der Grafschaftsverfassung im Jahre 782 und einer institutionalisierten Kirche unter Karl dem Großen, beklagt auch die Missachtung englischsprachiger Literatur, was freilich damit zu tun haben könnte, dass die genannte für unser Anliegen nicht nützlich war.

Im Wesentlichen abgeschlossen ist die Dissertation von Tobias Jansen zur Frühgeschichte des Bistums Verden und dessen Rolle in der Reichspolitik.[68] Darüber hat der Verfasser bereits im Rahmen der Germania Sacra in Göttingen vorgetragen, weshalb nur weniges aus einer äußerst verwickelten Geschichte erwähnt sei:

Die Existenz des Bistums Verden ist zum Jahre 848/49 durch das Immunitätsprivileg Ludwigs des Deutschen bezeugt (D LdD. 57), die Frühgeschichte bleibt aber dunkel. Mit Tobias Ulbrich kann Jansen zeigen, dass der Mitte des 13. Jahrhunderts von Bardowick erhobene Anspruch, vor Verden der ursprüngliche Bischofssitz gewesen zu sein, unbegründet ist.[69] Erst dieser Vorstoß scheint vielmehr in Verden im Gegenzug die historische Selbstvergewisserung angestoßen zu haben, die ihren Niederschlag in der konstruierten Bischofsliste (um 1300) und der Bischofschronik von 1331 fand, welche die spätere Historiographie ohne neue Anhaltspunkte ausbaute. Empfänger des Immunitätsprivilegs war Bischof Waldgar (ca. 842-849), dessen beide Vorgänger Harud († 829) und Helmgaud († 838/42) wohl noch Missionsbischöfe waren, während die sieben Namen davor, beginnend mit keinem Geringeren als Suitbert v. Kaiserswerth († 713), im 12./13. Jahrhundert widerrechtlich beansprucht bzw. erfunden sind.

Dass das bayerische Kloster Amorbach ›Missionspate‹ für Verden gewesen sei, berichtet erstmals die Chronik von 1331. Dort werden die Bischöfe Spatto, Thanco und Harud als Äbte von Amorbach und zugleich als *Scoti* bezeichnet, was schon wegen der Namensformen unwahrscheinlich ist. Gleichwohl ist eine frühe Missionstätigkeit Amorbachs im Raum Verden analog etwa zum Wirken Fuldas einstweilen nicht gänzlich auszuschließen. Für Einzelheiten dieses äußerst verwickelten Problems, in das auch Spuria des späten 12. Jahrhunderts für das Kloster Neustadt am Main (u.a. D LdF. †229) hineinspielen, und der ebenso komplizierten Frühgeschichte Amorbachs, das urkundlich erst

---

Counts and the Fate of the Comital Office in Carolingian East Francia and Ottonian Germany, in: Zeitschrift der Savigny-Stiftung für Rechtsgeschichte Germ. Abt. 136 (2019), S. 1-50.

68 Tobias JANSEN, Die Bischöfe von Verden und das Reich. Reichspolitik zwischen weltlicher und geistlicher Herrschaft von den Anfängen des Bistums bis ins 12. Jahrhundert (Diss. Bonn 2022); DERS., Zur Entstehung des Bistums Verden. Eine Revision der Gründungsgeschichte unter Berücksichtigung der Amorbacher und Neustädter Überlieferung (MA-Arbeit Bonn 2014).

69 Vgl. Anm. 29.

durch ein postuliertes Deperditum Karls III. von 882 belegt ist,⁷⁰ muss ich auf die Arbeit Jansens selbst verweisen. Auch dieser bereits mehrfach behandelte Problemkreis erfährt neue Beleuchtung und bietet gleichwohl nach wie vor überlieferungsbedingte ›blinde Flecke‹.

*

Lösen wir uns von den Einzelproblemen und schauen noch einmal auf das Gesamt-Tableau des Missionsgeschehens im Sächsischen aus anderer Perspektive: Der Missionar Bonifatius wurde erst 722 in Rom zum Missionsbischof geweiht, erhielt zehn Jahre später das Pallium, reorganisierte sodann die bayerischen Bistümer Passau, Salzburg, Freising und Regensburg und gründete schließlich 741 die Bistümer Würzburg, Büraburg und Erfurt. Auch bei ihm verschob sich also erst sekundär »das Schwergewicht des Mühens [...] von den missionarischen zu den organisatorischen Aufgaben«, wie bereits Theodor Schieffer feststellte.⁷¹ Bis dahin »überwog noch der Wildwuchs, ohne abgegrenztes Diözesansystem, ohne geordnete Verwaltung und Jurisdiktion«, handelte es sich um ein »rechtlich-organisatorisch ungeregeltes Missionskirchentum«.

Selbst mit Blick auf die im Vergleich zu Sachsen besser dokumentierte Region Oberrhein hat Josef Semmler vor Jahren befunden: »Wie ihre kirchenorganisatorische Erfassung in Bistum und Kirchspiel vor sich ging, lässt sich eher modellhaft umreißen denn befriedigend dokumentieren«.⁷² Das trifft wohl zu, dennoch sind Vergleiche lehrreich, wobei sich allerdings die linksrheinischen Gebiete wegen gänzlich anderer Voraussetzungen nicht eignen, die wiederum Josef Semmler beschrieben hat.⁷³ Hilfreich ist aber etwa ein Blick auf die Mission im Südosten des Reichs, in Pannonien, in die vielleicht sogar sächsische

---

70 Edmund E. Stengel, Karls III. verlorenes Privileg für Amorbach und der italienische Ursprung seiner Fassung, in: ders., Abhandlungen und Untersuchungen zur mittelalterlichen Geschichte, Köln/Graz 1960, S. 264-275 (zuerst in: Quellen und Forschungen aus italienischen Archiven und Bibliotheken 32, 1942, S. 1-12).

71 Theodor Schieffer, Winfrid-Bonifatius und die christliche Grundlegung Europas, Freiburg 1954, S. 157, 181, 183; vgl. J³ *3703, 3829 sowie Matthias Schrör, Metropolitangewalt und papstgeschichtliche Wende (Historische Studien 494), Husum 2009, S. 45 f.

72 Bischofskirche und ländliche Seelsorgezentren im Einzugsbereich des Oberrheins (5.-8. Jahrhundert), in: Hans Ulrich Nuber u. a. (Hrsg.), Der Südwesten im 8. Jahrhundert aus historischer und archäologischer Sicht (Archäologie und Geschichte 13), Ostfildern 2004, S. 335-354, bes. S. 354.

73 Josef Semmler, Mission und Pfarrorganisation in den rheinischen, mosel- und maasländischen Bistümern (5.-10. Jahrhundert), in: Cristianizzazione ed organizzazione ecclesiastica, wie Anm. 43, S. 813-888.

Erfahrungen einflossen. Ich resümiere nur kurz einige Beobachtungen von Brigitte Wavra und zuletzt Béla Miklós Szöke:[74]

Anlässlich des Kriegszugs gegen die Awaren versammelten sich die im Tross befindlichen Bischöfe im Sommer 796 unter Leitung des Patriarchen Paulinus II. von Aquileia am Ufer der Donau.[75] Sie beschäftigten sich nicht mit detaillierten kirchenorganisatorischen Fragen, da die räumlichen Vorstellungen »noch sehr nebelhaft« waren.[76] Allerdings legte man grob Missionssprengel fest, die Salzburg und Aquileia anvertraut wurden.[77] Wegen eines Streits um die Zugehörigkeit Karantaniens wurden die Grenzen der Missionssprengel von Karl dem Großen im Jahre 811 urkundlich fixiert und 819 durch Ludwig den Frommen bestätigt.[78] Drei Jahre nach der Versammlung an der Donau veranstaltete Erzbischof Arn von Salzburg eine Synode, die sich vor allem mit der konkreten Missionsarbeit in seinem Salzburger Missionssprengel befasste. Er weihte den Theoderich († nach 821) zum Chorbischof für »das Gebiet der Karantanen und ihre Nachbarn im Westen der Drau bis zur Mündung der Drau in die Donau«.[79] Sein Arbeitsfeld war also ein gentil-räumlich bestimmter Missionssprengel, was auch für den Missionsbischof im Sächsischen gelten dürfte, wo keine Chorbischöfe nachzuweisen sind,[80] denn die sind stets Teil

---

74 WAVRA, Salzburg und Hamburg, wie Anm. 20, S. 175 ff.; Béla Miklós SZÖKE, Karolingische Kirchenorganisation in Pannonien, in: Uta VON FREEDEN u. a. (Hrsg.), Glaube, Kult und Herrschaft. Phänomene des Religiösen im 1. Jahrtausend n. Chr. in Mittel- und Nordeuropa (Kolloquien zur Vor- und Frühgeschichte 12), Bonn 2009, S. 395-416. Die zentrale Quelle edierte Herwig WOLFRAM mit umfangreichem Kommentar: Conversio Bagoariorum et Carantanorum. Das Weißbuch der Salzburger Kirche über die erfolgreiche Mission in Karantanien und Pannonien (Böhlau Quellen Bücher), Wien/Köln/Graz 1979.

75 MGH Conc. II/1, ed. Albert WERMINGHOFF, Hannover/Leipzig 1906, S. 172-176 Nr. 20; Winfried HARTMANN, Die Synoden der Karolingerzeit im Frankenreich und in Italien (Konziliengeschichte, Reihe A), Paderborn 1989, S. 116 f.

76 SZÖKE, Karolingische Kirchenorganisation, wie Anm. 74, S. 397; vgl. WAVRA, Salzburg und Hamburg, wie Anm. 20, S. 183 ff.

77 Conversio c. 6, ed. WOLFRAM, wie Anm. 74, S. 46.

78 DD KdGr. 211, LdF. 170.

79 Conversio c. 8, ed. WOLFRAM, wie Anm. 74, S. 48 (die zitierte Übersetzung ebd. S. 49). Die Synode fand in *Traisma* (St. Pölten) statt, das im 10. Jahrhundert von Passau beansprucht wurde: D LdF. †225II.

80 Geneviève BÜHRER-THIERRY, Die Chorbischöfe der karolingischen Kirchen zwischen Theorie und Praxis (8.-10. Jahrhundert), in: BIHRER/RÖCKELEIN (Hrsg.), Die Episkopalisierung der Kirche, wie Anm. 4, S. 249-264, bes. S. 253, wonach der Negativbefund daraus resultiere, »dass aus Sachsen fast keine Privaturkunden erhalten sind«; das dürfte als Erklärung schwerlich ausreichen.

einer bereits existierenden Hierarchie.[81] Aufschlussreich ist auch die Aufgabenbeschreibung für den Chorbischof: »Er solle das Volk machtvoll durch seine Predigt lenken [...], neu errichtete Kirchen weihen, Priester weihen und einsetzen und schließlich das gesamte kirchliche Leben in jenen Gebieten so einrichten, wie es die kanonische Ordnung verlange, wobei er die Herrschaft und Abhängigkeit von den Salzburger Kirchenlenkern anerkenne«.[82] Der Chorbischof übte demnach eine vom Erzbischof abgeleitete *potestas* und *ordinatio* aus, ohne feste Wirkungsstätte, sondern mobil agierend in Räumen, in denen er offenbar auch Besitz hatte. Man vermied also bewusst die Gründung eines Bistums zugunsten direkter Einflussmöglichkeiten.[83] Nach dem dritten Chorbischof Osbald, der bis ca. 863 amtierte und dann in sein Kloster St. Gallen zurückkehrte, wurde der Missionssprengel geteilt (*Pannonia superior / inferior*), und etwa parallel kam es zur Gründung von zwei Grafschaften um *Mosaburg* (Moosburg / Zalavár) und *Savaria* (Steinamanger / Szombathely), die möglicherweise auch Bischofssitze hätten werden sollen.[84] Ein Chorbischof wurde – vielleicht aufgrund eines Konflikts – nicht mehr bestellt, sondern es amtierten jetzt Archipresbyter. In der Grafschaft *Mosapurc* sind bis ca. 870 schon etwa 30 Kirchen belegt, in *Mosapurc* allein drei, eine Kirchenfamilie.[85]

Das mag genügen. Die Parallelen zum Missionsgeschehen in Sachsen springen ins Auge und helfen bei der Beurteilung der dortigen Verhältnisse, weil sie bei vergleichbarer Ausgangslage ein zumindest ähnliches, zeitbedingtes Muster abbilden: allmähliches Werden statt Gründung!

\*

Mit den angedeuteten Konsequenzen, die aus einer kritischen Urkundenedition zu ziehen sind, wird durchaus analog zur Merowingeredition ein ganzes Forschungsfeld ›umgepflügt‹,[86] der Forschungskonsens aufgekündigt und ein neues Erklärungsmodell für die Entwicklung der sächsischen Missionskirche ohne vorprägende römische Grundlagen angeboten:

---

81  Raymund Kottje, Art. Chorbischof, in: LexMA 2, München/Zürich 1983, Sp. 1884-1886; Winfrid Cramer, Art. Chorbischof, in: LThK 2³, Freiburg/Basel/Rom/Wien 1994, Sp. 1090-1092.
82  Wie Anm. 79.
83  Wavra, Salzburg und Hamburg, wie Anm. 20, S. 200.
84  Szöke, Karolingische Kirchenorganisation, wie Anm. 74, S. 409 f.
85  Ebd., S. 401, 403, 409.
86  Rembold, Conquest and Christianization, wie Anm. 2, S. 36, konstatierte, noch von anderen Voraussetzungen ausgehend (s. Anm. 2): »A large-scale re-evaluation of the Christianization of the region has yet to be attempted«.

- gestreckte, zeitverschobene Entwicklung vor allem unter Ludwig dem Deutschen statt Gründung durch Karl den Großen oder Ludwig den Frommen;
- Missionare, *ad personam* ernannte Missionsbischöfe und Missionspaten als Promotoren;
- fiktive, weil konstruierte frühe Missionszentren in Visbek und Meppen;
- *in praxi* sich konstituierende, zunächst noch amöbenhafte Missions- und Bistums-Sprengel in der Verantwortlichkeit der Metropolen Köln und Mainz;
- durch fiktive Ursprungswechsel diskreditierte ältere Ansätze für Halberstadt, Hildesheim und Verden, woraus sich einmal mehr kritische Rückfragen an »Urpfarrei« und »Pfarrorganisation« ergeben;[87]
- kein sicherer Nachweis für die Ausstattung der werdenden Bistümer mit Reichsgut, denn »in Sachsen waren die Karolinger arm« (Rembold); wichtiger war offenbar lokale Patronage,[88] zumal manche Eingesessene von den neuen Herren auch profitierten;[89]

---

87  Vgl. etwa Sebastian KREIKER/Uwe OHAINSKI, Zu den Anfängen der Pfarrorganisation im Bistum Hildesheim: Struktur und frühe Besiedlung der Urpfarrei Elze, in: Hildesheimer Jahrbuch für Stadt und Stift Hildesheim 65 (1994) S. 17-33.

88  Gegen die Thesen von RÖSENER, Reichsgut, wie Anm. 6, vgl. schon KÖLZER, Corvey (ebd.), bes. S. 7 ff., und unabhängig REMBOLD, Conquest and Christianization, wie Anm. 2, S. 160 ff., 175 ff., 183 ff., Zitat S. 162: »in Saxony, the Carolingians were poor«; vgl. ebd. S. 186 f.: »There is little evidence, however, for Carolingian rulers taking an active role in the establishment or material endowment of Saxon religious institutions following the conclusion of the Saxon war«. Dem widerspricht nicht Christopher LANDON, Economic incentives for the Frankish conquest of Saxony, in: Early Medieval Europe 28 (2020), S. 26-56 (überarbeiteter Teil einer Ph.D. thesis University of Toronto, 2017), bes. S. 37 Anm. 63, S. 44, 47. Nicht einzugehen ist hier auf dessen These, wonach die Forschung die wirtschaftlichen Beweggründe für die Sachsenkriege krass unterschätzt habe, denn Sachsen habe den fränkischen Eroberern genügend materielle Anreize geboten (Schätze, Vieh, Menschen, Land, Bodenschätze, Steuern und Abgaben, Handelsnetzwerke). Dass dies handlungsleitend war, wird jedoch – von anderem abgesehen – nicht nachgewiesen, zumal Plünderung, Geiselnahme, Versklavung usw. stets Begleiterscheinungen des Krieges waren. Vgl. noch Hedwig RÖCKELEIN, Eliten markieren den sächsischen Raum als christlichen: Bremen, Halberstadt und Herford (8.-11. Jahrhundert), in: Les élites, wie Anm. 43, S. 273-298.

89  Steffen PATZOLD, Die fränkische Verführung, in: Die ZeitGeschichte 6/2019 (Karl der Große), S. 78-83. Eine der zitierten Quellen (MGH Epp. 5, Berlin 1899, S. 300 f. Nr. 2: Bittbrief eines Sachsen an Ludwig d. Fr., ca. 815) zeigt aber auch, dass sächsische Kollaborateure von ihren *propinqui ... atque pagenses causa christianitatis* massive Repressalien erdulden mussten. Im übrigen hält Patzold ebd. S. 82 ohne Diskussion an der überholten Gründung der sächsischen Bistümer durch Karl d. Gr. und Ludwig d. Fr. fest.

- Bestätigung von Corvey als ältestem sächsischen Kloster sowie retardierte ›private‹ Gründungsinitiativen mit einer ersten Gründungswelle seit der Mitte des 9. Jahrhunderts parallel zur Etablierung der Bistümer;
- päpstlicher Einfluss zunächst nur bezüglich der Rahmenbedingungen durch die Begründung von Missionslegationen und die Ernennung von Missions-Erzbischöfen; konkreter Eingriff traditionsgemäß erst bei der Errichtung der Erzdiözese Hamburg-Bremen 893.[90]

\*

Was könnte angesichts dieser Zwischenbilanz den »Nutzen des Edierens« deutlicher demonstrieren, dessen sich anlässlich des 150-jährigen Jubiläums des Instituts für österreichische Geschichtsforschung die ›Rechtgläubigen‹ gegenseitig versicherten?[91] Dies sollte aber auch Forschungsförderern und Gutachtern zu denken geben, denen Grundlagenforschung in Form von Urkunden-Editionen als eine heutzutage überholte Arkanwissenschaft gilt, die vermeintlich progressiven Forschungsinitiativen das Geld abgräbt. Das aber ist erkennbar kein in der Sache begründetes Urteil, sondern spiegelt Verteilungskämpfe à la Thomas Hobbes![92]

Ein junger Kollege hat kürzlich bemerkt: »Nicht immer sind neue Sichtweisen und Erkenntnisse der historischen Forschung angenehm. Sie zwingen dazu, sich mit den Befunden kritisch und detailliert auseinanderzusetzen, bereits als sicher Festgestelltes wieder in Frage zu stellen, alte Thesen zu verwerfen oder aus den Quellen heraus erschlossene Systematiken und Strukturen zu revidieren«.[93] Die neuen Einsichten mögen hier und da sogar als schmerzlich empfunden werden, weil überkommene Geschichtsbilder erschüttert sind; das kenne ich auch aus meiner Heimat. Gleichwohl wird man trotz aller angedeuteten Bedenken und Probleme doch auch positiv festhalten dürfen, »dass sich vornehmlich innerhalb der kirchlich vorgeprägten Räume«, als Resultante einer langgestreckten Entwicklung, »die Integration Sachsens« in das Franken-

---

90 Kölzer, Anfänge, wie Anm 2, S. 24 f. mit der einschlägigen Literatur.
91 Brigitte Merta u. a. (Hrsg.), Vom Nutzen des Edierens. Akten des internationalen Kongresses zum 150-jährigen Bestehen des Instituts für Österreichische Geschichtsforschung (MIÖG-Ergänzungsband 47), Wien/München 2005. Statt anderer vgl. aus niedersächsischer Sicht Philip Haas, Quellenerschließung als Beitrag zur historischen Forschung. Hans Goetting und die Geschichte von Reichsstift und Stadt Gandersheim, in: AfD 67 (2021), S. 407-435.
92 Theo Kölzer, Urkundeneditionen heute?!, in: Denkströme. Journal der Sächsischen Akademie der Wissenschaften, Heft 6 (2011), S. 44-55; auch in: BDLG 147 (2011), S. 183-193.
93 Kreyenschulte, Eine frühmittelalterliche Urkundenfälschung, wie Anm. 4, S. 51.

reich und die Entwicklung von Städten, nämlich Bischofs-Städten, »vollzog«,[94] bevor nicht einmal ein Jahrhundert später Sachsen selbst die Zentrallandschaft des ostfränkisch-deutschen Reiches der Ottonen bildete.

94 KÖLZER, Die Anfänge, wie Anm. 2, S. 33.

# Digital, interdisziplinär, vernetzt
## Überlegungen zur Neuedition der »Braunschweigischen Reimchronik« als einer zentralen Quelle niedersächsischer Landesgeschichte im 13. Jahrhundert

VON OLIVER AUGE UND GESINE MIERKE

Die »Braunschweigische Reimchronik«,[1] die vermutlich als Auftragsarbeit zwischen 1279 und 1292 im Umkreis des Welfenhofs in Braunschweig von einem Anonymus verfasst wurde,[2] gibt die sächsische und genealogische Geschichte der Jahre 768 bis 1279 wieder.[3] Als gereimte Geschichtserzählung bietet die Chronik einen wichtigen Zugang zu Fragen der zeitgenössischen Darstellung und Diskursivierung welfischer Geschichte. Sie fand indes wie viele Texte ihrer Gattung in der Forschung bislang wenig Berücksichtigung. Gerade vonseiten der Historiker wurde sie aufgrund mangelnder historischer Genauigkeit skeptisch betrachtet, und Literaturwissenschaftler sahen ihre ästhetische Qualität zuweilen kritisch.[4] Gleichwohl stellt die Chronik im Vergleich mit anderen Texten der Gattung gerade aufgrund ihrer Gestaltung einen Sonderfall dar, ist

---

1  Im Folgenden wird auch die Abkürzung BRC verwendet.

2  Zur Verfasserfrage vgl. jüngst Thomas VOGTHERR, Der welfische Hof unter Albrecht I. von Braunschweig. Fürstlicher Rat, Hofämter, Ministerialität und Ritterschaft. Mit einem Exkurs: Zur Verfasserfrage der »Braunschweigischen Reimchronik«, in: Oliver AUGE u.a. (Hrsg.), Der letzte Welfe im Norden. Herzog Albrecht I. ›der Lange‹ von Braunschweig (1236-1279). Ein ›großer‹ Fürst und seine Handlungsspielräume im spätmittelalterlichen Europa, Berlin u.a. 2019, S. 153-182, hier S. 178; zur älteren Diskussion vgl. Ludwig WEILAND (Hrsg.), Braunschweigische Reimchronik, Hannover 1877, S. 430-574; Wilfried HERDERHORST, Die »Braunschweigische Reimchronik« als ritterlich-höfische Geschichtsdichtung, in: Niedersächsisches Jahrbuch für Landesgeschichte 37 (1965), S. 1-34, hier S. 3; Thomas SANDFUCHS, Braunschweigische Reimchronik, in: VL 1, Berlin u.a. ²1978, Sp. 1007-1010, hier Sp. 1008; Hans-Joachim ZIEGELER, Literatur am Welfenhof, in: Gerald KAPFHAMMER u.a. (Hrsg.), Orte der Literatur. Schriften zur Kulturgeschichte des späten Mittelalters und der Frühen Neuzeit, Köln u.a. 2009, S. 25-42, hier S. 29.

3  Vgl. SANDFUCHS, Braunschweigische Reimchronik, wie Anm. 2.

4  Vgl. WEILAND, Braunschweigische Reimchronik, wie Anm. 2, S. 430; HERDERHORST, Braunschweigische Reimchronik, wie Anm. 2, S. 6; Hans PATZE, Mäzene der Landesgeschichtsschreibung im späten Mittelalter, in: DERS. (Hrsg.), Geschichtsschreibung und Geschichtsbewusstsein im späten Mittelalter, Sigmaringen 1987, S. 331-370; Stefanie HÖLSCHER, Braunschweigische Reimchronik. Ein Ausdruck welfischer Machtlegitimation, in: Jahrbuch der Oswald von Wolkenstein-Gesellschaft 10 (1998), S. 181-190; Gesine MIERKE,

sie doch stilistisch ein gelungener Versuch, (nicht nur welfische) Geschichte anspruchsvoll in der Volkssprache zu erzählen.[5]

Die Frage nach der Inszenierung von Herrschaft, wie sie in der neueren Forschung allgemein diskutiert wird,[6] blieb bisher bei der Betrachtung der Chronik weitgehend unberücksichtigt. Auch fand die im Text angelegte enge Verzahnung von Fakt und Fiktion kaum Beachtung. Bis heute liegt keine Untersuchung vor, die den Text in seiner Vielschichtigkeit aus interdisziplinärem Blickwinkel beleuchtet. Gerade hier sehen wir ein großes Potenzial, das den Text aus einer neuen Perspektive erschließen und für die Erforschung etwa der welfischen Geschichte vor allem im 13. Jahrhundert aktivieren kann. Vor diesem Hintergrund sehen wir in einer Neuedition des Textes und einer interdisziplinären Kommentierung eine Möglichkeit, die Chronik in ihrer Komplexität und unter Einbeziehung verschiedener Perspektiven zu erschließen. Beispielhaft für eine interdisziplinäre Zusammenarbeit im Rahmen eines Editionsprojekts sei an dieser Stelle die für den niedersächsischen Kontext und darüber hinaus wichtige Edition und Erschließung der Briefwechsel aus dem Kloster Lüne genannt, die von Eva Schlotheuber und Henrike Lähnemann verantwortet wird.[7]

Bereits 1991 forderte Karl Stackmann in seiner Auseinandersetzung mit der New Philology, dass die Edition »Sammelpunkt aller oder wenigstens möglichst vieler mediävistischer Teildisziplinen«[8] sein solle, und auch jüngst wiesen Roman Bleier et al. auf die Komplexität der digitalen Editionsarbeit hin und betonten mit Nachdruck, dass Editionen nicht mehr »als Einzelunternehmen zu denken« seien, sondern nach »neuen Formen interdisziplinären und kollaborativen Arbeitens«[9] verlangen.

Arthurisches in der volkssprachigen Chronistik, in: Cora DIETL u.a. (Hrsg.), Gattungsinterferenzen. Der Artusroman im Dialog, Berlin/Boston 2016, S. 1-17, hier S. 1-7.

5 Vgl. dazu die Interpretation hinsichtlich Genealogie und Verwandtschaft des Textes von Beate KELLNER, Ursprung und Kontinuität. Studien zum genealogischen Wissen im Mittelalter, München 2004, S. 374-393.

6 Vgl. grundlegend Gerd ALTHOFF, Die Macht der Rituale. Symbolik und Herrschaft im Mittelalter, Darmstadt 2003; Johannes LAUDAGE, Die Bühne der Macht. Friedrich Barbarossa und seine Herrschaftsinszenierung, in: Andrea VON HÜLSEN-ESCH (Hrsg.), Inszenierung und Ritual in Mittelalter und Renaissance, Düsseldorf 2005, S. 97-134; Christiane WITTHÖFT, Ritual und Text. Formen symbolischer Kommunikation in der Historiographie und Literatur des Spätmittelalters, Darmstadt 2004.

7 Siehe dazu https://www.hab.de/netzwerke-der-nonnen-edition-und-erschliessung-der-briefsammlung-aus-kloster-luene-ca-1460-1555/ (Zugriff 30.3.2022).

8 Karl STACKMANN, Die Edition – Königsweg der Philologie?, in: Rolf BERGMANN/Kurt GÄRTNER (Hrsg.), Methoden und Probleme der Edition mittelalterlicher deutscher Texte. Bamberger Fachtagung 26.-29. Juni 1991, Plenumsreferate, Tübingen 1993, S. 16.

9 Roman BLEIER u.a., Digitale Mediävistik und der deutschsprachige Raum, in: Das Mittelalter 24, Heft 1 (2019), S. 8.

Die Editionsphilologie ist ein Wesenskern der historisch arbeitenden, mediävistischen Disziplinen und die Grundlage aller Textarbeit. Philologien und Geschichtswissenschaften haben sich in diesem Bereich von Anfang an beeinflusst und befruchtet.[10] Die Editionsphilologie hat dabei eine Entwicklung vom Lachmannschen Typus der historisch-kritischen Edition über das Prinzip der Leithandschrift bis hin zu digitalen Editionen genommen. Insbesondere die Hinwendung zu den Möglichkeiten digitaler Medien hat die oftmals als konträr konzipierten Ansprüche von Lesbarkeit, historischer Textkonstellation und Benutzerinteresse mehr und mehr in Einklang gebracht.[11] Gerade im Bereich der Mediävistik sind computergestützte Verfahren zur Textanalyse oder digitale Editionen seit Jahrzehnten etabliert.[12]

Seit dem Einfluss der New Philology in den 1980er Jahren gilt, so haben es Manuel Braun, Sonja Glauch und Florian Kragl jüngst noch einmal auf den Punkt gebracht, als neue Formel der Editionspraxis, überlieferungsnah statt autornah zu arbeiten.[13]

Damit scheint das Lachmannsche Paradigma durch eine Besinnung auf alle Überlieferungszeugen in Teilen abgelöst. Zumindest liegt hier das große Potential der digitalen Editionen – wenn nicht sogar das Größte, denn sie können ein wesentliches Merkmal der Literatur des Mittelalters sichtbar machen, näm-

---

10  Vgl. Patrick SAHLE, Digitale Editionsformen. Zum Umgang mit der Überlieferung unter den Bedingungen des Medienwandels, 2 Bde., Norderstedt 2013, S. 11-142. Online verfügbar unter http://kups.ub.uni-koeln.de/5351/, http://kups.ub.uni-koeln.de/5352/, http://kups.ub.uni-koeln.de/5353/ (Zugriff 24.3.2022).

11  Die Fülle an Publikationen ist kaum mehr überschaubar. Vgl. grundlegend: Constanze BAUM/Thomas STÄCKER (Hrsg.), Grenzen und Möglichkeiten der Digital Humanities, Wolfenbüttel 2015; DIES. (Hrsg.), Die Digital Humanities im deutschsprachigen Raum. Methoden, Theorien, Projekte, in: Zeitschrift für digitale Geisteswissenschaften, Sonderband 1 (2015) http://tuprints.ulb.tu-darmstadt.de/19495/ (Zugriff 30.3.2022); Fotis JANNIDIS u.a. (Hrsg.), Digital Humanities. Eine Einführung, Stuttgart 2017.

12  Gerade im Bereich der genannten digitalen Editionen führt der Katalog der Online-Ausgaben von Patrick SAHLE und Greta FRANZINI zahlreiche erfolgreiche Initiativen auf, vgl. https://www.digitale-edition.de/exist/apps/editions-browser/index.html (Zugriff 24.3.2022). Erinnert sei auch an Projekte wie Lyrik des deutschen Mittelalters http://www.ldm-digital.de/ (Zugriff 24.3.2022), den Österreichischen Bibelübersetzer https://bibeluebersetzer.badw.de/das-projekt.html (Zugriff: 24.3.2022), das Berner Parzival-Projekt https://www.parzival.unibe.ch/ (Zugriff: 24.3.22) u.v.m. Die Forschungsliteratur zu Digital Humanities in der Mediävistik steigt beständig, vgl. zuletzt: BLEIER u.a., Digitale Mediävistik, wie Anm. 9.

13  Vgl. Manuel BRAUN u.a., Aus der Werkstatt der Online-Edition »Lyrik des deutschen Mittelalters« (LDM), in: Dorothea KLEIN u.a. (Hrsg.), Überlieferungsgeschichte transdisziplinär. Neue Perspektiven auf ein germanistisches Forschungsparadigma, Wiesbaden 2016, S. 401-423, hier S. 401.

lich die Unfestigkeit der Texte, ihre Mouvance, wie sie in der germanistischen Mediävistik bezeichnet wird.[14]

Dieser Begriff hebt auf die »kreative Kraft der Textaneignung«[15] und damit vor allem auf die Offenheit der Texte ab, die mit Karl Stackmann in vielen Abstufungen von »inhaltlich mehr oder weniger stark voneinander abweichender Fassungen bis zum bloßen Auftreten iterierender Varianten bei im übrigen stabilem Wortlaut«[16] erscheinen.

Mouvance macht also in nuce deutlich, dass es den einen »Iwein« Hartmanns von Aue in einer festen Form nicht gibt, und es gibt auch nicht das eine »Nibelungenlied«. Diesen Eindruck des einen Textes eines Autors hinterlassen die Reclam-Ausgaben jedoch noch immer vor allem bei Studierenden.

Dieses Merkmal der spezifischen Mouvance mittelalterlicher Texte sehen wir als grundlegendes Prinzip an und übertragen es auf digitale Editionen. Damit meinen wir im Speziellen die dynamischen Möglichkeiten der Textdarstellung digitaler Editionen und ihre stetige Veränderbarkeit, die damit in ihrem Wesen der mittelalterlichen Überlieferung nahekommt.

Dessen ungeachtet wirken die Lachmannschen Ideen weiter, denn auch das neue Medium nimmt es den Editoren nicht ab, Entscheidungen zu treffen und den Text für einen Benutzerkreis mit je unterschiedlichen Anforderungen und Bedürfnissen aufzubereiten. Dieser Variabilität scheint das neue Medium in besonderer Weise gerecht zu werden, denn digitale Editionen sind weitaus flexibler als gedruckte Formate und können sich auf unterschiedliche akademische und nicht wissenschaftliche Nutzerkreise einstellen. So kann man zumindest die Eingriffe in den Text, die vorgenommen werden müssen, – auch visuell – nachvollziehbar machen.[17] Wiederum war es Karl Stackmann, der festhielt, dass die Unfestigkeit der mittelalterlichen Überlieferung mit einem angemessenen Druckbild einzufangen sei, um die Unsicherheit der Rekonstruktion zu signalisieren und im Variantenapparat die Beweglichkeit des Textes

---

14 Vgl. dazu grundlegend Joachim BUMKE, Der unfeste Text. Überlegungen zur Überlieferungsgeschichte und Textkritik der höfischen Epik im 13. Jahrhundert, in: Jan-Dirk MÜLLER (Hrsg.), ›Aufführung‹ und ›Schrift‹ in Mittelalter und Früher Neuzeit, Stuttgart/Weimar 1996, S. 118-129; Jürgen WOLF, New Philology/Textkritik, in: Claudia BENTHIEN/Hans VELTEN (Hrsg.), Germanistik als Kulturwissenschaft. Eine Einführung in neue Theoriekonzepte, Reinbek 2003, S. 175-195; Kathryn STARKEY/Haiko WANDHOFF, New Philology. Mouvance – Varianz – Performanz. Der unfeste Text, in: Johannes KELLER/Lydia MIKLAUTSCH (Hrsg.), Walther von der Vogelweide und die Literaturtheorie. Neun Modellanalysen von »Nemt, frouwe, disen kranz«, Stuttgart 2008, S. 45-75.
15 STARKEY/WANDHOFF, New Philology, wie Anm. 14, S. 46.
16 STACKMANN, Edition, wie Anm. 8, S. 9.
17 Vgl. BRAUN u. a., Aus der Werkstatt, wie Anm. 13, S. 403.

in vollem Ausmaß zu dokumentieren.[18] Eben dazu offeriert das digitale Medium eine ungeahnte Fülle an Möglichkeiten.

Dies alles ist nicht grundsätzlich neu, es ist bereits in viele digitale Editionen eingeflossen. Mit dem Portal der Lyrik des deutschen Mittelalters (LDM), dem Österreichischen Bibelübersetzer und der Berner Parzival-Edition gibt es denn auch Editionen, die hier exemplarisch angeführt werden können. Die Entwicklung ist höchst dynamisch, das Spektrum an Editionsprojekten und -vorhaben kaum überschaubar. Mithin wird auch das Gattungsspektrum stetig erweitert. Mit der digitalen Edition der »Kaiserchronik«, einem kollaborativen Projekt der Universitäten Cambridge und Marburg, liegt der Fokus nun auch auf der mittelalterlichen Chronistik.[19]

Daran soll das hier in Rede stehende Projekt der digitalen Edition der »Braunschweigischen Reimchronik«, das von den Verfasser*innen in Zusammenarbeit mit der Universitätsbibliothek Kiel entwickelt wurde und sich derzeit in der Antragsphase befindet, anknüpfen. Wir wollen vor diesem Hintergrund die benannten Prämissen – Interdisziplinarität und Mouvance – im Folgenden zugrunde legen, wenn wir unsere Überlegungen zur Neuedition der »Braunschweigischen Reimchronik« skizzieren.[20] Dabei stellen wir zunächst den Text vor, führen sodann Gründe für eine digitale Neuedition auf, skizzieren

---

18   Vgl. Karl STACKMANN, Neue Philologie?, in: Joachim HEINZLE (Hrsg.), Modernes Mittelalter, Frankfurt a.M./Leipzig 1994, S. 398-427, hier S. 419.

19   Zum Projekt vgl. https://digi.ub.uni-heidelberg.de/de/kcd/index.html (Zugriff 24.3.2022), zu den anderen genannten Projekten siehe oben Anm. 12. In jüngster Zeit sind einige Publikationen zu verschiedenen Aspekten des Textes erschienen: Vgl. Mark CHINCA u.a., Die drei Fassungen der Kaiserchronik in der Überlieferung am Beispiel von Tarquinius und Lucretia, in: Sarah BOWDEN u.a. (Hrsg.), Geschichte erzählen. Strategien der Narrativierung von Vergangenheit im Mittelalter, XXV. Anglo-German Colloquium, Manchester 2017, Tübingen 2020, S. 23-41; Christoph PRETZER, Geschichtliche Distanz im Episodengerüst der Kaiserchronik, in: BOWDEN u.a., Geschichte erzählen, wie Anm. 19, S. 53-67; Elke BRÜGGEN, Kaiserchronik, in: BOWDEN u.a., Geschichte erzählen, wie Anm. 19, S. 67-89; Silvia REUVEKAMP, Figurenhandlungen der Kaiserchronik und des Trojanerkriegs Konrads von Würzburg, in: BOWDEN u.a., Geschichte erzählen, wie Anm. 19, S. 89-107; Bettina BILDHAUER, Geschichte als Netz in der Severus-und-Adelger-Erzählung der Kaiserchronik, in: BOWDEN u.a., Geschichte erzählen, wie Anm. 19, S. 107-121; Barbara HAUPT, Rückschritt oder Erneuerung in der deutschen ›Kaiserchronik‹?, in: Zeitschrift für deutsches Altertum und deutsche Literatur 148 (2019), S. 237-257; Mathias HERWEG, ›Buch der Anfänge‹ – oder was die ›Kaiserchronik‹ der höfischen Literatur in die Wiege legt, in: Zeitschrift für deutsches Altertum und deutsche Literatur 148 (2019), S. 209-236; Elke BRÜGGEN/Stephan CONERMANN (Hrsg.), Erzählen von Macht und Herrschaft. Die ›Kaiserchronik‹ im Kontext zeitgenössischer Geschichtsschreibung und Geschichtsdichtung, Göttingen 2019.

20   Das Projekt ist ein Kooperationsvorhaben zwischen Prof. Dr. Oliver Auge (Kiel), Dr. Kerstin Helmkamp und Andreas Christ (Universitätsbibliothek Kiel) sowie PD Dr. Gesine Mierke (Chemnitz). Die Überlegungen zur digitalen Umsetzung des Vorhabens gehen auf

ferner die digitale Edition und verdeutlichen die Sinnhaftigkeit der interdisziplinären Kooperation an einem Textbeispiel.

## I. Der Text und sein welfischer Kontext

Das 13. Jahrhundert stellt bekanntlich eine markante Umbruchs- und Übergangszeit in der Geschichte der welfischen Dynastie dar. Der Sturz Heinrichs des Löwen 1180 und sein englisches Exil bedeuteten einen massiven Einschnitt für die Geschichte der Welfen und den Hof insgesamt. Die folgende Beschränkung ihrer Herrschaft auf ein vergleichsweise kleines Allod um die einstige, fast königsgleiche Residenz Braunschweig ist in der Forschung als Niedergang und »Marginalisierung zwischen Harz und Heide«[21] gedeutet worden. Gleichwohl stellte das Jahr 1235 für die welfische Herrschaft einen erfolgreichen Neustart dar. Als erster Herzog wurde Otto ›das Kind‹ mit dem neugeschaffenen Herzogtum Braunschweig belehnt und konnte somit die Zugehörigkeit seiner Dynastie zum Reichsfürstenstand zurückgewinnen.[22] Dass die Welfen trotz der verringerten politischen Einflussnahme, die in der Folgezeit regional beschränkt blieb, weiterhin ein Geschlecht von Bedeutung waren, lässt sich in der Aufrechterhaltung ihrer internationalen Kontakte und Eheschließungen nachvollziehen. Nach wie vor pflegten Otto I. von Braunschweig-Lüneburg und sein Sohn Albrecht I. verwandtschaftliche Beziehungen zum dänischen und englischen Königshof. So dürfte etwa die prestigereiche Ehe Albrechts mit Alessina von Montferrat in repräsentativer und kultureller Hinsicht für den welfischen Hof beträchtliche Impulse und Entwicklungschancen geliefert haben.[23] Unter Albrecht I. entwickelte sich der Braunschweiger Hof zu einem kulturellen Zentrum, das zwar nicht an die vergangene Größe der welfischen Herrschaft unter Heinrich dem Löwen anknüpfen konnte, sich aber dennoch um Stabilität und regionale Ausstrahlung bemühte. Als Ausdruck dieser Be-

---

Andreas Christ zurück. Wir danken Kerstin Helmkamp und Andreas Christ für die konstruktive Unterstützung des Vorhabens.

21  Bernd SCHNEIDMÜLLER, Die Welfen. Herrschaft und Erinnerung, Stuttgart ²2014, S. 267.

22  Vgl. Oliver AUGE, Zurück zu welfischer Größe? Das Stadtprivileg für Hannover und das Mächtespiel im Norden um die Mitte des 13. Jahrhunderts, in: Hannoversche Geschichtsblätter N. F. 70 (2016), S. 30-51, hier S. 42; SCHNEIDMÜLLER, Welfen, wie Anm. 21, S. 279-282.

23  Vgl. Dieter MERZBACHER, Braunschweig, in: Martin SCHUBERT (Hrsg.), Schreiborte des deutschen Mittelalters. Skriptorien – Werke – Mäzene, Berlin/Boston 2013, S. 83-104, hier S. 86; zur Ehepolitik der Welfen insgesamt vgl. Frederieke Maria SCHNACK, Die Heiratspolitik der Welfen von 1235 bis zum Ausgang des Mittelalters, Frankfurt a. M. u. a. 2016.

strebungen lässt sich die »Braunschweigische Reimchronik« begreifen, die das historische Geschehen auf besondere Weise verarbeitet.[24]

Albrechts Tod 1279 bedeutete eine Herausforderung für die Dynastie, da noch keiner seiner männlichen Nachkommen mündig war. Erst um das Jahr 1286 teilten seine Söhne den väterlichen Herrschaftsbereich untereinander auf, was einen neuen Schritt in Richtung Regionalität markierte. Auf kultureller Ebene lassen sich aber zugleich Bestrebungen ebendieser Welfenherzöge feststellen, bewusst an die ruhmreiche, überregionale Vergangenheit ihrer Vorfahren anzuknüpfen und sich trotz der abnehmenden politischen Bedeutung auf Reichsebene literarisch, liturgisch und künstlerisch als würdige Herrscherdynastie zu inszenieren.[25] Gerade die literarische Stilisierung trug dazu bei, das herrschaftliche Ansehen zu steigern.[26] So hat der Welfenhof für die Literaturförderung im Norden des Reiches im 13. Jahrhundert eine nicht zu unterschätzende Wirkmächtigkeit entfaltet.[27] Die BRC ist eine aus diesen skizzierten Bemühungen zwischen europäischer Weite und regionaler Begrenzung hervorgegangene gereimte Geschichtserzählung. Sie gewährt Einblicke in die Inszenierung und literarische Darstellung fürstlich-welfischer Herrschaft am Ende des 13. Jahrhunderts und gibt Aufschluss über die kulturelle Bedeutung des Welfenhofs unter Albrecht I. Ihr Entstehungskontext fällt in jene Übergangsphase, in welcher der welfische Hof immer noch für hohe reichsfürstliche und königliche Feiern tauglich erschien, jedoch durch äußere Umstände bereits viel von seinem vorherigen Prestige eingebüßt hatte. Die BRC ist Zeugnis für das zeitgenössische Selbstverständnis der welfischen Fürsten und ihre politischen Interessen innerhalb dieses Spannungsfelds; zugleich muss sie ganz im Kontext welfischer chronikalischer Überlieferung gesehen werden, da sie an ältere Traditionen der Hausgeschichtsschreibung anknüpft.[28] Im Gegensatz zu vorgängigen Werken ist sie erstmals in der Volkssprache verfasst und nimmt

---

24 Vgl. Joachim BUMKE, Mäzene im Mittelalter. Die Gönner und Auftraggeber der höfischen Literatur in Deutschland (1150-1300), München 1979, S. 148, 221-224; vgl. dazu jüngst AUGE, Der letzte Welfe, wie Anm. 2; Gesine MIERKE, Von mannes muot und wîbes lôn. Albrecht I. und die Literatur, in: AUGE, Der letzte Welfe, wie Anm. 2, S. 13-36.

25 Vgl. KELLNER, Ursprung, wie Anm. 5, S. 301.

26 Vgl. Beate KELLNER/Peter STROHSCHNEIDER, Die Geltung des Sanges. Überlegungen zum »Wartburgkrieg« C, in: Joachim HEINZLE u.a. (Hrsg.), Wolfram-Studien XV. Neue Wege der Mittelalter-Philologie. Landshuter Kolloquium 1996, Berlin 1998, S. 143-167, hier S. 145.

27 Vgl. Jürgen WOLF, Die Sächsische Weltchronik im Spiegel der Handschriften. Überlieferung, Textentwicklung, Rezeption, München 1997, S. 155-158.

28 Vgl. z.B. die »Genealogia Welforum«, die sog. »Sächsische Welfenquelle« und die »Historia Welforum«, vgl. dazu KELLNER, Ursprung, wie Anm. 5, S. 309-338, sowie SCHNEIDMÜLLER, Welfen, wie Anm. 21, S. 23-26.

auf die literarischen Vorlieben und Entwicklungen ihrer Zeit Bezug.[29] Sie ist somit allein schon deswegen ein Zeugnis von historischem Reiz und literarischer Relevanz.[30]

All dies hat literarisch überformt Eingang in die Chronik gefunden. Diesem Text soll sich eine Neuedition widmen und ihn mittels eines interdisziplinären Kommentars neu und vollständig erschließen.

Die »Braunschweigische Reimchronik« ist in zwei Handschriften (Hamburg, SUB, Cod. 18 in scrin.; Wolfenbüttel, HAB, Cod. 81.14 Aug. 2°) überliefert und liegt in vier älteren Ausgaben vor.[31] Die Edition Ludwig Weilands von 1877, die, wie Thomas Sandfuchs 1978 bemerkte, als einzige wissenschaftlichen Maßstäben genügt, aber mittlerweile veraltet ist,[32] ist mit einer Einleitung versehen, die inhaltlich entsprechend nicht auf dem neuesten Stand ist. Bereits am Ende des 19. Jahrhunderts wurden Lesarten Weilands kritisiert,[33] u. a. mit dem Hinweis darauf, dass komplexe, intertextuelle Bezüge nicht aufgenommen wurden.[34] Zudem verzichtete Weiland auf die Wiedergabe der Kolumnentitel der Hamburger Handschrift, die Papst- und Kaisernamen wiedergeben. Gerade

---

29   Am Ende des 13. Jh. sind Verschroniken beliebt, was sowohl universalchronistische Texte (Rudolfs von Ems »Weltchronik« [um 1250], Jans von Wien »Weltchronik« [um 1280]), reichsgeschichtliche Darstellungen (Ottokars von Steiermark »Steirische Reimchronik«) als auch Chroniken mit regionaler Zuspitzung (Ernsts von Kirchberg »Mecklenburgische Reimchronik« [1379]) bezeugen.

30   Zu den literarischen Bemühungen Albrechts und seiner Nachfolger vgl. auch die »Chronica principum Brunsvicensium« [1269-1277], die »Chronica principum Saxoniae« [nach 1291], drei Sangspruchstrophen Rumelants von Sachsen, den »Crane«, den »Darifant«, den »Demantin« Bertholds von Holle, den Roman »Reinfried von Braunschweig« [um 1300]. Vgl. dazu BUMKE, Mäzene, wie Anm. 24, S. 570-575; ZIEGELER, Literatur, wie Anm. 2; MERZBACHER, Braunschweig, wie Anm. 23, S. 101; MIERKE, Von mannes muot, wie Anm. 24.

31   Justinus GÖBLER (Hrsg.), Chronica || vnd Historien der Braunschwei||gischen F[ue]rsten herkommen/ Stam̃/ vnnd Geschlecht/|| Auch andern Genachparten F[ue]rsten vrsprung/ #[et]c. Vor zeiten in Rei||men schlecht einfeltiglich beschrieben/ jetzt aber durch Herrn Justi=||num Gobler von S. Gewer/ der Rechten Doctorem/ ge=||bessert/ vnd im Truck außgangen.||, Frankfurt a.M. 1566 [VD16 G 2293]; Gottfried Wilhelm LEIBNIZ, Scriptores rerum Brunsvicensium, Bd. 3, Hannover 1711, S. 1-147; Karl Friedrich Arend SCHELLER (Hrsg.), De Kronika fan Sassen in Rimen, Brunswyk 1826 (Neudruck München 1990); WEILAND, Braunschweigische Reimchronik, wie Anm. 2.

32   Vgl. SANDFUCHS, Braunschweigische Reimchronik, wie Anm. 2, Sp. 1008.

33   Vgl. Feodor BECH, Zur Braunschweigischen Chronik, in: Germania 23 (1878), S. 142-155; Rudolf KÖNIG, Stilistische Untersuchungen zur Braunschweigischen Reimchronik, Halle a. d. S. 1911.

34   Vgl. BECH, Braunschweigische Chronik, wie Anm. 33, S. 143-155; dazu auch Karl STACKMANN, Kleine Anmerkung zu einer Ehrung für Albrecht den Großen, in: Zeitschrift für deutsches Altertum und deutsche Literatur 106 (1977), S. 16-24, hier S. 18-24; MIERKE, Von mannes muot, wie Anm. 24, S. 20-26.

vor dem Hintergrund der Veränderungen im Bereich der Editionsphilologie seit dem 19. Jahrhundert wird heute allen Textzeugen größere Bedeutung beigemessen und finden Marginalien, Ergänzungen etc. stärkere Beachtung.

Diese geben jedoch, wie das Beispiel zeigt, Aufschluss über die Einbettung der geschilderten Ereignisse in den welt- und reichsgeschichtlichen Kontext.[35]

Weilands Edition basiert im Ganzen auf der Hamburger Handschrift, die als wahrscheinliches Widmungsexemplar an die Söhne Albrechts gilt und damit einen gewichtigen Überlieferungszeugen darstellt.[36] Die Wolfenbütteler Handschrift aus dem 15. Jahrhundert ist eine ins Niederdeutsche übertragene Abschrift und bricht nach Vers 7.375 ab.

Diese Handschrift wurde bislang, wie die mittelniederdeutsche Literatur insgesamt,[37] nur nachrangig behandelt.[38] So hat Weiland die Lesarten dieser Handschrift nicht vollständig in seinen Apparat aufgenommen. Als niederdeutsche Variante und spätere Bearbeitung des Textes ist die Handschrift jedoch ein wichtiger Zeuge für die Literatur des norddeutschen Raumes, deren mangelnde Wahrnehmung ein Desiderat darstellt.[39] Als additive Sammelhandschrift (enthalten sind neben der BRC ein kurzer nd. Bericht über den Lüneburger Erbfolgekrieg, die Gründungsgeschichte des Klosters Heiningen, das »Speculum humanae salvationis«) ist sie Ausdruck eines aufschlussreichen

---

35 Vgl. Gesine MIERKE, Norddeutsche Reimchroniken. Braunschweigische und Mecklenburgische Reimchronik, in: Gerhard WOLF/Norbert OTT (Hrsg.), Handbuch Chroniken des Mittelalters, Berlin/Boston 2016, S. 197-224, hier S. 206.

36 Vgl. WEILAND, Braunschweigische Reimchronik, wie Anm. 2, S. 453.

37 Vgl. dazu die letzte Tagung der Wolfram-von-Eschenbach Gesellschaft zum Thema »Literatur im mittelniederdeutschen Sprachraum (1200-1600). Produktion und Rezeption« (Rostock, 15.-19.9.2021). Der Band ist im Erscheinen. Grundlegend vgl. dazu auch Annika BOSTELMANN/Franz-Josef HOLZNAGEL, Vorüberlegungen zu einer Publikationsreihe ›Mittelniederdeutsche Bibliothek‹, in: Monika UNZEITIG u. a. (Hrsg.), Schriften und Bilder des Nordens. Niederdeutsche Medienkultur im späten Mittelalter, Stuttgart 2019, S. 1-13; Thomas KLEIN, Niederdeutsch und Hochdeutsch in mittelhochdeutscher Zeit, in: Raphael BERTHELE u. a. (Hrsg.), Die deutsche Schriftsprache und die Regionen. Entstehungsgeschichtliche Fragen in neuer Sicht, Berlin/New York 2003, S. 203-229.

38 Vgl. SANDFUCHS, Braunschweigische Reimchronik, wie Anm. 2, Sp. 1008; Otto VON HEINEMANN, Die Handschriften der Herzoglichen Bibliothek zu Wolfenbüttel, Zweite Abtheilung: Die Augusteischen Handschriften IV, Wolfenbüttel 1900 (Neudruck unter dem Titel: Die Augusteischen Handschriften, Bd. 4: Codex Guelferbytanus 77.4 Augusteus 2° bis 34 Augusteus 4°, Frankfurt a. M. 1966), S. 28.

39 Vgl. zur niederdeutschen Literaturgeschichte BOSTELMANN/HOLZNAGEL, Vorüberlegungen, wie Anm. 37, S. 1-13, bes. S. 4 f.

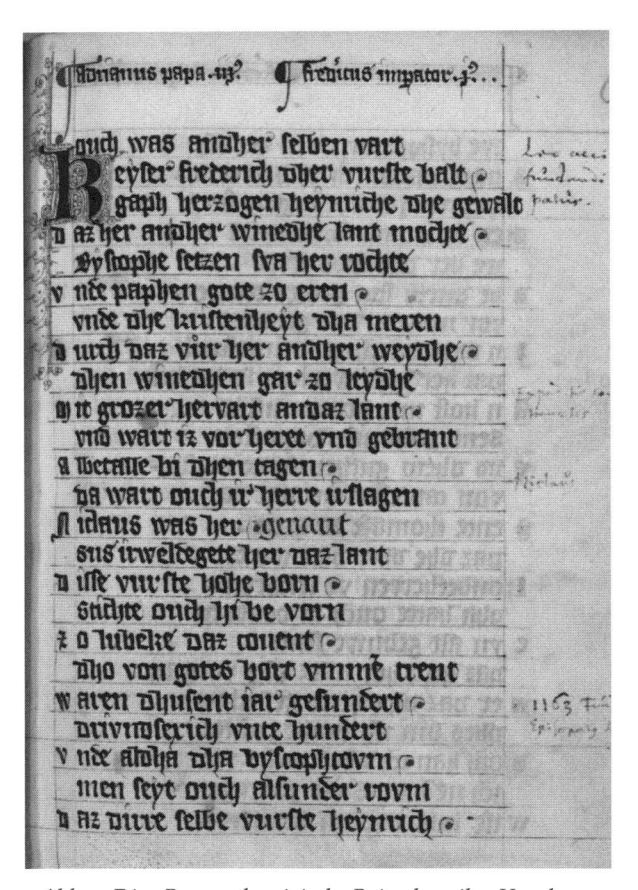

*Abb. 1: Die »Braunschweigische Reimchronik«, Hamburg,
SUB, Cod. 18 in scrin., fol. 64r.*

Rezeptionsprozesses im 15. Jahrhundert,[40] worauf etwa die Federzeichnung des Vorsatzblattes, hinzugefügte Verse und die mitüberlieferten Texte hinweisen.[41]

Auf dem Vorsatzblatt sieht man einen adeligen Herren mit Fahne und Schild, der von zwei Hunden umgeben ist.[42] Das Pferd auf der Lehensfahne

---

40 Zur Typologie vgl. Jürgen Wolf, Sammelhandschriften – mehr als die Summe der Einzelteile, in: Dorothea Klein (Hrsg.), Überlieferungsgeschichte transdisziplinär. Neue Perspektiven auf ein germanistisches Forschungsparadigma, Wiesbaden 2016, S. 69-80, hier S. 73 f.

41 Vgl. die Beschreibungen bei Weiland, Braunschweigische Reimchronik, wie Anm. 2, S. 454 f., und von Heinemann, Handschriften, wie Anm. 38, S. 28 f. (Nr. 2804).

42 Vgl. dazu die Beschreibung von von Heinemann, Handschriften, wie Anm. 38, S. 28 f. (Nr. 2804); dazu auch Weiland, Braunschweigische Reimchronik, wie Anm. 2, S. 454 f.

*Abb. 2: Die »Braunschweigische Reimchronik«, Wolfenbüttel, HAB,
Cod. 81.14 Aug. 2°, fol. 1r.*

deutet auf den sächsischen Raum.[43] Es ließe sich somit mit Albrecht I., aber auch mit einem seiner Nachfahren in Verbindung bringen, was zeitlich zum Aufkommen des Pferdes in der welfischen Heraldik passt. Die Beischrift, die von späterer Hand dazugefügt wurde, benennt den dargestellten Herrscher als *Karolus rex magnus*, zu dem freilich in der Darstellung der Chronik eine Linie

---

43  Vgl. Gert OSWALD, Lexikon der Heraldik, Mannheim u.a. 1984, S.307; Georg SCHNATH, Das Sachsenross. Entstehung und Bedeutung des Niedersächsischen Landeswappens, Hannover ²1961; Christian WEYERS, Das Sachsenroß, in: Archiv für Diplomatik 54, 2008, S.99-146; Brage BEI DER WIEDEN, Die Konkurrenz von Löwe und Pferd in der welfischen Herrschaftssymbolik, in: 850 Jahre Braunschweiger Löwe, Braunschweig 2019, S.95-107.

*Abb. 3: Die »Braunschweigische Reimchronik«, Wolfenbüttel, HAB, Cod. 81.14 Aug. 2°, Vorsatzblatt.*

hergestellt wird, der hier aber kaum auf dem Vorsatzblatt abgebildet werden soll.[44] Die beigegebenen Verse weisen ebenfalls auf die genealogische Verbindung zu Karl hin:

*dit is eyn kroneke suberlech van den forsten van Brunswich, wo se hir to lande sint gekomen vnd wo se oren nam han genomen van koning karle. dat is war also we dat hir vindet openbar.*[45]

Daher bleibt zu vermuten, dass Albrecht I. der Große oder einer seiner Nachfahren als Nachfolger Karls dargestellt wurde, wie es auch der Text inszeniert.

Damit gibt die Handschrift Auskunft über die funktionale Einbindung der BRC im 15. Jahrhundert. Gerade ihr soll innerhalb der Edition größere Beachtung geschenkt werden. Um den Text für künftige Interpretationen verfügbar zu machen, wird die komplette Transkription des Textes in ein Webportal und die digitale Edition eingebunden.

Auf die Eigentümlichkeit des Sprachstandes der Hamburger Handschrift (Verwendung hochdeutscher Formen, ungewöhnliche Verschiebung von Konsonanten) hat Weiland hingewiesen und diese Besonderheit als »pseudohochdeutsch«[46] bezeichnet. Inzwischen hat man vor allem vor dem Hintergrund der auch in sprachlicher Hinsicht divergenten Textüberlieferung von der bewussten Nachahmung einer mittelhochdeutschen Literatursprache Abstand genommen. Vor dem Hintergrund jüngerer sprachhistorischer Untersuchungen bleibt zu fragen, an welchen Sprachstand sich der Schreiber mit seiner »hybriden Schreibsprache«[47] tatsächlich annähern wollte, um den Welfenhof auch in sprachlicher Hinsicht im Reich anschlussfähig zu machen. Thomas Klein wies darauf hin, dass wohl eher der mitteldeutsche Dialekt (Thüringisch-Hessisch) Pate gestanden habe als die vermeintliche ›Dichtersprache‹ der höfischen Literatur und somit sich ein Hochdeutsch bzw. Mitteldeutsch schreibender Niederdeutscher an einem bestimmten Muster orientierte.[48] Was, so bleibt im Anschluss zu fragen, kann eine neue, digitale Edition leisten?

---

44  So argumentiert VON HEINEMANN, Handschriften, wie Anm. 38, S. 28.
45  Transkription der Verfasser. VON HEINEMANN, Handschriften, wie Anm. 38, S. 28 liest *kronike, vnde, namen*.
46  WEILAND, Braunschweigische Reimchronik, wie Anm. 2, S. 458.
47  KLEIN, Niederdeutsch, wie Anm. 37, S. 203-229, hier S. 213.
48  Vgl. ebd., S. 204.

## II. Digital und interdisziplinär: Neuedition und Kommentar

Die digitale Edition soll in Form eines Webportals eine synchrone, verknüpfte und vollständige Darstellung von digitalen Faksimiles und Transkriptionen sowie einen die Anforderungen an eine historisch-kritische Ausgabe erfüllenden Text mit Variantenapparat, Kommentar und der Möglichkeit der Volltextsuche bereitstellen.

Zudem sollen die vier vorhandenen Ausgaben der BRC verlinkt werden, um Einblicke in die Rezeptionsgeschichte des Textes zu ermöglichen.

Die wesentliche Stärke der digitalen Edition liegt in ihrer Multifunktionalität: der Verlinkung von Text und Bild, dem kollaborativen Annotieren, den dynamischen Darstellungsebenen und nachnutzbaren Forschungsdaten (LOD). Der Unterschied zur gedruckten Edition besteht darin, Inhalt und Features zu nennen oder im Detail die Repräsentation und Erschließung des Materials zu beschreiben. Hierzu zählen Zugänglichkeit (accessibility), Durchsuchbarkeit (searchability), Benutzerfreundlichkeit (usability) und Berechenbarkeit (computationability).[49]

Durch die Anreicherung der Editionsarbeit mit maschinell auswertbaren Kontexten ist es möglich, bisher implizite Informationen zu explizieren und analysierbar zu machen. Somit kann die digitale Edition eine Reihe von philologischen Fragestellungen (etwa Textstruktur, -varianten und -genese, sprachhistorische Phänomene, stilistische Mittel, literarische Motive), aber auch geschichtswissenschaftliche Gesichtspunkte wie Orte, Personen, Institutionen, Ereignisse unter einem Dach vereinen. Sie kann zudem Editionstexte mit externen Wissensressourcen etwa digitalen Wörterbüchern, Textkorpora, Bibliographien etc. verbinden.

Aufgabe der digitalen Edition wird es sein, durch strukturierte Datenmodellierung eine Datenbank, Algorithmen und eine Online-Präsentation mit Visualisierungsmethoden zu erarbeiten, die die Fragen sowohl des geschichtswissenschaftlichen als auch des philologischen Forschungsinteresses vereint.[50]

Entscheidender Baustein für die interdisziplinäre Aufbereitung des Textes ist der Kommentar. Weiland konzentriert sich in seinem Kommentar vornehmlich auf die politische Ereignisgeschichte und deren vermeintlichen

---

49 Vgl. dazu SAHLE, Digitale Editionsformen, wie Anm. 10, S. 26.
50 Zum Unterschied zwischen historisch-kulturwissenschaftlichem und philologisch-literaturwissenschaftlichem Interesse an Texten und den daraus resultierenden divergenten Erwartungen an deren digitale Edition vgl. Georg VOGELER, The »assertive edition«. On the consequences of digital methods in scholarly editing for historians, in: International Journal of Digital Humanities 1 (2018). http://dx.doi.org/10.17613/M6JS9H76P (Zugriff 11.5.2020), hier S. 1-3.

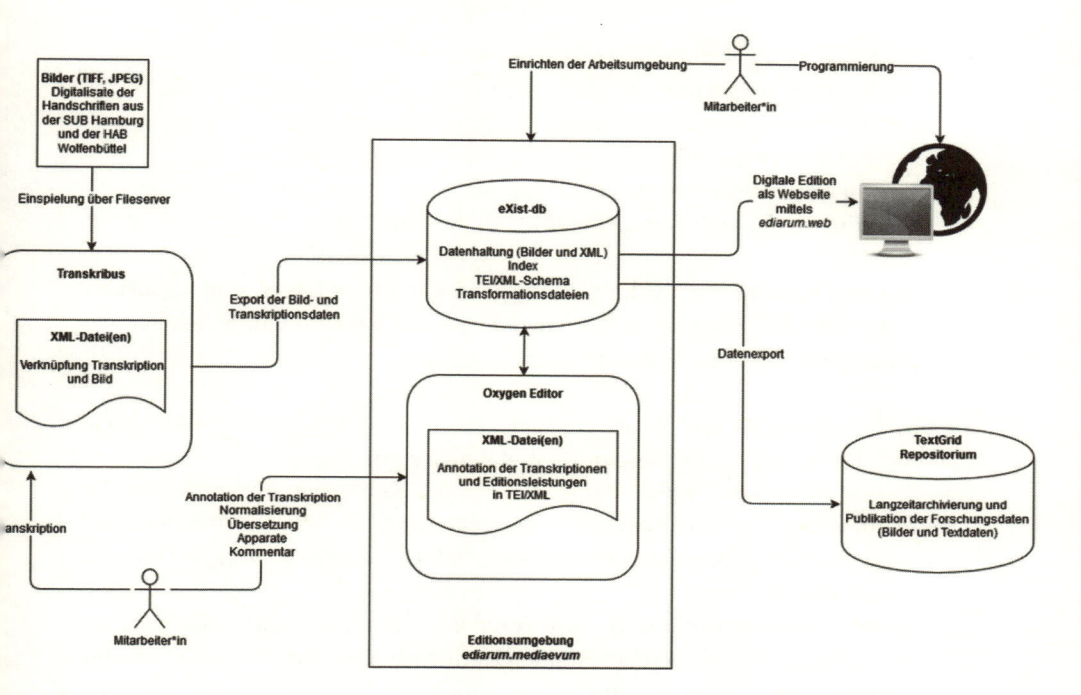

*Abb. 4: Darstellung des Workflows nach Andreas Christ, Universitätsbibliothek Kiel.*

Wahrheitsgehalt. Daraus resultiert zum Teil auch die problematische Einschätzung des Textes innerhalb des wissenschaftlichen Diskurses. Um den Text für künftige Interpretationen anschlussfähig zu machen, soll ein Kommentar erstellt werden, der den Text im Hinblick auf seine literarische und historische Bedeutung erschließt. In diesem sollen die Verse in einem einheitlichen Beschreibungsmuster hinsichtlich der literarischen Gestaltung (etwa Muster, Motive, stilistische Mittel) und des historischen Kontextes erläutert werden.

Gerade die Verbindung aus historischen Fakten und philologischen Inhalten soll Zusammenhänge sichtbar werden lassen, die die BRC in ihrer Bewertung neu definiert, wie wir im Folgenden an einem Textbeispiel aus dem Prolog verdeutlichen wollen. Dabei geht es uns vor allem darum zu zeigen, wie Geschichte erzählt wird.

Im Prolog der »Braunschweigischen Reimchronik« äußert sich der Erzähler wie folgt über den Produktionsprozess des Textes:[51]

---

[51] Die folgenden Ausführungen basieren auf folgendem Aufsatz: Gesine MIERKE, Ordnungen erzählen. Zu einigen Beispielen aus der Geschichtsdichtung, in: Daniela FUHR-

*hi han ich vil ab ghehort*
*und began iz vragen unte sůchen*
*her und dhar an mengen bůchen,*
*daz iz mir wurthe khunt.*
*ich rant sam eyn leytehunt,*
*dher dha volghet uph dem spore.* (BRC, V. 62-67)[52]

[Vieles von dem habe ich gehört und begann danach zu fragen und zu suchen in vielen Büchern hier und dort, solange bis es mir bekannt wurde. Ich lief wie der Spürhund, der einer Fährte folgt.][53]

Der Erzähler erklärt, dass er wie ein *leytehunt* (BRC, V. 66) der Fährte der Quellen gefolgt sei, um seine Geschichte des Reiches gut darzubringen: dass er es *wol bringen vort* (BRC, V. 61). Das Bild deutet auf eine beschwerliche Suche, die den Umtriebigen auf die *Romeschen kroneken* (BRC, V. 87) stoßen ließ, deren Aussagen er mühevoll, wie es weiter heißt, *von vil stucken mit arbeyte* (BRC, V. 91), zusammenbrachte.

Damit reflektiert er über die Schwierigkeiten am Übergang zwischen (bereits verschriftlichtem) Geschehen und Geschichte, also über die Selektion von Ereignissen, die in einen narrativen Zusammenhang zu überführen sind. Dabei merkt er an, dass er auf der Fährte zuweilen schneller war als die Erzählung und so mitunter auch einer blinden Fährte folgte, denn nicht immer wusste er die Spuren richtig zu deuten. Und er will den Text, wie es weiter heißt: *teylen unte snovren, / daz men iz baz vorstê.* (BRC, V. 74-77) [Ich werde den Stoff so gliedern und aneinanderfügen, dass man ihn besser versteht.]

Sein Anliegen ist es also, den Stoff aufzuteilen und neu aneinanderzufügen; ihn aufzureihen und in eine neue Ordnung zu bringen, damit man ihn besser verstehen könne. Wiederum geht es hier um den Schritt von der Auswahl der Ereignisse, die er *menghen bůchen* (BRC, V. 64) entnommen hat, hin zur Komposition der Erzählung, sprich »um die narrative Grundkombination des selegierten semantischen Materials«.[54]

---

MANN/Pia SELMAYR (Hrsg.), Erzählte Ordnungen – Ordnungen des Erzählens. Studien zu Texten vom Mittelalter bis zur Frühen Neuzeit, Berlin 2021, S. 194-216, hier S. 204-210.
52  Zitierte Ausgabe: WEILAND, Braunschweigische Reimchronik, wie Anm. 2, S. 430-574.
53  Übersetzung Gesine Mierke.
54  Hartmut BLEUMER, Historische Narratologie, in: Christiane ACKERMANN/Michael EGERDING (Hrsg.), Literatur- und Kulturtheorien in der Germanistischen Mediävistik. Ein Handbuch, Berlin 2015, S. 213-274, hier S. 220.

Zudem war diese Arbeit sehr mühevoll. Er hat verschiedene Quellen, u. a. die Römischen Chroniken,⁵⁵ gesichtet und einiges von einem gewissen Heinrich erfahren. Der Erzähler nennt hier einen seiner Gewährsmänner, der ihn mit Literatur versorgt bzw. dazu Zugang verschafft haben könnte. Während noch Weiland diesen als mündliche Quelle betrachtete und als »literarischen Gönner«⁵⁶ sah, vermutete Thomas Vogtherr jüngst, dass benannter Heinrich der Propst Heinrich von St. Blasius in Braunschweig sei und die erste Bearbeitungsstufe der Chronik verantwortet habe.⁵⁷

Die spezifische Komposition des Textes nun, die Selektion und Kombination der Erzählelemente in der Erzählung, zeichnet die »Braunschweigische Reimchronik« vor allen anderen chronistischen Texten ihrer Zeit aus, denn der Erzähler verwendet als Strukturmodell des Textes, darauf hat Beate Kellner ausführlich hingewiesen, die Metapher des Baumes.⁵⁸ Und so heißt es in den folgenden Versen:

*Eynen boum han ich irsên,*
*dhen mach men wunderlichen spehen:*
*von Bruneswich dhen edelen stam.*
*wenne her suze wurzelen nam,*
*daz ist heruz von Saxen.*
*her ist wunderlich gewaxen*
*von zwen wurzelen uz gesprozzen*
*und hat sich obermittes ir geslozzen,*

---

55 Vgl. BRC V. 87 *dhe Romeschen kroneken han ich irsên*. Der Verfasser deutet auf chronistische Werke, die ihm vorgelegen haben, möglicherweise auch die *Gesta Romanorum*. Mit Sicherheit hat er die »Sächsische Weltchronik« (SW) (1260/1275) verwendet, die als eine der Hauptquellen des Textes gilt. Benutzt wurden die Rezensionen C und B (vgl. WEILAND, Braunschweigische Reimchronik, wie Anm. 2, S. 434; Karl KOHLMANN, Die ›Braunschweiger Reimchronik‹ auf ihre Quellen geprüft, Kiel 1876, S. 5). WOLF verweist auf inhaltliche Übereinstimmungen zwischen SW und BRC, die vermuten lassen, dass der Chronist der BRC Hs. 24 der SW (Gotha, Landes- und Forschungsbibl., Ms. Membr. I 90) als Vorlage verwendet hat (vgl. WOLF, Sächsische Weltchronik, wie Anm. 27, S. 404). Als weitere mögliche Quellen gelten die Papst- und Kaiserchronik Martins von Troppau, die Reimchronik Eberhards von Gandersheim, die Annalen Gerhards von Stederburg, die *Chronica Minor* des Braunschweiger Ägidienklosters sowie verschiedene Heiligenviten und Translationsberichte. Im Text nennt der Erzähler darüber hinaus *des herren Karles legende* (V. 238), wohl nicht Einhards *Vita Karoli magni*. Zudem nimmt er auf eine braunschweigische Fürstenchronik und eine Reichsgeschichte für die Jahre 1198-1209 Bezug. Beide sind nicht überliefert (vgl. SANDFUCHS, Braunschweigische Reimchronik, wie Anm. 2, Sp. 1009).
56 WEILAND, Braunschweigische Reimchronik, wie Anm. 2, S. 434.
57 Vgl. dazu VOGTHERR, Der welfische Hof, wie Anm. 2, S. 153-182, hier S. 174-178.
58 Vgl. KELLNER, Ursprung, wie Anm. 5, S. 388.

*daz her ist wurten wider eyn.* (BRC, V. 148-156)
[Einen Baum habe ich gesehen,
den kann man voll Erstaunen betrachten:
von Braunschweig das vornehme Geschlecht.
Woher er seine lieblichen Wurzeln nahm,
das ist aus Sachsen.
Er ist wunderbar gewachsen
aus zwei Wurzeln hervor gesprossen
und hat sich über der Mitte geschlossen,
so dass er wieder ganz wurde.]

Dieser Baum wird dem genealogischen Denken gemäß textintern mit seinen Wurzeln und all seinem Geäst von unten herauf bis in die Spitze beschrieben. Den Abschluss des Jesse-Baumes, der in der visionären Schau des wahren Herrschergeschlechts »ersehen« wird, bildet das Bild Christi – den Abschluss des Baumes in der Braunschweiger Chronik bildet durch Zusammenschluss der beiden Wurzeln Heinrich der Stolze, der genealogisch Billunger und Brunonen vereint: *hi hat sich dher boum irslozen* (BRC, V. 2586) heißt es im Text.[59] Von hier aus wird der Baum veredelt, denn er trägt eine herausragende Blüte, die zugleich der kohärenten Verklammerung des Textes dient.

So gipfelt die Chronik, die aus einzelnen Herrscherporträts besteht, in der Lobpreisung Albrechts I., der als herausragende Blüte und edelster Spross des Baumes am Anfang und am Ende des Textes aufgerufen wird. Albrecht I. erscheint als *blome [...] an werdhe purpurvar* (BRC, V. 7818), als Blüte am genealogischen Baum des Welfenhauses, und überstrahlt in der Königsfarbe das Herrschergeschlecht. Die Darstellung Albrechts, die sich im Vergleich mit den anderen Abschnitten sehr umfangreich über ca. 1500 Verse erstreckt, ist durch zahlreiche Motivübernahmen aus der höfischen Epik gekennzeichnet und mit verschiedenen intertextuellen Verweisen unterlegt.[60] So heißt es etwa in den Versen 7840-44:

*d*az dha vil ab were
*z*o sagene wunderlicher mere
*i*z was ouch bi sinen tagen
*s*o gut vridhe, horich sagen,
*d*az her wol zo lobene stunt (BRC, V. 7840-44)

59 Vgl. dazu MIERKE, Norddeutsche Reimchroniken, wie Anm. 35, S. 204f.
60 Vgl. die Zusammenstellung direkter Zitate bei KOHLMANN, Braunschweiger Reimchronik, wie Anm. 56, v.a. S. 12; HERDERHORST, Die Braunschweigische Reimchronik, wie Anm. 1, S. 1-34; vgl. auch MIERKE, Arthurisches, wie Anm. 4, S. 4-8.

[so dass davon viel Erstaunliches zu erzählen wäre.
Es herrschte zu seiner Zeit auch
so guter Friede, wie ich es sagen höre,
dass er zu lobpreisen war]

Albrecht wird textintern als *rex iustus et pacificus* dargestellt. Es ist zu vermuten, dass diese Verse an Kaiser Augustus[61] erinnern oder auch auf das Lob König Artus' im »Iwein« anspielen. Hier preist der Erzähler zunächst die Vergangenheit, lobt aber toposgemäß anschließend die Gegenwart:

*mich jâmert wærlîchen,*
*und hulfez iht, ich woldez clagen,*
*daz nû bî unsern tagen*
*selch vreude niemer werden mac,*
*der man ze den zîten pflac.*
*doch müezen wir ouch nû genesen.*
*ichn wolde dô niht sîn gewesen,*
*daz ich nû niht enwære,*
*dâ uns noch mit ir mære*
*sô rehte wol wesen sol:*
*dâ tâten in diu werc vil wol* (Hartmann von Aue, Iwein, V. 48-58).[62]

[Es macht mich wirklich traurig –
Und hätte es Erfolg, würde ich es beklagen – ,
dass es nun in unserer Zeit
solche Freude nie mehr geben kann,
wie man sie damals hatte.
Jedoch sollen wir auch heute Freude finden:
Ich hätte damals nicht leben mögen,
wenn ich dafür jetzt nicht lebte,
wo es uns mit ihren Geschichten
so richtig gutgehen soll –
damals ging es ihnen mit den Taten gut.]

---

61 Damit ist die Friedensphase gemeint, die mit der Herrschaft des Augustus im Römischen Reich einsetzte. Vgl. dazu Dietmar KIENAST, Augustus. Prinzeps und Monarch, Mainz ⁵2014, S. 78f.
62 Zitierte Ausgabe: Volker MERTENS (Hrsg.), Hartmann von Aue. Gregorius. Der arme Heinrich, Iwein, Frankfurt a.M. 2004.

Der Rekurs auf die höfische Literatur wird auch darin ersichtlich, dass Albrecht im Text als höfischer Ritter beschrieben wird.[63] Im Gegensatz zum »Iwein« ist die Beschreibung Albrechts als Friedenskönig in der BRC als tatsächliches Lob der Vergangenheit zu verstehen, an die der Erzähler mahnend erinnern möchte. Er inszeniert Albrecht somit für die Nachkommenschaft als exemplarischen Ritter.

Die stilistische Komplexität des Textes lässt sich neben der Baummetapher auch am Spiel mit dem im Eingang benannten Kryptogramm verdeutlichen. Nach einer allgemeinen Erinnerung an den Ruhm gipfelt diese Mahnung des Gedenkens in dem Lobpreis des einen Fürsten, dessen Name jedoch verschlüsselt genannt wird. Es heißt:

*in brunste neymanne swich her*
*tzo ghevend alleine, brechten dher*
*erdhe steyne im silbers ghemezeliche.* (BRC, V. 53-55)

[In dem Begehren zu geben, ließ er niemanden im Stich, wenn ihm nur der Erde Steine genug Silber brachten.]

Was bislang weniger berücksichtigt wurde, ist, dass durch das Spiel mit dem Kryptogramm sich eine weitere Deutungsebene öffnet. Am Ende des Textes heißt es:

*daz merke dher junghe nach dem alten:*
*swich daz brune, albe recht*
*so wirt dhin lob klar unte slecht.*
*albe recht was iz an im,*
*dhen nu hat dhes todes grim.*

[Das merke sich alt und jung:
Tilge das Dunkle, lass das Richtige hell glänzen,
dann wird dein Ruhm lauter und klar.
Was ist an Albrecht,
den nun der Zorn des Todes fest im Griff hat?]

---

63 Vgl. MIERKE, Arthurisches, wie Anm. 4, S. 5-8.

Lesart und Deutung dieser Stelle sind umstritten.[64] Karl Stackmann schlug folgende Lesart vor: »Wenn das Dunkle entweicht (entwichen ist), hell (weiß) auf rechte Weise wird dann dein Ruhm, lauter und glatt.«[65] Überdies lässt sich die Stelle als Mahnung an die Nachkommen, die an ihren Ruhm denken sollen, auch deutlich imperativischer verstehen: *Swich daz brune albe recht* (BRC, V. 9223), heißt dann: Das Dunkle soll verschwinden, damit das Glänzende umso strahlender leuchten kann. Diese Aussage ließe sich sodann auch als Aufforderung an den Erzähler selbst verstehen, die Lobpreisung Albrechts im hohen Stil zu gestalten, womit der Baum, seine Äste und die Blüte auch als Allusion auf die Elocutio und die Colores rhetorici, mit deren Farben das Werk gestaltet werden kann, zu verstehen sind. Und nicht zuletzt lässt sich die Aussage auf den Deutungsprozess der Chronik an sich beziehen, auf den der Erzähler im Prolog anspielt, wenn er – scheinbar beiläufig – bemerkt, dass er den Text zu besserem Verständnis, *daz men iz baz vorstê* (BRC, V. 77), gemacht habe.

Mit der Entschlüsselung des Herrschernamens beginnt die Chronik, und sie endet mit der Nennung des Namens und der Auslegung seiner Bedeutung. Somit dienen die Metapher des Baumes und die Ausdeutung des Namens als Klammern, die die Darstellung welfischer Geschichte ordnen.

Die Argumentationskette und das Baummodell führen zu Albrecht dem Großen, auf den das gesamte Konstrukt zuläuft, sodass am Beispiel seines Geschlechts paradigmatisch die Frage nach dem ›guten Herrscher‹ durchgespielt wird. Mit dieser Konstruktion wird sodann die Rechtmäßigkeit seines Erbes unter Beweis gestellt und, wie Hans Patze herausstellte, die Errichtung des Herzogtums Braunschweig-Lüneburg als »folgerichtiges Ergebnis eines historischen Prozesses«[66] gezeigt, der seinen Ursprung in der Schöpfungsordnung findet. Dieser Prozess bildet sich auch in der Erzählung ab, in der die einzelnen Teile des Baumes bis zur Blüte systematisch beschrieben und so angeordnet werden, damit *men iz baz vorstê* (BRC, V. 77). Damit ergibt sich die Ordnung der Erzählung aus der Ordnung der Welt. Der Baum verbindet nicht nur die beiden Ebenen der Erzählung, sondern entwirft zugleich eine gesellschaftliche Ordnung, in der das Haus Braunschweig-Lüneburg per se legitimiert ist.

---

64  Diese Stelle wurde auch als Selbstanrufung des Autors gelesen: *swich daz, Brûne, al bereht*, vgl. BECH, Chronik, wie Anm. 33, S. 149; vgl. dazu auch STACKMANN, Anmerkung, wie Anm. 34, S. 19 f.
65  STACKMANN, Anmerkung, wie Anm. 34, S. 23.
66  Hans PATZE, Die Begründung des Herzogtums Braunschweig im Jahre 1235 und die Braunschweigische Reimchronik, in: Peter JOHANEK u. a. (Hrsg.), Ausgewählte Aufsätze von Hans Patze, Stuttgart 2002, S. 587-608, hier S. 598.

## III. Fazit und Ausblick

Das Textbeispiel verdeutlicht die immense Bedeutung des Textes für Germanistik sowie Geschichtswissenschaft und dabei insbesondere die niedersächsische Landesgeschichte. Es hebt die literarische Überformung historischer Ereignisse hervor und stellt mit der Fokussierung Albrechts I. auch noch einmal die Frage nach dem welfischen Hof als seinerzeit weithin ausstrahlendes kulturelles Zentrum in den Mittelpunkt.

Die digitale Edition der »Braunschweigischen Reimchronik« soll dazu beitragen, den Text neu zu erschließen. Dabei dient gerade der interdisziplinäre Kommentar dazu, die Deutungsansätze aus Germanistik und Geschichtswissenschaft offenzulegen und zu vereinen. Mit diesem könnte eine »Hohlform« geschaffen werden, die sich auf weitere chronikalische Texte übertragen lässt. Die dafür nötige Webpräsentation und das Hosting der digitalen Edition mit ihren Funktionalitäten werden von der UB Kiel gewährleistet. Die XML-Daten und Scans werden in Kooperation mit DARIAH im TextGrid-Repositorium publiziert und langzeitarchiviert. Darüber hinaus werden die projektspezifischen programmiertechnischen Anpassungen der Editionsumgebung ediarum sowie das Codierungsschema auf GitHub zur Verfügung gestellt und damit für die Edition weiterer Reimchroniken nachnutzbar gemacht. Auf Basis der Projektergebnisse könnte so langfristig ein Textkorpus entstehen, das in Bezug auf die Textgattung Reimchronik neue vergleichende quantitative Analysen hinsichtlich philologischer und historischer Fragestellungen zulässt.

Darüber hinaus soll die Edition einen nachhaltigen orts- und zeitunabhängigen Open Access-Zugriff auf die Quellen gewährleisten. Und sie bietet die Möglichkeit einer variablen und nutzerspezifischen Präsentation der Inhalte und Nachnutzbarkeit der Daten.

Die digitale Edition wird dabei der spezifischen Dynamik des mittelalterlichen Textes, seiner Mouvance, in besonderer Weise gerecht, indem alle Textzeugen und Varianten Berücksichtigung finden. Ihre stetige Veränderbarkeit ist dabei auch eine besondere Herausforderung für ihre Langlebigkeit, die ebenso fluid zu verstehen ist.

Digitale Editionen sind nicht mehr als Einzelunternehmen zu denken, sondern bedürfen in besonderer Weise des interdisziplinären, kollaborativen Arbeitens und ermöglichen erst so eine umfassende Perspektive auf die Texte.

Die Schlagworte »digital, interdisziplinär, vernetzt«, die wir im Titel dieses Beitrags aufgerufen haben, sollen daher sowohl ein Signum für digitale Editionen an sich sein als auch für die Zusammenarbeit der unterschiedlichen Fächer in einem Editionsprojekt.

# Promotionen als Problem der Göttinger Universitätsgründung zwischen politischem Reformwillen und akademischer Eigendynamik

VON HOLGER BERWINKEL

Am 17. September 1737 erhielt die Georg-August-Universität in einem feierlichen Akt ihre Statuten, und der Theologieprofessor Jacob Wilhelm Feuerlein wurde als ihr erster Prorektor eingesetzt. Damit war die neue Universität fast drei Jahre nach der Einschreibung der ersten Studierenden und der Aufnahme des Lehrbetriebs auch offiziell inauguriert. Diese verhältnismäßig lange Zeit war nötig, um die großen und kleinen Probleme einer sprichwörtlich »schweren Geburt« zu bewältigen, die in Hannover über den Schreibtisch des Geheimen Rates Gerlach Adolph von Münchhausen liefen. Er wird als eigentlicher Gründer der Georgia Augusta betrachtet.[1] Eines dieser Probleme war die Positionierung zur Verleihung akademischer Grade, also zu Promotionen, einer Hauptfunktion der geplanten Musteruniversität.

Als Gesandter des Kurfürsten, Königs und Stifters der Universität, Georg II. August, war Münchhausen der Ehrengast und Mittelpunkt der mehrtägigen Inaugurationsfeier.[2] Das aufwändige Zeremoniell orientierte sich an der höfischen Festkultur des Barocks, zugeschnitten auf die Person des Landesherrn und Stifters, nur dass dieser abwesend war und sich durch seinen Minister

---

1 Ulrich HUNGER, Die Georgia Augusta als hannoversche Landesuniversität. Von ihrer Gründung bis zum Ende des Königreichs, in: Ernst BÖHME/Rudolf VIERHAUS (Hrsg.), Göttingen. Geschichte einer Universitätsstadt, Bd. 2, Göttingen 2002, S. 139-213, hier S. 143f.

2 Die maßgebliche, methodisch reflektierte Untersuchung der Inaugurationsfeiern ist Marian FÜSSEL, Actus publicus academicus. Die Inaugurationsfeierlichkeiten der Universität Göttingen 1737, in: Gerd LÜER/Horst KERN (Hrsg.), Tradition – Autonomie – Innovation. Göttinger Debatten zu universitären Standortbestimmungen, Göttingen 2013, S. 38-62. Vgl. zum Kontext auch Hermann WELLENREUTHER, Vom Handwerkerstädtchen zur Universitätsstadt. Die Inaugurationsfeier der Georg-August-Universität von 1737 und die Vision Göttingens als »Leine-Athen«, in: Göttinger Jahrbuch 49 (2001), S. 21-37. Die knappen Beschreibungen bei Emil RÖSSLER, Die Gründung der Universität Göttingen. Entwürfe, Berichte und Briefe der Zeitgenossen, Göttingen 1855, A, S. 53, Götz VON SELLE, Die Georg-August-Universität zu Göttingen 1737-1937, Göttingen 1937, S. 61, Albrecht SAATHOFF, Geschichte der Stadt Göttingen, Bd. 2, Göttingen 1940, S. 23-26, und HUNGER, Landesuniversität, wie Anm. 1, S. 150 f., bleiben deskriptiv und konzentrieren sich auf den ersten Tag der Feierlichkeiten. – Rösslers Werk besteht aus zwei unabhängig paginierten Teilen, die hier mit A (darstellender Teil) und B (Quellenedition) unterschieden werden.

vertreten ließ.³ Feierliche (in der Sprache der Zeit: »solemne«) Promotionen waren ein fester Baustein des Ablaufs. Durch ihren öffentlichen Vollzug zeigte die Universität dem gesellschaftlichen Umfeld an, dass sie in der Lage war, die durch das landesherrliche Privileg übertragene Funktion der Verleihung akademischer Grade auszuüben.⁴ Am Morgen des 18. September nahmen Münchhausen und sein Begleiter, der Konsistorialrat Tappe, mit Vertretern der Landstände und der Universität Helmstedt wie am Vortag auf Ehrenplätzen in der Paulinerkirche Platz, deren Chor über Nacht entsprechend den Erfordernissen des Promotionsritus' umgebaut worden war.⁵ Das zentrale Requisit war ein doppeltes Katheder, also zwei hintereinander aufgestellte Lehrpulte, von denen das hintere das vordere überragte. Es muss sich um ein eindrucksvolles Möbel gehandelt haben, an dem acht Personen gleichzeitig Platz fanden.⁶ Bedenkt man, dass im nicht sonderlich breiten Chor rechts des Katheders noch die Ehrengäste und links die Würdenträger der akademischen Korporation mit den studierenden Grafen und nicht zuletzt den Promotionskandidaten Platz finden mussten, dann dürfte es recht gedrängt zugegangen sein.⁷ Die Studierenden und Gäste füllten das Kirchenschiff.

Als die Festgemeinschaft durch eine Kantate eingestimmt war, bestieg der Prorektor und Dekan Feuerlein das obere Katheder und rief mit einer ver-

---

3   Bei der Inauguration des großen Vorbilds Halle war 1694 der Landesherr anwesend: Marian FÜSSEL, Universität und Öffentlichkeit. Die Inaugurationsfeierlichkeiten der Universität Halle 1694, in: Werner FREITAG / Katrin MINNER (Hrsg.), Vergnügen und Inszenierung. Stationen städtischer Festkultur in Halle, Halle 2004, S. 59-78, hier S. 62 f.

4   Marian FÜSSEL, Ritus Promotionis. Zeremoniell und Ritual akademischer Graduierungen in der frühen Neuzeit, in: Rainer Christoph SCHWINGES (Hrsg.), Examen, Titel, Promotionen. Akademisches und staatliches Qualifikationswesen vom 13. bis zum 21. Jahrhundert, Basel 2007, S. 411-450, hier S. 427. Vgl. nochmals zum Vorbild Halles FÜSSEL, Öffentlichkeit, wie Anm. 3, S. 70, und ders., Gelehrtenkultur als symbolische Praxis. Rang, Ritual und Konflikt an der Universität der Frühen Neuzeit, Darmstadt 2006, S. 148 f.

5   Das Folgende nach dem offiziellen Bericht von Johann Matthias GESNER, De academia Georgia Augusta quae Gottingae est [...] condita et a.D. XVII. Sept. MDCCXXXVII solenniter dedicata brevis narratio, Göttingen 1737, S. 38-51, und der anonymen Veröffentlichung Der in Göttingen geweihete Parnassus oder ausführliche und gründliche Relation von der am 17. September 1737 feyerlich vollzogenen Einweihung der Königlichen und Churfürstlichen Georg-August-Universitaet zu Göttingen [...], Frankfurt a.M./Leipzig 1737, S. 38-51, sowie dem übereinstimmenden Bericht der Helmstedter Delegation, gedruckt bei RÖSSLER, Gründung, wie Anm. 2, B, S. 402 f.

6   GESNER, Academia, wie Anm. 5, S. 28.

7   Maßgebliche Baubeschreibung: Lena HOPPE, Die Paulinerkirche, in: Jens REICHE / Christian SCHOLL (Hrsg.), Göttinger Kirchen des Mittelalters, Göttingen 2015, S. 302-335. Die zeitgenössischen Stiche verzerren die Proportionen des Kircheninneren in der Breite sehr stark.

hältnismäßig kurzen Rede die vier Kandidaten der Theologie auf das untere, wo sie den Doktoreid leisteten und das Szepter mit den Fingern berührten. Danach erlaubte er ihnen, das obere Katheder und damit symbolisch die Rolle des akademischen Lehrers einzunehmen. Er setzte ihnen den Doktorhut auf, steckte ihnen den Doktorring an, gab ihnen einen Kuss auf die Stirn und zeigte ihnen die Bibel zunächst geschlossen und dann geöffnet. Dies waren die konventionellen Symbolhandlungen der frühneuzeitlichen Promotion als eines performativen Aktes. Sie waren historisch gewachsen und auf keine genaue Bedeutung festgelegt.[8] Jeder der vier Dekane, die an diesem Tag die Kandidaten ihrer Fakultät auf diese Weise promovierten, gab in seiner Einführungsrede eine eigene Erklärung – der Jurist Gebauer sogar in Versen.[9] Sie vollzogen damit ein Transformationsritual, das die Kandidaten aus ihrem bisherigen gesellschaftlichen Stand löste und durch Abgrenzung von der Umgebung in einen neuen einsetzte. Um den Aufstieg abschließend zu verdeutlichen, gehörte dazu nach der Graduierungszeremonie noch ein aufwändiges Festbankett, der Doktorschmauß.[10]

Die Inauguration der Georgia Augusta bestand in ihrem Kern also aus zwei Einsetzungsakten: Einsetzung der Universität in den Status einer akademischen Korporation am 17. September und Einsetzung der Kandidaten in den Status der ersten Graduierten dieser Korporation am Tag darauf, eingebettet jeweils in »eine Aura höfisch-politischer Dignität«.[11] Solche Solemnitäten waren nicht bloß Prunk, sondern verschafften der Universität überhaupt erst Geltung, indem sie ihre Stellung in der umgebenden Gesellschaft in einem »actus publicus« nicht bloß verdeutlichten, sondern auf performative Weise überhaupt erst herstellten.[12] Für Georg August, Münchhausen und ihre Berater war eine gelungene Inauguration der erste Schritt zur Etablierung ihrer Gründung im Wettbewerb der vielen Universitäten des Reiches.

Die Zusammensetzung der Gruppe der Kandidaten wirft allerdings Fragen auf, wie gelungen dieser Auftakt war und welche Probleme auf dem Weg

---

8 FÜSSEL, Gelehrtenkultur, wie Anm. 4, S. 161, und ausführlicher DERS., Ritus, wie Anm. 4, S. 437-442.

9 Die Reden werden wiedergegeben bei GESNER, Academia, wie Anm. 5, S. 25-49.

10 FÜSSEL, Gelehrtenkultur, wie Anm. 4, S. 152-166. Vgl. DERS., Die inszenierte Universität. Ritual und Zeremoniell in der Frühen Neuzeit, in: Jahrbuch für Universitätsgeschichte 9 (2006), S. 19-33, hier S. 24-26. und ders., Ritus, wie Anm. 4, S. 413.

11 DERS., Actus, wie Anm. 2, S. 60 f.

12 Ebd., S. 41, 60. Laetitia BÖHM, Der »actus publicus« im akademischen Leben. Historische Streiflichter zum Selbstverständnis und zur gesellschaftlichen Kommunikation in Spätmittelalter und Früher Neuzeit, in: Gert MELVILLE/Rainer A. MÜLLER/Winfried MÜLLER (Hrsg.), Geschichtsdenken, Bildungsgeschichte, Wissenschaftsorganisation. Ausgewählte Aufsätze, Berlin 1996, S. 675-693, hier S. 683 (grundlegend).

dahin zu lösen waren. Es handelte sich nicht um »Ehrenpromotionen«,[13] sondern um reguläre Graduierungen gemäß den Anforderungen der Statuten der jeweiligen Fakultät.[14] Es wurden auch nicht ausschließlich »Honoratioren«[15] bedacht, sondern ebenso Praktiker am Beginn der Karriere und Studierende. Indem der offizielle Bericht herausstreicht, dass ein Vater und Professor, der Jurist Johann Jacob Schmauß, und sein Sohn, der zuvor in Leipzig eingeschriebene Theologiestudierende Gottfried Eberhard, gemeinsam den Magistergrad der Philosophischen Fakultät erwarben,[16] macht er die Spannbreite und Heterogenität dieser Gruppe deutlich.

Die Theologische Fakultät promovierte drei ihrer eigenen Mitglieder, die ordentlichen Professoren Crusius und Oporinus und den Extraordinarius Cotta, daneben den Hofprediger Menzer aus Hannover, den Göttinger Superintendenten Ribov und den Rektor des Osnabrücker Gymnasiums Köcher. Unter den elf Kandidaten der Rechte finden sich vor allem Juristen aus Göttingen und der Umgebung wie der Gerichtsschulze Neubur, der als Mann vor Ort zu den Schlüsselfiguren der Universitätsgründung gehörte, und der Vizesyndikus von (Hann.) Münden, aber auch aus Stade und dem Hohenlohischen, außerdem Hofmeister durchreisender Adeliger, mit dem cand. iur. Heinrich Philipp Heunisch schließlich auch ein erster Studierender.[17] Auf die ersten Doktoren der

13  HUNGER, Landesuniversität, wie Anm. 1, S. 151.
14  Rasche sieht in den Statuten der Göttinger Theologischen Fakultät zwar einen ersten Schritt in die Richtung einer Differenzierung zwischen ehrenhalber und aufgrund von Prüfungsleistungen gewährten Promotionen, doch wirklich herausgebildet habe sich diese erst ab 1810 mit der Gründung der Berliner Universität: Ulrich RASCHE, Die deutschen Universitäten und die ständische Gesellschaft. Über institutionengeschichtliche und sozioökonomische Dimensionen von Zeugnissen, Dissertationen und Promotionen in der Frühen Neuzeit, in: Rainer A. MÜLLER (Hrsg.), Bilder – Daten – Promotionen. Studien zum Promotionswesen an deutschen Universitäten in der Frühen Neuzeit, Stuttgart 2007, S. 150–273, hier S. 240 f., und DERS., Geschichte der Promotion in absentia. Eine Studie zum Modernisierungsprozess der deutschen Universitäten im 18. und 19. Jahrhundert, in: Rainer Christoph SCHWINGES (Hrsg.), Examen, Titel, Promotionen. Akademisches und staatliches Qualifikationswesen vom 13. bis zum 21. Jahrhundert, Basel 2007, S. 275–351, hier S. 308–311. Inge MAGER, Zur Geschichte der Licentiaten- und Doktorgradverleihung an der theologischen Fakultät der Georg-August-Universität, in: Georgia Augusta 51 (1989), S. 19 f., kann anhand des im Fakultätsbesitz befindlichen Promotionsbuches echte Ehrenpromotionen erst ab 1748 feststellen und findet sie explizit als solche benannt ab 1791 vor. – Jedenfalls betrifft die Unschärfe des Begriffes der Ehrenpromotion nur die vier Kandidaten dieser einen Fakultät.
15  FÜSSEL, Actus, wie Anm. 2, S. 54.
16  GESNER, Academia, wie Anm. 5, S. 29.
17  Heunisch hatte sich am 11. Dezember 1736 eingeschrieben, war also nicht erst zur Graduierung nach Göttingen gekommen. Zuvor hatte er in Halle studiert, siehe Götz von SELLE, Die Matrikel der Georg-August-Universität zu Göttingen, Hildesheim/Leipzig 1937, Nr. 602.

Medizin wird später näher einzugehen sein. Bei den Philosophen war das Bild schließlich am buntesten und zeigte Professoren neben örtlichen Pfarrern und einer Reihe von Theologiestudierenden. Illustrativ ist der Fall des Orientalisten Andreas Wähner, der sein Studium nicht mit dem Erwerb eines Grades abgeschlossen hatte, weil er die Professorenlaufbahn zunächst nicht einschlagen wollte. Stattdessen amtierte er lange Jahre als Konrektor des Göttinger Pädagogiums. Als er sich nach dessen zugunsten der Universitätsgründung erfolgter Auflösung doch um eine Professur bewarb, benötigte er mehrere Anläufe und musste zusagen, innerhalb einer bestimmten Frist die Graduierung nachzuholen.[18] Insgesamt wurden 45 Kandidaten promoviert, von denen einige Magister der Philosophie zu der Solemnität aber gar nicht erschienen sind.[19] 18 Kandidaten wurden nur renuntiert, vollzogen also nur den Einsetzungsritus, waren aber schon kreiert, d.h. sie hatten den Doktorgrad von ihrer Fakultät bereits erhalten.[20] Einige dieser Phänomene sind Symptome der Krise der akademischen Grade im 18. Jahrhundert, mit deren Auswirkungen die hannoversche Regierung umgehen musste, um ihre Universitätsgründung zum Erfolg zu führen – damit es wirklich heißen konnte:

Wer will unendlich seelig seyn?
Wer will sein Recht vertheidigt haben?
Wer schätzet der Gesundheit Gaben?
Wer liebt die Weisheit stimmet ein:
GEORG-AUGUSTI Ruhm und Glück soll alles Hoffen übersteigen,
GEORG-AUGUSTA soll der Welt beständig solche Söhne zeigen![21]

Im Folgenden ist zu betrachten, (I.) worin die Krise der Promotion bestand und welche grundsätzliche Haltung die Regierung für ihre Göttinger Neuschöpfung dazu entwickelte, (II.) inwieweit diese Haltung im Statutenrecht der Universität umgesetzt wurde und wie die Regierung durch Einzelfallentscheidungen die Promotionspraxis an der (III.) Medizinischen und (IV.) Philosophischen

---

18 Sigrid DAHMEN, Andreas Georg Wähner (1693-1762). Professor für morgenländische Sprachen in Göttingen, in: Göttinger Jahrbuch 60 (2012), S. 109-136, hier S. 114-117.
19 GESNER, Academia, wie Anm. 5, S. 29, fängt diesen problematischen Umstand in seiner Werbeschrift ein, indem er ihn herausstreicht.
20 Zur Prosopographie der Kandidaten siehe die in Anm. 5 genannten Quellen sowie Das jeztlebende Göttingen und darzu dienende Nachrichten, Göttingen 1739, S. 25 ff. Zur Identifizierung tragen neben den Verlinkungen aus der Gemeinsamen Normdatei v. a. SELLE, wie Anm. 17, und Wilhelm EBEL, Catalogus Professorum Gottingensium 1734-1962, Göttingen 1962, bei.
21 Aus der Abschlusskantate des Promotionsaktes, gedruckt im Parnassus, wie Anm. 5, Beilage B (unpaginiert).

Fakultät ausgestaltete, die in den Quellen am besten dokumentiert sind.²² Es soll damit nicht nur ein Forschungsdefizit zur Göttinger Gründungsgeschichte behoben werden,²³ sondern (V.) grundsätzlicher die Frage nach dem Ort Göt-

22 Die einschlägige Überlieferung der Theologischen Fakultät setzt erst 1747 ein. Die Promotionsakten der Juristischen Fakultät zu den Kandidaten der Inaugurationsfeier (Universitätsarchiv Göttingen, im Folgenden UniA GÖ, Jur. Prom. 6521-6533) enthalten nur die nichtssagenden Zulassungsgesuche; auch das Dekanatsbuch (Jur. Fak. 297) ist keine Hilfe. Anders in der Medizinischen Fakultät, für die Georg Gottlob Richter als Prodekan eine ausführliche Darstellung im Dekanatsbuch (UniA GÖ, Med. Fak. 1) hinterlassen hat. Für diese Fakultät liegt in Grundzügen auch eine Aktenüberlieferung vor (UniA GÖ, Med. Fak. 45). Im Verhältnis dazu sind die Akten der Philosophen sehr aussagekräftig. Sie dokumentieren nicht nur die verwickelten Verhandlungen mit der Regierung, sondern durch Protokolle mündlicher Fakultätssitzungen und das Umlaufverfahren, mit dem schriftliche Stellungnahmen der Professoren zu einem Vorschlag des Dekans eingeholt wurden, auch die internen Entscheidungsprozesse (UniA GÖ, Phil. Fak. 1-4). Es ist weitgehend überflüssig, auf das Dekanatsbuch (UniA GÖ, Phil. Fak. 477) zurückzugreifen. Die Gegenüberlieferung der Regierung im Bestand UniA GÖ, Kur., dokumentiert ebenfalls vor allem die Probleme der Philosophen. Eine starke Verzerrung zu Ungunsten der Verhältnisse in Theologie und Jura ist daher unwahrscheinlich. – Hans-Christof KRAUS, Promotionen an der Georg-August-Universität zu Göttingen bis 1800. Bemerkungen zur Quellenlage und zum Forschungsstand, in: Rainer A. MÜLLER (Hrsg.), Promotionen und Promotionswesen an deutschen Hochschulen der Frühmoderne, Köln 2001, S. 131-146, referiert die Überlieferungslage auf einem heute überholten Stand der archivischen Erschließung. – Vgl. zur Systematik der auf Promotionen bezogenen Quellen Ulrich RASCHE, Quellen zum frühneuzeitlichen Promotionswesen der Universität Jena, in: ebd., S. 81-110. Herauszuheben ist, dass eine besondere Kandidatenmatrikel in Göttingen nur in der Theologischen Fakultät geführt wurde, deren Statuten dies vorschrieben, siehe Wilhelm EBEL (Bearb.), Die Privilegien und ältesten Statuten der Georg-August-Universität zu Göttingen, Göttingen 1961, IV, Kap. II, §10, S. 98-101.

23 Eine Gesamtbetrachtung des frühen Göttinger Promotionswesens ist ein Desiderat. Johannes TÜTKEN, Privatdozenten im Schatten der Georgia Augusta. Zur älteren Privatdozentur (1734 bis 1831), Bd. 1, Göttingen 2005, bietet zwar eine erschöpfende Auswertung des in den Fakultätsstatuten gesetzten Promotionsrechtes, nicht aber der Praxis. Sein Thema ist die Promotion nicht als solche, sondern als Voraussetzung der Habilitation. In ihrer Verbindung eines biographischen und bibliographischen Kompendiums mit einer Analyse von Promotionsbedingungen, Position der Fakultät im Wettbewerb der Universitäten und Zusammensetzung des Kandidatenkreises könnte die Studie von Ulrich TRÖHLER/Sabine MILDNER-MAZZEI, Vom Medizinstudenten zum Doktor. Die Göttinger Medizinischen Promotionen im 18. Jahrhundert, Göttingen 1993, als Vorbild für die Abhandlung der übrigen drei Fakultäten dienen. Die spezifischen Schwierigkeiten, den Promotionsbetrieb zum Laufen zu bringen, liegen außerhalb der Zielsetzung der Arbeit. KRAUS, Promotionen, wie Anm. 22, gelangt in der Sache nicht über ein Referat der Arbeit von Tröhler und Mildner-Mazzei hinaus. Einzelne Aspekte des Göttinger Statutenrechtes werden von RASCHE, Gesellschaft, wie Anm. 14, exemplarisch einbezogen. Die Überblicksdarstellungen von SELLE, Georg-August-Universität, wie Anm. 2, und HUNGER, Landesuniversität, wie Anm. 1, gehen auf das Promotionswesen nicht ein.

tingens in der Geschichte des Promotionswesens und dem Handlungsspielraum Münchhausens als historiographischer Leitgestalt der frühen Göttinger Universitätsgeschichte gestellt werden.

I.

Staat und Gesellschaft des 18. Jahrhunderts waren skeptisch, wozu die graduierten »Söhne« der Universitäten zu gebrauchen waren und ob sie die besseren Seelsorger, Anwälte, Ärzte und Lehrer waren.[24] Münchhausens Kreis gab sich keinen Illusionen hin: In Preußen habe kein Lehrer, Pfarrer oder Beamter mehr einen Grad inne. Auch bei den Juristen bestünde kaum Interesse, allenfalls Advokaten könne man zum Promovieren nach Göttingen locken.[25]

Die Georgia Augusta wurde in das einstufige Promotionssystem der protestantischen deutschen Universitäten hineingegründet, das in Absetzung von dem gestuften System des Mittelalters und der katholischen Hochschulen in jeder Fakultät nur noch einen Grad vorsah. Die Grade hatten an diesen Universitäten ihre hergebrachte Funktion verloren, das Studium zu strukturieren.[26] In der Philosophie konnte der Magister erworben werden, an den drei traditionell »höheren« Fakultäten das Doktorat der Theologie, der Rechte oder der Medizin. Kandidaten mussten dazu nach altem Herkommen ein Examen bestehen, eine gedruckte Dissertation »pro gradu« vorlegen und über Thesen aus dieser Schrift öffentlich disputieren.[27] Sie erwarben damit ein soziales Distinktionsmerkmal, das Prestige und Karrierechancen ermöglichte, aber keinen Studienabschluss. Eine zwingende Beziehung zwischen dem Studium und der Graduierung bestand nicht. Vielmehr war die Promotion nur eine von verschiedenen Formen, die »Teilha-

---

24  RASCHE, Gesellschaft, wie Anm. 14, S. 257 f., 261 f.

25  So Meier in einem Gutachten zu den Promotionskosten in der Göttinger Juristischen Fakultät vom 2. November 1735: UniA GÖ, Kur. 4374, Bl. 21-22.

26  Willem FRIJHOFF, Der Lebensweg des Studenten, in: Walter RÜEGG (Hrsg.), Geschichte der Universität in Europa, Bd. 2, München 1996, S, 287-334, S. 292 f., RASCHE, Gesellschaft, wie Anm. 14, S. 206, 224-229. Vgl. zum älteren gestuften Graduierungssystem Laetitia BÖHM, Akademische Grade, in: Rainer Christoph SCHWINGES (Hrsg.), Examen, Titel, Promotionen. Akademisches und staatliches Qualifikationswesen vom 13. bis zum 21. Jahrhundert, Basel 2007, S. 11-54, S. 15 f.

27  Die Begriffe »Disputation« und »Dissertation« wurden von den Zeitgenossen, auch in den nachfolgend zitierten archivalischen Quellen, oft synonym gebraucht. Im wissenschaftshistorischen Gebrauch bezeichnet die Dissertation die gedruckte Schrift, die als Grundlage der mündlichen Disputation diente. Vgl. Hanspeter MARTI, Dissertationen, in: Ulrich RASCHE (Hrsg.), Quellen zur frühneuzeitlichen Universitätsgeschichte. Typen, Bestände, Forschungsperspektiven, Wiesbaden 2011, S. 293-312, hier S. 294.

berschaft an den ständischen Qualitäten von Studium und Gelehrsamkeit«[28] zu erlangen. Grade waren als Nachweise dieser Teilhabe wertvoller als Zeugnisse, Übungsdissertationen, die als Einladungen dazu gedruckten Programme oder einfach nur die Immatrikulationsurkunde, bewiesen aber weder wissenschaftliches Können noch die Befähigung zu einem öffentlichen Amt.[29]

Eigentlich wichtig war ursprünglich der performative Akt der feierlichen Renuntiation in der Form, in der er auch bei der Göttinger Inauguration vollzogen wurde. Für die Kandidaten war dieser Ritus, einschließlich des Doktorschmauses, mit erheblichen Kosten verbunden. In den drei »höheren« Fakultäten konnten sie statt des Doktorats deshalb den Grad eines Lizentiaten erwerben, der in der Sache gleichwertig war, aber ohne den feierlichen Vollzug des Statuswechsels auskam und deshalb deutlich günstiger war. Gegen Nachzahlung konnte der Lizentiat den Doktor ohne weitere Formalitäten später doch noch erwerben.[30]

Die Kritik an diesem Promotionssystem riss seit dem 17. Jahrhundert nicht ab. Sie entzündete sich an der Käuflichkeit der Grade. Im Durchschnitt stagnierten die Promotionszahlen oder gingen zurück.[31] Außer der Reputation verloren die Grade auch an Nützlichkeit, weil der Staat eigene Eingangsprüfungen für akademische Berufe einrichtete; hierauf ist später noch einzugehen. Gegenüber den hohen Kosten sank also der geldwerte Vorteil des Grades. Nur das medizinische Doktorat konnte seinen Wert als Statussymbol des studierten Arztes bewahren. Entsprechend stiegen die Zahlen der Mediziner im 18. Jahrhundert sogar und verdrängten die Juristen als größte Gruppe von Graduierten,[32] die der Doktorgrad aus älterer Zeit noch zur Zulassung bei den obersten Reichsgerichten befähigte. Der philosophische Magister stürzte dagegen regelrecht ab und fand nur noch wenige Interessenten, wenn er nicht, wie in Leipzig, von der Universitätsverfassung besonders privilegiert wurde, oder der Erwerb wie in Marburg, später in Gießen, für zukünftige Pfarrer vorgeschrieben war.[33]

---

28 RASCHE, Gesellschaft, wie Anm. 14, S. 160.

29 Ebd., S. 157-170. FRIJHOFF, Lebensweg, wie Anm. 26, S. 288 f.

30 Theodor KNAPP, Die Lizenz der Lizentiaten, in: Zeitschrift für Rechtsgeschichte der Savigny-Stiftung, Germanistische Abteilung 51 (1931), S. 524-529.

31 Rainer A. MÜLLER, Von der »Juristendominanz« zur »Medizinerschwemme«. Zum Promotionswesen an deutschen Universitäten der Frühmoderne, in: Christian HESSE (Hrsg.), Personen der Geschichte – Geschichte der Personen. Studien zur Kreuzzugs-, Sozial- und Bildungsgeschichte. Festschrift für Rainer Christoph Schwinges zum 60. Geburtstag, Basel 2003, S. 317-337, hier S. 321-326.

32 Ebd., S. 338-344. RASCHE, Gesellschaft, wie Anm. 14, S. 178, 270. Vgl. immer noch Franz EULENBURG, Die Frequenz der deutschen Universitäten von ihrer Gründung bis zur Gegenwart, Leipzig 1904, S. 288-230.

33 RASCHE, Gesellschaft, wie Anm. 14, S. 258-260. In Jena sanken die Kandidatenzahlen im Verlauf des 18. Jahrhunderts um bis zu 90 %: DERS., Geld, Ritual und Doktorurkunde. Zur

Diese Entwicklung hatte ökonomische Konsequenzen, zumal auch die Studierendenzahlen insgesamt sanken:[34] Es kamen nicht mehr genügend Kandidaten zusammen, die gemeinsam die hohen Aufwendungen für den Doktorschmaus tragen konnten, und den Professoren brachen erhebliche Einnahmen aus den Prüfungsgebühren weg. Der solemne Renuntiationsritus erhielt Konkurrenz durch die quasi »private« Renuntiation auf einer Fakultätssitzung im Anschluss an das bestandene Examen, die mit dem Doktordiplom urkundlich belegt wurde.[35] Damit kamen auch die Disputationen außer Übung, zumal diese häufig zwischen dem präsidierenden Professor, dem Kandidaten und dessen Opponenten abgesprochen wurden und dies allgemein bekannt war.[36] Die Dissertation konnten Kandidaten, die keine eigene Universitätskarriere anstrebten, als Präsiden-Dissertationen gegen Entgelt von dem Professor schreiben lassen, der die Disputation leitete.[37]

Ulrich Rasche hat diese Entwicklungen eine »Rationalisierung« der Promotion genannt, die vor allem eine Ökonomisierung war. Durch die Abschaffung der öffentlichen Akte sank der Aufwand für die Durchführung einer Promotion, doch die Kosten wurden nicht ermäßigt. Der sachliche Aufwand wurde de facto in Examensgebühren umgewandelt und zugunsten der Fakultäten umverteilt, die damit das von den sinkenden Kandidatenzahlen in die Einnahmen gerissene Loch ausgleichen konnten.[38] Auf die Spitze getrieben wurde die Profitmaximierung durch das Instrument der Promotion in absentia, vorgesehen

---

Rationalisierung des Promotionsverfahrens im 17. und 18. Jahrhundert am Beispiel der philosophischen Fakultät der Universität Jena, in: Jahrbuch für Universitätsgeschichte 9 (2006), S. 83-101, hier S. 88 f. Zu Leipzig: Detlef DÖRING, Anfänge der modernen Wissenschaften. Die Universität Leipzig vom Zeitalter der Aufklärung bis zur Universitätsreform 1650-1830/31, in: Franz HÄUSER (Hrsg.), Geschichte der Universität Leipzig 1409-2009, Band 1: Spätes Mittelalter und Frühe Neuzeit 1409-1830/31, Leipzig 2009, S. 521-771, hier S. 590, und Jens BLECHER, Vom Promotionsprivileg zum Promotionsrecht. Das Leipziger Promotionsrecht zwischen 1409 und 1945 als konstitutives und prägendes Element der akademischen Selbstverwaltung, Diss. phil. Halle/Wittenberg, http://dx.doi.org/10.25673/2514, S. 111-115 (Zugriff: 31. Mai 2022).

34 EULENBURG, Frequenz, wie Anm. 32, S. 130 f., 162 f.

35 RASCHE, Geld, wie Anm. 33, S. 91-97. Als Schriftstücktyp ersetzte die Urkunde das Programm, das zuvor zur öffentlichen Disputation der Thesen eingeladen hatte: Bernhard HOMA, Die Bedeutung von Universitätsprogrammen für Forschungen zur Universitätsgeschichte. Mit einer exemplarischen Auswertung von Programmen der Universitätsbibliothek Tübingen und einem Verzeichnis der bekannten Bestände an deutschen Archiven und Bibliotheken (16.-19. Jahrhundert), in: Jahrbuch für Universitätsgeschichte 19 (2016), S. 51-84, hier S. 65-67.

36 RASCHE, Gesellschaft, wie Anm. 14, S. 179, 200.

37 Ebd., S. 197.

38 RASCHE, Geschichte, wie Anm. 14, S. 278 f. DERS., Geld, wie Anm. 33, S. 91-96.

für Akademiker in praktischen Berufen, die in den Kategorien der ständischen Gesellschaft durch Amt und Würden bereits hinlänglich nachgewiesen hatten, dass sie eines akademischen Grades würdig waren. Ihnen wurden das Examen und die Dissertation, nicht aber die Gebühren erlassen.[39] Der Ritus verlor damit seine Bedeutung, die feierliche »Präsenzkultur« der Promotion bewegte sich auf ihr Ende zu.[40]

Auf diesem Stand des Verfalls kam Johann David Michaelis, einer der profiliertesten Vertreter der ersten Göttinger Blütezeit, 1776 zu dem Schluss, das Promotionswesen sei nicht mehr zu retten, denn in dem ökonomisierten System würden eher *hundert Untüchtige [...] den Gradum erhalten, als ein Tüchtiger abgewiesen werden.*[41]

Mitten in diesem Umbruch wurde die Georg-August-Universität gegründet. Die hannoversche Regierung[42] musste dazu Positionen finden, von deren Solidität die Reputation der beabsichtigten Modelluniversität mit abhängen würde. Münchhausen ließ sich umfassend von einem großen Kreis hannoverscher Beamter und auswärtiger Sachverständiger beraten, die für ihn Ideen so weit entwickelten, prüften und verwarfen, dass konkrete Maßnahmen daraus abgeleitet werden konnten.[43] Eine ganze Reihe von Gutachten erstellte der Helmstedter Theologieprofessor Johann Lorenz von Mosheim.[44] In einer Stellungnahme, die wohl bereits auf 1733 zu datieren ist, berührte er auch die Frage, wie in Göttingen den anderen Orts sichtbaren Missständen vorgebaut werden könne.[45] Man müsse *untüchtige und elende Leute* durch hohe Anforderungen abschrecken, die Kandidaten ihre Dissertationen selbst ausarbeiten lassen und

---

39   RASCHE, Geschichte, wie Anm. 14, S. 231-235.

40   FÜSSEL, Gelehrtenkultur, wie Anm. 4, S. 406.

41   Johann David MICHAELIS, Raisonnement über die protestantischen Universitäten in Deutschland, Bd. 4, Frankfurt a. M./Leipzig 1776, S. 103.

42   Unter »Regierung« werden im Folgenden alle amtlichen Entscheidungsträger zusammengefasst, die durch Münchhausen von Fall zu Fall in Probleme der Universitätsgründung einbezogen wurden. Institutionell war dieses Netzwerk durch Münchhausens doppelte Stellung als Kurator der Universität und Inhaber des Universitätsdepartements im Geheimen Rat verankert: Ernst VON MEIER, Hannoversche Verfassungs- und Verwaltungsgeschichte 1680-1866, Bd. 2: Die Verwaltungsgeschichte, Leipzig 1899, S. 97 f., 183 f.

43   HUNGER, Landesuniversität, wie Anm. 1, S. 143 f.

44   Mosheim sollte nach Münchhausens Willen in Göttingen lehren, entzog sich dem Ruf aber bis 1747. Zu seinen umfassenden und mehrmals entscheidenden Ratschlägen (angefangen bei der Namensgebung »Georgia Augusta«): Bernd MOELLER, Johann Lorenz von Mosheim und die Gründung der Göttinger Universität, in: DERS. (Hrsg.), Theologie in Göttingen. Eine Vorlesungsreihe, Göttingen 1987, S. Theologie in Göttingen. Eine Vorlesungsreihe, hier S. 29-34, und RÖSSLER, Gründung, wie Anm. 2, A, S. 19.

45   Niedersächsische Staats- und Universitätsbibliothek Göttingen (im Folgenden: NSUB), 2° Hist. lit. 83, S. 979-983. Im Gegensatz zu anderen Gutachten Mosheims bei

sie öffentlich examinieren. Die fähigen Köpfe solle man im Gegenzug durch niedrige Gebühren anlocken und den Aufwand für die Renuntiation und den Doktorschmaus begrenzen, indem pro Jahr ein einziger Termin dafür festgelegt würde. Mosheim dachte sogar darüber nach, das Einheitsgradsystem durch die Wiedereinführung des seit dem 16. Jahrhundert verschwundenen Bakkalariats[46] so nach unten zu erweitern, dass Kandidaten mit Ambitionen auf die Hochschullaufbahn für wenig Geld eine Anfangsbefähigung erwerben konnten. *Und ein Göttinger Doctor und Magister wird in der Welt etwas mehr bedeuten, als die so anderswo creiret werden*, so seine Hoffnung, die deutlich aus der akademischen Binnenperspektive des um fähigen Lehrnachwuchs besorgten Professors entspringt.[47]

Ein anderer auswärtiger Ratgeber, der mehr die praktische Universitätsorganisation bedachte, war der Hallenser Jurist Justus Henning Böhmer, ein gebürtiger Hannoveraner, der sich seit 1721 als Direktor der Universität vor allem der Verwaltung widmete und selbst schon Reformkonzepte erarbeitet hatte.[48] Münchhausen übersandte ihm eine Abschrift von Mosheims Gutachten und erhielt es mit Randbemerkungen zurück, die den Theologen weltfremd erscheinen ließen: *In einer anderen Welt möchten vielleicht solche erwünschte promotiones zu hoffen seyn*, aber man lebe nicht *in republica Platonis*, also einem Idealstaat, sondern habe es mit *feces Romuli* zu tun, mit dem Abschaum der Gesellschaft. Ob Böhmer mit diesem Cicero-Zitat[49] die Kandidaten meinte, die Professoren oder beide – es war eine deutliche Warnung vor großen Erwartungen an Verbesserungsversuche in Göttingen. In einem Punkt riet auch er aber zu hartem Durchgreifen: Die Promotion in absentia müsse unterbunden werden, weil sie *die Universität nur ridicul machen würde*.

Münchhausen legte seine Linie in einem schriftlichen Votum für den Geheimen Rat vom 16. April 1733 fest, das nicht nur in diesem Punkt ein Schlüsseldokument der Göttinger Gründungsgeschichte ist:

RÖSSLER, Gründung, wie Anm. 2, nicht ediert, zeitlich aber im Umfeld der ebd., B, S. 20-27, gedruckten Stücke anzusiedeln.

46  Zu dessen Verschwinden: RASCHE, Gesellschaft, wie Anm. 14, S. 214-224.

47  Diesen Gedanken äußerlicher Reputation betonte Mosheim noch einmal im Februar 1735, als er Münchhausen drängte, *wegen der Promotionen [...] eine vernünfftige Ordnung zu schaffen, damit die Göttingischen Doctores und Magistri etwas mehr gelten mögen, als die, so nach der gemeinen Weise insgemein pflegen gemachet zu werden*: RÖSSLER, Gründung, wie Anm. 2, B, S. 189.

48  Gerd KLEINHEYER/Jan SCHRÖDER, Deutsche Juristen aus fünf Jahrhunderten, Heidelberg ³1989, S. 47-49.

49  Epistolae ad Atticum II, 1, 8. Böhmer überträgt hier Ciceros Kritik am jüngeren Cato, dieser sei ein realitätsblinder Idealist, auf Mosheim.

> *Wie ich denn auch bedenklich finde, viele Leuthe zu veranlaszen gradus academicos anzunehmen, vielmehr sollte ich glauben, es würde die Göttingsche Academie mehr für andere distinguiren, wenn man die Doctorwürde auf selbiger keinen als wohlverdienten Leuthen mittheilete, als wenn daselbst viele Promotiones geschehen, mithin viele Stümper honores Academicos erlangen. Es wäre aber darauf zu gedenken, dasz die Candidati insgesammt untriegbahre Specimina ihrer Gelehrsamkeit beybringen und sich nicht sowohl durch das Examen als andere Proben, so sie auf der Universität oder in Foro abgelegt, als Professur-mäszige Leuthe legitimiren müszten.*[50]

Damit eignete sich Münchhausen das Professorenamt als Maßstab der Anforderungen an einen akademischen Grad und das Leistungsprinzip als Mittel der Auswahl an, ohne die Spannbreite der Nachweise jenseits des Examens genau abzustecken. Insbesondere ließ er Raum für die Anerkennung einer *in Foro*, also in der Berufspraxis, erworbenen Qualifikation. Die Promotion in absentia war jedoch ausgeschlossen. Insgesamt wurde die Universität also auf Qualität festgelegt. Welche Instrumente zur Verfügung standen, hatte Mosheim bereits dargelegt: Strenge der Prüfungen und Höhe der Gebühren. Sie mussten sorgfältig austariert werden, um keine unerwünschten Effekte zu erzeugen:

Hohe Anforderungen und gleichzeitig hohe Gebühren könnten Göttingen in dieselbe Lage wie die Universität Leipzig bringen, die wegen dieser Faktoren eine hohe Abwanderung von Kandidaten nach Jena, Wittenberg oder Erfurt zu beklagen hatte.[51] In diesem Markt musste sich die Georgia Augusta behaupten. Münchhausen und seinen Beratern war klar, dass die Kandidaten ihre Promotionsuniversität nach dem Preis wählten und dabei auch die eigene Landesuniversität hintanstellten.[52] Geringe Gebühren, wie von Mosheim empfohlen, würden einerseits Kandidaten anlocken, andererseits aber die ohnehin schwierige, anfangs selten erfolgreiche Werbung Münchhausens um Professoren des gewünschten Formats[53] erschweren, denn ihre Einnahmen würden geschmälert werden. Geringere Anforderungen wären wiederum für die Kandidaten attraktiv, könnten aber dem Renommee der jungen Universität schaden.

Um diese Zielkonflikte auszugleichen, konnte die Regierung auf zwei Ebenen tätig werden: Sie konnte der Institution und ihrem Funktionieren allge-

50 RÖSSLER, Gründung, wie Anm. 2, B, S. 37. Vgl. zu diesem Dokument SELLE, Georg-August-Universität, wie Anm. 2, S. 28 f.

51 DÖRING, Anfänge, wie Anm. 33, S. 683 f. BLECHER, Promotionsprivileg, wie Anm. 33, S. 108.

52 So Meier in seinem bereits zitierten Gutachten (siehe Anm. 25), UniA GÖ, Kur. 4374, Bl. 21-22, unter Bezugnahme auf die Leipziger Situation.

53 Walter BUFF, Gerlach Adolph Freiherr von Münchhausen als Gründer der Universität Göttingen, Göttingen 1937, S. 48, 51 f.

mein verbindliche Rahmenbedingungen setzen und im Einzelfall konkrete Steuerimpulse geben.⁵⁴ Rahmenbedingungen waren in erster Linie das der Universität im Privileg und den Statuten gesetzte Recht, das die Regierung zwar erlassen konnte, an dessen Entstehung sie aber die Professoren beteiligen musste. Dieser Aushandlungsprozess war mit der Ebene der operativen Steuerung vermischt. Noch komplizierter wurde die Aufgabe der Regierung durch das Nahziel, der Universität eine standesgemäße Inauguration zu verschaffen. Die Reputation der Göttinger Promotionen auf lange Sicht war eine Sache, für die solemnen Promotionen zur Inauguration eine repräsentative Zahl von Kandidaten aufzustellen eine andere.

II.

Die Rechtsgrundlage der Georgia Augusta waren das Privileg Kaiser Karls VI., das Privileg des Königs und Kurfürsten Georg II. August, die für die Universität insgesamt geltenden Generalstatuten und die einzelnen Statuten der vier Fakultäten. Die Statuten waren formal zwar aus der Autonomie der Universität geschöpftes Satzungsrecht, wurden aber ebenso von der Obrigkeit verliehen wie die Privilegien.⁵⁵

Das kaiserliche Privileg vom 13. Januar 1733 setzte die Göttinger Graduierten in denselben Rechtsstand ein wie die Standesgenossen der anderen Universitäten des Reiches.⁵⁶ Die hannoversche Regierung meinte eigentlich nicht, einer kaiserlichen Konzession zu bedürfen; es war die Sorge um die Anerkennung der Grade, von der für die Juristen die Zulassung zu den obersten Reichsgerichten abhing, die sie dazu bewog.⁵⁷

---

54 Diese luzide Unterscheidung wurde jüngst am Beispiel der frühen Hallenser Universität exemplifiziert von Andreas Pečar/Marianne Taatz-Jacobi, Die Universität Halle und der Berliner Hof (1691-1740). Eine höfisch-akademische Beziehungsgeschichte, Stuttgart 2021, S. 18, 24 f., 317-327. Im Ergebnis der Studie wird für Halle eine zielgerichtete aufklärerische Universitätspolitik verneint; die Blüte der Universität habe sich vielmehr aus einer Fülle von Steuerimpulsen verschiedener Akteure ergeben.
55 Ulrich Rasche, Norm und Institution, in: Ders. (Hrsg.), Quellen zur frühneuzeitlichen Universitätsgeschichte. Typen, Bestände, Forschungsperspektiven, Wiesbaden 2011, S. 121-170, hier S. 122-125.
56 Ebel, Privilegien, wie Anm. 22, Nr. I; zu Promotionen: S. 17-20.
57 So Gruber in seinem Präliminarplan vom 1. Oktober 1732: Rössler, Gründung, wie Anm. 2, B, S. 14. Vgl. Ernst Gundelach, Die Verfassung der Göttinger Universität in drei Jahrhunderten, Göttingen 1955, S. 5 f. Der kleinen Gruppe von Graduierten, die die akademische Laufbahn einschlugen, sprach das kaiserliche Privileg außerdem das Recht zu, auf

Am 7. Dezember 1736 folgten das königliche und kurfürstliche Privileg, mit dem die akademische Korporation begründet wurde, und die General-Statuten, die ihr eine Struktur gaben. Dieses zweite Privileg behandelte das Problem der Grade vorwiegend unter dem Gesichtspunkt der Lehrbefugnis der Privatdozenten. Promotionskandidaten wurden immerhin verpflichtet, vor der Meldung zum Examen bei den Professoren ihres Fachgebiets auch Kollegien zu besuchen – *wann sie nicht Extranei seyn*.[58] Noch knapper fiel der einschlägige Gehalt der General-Statuten aus: Sie regelten nur das Verfahren bei universitätsöffentlichen Inaugural-Disputationen und die Verteilung der Dissertationen und Programme.[59] Die Ausgestaltung des Promotionsrechtes blieb damit den Statuten der vier Fakultäten vorbehalten, die erst nach langen Verhandlungen am 3. August 1737 erlassen wurden. Bis wenige Wochen vor der Inauguration blieb das Promotionsrecht also in der Schwebe.

Münchhausen hatte den Fakultäten die jeweils einschlägigen Hallenser Statuten als Vorlage zustellen lassen. Die Professoren entwarfen jedoch zwanglos Texte nach ihren Vorstellungen. Als Folge ist das Promotionsrecht nicht nur in der Sache unterschiedlich ausgestaltet, sondern von abweichenden Wegen des gedanklichen Zugriffs geprägt. Die Statutentexte sind daher nur bedingt vergleichbar, und es ist schwer möglich, daraus eine Göttinger Standardpromotion rekonstruieren zu wollen.[60] Hier interessieren nur die Regelungsmaterien, mit denen Qualitätsanforderungen aufgestellt wurden.

Die Theologische Fakultät war ein Sonderfall. Ihr Kandidatenkreis war auf arrivierte Geistliche und Schulleiter beschränkt, die sich in ihren Ämtern und Würden hinreichend bewährt hatten. Ein Studium der Theologie mit dem Erwerb eines Grades abzuschließen, war dadurch praktisch unmöglich.[61] Die theologische Promotion sollte keinen Berufsweg eröffnen, sondern den erreichten Status des Kandidaten bekräftigen.[62] Dieser kleine Personenkreis wurde mit hohen Ansprüchen konfrontiert: Die Absenzpromotion wurde in dem Sinne ausgeschlossen, dass der Kandidat wenigstens zur Renuntiation

---

jeder Universität des Reiches als Privatdozenten zu lesen, vgl. TÜTKEN, Privatdozenten, wie Anm. 23, S. 55.

58  EBEL, Privilegien, wie Anm. 22, Nr. II, Art. XXI, S. 37.

59  Ebd. III, §§ 41, 71, S. 60 f., 72 f.

60  TÜTKEN, Privatdozenten, wie Anm. 23, differenziert bereits zwischen den theologischen Statuten und jenen der anderen drei Fakultäten, doch auch zwischen diesen sind die Gegenstände, die für regelungsbedürftig gehalten wurden, verschieden. Sein Blick auf Privilegien und Statuten scheint von Analogien zum modernen Hochschulrecht nicht frei zu sein, siehe z. B. ebd. S. 58.

61  EBEL, Privilegien, wie Anm. 22, IV, Kap. II, § 9, S. 98 f. Vgl. TÜTKEN, Privatdozenten, wie Anm. 23, S. 63 f., und RASCHE, Geschichte, wie Anm. 14, S. 296.

62  MAGER, Geschichte, wie Anm. 14, S. 19.

zu erscheinen hatte. Die Prüfungsleistungen (Dissertation und Disputation) konnten zwar erlassen werden, doch nur bei besonderen Verdiensten um die Fakultät und mit der Erlaubnis der Regierung. Noch dazu hatte der Kandidat die Dissertation selbst zu verfassen.[63] Dieser Anspruch entsprach Mosheims Vorstellungen, der im Juli 1735 einen eigenen Entwurf vorgelegt hatte, der zwar nicht zur direkten Vorlage des Endproduktes wurde, in dem insbesondere die Kandidatendissertation aber bereits vorgesehen war.[64]

Die Juristische und die Medizinische Fakultät setzten weniger voraus. Die Absenzpromotion wurde explizit weder zugelassen noch ausgeschlossen. Die selbst verfasste Kandidatendissertation wurde zwar als Regelfall vorausgesetzt, Ausnahmen wurden jedoch zugelassen, wenn die eingereichte Schrift mangelhaft war (Jura) oder ohne Voraussetzungen auf Wunsch des Kandidaten, der dann aber die Veröffentlichung unter dem Namen des Professors hinzunehmen hatte (Medizin).[65]

Die Philosophische Fakultät setzte die Kandidatendissertation explizit voraus. Kandidaten, die eine Hochschullaufbahn anstrebten, schreckte dies nicht ab. Sie waren im 18. Jahrhundert die verbliebene Hauptzielgruppe der regulären Magisterpromotionen. Es ging daher an, den Anspruch noch einmal zu erhöhen, nachdem die Verbindung der Magisterpromotion mit einer Inauguraldissertation überhaupt erst 1694 in Halle erstmals formuliert worden war.[66] Wer schon in öffentlichen Ämtern stand und den Grad des Status wegen anstrebte, dem eröffneten die Statuten ausdrücklich die Möglichkeit der Absenzpromotion, sofern sich die Fakultät von seiner Würdigkeit überzeugt hatte. Anstelle des Examen und der normalen Dissertation konnte sich dieser Personenkreis durch eine nicht näher spezifizierte, aber wiederum selbst auszuarbeitende Probeschrift qualifizieren.[67]

Alle vier Statuten sahen Examen und Disputationen vor. Mit Ausnahme der Philosophischen Fakultät, die nur den Magister zu vergeben hatte, differenzierten sie zwischen dem Doktorat und dem Lizentiat. Damit bewegten sie sich im zeittypischen Rahmen. Neu waren die Regelungen zur Kandidatendissertation und zur Absenzpromotion in der Verbindung der Statuten der Philosophischen Fakultät. Die Regierung regelte hier ein Phänomen, dessen Brisanz sie erkannt

---

63 EBEL, Privilegien, wie Anm. 22, IV, Kap. II, §§ 15, 23, S. 100 f., 102-105.
64 RÖSSLER, Gründung, wie Anm. 2, A, S. 296 f.
65 EBEL, Privilegien, wie Anm. 22, V, Kap. II, § 4, S. 96-99, bzw. VI, Kap. II, Teil II, § 5, S. 166 f. Dazu RASCHE, Geschichte, wie Anm. 14, S. 284, und DERS., Gesellschaft, wie Anm. 14, S. 192 f.
66 RASCHE, Gesellschaft, wie Anm. 14, S. 201.
67 EBEL, Privilegien, wie Anm. 22, VII, Kap. IV, §§ 4, 9, S. 186-191 (*specimen eruditionis*).

hatte, das zu unterbinden sie sich aber nicht in der Lage sah.[68] Auf den Weg zu dieser Hinnahme wird zurückzukommen sein.

Dass die Absenzpromotion in den fertigen Statuten der mittleren Fakultäten nicht erwähnt war, bedeutet nicht, dass sie nicht thematisiert worden wäre. Wenigstens bei der Durchsicht des Textentwurfs der juristischen Professoren stießen sich Münchhausen und sein Kreis an einem Passus, der es Lizentiaten erlauben sollte, die Verleihung des Doktorats auch brieflich zu erbitten, und ermahnten die Fakultät, dies nur gründlich bekannten Kandidaten zu gestatten, die sich durch Probschriften ausgewiesen hätten. Das wäre das Modell der Philosophischen Fakultät gewesen. Doch verwahrten sich die Juristen gegen die Unterstellung: Es handele sich um ein Missverständnis, selbstverständlich müsse der Lizentiat zuvor in Präsenz alle nötigen Leistungen erbracht haben. Nur die Doktorurkunde könne er beizeiten postalisch erhalten. So habe man es im Falle des Johann Christoph Wolf, der als Hofmeister eines Grafen auf der Durchreise war, auch schon praktiziert. Die Absenzpromotion lehne man ab und wolle gerade nicht die Regelung der Philosophie in Anspruch nehmen, die parallel zur Statutendiskussion bereits praktiziert wurde, nämlich *in Aemtern stehende in Magistros* zu promovieren.[69]

Die Regierung hatte offenbar eine finanzielle Absicht der Professoren antizipiert. Sie hatte sich bereits Ende 1735 von der Fakultät übervorteilt gefühlt, als ein provisorischer Gebührenkatalog aufgestellt wurde. Die Fakultät hatte sich zunächst eine Gesamtsumme bewilligen lassen und dann auf Anforderung eine Aufschlüsselung nach einzelnen Gebührentatbeständen und Empfangsberechtigten nachgeschoben, die in der Summe einen höheren Betrag ergaben.[70] Noch beim endgültigen Gebührenkatalog, der in die Statuten einfloss, war Hannover befremdet von der Höhe der Vorstellungen der Professoren, die mit 127 Reichstalern und 16 Guten Groschen für das Doktorat mehr als das Anderthalbfache der Kosten in Halle betragen würden.[71] Aus ihrer finanziellen Motivation machten die Professoren dabei keinen Hehl. Im Zuge der Statutenverhandlungen beanspruchten sie auch, das Dekanat jeweils über ein ganzes Jahr zu führen, statt es wie das Prorektorat und von der Regierung gewünscht bereits nach einem Semester wechseln zu lassen. Der amtierende Prodekan Gebauer begründete dies offen mit der unterschiedlichen Frequenz der Promotionen, von deren Gebührenaufkommen vor allem der Dekan profitiere:

---

68 RASCHE, Geschichte, wie Anm. 14, S. 295 f. DERS., Gesellschaft, wie Anm. 14, S. 238 f.

69 UniA GÖ, Kur. 3978, Bl. 57ʳ-58ᵛ, 65ʳ und ebd. zur Identifizierung Wolfs 55ᵛ. In den endgültigen Text fand die Passage *per literas petere et nancisi possit* dann auch Eingang: EBEL, Privilegien, wie Anm. 22, V, Kap. III, § 7, S. 130 f., erster Absatz.

70 UniA GÖ, Kur. 4374, Bl. 2-25, und Jur. Fak. 1, Bl. 5-7.

71 UniA GÖ, Kur. 3978, Bl. 68ʳ.

Im Wintersemester reise man nicht gern, deshalb kämen weniger Kandidaten. *Da nun der Decanatus in utilibus besteht*, müsse *jedem membro der ganze circulus anni billig gelassen werden*.[72] Münchhausens Berater Gruber erschien das ganze Dokument eher als Vertrag der Professoren untereinander zur Wahrung ihres Besitzstandes denn als objektives Satzungsrecht.[73] Im Ergebnis kam die Regierung den Wünschen der Professoren weit entgegen. Sowohl der jährliche Dekanatswechsel als auch der fast ungeschmälerte Gebührensatz wurde in den endgültigen Text aufgenommen.[74]

Insgesamt hat die Regierung ihre Kompetenz zum Setzen von Rahmenbedingungen nicht dafür genutzt, ein einheitliches und modernes Promotionsrecht für die Göttinger Universität zu schaffen. Die Statuten waren das Ergebnis individueller Verhandlungen mit den Fakultäten, deren normativer Gang durch die gleichzeitig bereits vollzogenen Promotionen beeinflusst wurde.

Aber Rahmenbedingungen wurden auch außerhalb des Binnenrechts der Statuten gesetzt. Das königliche Privileg enthielt als Teil der Regelung der Außenbeziehungen der Universitäten berufsständische Privilegien für Göttinger Graduierte, mit deren Gewährung die Regierung ein gewisses Risiko für das Landeswohl einging. Weil die Gesellschaft das Vertrauen in die Aussagekraft akademischer Grade verlor, schob der frühneuzeitliche Staat nämlich eine Eignungsprüfung in eigener Hoheit zwischen das verkürzte und vereinfachte Studium und die Befähigung zur Ausübung eines öffentlichen Amtes. Hieraus entwickelte sich das moderne Staatsexamen. Brandenburg-Preußen war seit 1693 mit Zulassungsprüfungen für die rechtspraktischen Berufe und später Ärzte und Lehrer vorangegangen.[75]

Hannover hatte 1712 die Examinierung gewerbsmäßiger Advokaten durch das Oberappellationsgericht in Celle angeordnet und in nachfolgenden Edikten verschärft; der akademische Grad war nurmehr eine Voraussetzung für die Meldung zu diesem Examen.[76] Stadt- und Land-Physici wie auch privat prakti-

---

72   UniA GÖ, Kur. 3978, Bl. 55ʳ-56ʳ.

73   UniA GÖ, Kur. 3978, Bl. 68ʳ.

74   EBEL, Privilegien, wie Anm. 22, V, Kap. III, §§ 1, 6-7, S. 124-127, 130 f. (73 Taler an Honoraren für Examen und Dissertation zuzüglich 50 Reichstalern für die Renuntiation als Doktor bzw. 25 für Lizentiaten).

75   FRIJHOFF, Lebensweg, wie Anm. 26, S. 301 f. RASCHE, Gesellschaft, wie Anm. 14, S. 181-183. Raban GRAF VON WESTPHALEN, Akademisches Privileg und demokratischer Staat. Ein Beitrag zur Geschichte und bildungspolitischen Problematik des Laufbahnwesens in Deutschland, Stuttgart 1979, S. 90-110.

76   Oberappellationsgerichtsordnung Teil I, Titel V, §§ 1-2, in: Chur-Braunschweigisch-Lüneburgische Landes-Ordnungen und Gesetze, Göttingen 1739, Bd. 2, S. 31 f., sowie Edikte vom 14. März und 28. Dezember 1718, ebd. S. 210-216. Ein fehlender Grad konnte durch erhebliche Berufserfahrung aufgewogen werden.

zierende Ärzte wurden seit 1731 durch den Hof- und Leib-Medicus geprüft. Sie hatten ihre Dissertation zur Prüfung vorzulegen und ein Gutachten über einen Fall aus der Praxis zu erstellen.[77] Für das breite Berufsspektrum der Theologen behielt sich das Konsistorium jede Entscheidung vor. Weniger befähigte Kandidaten wurden auf den Schul- und Küsterdienst verwiesen.[78]

Akademische Grade wurden in diesem Prozess in Richtung einer Zusatzqualifikation verschoben und verloren an Bedeutung.[79] Im Grunde war dies eine aus der Schwäche des Promotionssystems geborene Fehlentwicklung zum Nachteil der Universitäten. Unter Münchhausens Beratern wurde schon früh erwogen, hier gegenzusteuern und den Wert der akademischen Grade durch die Bevorzugung Göttinger Graduierter bei der Ämterbesetzung wieder anzuheben.[80] Der konkrete Plan, *denen Advocaten und Medicis, so zu Göttingen einen gradum angenommen*, das Zulassungsexamen zu erlassen, wurde bereits im Januar 1734 dem König vorgelegt und ausdrücklich damit begründet, *öftere promotiones* hervorzurufen.[81] Die Absicherung in London war sicher sinnvoll, da die staatlichen Eignungsprüfungen nicht ohne Grund aufgekommen waren. Münchhausen nahm mit diesem Plan die Verantwortung auf sich, die Doktorexamen in Göttingen so gut einzurichten, dass dem öffentlichen Wohl kein Schaden entstand.

Die Professoren der Juristischen Fakultät rannten also offene Türen ein (oder formalisierten nur eine schon getroffene Absprache), als sie im Oktober 1735 eine Bevorzugung ihrer Graduierten bei der Besetzung juristischer Ämter des Kurfürstentums ins Spiel brachten.[82] Aus eigener Befugnis konnte Münchhau-

---

77 Medizinalordnung vom 8. Mai 1731, in: ebd., Bd. 3, S. 454-458. Vgl. Heinrich DEICHERT, Geschichte des Medizinalwesens im Gebiet des ehemaligen Königreichs Hannover. Ein Beitrag zur vaterländischen Kulturgeschichte, Hannover/Leipzig 1908, S. 19-22, und TRÖHLER/MILDNER-MAZZEI, Promotionen, wie Anm. 23, S. 22, 45.

78 Ausschreiben an die General- und Superintendenten vom 11.12.1727, in: Chur-Braunschweigisch-Lüneburgische Landes-Ordnungen und Gesetze, wie Anm. 76, Bd. 3, S. 875.

79 Peter LUNDGREEN, Promotionen und Professionen, in: Rainer Christoph SCHWINGES (Hrsg.), Examen, Titel, Promotionen. Akademisches und staatliches Qualifikationswesen vom 13. bis zum 21. Jahrhundert, Basel 2007, S. 353-368, hier S. 355; RASCHE, Gesellschaft, wie Anm. 14, S. 182-188. Vgl. BLECHER, Promotionsprivileg, wie Anm. 33, S. 108 f.

80 So Böhmer an Heumann am 25. März 1733, gedruckt bei Eduard BODEMANN, Zur Gründungsgeschichte der Universität Göttingen. Heumann's Correspondenz mit dem Geh. Rat G. A. v. Münchhausen und Briefe von Ph. L. Böhmer und J. L. v. Mosheim an Heumann, in: Zeitschrift des historischen Vereins für Niedersachsen (1885), S. 198-265, hier S. 254.

81 Niedersächsisches Landesarchiv, Abteilung Hannover, Hann. 92, Nr. 1101, Bl. 104, 141, und Nr. 1102, Bl. 10 (Zitat).

82 Vgl. den Entwurf in UniA GÖ, Jur. Fak. 1, Bl. 10, mit der Ausfertigung in Kur. 4374, Bl. 23-28. In diesem längeren, vor allem die Gebühren betreffenden Bericht war allein dieser

sen dies freilich nicht umsetzen. Er benötigte hierfür die zuständigen Fachkollegien, über die der Geheime Rat (nach Münchhausens eigener Auffassung) eine koordinierende Aufsicht (*Influenz*) führen konnte, denen gegenüber ihm aber kein Weisungsrecht zukam.[83] So holte Münchhausen gegenüber dem Oberappellationsgericht, dessen Präsident Wrisberg zwar nominell Mitglied des Geheimen Rates war, aber den Sitzungen seit 1732 fernbleiben musste,[84] weit aus: Es sei nötig, *daß die gradus academici in Achtung gebracht, und die Candidati bewogen würden, solche lieber zu Göttingen, als anderswo zu nehmen*. Dazu werde man die Promotionskosten so niedrig halten, *daß sie nicht leicht auf einer Universität in Teutschland leydlicher als zu Göttingen seyn werden*, womit er auf die Standessolidarität der Gerichtsräte mit angehenden Kollegen anspielte. Dafür sollte den Göttinger Doktoren und Lizentiaten die Niederlassung zur anwaltlichen Praxis ohne Gerichtsexamen gestattet werden. Das war mehr, als die Professoren verlangt hatten. Gegen die offensichtlichen Bedenken versicherte er, dass in den Statuten Vorkehrungen getroffen würden, die *examina aufs schärfste* anzustellen und nur geeignete Kandidaten überhaupt zuzulassen. Das Oberappellationsgericht stimmte dem zu; Bewerber müssten nur ihr Zeugnis und die Promotionsurkunde vorlegen.[85]

Wenige Tage nach diesem Erfolg ging Münchhausen auf die Hof- und Leibärzte Georg Steigerthal, August Ludolph Hugo und Paul Gottlieb Werlhof mit dem Vorschlag zu, die Träger der medizinischen Grade vom Examen für die ärztliche Praxis zu befreien, und sicherte erneut strenge Examen und geringe Kosten zu.[86] Die Antwort ist nicht überliefert, muss aber positiv ausgefallen sein, da die Bestimmung wie der Dispens für Juristen in das königliche Privileg vom 7. Dezember 1736 einging, damit Gesetzeskraft erlangte und die älteren Verordnungen über die Berufszulassung verdrängte.[87] Der Wortlaut des Privilegs verweist an dieser Stelle blind auf *die in den Statutis Facultatum verordnete*[n] *Examina rigorosa*, die zu diesem Zeitpunkt aber noch in der Aushandlung waren.

---

Passus Gegenstand intensiver Abstimmung unter den Professoren, wie Reinharths Korrektur an Gebauers Entwurf zeigt. Die Tragweite des Anstoßes dürfte ihnen bewusst gewesen sein.

83 Des Weyl. Herrn Premier-Ministers und Cammer-Praesidenten Herrn Gerlach Adolph von Münchhausen hinterlaßener Unterricht von der Verfaßung der Churfürstl. Braunschweig-Lüneburgischen Geheimen Rath und Cammer-Collegii, in: Zeitschrift des Historischen Vereins für Niedersachsen 21/22 (1855/56), S. 269-344, hier S. 279-282.

84 MEIER, Verwaltungsgeschichte, wie Anm. 42, S. 191 f.

85 UniA GÖ, Kur. 3979, Bl. 1-3, 12-17.

86 Ebd. Bl. 8-9.

87 EBEL, Privilegien, wie Anm. 22, II, Art. XXIII, S. 38.

Es verblieb der Kirchen- und Schuldienst, doch das Konsistorium sperrte sich mit Rücksicht auf die geringen Einkünfte vieler Theologen gegen jeden Ansatz eines Magisterzwangs nach hessischem Vorbild. Es war nur zur freien Würdigung vorhandener Grade bei der Beurteilung von Bewerbern bereit.[88] Der Fakultät mit dem größten Absatzproblem bei ihren Graden war somit nur wenig geholfen. Dennoch scheint Münchhausen nicht insistiert zu haben und nahm das Erreichte in das Privileg auf.

Die Aushandlung der Statuten der medizinischen Fakultät verdient im Zusammenhang des Niederlassungsprivilegs der Göttinger Doktoren weitere Aufmerksamkeit. Neben dem offiziellen Kanal der Korrespondenz des Dekans mit dem Geheimen Rat war sie auch Gegenstand privaten Schriftwechsels zwischen dem aufgehenden Stern unter den Göttinger Medizinprofessoren, Albrecht (von) Haller, und seinem kongenialen Freund und Förderer, dem bereits erwähnten Hofmedikus Werlhof.[89] Letzterer gehörte zu Münchhausens wichtigsten Ratgebern und hatte maßgeblich an der Konzeption der Medizinischen Fakultät in Richtung einer Ausbildungsstätte für empirisch arbeitende praktische Ärzte mitgewirkt.[90] Als ihm im Juli 1737 die Begutachtung des Statutenentwurfs aufgegeben wurde, hatte er auf dessen Erstellung freilich schon Einfluss genommen. Wegen des Niederlassungsprivilegs müsse der Entwurf scharfe Examensregeln enthalten, hatte er Haller brieflich ermahnt.[91] In der Tat enthalten von den vier Fakultäten nur die Statuten der Medizin detaillierte Angaben zum Verlauf des Examens wie der Disputation und den Anforderungen an die Kandidaten.[92]

Darüber ging der Entwurf aber noch hinaus und sah, wie in der Philosophie, die Kandidatendissertation als obligatorisch vor. Im Bemühen um sachgerechte

---

88  UniA GÖ, Kur. 3979, Bl. 23-25. Münchhausens Vorschläge sind nicht bei den Akten. Somit ist unklar, ob ein Magisterzwang konkret beabsichtigt war oder sich das Konsistorium gegen befürchtete Konsequenzen milderer Maßnahmen wandte. Ein nicht zuweisbares Gutachten, ebd. Bl. 4-7, plädierte für die Bevorzugung von Magistern bei der Besetzung von Prediger- und Schulleiterstellen, also nicht mehr als das Konsistorium am Ende zugestand.

89  Zur Biographie siehe jetzt Otto SONNTAG (Bearb.), Paul Gottlieb Werlhof's Letters to Albrecht von Haller, Bd. II, Basel 2014, S. 14-18, außerdem immer noch Julius Leopold PAGEL, Paul Gottlieb Werlhof, in: Allgemeine Deutsche Biographie 42 (1897), S. 16-17. Vgl. auch Sabine SCHUCHART, Berühmte Entdecker von Krankheiten: Paul Gottlieb Werlhof war ebenso berühmt wie volksnah, in: Deutsches Ärzteblatt 118 (2021) H. 21, S. 56.

90  Werlhofs zentrales Gutachten von 1733: RÖSSLER, Gründung, wie Anm. 2, B, S. 298-304. Siehe dazu Ulrich TRÖHLER/Volker ZIMMERMANN, 250 Jahre Medizin an der Georgia Augusta, in: Hans-Günther SCHLOTTER (Hrsg.), Die Geschichte der Verfassung und der Fachbereiche der Georg-August-Universität Göttingen, Göttingen 1994, S. 66-85, hier S. 69f., und TÜTKEN, Privatdozenten, wie Anm. 23, S. 197f.

91  SONNTAG, Letters, wie Anm. 89, Nr. 60, S. 296-299.

92  EBEL, Privilegien, wie Anm. 22, VI, Teil II, §§ 4, 6, S. 164-169.

Prüfungen wollte die Fakultät also in Kauf nehmen, praktische Ärzte, die zwar über die nötige Expertise verfügten, aber sich den akademischen Anforderungen nicht mehr gewachsen fühlten, als zahlende Kunden abzuschrecken. Hauptsächlich auf diesen Markt zielte die Präsiden-Dissertation ab.[93] Werlhof, der nach eigenem Bekunden seine Helmstedter Dissertation 1723 binnen zwölf Tagen *aus dem Ermel geschüttelt* hatte, ging dies jedoch zu weit:

> *Mir ist leid, daß die disputationes selbst zu machen, den candidatos so strenge anbefohlen wird. Ich wollte lieber, daß die gelehrte Welt öfter die Arbeit der praesidum als die specimina der candidatos, obgleich corrigiret, zu sehn bekäme.*[94]

In Halle und Jena stamme weniger als ein Zehntel der Dissertationen von den Kandidaten. Das sei auch sinnvoll, denn oft seien die Schriften mangelhaft und würden den Ruf der Universität gefährden. Vor allem würden die Professoren der Möglichkeit beraubt werden, als Präsiden-Dissertationen eigene Miszellen herauszubringen, für die sie sonst keinen Verleger fänden. Um die Qualifikation der Kandidaten zu prüfen, solle man sie für das mündliche Examen Aufsätze und ärztliche Gutachten vorbereiten lassen.[95] Damit brachte Werlhof einen neuen Aspekt in die Abwägung zwischen der Qualitätssicherung im Promotionsverfahren, den Ansprüchen der Professoren und dem Renommee der Universität ein. Sein Vorschlag, Hausarbeiten schreiben zu lassen, zielte darauf, die Anforderungen des Staatsexamens, das den Göttinger Graduierten mit seiner Einwilligung ja erlassen war, in das Fakultätsexamen zu übernehmen und die als Befähigungszeugnis ohnehin zweifelhafte Dissertation nutzbringend zu verwerten. Die Stellungnahme der Regierung machte sich diesen Standpunkt zu eigen, und die Fakultät akzeptierte ihn ohne Widerstand.[96]

Unklar bleibt dabei Münchhausens Anteil: Werlhof warnte Haller früh, der Minister habe Änderungswünsche, und schob ihm später explizit die Verantwortung für die Kassation der Kandidatendissertation zu.[97] Aktenkundig ist dies nicht; auch lässt Werlhofs forscher Duktus nicht vermuten, er habe entlang einer vorgegebenen Linie formuliert. Eher ist anzunehmen, dass der Hofmedikus seinen Minister vorschob, um einer persönlichen Konfrontation mit dem Göttinger Freund auszuweichen. Festzuhalten bleibt, dass die Regie-

---

93  RASCHE, Geschichte, wie Anm. 14, S. 281-283.
94  SONNTAG, Letters, wie Anm. 89, Nr. 72, S. 319 f.
95  UniA GÖ, Kur. 3978, Bl. 137-138. Vgl. zur Präsidendissertation als Veröffentlichungsgelegenheit TRÖHLER/MILDNER-MAZZEI, Promotionen, wie Anm. 23, S. 24.
96  UniA GÖ, Kur. 3978, ebd. Bl. 140$^v$, 145, und Med. Fak. 45, Bl. 27$^v$-28$^r$. Der ganze Vorgang stammt aus dem Juli 1737.
97  SONNTAG, Letters, wie Anm. 89, Nr. 61, S. 299-300. Ebd. Nr. 63, 302-305.

rung Qualitätsanforderungen nicht als Wert an sich betrachtete und für eine Fakultät gegen die Meinung der Professoren ablehnte, was sie für zwei andere explizit zur Norm erhob und bei der letzten implizit voraussetzte.

### III.

Ein einheitliches Göttinger Promotionsrecht wurde 1736/37 also nicht geschaffen. Umso wichtiger ist die Frage, welche direkten Steuerungsimpulse die Regierung bei denjenigen Promotionen gab, die vor der Inkraftsetzung der Statuten vollzogen wurden.

Die Theologische Fakultät kann wegen ihrer besonderen Anforderungen dabei unberücksichtigt bleiben. Für die Juristen verhindert der Quellenmangel eine nähere Betrachtung. Überliefert sind nur die Namen der Kandidaten und ihre formelhaften Zulassungsgesuche, aber keine Entscheidungsprozesse in der Fakultät. Besser überliefert ist die Medizinische Fakultät.[98] Für sie zeichnen die Quellen das Bild eines rasch und reibungslos anlaufenden Promotionsbetriebs.

Johann Wilhelm Albrecht, der bald darauf verstorbene Gründungs-Prodekan der Fakultät, kündigte am 1. Dezember 1735 mit einem gedruckten Programm als ersten Kandidaten Johann Heinrich Papen aus Göttingen an, den 1709 geborenen Sohn des amtierenden Landphysikus. Er hatte das mittlerweile zugunsten der Universität aufgelöste Pädagogium besucht und in Jena und Halle Medizin studiert.[99] Zwei Tage später disputierte er über Thesen seiner selbst verfassten Dissertation über Nutzen und Missbrauch des Alkohols, die in außergewöhnlich aufwändiger Form gedruckt und Münchhausen gewidmet wurde. Es war die erste Inaugural-Dissertation an der Georgia Augusta.[100] Der nächste Kandidat stand schon bereit: Simon Friedrich Linekogel aus Schwiegershausen (geboren 1708) war ebenfalls ein Zögling des Pädagogiums und hatte in Jena studiert. Nach bestandenem Examen durch die Leib- und Hofärzte, darunter Werlhof, besaß er bereits die Erlaubnis zur ärztlichen Praxis.[101]

---

98 Vgl. Anm. 22.
99 UniA GÖ, Med. Fak. 1, S. 2. Vgl. TRÖHLER/MILDNER-MAZZEI, Promotionen, wie Anm. 23, Nr. 1. Zur Biographie: Günther BEER, Die erste Göttinger Doktorpromotion und die älteste Göttinger Doktor-Dissertation von Christoph Henrich Papen 1735, in: Museum der Göttinger Chemie, Museumsbrief 16 (1997), S. 2-10. Der Verfasser dankt Herrn Beer für ein ergänztes Handexemplar dieser Veröffentlichung.
100 Christoph Heinrich PAPEN, De spiritu vini eiusque usu et abusu, Göttingen 1735.
101 TRÖHLER/MILDNER-MAZZEI, Promotionen, wie Anm. 23, Nr. 2. Axel WELLNER, Der Bergarzt Simon Friedrich Linekogel (1708-1767) und die feierliche Eröffnung der Universität Göttingen, in: Allgemeiner Harz-Berg-Kalender 2013, S. 69-73. Herr Wellner machte den

Während Papens vielleicht überstürztes Verfahren noch lief, beantragte Albrecht für Linekogel erst einmal eine Erlaubnis der Regierung, denn abgesehen von der allgemeinen Graduierungskonzession im kaiserlichen Privileg fehlte bis zum Erlass von Statuten eine Rechtsgrundlage. Die Regierung ließ sich mit der vorläufigen Promotionsordnung Zeit bis zum August 1736, ohne dass ein Grund aktenkundig geworden wäre. Das Reskript regelte die Befugnisse des Prodekans beim Vollzug der Promotionen und die Aufteilung der Gebühren unter den Professoren.[102] Auf dieser Grundlage wurden binnen weniger Tage Linekogel und der aus einer Halberstädter Ärztefamilie stammende Johann Friedrich Schöpfer promoviert.[103] Beide legten Kandidatendissertationen vor.[104]

Nun trat eine erneute Pause bis kurz vor der Inauguration ein. Zwischen dem 3. und dem 13. September 1737 fanden dann aber acht Disputationen pro gradu statt.[105] Einer der Kandidaten war Johann Christian Senckenberg, der sein Medizinstudium in Halle bereits 1731 ohne den Erwerb eines Grades beendet und seitdem praktiziert hatte. Die Familie hatte ihn zur Promotion in Göttingen gedrängt, seitdem sein Bruder Heinrich Christian hier zum Professor der Rechte berufen worden war. An seiner Kandidatendissertation über die Pharmakologie des Maiglöckchens hatte er zwei Jahre unter großen Anstrengungen gearbeitet. Am 12. August 1737 traf Senckenberg bei seinem Bruder ein, sieben Tage später überreichte er Richter die Dissertation und meldete sich zum Examen, das am 26. August als eingehende Befragung von drei Stunden Dauer vollzogen wurde. Am 4. September disputierte Senckenberg ohne Präsiden unter Beifall über seine Thesen und hielt im Anschluss vom Katheder eine Prinzipienrede über das ärztliche Berufsethos.[106] Dies war eindeutig die

---

Verfasser freundlicherweise auf seine Studie aufmerksam. – Linekogels Examen in Hannover wird im Programm seiner Disputation erwähnt: NSUB, Diss. med. coll. max. 74 (Nr. 25).

102 UniA GÖ, Med. Fak. 1, S. 2-3, und Med. Fak. 45, Bl. 6.

103 Ausweislich seines Lebenslaufs im Programm der Disputation in NSUB, Diss. med. coll. max. 74 (Nr. 35). Vgl. ebd., Nr. 3. August ANDREAE, Chronik der Aerzte des Regierungs-Bezirks Magdeburg, Teil 2: Halberstädter, Quedlinburger und Wernigeroder Landestheile, Magdeburg 1862, Nr. 371, bietet keine weiteren Informationen und datiert die Promotion irrtümlich auf 1741.

104 Simon Friedrich LINEKOGEL, De medicamentorum efficientia generatim determinanda, Göttingen 1736. Johann Friedrich SCHÖPFER, De carne salita et fumo indurata, Göttingen 1736.

105 UniA GÖ, Med. Fak. 1, S. 5-6.

106 Thomas BAUER, Johann Christian Senckenberg, Frankfurt a. M. 2007, S. 69-78, anhand der umfangreichen Selbstzeugnisse Senckenbergs. Vgl. TRÖHLER/MILDNER-MAZZEI, Promotionen, wie Anm. 23, Nr. 4. Dissertation: Johann Christian SENCKENBERG, De lilii convallium eiusque inprimis baccae viribus, Göttingen 1737. Lebenslauf als Teil des ausführlichen Zulassungsgesuches auch in UniA GÖ, Med. Fak. 45.

Promotionsleistung eines auf die Wissenschaft ausgerichteten Kandidaten, der den Grad nicht allein des Sozialprestiges wegen anstrebte.

Mit der Herausbildung des medizinischen Promotionswesens sollte Münchhausen zufrieden gewesen sein. Es mag sein, dass die Fakultät bei Papens Promotion voreilig gehandelt hat, doch soweit zu erkennen ist, haben die Akteure ohne große Konflikte effektiv zusammengewirkt, um einen Ausgleich zwischen den Anforderungen zu finden. Die Kandidatendissertation wurde nicht in die Statuten aufgenommen, aber in der Praxis gelebt. Absenzpromotionen und überhaupt leichtfertige Titelvergaben sind nicht ersichtlich.

## IV.

Ein anderes Bild ergibt sich für die besonders gut dokumentierte[107] Philosophische Fakultät. Hier entstand eine besondere Problemlage dadurch, dass die Regierung unmittelbar nach der Aufnahme des Lehrbetriebs im November 1734 die Venia legendi für einen Privatdozenten wünschte, der noch keinen Grad besaß. Dieser Johann Friedrich Jacobi aus Wollershausen hatte das Göttinger Pädagogium besucht, dann in Jena und Helmstedt studiert und war wissenschaftlich bereits in Erscheinung getreten.[108] Die Fakultät hatte Bedenken, einem Nichtpromovierten die Lehre zu gestatten. Auf der anderen Seite scheute sich die Regierung, vor der vollständigen Besetzung der Professuren und dem Erlass von Statuten Promotionen zu gestatten. Schließlich erhielt Jacobi ein Examen sui generis, das ihn zur Lehre berechtigte, aber keine Graduierung bedeutete. Zum Magister wurde der dann schon als Privatdozent lesende Jacobi 1736 kreiert und anlässlich der Inauguration renuntiert.[109] Reguläre Magisterpromotionen sollten bis dahin unterbleiben. Schon im Frühjahr 1735 erlaubte die Regierung aber zumindest die Examinierung von Kandidaten und genehmigte zu diesem Zweck eine Gebührenordnung. Nun sollte noch die Renuntiation aufgeschoben werden.[110] Die Fakultät ging mit dieser Hand-

---

107  Vgl. Anm. 22. Zur früh begonnenen Ordnung und guten Überlieferung der Akten dieser Fakultät siehe demnächst Holger BERWINKEL, Max Lehmann und das Archiv der Philosophischen Fakultät der Universität Göttingen, in: Archivalische Zeitschrift 98 (im Druck).

108  Zur Person: Jakob FRANCK, Johann Friedrich Jacobi in: Allgemeine Deutsche Biographie 13 (1881), S. 586-587. Georg GIESEKE/Karl KAHLE (Bearb.), Die Matrikel des Pädagogiums zu Göttingen, Göttingen 1936, Nr. 385.

109  UniA GÖ, Phil. Fak 1, Bl. 3-4, 9, 53, 77-78. Dazu TÜTKEN, Privatdozenten, wie Anm. 23, S. 73 f.

110  UniA GÖ, Phil. Fak. 4, Bl. 4-5, und Phil. Fak. 1, Bl. 11, 15 (Beratungen und Reaktion der Fakultät).

lungsfreiheit zunächst sorgsam um: Die erste Anfrage eines Studierenden wurde im Sommer wegen dessen schlechten Leumunds abgelehnt, ebenso das Gesuch eines abwesenden Bewerbers.[111] Bei dieser Gelegenheit setzte Christoph Heumann, der frühere Rektor des Pädagogiums und nun Professor für Literaturgeschichte, aber den Ton für die grundsätzliche Haltung der Fakultät zur Promotion in absentia:

> *Wenn ein Mann, der seine Gelehrsamkeit durch Schriften dargetan, absens verlangte, mit dem Titel eines magistri gezieret zu werden, so wollte ich nicht das geringste darwider einwenden. Einen ganz unbekannten Studenten aber ohne examine zu promovieren, würde so wohl denen promotoribus als dem promoto eine Unehre sein.*[112]

In diesem Fall war der Bewerber der Fakultät gegenüber nicht als Gelehrter ausgewiesen. Die gewünschte Art von Kandidat fand sich aber weder in Göttingen noch in der Ferne ein. Im Januar 1736 ermächtigte die Regierung den Prodekan in ausdrücklicher Sorge um eine repräsentative Anzahl von Magistern für das Inaugurationszeremoniell zur privaten Renuntiation von Magistern; jetzt sollte nur noch der solemne Akt bis zur Inauguration aufgespart werden.[113] Dazu war auch eine abgeschwächte Absenzpromotion recht – in Münchhausens Worten:

> *daß absentes zu magistris renuntiiret werden, gehet meines davorhaltens woll an, aber sie müßen vorher in loco pro gradu disputiret haben, ohne welches dem Suchen nicht statt zu geben, wenn man nicht den gradum Gottingensem verächtlich machen will.*[114]

Auf dem Postweg konnte der Kandidat also nicht promoviert werden. Die Erleichterung bestand darin, postalisch übersandte Probearbeiten als Ersatz für die Dissertation zu akzeptieren.[115] Dies traf die Bedürfnisse der Zielgruppe, die die Fakultät im Auge hatte, aber noch nicht. Ihr lag das Gesuch von Jacob Wilhelm Rolief vor, dem Subkonrektor des Halberstädter Gymnasiums, der durch seine Veröffentlichungen als hinlänglich gelehrt ausgewiesen sei. Für den Kreis der Pfarrer und Lehrer, die bereits Ämter hätten und deren Kompetenz nicht infrage stehe, *die aber im disputiren außer der Übung kommen* seien und denen man die Kosten der Reise zum Disputationstermin nicht zumuten dürfe, erbat

---

111 UniA GÖ, Phil. Fak. 1, Bl. 22-23, 32.
112 UniA GÖ, Phil. Fak. 1, Bl. 32$^v$.
113 UniA GÖ, Phil. Fak. 4, Bl. 20, und Kur. 7779, Bl. 1.
114 UniA GÖ, Phil. Fak. 2, Bl. 54$^r$. Der Dekan Treuer zitiert hier Münchhausen in einem Fakultätsumlauf aus einem privatdienstlichen Schreiben, das ihm vorlag.
115 Vgl. RASCHE, Gesellschaft, wie Anm. 14, S. 238 f.

die Fakultät die Erlaubnis zur Promotion in Abwesenheit, nicht zuletzt um *die Anzahl der zu renuntiirenden Candidaten bey künftiger Inauguration ansehnlicher* zu machen.[116]

Seiner eigenen Sorge, die ihm als Argument vorgehalten wurde, konnte sich Münchhausen nicht verschließen, und genehmigte die Promotion für solche Kandidaten *absentes tanquam praesentes*, aber mit deutlicher Reserve und einer eindringlichen Ermahnung an die Fakultät: Der Dekan müsse sich genau über die Kandidaten unterrichten, da er keine andere Möglichkeit habe, deren Würdigkeit zu prüfen. Man müsse die Reputation der Universität bedenken und sich auch langfristig gegen das Einreißen des bekannten Missbrauchs absichern. Über jeden Fall sei dem Geheimen Rat zu berichten.[117] Hier kommt Münchhausens persönliche Ansicht deutlich zum Ausdruck. Er hat die Bedenken und Kautelen nachträglich selbst in den viel geschäftsmäßigeren Entwurf des Schriftstücks eingefügt; dem Betreff nach hätte ursprünglich pauschal die *Promovirung eines abwesenden Candidaten* genehmigt werden sollen. Münchhausen stellte sicher, dass nur die klar umrissene Gruppe arrivierter Funktionsträger in den Genuss dieser Promotionsform kommen sollte.[118]

Als einzige Anforderung verblieb die Probeschrift. Dazu fand am 6. Februar 1736 eine der seltenen schriftlichen Abstimmungen unter den Professoren statt. Der amtierende Prodekan Gottlieb Samuel Treuer, der eigentlich an der Juristischen Fakultät lehrte, daneben aber auch eine Professur für Moralphilosophie und Politik bekleidete, wollte die Kandidaten unter Eid versichern lassen, ihre *specimina* selbst verfasst zu haben. Er fand Zustimmung beim Philologen Johann Matthias Gesner und beim Mathematiker Johann Andreas von Segner, der darin geeignete Mittel sah, um Münchhausens genereller Ermahnung dem Gedanken nach in diesem Punkt gerecht zu werden. Sie waren jedoch in der Minderheit. *Bey einer so geringen Sache* wie der Autorschaft einer Probeschrift sei ein Eid nicht erforderlich, gab Johann Schmauß, der zweite bei den Philosophen »geparkte« Jurist, zu Bedenken. Man solle nicht über die von

---

116 UniA GÖ, Phil. Fak 2, Bl. 55, und Kur. 7778, Bl. 3-4. Wie schwerwiegend die Kostenfrage für die Fakultät war, erhellt auch Phil. Fak. 477, S. 3.

117 UniA GÖ, Kur. 7778, Bl. 1-2, und Phil. Fak. 4, Bl. 25-26.

118 Vgl. Ebd., S. 242. – Der Fall Rolief hatte 1746 einen interessanten Nachgang, als dieser sich auch um das theologische Doktorat bewarb, von der Fakultät aber unter Hinweis auf die Statuten abgelehnt wurde, die nur Rektoren von Gymnasien für promotionswürdig erachteten (EBEL, Privilegien, wie Anm. 22, Kap. II, § 9, S. 98 f.). Hinter der äußerlich glatten und geschäftsmäßigen Ablehnung stand eine äußerst herablassende interne Einschätzung des Kandidaten durch den amtierenden theologischen Dekan – denselben Heumann, der Rolief auf dem Weg zum Magister protegiert hatte: UniA GÖ, Theol. Prom. 1. Der Vorgang zeigt, wie eindeutig und quantifizierbar die Promotionswürdigkeit in der Gruppe der bereits in der Praxis stehenden Kandidaten an den gesellschaftlichen Status gebunden war.

der Regierung explizit geforderten Vorkehrungen hinausgehen, meinte Heumann. Im Ergebnis wurde die Absicherung der Kandidatendissertation durch Eidesleistung mit fünf gegen drei Stimmen verworfen.[119] Die Regierung wurde hiervon nicht informiert.

Bei der Anwendung der Erlasslage auf Abwesende beließ es die Fakultät nicht. Im März 1736 meldete sich der Pfarrer der Göttinger Kreuzkapelle bei Treuer und überreichte als Probeschriften zwei Gedichte. Er könne auch eine Dissertation aus dem Gebiet der Naturtheologie vorlegen. Er wolle Magister werden, aber wegen seiner geringen Einkünfte könne er nur 24 statt der als Promotionsgebühr vorgesehenen 40 Reichstaler zahlen. Dieser Johann Paul Stolberg war bis zur Auflösung des Pädagogiums dessen Kantor gewesen, danach Subkonrektor des neuen Gymnasiums und seit knapp einem Jahr an St. Crucis tätig, der Kapelle des heruntergekommenen Hospitals. Die Beratung des Falls durch die fühlbar pikierten Professoren drehte sich gleichermaßen um seine Qualifikation, die einvernehmlich als nicht gegeben beurteilt wurde (Gedichte machten keine Philosophen, so Segner), und um den Gebührenerlass. Vor allem der Historiker Johann David Köhler wetterte, *dass keinem Geistlichen etwas zu schenken sey*, nähmen diese doch ihrerseits die Gläubigen aus. Heumann setzte sich aber mit der Hoffnung durch, andere Pastoren dadurch zur Promotion zu ermuntern.[120]

Drei Wochen später deponierte Stolberg 24 Reichstaler und eine handschriftliche Probeschrift zu der Frage, ob dem Staat mehr durch den Aberglauben oder den Unglauben geschadet werde.[121] Wie nicht anders zu erwarten, war es der Unglaube. Wirklich zufrieden waren die Professoren damit nicht, sie verspürten jedoch keine Neigung, das Verfahren in die Länge zu ziehen. *Nicht eben gar zu wohl geraten* sei die Schrift, notierte Hollmann, da Stolberg seine *Schwäche* aber selbst bekenne, könne er mit der Ermahnung, sich zu verbessern, promoviert werden. Dies geschah am 10. April 1736. Hatte der Kandidat gehofft, damit seine Karriere zu voranzubringen, konnte er wohl zufrieden

---

119 UniA GÖ, Phil. Fak. 1, Bl. 86-87.

120 UniA GÖ, Phil. Fak. 2, Bl. 91-92. – Zur Biographie: Dagmar KLEINEKE (Bearb.), Die Pfarrchronik der Kirchengemeinde Obernjesa-Dramfeld. Ein Rechnungsbuch mit chronikalischen Notizen 1737 bis 1807, Göttingen 2016, S. XIV. Zur Kreuzkapelle: Konrad HAMANN, Geschichte der evangelischen Kirche in Göttingen (ca. 1650-1866), in: Ernst BÖHME/Rudolf VIERHAUS (Hrsg.), Göttingen. Geschichte einer Universitätsstadt, Bd. 2, Göttingen 2002, S. 525-586, hier S. 556.

121 Disquisitio theologica-philosophica queastionis: Utrum atheismus an superstitio religioni et reipublicae magis noceat?, in: UniA GÖ Phil. Fak. 2, Bl. 98-113.

sein: 1737 übernahm er die Pfarrstelle in Obernjesa und legte dort eine Pfarrchronik an, in der er auch sein Magisterexamen für erwähnenswert hielt:[122]

> *Ich habe in consessu der Hn. Professorum Philos. den aufgegebenen Satz lateinisch vertheidiget da gefraget wurde: [Utrum] atheismus, an superstitio verae religioni et Reipublicae magis noceat? Atheismum magis nocere defendi et affirmavi.*

Zu seinem Glück kannte der stolze Magister die Voten der Professoren nicht. – Dieses Verfahren musste detailliert nachvollzogen werden, um herauszustellen, dass Stolbergs Promotion letztlich unabwendbar war: Er hatte einen gesellschaftlichen Status erreicht, der zwar bescheiden war, als Grundlage einer Promotion und damit einer Statusverbesserung aber ausreichte. Mit Mühe und Not hatte er die formalen Voraussetzungen erreicht, nämlich Gebühren gezahlt und eine Probeschrift vorgelegt. Im Denksystem ständischer Observanzen hatte er damit den Anspruch erworben, nun auch promoviert zu werden. Trotz der offensichtlichen Bedenken mussten die Professoren dies anerkennen. So frappiert es nur aus heutiger Sicht, dass Stolberg die Promotion auf das Versprechen, die eigentlich vorausgesetzte Gelehrtheit nachträglich zu erwerben, vorauseilend erteilt wurde. Mit der Logik des ständischen Promotionswesens war dies vereinbar.[123]

Stolbergs Promotion war eine Mischform: Eine Dissertation war seine Probeschrift nicht, auch disputierte er nicht, doch wurde er wenigstens examiniert. Die Regel *absentes tanquam praesentes* konnte er bei einer Entfernung von weniger als 500 m zwischen seinem Wirkungsort und der Universität nicht in Anspruch nehmen, weit davon entfernt war das Vorgehen der Professoren aber nicht. Es ist plausibel, dahinter vor allem die Notwendigkeit zu sehen, *bey der Inauguration ein Hauffen candidatos zu haben*, wie Heumann seinen Kollegen in der Gebührenfrage einschärfte.[124]

Heumann nahm in diesem Prozess eine Schlüsselstellung ein, obwohl er noch 1733 bei Münchhausen für die Inauguraldisputation unter dem Präsidium eines Professors als Bedingung der Magisterpromotion geworben hatte.[125] Er hatte die Zielgruppe erkannt und akquirierte persönlich als nächsten Kandidaten den schon älteren Pfarrer von Klein- und Groß-Lengden, Johann Christoph Muhlert, einen weiteren Absolventen des Pädogogiums (dort eingeschrieben

---

122 Textwiedergabe nach KLEINEKE, Pfarrchronik, wie Anm. 120, S. 3. Statt »Virum« ist *utrum* zu lesen. *In consessu* bedeutet nicht »mit Erlaubnis« (so ebd. Anm. 18), sondern bezeichnet die Fakultätssitzung, in der das Examen stattfand.
123 Vgl. RASCHE, Gesellschaft, wie Anm. 14, S. 233–235, mit einem instruktiven Beispielfall, der sich 1639 in Jena zutrug, und ebd. S. 246 f.
124 UniA GÖ, Phil. Fak. 2, Bl. 78$^v$.
125 BODEMANN, Gründungsgeschichte, wie Anm. 80, S. 210.

1697).[126] Heumanns persönliche Kontakte in der Stadt und im gelehrten Umfeld seiner Zöglinge, über deren Studium und Fortkommen er genau Buch führte,[127] dürften von erheblichem Einfluss auf die Kandidatenwerbung gewesen sein. Auch seinen Bruder Johann David, der als Schulrektor in Stollberg wirkte, rekrutierte er und erwirkte einen Gebührenverzicht der Verwandtschaft halber.[128]

Der jüngere Heumann gehört bereits zu den Kandidaten im Umfeld der Inauguration. Nach Muhlert ist bis zum Juni 1737 keine weitere Magisterpromotion aktenkundig. In Jura waren vier, in Medizin drei und in Philosophie fünf Kandidaten promoviert worden, darunter ein Professor. Der von Münchhausen und Heumann beschworene *Hauffen candidatos* scheint nicht in Sicht gewesen zu sein. In Halle waren zur Inauguration elf Juristen, zehn Mediziner und 30 Philosophen promoviert worden; 1743 würden es in Erlangen 18 Juristen, fünf Mediziner und 29 Philosophen sein.[129]

Diese schwachen Zahlen waren umso bedenklicher, als Anfang 1737 klar wurde, dass Georg II. August bei der Einweihung der nach ihm benannten Universität nicht anwesend sein würde.[130] In der Mitte der auf den Monarchen zugeschnittenen höfischen Festdramaturgie klaffte damit ein Loch; die geplante Ehrenpforte mit dem auf ihn abgestimmten Bildprogramm wurde nicht gebaut, sondern nur in Kupfer gestochen. Die Zeremonie war von einem erheblichen Manko belastet, das noch bis zum Besuch des Königs 1748 empfunden wurde.[131] Eine Inauguration in Anwesenheit des Königs war denkbar gewesen, denn 1735 und 1736 hatte er den Sommer und Frühherbst in Hannover verbracht. Auch

---

126  UniA GÖ, Phil. Fak. 2, Bl. 136-153 (Vorgang und handschriftliche Probeschrift). – Zum Besuch des Pädagogiums: GIESEKE / KAHLE, Matrikel, wie Anm. 108, Nr. 670.

127  Ebd. S. 142. Zu den bereits genannten Absolventen kommt noch der Mediziner Herlitz, der am 11. September 1737 disputierte: ebd. Nr. 71 und TRÖHLER / MILDNER-MAZZEI, Promotionen, wie Anm. 23, Nr. 8. Wähner als Konrektor wurde oben, Anm. 18, bereits genannt. Von den 45 Graduierten hatten sieben eine Beziehung zum Pädagogium, doch keiner von ihnen gehörte zu den 104 Schülern und Absolventen, die den Grundstock der Göttinger Studierendenschaft bildeten. Hier wurde ein weit gespanntes Netzwerk aktiviert, dessen Zentrum Heumann war.

128  UniA GÖ, Phil. Fak. 3, Bl. 258-275 (mit vier als Probeschriften eingereichten Schulprogrammen).

129  FÜSSEL, Öffentlichkeit, wie Anm. 3, S. 70 f. Helmut FLACHENECKER, Die Promotion als soziale Veranstaltung. Zum Promotionsverfahren an der Universität Erlangen im 18. Jahrhundert, in: Rainer A. MÜLLER (Hrsg.), Promotionen und Promotionswesen an deutschen Hochschulen der Frühmoderne, Köln 2001, S. 147-167, hier S. 158 f.

130  UniA GÖ, Kop. 2, S. 363-365 (Reskript vom 2. Februar 1737). Vgl. WELLENREUTHER, Handwerkerstädtchen, wie Anm. 2, S. 28.

131  Ebd., S. 29 f., 35. Steffen HÖLSCHER, Zwischen Legitimation und Lustbarkeit. Der Besuch Georgs II. an der Universität Göttingen 1748, in: Göttinger Jahrbuch 59 (2011), S. 41-70, S. 42.

wenn er selten die Umgebung der Residenz verließ,¹³² hätte ihn die einmalige Gelegenheit einer besonderen Bühne zur Selbstrepräsentation sicher nach Göttingen gelockt. Ein Termin im September hätte in diesen Jahren auch in sein Itinerar gepasst. Schon am 4. November 1735, zwei Tage nach der Abreise des Königs, hatte Münchhausen bei der Universität auf eine baldige Inauguration gedrängt.¹³³ Im Sommer 1737 blieb Georg jedoch in Großbritannien und wurde vom Konflikt mit dem Kronprinzen Friedrich Ludwig in Beschlag genommen, den er gerade aus dem Palast von St. James geworfen hatte, als Münchhausen und Tappe zu den Göttinger Feierlichkeiten aufbrachen.¹³⁴

Auch wenn die Quellen keine direkte Kausalität ergeben, war dies die Lage, in der die Regierung am 12. Juli 1737 in vier gleichlautenden Reskripten an die Göttinger Fakultäten eine pauschale Halbierung der Promotionsgebühren bis zur Inauguration verfügte. Die Professoren seien angehalten, die Nachricht in ihren persönlichen Netzwerken zu verbreiten.¹³⁵ Werlhof hatte eine zeitweilige Ermäßigung schon einige Wochen vorher vorgeschlagen, war damit aber gescheitert, wie er Haller am 24. Juni schrieb,¹³⁶ und das konnte nur heißen: gescheitert an Münchhausen. Noch am 8. Juli ergänzte er im Konjunktiv: *Ich gäbe bey der inauguration meine Waaren halb oder 2/3 so theuer, wie sonst. Neue Krämer müßen beßer Kauf geben, als die alten.*¹³⁷ Die Ermäßigung scheint eine einsame Entscheidung Münchhausens kurz vor Toresschluss gewesen zu sein. Zum ersten Mal griff die Regierung damit in die finanziellen Erwartungen der Professoren ein. Sie versüßte dies durch die Aussicht, eine Reihe unentschlossener Kandidaten zu gewinnen und damit in der Summe Mehreinnahmen zu verbuchen. Ein Protest wurde nicht aktenkundig, eine interne Diskussion nur in der Juristischen Fakultät, deren Professoren sich damit abfanden; schließlich würden alle Fakultäten und die übrigen Berechtigten, angefangen beim Prorektor, gleich behandelt.¹³⁸

---

132 Uta RICHTER-UHLIG, Hof und Politik unter den Bedingungen der Personalunion zwischen Hannover und England, Hannover 1992, S. 22, 32. DIES., London – Hannover – Göttingen: Die Reisen Georgs II. nach Hannover und sein Verhältnis zu Göttingen, in: Elmar MITTLER (Hrsg.), »Eine Welt allein ist nicht genug«. Großbritannien, Hannover und Göttingen 1714-1837, Göttingen 2005, S. 141-157, geht auf die Frage einer 1737 zumindest möglichen Anwesenheit nicht ein.

133 UniA GÖ, Kop. 1, S. 456 f.

134 Jeremy BLACK, George II. Puppet of the Politicians?, Exeter 2007, S. 160 f.

135 Die vier Exemplare sind enthalten in UniA Gö, Theol. Fak. 100, Nr. 12, Jur. Fak. 1, Bl. 93, Med. Fak. 45, Bl. 30, und Phil. Fak. 4, Bl. 42.

136 SONNTAG, Letters, wie Anm. 89, Nr. 56, S. 287 f.

137 Ebd., Nr. 60, S. 296-299, Zitat: S. 297.

138 UniA GÖ, Jur. Fak. 1, Bl. 90-91.

Die Maßnahme scheint erfolgreich gewesen zu sein. Anders lassen sich sowohl der Disputationsmarathon in der Medizinischen Fakultät als auch die hohe Zahl von Magisterpromotionen von Kandidaten der Theologie, also regulären Studierenden, die vorher bei der Fakultät nicht aktenkundig waren, schwerlich erklären. Die Preise waren nun für kurze Zeit tatsächlich so günstig, wie Münchhausen es in den Verhandlungen um die berufliche Privilegierung der Göttinger Graduierten versprochen hatte, und zur Inauguration kam der benötigte »Haufen von Kandidaten« zusammen. Doch welche Grundlagen waren durch die von 1734 bis zu diesem Zeitpunkt getroffenen Entscheidungen auf lange Sicht für die Göttinger Promotionen gelegt?

## V.

Die Gründung der Georgia Augusta war im Kern ein politisches und wirtschaftliches Projekt. Sie sollte Georg August den Ruhm einbringen, den Halle auf den preußischen König abstrahlte, und sich im Übrigen ökonomisch nicht nur selbst tragen, sondern Geld ins Land holen, indem Inländer zum Studium nicht weiter abwanderten und Ausländer nach Göttingen gelockt wurden.[139] Dass sich die Sorge um die Reputation der jungen und ungefestigten Universität als Roter Faden durch die von Münchhausen verfassten bzw. verantworteten Äußerungen zieht, lässt sich mit diesen Zielen, die außerhalb des eigentlich akademischen Bereichs lagen, bereits plausibel erklären. Das Renommee der Göttinger Grade in dem Kundenkreis, der am Erwerb interessiert sein könnte, war in diesem merkantilistischen Paradigma die entscheidende Kenngröße, um innerhalb der eingangs dargestellten Zielkonflikte sachgerecht zu entscheiden. Auch die nächsten Schritte, die die Regierung zur Weiterentwicklung der Promotionen traf, fügen sich in diese Deutung ein: 1738 wurde, wie von Mosheim bereits vorgeschlagen, als Einheitstermin für alle solemnen Promotionen der Jahrestag der Inauguration festgelegt, um die Fixkosten des Doktorschmauses auf möglichst viele Kandidaten umzulegen; 1751 wurde der Schmaus endgültig abgeschafft. Die Tendenz, die Promotion durch Senkung der Nebenkosten zu

---

139 HUNGER, Landesuniversität, wie Anm. 1, S. 139 f. Vgl. bereits RÖSSLER, Gründung, wie Anm. 2, A, S. 21, sowie Norbert KAMP, Die Georgia Augusta als Neugründung, in: 250 Jahre Vorlesungen an der Georgia Augusta 1734-1984, Göttingen 1985, S. 7-29, S. 13 f., und prägnant Wolfgang SELLERT, Rechtswissenschaft und Hochschulpolitik – Münchhausen und die Juristische Fakultät, in: Jürgen VON STACKELBERG (Hrsg.), Zur geistigen Situation der Zeit der Göttinger Universitätsgründung 1737, Göttingen 1988, S. 57-84, S. 61 f.

verbilligen, also ohne die Einnahmen der Professoren zu schmälern, setzte sich in den nächsten Jahrzehnten fort.[140]

Doch lassen die Quellen erkennen, dass Münchhausen und sein Umfeld nicht ausschließlich von äußeren Aspekten bewegt wurden. Unter den Beratern gab es ernsthafte Bestrebungen zu einer Reform des Promotionswesens, die darauf zielten, den Graden ihre ursprüngliche und eigentlich zukommende Bedeutung zurückzugeben, und Münchhausen indossierte diesen Ansatz, indem er berufsständische Privilegien für juristische und medizinische Doktoren und in geringem Maße auch für die zu Magistern der Philosophie promovierten Theologen erwirkte. Es gelang der Regierung aber nicht, ihren Willen in eine zusammenhängende Politik umzusetzen, die echte und nachhaltige Veränderungen bewirkt hätte.

Die Georgia Augusta war ein Kind ihrer Zeit, in der an den Universitäten sämtliche Interaktionen der Lehre monetarisiert waren. Viele Akteure hatten ein Anrecht auf Einkünfte, die Professoren an der Spitze. Jede Reform der Lehre durch den Universitätsträger wirkte sich auf dieses Berechtigungssystem aus und provozierte Widerstand seiner Nutznießer.[141] Aus der Diskussion um die Promotionsgebühren und damit verbundene Bestimmungen, namentlich die Amtszeit des Dekans, in den Statuten der Juristischen Fakultät wird deutlich, wie die Professoren der in Gründung befindlichen Universität zielstrebig und unverstellt ein solches Berechtigungssystem aufbauten. Die Regierung ließ sie gewähren, um die ohnehin mageren Früchte ihrer Berufungspolitik nicht an anderer Front zu gefährden. Der grundsätzlichen Korrumpierbarkeit der Promotion wurde auf der Handlungsebene der normativen Rahmensetzung kein Riegel vorgeschoben.

Hinzu kommt, dass innerhalb der Regierung unterschiedliche Ansichten vertreten wurden, die vor der Umsetzung in Politik nicht immer harmonisiert wurden. Werlhofs Kassation der Kandidatendissertation in den Medizinischen Statuten ist dafür ein schlagendes Beispiel. Anders als sechs Jahre später die Erlanger Universität wurde Göttingen nicht mit fakultätsübergreifend einheitlichen Bestimmungen zur Absenzpromotion ausgestattet.[142]

Schließlich wurde das Statutenrecht im laufenden Betrieb ausgearbeitet und in seiner endgültigen Gestalt durch die Impulse bestimmt, die die Regierung,

---

140 UniA GÖ, Kop. 3, S. 229, und Kop. 17, S. 321-323. Vgl. zur Abschaffung des Doktorschmauses Stefan BRÜDERMANN, Göttinger Studenten und akademische Gerichtsbarkeit im 18. Jahrhundert, Göttingen 1990, S. 69 f. mit weiteren archivalischen Fundstellen.

141 Ulrich RASCHE, Die deutschen Universitäten zwischen Beharrung und Reform. Über universitätsinterne Berechtigungssysteme und herrschaftliche Finanzierungsstrategien des 16. bis 19. Jahrhunderts, in: Jahrbuch für Universitätsgeschichte 10 (2007), S. 13-33, hier S. 28-31.

142 RASCHE, Geschichte, wie Anm. 14, S. 295 f. DERS., Gesellschaft, wie Anm. 14, S. 238 f.

genauso aber auch die Professoren, bei den zwischenzeitlich zu Einzelfällen getroffenen Entscheidungen setzten. In den beiden Fakultäten, für die ausreichende Quellen vorliegen, verlief die Entwicklung sehr unterschiedlich: glatt und dem Qualitätsbewusstsein der Regierung entsprechend in der Medizin, in der Philosophie aber auf einer schiefen Ebene, die direkt in diejenigen Missstände auslief, die man eigentlich hatte vermeiden wollen. Dass es so kam, daran war das Regierungshandeln nicht unschuldig: Nach dem forcierten Sonderexamen für Jacobi war das Promotionsverbot bis zur Inauguration nicht mehr zu halten, und die Sorge um eine ausreichende Kandidatenzahl wurde zum Bumerang.

Andererseits hatte die Regierung genügend Macht, um im Einzelfall klare Entscheidungen durchzusetzen. Den Professoren der Philosophie wurde angesichts der eingeräumten Zugeständnisse ihre Verantwortlichkeit für deren Gebrauch unmissverständlich eingeschärft. Das Reskript über die Gebührenermäßigung hat allen Fakultäten verdeutlicht, wo in der als reine Staatsanstalt ohne Eigenvermögen angelegten Georgia Augusta die Entscheidungsgewalt angesiedelt war, wenn Aushandlungsprozesse nicht zum gewünschten Erfolg führten. Münchhausen machte von seinen Kompetenzen aber nur im Ausnahmefall vollen Gebrauch. Er zeigte sich nach allen Seiten nachgiebig, den Professoren gegenüber nahezu willfährig. Er bewilligte ihnen hohe Gebühren und stellte den für die Staatsexamina zuständigen Kollegien das Gegenteil in Aussicht. Er gestand den Juristen vorauseilend die gar nicht beantragte Absenzpromotion der Lizentiaten zu, weil er offenbar voraussetzte, dass deren Motive nicht anders sein konnten als in der Philosophischen Fakultät.

Durch ihr Verhalten bis zur Inauguration nahm die Regierung für die Zeit danach die Pflicht auf sich, durch fortgesetzte Überwachung und Eingriffe im Einzelfall die gewünschte Qualität der Promotionen sicherzustellen. Diese Aufgabe, die auf anderen Universitäten der Kanzler übernahm, fiel in Göttingen auf den Geheimen Rat zurück – eine erhebliche politische Verantwortung, ging es doch nicht allein um Hochschulpolitik, sondern auch darum, Schäden für das Gemeinwohl abzuwenden, die durch die unkontrollierte Niederlassung von Winkeladvokaten und Kurpfuschern im Windschatten der Privilegierung Göttinger Graduierter entstehen könnten. Das Intermezzo Johann Lorenz von Mosheims, der von 1747 bis 1755 nominell als Kanzler amtierte, war eine verfassungsgeschichtliche Anomalie und änderte in der Sache nichts, da Mosheim angesichts des Widerstandes der Fakultäten darauf verzichtete, sein Aufsichtsrecht über die Promotionen auszuüben.[143]

---

143 MOELLER, Mosheim, wie Anm. 44, S. 35 f. Hartmut BOOCKMANN, Vom Curator zum Kanzler, in: Georgia Augusta 50 (1989), S. 33-39, hier S. 34, 38. GUNDELACH, Verfassung, wie Anm. 57, S. 28-34. Vgl. auch FÜSSEL, Gelehrtenkultur, wie Anm. 4, S. 59.

Mit Ausnahme der Medizin ist die Entwicklung der Göttingen Promotionen im weiteren Verlauf des 18. Jahrhunderts ein Desiderat der Forschung. Am Beispiel dieser Fakultät lässt sich aber erkennen, wie sehr eine wirksame Kontrolle von Personenkonstellationen und guter Zusammenarbeit abhing. Dass die Medizinische Fakultät über die tatsächliche Examensleistung der von ihr promovierten Kandidaten berichten musste, die Doktorurkunde also nicht per se als ausreichender Nachweis galt, referierte noch 1802 Ernst Brandes, der für die Universitätssachen zuständige Sekretär des Geheimen Rates.[144] Im April 1749 korrespondierte beispielsweise Werlhof mit Haller zur Besetzung des Lüneburger Physikats; über den bevorzugten Kandidaten lägen *good Testimonies from his Gottingian Examen* vor.[145] Unterblieben diese Berichte, wurde der nächste Dekan nachdrücklich dazu ermahnt.[146] Die Berichte liegen weder in den Akten der hannoverschen Universitätsregistratur noch in den Göttinger Dekanatsakten vor. Es handelte sich um einen inoffiziellen Behelf. Dies und der Umstand, dass nach Werlhofs Tod 1767 zwei Jahre in Folge gemahnt werden musste, macht deutlich, dass das System mangels einer institutionalisierten Grundlage aus sich selbst heraus nicht tragfähig war. Ab 1770 verfiel das Promotionswesen der Medizinischen Fakultät. Einheitliche Maßstäbe bei der Zuerkennung der Grade sind nicht mehr zu erkennen. Gleichzeitig begann eine äußere Blüte stark ansteigender Kandidatenzahlen – auch solcher, die in Abwesenheit promoviert wurden.[147] Die Regierung hatte die Schleuse selbst geöffnet, als sie schon 1743 dem praktischen Arzt Pappelbaum aus St. Petersburg wegen seiner besonderen Qualifikation auf Fürsprache Hallers die Absenzpromotion gestattete. Dass sie damit einen Präzedenzfall zugespielt bekam, war der Fakultät klar.[148]

---

144 Ernst Brandes, Über den gegenwärtigen Zustand der Universität Göttingen, Göttingen 1802, S. 187.

145 Sonntag, Letters, wie Anm. 89, Nr. 1138, S. 1776-1778. Der polyglotte Werlhof korrespondierte mit Haller bevorzugt auf Englisch.

146 UniA GÖ, Med. Fak. 51 (1744), 66 (1763), 71 (1768) und 72 (1769).

147 Tröhler/Mildner-Mazzei, Promotionen, wie Anm. 23, S. 25-28. Tütken, Privatdozenten, wie Anm. 23, S. 190-194.

148 UniA GÖ, Med. Fak. 50 und Med. Fak. 1, Bl. 27. Richter als wieder amtierender Dekan empfahl ausdrücklich, dass das Reskript *den actis facultatis einverleibt werde*. Zu Pappelbaum: Tröhler/Mildner-Mazzei, Promotionen, wie Anm. 23, Nr. 34, hier aufgeführt mit seinem polnischen Geburtsort. Aus den Akten geht allerdings St. Petersburg als Wirkungsort hervor. – Auch die Philosophische Fakultät wusste, was sie 1764 mit ihrer wahrscheinlich ersten echten Absenzpromotion tat; jedenfalls setzte der Philologe Christian Adolf Klotz der Regierung eindringlich den möglichen Reputationsverzicht auseinander: UniA GÖ, Kur. 7782, Bl. 2-3. Auf diese Quelle macht Rasche, Geschichte, wie Anm. 14, S. 294f., anhand der Altsignatur aufmerksam.

Dass die Göttinger Promotionen spätestens im letzten Drittel des 18. Jahrhunderts im Zeittypischen angekommen waren, erhellt aus den resignierten Feststellungen des eingangs bereits zitierten Michaelis und später des Polyhistors Christoph Meiners, die aufgrund ihrer eigenen Erfahrungen als Professoren der Göttinger Philosophischen Fakultät das Promotionswesen für unrettbar korrumpiert und die Promotion (mit Ausnahme des medizinischen Doktors) für wertlos erklärten.[149] Brandes stellte 1802 quasi offiziell den Rückzug des Staates aus der Sorge um die Promotionen fest:

*Im Allgemeinen kann man jedoch von denjenigen Würden, welche drei von vier Fakultäten ertheilen, behaupten, daß sie im Staate keine Berechtigungen gewähren, deren Ausübung eine jede Regierung sehr interessieren könnte. [...] Von der größten Wichtigkeit bleiben aber die Promotionen in der medizinischen Fakultät [...].*[150]

Im Abstand von 70 Jahren erschien ihm die Befreiung Göttinger Doktoren von der staatlichen Approbationsprüfung als sehr problematisch. Abhilfe versprach er sich von den altbekannten Mitteln strenger Examen und der Kandidatendissertation. Jedoch: *Das Curatorium von Göttingen hat alle Mittel angewandt, um der medizinischen Fakultät die Wichtigkeit der Examina recht ans Herz zu legen* – dass es ihm auf Dauer nicht gelungen sei, mag der Subtext des Satzes sein.[151]

Die Georgia Augusta wurde als Universität des Alten Reiches gegründet und unterlag denselben Observanzen der ständischen Gesellschaft wie ihre älteren Schwestern. Eine radikale Reform der Promotionen lag außerhalb der Möglichkeiten Münchhausens und seiner Ratgeber. Ihre guten Absichten und Versuche zielten darauf, das Unvermeidliche einzuhegen und einen praktikablen Ausgleich zwischen den verschiedenen Zielen zu finden, mit denen das Promotionswesen in Verbindung stand. Dass auch dies auf längere Sicht nicht gelang, ist zumindest für die Philosophische Fakultät der kurzfristigen Notwendigkeit zuzuschreiben, eine repräsentative Zahl von Kandidaten für die von der Abwesenheit des Königs überschattete Inauguration zusammenzubekommen. Sie spielte den Wünschen der Professoren in die Hände und durchkreuzte die ursprünglich restriktiv angelegte Promotionspolitik der Regierung. In der Philosophischen Fakultät wich sie Stück für Stück in Richtung der Absenzpromotion zurück, deren Ablehnung am Anfang der Politikfindung in

---

149 MICHAELIS, Raisonnement, wie Anm. 41, Bd. 4, S. 98, 103, 116 f., 121-123 Vgl. TÜTKEN, Privatdozenten, wie Anm. 23, S. 196. Christoph MEINERS, Über die Verfassung und Verwaltung deutscher Universitäten, Göttingen 1801, Bd. 1, S. 345-347, 351-354.

150 BRANDES, Zustand, wie Anm. 144, S. 183 f. Vgl. TÜTKEN, Privatdozenten, wie Anm. 23, S. 197.

151 BRANDES, Zustand, wie Anm. 144, S. 184-187.

Münchhausens Kreis gestanden hatte. Um den »Haufen von Kandidaten« vom 18. September 1737 zusammenzubekommen, hatten Regierung und Universität von der Gebührenermäßigung über Schülernetzwerke bis zu familiären Kontakten alle Register ziehen müssen. Es ist gut möglich, dass die Universität ohne den Erfolgsdruck hinsichtlich des Nahziels mit Instrumenten der Qualitätssicherung hätte ausgestattet werden können, die den ursprünglichen Zielen der Regierung stärker entsprochen hätten.

Bezogen auf dieses Teilproblem der Universitätsgründung und vorbehaltlich der für die Juristische Fakultät ungenügenden Quellenlage bleibt festzustellen, dass Münchhausen keinesfalls im Sinne einer stringenten aufgeklärten Hochschulpolitik durchregierte, sondern sich vorsichtig in einem Netz von Akteuren mit unterschiedlichen Interessen bewegte. Wirklich anders als in Halle lagen die Verhältnisse also nicht.[152]

Dieser Befund sollte auch ein Baustein sein, um die Rolle Münchhausens als zentraler Gestalt der Universitätsgründung zu überdenken. Die geschilderten Vorgänge lassen an seiner lenkenden Rolle keinen Zweifel aufkommen, zeigen ihn aber keineswegs als den überragenden, genialischen Universitätsvisionär, den Teile der älteren Forschung in ihm sehen wollten.[153] Sicher war Münchhausen »der führende [Kopf]« des Unternehmens, aber ob er gegenüber der Vielzahl der in Hannover und Göttingen anzuhörenden Positionen auch der »alles überblickende, zusammenfassende und zugleich auch im Detail durchdringende Kopf«[154] war oder doch eher als flexibler und auch nachgiebiger Verwaltungspraktiker zu sehen ist, der in starkem Umfang von den Zuarbeiten anderer Akteure abhängig war,[155] die eine eigene Agenda verfolgen konnten, bedarf weiterer Untersuchung.

---

152 Pečar/Taatz-Jacobi, Halle, wie Anm. 54, S. 11, nennen Göttingen als Gegenbeispiel zu ihrem Befund einer in Halle nicht festzustellenden konsistenten Universitätspolitik der Berliner Regierung, allerdings verbunden mit einer auf den bisherigen Forschungsstand bezogenen salvatorischen Klausel, die sich, wenigstens in Bezug auf das Thema der vorliegenden Studie, als berechtigt erwiesen hat.

153 So insbesondere die einzige, aber unzureichende Teilbiographie von Buff, Münchhausen, wie Anm. 53, S. 135 f.; sowie Gundelach, Verfassung, wie Anm. 57, S. 28 f. Ähnlich auch Selle, Georg-August-Universität, wie Anm. 2, S. 35.

154 Carl Haase, Bildung und Wissenschaft von der Reformation bis 1803, in: Hans Patze (Hrsg.), Geschichte Niedersachsens, Band III/2: Kirche und Kultur von der Reformation bis zum Beginn des 19. Jahrhunderts, Hildesheim 1983, S. 261-493, S. 340.

155 Hunger, Landesuniversität, wie Anm. 1, S. 144. Vgl. auch Sellert, Rechtswissenschaft, wie Anm. 139, S. 72 f.

# Pandemie in der Provinz
## *Zur Quellenproblematik der »Spanischen Grippe« in ländlich geprägten Regionen*

von Sebastian Merkel

## Einleitung

Die »Spanische Grippe« gilt als schlecht dokumentierte Pandemie.[1] Dies betrifft die Städte des Deutschen Kaiserreichs, aber umso mehr die ländlich geprägten Regionen. Für die historische Forschung stellt dies ein massives Quellenproblem dar. Deutlich wird die Problematik beispielsweise bei der Lektüre der zuletzt gehäuft erschienenen lokalen und regionalen Studien zur Influenzapandemie in der Provinz,[2] die sicherlich durch ein gesteigertes Interesse an der Seuchengeschichte im Zuge der Covid-19-Pandemie entstanden sind. In der Regel sind die Aussagen der verschiedenen Untersuchungen in ihren Grundzügen nahezu identisch. Lokale bzw. regionale Besonderheiten oder Abweichungen sind kaum festzustellen. Zusammengefasst lauten die Aussagen, die aus herangezogenen Zeitungen, (Schul- und Orts-)Chroniken sowie Sterberegistern, getroffen wurden, folgendermaßen: Während der ersten Grippewelle im Sommer 1918 berichteten die örtlichen Zeitungen selten oder gar nicht von dieser. Wenige Meldungen bezogen sich auf das Ausland und einzelne Großstädte des Kaiserreichs. Während der zweiten und deutlich verheerenderen Welle im Herbst 1918 nahm die Berichterstattung in den meisten Zeitungen zwar zu, über die konkreten lokalen und regionalen Zustände war jedoch auch weiterhin nur wenig zu lesen. Zeitgleich erkrankten vielerorts weite Teile der Bevölkerung an Influenza bzw. der von ihr ausgelösten Lungenentzündung. Seuchenschutzmaßnahmen wurden von behördlicher Seite in aller Regel dennoch nicht ergriffen. In der Folge

---

1 Vgl. Eckard MICHELS, Die »Spanische Grippe« 1918/19. Verlauf, Folgen und Deutungen in Deutschland im Kontext des Ersten Weltkriegs, in: Vierteljahrshefte für Zeitgeschichte 58 (2010), H. 1, S. 1-33, hier S. 22-24.

2 Um nur ein paar Beispiele zu nennen: Florian DIRKS, Von »heimtückischer Krankheit« über Lungenpest zur Grippe. Die sogenannte Spanische Grippe im heutigen Landkreis Verden am Beispiel Riede, in: Jahrbuch für den Landkreis Verden 64 (2021), S. 313-315; Hans HARER, Die Spanische Grippe in Northeim, in: Northeimer Jahrbuch 85 (2020), S. 7-18; Uwe PLASS, Die Grippewelle von 1918. Wellingholzhausen erlebte seine Pandemie, in: Der Grönegau 5 (2021), S. 111-114.

erschienen über Wochen hinweg seitenweise Trauerannoncen auf den Anzeigenseiten der Zeitungen. So unvermittelt die Pandemie die ländlichen Regionen heimsuchte, so schnell geriet sie unter dem Eindruck der Kriegsniederlage und der Revolution von 1918/19 auch wieder in Vergessenheit.

Laut Einschätzung des Historikers Malte Thießen ist die äußerst geringe Dokumentation der Influenza in der Provinz in erster Linie auf die zeitgenössische Wahrnehmung zurückzuführen. Thießen benannte in einem Großstadt-Land-Vergleich vier Faktoren, die maßgeblich zu dem Wahrnehmungsunterschied zwischen Großstadt und Provinz beitrugen. Diese seien der öffentliche Raum, die medizinischen Ressourcen, die Medienlandschaften und die weitgehend fehlende politische Deutung der Grippe.[3] Am Beispiel einiger ländlich geprägten Regionen des heutigen Niedersachsen soll im Folgenden die Quellenproblematik anhand dieser Faktoren näher illustriert werden. Herangezogen werden Studien zu den (Groß-)Herzogtümern Oldenburg[4] und Braunschweig,[5] der Grafschaft Bentheim,[6] dem Emsland[7] und einigen weiteren preußischen Orten.[8] Darüber hinaus wird auf einige wenige Archivalien, hier exemplarisch mit Bezug zu der zwischen Hamburg und Lüneburg gelegenen preußischen Kreisstadt Winsen (Luhe) und deren näherer Umgebung, zurückgegriffen. Dieser Aufsatz beabsichtigt jedoch nicht nur Hintergründe für die Grenzen des Quellenmaterials nach den von Thießen aufgestellten Kategorien aufzuzeigen,

---

3 Vgl. Malte THIESSEN, Pandemics as a Problem of the Province. Urban and Rural Perceptions of the »Spanish Influenza«, 1918-1919, in: Jörg VÖGELE u. a. (Hrsg.), Epidemien und Pandemien in historischer Perspektive, Wiesbaden 2016, S. 163-175.

4 Ebd.

5 Philip HAAS, Die »spanische Krankheit« ist nunmehr auch hier aufgetreten. Die Influenza des Jahres 1918 im Staate Braunschweig. Darstellung und Quellen, in: Braunschweigisches Jahrbuch für Landesgeschichte 101 (2020), S. 181-204.

6 Wilfried WITTE, Die Spanische Grippe 1918 bis 1920 in der Grafschaft Bentheim. Annäherungen an die Geschichte einer Seuche im ländlichen Raum, in: HEIMATVEREIN DER GRAFSCHAFT BENTHEIM E. V. (Hrsg.), Die Grafschaft Bentheim im Ersten Weltkrieg – »Heimatfront« an der deutsch-niederländischen Grenze, Nordhorn 2018, S. 412-430.

7 Dieter SIMON, Die »Spanische Grippe«-Pandemie von 1918/19 im nördlichen Emsland und einigen umliegenden Regionen, in: Emsländische Geschichte 13 (2006), S. 106-145; Gerhard KRUPP, Die Spanische Grippe 1918 bis 1920. Eine Pandemie und ihre Auswirkungen auf Meppen und Umgebung, in: Emsländische Geschichte 21 (2014), S. 524-550.

8 Hans BOGUSAT, Die Influenzaepidemie 1918/19 im Deutschen Reiche, in: Arbeiten aus dem Reichsgesundheitsamt 53 (1923), S. 443-466; Benno DRÄGER, Lazarette in Lohne und Auswirkungen der Spanischen Grippe in der Region, in: INDUSTRIE MUSEUM LOHNE (Hrsg.), Die Heimat im Krieg – Lohne und die Region 1914-1918, Lohne 2017, S. 186-197; HARER, Northeim, wie Anm. 2; Lukas MÜCKE, Die Spanische Grippe in Winsen (Aller) und Umgebung, in: Winser Geschichtsblätter 27 (2021), S. 17-22; Otto PEIPER, Die Grippeepidemie in Preußen im Jahre 1918/19, Berlin 1920.

sondern ebenfalls mögliche Potentiale auszuloten, weitere Erkenntnisse zu den Auswirkungen der Pandemie in provinziellen Gebieten gewinnen zu können sowie Impulse zu geben, bisher wenig untersuchten Aspekten nachzugehen und auf kaum genutzte Quellengattungen hinzuweisen.

## Öffentlicher Raum

Die Sichtbarkeit der Auswirkungen der Influenza im öffentlichen Raum war im alltäglichen Erleben der Menschen in größeren Städten ungemein größer als in der Provinz – etwa durch Verzögerungen im innerstädtischen öffentlichen Nahverkehr durch ausfallende Straßenbahnen, Störungen in Verwaltungsabläufen und Kommunikationsschnittstellen wie dem Fernsprechamt.[9] So musste der Fernsprechbetrieb beispielsweise in Lüneburg und der damals noch eigenständigen preußischen Industriestadt Harburg zeitweilig aufgrund von massenhaften Grippeinfektionen unter den Angestellten im Herbst 1918 unterbrochen bzw. eingeschränkt werden.[10] Mitunter zeigten sich die Auswirkungen auch durch Arbeitsausfälle in Fabriken oder vereinzelten Schließungen öffentlich zugänglicher Unterhaltungsangebote wie Kinos und Theatern.[11] Influenzabedingte Auswirkungen waren jedoch ebenfalls in ländlich geprägten Regionen öffentlich zu vernehmen, wenn diese grundsätzlich auch geringer waren. So wird einem Großteil der Bevölkerung des kleinstädtischen Peine sicher nicht entgangen sein, dass die beiden örtlichen Apotheken aufgrund von Grippeerkrankungen des Personals geschlossen wurden und ein Militärapotheker des Sanitätsamts des Heeres zur Aufrechterhaltung der pharmazeutischen Versorgung eingesetzt wurde.[12] Ebenso dürften die Einwohnerinnen und Einwohner der Kleinstadt Winsen (Luhe) Ende Oktober 1918 bemerkt haben, dass *die Trauerglocken jetzt fast jeden Nachmittag läuteten*.[13] Zum Verbot *von Märkten, Messen und anderen Veranstaltungen, welche eine Ansammlung größerer Menschenmengen mit sich bringen*, kam es vereinzelt ebenso in der Provinz wie

---

9   Vgl. THIESSEN, Pandemics, wie Anm. 3, S. 165 f.
10  Stefan MÜLLER, Die Spanische Grippe. Wahrnehmung und Deutung einer Jahrhundertpandemie im Spiegel der sozialdemokratischen Presse, Bonn 2020, S. 35; Sebastian MERKEL, »Hier in H. hat sie große Lücken gerissen.« Die »Spanische Grippe« in Hamburg 1918/19, in: Zeitschrift des Vereins für Hamburgische Geschichte 107 (2021), S. 61-84, hier S. 74 f.
11  Vgl. THIESSEN, Pandemics, wie Anm. 3, S. 165 f.
12  PEIPER, Preußen, wie Anm. 8, S. 11.
13  Die Grippe, in: Winsener Nachrichten vom 31.10.1918, S. 3.

etwa in Schöningen und Königslutter.[14] Die flächendeckendste Auswirkung der Grippe stellten Schulschließungen aufgrund von massenhaften Erkrankungen unter den Schülerinnen und Schülern dar, die nicht nur Großstädte, sondern selbst kleinste Dörfer, sofern sie eine Schule aufzuweisen hatten, betraf.[15] In der Schulchronik des Dorfes Scharmbeck, gelegen bei Winsen (Luhe), hieß es hierzu knapp: *Die Schule wurde vom 29[.] Octob[er] bis 11. Nov[em]b[e]r geschlossen, da fast 2/3 der Schulkinder an Grippe erkrankt[en].*[16]

Die geringere Wahrnehmung der Pandemie auf dem Land war jedoch nicht nur auf das Fehlen von großstädtischer Kommunikations- und Verkehrsinfrastruktur in Form von Fernsprechämtern oder Straßenbahnen und deren zeitweilig sichtbare Dysfunktionalität zurückzuführen. Laut dem Arzt Hans Bogusat, der als Oberregierungsrat 1920 im Reichsgesundheitsamt tätig war und mittels Berichten aus nahezu allen Regionen des untergegangenen Kaiserreiches eine kompakte Auswertung über die *Influenza-Epidemie 1918/19 im Deutschen Reiche* verfasste, dauerte die Durchseuchung ländlicher Gebiete oftmals bedeutend länger, als es in großstädtischen Ballungszentren der Fall war, oder blieb sogar ganz aus. Dies führte er auf eine entzerrte Siedlungsstruktur zurück, wodurch die Ansammlung vieler Menschen auf wenig Raum kaum vorkam, und auf den Umstand, dass in den Sommermonaten die Erntearbeiten im Freien die Verbreitung der ersten Grippewelle unter den zahlreichen in der Landwirtschaft Werktätigen erschwert wurde. Zudem habe es zu diesem Zeitpunkt auch weniger Anlässe *zu gegenseitigen Besuchen oder zu Ansammlungen von Menschen in geschlossenen Räumen gegeben.* Folglich ist es laut Bogusat *unter diesen Umständen in einigen ländlichen Bezirken zur Zeit der 1. Epidemiewelle nur zu einer längeren Kette von sporadischen Erkrankungen mit vereinzelten Hausepidemien gekommen, nicht aber zur Entstehung der ersten Welle.* Dies galt beispielsweise für einige Landkreise des preußischen Regierungsbezirks Hildesheim[17] sowie, mit Ausnahme der im Kreis Gifhorn gelegenen Ortschaft Meinersen und Umgebung, den gesamten Regierungsbezirk Lüneburg.[18] In diesem Zusammenhang wurde auch für das Herzogtum Braunschweig berich-

---

14 Zitiert nach HAAS, Braunschweig, wie Anm. 5, S. 200.

15 HAAS, Braunschweig, wie Anm. 5, S. 191; PEIPER, Preußen, wie Anm. 8, S. 23; KRUPP, Meppen, wie Anm. 7, S. 539; MÜCKE, Winsen (Aller), wie Anm. 8, S. 19; HARER, Northeim, wie Anm. 2, S. 13; WITTE, Bentheim, wie Anm. 6, S. 423.

16 Stadtarchiv Winsen (Luhe) [im Folgenden StaWL], Schulchronik Scharmbeck, Band 3, S. 55.

17 BOGUSAT, Influenzapandemie, wie Anm. 8, S. 446 f.

18 Geheimes Staatsarchiv Preußischer Kulturbesitz [im Folgenden GStA PK], I. HA Rep 76 VIII B Nr. 3836, Grippeepidemie [im Regierungsbezirk Lüneburg] vom 31.1.1919 (ohne Seitenzählung).

tet, dass *Landwirte* [während der gesamten Pandemie] *am meisten verschont geblieben sind.*[19] Demnach dürfte die Grippe bzw. ihre Auswirkungen auf das öffentliche Leben zumindest im Sommer 1918 auf dem Land vielerorts kaum bis nicht wahrnehmbar gewesen sein.

Zugleich war die Influenza nicht die einzige Krankheit, von der zu diesem Zeitpunkt sporadisch in der Presse berichtet wurde. Während der ersten Grippewelle Anfang Juli 1918 wurde beispielsweise in den »Winsener Nachrichten« vor der Ruhr gewarnt; wenige Wochen später wurden außerdem Typhusfälle in der nahegelegenen Stadt Harburg gemeldet.[20] Unvermittelt auftretende Infektionskrankheiten gehörten zudem auch schon vor der Influenzapandemie in unregelmäßigen Abständen zum Leben der Menschen auf dem Land. In Ostfriesland etwa mehrten sich ab Ende 1915 Fälle von Diphtherie und Keuchhusten unter Kindern.[21] Im Januar 1917 schrieb der Lehrer des Dorfes Pattensen bei Winsen (Luhe) in die Chronik der örtlichen Schule, dass *ein Fall von schwarzen Blattern* [Pocken] *zu verzeichnen* war. *Der Töpfergeselle Klein* [...] *ist daran bedenklich erkrankt* [...] *und ist gleich in das Krankenhaus Winsen gebracht* [worden]. *Schon am folgenden Tage darauf wurde vom Landarzt hier die Zwangsimpfung angeordnet. Bei dem Gemeindevorsteher Klockmann wurden gegen 500 Personen geimpft.* Im folgenden Monat notierte der Dorflehrer: *In Lüneburg und auch in Winsen sind Fälle von schwarzen Blattern vorgekommen, mehrere Familien haben sich deshalb auch hier impfen lassen* [...]. *Pattensen blieb bislang von dieser Seuche verschont, aber die Familie des Halbhöfners und Viehhändlers Nicolaus Ehlers wurde von Typhus schwer heimgesucht. Frau Ehlers, die Tochter Bertha,* [...] *das Pflegekind Paula Baiwolf und ein belgischer Gefangener erkrankten daran.* [...] *Die andren sind wieder genesen, aber Frau Ehlers ist daran gestorben.*[22] Diese Ausführungen nahmen verglichen mit der Influenzapandemie im darauffolgenden Jahr größeren Raum ein, obwohl auch *in Pattensen* [...] *kein Haus von der Krankheit* [Grippe] *verschont* geblieben sein soll.[23] Das Auftreten unterschiedlicher Infektionskrankheiten und deren Folgen wie der Tod von Erkrankten oder auch massenhaftes prophylaktisches Impfen waren demnach nichts grundsätzlich Ungewöhnliches. Gewissermaßen »kon-

---

19   Zitiert nach HAAS, Braunschweig, wie Anm. 5, S. 204.
20   Ruhr, in: Winsener Nachrichten vom 2.7.1918, S. 3; Typhus, in: Winsener Nachrichten vom 29.7.1918, S. 3.
21   Michael HERMANN, Die »Heimatfront« in Ostfriesland 1914 bis 1918 im Spiegel der Schulchroniken, in: DERS./Paul WESSELS (Hrsg.), Ostfriesland im Ersten Weltkrieg, Aurich 2014, S. 83-146, hier S. 143 f.
22   StaWL, Chronik der Schule zu Pattensen im Lüneburgischen 1914-1956, Einträge vom Januar und Februar 1917.
23   Ebd., Einträge vom Oktober und November 1918.

kurrierten« die verschiedenen Infektionskrankheiten in der Wahrnehmung der Menschen miteinander. So ist es nicht verwunderlich, dass zumindest die erste und mancherorts vermutlich auch die zweite Welle der Influenza nicht als besonders außergewöhnliche Entwicklung wahrgenommen wurde, insbesondere nicht an den Orten, wo sie keinen epidemischen Charakter entwickelte und Todesfälle keine extremen Ausmaße annahmen.

## Medizinische Ressourcen

Die medizinische Versorgung hatte auf die Wahrnehmung und vor allem Dokumentation der Grippe einen bedeutenden Einfluss. Schon vor dem Krieg war die Versorgung auf dem Land eine weitaus schlechtere, als es in (Groß-)Städten der Fall war. Konkret spiegelte sich dies in der Zahl der vorhandenen Krankenhäuser und praktizierenden Ärzte wider. Die Kriegssituation intensivierte diesen Zustand durch Einberufung von Ärzten und medizinischem Personal zum Kriegsdienst. Entsprechend wirkte sich die strukturelle medizinische Unterversorgung in der Provinz in stark begrenzten Kapazitäten, Erkrankte zu behandeln, aus.[24] So waren in der Öffentlichkeit wahrnehmbare Folgen, etwa überfüllte Krankenhäuser, wie es aus vielen Städten berichtet wurde,[25] allein zahlenmäßig in der Provinz in geringerem Maße zu verzeichnen. Nur ausnahmsweise finden sich Szenen wie diejenige, die im Sommer 1918 in der Altendorfer Schulchronik (Grafschaft Bentheim) vermerkt wurde: *Beim Arzt steht das hilfesuchende Publikum bis auf die Straße, der Apotheker Zimpel mußte [...] bis 2 Uhr nachts Rezepte erledigen.*[26] Praktisch stellten die weniger vorhandenen medizinischen Ressourcen für viele Menschen auf dem Land zudem eine Hürde da. So bedurfte es, auch aufgrund der geringer ausgebauten Verkehrsinfrastruktur in der Provinz, vielerorts einigen Aufwandes, überhaupt in das nächstgelegene Krankenhaus zu gelangen. Nicht wenige dürften im Falle einer schweren Erkrankung körperlich gar nicht in der Lage gewesen zu sein, diese Hürde zu nehmen, so *daß viele Influenzakranke [...] in ländlichen Gegenden [...] den Arzt überhaupt nicht aufsuchten*, wie Hans Bogusat für das gesamte Deutsche Reich feststellte. Viele Menschen waren somit auf sich allein gestellt. Zudem bestand gar nicht erst die

---

24  Vgl. THIESSEN, Pandemics, wie Anm. 3, S. 166 f.
25  Vgl. MERKEL, Hamburg, wie Anm. 10, S. 61-84; Julian FRECHE, »Das Gedächtnis der Aerzte ist kurz, und das der Laien ebenfalls.« Die Spanische Grippe in Lübeck, in: Zeitschrift für Lübeckische Geschichte 100 (2020/21), S. 570.
26  Zitiert nach WITTE, Bentheim, wie Anm. 6, S. 422.

Möglichkeit, dass diese Krankheitsfälle statistisch berücksichtigt wurden, da die Influenza zu diesem Zeitpunkt keiner Meldepflicht unterlag.[27]

Auch aufgrund der enormen Arbeitsbelastung durch Krieg und Pandemie war das medizinische Personal kaum in der Lage, die Grippe angemessen zu dokumentieren. Dies zeigte sich umso mehr in ländlich geprägten Regionen. Während beispielsweise im gesamten Großherzogtum Oldenburg lediglich ein Krankenhaus Statistiken über Grippekranke führte, waren es in Hamburg zwar nicht alle, aber doch eine ganze Reihe an Krankenhäusern, die Kranken- und Todeszahlen statistisch erhoben.[28] Diese immense Diskrepanz offenbarte sich ebenfalls in einem *Bericht über die Influenza des Jahres 1918 im Staate Braunschweig*. Während relativ ausführlich statistisch erhoben wurde, dass *in der Stadt Braunschweig bei rund 135000 Einwohnern in der Sommerepidemie 29, in der Herbstepidemie dagegen 456 Personen an der Grippe* [starben]; *davon in dem Landeskrankenhause von 308 Grippefällen (mit 165 Lungenentzündungen) 76* [...], *im städtischen Krankenhause von 188 Grippekranken 44* [...], *im Diakonissenhause Marienstift von 161 Grippekranken 19 Personen* [...], lautete es dagegen lapidar über *die Todesfälle auf dem Lande* in lediglich einem Satz, dass *sich mangels einer ärztlichen Leichenschau nichts Sicheres angeben* ließe.[29] In der Tat sind relevante Unterlagen von Provinzkrankenhäusern rar. Zum Winsener Krankenhaus Bethesda etwa, welches 1918 eines von zwei im gesamten Kreis Winsen war, liegen zwar rund 100 Akten im Stadtarchiv vor, doch selbst im einzig in Frage kommenden Protokollbuch besteht eine Dokumentationslücke für den Zeitraum von 1913 bis 1919.[30] Das für Papenburg im Emsland überlieferte und ausgewertete Krankenregister der Jahre 1914-1919 des örtlichen Krankenhauses stellt eine seltene Ausnahme dar.[31] Demnach war nicht nur die medizinische Versorgung, sondern auch die Wahrnehmung und Dokumentation von Grippekranken und -toten in der Provinz eine deutlich geringere.

---

27 BOGUSAT, Influenzapandemie, wie Anm. 8, S. 444.
28 THIESSEN, Pandemics, wie Anm. 3, S. 166 f.
29 Zitiert nach HAAS, Braunschweig, wie Anm. 5, S. 205.
30 StaWL, II-62-00002 Protokollbuch Bethesda. Hinweise zur »Spanischen Grippe« sucht man ebenfalls vergeblich in der zum 50. Bestehen des Krankenhauses erschienenen Broschüre zur Geschichte der Institution. Kurt SCHOOP, »Bethesda«. Kinderpflege- und Krankenanstalt zu Winsen (Luhe) und ihre Geschichte, Winsen (Luhe) 1927.
31 Vgl. SIMON, Emsland, wie Anm. 7, S. 58.

## Medienlandschaften

Ebenfalls nicht unwesentlich für die Wahrnehmung und Dokumentation der Influenzapandemie war die Presseberichterstattung. Ähnlichkeiten zwischen (Groß-)Städten und der Provinz waren insofern festzustellen, als dass die Grippe zu keinem Zeitpunkt auf den Titelseiten mit einer Schlagzeile zu finden war. Dies blieb zumeist außen- und innenpolitischen Themen sowie der Kriegsberichterstattung vorbehalten.[32] Gleich war allen Zeitungen auch, dass auf den hinteren Seiten über die Auswirkungen der Grippe vor allem in den urbanen Zentren und selten über ländlich geprägte Regionen berichtet wurde.[33] So erschienen etwa in den »Winsener Nachrichten« zwischen Mai und August 1918 insgesamt 18 Meldungen mit Bezug zur »Spanischen Grippe«, davon jeweils sieben zu den Verhältnissen im Ausland und Großstädten wie Berlin, München, Hamburg und Hannover. Über die nahegelegene mittelgroße Stadt Lüneburg findet sich eine Meldung, über die Kleinstadt Winsen (Luhe) bzw. den gleichnamigen Landkreis hingegen keine.[34] Während der zweiten Welle im Herbst 1918 stieg die Berichterstattung zwischen Oktober und November zwar leicht auf 21 Meldungen an und auch über die lokalen Auswirkungen in der Kleinstadt wurde nun in vier Meldungen – wenn auch mit sehr undetaillierten Informationen – eingegangen.[35]

Mehrheitlich berichteten die »Winsener Nachrichten« jedoch nach wie vor über Großstädte. Dörfer und kleine Gemeinden waren von der Presseberichterstattung gänzlich ausgespart, obwohl die zweite Grippewelle durchaus auch dort verheerende Folgen verursachte, wie der Georgsdorfer Schulchronik (Grafschaft Bentheim) zu entnehmen ist: *Zu Beginn des Winter-Halbjahres erkrankten viele Georgsdorfer an der Grippe. Kein Haus unserer Gemeinde ist davon verschont geblieben. Die Schule mußte 14 Tage geschlossen werden, weil die Lehrer und sämtliche Kinder erkrankt waren. Der Tod hielt reichliche Ernte. In einer Woche wurden 13 beerdigt. Noch nie sah man hier ein solches Sterben. Heute rot – morgen … Es starben verschiedene junge Mädchen im blühenden Alter von 20 Jahren. Heute waren sie noch frisch und gesund. Morgen klagten sie über Kopfschmerzen. Der Arzt stellte die Grippe fest. Lungenentzündung kam hinzu.*

---

32 Vgl. MERKEL, Hamburg, wie Anm. 10, S. 70.

33 Vgl. THIESSEN, Pandemics, wie Anm. 3, S. 169; KRUPP, Meppen, wie Anm. 7, S. 538; HARER, Northeim, wie Anm. 2, S. 12; HAAS, Braunschweig, wie Anm. 5, S. 188.

34 Vgl. Winsener Nachrichten vom 1.5.1918 bis 31.8.1918.

35 Die Grippe, in: Winsener Nachrichten vom 9.10.1918, S. 3; Die Grippe, in: Ebd. vom 16.10.1918, S. 3; Die Grippe, in: ebd. vom 26.10.1918, S. 3; Die Grippe, in: Ebd. vom 31.10.1918, S. 3.

*Übermorgen waren sie eine Leiche!*³⁶ Auch über diese Entwicklungen wäre es wert gewesen zu berichten. Der Fokus der Presseberichterstattung lag dennoch zweifelsohne auf den urbanen Zentren, so dass selbst in Provinzzeitungen der Eindruck erweckt wurde, dass die Grippe vor allem ein großstädtisches Problem darstellte.³⁷

Eine deutliche Diskrepanz zwischen Stadt und Land bestand ebenfalls hinsichtlich der Anzahl der Presseerzeugnisse. Während beispielsweise im Großherzogtum Oldenburg lediglich die Nachrichten aus Stadt und Land eine über lokale Ausmaße hinausgehende Leserschaft erreichten, wurden in Braunschweig immerhin die Braunschweigische Landeszeitung, die »Braunschweiger Neuesten Nachrichten« und der sozialdemokratische »Braunschweiger Volksfreund« herausgegeben, die durchaus als regional verbreitete Zeitungen anzusehen sind.³⁸ Neben dem größeren städtischen Printmedienangebot war für die ausgiebigere Berichterstattung über die Auswirkungen in den Städten sicher auch förderlich, dass die in den urbanen Zentren erscheinenden Zeitungen über diverse Korrespondenten verfügten. Die Provinzpresse konnte hingegen in der Regel nicht auf solche zurückgreifen und bezog Nachrichten mitunter aus städtischen Zeitungen.³⁹ Somit waren die lokalen Zeitungen ein Stück weit abhängig von den Informationen der größeren städtischen Presseerzeugnisse. Die geringeren Kapazitäten der Landzeitungen offenbarten sich darüber hinaus in dem Umstand, dass einige – darunter die »Nordhorner Nachrichten«, die »Celler Zeitung« und der »Katholische Volksbote« (Raum Meppen) – durch Grippeerkrankungen unter den Angestellten zeitweilig in verkleinertem Umfang erscheinen mussten.⁴⁰

## Politische Deutung

Politisch wurde das von der zweiten Influenzawelle verursachte Massensterben auffallend wenig interpretiert und seitens der verschiedenen politischen Parteien und Gruppierungen kaum für die eigene jeweilige Agenda genutzt. Den einzig nennenswerten Deutungsansatz lieferten sozialdemokratische Presseerzeugnisse. Sie sahen das Sterben begünstigt durch das kriegsbedingte Hungerleiden

---

36  Zitiert nach Krupp, Meppen, wie Anm. 7, S. 546.
37  Vgl. Thiessen, Pandemics, wie Anm. 3, S. 164, 169-171.
38  Vgl. ebd., S. 169 f.; Haas, Braunschweig, wie Anm. 5, S. 187.
39  Thiessen, Pandemics, wie Anm. 3, S. 170.
40  Simon, Emsland, wie Anm. 7, S. 70, 73; Mücke, Winsen (Aller), wie Anm. 8, S. 19, Krupp, Meppen, wie Anm. 7, S. 538.

und wiesen damit auf grundsätzliche Missstände hin.[41] Diese Interpretation war und wurde vor allem in Großstädten wie Braunschweig und Hannover verbreitet und entsprechend wahrgenommen. Denn erstens war dort das Hungerleiden spätestens seit 1916 verstärkt präsent und damit die Interpretation besonders »glaubwürdig«.[42] In Dörfern und Kleinstädten in ländlicher Umgebung spielte Hunger hingegen in der Regel aufgrund der unmittelbaren Nähe zur nahrungsmittelproduzierenden Landwirtschaft eine weitaus geringe Rolle. Zahlreiche Zeitungsberichte über sogenannte Hamsterer aus den Großstädten[43] oder aber auch der Hannoveraner Brotkrawall[44] zeugten hiervon. Zweitens erschienen in den urbanen Zentren sozialdemokratische Zeitungen, die die Interpretation der Grippeopfer als Hungertote verbreiteten,[45] welche im politisch organisierten Proletariat auch schwerpunktmäßig ein Publikum fand. Entsprechend finden sich Hinweise auf eine politisch motivierte Interpretation der Influenza in der Provinzpresse, wie Wilfried Witte für die Grafschaft Bentheim zeigte, nicht.[46]

Die These vom Zusammenhang von Hunger und todbringender Influenza erreichte zwar mitunter die ländlichen Gegenden. So war in der in Neuenhaus (Grafschaft Bentheim) erschienenen »Zeitung und Anzeigeblatt« hiervon zu lesen. Jedoch wurde dieser als bloßes Gerücht dementiert und zugleich sogar noch Anfang November 1918, als die zweite Welle in vielen Regionen bereits ihren Höhepunkt erreicht hatte, fernab jeglicher Realität behauptet, dass *die Krankheit durchaus ungefährlich* sei.[47] Die politisch motivierte Deutung der Influenza als Hungerkrankheit war also nicht nur in größeren Städten vorrangig verbreitet, sondern auch aufgrund der bedeutend schlechteren Versorgungssituation für weite Teile der Bevölkerung nachvollziehbarer.

---

41 Außer Acht gelassen wurde bei dieser Deutung jedoch, dass insbesondere die als resistenter geltenden Menschen im jungen bis mittleren Alter Opfer der Pandemie wurden. Müller, Presse, wie Anm. 10, S. 54 f.

42 Vgl. Thiessen, Pandemics, wie Anm. 3, S. 171 f.; Haas, Braunschweig, wie Anm. 5, S. 188 f.; Pierluigi Pironti, Braunschweig und die Revolution von 1918/19, in: Städtisches Museum Braunschweig (Hrsg.), Zerrissene Zeiten. Krieg. Revolution. Und dann? Braunschweig 1916-23, Petersberg 2019, S. 14-27, hier S. 19.

43 Gefaßte Hamsterer, in: Winsener Nachrichten vom 12.6.1918, S. 3; Hamster-Sonderzüge, in: ebd. vom 18.7.1918, S. 3.

44 Gerhard Schneider, Der Brotkrawall in Hannover 1917 und der Zusammenbruch der »Volksgemeinschaft« im Krieg, in: Hannoversche Geschichtsblätter 63 (2009), S. 5-37. Zur Versorgungssituation in Hannover während des Krieges siehe auch Ders. (Hrsg.): An der »Heimatfront«. Stimmungsberichte aus Hannover und Linden 1916 bis 1919, Hannover 2014.

45 Vgl. Müller, Presse, wie Anm. 10, S. 54; Thiessen, Pandemics, wie Anm. 3, S. 171 f.

46 Vgl. Witte, Bentheim, wie Anm. 6, S. 429.

47 Zitiert nach Simon, Emsland, wie Anm. 7, S. 70.

## Perspektiven und Potentiale

Damit Studien zu den Auswirkungen der »Spanischen Grippe« in der Provinz zu mehr als bereits bekannten Ergebnissen kommen können, bedarf es der Erweiterung heranzuziehender Quellenbestände. Wochen- und Tageszeitungen, Schul- und Ortschroniken sowie Sterberegister der jeweiligen Standesämter sind auch künftig nicht zu vernachlässigen, sollten aber genauestens und nicht nur nach direkten, sondern auch indirekten Hinweisen untersucht werden. So sind beispielsweise den Meldungen zur Grippe, die 1918 in den »Winsener Nachrichten« abgedruckt wurden, nur wenige Informationen zu den direkten regionalen Auswirkungen zu entnehmen. Weitere, wenn auch nur wenige, indirekte Hinweise liefern Annoncen, die den Ausgangspunkt für weitergehende Recherchen bilden können. So war es mit Sicherheit kein Zufall, dass Anfang November 1918 während der zweiten, tödlicheren Grippewelle vermehrt Anzeigen örtlicher Tischlereibetriebe erschienen, die damit warben, *Särge in einfacher bis vornehmster Ausführung in Tannen- od*[er] *Eichenholz* [...] *stets* vorrätig zu haben[48] (Abb. 1). Platziert waren die Anzeigen direkt neben Traueranzeigen. Eine Annonce der örtlichen Apotheke, nach der [g]*ebrauchte Medizinalflaschen, möglichst mit Korken,* [...] *gesucht* waren,[49] war mit Sicherheit auf die gesteigerte Nachfrage nach Arzneien zurückzuführen (Abb. 2). Beide Annoncen mögen auf den ersten Blick anekdotenhaft oder wenig bedeutsam erscheinen,

*Abb. 1: Zeitungsannonce zum Sargverkauf. Stadtarchiv Winsen (Luhe), Winsener Nachrichten.*

---

48 Anzeigen Särge, in: Winsener Nachrichten vom 2.11.1918, S. 4.
49 Anzeige Medizinflaschen, in: Winsener Nachrichten vom 1.11.1918, S. 4.

*Abb. 2: Zeitungsannonce zu Medizinflaschen. Stadtarchiv Winsen (Luhe), Winsener Nachrichten.*

weisen jedoch auf die im Zusammenhang mit der Influenzapandemie noch weitgehend unerforschte Disziplin der Wirtschaftsgeschichte hin.

Von Interesse wären für wirtschaftshistorische Fragestellungen Archivalien unterschiedlichster Betriebe und Unternehmen. Neben Tischlereien, Apotheken und anderen Gewerbebetrieben, die finanziell von der Pandemie durch gesteigerte Produktnachfragen profitiert haben könnten, ist ebenso nach den Auswirkungen auf andere Unternehmen zu fragen – beispielsweise den wirtschaftlichen Folgen aufgrund von Arbeitsausfällen durch Grippeerkrankungen unter den Angestellten. Im Kontext von Arbeitsausfällen wäre ebenfalls nach den Folgen für die Landwirtschaft zu fragen. Denn auch erkranktes Personal könnte mancherorts ein ernsthaftes Problem für die Ernte im Sommer 1918 dargestellt haben. Zumindest die zweite Influenzawelle scheint nachweislich einen spürbaren Einfluss gehabt zu haben: *Da infolge des allgemeinen Arbeitermangels und der Grippe-Erkrankungen die Herbstbestellung vielfach noch nicht beendet ist, ordnete der Staatssekretär des Kriegsernährungsamtes an, daß Wintergetreide zu Saatzwecken noch bis 15. Dezember geliefert werden darf*, hieß es in einer Zeitungsmeldung. Für gewöhnlich war dies laut Saatgutverkehrsordnung des Reiches nur bis zum 15. November zulässig.[50] Die Frage des negativen Einflusses der Grippe auf die Bestellung der Felder und damit letztlich auf die Ernte ist aufgrund des in den Großstädten omnipräsenten Nahrungsmittelmangels in besonderem Maße relevant, da sie eine politische Dimension aufweist. Schließlich trug die zunehmende Verschlechterung der Versorgungssituation breiter Bevölkerungsschichten massiv zu sozialer Unruhe an der »Heimatfront« bei.[51] Protokolle von Gemeinderatssitzungen sowie Chroniken von Gutshöfen könnten hier Auskunft geben.

Aus medizinhistorischer Hinsicht ist nicht nur konsequenter nach Infektions- und Todeszahlen zu fragen. Hier wären erstens bisher kaum genutzte Quellenbestände des Geheimen Staatsarchivs Preußischer Kulturbesitz[52] so-

---

50  Lieferung von Saatgetreide. In: Hamburgischer Correspondent vom 15.11.1918, S. 6.
51  Vgl. SCHNEIDER, Brotkrawall, wie Anm. 44; Volker ULLRICH, Kriegsalltag. Hamburg im Ersten Weltkrieg, Köln 1982, S. 40, 51.
52  Siehe beispielsweise die Bestände I. HA Rep. 76, VIII B Nr. 3836 (Berichte über Erkrankungs- und Todesfälle durch Grippe) und ebd. Nr. 3839 (Umfragen bei den Krankenkas-

wie des Niedersächsischen Landesarchivs[53] heranzuziehen. In Ermangelung geeigneter Archivalien von Provinzkrankenhäusern muss zweitens entweder auf Kirchenbücher (soweit vorhanden), in denen nicht selten die Todesursachen angegeben wurden, oder auf standesamtliche Sterberegister zurückgegriffen werden. Wenn auch in Letzteren die Todesursachen nicht genannt werden, so kann doch im Vergleich zu vorherigen Jahren statistisch ermittelt werden, ob und in welcher Höhe eine Übersterblichkeit zu erfassen ist. Daraus können Rückschlüsse gezogen werden, inwiefern die Influenza in den jeweiligen Regionen in besonderem Maße wütete. Denn hierbei gab es durchaus größere Unterschiede, auch in unmittelbarer Umgebung. Aus dem preußischen Kreis Celle wurde etwa berichtet, dass *trotz des vielfachen Verkehrs mit der* [örtlichen] *Garnison* die Zivilbevölkerung des Kirchspiels Eschede und der Gemeinde Unterlüß während der zweiten Welle nur in geringem Maße betroffen war, obwohl die Garnison den *schlimmste*[n] *Herd der Herbstepidemie* darstellte.[54]

Ein eher untypischer Befund konnte auch beim Vergleich der Sterberegister der Kleinstadt Winsen (Luhe) und des benachbarten Dorfes Borstel gemacht werden. Während in dem Dorf die Sterbeziffer im Jahre 1918 mit 18 Personen zwar deutlich höher war als in den Jahren 1917 (11) und vor allem 1919 (4), stellte es jedoch nicht das Kriegsjahr mit den meisten Toten dar. 1915 starben laut Sterberegister insgesamt 24 Menschen, davon fast die Hälfte (11) im Kindesalter[55] – sicherlich ein Hinweis, dass, wie für Ostfriesland an anderer Stelle bereits benannt, Kinderkrankheiten wie Keuchhusten und Diphtherie verstärkt auftraten. Anders in der Kleinstadt Winsen (Luhe): Hier zeigte sich, dass das Jahr 1918 den Höhepunkt der Sterbefälle während des Krieges darstellte. Ausgehend von 75 Verstorbenen im letzten Friedensjahr 1913, wurde 1918 mit 153 Todesfällen mehr als das Doppelte des Vorkriegsniveaus erreicht.[56] Gefallene Soldaten hatten hieran zweifelsohne einen Anteil; die Influenza verursachte jedoch viele zusätzliche Todesfälle.

---

sen über Erkrankungen an Grippe und Lungenentzündung).

53  Um nur eine Auswahl zu nennen: NLA HA Hann. 138 Münden Acc. 72/89 Nr. 181 (Influenza) sowie ebd. Nr. 182 (Influenza); NLA WO 12 Neu 13 Nr. 1856 (Bekämpfung der Influenza); NLA OL Best. 136 Nr. 4503/1 (Jahresberichte der Amtsärzte im Herzogtum) sowie ebd. Best. 226 Best. 227 Nr. 65 (Bekämpfung der Grippe).

54  GStA PK, I. HA Rep 76 VIII B Nr. 3836, Grippeepidemie [im Regierungsbezirk Lüneburg] vom 31.1.1919 (ohne Seitenzählung).

55  StaWL, Standesamt Borstel, Sterbe-Hauptregister 1915-1919.

56  StaWL, Standesamt Winsen (Luhe), Sterbe-Hauptregister 1913, 1914, 1915, 1916, 1917, 1918, 1919.

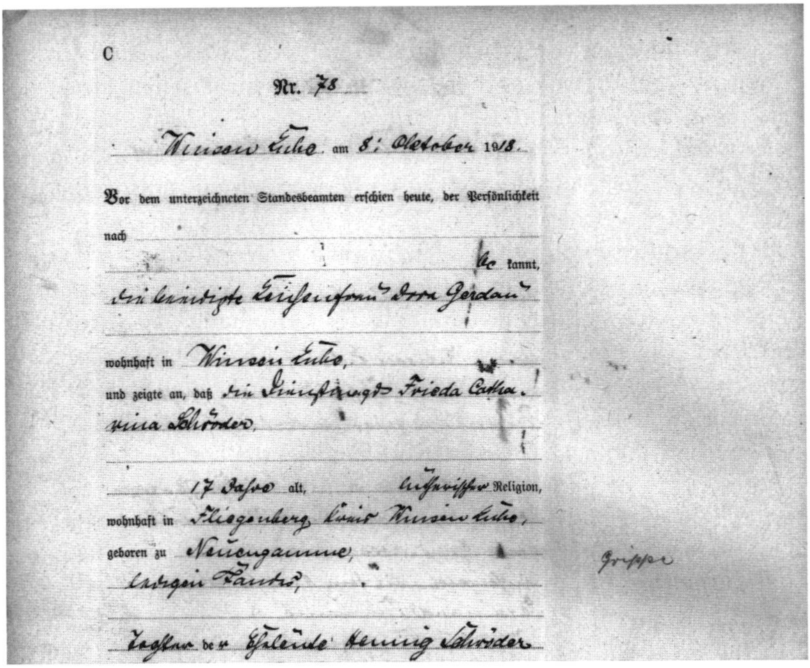

C

Nr. 78

Winsen Luhe, am 8. Oktober 1918.

Vor dem unterzeichneten Standesbeamten erschien heute, der Persönlichkeit

nach

bekannt,

Dora Gerdau

wohnhaft in Winsen Luhe,

und zeigte an, daß die Dienstmagd Frieda Catharina Schröder,

17 Jahre alt, lutherischer Religion,

wohnhaft in Fliegenberg, Kreis Winsen Luhe,

geboren zu Neuengamme,

Tochter der Eheleute Henning Schröder

Grippe

*Abb. 3: Auszug aus dem Sterberegister des Standesamtes Winsen (Luhe) vom 8. Oktober 1918. Rechts unten wurde mit Bleistift die Todesursache hinzugefügt: »Grippe«. Nachweis: Stadtarchiv Winsen (Luhe), Winsener Nachrichten.*

In diesem konkreten Falle ergab sich bei der Durchsicht des Sterberegisters eine unverhoffte Überraschung. So scheint der damalige Beamte des Winsener Standesamtes sich der außergewöhnlichen Situation bewusst gewesen zu sein und notierte neben den Sterbeeinträgen mit Bleistift Todesursachen wie *Grippe, Lungenentzündung, Herzschwäche* und *Typhus* (Abb. 3). Sofern man den Angaben Glauben schenken möchte, kann ein differenzierteres Bild der Todesfälle des Jahres 1918 rekonstruiert werden, wenngleich nicht alle Fragen gänzlich geklärt werden können. So ist dem Register zu entnehmen, dass von September bis einschließlich Dezember 1918 insgesamt 80 Personen und damit fast so viele wie im gesamten Jahr 1919 starben. Von den ab September 1918 Verstorbenen waren circa die Hälfte auf die Grippe (12) und Lungenentzündung (27) zurückzuführen. Bei 17 weiteren Registereinträgen sind keine Angaben gemacht wurden; die restlichen Einträge geben Herzschwäche und andere Todesursachen an.[57] Es ist nicht auszuschließen, dass auch andere Standesbeamte die Todes-

57 StaWL, Standesamt Winsen (Luhe), Sterberegister 1918.

ursachen wie hier dargestellt aufführten. Kurzum: Akribische statistische Auswertungen von Todesfällen können zur Differenzierung der Auswirkungen der Influenzapandemie bedeutend beitragen und sollten ausgiebig genutzt werden.

Zudem sollte bei statistischen Untersuchungen nicht nur nach Geschlecht und Alter der Verstorbenen differenziert, wie es zumeist der Fall ist,[58] sondern auch nach dem Anteil von Militärpersonen gefragt werden. Hierbei ist zwischen deutschen Soldaten, die auch in provinziellen Regionen kaserniert waren,[59] oder sich zur Rekonvaleszenz in Lazaretten aufhielten, sowie Soldaten der alliierten Mächte, die zahlreich in deutsche Kriegsgefangenschaft gerieten und nun in Lagern und auf Bauernhöfen untergebracht und zumeist in der Landwirtschaft zur Arbeit verpflichtet wurden, zu unterscheiden. Zu deutschen Militärangehörigen existiert zwar eine Studie,[60] jedoch bietet sie kaum Informationen zu Garnisonen und Kasernen in der Provinz. So bleibt unter anderem zu klären, ob die medizinische Versorgung in Kasernen und Lazaretten eine bessere als in zivilen Krankenanstalten war wie angenommen werden könnte, schließlich war die Rekonvaleszenz von Soldaten von großer Bedeutung für den Krieg. Hans Gustav Bötticher, besser bekannt unter seinem Künstlernamen Joachim Ringelnatz, der 1918 in Seeheim bei Cuxhaven stationiert war und über diese Zeit den autobiografischen Roman »Als Mariner im Krieg« verfasste, lässt zumindest Zweifel daran aufkommen: *Prüters war krank. Bobby war schwer erkrankt. In den Lazaretten waren viele Rekruten gestorben. Die Familie des Lazarettinspektors Nürnberg war erkrankt. […] In meiner Batterie Nordheim starb der Obermaat Kallenberg. Eine große Seuche griff um sich, Lungenpest, allmählich kam der Name Grippe auf. […] In der Nacht erkrankte einer meiner Leute an einer schweren Grippe. Kein Arzt, kein Sanitätsgast war in der Nähe. Ich pflegte den Kranken, so gut ich es verstand, gab ihm vor allem Tee mit viel Schnaps.*[61] Quellennachweise dürften zugegebenermaßen sehr schwer ausfindig zu machen sein. Der Brand im Potsdamer Heeresarchiv 1945 hat die Quellenüberlieferung für diese Teilstreitkraft schließlich massiv reduziert.[62] Im Winsener Sterberegister von 1918 sind von den zehn aufgeführten deutschen Militärangehörigen nur bei zwei Angaben zur Todesursache (Lungenentzün-

---

58   Vgl. MÜCKE, Winsen (Aller), wie Anm. 8, S. 21; KRUPP, Meppen, wie Anm. 7, S. 547.
59   Vgl. WITTE, Bentheim, wie Anm. 6, S. 426.
60   Frieder BAUER, Die Spanische Grippe in der deutschen Armee 1918. Verlauf und Reaktionen, Düsseldorf 2015. Online unter: https://docserv.uni-duesseldorf.de/servlets/DerivateServlet/Derivate-38595/DissertationFBauerPDFA.pdf (Zugriff 25.2.2022).
61   Joachim RINGELNATZ, Als Mariner im Krieg, Berlin 1983, S. 354f.
62   Vgl. Peter MERTENS, Zivil-militärische Zusammenarbeit während des Ersten Weltkriegs. Die »Nebenregierungen« der Militärbefehlshaber im Königreich Sachsen, Leipzig 2004, S. 14.

dung) gemacht wurden,⁶³ was die schwierige Quellenlage einmal mehr illustriert.

Größere Aufmerksamkeit sollte (nicht nur bei statistischen Auswertungen) ebenfalls den im Deutschen Kaiserreich Kriegsgefangenen gewidmet werden, schließlich existierten auf dem Gebiet des heutigen Niedersachsen unzählige Stamm-, Offiziers- und Arbeitslager, in denen sich weit über 100.000 gefangene Russen, Briten, Franzosen, Ukrainer, Tartaren, Serben etc. befanden.⁶⁴ Sie wurden bisher nur sporadisch als eigene Opfergruppe benannt.⁶⁵ In Anbetracht der engen Unterkünfte in den Lagern wäre die Annahme, dass Kriegsgefangene überproportional an der Influenza erkrankten und verstarben, nicht abwegig. Für die im Lüneburger Militärlazarett untergebrachten Gefangenen bestätigt sich dies. So wurde berichtet, dass von 173 infizierten Kriegsgefangenen 28 verstarben, was etwa 16 % entsprach. Auch in der Lüneburger Strafanstalt, in der kriegsgefangene Soldaten festgehalten wurden, starben von 60 Erkrankten zwölf, was 20 % gleichkommt. Die durchschnittliche Grippe-Sterblichkeit im Regierungsbezirk Lüneburg wurde hingegen auf 4 % geschätzt.⁶⁶ Weitere Nachforschungen zu den Verhältnissen in den einzelnen Lagern wären sicherlich aufschlussreich. Als Quellen könnten Bestände regionaler Archive⁶⁷ sowie publizierte Erinnerungen ehemals Internierter herangezogen werden.

Ferner sind die Folgen einer überlebten Grippeinfektion zu erforschen. Denn wer überlebte, war nicht zwangsläufig nach einigen Tagen bis wenigen Wochen wieder vollkommen genesen. Mehrfach berichteten Ärzte über *nervöse Nachkrankheiten nach [der] Grippe*. Diese konnten sich physisch (Schluckbeschwerden, Lähmungen der Extremitäten etc.) äußern, aber auch psychisch.⁶⁸ Hans Bogusat führte hierzu aus: *Psychische Störungen traten des öfteren im Beginn der Influenza, im Stadium des Abklingens der Erscheinungen und während der Genesung auf. Nach allem ist eine individuelle Anlage für das Zustandekommen der geistigen Schädigung anzunehmen. Die Psychosen entsprechen denen bei anderen Infektionskrankheiten. Meist waren es Depressionszustände mit hypochondrischer Färbung, bisweilen mit anschließendem Stupor [Regungslosigkeit]. Auch halluzinatorische Wahnvorstellungen und Bewußtseinsstörungen kamen zur Be-*

---

63  StaWL, Standesamt Winsen (Luhe), Sterberegister 1918.
64  Vgl. Wilhelm DOEGEN, Kriegsgefangene Völker. Der Kriegsgefangenen Haltung und Schicksal in Deutschland, Berlin 1919, S. 12-29.
65  HARER, Northeim, wie Anm. 2, S. 12, 15.
66  GStA PK, I. HA Rep 76 VIII B Nr. 3836, Grippeepidemie [im Regierungsbezirk Lüneburg] vom 31.1.1919 (ohne Seitenzählung).
67  Siehe beispielsweise für den Regierungsbezirk Stade: Niedersächsisches Landesarchiv – Abteilung Stade, Rep. 174, Nr. 1215.
68  Zitiert nach MERKEL, Hamburg, wie Anm. 10, S. 80.

*handlung, ferner Hysterie, erregte Verwirrtheit u. a. m.*[69] Allein vier solcher Fälle sollen im damals noch zum Herzogtum Braunschweig gehörigen Calvörde aufgetreten sein.[70] Daher wäre eine spezielle Untersuchung der Krankenakten von Patientinnen und Patienten, die während oder einige Zeit nach den Influenzawellen ab Sommer 1918 in psychiatrische Einrichtungen aufgenommen wurden, möglicherweise erkenntnisbringend.

Schließlich wäre zu untersuchen, inwiefern die Grippe nicht nur politisch, wie oben dargestellt, sondern auch religiös gedeutet wurde. So ist bisher nicht dezidiert untersucht worden, wie jüdische und christliche Geistliche die Pandemie in Gottesdiensten theologisch interpretierten. Der vielfache Tod von Menschen durch eine Seuche dürfte bei nicht wenigen Geistlichen und Gläubigen biblische Assoziationen geweckt haben. Dass eine mit religiösem Glauben begründete Deutung der »Spanischen Grippe« zumindest ansatzweise erfolgte, zeigte sich beispielsweise in Briefen des Pastors Julius Gustav Voget der evangelisch-reformierten Gemeinde Georgsdorf (Grafschaft Bentheim) an kriegsverpflichtete Gemeindemitglieder, in denen er äußerte, dass die Grippe aufzeige, dass das Leben des Menschen von der Güte Gottes abhängig sei.[71] Hinweise auf eine religiöse Deutung finden sich möglicherweise ebenfalls in Traueranoncen: *Nach Gottes unerforschlichem Ratschluß starb am 11. Oktober, abends 8 Uhr, an Lungenentzündung im Reserve-Lazarett Leer (Ostfriesland) unser vielgeliebter Sohn [...] im blühenden Alter von 23 Jahren*[72] oder auch Anzeigen wie *Dem Herren über Leben und Tod hat es gefallen, meine liebe Tochter [...] nach kurzer Krankheit zu sich zu nehmen in sein himmlisches Reich*,[73] könnten hiervon zeugen. Sicherlich muten diese Traueranzeigen formelhaft an und könnten ebenso für andere Todesursachen verwendet worden sein. Zugleich scheint es keineswegs abwegig, dass die Angehörigen von Verstorbenen aufgrund großer Ratlosigkeit gegenüber der Influenzapandemie auf solche allgemeinen Formulierungen in den Annoncen zurückgriffen. Damit würde sich zudem andeuten, dass religiöse Interpretationen keine komplexeren Erklärungen der Pandemie anzubieten vermochten, wie schließlich auch die Deutung des Pastors Voget zeigt (Abb. 4 & 5).

Zu fragen ist darüber hinaus, ob das massenhafte Sterben zum, zumindest temporären, Erstarken der Religiosität der Menschen in dieser besonderen

---

69  Bogusat, Influenzapandemie, wie Anm. 8, S. 462.
70  Zitiert nach Haas, Braunschweig, wie Anm. 5, S. 204.
71  Vgl. Witte, Bentheim, wie Anm. 6, S. 425.
72  Traueranzeige Wilhelm Kruse, in: Winsener Nachrichten vom 16.10.1918, S. 4. Eine ähnliche Anzeige findet sich auch bei Witte, Bentheim, wie Anm. 6, S. 426 (Anzeige Fritz Nyhoff).
73  Traueranzeige Meta Köster, in: Winsener Nachrichten vom 31.10.1918, S. 4.

*Abb. 4 (links): Traueranzeige Wilhelm Kruse vom 16. Oktober 1918. Nachweis: Stadtarchiv Winsen (Luhe), Winsener Nachrichten.*
*Abb. 5 (rechts): Traueranzeige Meta Köster vom 31. Oktober 1918. Nachweis: Stadtarchiv Winsen (Luhe), Winsener Nachrichten.*

Krisensituation führte. So bleibt etwa zu klären, ob die Besuchszahlen von Gottesdiensten wie beim Kriegsbeginn 1914 sprunghaft anstiegen.[74] Zumindest für das emsländische Lähden deutete sich dies an, als nach einigen Todesfällen unter britischen Kriegsgefangenen *auch wieder die übrigen Gefangenen zur Kirche* [gingen], *was vordem* [...] *sehr mäßig war*, wie der Dorflehrer in die Schulchronik schrieb.[75] Aufschluss hierüber sowie über religiöse Deutungen der Pandemie könnten überlieferte Predigten, Tagebücher und Memoiren von Geistlichen, Gemeindechroniken und Aufzeichnungen über die Anzahl der Gottesdienstteilnehmenden liefern.

---

74 Vgl. HERMANN, Ostfriesland, wie Anm. 21, S. 138-142.
75 Zitiert nach KRUPP, Meppen, wie Anm. 7, S. 545.

## Fazit

Die Erforschung der »Spanischen Grippe« in der Provinz stellt die Geschichtswissenschaft aufgrund der marginalen Quellenüberlieferung vor eine größere Herausforderung, als es ohnehin in den urbanen Zentren der Fall ist. Um nicht nur zu allgemein gültigen und bereits bekannten Aussagen, sondern differenzierten Ergebnissen zu kommen, bedarf es der Erweiterung der bisher genutzten Quellenbestände sowie der Zuwendung zu weiteren Fragestellungen. Zugegebenermaßen handelt es sich hierbei um ein schwierigeres und aufwändiges Unterfangen. So muss kleinteilig vorgegangen werden, indem unterschiedlichste Quellenbestände nach Hinweisen zu untersuchen sind – immer in dem Wissen, dass die Suche nicht selten erfolglos verlaufen wird. Zudem ist nicht zu erwarten, dass die nach wie vor vielfach offenen Fragen immer befriedigend geklärt werden können. Diese Vorgehensweise ist jedoch unerlässlich, um weitere Erkenntnisse zu den Folgen und dem Umgang mit der Influenzapandemie erlangen zu können und damit ebenfalls der Schieflage im Kenntnisstand über das Land im Vergleich zu den Großstädten entgegenzuwirken. Die Relevanz der Thematik über die Geschichtswissenschaft hinaus ist gegeben. Dies zeigte jüngst das Auftreten der Covid-19-Pandemie, in deren Kontext unter anderem durch die Presseberichterstattung ein gesteigertes Interesse an der Seuchengeschichte zu verzeichnen war.

# Altertümer, Landesgeschichte, Archivare und Sachsenmission

## Die Ausgrabung eines sächsischen Missionsklosters in Brunshausen, das es niemals gegeben hat[1]

VON PHILIP HAAS

### 1. Einleitung

Im Mai des Jahres 1960 stellte der Wolfenbütteler Staatsarchivrat Dr. Hans Goetting (1911-1994) gemeinsam mit Dr. Franz Niquet (1910-1986), einem wissenschaftlichen Sachbearbeiter am Braunschweigischen Landesmuseum, einen Drittmittelantrag beim Niedersächsischen Kultusministerium. Ziel war es, Gelder zu akquirieren, um umfassende, auf mehrere Jahre angelegte Grabungen beim Kloster Brunshausen, nahe Gandersheim, einleiten zu können.[2] Dem Antrag wurde sofort stattgegeben. Während der nächsten vier Jahre standen der Archivar und der Museumsmitarbeiter einem vielköpfigen Grabungsteam vor, das ein sächsisches Missionskloster freilegen sollte. Bekannt war, dass vermutlich im 12. Jahrhundert ein Kloster in Brunshausen gegründet worden war. Noch heute sind dort Gebäude vorhanden, deren bauliche Substanz in Teilen aus dem Mittelalter stammt. Hans Goetting zufolge verdeckte dieses bekannte Kloster aber eine weit ältere Anlage, die im 8. Jahrhundert angelegt worden war. Demnach hatte die Abtei Fulda eine Allianz mit dem mächtigen Adelshaus der Liudolfinger geschlossen und im Zuge der Sachsenkriege Karls des Großen noch im 8. Jahrhundert eine große Missionszelle in Brunshausen errichtet. Besetzt von Fuldaer Mönchen und geschützt von der Adelsfamilie erfüllte dieses Kloster eine zentrale Funktion bei der zielgerichteten und systematischen Bekehrung der Sachsen zum christlichen Glauben und war daher von größter Bedeutung für die niedersächsische Landesgeschichte und die Reichsgeschichte gleichermaßen. Die Pointe des Ganzen: Ein solches älteres Kloster hatte – zumindest nach heutigem Forschungsstand – mit an Sicherheit grenzender Wahr-

---

1 Für wichtige Hinweise und Hilfestellung bin ich Hedwig Röckelein und Thomas Vogtherr zu großem Dank verpflichtet.
2 Das ganze Projekt ist umfassend dokumentiert in einer Akte der Bezirksregierung Braunschweig: Niedersächsisches Landesarchiv – Abteilung Wolfenbüttel (NLA WO) 4 Nds Zg. 42/1971 Nr. 7.

scheinlichkeit niemals existiert. Die jahrelangen Grabungen und Forschungen sowie die begleitenden Publikationen und Vorträge hatten, wie sich freilich erst im Rückblick erweist, einer Phantasmagorie gegolten – waren aber auf größtes Interesse seitens der Wissenschaft und eines breiteren Publikums gestoßen. Die Resonanz des Projekts und seine Ausmaße hatten sich im Laufe der Zeit und trotz des Ausbleibens belastbarer Funde noch verstärkt.

Wie war es zu dieser Unternehmung gekommen? Welche Beweggründe brachten einen Archivar dazu, sein Büro zu verlassen und eine Grabung zu leiten? Weshalb erhielt das Projekt bedeutende Geldzahlungen vom Land Niedersachsen sowie die große Aufmerksamkeit und Unterstützung weiter Kreise? Retrospektiv zeigt sich: Die Bedeutung der Causa Brunshausen ging weit über ihre beiden Urheber hinaus, welche Exponenten bestimmter wissenschaftshistorischer Entwicklungen und Paradigmen des damaligen Geschichtsbildes waren. Die These, die Goetting und Niquet entwickelten und weiterverfolgten, war eine zutiefst zeitbedingte – es handelte sich um eine historische Meistererzählung der damaligen Geschichtswissenschaft.[3] Brunshausen versprach an einem Ort und in kondensierter Form frühes Sachsentum als vermeintliche Vorgeschichte Niedersachsens, mittelalterlich-christliche Spiritualität und protokaiserliche Reichsgeschichte zusammenzuführen, methodisch bestach es durch seinen interdisziplinären Zugang und seine damit verbundene vielseitige Professionalität. Der am Archiv tätige Urkundenforscher und der am Museum beschäftigte Archäologe bewegten sich in vorherrschenden landeshistorischen Narrativen Braunschweigs und Niedersachsens. Zugleich fügten sie sich aber auch in weiter gefasste Entwicklungslinien ihrer jeweiligen wissenschaftlichen Disziplinen ein und erfüllten durch ihre Kooperation Forderungen und Postulate, welche die Landesgeschichtsforschung und die Altertumskunde seit Jahrzehnten erhoben, aber bislang fast nie umgesetzt hatten. Die Forschungen in Brunshausen waren hochmodern, ja teilweise ihrer Zeit und den wissenschaftlichen Entwicklungen an den Universitäten weit voraus. Insofern wohnt dem Umstand, dass sie derart ins Leere laufen mussten, eine gewisse Tragik inne.

---

3 Hier verstanden als »geschichtliche Großdeutung« im Sinne von Konrad H. JARAUSCH/ Martin SABROW, »Meistererzählung« – Zur Karriere eines Begriffs, in: DIES. (Hrsg.), Die historische Meistererzählung. Deutungslinien der deutschen Nationalgeschichte nach 1945, Göttingen 2002, S. 9-32, hier S. 21. Jarausch und Sabrow sehen allerdings eine enge Verbindung der Meistererzählungen zum Nationalstaat vorherrschen, die in vorliegendem Fall nur teilweise gegeben ist. Schon eher hat das zentrale geschichtswissenschaftliche Meisternarrativ von der »Herausbildung von Staatlichkeit in den Territorien« hier seinen Einfluss geltend gemacht (Christine REINLE, »Meistererzählung« und Erinnerungsorte zwischen Landes- und Nationalgeschichte. Überlegungen anhand ausgewählter Beispiele, in: Werner FREITAG u. a. (Hrsg.), Handbuch Landesgeschichte, Berlin/Boston 2018, S. 56-71, hier S. 59).

Vorliegende Untersuchung möchte die Suche nach dem niemals vorhandenen Missionskloster als exemplarischen Ansatzpunkt nehmen, um eine thematische Trias vom späten 19. Jahrhundert bis in die 1960/70er Jahre in wissenschaftshistorischer Perspektive schlaglichtartig zu beleuchten: erstens die damaligen Leittendenzen der Landesgeschichtsforschung, und zwar auch jenseits der Universitäten, und zweitens die Berührungspunkte zwischen Geschichtswissenschaft und Altertumskunde (d.h. in heutiger Terminologie der Mittelalterarchäologie). Drittens kann aber auch eine bislang kaum beachtete Wegmarke bei der Erforschung der Sachsenmission näher betrachtet werden, die bislang – und angesichts der diesbezüglichen Forschungen von Theo Kölzer und Thomas Vogtherr aktuell vielleicht noch in gesteigertem Maße – vornehmlich um Fragen der Urkundenforschung kreist. Zum Komplex einer interdisziplinären, außeruniversitären Landesgeschichte im weitesten Sinne tritt noch das Selbstverständnis der damaligen Archivistik als einer umfassenden, intermediären Disziplin hinzu, verstanden sich die Archivare doch prinzipiell als Landeshistoriker, die innerhalb ihres Sprengels disziplinenübergreifend agierten.

Während der letzten Jahrzehnte hat eine intensive Beforschung der Geschichte der Geschichtswissenschaft in Deutschland stattgefunden, die ungebrochen anhält,[4] wobei insbesondere die Aufarbeitung der NS-Zeit als katalysierendes Moment gewirkt hat.[5] Speziell die Landesgeschichtsforschung befasst sich periodisch mit ihrem eigenen methodischen und disziplinären Selbstverständnis, was vermutlich darauf zurückzuführen ist, dass sie – so

---

4  Als wichtige ältere Forschungen wären etwa zu nennen: Ernst SCHULIN, Traditionskritik und Rekonstruktionsversuch. Studien zur Entwicklung von Geschichtswissenschaft und historischem Denken, Göttingen 1979; Winfried SCHULZE, Deutsche Geschichtswissenschaft nach 1945, München 1989. Etwa seit der Jahrtausendwende blühen wissenschaftliche Biografien zu herausragenden Historikern, vgl. Christoph CORNELISSEN, Gerhard Ritter. Geschichtswissenschaft und Politik im 20. Jahrhundert, Düsseldorf 2001; Eduard MÜHLE, Für Volk und deutschen Osten. Der Historiker Hermann Aubin und die deutsche Ostforschung, Düsseldorf 2005; Christoph NONN, Theodor Schieder. Ein bürgerlicher Historiker im 20. Jahrhundert, Düsseldorf 2013; Reto HEINZEL, Theodor Mayer, Ein Mittelalterhistoriker im Banne des »Volkstums« 1920-1960, Paderborn 2016; Heinz DUCHHARDT, Eine Karriere im Zeichen der Umbrüche. Der Historiker Martin Göhring (1903-1968), Mainz 2018. Vor Kurzem wurde mit dem »Verband der Historiker und Historikerinnen Deutschlands« (VHD) die Geschichte der wichtigsten Interessensvertretung und Organisationsform der Historikerschaft analysiert, vgl. Matthias BERG u. a., Die versammelte Zunft. Historikerverband und Historikertage in Deutschland 1893-2000, 2 Bde., Göttingen 2018.

5  Insbesondere der Deutsche Historikertag des Jahres 1998 in Frankfurt a. M.. Vgl. Winfried SCHULZE/Otto Gerhard OEXLE (Hrsg.), Deutsche Historiker im Nationalsozialismus, Frankfurt a. M. 1999. Mit weiterführender Literatur: Magnus BRECHTKEN, Geschichtswissenschaften im Nationalsozialismus – Einflüsse, Personen, Folgen, in: Archivalische Zeitschrift 96 (2019), S. 255-276.

zumindest das in der Geschichte der Geschichtswissenschaft vorherrschende Deutungsmuster – bis in die 1970er Jahre als innovative Subdisziplin galt, dann aber in die apologetische Defensive gedrängt wurde, in welcher sie sich bis heute befindet.[6] Demgegenüber hat die Archäologie des Mittelalters erst in jüngerer Zeit damit begonnen, umfassender ihre historische Genese zu erforschen, wobei sie auch ihr wechselseitiges Verhältnis zur Geschichtswissenschaft zum Gegenstand gemacht hat.[7] Die Archivgeschichte erlebt aktuell zwar einen regelrechten Boom,[8] hat aber im Kontext der Altertumskunde kaum oder keine Beachtung gefunden. Obwohl es somit prinzipiell nicht an Forschungen zu diesem weitgespannten Themenfeld mangelt, bleiben diese

---

6 Dabei handelt es sich in gewisser Weise um eine universitäre Perspektive auf die Landesgeschichte, vgl. aus der Masse der Literatur: Andreas RUTZ, Zwischen Globalisierungsdiskursen und neuer Heimatrhetorik. Herausforderungen für die Landesgeschichte im 21. Jahrhundert, in: Jahrbuch für Regionalgeschichte 39 (2021), S. 17-36, demzufolge die Landesgeschichte es versäumt habe, sich den zahlreichen methodischen turns anzupassen (S. 31); Sabine MECKING (Hrsg.), Landesgeschichte (= Hessisches Jahrbuch für Landesgeschichte 70), Frankfurt a.M. u.a. 2020; FREITAG, Handbuch, wie Anm.3; Sigrid HIRBODIAN u.a. (Hrsg.), Methoden und Wege der Landesgeschichte, Ostfildern 2015; Alexander JENDORFF, Der Saurier und die Weltrevolution. Historiographische Beobachtungen zum angeblichen schwierigen Verhältnis zwischen Globalgeschichte und Landesgeschichte, in: DERS./Andrea PÜHRINGER (Hrsg.), Pars pro toto. Historische Miniaturen zum 75. Geburtstag von Heide Wunder, Neustadt a.d. Aisch 2014, S. 53-71, wo auf S. 54 von einer »Bedrängungs-, Verdrängungs- und Bedrohungswahrnehmung der landesgeschichtlichen Forschung« die Rede ist; Matthias WERNER, Zwischen politischer Begrenzung und methodischer Offenheit. Wege und Stationen deutscher Landesgeschichtsforschung im 20. Jahrhundert, in: Peter MORAW/Rudolf SCHIEFFER (Hrsg.), Die deutschsprachige Mediävistik im 20. Jahrhundert, Stuttgart 2005, S. 251-364; Werner BUCHHOLZ (Hrsg.), Landesgeschichte in Deutschland. Bestandsaufnahme – Analyse – Perspektiven, Paderborn u.a. 1998; Carl-Hans HAUPTMEYER (Hrsg.), Landesgeschichte heute, Göttingen 1987; Pankraz FRIED (Hrsg.), Probleme und Methoden der Landesgeschichte, Darmstadt 1978.

7 Offenbar vor allem in Einführungs- und Überblickswerken, vgl. etwa: Manfred K.H.EGGERT, Archäologie: Grundzüge einer Historischen Kulturwissenschaft, Tübingen/Basel 2006, insbesondere S. 183; Günther P. FEHRING, Die Archäologie des Mittelalters. Eine Einführung, Darmstadt ³2000.

8 Um nur einige der jüngsten Titel zu nennen: Philip HAAS/Martin SCHÜRRER, Was von Preußen blieb. Das Ringen um die Ausbildung und Organisation des archivarischen Berufsstandes nach 1945, Darmstadt/Marburg 2020; Philipp MÜLLER, Geschichte machen. Historisches Forschen und die Politik der Archive, Göttingen 2019; Matthias HERRMANN, Das Reichsarchiv (1919-1945). Eine archivische Institution im Spannungsfeld der deutschen Politik, Kamenz 2019; GENERALDIREKTION DER STAATLICHEN ARCHIVE BAYERNS (Hrsg.), Die Staatlichen Archive Bayerns in der Zeit des Nationalsozialismus (= Archivalische Zeitschrift 96), Köln u.a. 2019; Tobias WINTER, Die Deutsche Archivwissenschaft und das »Dritte Reich«. Disziplingeschichtliche Betrachtungen von den 1920ern bis in die 1950er Jahre, Berlin 2018.

doch meist auf allgemeine, übergreifende Leitlinien beschränkt, werden nicht zusammengeführt und haben allein die universitären Gegebenheiten zum Gegenstand, denn die Geschichte der historischen Disziplinen wird ganz wesentlich als Universitätsgeschichte geschrieben.[9] Die Ereignisse um Brunshausen bieten die Möglichkeit, Entwicklungen und Tendenzen an Orten und Personen festzumachen und an ihnen konkretisierend zusammenzuführen. Bei Letzteren handelt es sich dezidiert um außeruniversitäre Akteure, die aber gleichwohl auf verschiedene Weise mit der universitären Forschung in Verbindung standen.

Zunächst werden die historischen Voraussetzungen und Kontexte dargestellt, indem grundlegende Entwicklungen der Landesgeschichte, ihres Verhältnisses zur Altertumskunde und die diesbezügliche Rolle der Archivistik herausgestellt werden. Der folgende Abschnitt setzt diese abstrakten Leitlinien in Bezug zu den beiden Protagonisten und den diesbezüglichen Gegebenheiten der braunschweigischen bzw. niedersächsischen Landesgeschichte, wobei zugleich eine Annäherung an den eigentlichen Untersuchungsgegenstand, die Grabungen in Brunshausen, erfolgt. Deren Analyse ist Thema des nächsten Untersuchungsschrittes. Das Projekt soll nicht allein als Anschauungsmaterial für übergeordnete Entwicklungen und Thesen dienen, sondern auch in seiner Einzigartigkeit gewürdigt werden. Dennoch eignet es sich in besonderer Weise, um die zuvor dargelegten disziplinären Voraussetzungen und Kontexte zu konkretisieren und fassbar zu machen.

## 2. (Landes-)Geschichte, Altertumskunde, Archivistik – Entwicklungen und Leitlinien

Als Inkubationsphase der modernen Landesgeschichtsforschung gilt innerhalb der Fachdebatte gemeinhin die Zwischenkriegszeit.[10] Anknüpfend an erste kulturgeschichtliche Ansätze der Leipziger Professoren Karl Lamprecht (1856-1915) und Rudolf Kötzschke (1867-1949) wurde nach dem Ersten Weltkrieg eine

---

9   Hierzu kritisch: Philip HAAS, Neuorganisation der Geschichtswissenschaft? Universitätshistoriker, Archivare und ihre Berufsverbände in der Nachkriegszeit. Der kombinierte Historiker- und Archivtag des Jahres 1951 in Marburg, in: Historisches Jahrbuch 141 (2021), S. 285-324; Dietmar VON REEKEN, Museumsleiter als geschichtskulturelle Akteure? Vorbereitende Überlegungen zu einem neuen Forschungsfeld, in: Michael SCHIMEK (Hrsg.), Mittendrin. Das Museum in der Gesellschaft. Festschrift für Uwe Meiners, Cloppenburg 2018, S. 139-144.

10   Sofern nicht anders angegeben, basieren die folgenden Ausführungen auf: Matthias WERNER, Zur Geschichte des Faches, in: FREITAG, Handbuch, wie Anm. 3, S. 3-23, hier S. 4-8; Werner FREITAG, Die disziplinäre Matrix der Landesgeschichte. Ein Rückblick, in: HIRBODIAN, Landesgeschichte, wie Anm. 6, S. 5-27, hier S. 7-19; WERNER, Wege und Stationen, wie Anm. 6; BUCHHOLZ, Landesgeschichte, wie Anm. 6, S. 19-20.

Abkehr von den Prämissen des Historismus, wie der Zentrierung auf das historische Subjekt, den Primat der Außenpolitik und die singulären Haupt- und Staatsaktionen, aber auch von einer an territorialstaatlichen und dynastischen Gegebenheiten orientierten Provinzialgeschichte gefordert. Stattdessen sollten in einem übersichtlichen Raum die strukturellen Gegebenheiten des menschlichen Zusammenlebens, ihres kulturellen, sozialen und wirtschaftlichen Agierens, aber auch die Ausformung ihrer politischen und kirchlichen Verfasstheit erforscht werden. Unter betonter Überschreitung (proto-)staatlicher Grenzen rückten Stämme und Völker in den Vordergrund, was wissenschaftshistorisch auch als Reaktion auf die mit dem Versailler Frieden verbundenen Gebietsverluste gedeutet wird. Ihre Siedlungsbewegungen, ihre verfassungs-, kultur-, wirtschafts- und sozialgeschichtlichen Charakteristika sollten ein großes wissenschaftliches Gesamtpanorama ergeben. Im Reigen der Landeshistoriker nahm weiterhin die Mediävistik eine Stellung als Leitwissenschaft ein, war das Früh- und Hochmittelalter die zentrale Epoche der Landesgeschichte. Nun aber sollten intensive Detailstudien und Tiefenbohrungen neue wissenschaftliche Erkenntnisse bringen, nicht mehr der Adlerflug über die Höhen der Reichsgeschichte, wobei ein späterer Brückenschlag zu dieser durchaus intendiert war. Eine Vorreiterrolle kam dem 1920 von Hermann Aubin (1885-1969) gegründeten Bonner Institut für geschichtliche Landeskunde der Rheinlande zu,[11] aber auch etwa die Mediävisten Theodor Mayer (1883-1972)[12] in Freiburg oder Edmund E. Stengel (1879-1968)[13] in Marburg wären als wichtige Protagonisten zu nennen.

Diese landeshistorischen Ansätze der Zwischenkriegszeit weisen zahlreiche methodische und personelle Querverbindungen zur Volkstumsforschung, das heißt insbesondere zur sogenannten Ost- und Westforschung, auf, die als völkische Legitimationswissenschaften für deutsche Besitzansprüche auf bestimmte Territorien jenseits der Reichsgrenzen eintraten.[14] Die auf Stämme,

---

11  MÜHLE, Osten, wie Anm. 4, S. 463-480.

12  HEINZEL, Theodor Mayer, wie Anm. 4.

13  Ulrich REULING, Mittelalterforschung und Landesgeschichte auf neuen Wegen. Der Historiker Edmund E. Stengel als Wissenschaftler und Wissenschaftsorganisator in den zwanziger Jahren, in: Günter HOLLENBERG (Hrsg.), Die Philipps-Universität Marburg zwischen Kaiserreich und Nationalsozialismus, Kassel 2006, S. 143-164.

14  Zur Ostforschung: MÜHLE, Osten, wie Anm. 4, insbesondere S. 480-584; Jan M. PISKORSKI u.a. (Hrsg.), Deutsche Ostforschung und polnische Westforschung im Spannungsfeld von Wissenschaft und Politik. Disziplinen im Vergleich, Osnabrück 2003; Michael BURLEIGH, Germany Turns Eastwards. A Study of »Ostforschung« in the Third Reich, London ²2002. Zur Westforschung: Thomas MÜLLER, Grundzüge der Westforschung, in: Michael FAHLBUSCH/Ingo HAAR (Hrsg.), Völkische Wissenschaften und Politikberatung im 20. Jahrhundert. Expertise und »Neuordnung« Europa, Paderborn 2010, S. 87-118; Thomas MÜLLER, Imaginierter Westen. Das Konzept des »deutschen Westraums« im völkischen

Völker und Besiedlung fixierte Landesgeschichtsforschung stellte sich zu großen Teilen bereitwillig in den Dienst des NS-Regimes.[15] Ungeachtet dieser Verstrickungen nahm die Landesgeschichte bis in die 1970er Jahre eine zentrale Rolle innerhalb der westdeutschen Historikerschaft ein, ohne ihre Prämissen und Methoden einem grundlegenden Wandel unterziehen zu müssen. Mehr noch: Angesichts der Fraktionierung des deutschen Nationalstaates wurde die Landesgeschichte mehr denn je zum Identitätsgenerator,[16] und die landesgeschichtlich grundierte Volksgeschichte setzte in der Nachkriegszeit wichtige methodische Impulse, etwa für die sogenannte neuere Wirtschafts- und Sozialgeschichte, die sich viele ihrer theoretischen Grundlagen zu eigen machte.[17] Der umfassende »Syntheseanspruch«,[18] in einem begrenzten Raum nach Möglichkeit alles Erkennbare zu erfassen, verlangte nach interdisziplinären Zugängen. Landesgeschichte wurde daher seit der Zwischenkriegszeit als möglichst breit aufgestellte historische Landeskunde konzipiert, die sich Volk, Raum und Strukturen disziplinenübergreifend, unter Rückgriff auf möglichst alle vorhandenen Quellen nähert, wobei insbesondere der historischen Geografie (»Kulturraumforschung«), der Volkskunde, Sprachwissenschaft und der Archäologie ein hoher Stellenwert als komplementären Disziplinen zugesprochen wurde. Prähistorische und mittelalterliche Hinterlassenschaften, insbesondere Kirchenbauten und Befestigungen, waren als archäologische Zeugnisse »in das Gefüge geschichtlichen Lebens einzureihen«, wie etwa Willy Hoppe (1884-1960) forderte.[19] »In Grenzen unbegrenzt« war und blieb das vielzitierte

Diskurs zwischen Politischer Romantik und Nationalsozialismus, Bielefeld 2009; Burkhard DIETZ u.a. (Hrsg.), Griff nach dem Westen. Die »Westforschung« der völkisch-nationalen Wissenschaften zum nordwesteuropäischen Raum 1919-1960, 2 Bde., Münster 2003.

15  Willi OBERKROME, Volksgeschichte. Methodische Innovation und völkische Ideologisierung in der deutschen Geschichtswissenschaft 1918-1945, Göttingen 1993.

16  So hielt Hermann Heimpel als Bilanz des kombinierten Deutschen Archiv- und Historikertages 1951 in Marburg fest, dass »die moderne Geschichtswissenschaft gleichzeitig durch weltgeschichtliche Extension und durch landesgeschichtliche Intensität gewissermaßen links und rechts der Nationalgeschichte, gekennzeichnet« sei (Hermann HEIMPEL, Bericht über die 21. Versammlung deutscher Historiker in Marburg/Lahn. 13.-16. September 1951. Beiheft zur Zeitschrift »Geschichte in Wissenschaft und Unterricht«, Stuttgart 1951, S. 21).

17  Lutz RAPHAEL (Hrsg.), Von der Volksgeschichte zur Strukturgeschichte. Die Anfänge der westdeutschen Sozialgeschichte 1945-1968, Leipzig 2002; Alexander PINWINKLER, »Bevölkerungsgeschichte« in der frühen Bundesrepublik Deutschland. Konzeptionelle und institutionengeschichtliche Aspekte. Erich Keyser und Wolfgang Köllmann im Vergleich, in: Historical Social Research. 31 (2006), S. 64-100.

18  Werner FREITAG, Landesgeschichte als Synthese – Regionalgeschichte als Methode?, in: Westfälische Forschungen 54 (2004), S. 291-305, hier S. 293.

19  Klaus NEITMANN, Willy Hoppe, die brandenburgische Landesgeschichtsforschung und der Gesamtverein der deutschen Geschichts- und Altertumsvereine in der NS-Zeit, in:

Credo der landeshistorischen oder eben landeskundlichen Forschung.[20] Nach nahezu einhelliger Meinung gilt dieser Anspruch als grandios gescheitert: Interdisziplinarität sei damals wie heute eine große Ausnahme innerhalb der landesgeschichtlichen Forschung, ganz zu schweigen von transdisziplinären Forschungsprojekten, welche auf der gemeinsamen Arbeit verschiedener Wissenschaftsdisziplinen beruhen.[21] Angesichts der Eigenheiten und Einseitigkeiten universitärer Gratifikations- und Honorationsmechanismen manövrierte sich offenkundig ins Abseits, wer disziplinäre Grenzen allzu sehr überschritt.[22] Das eben umrissene Bild der disziplinären und methodischen Neuausrichtung der Landesgeschichte ab den 1920er Jahren ist stark universitär präfiguriert. Gerade das Beispiel Braunschweig veranschaulicht sehr eindrücklich, dass die Neujustierung der (Landes-)Geschichte auf viel breiterer Grundlage erfolgte, etwa von der Bildungspolitik und auch von der politischen Linken ausging. Der Staat zwischen Harz und Heide verfügte traditionell über eine gut ausgebildete, selbstbewusste Lehrerschaft, ja das kleine Land betrachtete sein Bildungswesen als wichtige Legitimationsquelle seiner politischen Eigenständigkeit.[23] Noch im Zuge der Revolution von 1918 wurde verkündet, der Geschichtsunterricht dürfe keiner »Fürstenverherrlichung« mehr dienen, Dynastiegeschichte

---

Blätter für deutsche Landesgeschichte 141/142, (2005/2006), S. 19-60, hier S. 29, vgl. auch die Folgeseite.

20 Ludwig PETRY, In Grenzen unbegrenzt. Möglichkeiten und Wege der geschichtlichen Landeskunde, Mainz 1961, auch abgedruckt in: FRIED, Landesgeschichte, wie Anm. 6, S. 280-304. Die Redewendung scheint aber bereits in den 1920er Jahren geläufig gewesen zu sein.

21 Pointiert bei: Winfried SPEITKAMP, Raum und Erinnerungsorte. Das Dilemma der Landesgeschichte, in: HIRBODIAN, Landesgeschichte, wie Anm. 6, S. 81-93, hier S. 82.

22 Vgl. hierzu etwa die Ausführungen zur Mediävistik und Landesgeschichte bei Peter MORAW, Kontinuität und später Wandel: Bemerkungen zur deutschen und deutschsprachigen Mediävistik 1945-1970/75, in: DERS./SCHIEFFER, Mediävistik, wie Anm. 6, S. 103-138, hier S. 115-120. So mussten sich Qualifikationsarbeiten in einem sehr engen thematischen und methodischen Korridor bewegen. Moraw gelangt zu dem Fazit (S. 120): »Mit nur wenig Zögern sprechen wir aus [...], daß unsere Disziplin in der Breite des hier behandelten Zeitalters von späteren Historiographen wohl kaum sehr nachdrücklich als innovativ hervorgehoben werden dürfte«. Dabei betont er die große Bedeutung der Landesgeschichte als stabilisierendem Faktor (S. 113).

23 Uwe SANDFUCHS, Das Modell Braunschweig. Universitäre Lehrerbildung zwischen Monarchie und Drittem Reich, ihre Problematik und ihre Bedeutung für die Schulpolitik, in: Ernst-August ROLOFF (Hrsg.), Schule in der Demokratie – Demokratie in der Schule? Eine exemplarische Einführung in Theorie und Praxis der Schulpolitik, Stuttgart 1979, S. 45-70, hier S. 53. Zur enormen politischen Bedeutung des Schulsystems und der Lehrerbildung in Braunschweig vgl. auch: Ulrich MENZEL, Die Steigbügelhalter und ihr Lohn. Hitlers Einbürgerung in Braunschweig als Weichenstellung auf dem Weg zur Macht und die Modernisierung des Braunschweiger Landes. Eine Tragödie in fünf Akten und neun Exkursen, Braunschweig 2020, S. 51 f.

und große Männer hätten abgewirtschaftet, man »muß der Kulturgeschichte den Vorrang lassen«.[24] Unter expliziter Berufung auf Karl Lamprecht flossen Kultur-, Wirtschafts-, Sozial- und Verfassungsgeschichte als wichtige Elemente in den Geschichtsunterricht ein, sowohl was die regionale als auch was die Geschichte insgesamt betraf.[25] Die dünne bildungsbürgerliche Schicht des Freistaates ohne echte Volluniversität und die Protagonisten der Landesgeschichte in Gestalt von Lehrern, Archivaren und Museumsleuten waren eng vernetzt und teilweise in mehreren Funktionen tätig.[26] Wegweisende Leitlinien nahmen hier ihren Anfang, auch über die Landesgeschichte hinaus, ohne dass direkte Verbindungen zu den oben dargelegten Entwicklungen um Aubin und Co. gegeben gewesen wären.[27] Aber in vielen Strängen reichten die Wurzeln erheblich weiter zurück: Seit der ersten Hälfte des 19. Jahrhunderts gingen die landesgeschichtlichen Impulse von den Historischen Vereinen aus,[28] um die Jahrhundertwende auch von den Historischen Kommissionen, die sich »zu einer Art Zentralstelle landesgeschichtlicher Forschungen« entwickelten und keineswegs von der universitären Geschichtswissenschaft beherrscht wur-

---

24 NLA WO 12 Neu 13 Nr. 20327, Erlass des Volkskommissariats für Volksbildung vom 16.11.1918, erweitert am 21.11.1918.

25 NLA WO 12 Neu 13 Nr. 20327, Richtlinie für den Geschichtsunterricht vom 10.1.1920. Eine wirkliche Reform der Lehrpläne zog sich über Jahre hin und gelang erst 1927, vgl. Lehrpläne für die höheren Schulen des Freistaats Braunschweig, Braunschweig 1927; zur Entstehung: NLA WO 12 Neu Nr. 3759. In Braunschweig galt die Staatsbürgerkunde als wichtiger Bestandteil des Geschichtsunterrichts, wobei sowohl das Land als auch das Reich zum Gegenstand gemacht wurden, vgl. Karl LANGE, Staatsbürgerkunde für die höheren Schulen des Freistaates Braunschweig, Braunschweig 1928, hier S. 20-38.

26 So war beispielsweise der Historiker und Germanist Adolf Suchel (1895-1967) als Gymnasiallehrer, Lehrerausbilder, Bibliotheksrat und habilitierter Universitätsdozent an der TH Braunschweig tätig, vgl. Universitätsarchiv der TU Braunschweig B7 Nr. 571, insbesondere den Lebenslauf vom 14.2.1946.

27 Bekanntestes Produkt dürfte wohl das renommierte Georg-Eckert-Institut für internationale Schulbuchforschung sein, das sich – auf diesem Nährboden und getragen von Lehrern – in Braunschweig als außeruniversitäre Institution entwickelte und erst in den 1970er Jahren zunehmend verstaatlicht wurde. Vgl. Steffen SAMMLER, Die Institutionalisierung der internationalen Schulbucharbeit auf dem Gebiet der Geschichte. Das internationale Schulbuchinstitut in Braunschweig (1951-1965), in: Jürgen ELVERT (Hrsg.), Geschichte jenseits der Universität. Netzwerke und Organisationen in der frühen Bundesrepublik, Stuttgart 2016, S. 169-185; Helmut HIRSCH, Lehrer machen Geschichte. Das Institut für Erziehungswissenschaften und das Internationale Schulbuchinstitut. Ein Beitrag zur Kontinuitätsforschung, Ratingen 1971, insbesondere S. 53 f.

28 Vgl. etwa für Preußen das breite Panorama bei: Wolfgang NEUGEBAUER, Preußische Geschichte als gesellschaftliche Veranstaltung. Historiographie vom Mittelalter bis zum Jahr 2000, Paderborn 2018, insbesondere ab S. 373.

den.²⁹ Kommissionen und Vereine sind bis heute vielerorts wichtige institutionalisierte Formen landes- und regionalgeschichtlicher Aktivitäten geblieben, die Universitäten und Institute haben ihnen nicht, wie von Hermann Heimpel behauptet, den Rang abgelaufen.³⁰ Gerade die Verbindungen der landesgeschichtlichen Historiografie zur Altertumskunde oder Archäologie wurden keineswegs erst nach dem Ersten Weltkrieg von Hermann Aubin und seinen professoralen Kollegen eingefordert, sie waren oftmals integraler Bestandteil der Vereinsarbeit. Eine »allgemeine Begeisterung für die Altertümer« setzte vielerorts Grabungsunternehmungen in Gang und führte zu archäologischen Studien unterschiedlicher Art und Qualität.³¹ Auch bei der Gründung des Gesamtvereins der deutschen Geschichts- und Altertumsvereine im Jahre 1852, des wichtigsten Dachverbands der Historischen Vereine im deutschsprachigen Raum, stand die Beschäftigung mit den Altertümern zunächst im Vordergrund.³² Allerdings wurde die Ansicht der älteren Forschung längst widerlegt, die Historischen Vereine hätten »den dilettierenden archäologischen und denkmalpflegerischen Aktivitäten, also der unsystematischen Sammlung von gegenständlichen Reliktquellen [...] den Vorzug vor der ›seriösen‹ schriftlichen Quellenarbeit« gegeben.³³ Im Gegenteil: Urkundenbücher sowie andere Editions- und Auswertungsformen schriftlicher Quellen und die Sammlung und

---

29 Dietmar VON REEKEN, »... gebildet zur Pflege der landesgeschichtlichen Forschung«. 100 Jahre Historische Kommission für Niedersachsen und Bremen 1910-2010, Hannover 2010, S. 82. Vgl. die Liste zu den Mitgliedern dieser Kommission im Zeitraum von 1910-2010 und ihren Berufen (S. 157-180). Von den 756 Personen waren allein 184 als Archivare tätig. Es finden sich unter ihnen aber auch zahlreiche Museumskustoden, Gymnasiallehrer und Vertreter anderer Berufe.

30 Hermann HEIMPEL, Über Organisationsformen historischer Forschung in Deutschland, in: Historische Zeitschrift 189 (1959), S. 139-222. Zur herausragenden Bedeutung der Historischen Kommission und des Landesarchivs für die niedersächsische Landesgeschichte vgl. Detlef SCHMIECHEN-ACKERMANN, Landesgeschichte und Landeszeitgeschichte an Universitäten, in: MECKING, Landesgeschichte, wie Anm. 6, S. 319-340, hier S. 338 f.

31 Susanne GRUNWALD, Die Professionalisierung der Spatenwissenschaft, in: Sandra GERINGER u. a. (Hrsg.), Graben für Germanien. Archäologie unterm Hakenkreuz, Stuttgart 2013, S. 37-41, hier S. 37 f.; Arnold ESCH, Limesforschung und Geschichtsvereine. Romanismus und Germanismus, Dilettantismus und Facharchäologie in der Bodenforschung des 19. Jahrhunderts, in: Hartmut BOOCKMANN u. a. (Hrsg.), Geschichtswissenschaft und Vereinswesen im 19. Jahrhundert. Beiträge zur Geschichte historischer Forschung in Deutschland, Göttingen 1972, S. 163-191, Zitat auf S. 163; Hermann HEIMPEL, Geschichtsvereine einst und jetzt, in: ebd., S. 45-73, hier S. 63 f.

32 Willy HOPPE, Einhundert Jahre Gesamtverein, in: Blätter für deutsche Landesgeschichte 89 (1952), S. 1-38, hier S. 1.

33 Georg KUNZ, Verortete Geschichte. Regionales Geschichtsbewußtsein in den deutschen Historischen Vereinen des 19. Jahrhunderts, Göttingen 2000, S. 61.

Bearbeitung der dinglichen Altertümer ergänzten einander (dem Anspruch nach) wechselseitig, genau wie dies später von der universitären Landeskunde eingefordert wurde. Für Braunschweig lässt sich sogar der umgekehrte Sachverhalt feststellen: Im Jahre 1879 erging von dem dort ansässigen Historischen Verein ein gedruckter »Aufruf zur Sammlung vaterländischer Altertümer«, da man mangels hinreichender Schriftquellen für das Frühmittelalter *zu dem Zuflucht nehmen* müsse, *was die Erde aus jener frühen Vergangenheit in ihrem Schoße sicher geborgen hat*.[34] Leider komme dieser Appell beinahe zu spät, viel Erde sei bei baulichen Aktivitäten schon umgegraben worden, nun gelte es, so viel wie möglich noch zu retten und *für die Wissenschaft auszubeuten*. Große Hoffnung wurde auf die Lehrer gesetzt, die *schon die Kinder in der Schule mit den Alterthümern bekannt machen* und sie sensibilisieren sollten, damit die im Verein aktiven Forscher gerufen oder ihnen zumindest Funde zugesandt werden könnten.[35] Der Aufruf ging von einem Bibliothekar, einem Oberlehrer und zwei Archivaren aus, die sich gemeinsam der Erforschung der Altertümer widmen wollten. Bei den Vertretern letzterer Berufsgruppe handelte es sich um den Leiter des Landeshauptarchivs, Karl von Schmidt-Phiseldeck (1835-1895), und seinen Archivsekretär und späteren Nachfolger Paul Zimmermann (1854-1933),[36] wobei Letzterer auch die zugesandten Funde entgegennehmen und verwahren sollte.[37]

---

34 NLA WO 249 N Nr. 217, Der Ortsverein für Geschichte und Alterthumskunde zu Braunschweig und Wolfenbüttel: Aufruf zur Sammlung vaterländischer Altertümer vom Februar 1879. So auch im Folgenden.

35 An vielen Orten des Deutschen Reichs wurden sogar eigens archäologische Fortbildungskurse für die Lehrer höherer Schulanstalten abgehalten, die in aller Regel gut besucht waren, vgl. Ute KLATT, Von der archäologischen Theorie zur Logik des Sammlungsaufbaus im Bildarchiv des Römisch-Germanischen Zentralmuseums in Mainz, in: Michael FAHRENKOPF u. a. (Hrsg.), Logik und Lücke. Die Konstruktion des Authentischen in Archiven und Sammlungen, Göttingen 2021, S. 77-97, hier S. 84.

36 Zu beiden steht eine umfassende Biografie noch aus, vgl. Klaus JÜRGENS, Schmidt-Phiseldeck, Karl Justus Wilhelm von, in: Horst-Rüdiger JARCK/Günter SCHEEL (Hrsg.), Braunschweigisches Biographisches Lexikon. 19. und 20. Jahrhundert, Hannover 1996, S. 534; Hermann VOGES, Paul Zimmermann, in: Otto Heinrich MAY (Hrsg.), Niedersächsische Lebensbilder. Bd. 1, Hildesheim 1939, S. 439-454; Philip HAAS, »Haben Sie Lust an das hiesige Archiv zu kommen?« Adolf Brenneke, Paul Zimmermann, Hermann Voges und die Professionalisierung der Archivarbeit in Braunschweig und Preußen, in: Niedersächsisches Jahrbuch für Landesgeschichte 93 (2021), S. 179-205.

37 Aus dem noch nicht vollständig verzeichneten Bestand der Dienstunterlagen des Landeshauptarchivs (NLA WO 36 Alt) geht nicht hervor, ob und in welchem Umfang hier Grabungsfunde eingelagert wurden. So sind etwa dem Gesamtinventar der Jahre 1844-1888 (NLA WO 36 Alt Nr. 106) keine diesbezüglichen Informationen zu entnehmen.

Damit wäre die Untersuchung bei einer der zentralen Akteursgruppen angelangt, den Archivaren. Hatten sich bereits die juristisch ausgebildeten Archivare, die bis in die zweite Hälfte des 19. Jahrhunderts die Szenerie beherrschten, nicht selten historiografisch betätigt, so galt dies umso mehr für den Typus des Historiker-Archivars, der etwa ab den 1860er Jahren Einzug zu halten begann.[38] Die Archivare engagierten sich vielerorts in den Geschichtsvereinen, wozu sie auch seitens der Archivverwaltungen motiviert wurden,[39] und bildeten als Akteursgruppe *den natürlichen Mittelpunkt* der landesgeschichtlichen Forschung.[40] So dominierten sie etwa zunehmend den Gesamtverein, unter dessen Dach sie sich 1879 als Sektion und 1899 als eigener Verband organisierten, wobei die Generalversammlungen des Dachverbandes und der Deutsche Archivtag fortan gemeinsam veranstaltet wurden, da beides personell kaum voneinander zu trennen war.[41] Viele Archivare widmeten sich ausdrücklich auch der landesgeschichtlichen Altertumskunde, beteiligten sich an Grabungen und leiteten diese. Gut erforscht ist etwa das Leben des preußischen Archivars und Staatsarchivdirektors Friedrich Philippi (1853-1930). Im Rahmen seiner Dienstgeschäfte, aber auch als Vorsitzender der Altertumskommission für Westfalen projektierte und leitete er zahlreiche Ausgrabungen, wobei er sehr eng mit wissenschaftlichen Angestellten und Kuratoren verschiedener Museen kooperierte.[42] Eigens für diese intensiv betriebene Tätigkeit erhielt er ab dem Jahre 1900 vom zuständigen Oberpräsidenten der Provinz jährlich 14 Tage Sonderurlaub gewährt, seine sonstigen landesgeschichtlichen Forschungen wurden noch anderweitig verbucht. Eine besondere Strahlkraft übte in diesem Kontext auch das 1854 gegründete, renommierte Institut für Österreichische Geschichtsforschung (IÖG) in Wien aus. Primär vermittelte es seinen Studenten eine vertiefte Ausbildung in den Historischen Hilfswissenschaften und sollte sie für den Archivdienst oder für eine Karriere als Hochschullehrer befähigen. Nachgeordnetes Ziel war aber zugleich, die Absolventen auf eine Laufbahn als Bibliothekare, Museumskustoden oder Denkmalpfleger vorzu-

38 MÜLLER, Geschichte machen, wie Anm. 8, S. 182-189, 371, 428.
39 Johanna WEISER, Geschichte der Preußischen Archivverwaltung und ihrer Leiter. Von den Anfängen unter Staatskanzler von Hardenberg bis zur Auflösung im Jahre 1945, Köln u. a. 2000, S. 66-70.
40 Protokoll der zweiten Delegierten-Sitzung des Gesamtvereins der deutschen Geschichts- und Alterthumsvereine. Münster, 4. Oktober 1898, in: Correspondenzblatt des Gesamtvereins der Deutschen Geschichts- und Alterthumsvereine 46 (1898), S. 161 f.
41 Philip HAAS/Martin SCHÜRRER, Zwischen Trümmern und Tradition ein Neuaufbruch auf Raten. Gründung und Anfangsphase des Verbands deutscher Archivarinnen und Archivare anlässlich seines 75-jährigen Bestehens, in: Archivar 74 (2021), S. 149-157.
42 Wilfried REININGHAUS, Friedrich Philippi. Historiker und Archivar in wilhelminischer Zeit. Eine Biographie, Münster 2014, S. 158-165.

bereiten, wozu der Abschluss des Ausbildungskurses ebenfalls berechtigte. Für letztere beiden Zielsetzungen wurde den Studenten ein vertieftes Wissen in Kunstgeschichte (»Kunstdenkmälern«) vermittelt.⁴³ Das IÖG wirkte vorbildhaft auf die preußische Archivarsausbildung, der ihrerseits eine paradigmatische Funktion im Deutschen Reich zukam.⁴⁴ Preußische Archivaspiranten erhielten daher Unterricht in Kunstgeschichte, eine Tradition, die nach 1945 an der Archivschule Marburg, dem zentralen Ausbildungsinstitut, von deren Leiter Ludwig Dehio, Sohn des berühmten Georg Dehio, fortgesetzt wurde.⁴⁵

Angesichts der Bedeutungssteigerung der Landesgeschichte sahen sich die Archivare in der Nachkriegszeit im Aufwind. Sie fühlten sich mitunter in ihren bisherigen archäologischen Betätigungen bestärkt, die es nun auszubauen galt.⁴⁶ Als im Jahre 1960 die Archivarsausbildung grundlegend reformiert werden sollte, machte sich Georg Wilhelm Sante, der Leiter der hessischen Archivverwaltung, auch für eine Reform des Kunstgeschichtsunterrichts stark: Seiner Ansicht nach bräuchte der angehende Archivar *keine Kunstgeschichte im gewöhnlichen Sinne, sondern Altertumskunde*, da dies den Erfordernissen *der modernen Methode landesgeschichtlicher Forschung, die immerhin ein gutes Menschenalter alt ist,* entspreche.⁴⁷ Ein ganzheitlicher Zugang zur Landes-

---

43 Alphons Lнотsкy, Geschichte des Instituts für Österreichische Geschichtsforschung 1854-1954, Graz/Köln 1954, S. 209, 327f.; Ernst Zeнетbauer, Geschichtsforschung und Archivwissenschaft. Das Institut für Österreichische Geschichtsforschung und die wissenschaftliche Ausbildung der Archivare in Österreich, Hamburg 2014, S. 83, 115-118, 165, 296.

44 Zur Archivarsausbildung in Preußen und der Bundesrepublik grundlegend: Haas/Schürrer, Preußen, wie Anm. 8.

45 Die bislang beste Biographie Dehios ist die erweiterte Magisterarbeit: Thomas Beckers, Abkehr von Preußen. Ludwig Dehio und die deutsche Geschichtswissenschaft nach 1945, Aichach 2001. Beckers' Untersuchung konzentriert sich allerdings nahezu ausschließlich auf den Historiker Dehio, der Archivar interessiert nicht. Vgl. übergreifend, mit Dehio als einem der Protagonisten: Philip Haas, Neuorganisation, wie Anm. 9.

46 Landesarchiv Nordrhein-Westfalen Abt. Rheinland NW-4 Nr. 129, Schreiben Albert Brackmanns, ehemaliger Generaldirektor der Preußischen Staatsarchive und Doktorvater Hans Goettings, an Dehio vom 14.9.1948: *In den Satzungen vom 30. September 1930 [des IfA] wird unter 1 »Historische Hilfswissenschaften« auch Einführung in die Vorgeschichte verlangt. Angesichts der Bedeutung, die dieses Fach allmählich gewonnen hat, wäre es sehr wünschenswert, daß auch die künftigen Archivare in den Arbeiten und Grabungen der Vorgeschichte eingeführt würden. Ich selbst habe mich an allen Untersuchungen dieser Art beteiligt und dadurch auch manche Archivare veranlaßt, das Gleiche zu tun, schon aus dem Grunde, weil der mittelalterliche Historiker, und also auch der Archivar, nicht mehr darum herum kommt, die Ergebnisse der Grabungen für die geschichtliche Entwicklung deutschen Landes zu verwerten.*

47 Hessisches Hauptstaatsarchiv Wiesbaden 1150 Nr. 234 (Nachlass Sante), Schreiben Santes an die Abteilung IV des Hessischen Kultusministeriums vom 22.3.1960. Folglich setzte Sante den Beginn der modernen Landesgeschichtsforschung nicht erst mit Aubins Institutsgründung im Jahre 1920 an.

geschichte unter Einbeziehung archäologischer Methoden entsprach durchaus den Vorstellungen und bis zu einem gewissen Grade auch der gelebten Praxis des archivarischen Berufsstandes. Die Archivare sahen sich mehrheitlich nicht nur als Hüter der Quellen, sondern auch als das Rückgrat landesgeschichtlicher Forschung, allerdings in einem sehr konkreten, praktischen Sinne und unmittelbar vor Ort.

## 3. Das wissenschaftliche Wirken von Hans Goetting und Franz Niquet

Hans Goetting, der Protagonist des vorliegenden Beitrags, hatte als außerordentliches Mitglied den 37. Kurs des IÖG und anschließend noch die preußische Archivarsausbildung am Institut für Archivwissenschaft und geschichtswissenschaftliche Fortbildung (IfA) in Berlin-Dahlem absolviert. Die Ausbildung bei Hans Hirsch und Otto Brunner in Wien betrachtete er zeitlebens als *die Grundlage [seiner] wissenschaftlichen Ausbildung und Zielsetzung*.[48] Besonders in Hirsch sah Goetting bis zu dessen frühem Tod im Jahre 1940 seinen Lehrer und Mentor, dem er *die Grundlagen [seiner] historischen Ausbildung* zu verdanken habe, und stand mit ihm fortwährend in engem brieflichen Kontakt.[49] Hirschs maßgebliches Anliegen bestand darin, Diplomatik nicht hermetisch als Selbstzweck zu betreiben, sondern akribische Urkundenforschung für die Rechts-, Verfassungs-, Landes- und vor allem Klostergeschichte fruchtbar zu machen.[50] Ein wesentlicher Schwerpunkt von Hirschs Forschungen lag in den »Problemen der Klostergründungen« im Früh- und Hochmittelalter.[51] Sein Schüler Hans Goetting folgte ihm in diesen methodisch-thematischen Schwer-

---

48  NLA WO 1 Nds Zg. 22/2019 Nr. 25, Schreiben Goettings an den Leiter der Niedersächsischen Archivverwaltung vom 26.4.1954. Eine Würdigung seiner wissenschaftlichen Verdienste findet sich bei Wolfgang PETKE, Hans Goetting, in: Niedersächsisches Jahrbuch für Landesgeschichte 67 (1995), S. 484-487. Zu Goettings Leben und Werk, wenn auch mit Schwerpunkt auf seiner Archivarbeit und seinen Forschungen zu Gandersheim, vgl. auch: Philip HAAS, Quellenerschließung als Beitrag zur historischen Forschung. Hans Goetting und die Geschichte von Reichsstift und Stadt Gandersheim, in: Archiv für Diplomatik 67 (2021), S. 407-435. Eine umfassendere biografische Abhandlung befindet sich in Vorbereitung.

49  NLA WO 1 Nds Zg. 22/2019 Nr. 25, Handschriftlicher Lebenslauf Goettings vom 24.3.1948.

50  Andreas H. ZAJIC, Hans Hirsch (1878-1940). Historiker und Wissenschaftsorganisator zwischen Urkunden- und Volkstumsforschung, in: Karel HRUZA (Hrsg.), Österreichische Historiker 1900-1945. Lebensläufe und Karrieren in Österreich, Deutschland und der Tschechoslowakei in wissenschaftsgeschichtlichen Porträts, Wien u.a. 2008, S. 307-417, hier S. 408f.

51  Edmund E. STENGEL, Hans Hirsch. Ein Nachruf, in: Deutsches Archiv für Erforschung des Mittelalters 5 (1942) S. 178-189, hier S. 180.

punktsetzungen, zunächst als Archivassistent in Breslau, wo er nebenamtlich für die Historische Kommission für Schlesien unter Leitung Hermann Aubins tätig war.[52] Gerade gegenüber Hirsch äußerte Goetting schon vor 1933 gewisse Sympathien für den Nationalsozialismus, von dem er sich eine Erlösung von den Gebrechen der Moderne und eine heilsame Erneuerung des Mittelalters versprach.[53] Seine Begeisterung für das Früh- und Hochmittelalter, für dessen Allianz von Kaisertum und Kirche sowie für siedlungsgeschichtliche Fragen waren sichtbar politisch grundiert, ja er forderte sogar eine noch weitergehende Indienststellung der Geschichtswissenschaft unter die politischen Imperative des NS-Regimes ein, was ihm nur durch eine völkische Geschichtsauffassung und volksgeschichtliche Methoden möglich schien.[54] Neben seinen diplomatischen Forschungen leistete er in gewissem Maße selbst dementsprechende

---

52   Vor allem arbeitete er an einer Bibliographie der Schlesischen Geschichte und am Schlesischen Urkundenbuch mit, vgl. Geheimes Staatsarchiv Preußischer Kulturbesitz (GStA) Rep. 178 Nr. 2099, Tätigkeitsbericht des Staatsarchivs Breslau für das Jahr 1936 vom 27.2.1937, Punkt 6 bei den wissenschaftlichen Projekten. Vgl. auch: Archiv des Österreichischen Instituts für Geschichtsforschung (IfÖG-Archiv), Nachlass Hans Hirsch, Schreiben Goettings an Hirsch vom 4.2.1936. Als Vorarbeit zum Urkundebuch vgl. auch: Hans GOETTING, Urkundenstudien zur Frühgeschichte des Klosters Heinrichau, in: Zeitschrift des Vereins für die Geschichte Schlesiens 73 (1939), S. 59–86.

53   IfÖG-Archiv, Nachlass Hans Hirsch, Schreiben Goettings an Hirsch vom 3.4.1932: Schon das Spätmittelalter sei ihm *fast zu dekadent, denn es ähnelt schon zu sehr der Zeit, an deren Ende wir jetzt stehen, als daß es jene ruhige Kraft ausstrahlen könnte, wie die Herrenzeit des deutschen Volkes tat. Wir leben ja jetzt inmitten der größten Umwälzung seit dem Verfall des Mittelalters, in einer Revolution,* die zum *endgültigen Zusammenbruch des Kapitalismus und des mit ihm verbundenen Liberalismus führen* werde. *Die heraufkommende neue Zeit wird insofern dem Mittelalter nicht unähnlich sein, als der Mensch wieder von außen nach innen zu leben beginnen und sich seiner geschichtlichen Werte besinnen wird. Die Entwicklung der Geschehnisse drängt zur Verwirklichung eines nationalen deutschen Sozialismus im Innern, dann aber zur Wiedererrichtung des Imperium, dessen Schwächung nun schon seit Jahrhunderten Europa nicht hat zur Ruhe kommen lassen, unter gleichzeitiger Erschließung neuen Lebensraumes im Osten und Südosten.* Das Mittelalter diente in der Zwischenkriegszeit als wichtiger Ansatzpunkt einer antimodernistischen Kulturkritik, vgl. Bastian SCHLÜTER, Explodierende Altertümlichkeit. Imaginationen vom Mittealter zwischen den Weltkriegen, Göttingen 2011, insbesondere S. 16f., S. 29 und S. 414. Soweit erkennbar, hegte Hans Goetting nach 1945 keinerlei Sympathien mehr für den Nationalsozialismus, wie etwa auch Wolfgang Petke in einer Zeitzeugenbefragung betonte (vgl. E-Mail Wolfgang Petkes an den Verfasser vom 29.3.2022).

54   IfÖG-Archiv, Nachlass Hans Hirsch, Schreiben Goettings an Hirsch vom 2.9.1934: *Wo gibt es hier [in Berlin] einen Professor oder auch nur Privatdozenten der Geschichte, der uns jungen Historikern Vorbild und Führer sein könnte. Ein Blick in das neue Vorlesungsverzeichnis genügt, um erkennen zu lassen, daß alle Gleichschaltung nur eine äußerliche war, daß sich trotz einiger Konzessionen an das Neue im Grunde nichts geändert hat. Immer wieder liest man,* »*das europäische Staatensystem von … bis …*« *u. ä. Und auch sonst bekommt man wenig mehr als mit Darstellung umrankte Jahreszahlen, nicht einmal Methode. Wo bleibt die völkische Auf-*

Beiträge,[55] auch wenn seine diesbezüglichen Möglichkeiten als Archivassistent in Breslau limitiert blieben.

Nach dem Ende des Zweiten Weltkriegs wurde Goetting bereits zum 14. August 1945 außerplanmäßig als Staatsarchivrat in Hannover wiedereingestellt. Obwohl er Mitglied in einigen NS-Organisationen gewesen war, verlief sein nun folgendes Entnazifizierungsverfahren offenbar reibungslos und er konnte zum 20. Dezember auf eine Planstelle eingesetzt werden.[56] Sein wissenschaftliches Lebensthema fand er ab 1948 gleichermaßen als Historiker und Archivar am Staatsarchiv Wolfenbüttel. Hier erschloss er erstmals die Urkunden der Reichsabtei Gandersheim, des bedeutendsten Fonds' dieses an wichtigen Urkundenbeständen reichen Archivs, publizierte zahlreiche Aufsätze zur Geschichte des Stifts und ließ – im Jahre 1964 zum Professor an der Universität Göttingen berufen – später drei Germania-Sacra-Bände folgen.[57] Vor wie nach seiner Berufung war und blieb Goetting ein gut vernetzter, wichtiger Akteur der braunschweigischen und niedersächsischen Landesgeschichte. Rudolf Grieser, der Leiter der Niedersächsischen Archivverwaltung, lobte Goetting wegen seines Engagements im Braunschweigischen Geschichtsverein, wegen seiner Tätigkeit als Herausgeber des Braunschweigischen Jahrbuchs, als Verfasser zahlreicher Aufsätze und als Vorbild für jüngere Forscher bereits nach

*fassung der deutschen Geschichte?* Die Studenten und jungen Historiker müssten sich daher selbst die Geschichte *von der neuen Weltanschauung her* erschließen.

55  GStA Rep. 178 Nr. 2099, Tätigkeitsbericht des Staatsarchivs Breslau für das Jahr 1939, wissenschaftlicher Bericht Hans Goettings: *Im Druck befindet sich ein Aufsatz über »den friderizianischen Bauernschutz in Schlesien«, der in dem von der Reichsführung-SS und dem Reichsnährstand herausgegebenen Sammelwerk »Führer und Förderer des Bauerntums« erscheinen soll.*

56  In seinem Fragebogen zur Entnazifizierung gab Goetting wahrheitsgemäß seine Parteimitgliedschaft (ab dem 1.11.1937), seine Mitgliedschaft in der SA (1.12.1933-1.9.1939), dem Reichsbund der deutschen Beamten und der Nationalsozialistischen Volkswohlfahrt sowie seinen Einsatz in der Deutschen Archivverwaltung in Krakau während des Krieges an. Der Fragebogen wurde zum 30.11.1945 an die britische Militärregierung gesendet und seine Wiedereinstellung von dieser nicht beanstandet. Allerdings hatte sich Rudolf Grieser, der spätere Leiter der Niedersächsischen Archivverwaltung, unter Verweis auf die notwendigen Rückführungen der ausgelagerten Archivalien für Goettings Indienststellung eingesetzt, obwohl dieser – wie er einräumen musste – Parteimitglied und SA-Mann gewesen sei (Universitätsarchiv Göttingen (UniA GOE) Kur. Nr. 10329 Bd. 3, mit dem Fragebogen und dem diesbezüglichen Schriftverkehr).

57  Hans GOETTING, Das Bistum Hildesheim. Teil 1: Das reichsunmittelbare Kanonissenstift Gandersheim, Berlin/New York 1973; Hans GOETTING, Das Bistum Hildesheim. Teil 2: Das Benediktiner(innen)kloster Brunshausen, das Benediktinerinnenkloster St. Marien vor Gandersheim, das Benediktinerkloster Clus, das Franziskanerkloster Gandersheim, Berlin/New York 1974; Hans GOETTING, Das Bistum Hildesheim. Teil 3: Die Hildesheimer Bischöfe von 815 bis 1221 (1227), Berlin/New York 1985.

zweieinhalb Jahren am Wolfenbütteler Archiv überschwänglich. Es sei ihm gelungen, *die wissenschaftliche Forschung im Staatsarchiv Wolfenbüttel in Gang zu bringen* und der Landesgeschichte damit insgesamt Auftrieb zu verleihen, er habe sie in der Region Braunschweig auf eine völlig neue Grundlage gestellt.[58]

Drei Themenkomplexe interessierten den Wolfenbütteler Archivar an Gandersheim ganz besonders: Die Exemtion des Stifts im Hochmittelalter, seine Glanzzeit unter den ottonischen Kaisern und die Gründungsgeschichte der nachmaligen Reichsabtei. Zu Letzterer entwickelte er eine aufsehenerregende These: Bekannt war, dass die Kanonissen während des Baus der Stiftsgebäude im 9. Jahrhundert in Brunshausen gelebt hatten und dass hier – wie eingangs dargestellt – im 12. Jahrhundert ein Kloster errichtet wurde. Goetting leitete aus einer Passage der sogenannten älteren Gründungsurkunde (NLA WO 6 Urk Nr. 1) die Schlussfolgerung ab, schon zuvor, also seit dem 8. Jahrhundert, habe in Brunshausen ein Männerkloster existiert, das ein Eigenkloster der Abtei Fulda gewesen sei.[59] Akribisch unterzog er das Gründungsdokument einer intensiven Prüfung und einem Vergleich mit verschiedenen anderen Urkunden und erzählenden Quellen. Obwohl Goetting das Gründungsdokument aufgrund der äußeren und inneren Merkmale auf den Anfang des 12. Jahrhunderts datierte, sah er vor allem den darin inserierten Brief des Papstes Sergius als Produkt »eine[r] Reihe echter Vorlagen« an.[60] Insbesondere postulierte er einen Bericht über die Translation von Reliquien der Päpste Innozenz und Anastasius von Rom nach Sachsen als Textgrundlage. Dieser wiederum habe einen Geleitbrief König Ludwigs des Deutschen für die Romfahrt des Gandersheimer Gründerpaars Liudolf und Oda zwecks Einholung der Reliquien referiert. In Anlehnung an den Historiografen Johann Christoph Harenberg (1696-1774) bezog er das dabei in der Urkunde erwähnte *coenobium, quod avus et eius postea carissimus genitor in honore omnipotentis domini dedicaverunt* (das Kloster, welches sein Großvater und später sein geliebter Vater zur Ehre des allmächtigen Gottes gestiftet hatten) auf Liudolfs Vorfahren, da das Wort *eius* auf Liudolf verweise. Somit könne nicht Gandersheim, sondern es müsse ein zwei Generationen zuvor gegründetes Kloster gemeint sein.[61] Dass es in Brunshausen lag, welches zudem von Fulda ausgehend begründet worden war, sah er vor allem durch ein gemeinsames Bonifatiuspatrozinium beider Klöster und den

---

58 Niedersächsisches Landesarchiv – Abteilung Bückeburg D 14 Nr. 7, Schreiben Griesers an Goetting vom 27.12.1950.

59 Hans GOETTING, Zur Kritik der älteren Gründungsurkunde des Reichsstifts Gandersheim, in: Mitteilungen des Österreichischen Staatsarchivs (Festschrift für Leo Santifaller) 3 (1950), S. 362-403, hier S. 385-391, so auch im Folgenden.

60 Ebd., S. 390.

61 Ebd., S. 388.

von Edmund Ernst Stengel dargelegten Umstand bestätigt, dass »zwischen 780 und 813 mindestens zwei umfangreiche Traditionen von Angehörigen der Liudolfingersippe in der Mark Gandersheim an das Kloster Fulda stattfanden«.[62] Von der Missionierung Sachsens war in der 1950 publizierten Untersuchung noch ebenso wenig die Rede wie von einer tragenden Rolle der Liudolfinger daran, vielmehr betonte Goetting in Hinblick auf den Sergiusbrief und das angenommene Kloster vorsichtig, es handle sich bei seinem »Erklärungsversuch weitgehend um – allerdings begründete – Vermutungen«.[63] Erst einige Jahre später wurde Brunshausen zu einem Missionskloster ausgestaltet und mehr und mehr als gesichert angenommen. Die Liudolfinger hätten es befördert, da sie »wie viele aus dem Adel Sachsens« erkannten, »daß dem karolingischen Reichsgedanken christlicher Prägung die Zukunft gehörte«, den sie dann später als Ottonen auf dem Kaiserthron selbst ausgestalteten.[64] Goetting, der mit seinen landesgeschichtlichen Untersuchungen stets sehr bewusst einen Beitrag zu übergreifenden Fragen der Forschung zu leisten bemüht war, knüpfte hier an Forschungen des Marburger Professors Edmund E. Stengel zum Kloster Fulda als Hort der Sachsenmission an, der wiederum Goettings »glückliche Hypothese« rasch »zur gesicherten Tatsache« erhoben und auf die Sachsenmission bezogen hatte.[65] Diese wurde seitens der damaligen Geschichtswissenschaft als strategisch geplantes, herrschaftlich gelenktes Unternehmen konzipiert, das bereits Karl der Große eingeleitet habe, eine Konzeption, die ganz wesentlich auf der urkundlichen Überlieferung beruhte.

Indem die Forschung vor wenigen Jahren beinahe sämtliche frühmittelalterliche Urkundenbelege als Fälschungen erweisen konnte, musste auch das Paradigma der generalstabsmäßig geplanten Sachsenmission als nicht mehr haltbar fallengelassen werden. Einen wichtigen Anstoß gab ein bahnbrechender Aufsatz von Klaus Naß, welcher die These von Brunshausen als Missionskloster überzeugend widerlegte, ohne allerdings detailliert auf die Grabungen einzugehen.[66] Indem Brunshausen als eine tragende Säule wegbrach, fielen in

---

62 Ebd., S. 388f.

63 Ebd., S. 392.

64 Hans GOETTING, Gandersheim und das Reich, in: Johann Karl RIPPEL (Hrsg.), Der Landkreis Gandersheim, Bad Gandersheim 1958, S. 119-141, hier S. 119. Vgl. auch: Hans GOETTING, Das Fuldaer Missionskloster Brunshausen und seine Lage, in: Harz-Zeitschrift 5/6 (1954), S. 9-27.

65 Edmund E. STENGEL, Zur Frühgeschichte der Reichsabtei Fulda, in: Deutsches Archiv für Erforschung des Mittelalters 9 (1952) S. 513-534, hier S. 520-523.

66 Klaus NASS, Fulda und Brunshausen. Die Problematik der Missionsklöster in Sachsen, in: Niedersächsisches Jahrbuch für Landesgeschichte 59 (1987), S. 1-62, insbesondere S. 4-9 zur insgesamt dünnen Quellenlage einer von Fulda ausgehenden Sachsenmission und der Neudatierung der Fuldaer Urkunden sowie S. 20-54 zu Brunshausen. Naß, der

Folge auch die eng damit verwobenen Forschungsbefunde zur Sachsenmission insgesamt wie ein Kartenhaus in sich zusammen. Theo Kölzer und Thomas Vogtherr publizierten unter eingehender Kritik der urkundlichen Überlieferung weitere wegweisende Abhandlungen und schufen ein erheblich differenzierteres Modell vom möglichen Ablauf des Missionsgeschehens.[67] Ein gewandeltes Bild von den Sachsen oder genauer gesagt die Dekonstruktion des Sachsenstammes beförderte diese wissenschaftliche Entwicklung zusätzlich.[68] In seiner Zeit aber schloss Goetting mit dem Kloster Brunshausen eine klaffende Lücke im Missionsgeschehen. Das von ihm aus den Urkunden hergeleitete Kloster schlummerte vermeintlich seit mehr als tausend Jahren im Schatten der Reichsabtei und des später dort errichteten Klosters – was lag also näher, als nun den Spaten in die Hand zu nehmen und es ans Tageslicht zu befördern? Geprägt von den eben skizzierten Einflüssen, d. h. von seinen Wiener Erfahrungen, seiner archivarischen Identität und den Braunschweiger Traditionen, ergriff Goetting hier die Initiative.

Einen Bündnispartner mit hinreichender Grabungserfahrung fand der rührige Archivar und Landeshistoriker in dem Museumsmitarbeiter Franz Niquet.[69] Dieser hatte in Halle ein Studium der Vor- und Frühgeschichte mit Promotion zu einem Thema des mittleren Neolithikums (»Die Rössener Kultur in Mittel-

---

zahlreiche Argumente gegen ein in Brunshausen befindliches Missionskloster ins Feld führt, sieht u. a. in dem *eius* einen »Bezugsfehler« des mittelalterlichen Verfassers (S. 21) und setzt sich intensiv mit dem Bonifatiuspatrozinium auseinander, wobei er nachweisen kann, »daß Bonifatiuspatrozinien nicht exklusiv auf Fuldaer Gründungen und Besitzrechte beschränkt« waren (S. 27).

67   Thomas VOGTHERR, Die Anfänge des Bistums Minden. Diplomatische Grundlagenforschung ohne Diplome, in: Archiv für Diplomatik 67 (2021), S. 1-21; Theo KÖLZER, Frühe Kirchen und Klöster in Sachsen – eine Nachlese, in: Christine van den HEUVEL u. a. (Hrsg.), Perspektiven der Landesgeschichte. Festschrift für Thomas Vogtherr, Göttingen 2020, S. 47-80; Theo KÖLZER, Die Anfänge der sächsischen Diözesen in der Karolingerzeit, in: Archiv für Diplomatik 61 (2015), S. 11-37; Thomas VOGTHERR, Visbek, Münster, Halberstadt: Neue Überlegungen zu Mission und Kirchenorganisation im karolingischen Sachsen, in: Archiv für Diplomatik 58 (2012), S. 125-145. Siehe auch in diesem Band den Beitrag von Theo KÖLZER, Ten Years After – Die Sachsenmission in neuer Beleuchtung.

68   Babette LUDOWICI (Hrsg.), Saxones. Begleitband zur Niedersächsischen Landesausstellung im Landesmuseum Hannover vom 5.4. bis 18.8.2019 sowie im Braunschweigischen Landesmuseum vom 21.9.2019 bis 2.2.2020, Darmstadt 2019. Die direkte Verbindung beider Themen illustriert insbesondere der Beitrag von Theo KÖLZER, Ohne Masterplan und Reißbrett. Die Entstehung von Bistümern in der Saxonia im 9. Jahrhundert, S. 320-327.

69   Die folgenden Angaben stammen aus: Joseph KÖNIG, Franz Niquet, in: Jahrbuch 1986 der Braunschweigischen Wissenschaftlichen Gesellschaft, S. 230-231; Gesine SCHWARZ-MACKENSEN, Niquet, Franz, in: Horst-Rüdiger JARCK/Günter SCHEEL (Hrsg.), Braunschweigisches Biographisches Lexikon. 19. und 20. Jahrhundert, Hannover 1996, S. 443.

deutschland«) abgeschlossen, war also archäologischer Fachmann. Nach einigen Assistenzen in Halle und Berlin hatte er zum 1. Februar 1939 eine Stelle als Kustos am »Haus der Vorzeit« in Braunschweig angetreten und half, bis er zum Kriegsdienst eingezogen wurde, bei dessen Auf- und Ausbau mit. Als eigenständige Abteilung des Vaterländischen Museums war diesem eine zentrale propagandistische Funktion zugedacht gewesen: Mit Fokus auf die Germanen und alten Sachsen sollte es Braunschweig »zu einem nationalsozialistischen Schaufenster machen«,[70] wobei unter Rückgriff auf archäologische und geschichtliche Quellen eine »wissenschaftlich unhaltbare Siedlungsgeschichte des Landes Braunschweig« präsentiert wurde.[71] Das Museum fügte sich in die breit angelegte Geschichtspolitik des nationalsozialistischen Ministerpräsidenten Dietrich Klagges ein, deren bekannteste Episode die verfälschende Untersuchung und propagandistische Ausdeutung des Grabes Heinrichs des Löwen ist.[72]

Nach fünfjähriger Kriegsgefangenschaft und anschließender Entnazifizierung fand Niquet eine Beschäftigung an der Abteilung für Vor- und Frühgeschichte des Braunschweigischen Landesmuseums.[73] Niquet, der erst 1964

---

70 Ole ZIMMERMANN, Wer sind die Niedersachsen? Anmerkung zur Erfindung einer Identität, in: LUDOWICI, Saxones, wie Anm. 68, S. 14-23, hier S. 21, mit Ausführungen zu Niquets Rolle auf S. 22.

71 Wulf OTTE, Staatliche Kulturpolitik im Lande Braunschweig 1933-1945, in: STÄDTISCHES MUSEUM BRAUNSCHWEIG (Hrsg.), Deutsche Kunst 1933-1945 in Braunschweig. Kunst im Nationalsozialismus, Hildesheim 2000, S. 31-37, hier S. 34. Vgl. auch: Immo HESKE, »Inszeniertes Germanentum«. Das archäologische Museum »Haus der Vorzeit« in Braunschweig von 1937 bis 1944, in: Archäologisches Nachrichtenblatt 10 (2005), S. 482-493.

72 Mit weiterführender Literatur: Ulrich MENZEL, Die große Erzählung des Dietrich Klagges. Berichte, Fotos, Gutachten und Artefakte über die Aufdeckung der Grabstätte Heinrichs des Löwen im Braunschweiger Dom und zur Deutung der Grabungsfunde, in: Braunschweigisches Jahrbuch für Landesgeschichte 101 (2020), S. 207-241.

73 Franz Niquet war bereits am 1. September 1930 in die NSDAP und am 1. Mai 1931 in die SA eingetreten. Wie er in einem erklärenden Schreiben vom 25.1.1950 zu seinem Entnazifizierungs-Fragebogen darlegte, habe er geglaubt, einen *deutschen Sozialismus und ein freies Deutschland ohne Aggressionsabsichten in eindeutiger Fronstellung gegen einen wirtschaftlichen und geistigen Bolschewismus* unterstützen zu müssen, während er *die Rassen- und Judenfrage für eine nebensächliche Begleiterscheinung aus dem völkischen Milieu der Partei* gehalten habe. Die zunehmend kirchenfeindliche Politik und fortwährende persönliche Herabsetzungen aufgrund seiner *völkischen Herkunft als Hugenotte – 1939 wurde ich aufgefordert, meinen Namen zu verdeutschen* – hätten ihn vom Nationalsozialismus entfremdet. Auffällig ist die betont antikommunistische Stoßrichtung seiner Rechtfertigung, wobei Niquet geschickt seine Leiden in russischer Kriegsgefangenschaft einfließen lassen konnte. Mit Bescheid zum 1. Februar 1950 wurde festgestellt, dass *der Betroffene den Nationalsozialismus unterstützt hat* (Kategorie IV) und ihm in Folge die Wählbarkeit abgesprochen. Als Arbeitsloser war Niquet nicht fähig, die Kosten des Verfahrens zu tragen, eine Berufung legte er offenbar nicht ein (NLA WO 3 Nds 92/1 Nr. 43892). Zu seiner Kriegsgefangenschaft vgl.:

wieder zum Kustos ernannt wurde, trat in der Folgezeit durch zahlreiche Grabungsunternehmungen hervor, die sich zeitlich vom Neolithikum bis ins frühe Mittelalter erstreckten, wobei vor allem Fragen der Siedlungsgeschichte im Vordergrund standen. Unter gewandelten politischen Vorzeichen setzte er seine Arbeit der 1930er Jahre nahtlos fort. Für beide, sowohl für Goetting als auch für Niquet, standen bei ihren landesgeschichtlichen Forschungen zeittypisch stets auch Fragen der stammesmäßigen Identität an zentraler Stelle, das heißt vor allem nach der Identität der Sachsen und in ihrem Gefolge der Niedersachsen.[74] Überspitzt ausgedrückt setzten beide sich nun nicht mehr für Reich, Blut und Boden ein, sondern für den Kunststaat Niedersachsen, wobei die Methoden und in Teilen auch die Untersuchungsobjekte nahezu identisch blieben, aber politisch umgemünzt wurden. Derartige identitätspolitische Zielsetzungen fielen in ihrer Zeit nicht aus dem Rahmen, vielmehr entsprachen sie den Zielvorgaben und Wirkungsabsichten landesgeschichtlicher Forschungen und Darstellungen, auch und gerade im Falle Niedersachsens.[75]

## 4. Die Grabungen in Brunshausen

Brunshausen bot die einmalige Chance, auf dem vermeintlich gesicherten Fundament von Goettings diplomatischen Studien ein unbekanntes Missionskloster zu bergen, um damit der Sachsenforschung neuen Auftrieb zu verschaffen, ein weiteres Kapitel niedersächsischer Landesgeschichte aufzuschlagen und die Identität des jungen Bundeslandes zu stärken. Die Voraussetzungen waren

---

NLA WO 276 N Nr. 216, Bericht des Dr. Franz Niquet (1910-1986) über seine Kriegsgefangenschaft in der Sowjetunion.

74 Besonders deutlich ist in dieser Hinsicht: Hans GOETTING, Niedersachsen und Schlesien in ihren geschichtlichen Beziehungen, Hannover 1959. In diesem kleinen Buch, das von der Niedersächsischen Landeszentrale für Heimatdienst verlegt wurde, leitet Goetting äußerst fragwürdige historische Bezüge zwischen den Niedersachen und den Schlesiern her. Ziel ist es explizit, das angespannte Verhältnis zwischen den aus Schlesien stammenden Vertriebenen und den ansässigen Landeskindern zu verbessern.

75 Dietmar VON REEKEN, Wissenschaft, Raum und Volkstum. Historische und gegenwartsbezogene Forschung in und über »Niedersachsen« 1910-1945. Ein Beitrag zur regionalen Wissenschaftsgeschichte, in: Niedersächsisches Jahrbuch für Landesgeschichte 68 (1996), S. 43-90; Dietmar VON REEKEN, Niedersachsen – eine historische Erfindung. Argumente, Verfechter und Gegner der Pläne zur Schaffung eines Landes »Niedersachsen«, in: Jürgen JOHN (Hrsg.), Mitteldeutschland. Begriff – Konstrukt – historische Realität, Leipzig 2001, S. 409-417. Herausragend in diesem Kontext war auch die Rolle des Hannoveraner Staatsarchivars Georg Schnath, vgl. Thomas VOGTHERR, Landesgeschichte und Politik. Georg Schnath und die Begründung des Landes Niedersachsen, in: Niedersächsisches Jahrbuch für Landesgeschichte 83 (2011), S. 1-14.

günstig: Im Jahre 1956 war in Niedersachsen das Zahlenlotto auf eine gesetzliche Grundlage gestellt und eine sogenannte Konzessionsabgabe erhoben worden, die für verschiedene Zwecke, darunter auch *zur Förderung der Forschung*, verwendet werden sollte.[76] Interessierte Wissenschaftler des Bundeslandes konnten einen Drittmittelantrag stellen und erhielten bei Bewilligung Gelder aus den Glücksspielgebühren zugewiesen – eine Untersuchung zum Einfluss dieses Drittmittelgebers auf die damalige Wissenschaft steht freilich noch aus. Auch füllte das sogenannte Wirtschaftswunder die öffentlichen Kassen, in den 1960er Jahren begann bekanntlich ein Ausbau der staatlichen Verwaltung und eine Expansion des (Hoch-)Schul- und Wissenschaftssystems, für viele Projekte waren Gelder vorhanden, eine akademische Goldgräberstimmung setzte ein.[77]

Im Mai 1960 reichten Goetting und Niquet gemeinsam einen Erstantrag ein.[78] Unter Anführung von Goettings Aufsätzen wurde starkgemacht, dieser habe mit dem *Bonifatiuskloster* BRUNSHAUSEN die älteste klösterliche Anlage des gesamten südlichen und östlichen Niedersachsen entdeckt, ein *Fuldaer Missionskloster*, wobei Stengel, der *Altmeister der hessischen Landesgeschichtsforschung*, für Brunshausen die *Besetzung mit Fuldaer Mönchen* nachgewiesen habe. Es sei nun *wünschenswert, die Aussagen der schriftlichen Quellen durch eine gründliche archäologische Untersuchung zu erhärten*, zumal das Thema über das rein *landesgeschichtliche Interesse hinaus für die Allgemeingeschichte und für die Klärung des frühen karolingischen Kirchenbaues in Deutschland* von großer Bedeutung sein werde. Das Geschlecht der Liudolfinger, aus dem das ottonische Kaiserhaus hervorging, habe Goettings Studien zufolge den Missionsmönchen das Kloster zur Verfügung gestellt. Die Grabungen müssten klären, *in welche ältere Anlage (Wehrcurtis?) das Kloster hineingebaut worden ist*, womit auch die Frage des *Stammessitzes und der ersten Herrschaftsgrundlagen dieses berühmtesten niedersächsischen Geschlechts mit geklärt werden*

---

76 Niedersächsisches Gesetz über das Lotterie- und Wettwesen (NLottG) vom 27.2.1956, § 12 [Niedersächsisches Gesetz- und Verordnungsblatt 10,4 vom 2.3.1956, S. 9-11, hier S. 10]. Vgl. auch: Gerhard H. SCHLUND, Das Zahlenlotto. Eine zivilrechtliche Untersuchung, o. O. 1972, S. 9. Zur entsprechenden Aktenüberlieferung vgl.: Sandra FUNCK: Die »Lotto-Akten« – Eine Ersatzüberlieferung zur Forschung an niedersächsischen Hochschulen, Archiv-Nachrichten Niedersachsen. Mitteilungen aus niedersächsischen Archiven 24 (2020), S. 32-42.

77 Hans-Ulrich WEHLER, Deutsche Gesellschaftsgeschichte. Bundesrepublik und DDR 1949-1990, Bonn 2010 [Lizenzausgabe der Bundeszentrale für Politische Bildung], S. 380-382. Wehler spricht von einem »goldenen Zeitalter für akademische Karrieren« (S. 381). Für Niedersachsen vgl. auch den Sammelband: Detlef SCHMIECHEN-ACKERMANN u. a. (Hrsg.), Hochschulen und Politik in Niedersachsen nach 1945, Göttingen 2014.

78 NLA WO 4 Nds Zg. 42/1971 Nr. 7, Schreiben Goettings und Niquets an das Kultusministerium vom 30.5.1960, so auch im Folgenden.

könne. Als vier Ziele wurden daher festgehalten: Erstens die archäologische *Bestätigung* – nicht Nachweis! – von Goettings Erkenntnissen, zweitens die baulichen, kunstgeschichtlichen und kulturellen Bezüge zum Kloster Fulda, drittens die Erkundung der liudolfingischen Herrschaftsgrundlage und viertens der Nachweis einer noch älteren germanischen Anlage, die zu vermuten sei. Für all dies wurde eine Laufzeit von mindestens drei Jahren angesetzt. Germanentum, Sachsenmission, Grundlagen frühmittelalterlicher Herrschaft und die Wurzeln des deutschen Kaisertums – all dies schlummerte vermeintlich in der Erde von Brunshausen und schien geeignet, die niedersächsische Landes- und die Reichsgeschichte in Teilen neu schreiben zu können. Was die methodischen Prämissen angeht, so bestand ein eindeutiger Vorrang der Geschichtswissenschaft gegenüber der Archäologie. Letztere sollte größtenteils die bereits unumstößlich gesetzten Ergebnisse des Historiker-Archivars bestätigen, illustrieren und auf eine breitere Grundlage stellen – eine unausgewogene Arbeitsteilung, die bis zur Gegenwart offenbar nicht selten ist und von der Archäologie kritisiert wird.[79]

Dem Antrag lagen zwei Gutachten oder besser gesagt Empfehlungsschreiben bei, eines aus der Feder Hermann Heimpels (1901-1988) und eines von Herbert Jankuhn (1905-1990). Heimpel, einer der bedeutendsten deutschen Historiker des 20. Jahrhunderts, leitete das Max-Planck-Institut für Geschichte in Göttingen.[80] Er und Goetting arbeiteten im Rahmen der Germania Sacra eng zusammen, Heimpel sollte entscheidenden Anteil an der Berufung des Archivars vier Jahre später haben. Ähnlich wie Goetting hatte er seinerzeit die nationalsozialistische Machtergreifung als Wiederkehr des mittelalterlichen Reichs begrüßt und seine Forschungen bis zu gewissem Grade in dessen Dienst gestellt.[81] Heimpels Gutachten bescheinigte dem Projekt, *für die Forschung von*

---

79 EGGERT, Archäologie, wie Anm. 7, S. 177 und S. 183.

80 Eine umfassende, moderne Biographie zu Heimpel war wegen der Sperrung seines Nachlasses durch seinen Schüler Hartmut Boockmann bisher nicht möglich. Anzuführen ist vor allem: Frank REXROTH, Keine Experimente! Hermann Heimpel und die verzögerte Erneuerung der deutschen Geschichtsforschung nach 1945, in: Dirk SCHUMANN/Desirée SCHAUTZ (Hrsg.), Forschen im Zeitalter der Extreme. Akademien und andere außeruniversitäre Forschungseinrichtungen im Nationalsozialismus und nach 1945, Göttingen 2020, S. 297-325; Ernst SCHULIN, Hermann Heimpel und die deutsche Nationalgeschichtsschreibung, Heidelberg 1998. Auch Hartmut Boockmann legte Arbeiten zu seinem Lehrer vor, vgl. Hartmut BOOCKMANN, Der Historiker Hermann Heimpel, Göttingen 1990; Hartmut BOOCKMANN, Versuch über Hermann Heimpel, in: Historische Zeitschrift 251 (1990), S. 265-282.

81 Vgl. etwa: Hermann HEIMPEL, Deutschlands Mittelalter – Deutschlands Schicksal, in: DERS.: Deutschlands Mittelalter – Deutschlands Schicksal. Zwei Reden, Freiburg ²1933, S. 5-34, insbesondere S. 32-34, wobei Heimpel sich in dieser Rede bei genauer Betrachtung

*außerordentlichem Interesse* zu sein, und lobte Goetting als den *besten Kenner der liudolfingischen und Gandersheimer Frühgeschichte*.[82] Über die Person Heimpels erfolgte die Anbindung an die universitäre Geschichtswissenschaft, die über das Antragsverfahren hinaus noch von einer gewissen Bedeutung sein sollte. Bei dem Archäologieprofessor Herbert Jankuhn handelte es sich um einen der wichtigsten Vertreter des Faches in der Nachkriegszeit, der sich zudem wortgewaltig für eine Zusammenarbeit von Geschichtswissenschaft und Archäologie starkmachte.[83] Der ebenfalls in Göttingen ansässige Lehrstuhlinhaber hatte als überzeugter Nationalsozialist während des »Dritten Reichs« eine steile Karriere gemacht, war zu einem Protagonisten des SS-Ahnenerbes und zu einem der führenden Archäologen Nazi-Deutschlands aufgestiegen. Nach dem Zweiten Weltkrieg setzte er seine siedlungsarchäologischen Studien nahezu bruchlos fort.[84] In seiner Stellungnahme pries er das Unternehmen in höchsten Tönen und hielt sowohl die Ausgrabung des Klosters als auch der Wehranlage für *die allgemeine Frühgeschichte Niedersachsens* und die deutsche Forschung insgesamt für äußerst wichtig. Die beiden *leitend beteiligten Forscher bieten die Gewähr für eine sachlich einwandfreie Untersuchung*.[85] Bemerkenswerterweise hatte Jankuhn als Vorsitzender des Bewilligungsausschusses der

doch recht vorsichtig äußert; Otto Gerhard OEXLE, »Zusammenarbeit mit Baal«. Über die Mentalitäten deutscher Geisteswissenschaftler 1933 – und nach 1945, in: Historische Anthropologie 8 (2000), S. 1-27, hier: S. 10; REXROTH, Heimpel (wie Anm. 80), S. 300 f.; Frank REXROTH, Die Halkyonischen Tage. Professor Heimpel zwischen Zauber und Alb, in: Zeitschrift für Ideengeschichte 15,2 (2021), S. 21-32 zu Heimpels Lehrstuhl an der Universität Straßburg während der frühen 1940er Jahre.

82  NLA WO 4 Nds Zg. 42/1971 Nr. 7, Gutachten Heimpels vom 25.5.1960.

83  Herbert JANKUHN, Archäologie und Landesgeschichte, in: FRIED, Landesgeschichte, wie Anm. 6, S. 370-389 [ursprünglich in: Landschaft und Geschichte. Festschrift für Franz Petri zu seinem 65. Geburtstag am 22. Februar 1968, Bonn 1970, S. 299-311]. Insbesondere den Stellenwert der Siedlungsgeschichte in Verbindung mit religions- und kulturgeschichtlichen Fragestellungen hob er hervor (S. 377 f.).

84  Aus der Vielzahl von Publikationen zu Herbert Jankuhn sei nur verwiesen auf: Martijn EICKHOFF/Uta HALLE, Anstelle einer Rezension – Anmerkungen zum veröffentlichten Bild über Herbert Jankuhn, in: Ethnographisch-Archäologische Zeitschrift 48 (2007), S. 135-150; Uta HALLE/Dirk MAHSARSKI, Forschungsstrukturen, in: GERINGER, Graben für Germanien, wie Anm. 31, S. 57-64, hier S. 63 f.; Martijn EICKHOFF/Uta HALLE/Jean-Perre LEGENDRE/Otto H. URBAN, Die Fortsetzung der archäologischen Karrieren, in: ebd., S. 164-171, hier S. 167 f. mit Ausführungen zu Herbert Jankuhn als Beispiel des typischen SS-Archäologen, der seine Karriere bruchlos fortsetzen konnte.

85  NLA WO 4 Nds Zg. 42/1971 Nr. 7, Gutachten Jankuhns vom 25.5.1960. Die Bestellung Jankuhns zum Gutachter wird nachträglich erläutert in Niedersächsisches Landesarchiv – Abteilung Hannover (NLA HA) V.V.P. 51 Nr. 224, Schreiben des Niedersächsischen Kultusministeriums (Dr. Parisius) an die Sachverständigen des Arbeitskreises zur Förderung der wissenschaftlichen Forschung in Niedersachsen vom 13.10.1960.

Arbeitsgemeinschaft der Ur- und Frühgeschichtsforscher federführend über den Antrag zu befinden – es verwundert kaum, dass *die Bewilligung des Betrages* unter Verweis auf *die beigefügten Gutachten von Prof. Heimpel und Prof. Jankuhn [...] in voller Höhe empfohlen* wurde.[86]

Zweitgutachter war Georg Schnath (1898-1989), Ordinarius für Geschichte und Leiter des Instituts für Historische Landesforschung in Göttingen. Bis zu seiner Berufung im Jahre 1958 hatte er als Staatsarchivdirektor in Hannover gewirkt, so dass Hans Goetting ihn als seinen ehemaligen Kollegen natürlich gut kannte. *In Übereinstimmung mit dem archäologischen Gutachten* sprach Schnath sich für *die Bereitstellung einer ersten Rate von 9500 DM für dieses hochwichtige Unternehmen* aus, und das Niedersächsische Kultusministerium folgte diesen Empfehlungen.[87] Vor allem Jankuhn verfolgte dabei übergeordnete strategische Ziele, in welche sich das Grabungsprojekt gut einfügte. Der Archäologieprofessor traf im Vorfeld mit Schnath die grundlegende Absprache, dass Anträge aus dem Bereich der Mittelalterarchäologie nach Möglichkeit stets von ihnen beiden zu begutachten seien, damit es durch die zielgerichtete Vergabe der Lottomittel zu einer dauerhaften Zusammenarbeit zwischen Archäologie und Landesgeschichte kommen könne.[88] Die Grabungen in Brunshausen sah er in diesem Sinne als ein mustergültiges Projekt an und berichtete, dass Goetting und Niquet schon vor der Bewilligung mit den Arbeiten begonnen hätten – offenbar war ihnen unter der Hand bereits vorab ein positiver Bescheid in Aussicht gestellt worden.

Folglich konnten beide Wissenschaftler bereits nach drei Monaten einen ersten Bericht erstatten:[89] Bei den ersten Spatenstichen am *Brunshäuser Sporn*

---

86   NLA HA V.V.P. 51 Nr. 224, Gutachten über die bis zum 15.7.1960 eingegangenen Anträge auf Bewilligung von Forschungsmitteln aus dem Zahlenlotto für das Arbeitsgebiet der Ur- und Frühgeschichte vom 23.8.1960 (unterzeichnet von Herbert Jankuhn), Projekt Nr. 4.

87   NLA HA V.V.P. 51 Nr. 224, Gutachten Georg Schnaths für die Verteilung der Lottomittel 1960 vom 30.9.1960, Posten Nr. 42. Vgl. auch NLA WO 4 Nds Zg. 42/1971 Nr. 7, Bewilligungsschreiben des Niedersächsischen Kultusministeriums an die Braunschweigische Bezirksregierung vom 25.11.1960 und Schreiben der Bezirksregierung an Goetting vom 14.12.1960.

88   NLA HA V.V.P. 51 Nr. 224, Schreiben Jankuhns an Schnath vom 19.9.1960: *In Zukunft möchte ich gerne erreichen, daß bei allen archäologischen Grabungen, die sich auf mittelalterliche Probleme [...] der Landesgeschichte beziehen, die Antragsteller Sie um ein Gutachten bitten. Daraus wird sich, wie ich hoffe, nicht nur ein engerer Kontakt mit der archäologischen Landesforschung ergeben, sondern auch eine Anregung neuer fruchtbarer Forschungsvorhaben von Seiten der Landesgeschichte.* Später heißt es: *Die Herren Goetting und Niquet haben bereits mit der Untersuchung in Brunshausen begonnen.*

89   NLA WO 4 Nds Zg. 42/1971 Nr. 7, Bericht zur Probegrabung und Antrag Goettings und Niquets beim Niedersächsischen Kultusministerium vom 27.2.1961, so auch im Folgenden.

fanden sie zum einen das Fundament eines Gebäudes und zum anderen Keramikscherben, die sie auf das 7.-9. Jahrhundert datierten. Zwar seien *Zweck und Datierung* des Gebäudes *noch unsicher*, aber bei der Keramik handle es sich um *Drehscheibenware, die der vom Büraberg bei Fritzlar aus der Zeit um 800 entspricht*, eine Verbindung zu Fulda liege auf der Hand. Durch die Scherbenfunde werde daher *die Feststellung des Historikers über Gründungszeit und Verbindung mit Fulda bestätigt*. Die Projektleiter kombinierten ihren Bericht zugleich mit dem Antrag, die nötigen Mittel für eine erste Hauptgrabung bereitzustellen, die beim sogenannten großen Garten des Klosters stattfinden sollte. Das Max-Planck-Institut für Geschichte hatte bereits eine Vorschusszahlung geleistet und war gewillt, das Projekt durch Gelder und vor allem durch einen steten Fluss an studentischen Arbeitskräften zu unterstützen. Folglich sollten neben einer Museumsfachkraft und zwei Lohnarbeitern auch zwölf Studenten in den Dienst genommen werden. Zudem wurden für die schwere körperliche Arbeit sechs Strafgefangene und die notwendige Zahl an Aufsichtsbeamten gewünscht. Der Einsatz von Gefangenen für Grabungsunternehmen war in dieser Zeit und auch in späteren Jahren nichts Ungewöhnliches, Niquet griff für die Durchführung seiner Projekte regelmäßig auf Insassen der Haftanstalt Wolfenbüttel und anderer Gefängnisse zurück.[90] Den größten Posten unter den Sachkosten bestritt eine längerfristig angemietete Planierraupe. Während Niquets Besoldung anteilig angesetzt wurde (70 Arbeitstage), beantragte Goetting nur Fahrtkosten. Der Posten war relativ hoch angesetzt und spricht für seine häufige Anwesenheit. Vermutlich erhielt er von dem Archivleiter Hermann Kleinau (1902-1978), der seine wissenschaftlichen Tätigkeiten nach Kräften förderte, umfangreichen Sonderurlaub für die Projektleitung, seine Personalakte enthält aber keine diesbezüglichen Angaben zu Brunshausen.[91] Insgesamt wurden für die erste Hauptgrabung über 20.000 Mark beantragt und auch gewährt. Zur Einordnung dieser Summe: Für einen verbeamteten Gefangenenaufseher (Oberwachtmeister) wurden 7 Mark pro Tag angesetzt, während Goetting als Staatsarchivrat und stellvertretender Leiter des Archivs in der Besoldungsgruppe A 13 (Endstufe) etwa 1.500 Mark monatlich verdiente.[92] Die Summe überstieg also deutlich dessen Bruttojahresgehalt.

---

90 SCHWARZ-MACKENSEN, Niquet, wie Anm. 69. Sowohl Thomas Vogtherr als auch Hedwig Röckelein wiesen den Verfasser darauf hin, dass der Einsatz von Gefangenen bei archäologischen Grabungen übliche Praxis war.

91 NLA WO 1 Nds Zg. 22/2019 Nr. 25. Dies gilt auch für seine im Universitätsarchiv Göttingen befindliche Hauptakte, vgl. UniA GOE Kur. Nr. 10329.

92 NLA HA Nds. 401 Acc. 2003/128 Nr. 364, Vermerk des Niedersächsischen Kultusministeriums zur Berufung Hans Goettings zum Professor in Göttingen vom 12.5.1964, dort werden 1.553 Mark angegeben.

Die Genehmigung erfolgte prompt, die erste Hauptgrabung wurde sofort angegangen. Schon im Mai 1961 setzte ein gewaltiger Publikumsverkehr, ja ein regelrechter Grabungstourismus, ein: Über 80 Mitglieder des Braunschweigischen Geschichtsvereins und der Goslarer Geschichtsverein reisten an, der Historische Verein für Niedersachsen besuchte mit zwei großen Omnibussen die Grabungsstelle. Auch Professoren und Studenten kamen nach Brunshausen, wo Goetting jeweils Führungen gab und *die historischen Zusammenhänge* darlegte, wie die Presse berichtete, also die Grabung im Sinne seiner Thesen interpretierte.[93] Das Projekt erfreute sich größter Aufmerksamkeit und regen Interesses seitens des Fachpublikums und einer breiten Öffentlichkeit gleichermaßen. Wie der Bericht zur ersten Projektphase darlegt,[94] wurde das bei der Probegrabung entdeckte Gebäude weitgehend, aber aufgrund des schlechten Wetters im Mai und Juni noch nicht gänzlich, freigelegt. Es handelte sich um einen großen Wirtschaftshof, nicht um ein Befestigungswerk, wobei das Gebäude aufgrund weiterer Funde der Fritzlarer Keramik auf das 8. Jahrhundert datiert wurde. Die zweite Hauptgrabung sollte diese Arbeiten fortsetzen. Es wurden 24.000 Mark beantragt, der Kreis Gandersheim gewährte einen Zuschuss in Höhe von 3.000 Mark, war also als weiterer Geldgeber gewonnen worden. Nüchtern betrachtet hatte man bislang allerdings wenig zu Tage fördern können, darunter befand sich zudem nichts, was die Ausgangsthesen wirklich stützen konnte. Alles hing von den Keramikscherben ab, die man in Einklang mit den Thesen rasch in Hessen verortet und auf das 8. Jahrhundert datiert hatte. Die aktuellen Forschungen von Matthias Zirm weisen die Scherbenfunde hingegen eindeutig dem Hochmittelalter zu, vermutlich stammen sie aus der zweiten Hälfte des 12. Jahrhunderts.[95] An Klaus Naß anknüpfend stellte Hedwig Röckelein schon vor einigen Jahren fest, dass Goettings These, Brunshausen sei als dessen Gründung von dem Kloster Fulda mit Reliquien der Heiligen Bonifatius und Lioba ausgestattet worden, als widerlegt zu betrachten sei.[96] Von den Gandersheimer Kirchenschätzen lässt sich heute lediglich das sogenannte Runen-

---

93 Ältestes Missionskloster in Niedersachsen. Brunshausen ist eine Reise wert / Ausgrabungen gehen weiter, in. Braunschweiger Presse, Ausgabe Nordharz, vom 30.5.1961.

94 NLA WO 4 Nds Zg. 42/1971 Nr. 7, Antrag für die zweite Hauptgrabung vom 23.10.1961 und Bericht zur ersten Hauptgrabung vom 28.11.1961.

95 Matthias ZIRM, Neues aus Brunshausen – Neubewertung der Bauuntersuchungen. Bericht an Hedwig Röckelein vom 10.7.2018 [maschinenschriftlich]. Ich danke Frau Röckelein herzlich für die Möglichkeit einer Einsichtnahme in den Bericht.

96 Hedwig RÖCKELEIN, Gandersheimer Reliquienschätze – erste vorläufige Betrachtungen, in: Martin HOERNES/DIES. (Hrsg.), Vergleichende Untersuchungen zu sächsischen Frauenstiften, Essen 2006, S. 33-96, hier S. 45.

kästchen dem 8. Jahrhundert zuordnen.[97] Das aus dem angelsächsischen Raum stammende Kunstwerk, dessen Herkunft und Verwendungszweck spekulativ bleiben müssen, kann aber kaum als Indiz für einen Bezug zur Sachsenmission gewertet werden. Somit verbleiben keinerlei belastbare materielle Zeugnisse, die für ein Missionskloster in Brunshausen sprechen.

Nach einer Winterpause wurden die Grabungen im April des Jahres 1962 fortgesetzt. Hans Goetting hielt in der Öffentlichkeit unbeirrt an seinen Thesen fest, gab aber zu, man habe wider Erwarten keine Befestigung finden können.[98] Die folgenden Monate des Grabens brachten keine weiterführenden Ergebnisse,[99] allerdings wurde ein bislang unbekanntes Seitenschiff der Klosterkirche aus dem 12. Jahrhundert entdeckt. Der Mangel an belastbaren Funden führte die Grabungen mehr und mehr zur Kirche hin: Während der nächsten Projektphase sollte innerhalb des Kirchengebäudes gegraben werden, wofür aufwändige Stützungs- und Sicherungsmaßnahmen notwendig waren – es wurden weitere rund 25.000 Mark beantragt und gewährt. Abermals leistete der Kreis Gandersheim einen Zuschuss und übernahm nun zudem die gesamte Verwaltungsarbeit des Projekts. Als weiterer Partner trat das Braunschweigische Landesmuseum hinzu, an welchem Niquet kürzlich zum Kustos ernannt worden war, indem es einen weiteren Wissenschaftler zur Verfügung stellte. Zudem wurden der Architekt und Regierungsbaurat Karl Wünsch sowie Philine Kalb, eine Doktorandin des Göttinger Professors für Bau- und Kunstgeschichte Heinz Rudolf Rosemann (1900-1977), zur Unterstützung der Grabung entsandt. Herbert Jankuhn engagierte sich als steter Betreuer, während Hans Roggenkamp, der Leiter des Landesamts für Denkmalpflege, nun als Berater in Erscheinung trat. Der Braunschweiger Generalstaatsanwalt sowie mehrere (Ober-)Staatsanwälte und Gefängnisdirektoren machten sich politisch und öffentlich für die Grabungen stark und sorgten für einen steten

---

97 Regine MARTH, Liturgische Geräte des Mittelalters aus Gandersheim im Herzog Anton Ulrich-Museum Braunschweig, in: Hedwig RÖCKELEIN (Hrsg.), Der Gandersheimer Schatz im Vergleich. Zur Rekonstruktion und Präsentation von Kirchenschätzen, Regensburg 2013, S. 135-146, hier S. 138-140. Vgl. auch: Regine MARTH (Hrsg.), Das Gandersheimer Runenkästchen. Internationales Kolloquium, Braunschweig, 24.-26. März 1999, Braunschweig 2000.

98 Ausgrabungen werden fortgesetzt. Berichte über die Nachforschungen in Brunshausen, in: Braunschweigische Zeitung vom 6.4.1962. »*Die Bedeutung Brunshausens ist im Schatten Gandersheims Jahrhunderte lang verkannt worden*«, betonte Historiker Goetting. *Das in Mittelalter und Neuzeit häufig ausgeplünderte Kloster ist in der Zeit der Sachsenkriege um das Jahr 785 gegründet und mit Fuldaer Mönchen besetzt worden. Die Missionszelle Brunshausen war ein wichtiges Außenkloster des Benediktinerhauses Fulda und ein bedeutsamer Stützpunkt für die weitere Christianisierung.*

99 NLA WO 4 Nds Zg. 42/1971 Nr. 7, Antrag für die dritte Hauptgrabung vom 1.11.1962 und Bericht über die zweite Hauptgrabung vom 27.12.1962.

Zustrom von *Ausgrabungskommandos aus Strafgefangenen und Fahrlässigkeitstätern*, deren Zahl anwuchs – der Justiz war man *zu besonderem Dank verpflichtet*. Die Ausmaße des Projekts und der Kreis der Beteiligten vergrößerten sich immer weiter und erstreckten sich bis in die Spitzen der staatlichen und kommunalen Verwaltung hinein.

Die mediale Werbetrommel konnte die äußerst mageren Ergebnisse in erstaunlichem Maße kompensieren.[100] In aller Deutlichkeit zeigt dies der Pressebericht, den Franz Niquet Ende des Jahres 1962 herausgab:[101] Demnach hätte das archäologische Unternehmen die *Angaben der schriftlichen Überlieferung*, wie er Goettings Thesen objektivierend fasste, vollauf bestätigt. Auch wenn die Grabungen keine Befestigung zutage gefördert hätten, stehe nun fest, *daß ein Angehöriger des berühmten Ludolfinger-Geschlechtes dem Kloster Brunshausen einen Hof als erste wirtschaftliche Grundlage geschenkt hat und daß Brunshausen von Fulda aus gegründet worden ist*. Als Beweis wurden einmal mehr die Keramikscherben angeführt, der Zusammenhang zwischen dem entdeckten Gebäude und den Liudolfingern wurde überhaupt nicht näher begründet. Als zweites Beweisstück verwies Niquet auf einen Denar aus dem 11.-12. Jahrhundert. Hatte in dem maschinenschriftlichen Pressebericht zunächst gestanden, dieser sei *in Stade oder Lübeck geprägt worden*, so wandelte Niquet diese Angabe handschriftlich um zu: *im Hessischen geprägt worden*. Es drängt sich der Verdacht auf, dass der Kustos mangels relevanter Grabungsfunde einen nebensächlichen Gegenstand rasch anders zuordnete, um den gewünschten semantischen Bezug zu Hessen herzustellen. Diese Ausführungen stießen auf offene Ohren, die Zeitungen übernahmen diese narrativen Bezüge, bis hin zu dem hessischen Denar, als Beweis für die Stichhaltigkeit der Grabungsergebnisse.[102] Sowohl in der Presse als auch in den amtlichen Schreiben war nun von der *Ausgrabung des Missionsklosters* die Rede, wenn das Projekt gemeint war, obwohl nicht einmal Spuren eines Klosters gefunden worden waren. Offenbar existierte auf Seiten des Publikums eine große Bereitschaft, die Geschichte vom sächsischen Missi-

---

100 Auch die wissenschaftliche Fachwelt wurde in einer Reihe von Artikeln adressiert, insbesondere zu nennen ist: Hans GOETTING/Franz NIQUET, Die Ausgrabungen des Bonifatiusklosters Brunshausen bei Gandersheim, in: Nachrichten aus Niedersachsens Urgeschichte 30 (1961), S. 99-106. Auffällig ist, dass ein großer Band, der immer wieder angekündigt wurde, offenbar nie erschienen ist.

101 NLA WO 4 Nds Zg. 42/1971 Nr. 7, Pressebericht von Franz Niquet, undatiert [Ende 1962].

102 So etwa: Das Dunkel um Brunshausen wird gelichtet. Ergebnisse der Ausgrabungen auf dem Gelände des Missionsklosters im 3. Grabungsjahr, in: Seesener Beobachter vom 12.1.1963.

onskloster und den Liudolfingern als dessen Schirmherren, von der Allianz des Protokaisertums mit der christlichen Kirche, zu glauben oder glauben zu wollen.

Unter den Beteiligten, vor allem auf Seiten Goettings, regten sich inzwischen Zweifel. Wie dem verwaltungsinternen Grabungsbericht zu entnehmen ist, wusste man die Grabungsfunde in Wahrheit kaum zu deuten, insbesondere für das Gebäude gab es keine überzeugende Erklärung. Goetting hielt es für die plausibelste Erklärung, dass es sich um die in zwei Schriftquellen belegte kleine *villa*, die sogenannte *villula*, handelte. Der Terminus bezog sich auf das Brunshausener Gebäude, welches die Kanonissen während der Bauzeit des Stifts (circa 852-881) bewohnt hätten. Demnach hatten die Grabungen kein Fuldaer Missionskloster des 8. Jahrhunderts, sondern das Ausweichquartier der Stiftsdamen während des 9. Jahrhunderts aufgedeckt. Auch musste eingeräumt werden, dass die vermeintlich hessische Keramik, die man auf das 8.-9. Jahrhundert datiert hatte, eindeutig in Verbindung mit dem Gebäude stand. Sofern es sich also wirklich um die *villula* handelte, hatte man kein Reisegepäck Fuldaer Missionare, sondern das Gebrauchsgeschirr der Kanonissen gefunden. Damit waren den Prämissen der Grabungen letztlich sämtliche Grundlagen entzogen worden. Die Beteiligten scheuten sich aber, diese Schlussfolgerungen zu ziehen, stattdessen läuteten sie rasch die nächste Projektphase ein. Vermutlich hatte man zu viel investiert und sich öffentlich zu sehr exponiert, um den Tatsachen schonungslos ins Auge zu blicken – der Fortgang des Projekts wurde ein Stück weit zum Automatismus. Neueste Forschungen haben das Gebäude hingegen – genau wie die Keramikscherben – als ein Produkt des 12. Jahrhunderts erkannt.[103]

Die nun folgende dritte Hauptgrabung fand innerhalb der Klosterkirche statt. Sie brachte ebenfalls nur wenige Ergebnisse zu Tage und keinerlei Funde, welche die Meistererzählung von der liudolfingisch-fuldaischen Missionszelle befördert hätten. Interessanter als die Grabungen selbst ist der Wandel von deren Rahmenbedingungen. Bereits während der zweiten Hauptgrabung war die Kunsthistorikerin Philine Kalb hinzugestoßen, die mit Hilfe des Grabungsprojektes promovieren wollte. Offenbar übertrugen Goetting und Niquet ihr zunehmend die Grabungsleitung.[104] Prof. Rosemann, Kalbs Doktorvater, schlüpfte in die Rolle der Koryphäe im Hintergrund. Er besichtigte die Gra-

---

103 ZIRM, Neues aus Brunshausen, wie Anm. 95.
104 Die Beteiligung der jungen Frau stieß auf großes mediales Echo, vgl. etwa: Grabungen in Brunshausen, in: Braunschweigische Zeitung vom 16.8.1963; Klosterruine liefert Stoff für Doktorarbeit. Kunststudentin aus Eßlingen [d.h. Philine Kalb] leitet Ausgrabungen in Brunshausen, in: Braunschweigische Zeitung, Gandersheimer Ausgabe vom 16.8.1963; Ausgrabungen im Kloster Brunshausen. Im vierten Jahr fortgesetzt – Diesmal Untersuchung der Klosterkirche, in: Goslarsche Zeitung vom 20.8.1963.

bungen, stellte diesen ein herausragendes Zeugnis aus und plädierte für eine vierte Hauptgrabung.[105] Zum einen bestätigte der Professor den hohen Professionalitätsgrad der Beteiligten, zum anderen leitete er aber endgültig eine Wende des Projekts ein.[106] Seine Schülerin und Roggenkamp, der Leiter des Landesamts für Denkmalpflege, bekamen nun die Fäden in die Hand, Letzterer avancierte zum neuen Antragssteller. Dies geschah völlig *im Einvernehmen mit der bisherigen Grabungsleitung*, da sich *das Schwergewicht der Grabung zur Bau- und Kunstgeschichte verlagert* habe.[107] Faktisch zogen sich Goetting und Niquet auf diesem Wege in recht geschickter Weise schleichend aus der Affäre und überließen Vertretern anderer Disziplinen das Projekt, welches eine neue Ausrichtung erfuhr, so dass die These vom Missionskloster stillschweigend wieder begraben wurde. In der Öffentlichkeit freilich dementierte Niquet, der sich bereits einer anderen Grabung zugewandt hatte, das Interesse verloren zu haben,[108] während Goetting, der mit seiner Berufung zum Professor beschäftigt war, bei Vorträgen noch immer vom Missionskloster erzählte. Gemeinsam hielten sie im April 1965 einen resümierenden Lichtbildvortrag im Niedersächsischen Landesmuseum in Hannover.[109] Sie gaben zu, die Ausgrabung hätte *nur teilweise Erfolg* gehabt, malten aber unbeirrt aus, wie das Kloster Brunshausen *seinen Auftrag als Kulturträger und Missionator Sachsens erfüllt*, als *Vorposten im heidnischen Land*, als *Hort des mittelalterlichen Geistes von europäischer Bedeutung* gewirkt und den Auftrag der *Kulturzentrale* Fulda in die Tat umgesetzt habe. Nachdem der Spaten niedergelegt und die Quellen nun ferner gerückt waren, konnte die Meistererzählung in umso hellerem Glanz erstrahlen – plötzlich hatte gar Bonifatius selbst das älteste Kloster Niedersachsens angelegt, wie dem Titel des Zeitungsberichts zu entnehmen war!

---

105 NLA WO 4 Nds Zg. 42/1971 Nr. 7, Gutachterliche Stellungnahme zur Grabung im ehemaligen Kloster Brunshausen bei Bad Gandersheim vom 5.2.1964: *Schon ein Blick in die Ausgrabung ließ deutlich werden, mit welcher Umsicht und Sachkenntnis gearbeitet worden war.*

106 Die Grabungen wurden offenbar bis 1969 weitergeführt, vgl. GOETTING, Benediktiner(innen)kloster Brunshausen, wie Anm. 57, S. V.

107 NLA WO 4 Nds Zg. 42/1971 Nr. 7, Antrag für die vierte Hauptgrabung vom 11.2.1964.

108 Grundzüge der Grabungen besprochen. Auf karolingischer Spur – Alte Mauern wurden abgestützt – Brunshausen sehr wichtig, in: Braunschweigische Zeitung, Gandersheimer Ausgabe vom 29.8.1963.

109 Das älteste Kloster Niedersachsens: Von Bonifatius in Brunshausen angelegt. Zusammenarbeit der Prähistoriker und Archäologen, in: Braunschweigische Zeitung vom 1.5.1965.

## 5. Fazit

Die mehrjährigen Ausgrabungen in Brunshausen sind ein bislang wenig bekanntes Kapitel der Wissenschaftsgeschichte.[110] Brennspiegelartig bündelt das Projekt Leitlinien der niedersächsischen und braunschweigischen Landesgeschichte, der allgemeinen Geschichtswissenschaft, der Archäologie und der Archivistik. Es zeigt in kondensierter Form Kontinuitäten und Neujustierungen der Geschichtskultur vor und nach 1945 auf.

Hans Goetting und Franz Niquet hatten während des »Dritten Reichs« in unterschiedlichem Maße Volks-, Siedlungs-, Reichs-, und Landesgeschichte betrieben, der eine als Historiker, der andere als Archäologe. Beide hatten sie ihre Forschungen zumindest teilweise in den Dienst politischer Zielsetzungen gestellt – germanisches und sächsisches Altertum vergegenwärtigen, Reich und Mittelalter neu beleben, historische Identitäten schaffen, all dies war ihr Anliegen gewesen. Dieser Stoßrichtung blieben sie nach 1945 unter gewandelten Vorzeichen treu, indem sie am Bau eines historisch fundierten Niedersachsens mitarbeiteten, das als moderne Ausprägung und Fortsetzung des Sachsenstammes und seiner Kaiser ausgewiesen werden sollte. Deutliche wissenschaftliche Kontinuitäten treten hervor, auch wenn in der Nachkriegszeit eine Zuspitzung auf die landesgeschichtlichen Gegebenheiten stattfand und volksgeschichtliche Methodik – im hier betrachteten Fall zumindest – nun mehr der Schaffung von Identifikationsnarrativen als der Herleitung von politischen Ansprüchen diente. Der versierte Urkundenforscher Goetting fand in der Geschichte der Reichsabtei Gandersheim ein Betätigungsfeld, das für seine Talente, Interessen und Zielsetzungen wie geschaffen schien. Aus der Gründungsgeschichte des Stiftes leitete er durch eingehende diplomatische Analyse die These eines verborgenen und vergessenen Missionsklosters ab. Unter Karl dem Großen von Fuldaer Mönchen errichtet, stand es unter dem Schutz der protokaiserlichen Liudolfinger und erfüllte einen beinahe heilsgeschichtlichen Auftrag für Kirche, Reich und (Nieder-)Sachsenstaat. Zeittypisch projizierte Goetting Narrative

---

110 Neben der bereits angeführten Studie von Klaus Naß, die sich vor allem mit der urkundlichen Überlieferung befasst, ist die einzige kritische Auseinandersetzung offenbar bis dato der kurze Beitrag: Matthias ZIRM, Hathumods erste Kirche: Ausgrabungen im Kloster Brunshausen, in: LUDOWICI, Saxones, wie Anm. 68, S. 332 f. Allerdings befindet sich seitens dieses Verfassers schon seit längerer Zeit eine umfangreiche Untersuchung in Vorbereitung. Sie trägt den Arbeitstitel: »Archäologische Forschungen zu Gandersheim/Brunshausen, einem frühen Herrschaftszentrum der Liudolfinger im Rahmen der älteren Siedlungsgeschichte Südniedersachsens«, vgl. https://www.uni-goettingen.de/de/matthias+zirm+m.sc./76314.html (Stand: 25.2.2022). Zentrale Ergebnisse wurden in einem Projektbericht (ZIRM, Neues aus Brunshausen, wie Anm. 95) zusammengefasst, aber nicht publiziert.

und Sehnsüchte seiner eigenen Gegenwart in das Frühmittelalter und erschuf damit eine Meistererzählung, die in der Wissenschaft auf große Zustimmung stieß, aber auch bei einem breiten Publikum gewaltigen Anklang fand. Es ist keinesfalls die Absicht des vorliegenden Beitrags, das Brunshausener Grabungsprojekt und seine Protagonisten nachträglich und im Lichte späterer Erkenntnisse abzuurteilen. Gleichwohl ist der Fall Gandersheim-Brunshausen ein Lehrstück dafür, wie selbst bei noch so akribischer Kritik Quellen zu Projektionsflächen und Beweisstücken vorgefasster Thesen werden können.

Gut vernetzt innerhalb der landesgeschichtlichen Szene Braunschweigs und Niedersachsens, in welcher er selbst ein gewichtiger Akteur war, gewann Goetting eine Reihe von Verbündeten, um sich auch auf archäologischem Wege dem Missionskloster zu nähern. Der Archäologie war dabei die dienende Rolle zugedacht, die Befunde der Geschichtswissenschaft zu erhärten. Der Wolfenbütteler Museumsmitarbeiter Franz Niquet wurde der zweite Protagonist des Projekts, wichtige Unterstützung leisteten aber auch die Professoren Hermann Heimpel und Herbert Jankuhn, die beide ebenfalls Wissenschaftler mit Vergangenheit waren. Der Kreis der Geldgeber und Protektoren vergrößerte sich mit dem Fortgang des Projekts zusehends, über das in den Zeitungen regelmäßig berichtet wurde und das die beiden Grabungsleiter durch gezielte Öffentlichkeitsarbeit populär machten. Die Meistererzählung von Brunshausen fesselte das Interesse vieler Menschen und trug dem Projekt Unterstützung ein. Das Land Niedersachsen gab Geld, die Justiz sandte Gefangene und zu sozialer Arbeit Verurteilte, die Kreisverwaltung Gandersheims gab Zuschüsse und übernahm die Verwaltungsarbeit, die Universität Göttingen schickte Studenten und sprang mit Gutachten bei, die Zeitungen berichteten, die Geschichtsvereine und viele Interessierte besuchten die Grabungen – das Projekt Brunshausen war geradezu ein gesellschaftliches Unternehmen.

Mit seiner inter- oder sogar transdiziplinären Ausrichtung erfüllte die Suche nach dem Missionskloster viele Forderungen der modernen landesgeschichtlichen Forschung und war sehr innovativ. Was an den Universitäten nicht gelang, setzten die beiden außeruniversitären Wissenschaftler auf vergleichsweise hohem Niveau in die Tat um. Das Projekt erhielt Unterstützung von der Universität Göttingen, war aber nicht essentiell auf diese angewiesen. Das akademische Milieu war nur eine von vielen Wurzeln, welche die methodische Ausrichtung des Projekts bedingten, und zwar keineswegs die bedeutendste. Goetting war im Zuge seiner Archivausbildung in Wien und Berlin die Vorstellung vermittelt worden, Archivare müssten anschlussfähig an archäologische Untersuchungen sein und diese sogar nach Möglichkeit selbst betreiben. Auch in den Geschichtsvereinen gab es eine lange Tradition der Altertumskunde, die in enger Verzahnung zur Geschichtswissenschaft betrieben und gedacht wurde. Ergänzt wurde dies in Braunschweig durch ein außeruniversitäres Gelehrtenmilieu, dessen Mitglieder nicht selten disziplinenübergreifend agierten. Trotz allem haftete den Grabungen in Brunshausen unter Leitung des Archivars unwillkürlich ein gewisser Ruch des Dilettantischen an. Bei nüchterner Betrachtung zeigt sich aber, dass nicht die Qualität der Ausgrabungsarbeiten problematisch war, sondern die Zugrundelegung der vorgefassten historischen Hypothesen, die letztlich zu Zirkelschlüssen führten. Von diesen rückten die beiden Hauptakteure kaum ab, zumindest nicht in der Öffentlichkeit. Bemerkenswerterweise kamen Goetting, dem Urheber des Unternehmens und (Er-)Finder des Missionsklosters, Zweifel, die er intern durchaus vorsichtig artikulierte. Statt die Meistererzählung öffentlich zu widerrufen, was angesichts des gesellschaftlichen Widerhalls vermutlich schwierig gewesen wäre, zogen Goetting und Niquet sich dezent aus dem Projekt zurück, das sie den Bau- und Kunsthistorikern überließen. Die Erzählung vom Missionskloster hat das Bild von Brunshausen auch in späteren Jahrzehnten geprägt und wirkt bis heute nach.[111]

Die hier beschriebenen Ereignisse hatten einige Jahre später noch ein seltsames Nachspiel:[112] Franz Niquet beantragte und erhielt Gelder und Sonderurlaub, um zahlreiche Museen und Landesämter in Hessen, Rheinland-Pfalz und Nordrhein-Westfalen zu besuchen. Vor Ort verglich er die in Brunshausen geborgenen Scherben mit den von diesen Institutionen verwahrten. Es zeigte sich, dass Niquets Zuordnung und Bestimmung sinnbildlich auf tönernen Füßen gestanden hatte. Die von ihm einstmals in Fritzlar verortete Keramik führte er nun auf römische Töpferware der Rheinlande zurück. Sie sei zunächst in Franken und schließlich im Raum zwischen Vogelsberg, Fulda und Lahn weiterentwickelt worden. Während der Sachsenkriege sei die Keramik dann nach Brunshausen gelangt, sie sei der archäologische Beleg für die »historisch bekannten« Verbindungen zwischen dem Kloster Fulda und der braunschweigischen Missionszelle und damit für die engen Beziehungen zwischen Hessen und Niedersachsen insgesamt. Was von dieser zweiten Analyse der Scherben zu halten ist, sei dahingestellt. Der Fall Brunshausen zeigt in aller Deutlichkeit,

---

111 Noch immer ist Goettings Germania-Sacra-Band zu diesem Kloster das unangefochtene Standardwerk. Vgl. GOETTING, Benediktiner(innen)kloster Brunshausen, wie Anm. 57, S. 6-11. Vgl. insbesondere auch die Ausführungen der späteren Grabungsleiterin: Maria SCHOTT-KEIBEL, Kirchengrabung in Brunshausen bei Gandersheim. Vorläufiger Bericht, in: Niedersächsische Denkmalpflege 6 (1970), S. 34-42; Maria KEIBEL-MAIER, Brunshausen. Zur Baugeschichte der ehemaligen Klosterkirche in Brunshausen, in: Harzzeitschrift 38 (1986), S. 7-20. Auch der aktuelle Wikipedia-Artikel folgt weitgehend der These vom Missionskloster: https://de.wikipedia.org/wiki/Kloster_Brunshausen (Stand: 1.4.2021).
112 NLA WO 4 Nds Zg. 42/1971 Nr. 7, Bericht Niquets an die Braunschweigische Bezirksregierung über seine Museumsreise vom 27.2.1968.

dass auch akribisch erforschte Quellen nicht davor gefeit sind, missdeutet und in den Dienst einer Meistererzählung gestellt zu werden. Im günstigeren Fall avanciert diese dann ihrerseits zum Objekt der historischen Betrachtung und kann dazu beitragen, die Zeit ihrer Entstehung, deren wissenschaftliche Paradigmen und geschichtskulturelle Erwartungen, zu erhellen.

# Die Diskussion um Hans Calmeyer und seine Rolle in den besetzten Niederlanden
*Eine debattengeschichtliche Darstellung der Jahre seit 2017*

VON RASMUS NIEBAUM

## 1. Einleitung

Derzeit schwelt eine erbittert geführte Debatte um die »richtige« Erinnerung an den NS-Beamten und Rettungswiderständler Hans Georg Calmeyer. Calmeyer diente von 1941-1945 in den besetzten Niederlanden als sogenannter »Rassereferent«, der auf Antrag in Zweifelsfällen über die jüdische oder nichtjüdische Abstammung entscheiden sollte. In dieser Funktion half er, 3.000 bis 3.500 Menschen vor der Deportation zu bewahren,[1] war aber zugleich durch seine Stellung unweigerlich in das deutsche Besatzungsregime eingebunden. »Keine Ehre für Calmeyer« forderte daher 2020 eine niederländische Kampagne, der die Osnabrücker Hans Calmeyer-Initiative wiederum einen »manipulativen Gesinnungsjournalismus«[2] attestierte.

Öffentlich geführte Debatten über Geschichte und historische Persönlichkeiten sind eine spezifische Form der Erinnerung von Geschichte und somit Teil der Geschichtskultur. Gerade die Zeitgeschichte zeigt sich in der öffentlichen Auseinandersetzung immer wieder als eine Streitgeschichte.[3] Wie konnte es im Falle Calmeyers zu dieser emotionsgeladenen Eskalation des Austauschs

---

1 Siehe Mathias MIDDELBERG, »Wer bin ich, dass ich über Leben und Tod entscheide?« Hans Calmeyer – »Rassereferent« in den Niederlanden 1941-1945, Göttingen 2015, S. 217. Freilich waren an diesem Rettungswerk auch die antragstellenden Personen selbst sowie gewogene Anwälte, Notare und die Israelitische Glaubensgemeinschaft beteiligt. Allein 2.659 Menschen konnten sich durch zumeist gefälschte Abstammungsunterlagen retten, die von Calmeyer und seinen Mitarbeitern wissentlich anerkannt wurden. Siehe Petra VAN DEN BOOMGAARD, Voor de nazi's geen Jood. Hoe ruim 2500 Joden door ontduiking van rassenvoorschriften aan de deportaties zijn ontkomen, Hilversum 2019, S. 613.

2 Zit. nach: Sebastian STRICKER, »Manipulativer Gesinnungsjournalismus«. Osnabrücker Calmeyer-Initiative kontert Kritik aus Holland, in: Neue Osnabrücker Zeitung (NOZ), 1.6.2020, https://www.noz.de/lokales/osnabrueck/artikel/2059739/osnabrueckercalmeyer-initiative-kontert-kritik-aus-holland (Zugriff 1.8.2021).

3 Siehe Klaus GROSSE KRACHT, Kontroverse Zeitgeschichte. Historiker im öffentlichen Meinungsstreit, in: Sabine HORN/Michael SAUER (Hrsg.), Geschichte und Öffentlichkeit. Orte – Medien – Institutionen, Göttingen 2009, S. 15-23, hier S. 15.

kommen? Um das Hochkochen der »Causa Calmeyer« seit 2017 zu rekonstruieren, bietet sich das begriffliche Instrumentarium Klaus Große Krachts an, der sich mit den großen zeitgeschichtlichen Kontroversen in Deutschland nach 1945 auseinandergesetzt hat.[4] Große Kracht unterscheidet eine unilateral vorgetragene fachliche *Kritik* von einer fachwissenschaftlichen *Kontroverse*. Das Spezifikum der öffentlich geführten *Debatte* wiederum ist ihm zufolge »die *moralische* und *politische* [Hervorhebung im Original, R.N.] Bewertung eines zumindest in den Grundzügen unstrittigen historischen Sachverhalts.«[5] Für die öffentlich geführte Debatte spielen die Massenmedien die zentrale Rolle. Für die Auswahl der Informationen, die als berichtenswert ausgewählt werden, sieht Klaus Große Kracht drei ausschlaggebende Faktoren: Neben dem *Aktualitätsbezug* (1) ist auch die *kommunikative Anschlussfähigkeit* (2) einer Information vonnöten. Das heißt, für den Rezipienten muss das Thema eine Verbindung zu weiteren ihm bekannten Problemen aufweisen. Drittens muss eine Information auch *moralisierungsfähig* (3) sein und zur Bewertung auffordern.[6]

Im vorliegenden Aufsatz soll gefragt werden, inwieweit der aktuelle Streit um Hans Calmeyer und seine Rolle in den besetzten Niederlanden als eine »typische« Geschichtsdebatte beschrieben werden kann und inwiefern hieraus Gründe für die Aufheizung der Debatte abgeleitet werden können. Dementsprechend gilt es, im Sinne eines Aktualitätsbezugs die Initialzündung der aktuellen Debatte zu untersuchen. Hierbei steht primär die Auseinandersetzung um das vom Osnabrücker Stadtrat beschlossene Museum über Hans Calmeyer im Fokus (Abschnitt 2.1). Der Blick ist außerdem auf die Ausweitung und den Charakter der Debatte zu richten. Welche Konsequenzen zeigen sich für die historische Beurteilung und die Bewertung des Themas (Abschnitt 2.2)? In einem folgenden Kapitel sollen auch die Konsequenzen der Reaktion aus den Niederlanden auf die Osnabrücker Museums-Pläne untersucht werden. Im Zentrum steht hier zunächst der Einfluss auf die Debatte durch das einzelbiographische Schicksal der Holocaust-Überlebenden Femma Fleijsman, deren Abstammungsüberprüfung von Calmeyer negativ beschieden worden war (Abschnitt 3.1). Anschließend soll ausgehend vom Einfluss der bereits oben erwähnten Kampagne »Keine Ehre für Calmeyer« nach den Problemen

---

4 Siehe Klaus GROSSE KRACHT, Die zankende Zunft. Historische Kontroversen in Deutschland nach 1945, Göttingen 2005. Eingedampft finden sich seine Erkenntnisse auch in folgenden Aufsätzen: DERS., Kritik, Kontroverse, Debatte. Historiografiegeschichte als Streitgeschichte, in: Jan ECKEL/Thomas ETZEMÜLLER (Hrsg.), Neue Zugänge zur Geschichte der Geschichtswissenschaft, Göttingen 2007, S. 255-283,, und GROSSE KRACHT, Kontroverse Zeitgeschichte, wie Anm. 3, S. 15-23.
5 GROSSE KRACHT, Kontroverse Zeitgeschichte (wie Anm. 4), S. 18.
6 Siehe ebd., S. 20 f.

geforscht werden, die der Debatte zugrunde liegen und die für deren kommunikative Anschlussfähigkeit sorgen (3.2).

Für die Untersuchung der Calmeyer-Debatte seit 2017 wurden in erster Linie die einschlägigen Artikel der »Neuen Osnabrücker Zeitung« (NOZ) – dem Leitmedium der Auseinandersetzung – ausgewertet. Neben der NOZ haben sich auch überregionale Zeitungen an der Calmeyer-Debatte beteiligt, insbesondere »Die Tageszeitung« (taz), deren Artikel ebenfalls analysiert wurden. Hinzu kommen die Veröffentlichungen auf dem Geschichtsblog des Historischen Vereins Osnabrück, der seit 2020 für Diskussionen zum Thema geöffnet wurde.[7]

## 2. Ein Museum für Calmeyer: Entstehung und Aufheizung der Debatte seit 2017

### *2.1 Aktualitätsbezug der Debatte: »Calmeyer-Haus« oder »Friedenslabor«? Die »Ambivalenz«-Debatte*

Die Debatte um Hans Calmeyer war um die Jahrtausendwende herum schon einmal geführt worden. Mit provokant zugespitzter Schlagrichtung wurde gefragt, ob Calmeyer »Schindler oder Schwindler«[8] gewesen sei.[9] Seitdem hatte sich die Debatte beruhigt und weitgehend zu einer fachwissenschaftlichen Kontroverse zurückgeschraubt. In diesem Kontext kam die niederländische Historikerin Geraldien von Frijtag Drabbe Künzel zu einem uneindeutigen Urteil über Calmeyer: der Rettung Einzelner stehe die Mitwirkung an der deutschen Besatzungspolitik gegenüber.[10] Der Osnabrücker Rechtshistoriker Mathias Middelberg kam in seinen Studien dagegen zu einem positiven Urteil: Calmeyers Einfügung in die Verfolgungsmaschinerie sei eine erfolgreiche Tarnung für sein eigentliches Rettungswerk gewesen.[11] Die niederländische

---

7 Siehe hierzu Thomas Brakmann: Täter oder Gerechter? Die Diskussion zu Hans Calmeyer im Osnabrücker Geschichtsblog, in: Osnabrücker Mitteilungen 125 (2020), S. 135-142. Der Blog ist unter https://hvos.hypotheses.org/category/diskussion (Zugriff 2.8.2021) abrufbar.

8 Coen Stuldreher, »Schindler oder Schwindler?« In: Stern, 4.2.1999.

9 Für einen Überblick über die Zeit von Calmeyers »Wiederentdeckung« in den 1980er Jahren bis zur Jahrtausendwende siehe Mathias Middelberg, Calmeyer, wie Anm. 1, S. 198-203.

10 Siehe Geraldien von Frijtag Drabbe Künzel, Het geval Calmeyer, Amsterdam 2008, S. 271 f.

11 Siehe Mathias Middelberg, Judenrecht, Judenpolitik und der Jurist Hans Calmeyer in den besetzten Niederlanden 1940-1945, Göttingen 2005, S. 396; ders., Calmeyer, wie Anm. 1, S. 219.

Rechtshistorikerin Petra van den Boomgaard hat in ihrer Studie den gesamten Aktenbestand der von Calmeyer geleiteten Entscheidungsstelle ausgewertet und kommt auf dieser quellengesättigten Grundlage ebenfalls zum Urteil eines bis Herbst 1943 kulant entscheidenden Calmeyers. Seit diesem Zeitpunkt fiel der deutschen Besatzungsleitung die nachsichtige Einstellung der Entscheidungsstelle zunehmend ins Auge, und auch die SS mischte sich in die Entscheidungsfindungen mehr und mehr ein.[12]

Zum Wiederaufflammen der öffentlichen Debatte kam es 2017, nachdem der Osnabrücker Stadtrat schließlich die Einrichtung eines Calmeyer-Hauses in der Villa Schlikker – der ehemaligen lokalen NSDAP-Parteizentrale – in Osnabrück beschloss.[13] Die Museumspläne brachten somit neue Aktualität in die Causa Calmeyer und bildeten für die Medien den Anlass, sich mit dem Thema wieder zu beschäftigen.[14] In die Diskussion geriet besonders der wissenschaftliche Beirat, der in seiner Mehrheit auf Distanz zu Calmeyer ging, indem er sich in seiner konstituierenden Sitzung kurzerhand umbenannte. Nicht mehr die »Schaffung eines Calmeyer Hauses in der Villa Schlikker«, sondern die »Neukonzeption der Villa Schlikker«[15] sei das Ziel. Das Unbehagen gegenüber der Konzeption eines Calmeyer-Hauses begründeten der beiratsvorsitzende Geschichtsdidaktiker Alfons Kenkmann und der Osnabrücker Zeithistoriker Christoph Rass mit der Ambivalenz, die dem Handeln Calmeyers zugrunde gelegen habe.[16] Aktuell verfolgt der Beirat das Ziel eines »lebendige[n] Begegnungsort[s] und ein[es] Friedenslabor[s]«,[17] das sich nicht nur mit Calmeyer, sondern auch mit der Geschichte der Villa Schlikker beschäftigen soll.[18]

12  Siehe van den Boomgaard, geen Jood, wie Anm. 1, S. 611-613.
13  Siehe Sebastian Stricker, Villa Schlikker wird Hans-Calmeyer-Haus. Stadt baut Museum für den »Schindler aus Osnabrück«, in: NOZ, 7.12.2017 (https://www.noz.de/lokales/osnabrueck/artikel/989478/stadt-baut-museum-fuer-den-schindler-aus-osnabrueck#gallery&0&0&989478) (Zugriff 11.8.2021).
14  Zum Aktualitätsbezug siehe Grosse Kracht, Kritik, Kontroverse, Debatte, wie Anm. 4, S. 264.
15  So die wechselnden Namen des wissenschaftlichen Beirats.
16  Siehe Sebastian Stricker, Historiker raten von Calmeyer-Haus in Osnabrück ab, in: NOZ, 2.7.2019 (https://www.noz.de/lokales/osnabrueck/artikel/1793968/historiker-raten-von-hans-calmeyer-haus-in-osnabrueck-ab) (Zugriff 3.8.2021).
17  O. V., Neukonzeption der Villa am Heger Tor (https://www.museumsquartier-osnabrueck.de/neukonzeption-der-villa-am-heger-tor/) (Zugriff 21.7.2022).
18  Die Villa Schlikker gehörte der gleichnamigen Unternehmerfamilie und wurde von Gerhard Schlikker 1932 der NSDAP überlassen. Aufgrund dessen ist die Bezeichnung »Villa Schlikker« in die Diskussion geraten. Das Haus wurde jüngst in »Villa im Museumsquartier« umbenannt. Siehe Sebastian Stricker, Museumsname museumsreif? »Villa Schlikker« sagen ist in Osnabrück plötzlich tabu, in: NOZ, 28.6.2022 (https://www.noz

Die Kritik über diesen Rückzug vom eigentlichen Ratsbeschluss ließ nicht lange auf sich warten. Insbesondere die Osnabrücker Hans Calmeyer-Initiative und die Erich Maria Remarque Gesellschaft kritisierten, dass dem Beirat erstens das Mandat fehle, um eine Neubewertung Calmeyers vorzunehmen. Zweitens gebe es mit Blick auf den unveränderten Forschungsstand auch keinen Grund zu einer Neubewertung der Causa Calmeyer.[19] Der Beiratsvorsitzende Kenkmann hatte die Debatte zusätzlich angeheizt, indem er Calmeyer mit dem Schriftsteller Erich Maria Remarque und dem jüdischen Maler Felix Nussbaum – zwei weiteren »Söhnen« der Stadt Osnabrück – verglich und öffentlich abwertete: »Das ist eine andere [Erinnerungs-]Liga, in der da gespielt wird.«[20] Die Debatte eskalierte so weit, dass der Zeithistoriker Christoph Rass nach teils heftiger Kritik an seinen Äußerungen über das Handeln Calmeyers den Beirat verließ.[21] Rass' Rücktritt lässt sich in gewisser Weise als resignierte Reaktion auf den Verlauf einer öffentlichen Debatte interpretieren, die unvermittelter und heftiger verlaufen kann als eine rein universitär geführte Kontroverse.[22]

Der in den Medien aufgeladene erbitterte Meinungsstreit über die Gestaltung, insbesondere aber über die Benennung des Museums verdeckt bei nüchterner Betrachtung die zweifelsohne ebenfalls vorhandenen Schnittmengen zwischen den an der Debatte Beteiligten. So fordern sowohl die verschiedenen Mitglieder des Beirats als auch die Erich Maria Remarque Gesellschaft eine wissenschaftlich fundierte Ausgangsbasis und stimmen auch darin überein, dass Calmeyers Handeln mit Blick auf seine Position in den besetzten Niederlanden

---

de/lokales/osnabrueck/artikel/museum-umbenannt-name-villa-schlikker-in-osnabrueck-nun-tabu-42376065) (Zugriff 21.7.2022).

19  Siehe ERICH MARIA REMARQUE GESELLSCHAFT, Der Streit um das Hans Calmeyer-Haus. Stellungnahme vom 1.10.2019, S. 1-6, hier S. 1-3. Siehe auch den Brief des Beiratsmitgliedes Joachim Castan an die Fraktionen des Stadtrats vom 12.2.2019 und Sebastian STRICKER, Calmeyer-Haus ohne Calmeyer? Museumsplaner über Kreuz, in: NOZ, 23.4.2019 (https://www.noz.de/lokales/osnabrueck/artikel/1711439/calmeyer-haus-ohne-calmeyer-museumsplaner-ueber-kreuz) (Zugriff 3.8.2021).

20  Zit. nach: Michael HOLLENBACH, Retter und Rädchen in der NS-Mordmaschine, in: Deutschlandfunk, 10.9.2019 (https://www.deutschlandfunk.de/streit-um-gedenken-an-hans-calmeyer-retter-und-raedchen-in.886.de.html?dram:article_id=458359) (Zugriff 28.7.2021).

21  Siehe Rainer LAHMANN-LAMMERT, Streit um Calmeyer: Uni Osnabrück verlässt wissenschaftlichen Beirat, in: NOZ, 5.7.2019 (https://www.noz.de/lokales/osnabrueck/artikel/1798381/streit-um-calmeyer-uni-osnabrueck-verlaesst-wissenschaftlichen-beirat) (Zugriff 3.8.2021); DERS., »Ambivalente Persönlichkeit«. Erbitterter Namensstreit um das Calmeyer-Haus in Osnabrück, in: ebd., 4.7.2021 (https://www.noz.de/lokales/osnabrueck/artikel/1797006/erbitterter-namensstreit-um-das-calmeyer-haus-in-osnabrueck) (Zugriff 3.8.2021).

22  Siehe GROSSE KRACHT, Kontroverse Zeitgeschichte, wie Anm. 3, S. 21 f.

als ambivalent bezeichnet werden kann.²³ Auch bei der Konzeption des Museums lässt sich als gemeinsamer Nenner der Anspruch ausmachen, Calmeyer nicht zu heroisieren und eine multiperspektivische und kontextualisierte Darstellung zu verfolgen.²⁴

Es ist deutlich geworden, dass die Osnabrücker Museumspläne den Aktualitätsbezug der entstandenen Debatte darstellen. Die diesbezügliche Auseinandersetzung lässt sich als ein Kampf um die erinnerungskulturelle Deutungshoheit in Sachen Calmeyer sehen.²⁵ Dabei stehen sich in der Berichterstattung zwei scheinbar unversöhnliche Parteien gegenüber, von denen die eine Calmeyer als insgesamt erinnerungswürdigen Rettungswiderständler sieht, während die andere Calmeyer auch als NS-Funktionär betrachtet und sein Andenken problematisiert. Freilich bietet dieses medial transportierte Bild kaum Platz für Schattierungen und differenzierte Betrachtungsweisen, die in der Debatte demgemäß ausgeblendet bleiben.

## 2.2 »Vergesellschaftung der Geschichte«: Dekontextualisierung, Moralisierung und politische Aufladung

Mit der Diskussion um das Calmeyer-Haus hatte die Debatte konjunkturelle Fahrt aufgenommen. Damit nahm auch die Zahl derer zu, die das geschichtliche Thema verfolgten und sich mit diesem aktiv auseinandersetzten. Das Thema erhielt eine überregionale Wahrnehmung und fand sich neben Zeitungsartikeln nunmehr auch in den Kommentarspalten wieder.²⁶ Die Zu-

---

23 Siehe für die ERICH MARIA REMARQUE GESELLSCHAFT, Stellungnahme vom 1.10.2019, wie Anm. 19, S. 2, 4. Für die Beiratsmitglieder Middelberg und Kenkmann siehe LAHMANN-LAMMERT, »Ambivalente Persönlichkeit«, wie Anm. 21, bzw. HOLLENBACH, Retter und Rädchen, wie Anm. 20.

24 Siehe ERICH MARIA REMARQUE GESELLSCHAFT, Stellungnahme vom 1.10.2019, wie Anm. 19, S. 4, 6 und Sebastian STRICKER, Historiker raten von Calmeyer-Haus ab, wie Anm. 16.

25 Siehe konzeptuell Volker ULRICH, Zeitgeschichte als Streitgeschichte. Zur Präsentation von Geschichte in den Printmedien, in: Sabine HORN/Michael SAUER (Hrsg.), Geschichte und Öffentlichkeit. Orte – Medien – Institutionen, Göttingen 2009, S. 177-185, hier S. 181.

26 Zur überregionalen Wahrnehmung siehe etwa HOLLENBACH, Retter und Rädchen, wie Anm. 20, und Alexander DIEHL, Held oder keiner, in: taz, 19.7.2019 (https://taz.de/NS-Buerokrat-und-Lebensretter/!5607578/) (Zugriff 14.7.2022), der Calmeyer fälschlich eine NSDAP-Mitgliedschaft unterstellt. Für Kommentare siehe Sebastian STRICKER, Hans-Calmeyer-Haus. Unwürdiges Hauen und Stechen, in: NOZ, 23.4.2019 (https://www.noz.de/lokales/osnabrueck/artikel/1711860/hans-calmeyer-haus-unwuerdiges-hauen-und-stechen) (Zugriff 15.8.2021) und Rainer LAHMANN-LAMMERT, Hans Calmeyer – ein tragischer Held, in: ebd., 4.7.2019 (https://www.noz.de/lokales/osnabrueck/artikel/1797058/hans-calmeyer-ein-tragischer-held) (Zugriff 15.8.2021).

nahme der an der Debatte Beteiligten manifestierte sich außerdem in Leserbriefen oder auch in Diskussionen, die im Onlinebereich der NOZ und der taz entstanden.[27] Ein neuer Kanal des Austauschs entstand überdies 2020 in Form einer Diskussionsfunktion auf dem Geschichtsblog des Historischen Vereins Osnabrück.[28] Es hat also eine Vergrößerung des Kommunikationsraums wie auch damit zusammenhängend eine Ausweitung des Personenkreises stattgefunden, die die Calmeyer-Debatte verfolgen und an dieser partizipieren. Es lässt sich mithin eine »Vergesellschaftung von Geschichte«[29] feststellen.[30]

Die dabei entstandenen Debattenbeiträge bewegen sich auf einem unterschiedlich hohen sachlichen Niveau. Es lässt sich jedoch beobachten, dass eine Auseinandersetzung mit dem historischen Kontext zunehmend zugunsten einer normativen Betrachtung aufgegeben wurde. Beispielhaft kann man dabei auf einen in der taz erschienen Artikel verweisen, in dem der Autor Calmeyers Ablehnung von sogenannten Mischehen in der Äußerung gegenüber einem Vorgesetzten als nicht menschenfreundlich kritisiert.[31] Diese Bewertung blendet freilich die eingeschränkten Äußerungs- und Handlungsspielräume aus, über die Calmeyer bei den Äußerungen gegenüber einem Vorgesetzten verfügte. Erst durch die Einpassung in die deutsche Besatzungsverwaltung konnte seine Entscheidungsstelle schließlich bis 1944 existieren.[32] Auch der vom taz-Autor konstruierte Widerspruch zwischen Calmeyers Berufsverbot 1933, seiner 1934 erreichten Wiederzulassung und seinem folgenden Beitritt in den Nationalsozialistischen Rechtswahrerbund ignoriert den Anpassungsdruck in der nationalsozialistischen Diktatur.[33]

---

27 Für einen lebhaften Austausch unter den Leserinnen und Lesern der Online-Ausgabe der NOZ siehe etwa https://www.noz.de/lokales/osnabrueck/artikel/1797006/erbitterter-namensstreit-um-das-calmeyer-haus-in-osnabrueck (Zugriff 15.8.2021). Für die taz siehe den Kommentarbereich unter https://taz.de/Hans-Georg-Calmeyer/!5607579/ (Zugriff 15.8.2021).
28 Siehe https://hvos.hypotheses.org/category/diskussion (Zugriff 2.8.2021).
29 Bernd GREINER, Bruch-Stücke. Sechs westdeutsche Beobachtungen nebst unfertigen Deutungen, in: HAMBURGER INSTITUT FÜR SOZIALWISSENSCHAFTEN (Hrsg.), Eine Ausstellung und ihre Folgen. Zur Rezeption der Ausstellung »Vernichtungskrieg. Verbrechen der Wehrmacht 1941 bis 1944«, Hamburg 1999, S. 15-86, hier S. 16.
30 Siehe am Beispiel der Goldhagen-Debatte GROSSE KRACHT, Kritik, Kontroverse, Debatte, wie Anm. 4, S. 262 f.
31 Siehe Harf-Peter SCHÖNHERR, Hans Georg Calmeyer. Retter und Täter zugleich, in: taz, 22.7.2019 (https://taz.de/Hans-Georg-Calmeyer/!5607579/) (Zugriff 12.8.2021).
32 Siehe Petra VAN DEN BOOMGAARD, Legal Evasion of the Deportations in the Netherlands, in: Holocaust and Genocide Studies (erscheint 2022), S. 1-30, hier S. 24.
33 Siehe SCHÖNHERR, Retter und Täter zugleich, wie Anm. 31. Zum Berufsverbot und zur Wiederzulassung Calmeyers siehe MIDDELBERG, Calmeyer, wie Anm. 1, S. 39 f.

Mit dem Ausblenden des historischen Kontextes wurde die beurteilende zugunsten einer bewertenden Perspektive aufgegeben. Calmeyer wurde gewissermaßen aus seiner Zeit herausgerissen, was zu einer Positionierung herausforderte. Eine solche ahistorische Bewertung geschah beispielsweise in einem Interview, in dem der Osnabrücker Strafverteidiger Thomas Klein zum Strafmaß für Hans Calmeyer befragt wurde, würde dieser heutzutage vor Gericht beschuldigt werden. In dieser Perspektive gelangte Klein – der von 2011 bis 2021 auch für die Grünen im Rat der Stadt Osnabrück saß – zum Ergebnis, Calmeyer würde »wegen Beihilfe zum Mord in x Fällen«[34] angeklagt werden. Dem widersprach Mathias Middelberg – der seit 2009 wiederum Bundestagsabgeordneter für die CDU ist – in seiner juristischen Bewertung des Falls und kam zum gegensätzlichen Schluss, er würde »klar auf Freispruch plädieren.«[35]

Die in der Debatte beobachtbare Tendenz zum Ausblenden des historischen Kontexts führt zu einer starken Konzentration bloß auf die Person Hans Calmeyer. Strukturgeschichtliche Fragestellungen etwa nach den behördlichen und rechtlichen Rahmenbedingungen haben in der Debatte keinen großen Nachrichtenwert. Sie führen nicht zu einem breiten Publikumsinteresse an der Causa Calmeyer. Insofern kommt es zu der beobachtbaren personalisierten Betrachtung, die auch eine Tendenz zur Moralisierung von Calmeyers Handeln beinhaltet: Wie konnte er ein Menschfreund sein, wenn er sich doch des NS-Jargons bediente? Waren seine Entscheidungen gerecht? War er nicht ein Mörder, weil er eben auch Anträge zuungunsten der Petenten entschieden hat? Für eine nüchterne historische Betrachtung ist diese Tendenz zur Moralisierung bei gleichzeitiger Dekontextualisierung freilich wenig fruchtbar.[36]

Neben der Moralisierung und Dekontextualisierung zeigt sich überdies eine politische Aufladung, was die Emotionalität der geführten Debatte zusätzlich

---

34  Zit. nach Sebastian STRICKER, »Beihilfe zum Mord in x Fällen«. Wie ein Osnabrücker Strafverteidiger den Fall Hans Calmeyer sieht, in: NOZ, 22.5.2020 (https://www.noz.de/lokales/osnabrueck/artikel/2056597/wie-ein-osnabruecker-strafverteidiger-den-fall-hans-calmeyer-sieht) (Zugriff 5.8.2021). Für das komplette Interview siehe ders./Thomas KLEIN, Anklage wegen »Beihilfe zum Mord«? In: Osnabrücker Geschichtsblog, 26.5.2020 (https://hvos.hypotheses.org/5166#more-5166 (Zugriff 5.8.2021).

35  Sebastian STRICKER, Diskussion um Osnabrücker Judenretter. Beihilfe zum Mord? Calmeyer-Biograf würde »klar auf Freispruch plädieren«, in: NOZ, 25.5.2020 (https://www.noz.de/lokales/osnabrueck/artikel/2058563/beihilfe-zum-mord-calmeyer-biograf-wuerde-klar-auf-freispruch-plaedieren) (Zugriff 5.8.2021). Siehe auch Mathias MIDDELBERG, Calmeyer leistete keine Beihilfe zum Mord, in: ebd., 8.6.2020 (https://hvos.hypotheses.org/5185) (Zugriff 5.8.2021), wo Middelberg seine in diesem Fall juristische Bewertungsperspektive offenlegt.

36  Zur Bedeutung der Moralisierungsfähigkeit für den Wert von geschichtlichen Nachrichten siehe GROSSE KRACHT, Kontroverse Zeitgeschichte, wie Anm. 3, S. 20 f.

erklären kann. Diese verläuft auch entlang »schnöde[r] parteipolitische[r] Frontlinien«,[37] wie Alexander Diehl in der taz anmerkte und damit auf die Osnabrücker CDU anspielte, die die Einrichtung eines Hans-Calmeyer-Hauses 2016 in ihr Parteiprogramm aufgenommen hat.[38] Zuvor war es eigentlich die Osnabrücker SPD gewesen, die die seit 2003 existierende Wanderausstellung der Hans Calmeyer-Initiative und des Erich Maria Remarque-Friedenszentrums unterstützt hatte.[39] Der oben geschilderte Schlagabtausch zwischen dem Grünen-Ratsherrn Klein und dem CDU-Bundestagsabgeordneten Middelberg weist somit auch eine parteipolitische Auflandung auf. Gerade am Beispiel Mathias Middelbergs lässt sich beobachten, dass die an der Debatte Beteiligten durchaus hybride Rollen einnehmen können. Im Falle Middelbergs bedeutet dies etwa, einerseits die Rolle als CDU-Politiker und andererseits die Funktion als Experte, der durch seine rechtshistorischen Forschungen zu Calmeyer eine große Fachkenntnis aufweist. Die Vergesellschaftung der Calmeyer-Debatte impliziert somit neben deren Dekontextualisierung und Moralisierung auch eine gestiegene politische Aufladung des Diskurses.

## 3. Die Reaktion aus den Niederlanden und ihre Konsequenzen für die Debatte

### *3.1 Eine Zeitzeugin meldet sich zu Wort: Das Schicksal von Femma Fleijsman*

Eine erhöhte Aufmerksamkeit und demgemäß einen großen Nachrichtenwert erhielt die Meldung, dass im niederländischen Fernsehen am 4. Mai 2020 die Dokumentation »Het raadsel van Femma – Prooi van een mensenredder« (Zu Deutsch: »Das Rätsel von Femma – Beute eines Menschenretters«; Regie: Alfred Edelstein) ausgestrahlt werden sollte.[40] Im Zentrum der Dokumentation und des gleichnamigen Buchs der Journalistin Els van Diggele stand der

---

37 DIEHL, Held oder keiner, wie Anm. 20.
38 Siehe CDU OSNABRÜCK: CDU-Programm zur Kommunalwahl am 11. September 2016, S. 34 (https://cdu-osnabrueck.de/wp-content/uploads/2020/12/KWProgramm-2016-Beschluss-des-KPT.pdf) (Zugriff 22.7.2022).
39 Siehe den Brief des Kurators der Wanderausstellung Joachim Castan an die Fraktionen des Stadtrats vom 12.2.2019 und Joachim CASTAN, Hans Calmeyer und die Judenrettung in den Niederlanden. Katalog zur gleichnamigen Ausstellung, Göttingen 2003.
40 Siehe Sebastian STRICKER, Niederländer kratzen an Hans Calmeyers Ruf als Judenretter, in: NOZ, 14.4.2020 (https://www.noz.de/lokales/osnabrueck/artikel/2032013/niederlaender-kratzen-an-hans-calmeyers-ruf-als-judenretter) (Zugriff 6.8.2021).

Fall der Holocaust-Überlebenden Femma Fleijsman. Diese hatte einen negativen Bescheid der Entscheidungsstelle Calmeyers erhalten und war von der Deportationsrückstellungsliste gestrichen worden. Infolgedessen wurde sie nach Auschwitz deportiert, überlebte aber glücklicherweise. Der Titel der Dokumentation und des Buches deutet bereits an, dass Els van Diggele Calmeyer nicht als Menschenretter darstellt, sondern als einen Opportunisten, der keine Rettungsabsicht gehabt habe.[41]

Dem provokativen Potenzial dieser Neuerscheinungen entsprechend ließen die Reaktion und die Kritik nicht lange auf sich warten. Für den Kommentator der NOZ war das erschienene Buch »eine moralinsaure Anklage gegen den NS-Funktionär und Holocaust-Saboteur Hans Calmeyer sowie seine Heimatstadt Osnabrück.« Die Anklage stehe jedoch »auf tönernen Füßen«.[42] Stellvertretend für die Hans Calmeyer-Initiative und die Erich Maria Remarque Gesellschaft meldete sich der Historiker, Dokumentarfilmer und Ausstellungsmacher Joachim Castan zu Wort und kritisierte die ausschließlich auf der Basis des einzelnen Falls von Femma Fleijsman beruhende Beurteilung Calmeyers: Dies »bedien[e] lediglich Aspekte eines manipulativen Gesinnungsjournalismus«.[43] Auch kritisierte Castan, dass in der Dokumentation der Experte Middelberg »durch suggestive Fragen und einen unfairen Schnitt regelrecht vor der Kamera«[44] vorgeführt werde.[45] Weniger drastisch im Ausdruck, jedoch ebenfalls kritisch meldeten sich Mathias Middelberg und Petra van den Boomgaard zu Wort. So kontextualisierte van den Boomgaard auf der Basis ihrer Forschungsergebnisse die Ablehnung des Falls Femma Fleijsman in die Zeit Ende Oktober 1943, in der Calmeyer strenger urteilte, da er unter den Verdacht und Druck der SS-Stellen geraten war.[46] Mit Blick auf die Gestaltung des potenziellen Calmeyer-Hauses

---

41 Siehe Els van Diggele, Het raadsel van Femma. Prooi van een mensenredder, Amsterdam 2020, S. 249-254. Siehe auch die deutsche Zusammenfassung Thomas Brakmann, Ein funktionierendes Rädchen im Getriebe der Besatzungsmacht. Das Rätsel Femmas, in: Osnabrücker Geschichtsblog, 4.5.2020 (https://hvos.hypotheses.org/5122) (Zugriff 7.8.2021) sowie die Kritik an der Darstellung van Diggeles durch Mathias Middelberg, Calmeyer war ein Menschenretter, in: ebd., 9.6.2020 (https://hvos.hypotheses.org/5194) (Zugriff 7.8.2021).

42 Sebastian Stricker, Anklage gegen Calmeyer steht auf tönernen Füßen, in: NOZ, 14.4.2020 (https://www.noz.de/lokales/osnabrueck/artikel/2035690/anklage-gegen-calmeyer-und-osnabrueck-auf-toenernen-fuessen) (Zugriff 7.8.2021).

43 Joachim Castan, Neuer Streit um Calmeyer – die Hintergründe. Gemeinsame Erklärung der Hans Calmeyer-Initiative und der Erich Maria Remarque Gesellschaft vom 31.5.2020.

44 Ebd.

45 Siehe auch Stricker, »Manipulativer Gesinnungsjournalismus«, wie Anm. 2.

46 Siehe Petra van den Boomgaard, Darstellung des Gesamtkontextes muss quellennah erfolgen! In: Osnabrücker Geschichtsblog, 1.7.2020 (https://hvos.hypotheses.

regten sowohl Castan als auch Middelberg eine multiperspektivische Darstellung an, die sowohl positiv als auch negativ beschiedene Fälle berücksichtigt und in eine übergreifende Sicht auf das Wirken Calmeyers einbettet.[47]

Der Fall der Femma Fleijsman verdeutlicht, dass die Debatte um Hans Calmeyer nicht allein in einem deutschsprachigen medialen Rahmen abläuft. Für das Verständnis der Debatte sind die transnationalen Bezüge zu den Niederlanden ebenfalls von Bedeutung. Durch »Het raadsel van Femma« war auch in den Niederlanden die Diskussion um Hans Calmeyer neu entstanden. Dort spielte sich die Debatte primär in der Tageszeitung »NRC Handelsblad« und im »Nieuw Israëlitisch Weekblad«, einer jüdischen Wochenzeitung, ab.[48] Auch in der Wochenzeitschrift »Elsevier Weekblad« kam es zu einer Auseinandersetzung über Calmeyer und das ihm zugedachte Museum.[49] Auch wenn sich die Debatten primär jeweils im nationalsprachlichen Rahmen bewegen, gibt es offenbar Momente der Übertragung und gegenseitigen Stimulierung, wie es sich bei der Rezeption des Falls Femma Fleijsman beobachten lässt. Insofern gilt es bei der Analyse der Calmeyer-Debatte auch eine transnationale Perspektive zu berücksichtigen.[50]

Neben der transnationalen Verbindung zu den Niederlanden wird anhand der Dokumentation und des dazugehörigen Buches besonders deutlich, dass Historikerinnen und Historiker mitnichten ein Monopol in der erinnerungskulturellen Auseinandersetzung mit Hans Calmeyer innehaben. Vielmehr gibt es zur Thematik eine Vielzahl an geschichtskulturellen Deutungsangeboten in unterschiedlicher Qualität. Hierfür verantwortlich sind wie gesehen auch Journalisten, Ausstellungsmacher, Filmproduzenten und – typisch für die Zeitgeschichte – Zeitzeugen.[51]

org/5247) (Zugriff 7.8.2021) sowie DIES., Legal Evasion, wie Anm. 32, S. 28 f. Siehe auch STRICKER, Niederländer kratzen an Hans Calmeyers Ruf, wie Anm. 40.

47  Siehe CASTAN: Neuer Streit um Calmeyer, wie Anm. 43, und MIDDELBERG, Calmeyer war ein Menschenretter, wie Anm. 41.

48  Siehe VAN DEN BOOMGAARD, Darstellung des Gesamtkontextes muss quellennah erfolgen! Wie Anm. 46.

49  Siehe Sytze VAN DER ZEE, Respectloze hetze in Nederland tegen gebruik naam Calmeyer voor Duits museum, in: Elsevier Weekblad, 18.9.2020 (https://www.ewmagazine.nl/opinie/achtergrond/2020/09/respectloze-hetze-in-nederland-tegen-gebruik-naam-calmeyer-voor-duits-museum-776512/) (Zugriff 7.8.2021) sowie Hans KNOOP, Sytze Van der Zee als ridder van de droevige figuur Calmeyer, in: ebd., 1.10.2020 (https://www.ewmagazine.nl/opinie/achtergrond/2020/10/sytze-van-der-zee-droevige-figuur-779699/) (Zugriff 7.8.2021).

50  Zur Forderung nach einem transnationalen Zugang zur Debattengeschichte siehe GROSSE KRACHT, Kritik, Kontroverse, Debatte, wie Anm. 4, S. 282 f.

51  Zur Vielfalt der Informationsangebote in Geschichtsdebatten siehe GROSSE KRACHT, Kontroverse Zeitgeschichte, wie Anm. 3, S. 22.

Gegenüber den Debatten über andere historische Epochen zeichnet sich die Zeitgeschichte durch die Präsenz von Zeitzeugen aus, die über eine persönliche Einspruchsmöglichkeit verfügen.[52] Freilich ist auch und besonders bei dieser Geschichte »aus erster Hand« zu beachten, dass es sich um subjektive Rekonstruktionen von Vergangenheit handelt.[53] Mit dem Buch und der Dokumentation über die Geschichte von Femma Fleijsman legen die Autorin Els van Diggele und der Regisseur Alfred Edelstein die Autorität einer Zeitzeugin in die Waagschale der öffentlichen Deutung Calmeyers und seiner Rolle in den besetzten Niederlanden. Indes meldeten sich auch weitere Zeitzeuginnen bzw. deren Nachkommen zu Wort. Eine größere öffentliche Aufmerksamkeit erhielt beispielsweise der Fall von Laureen Nussbaum. Sie wurde von Calmeyer vor der Deportation bewahrt: Er argumentierte mit Blick auf Nussbaums Mutter, dass eine jüdische Herkunft von deren Vater nicht bewiesen werden könne. Insofern sei grundsätzlich eine »arische« Herkunft anzunehmen. Durch diese »Arisierung« war die Familie Nussbaum vor der Deportation sicher. Eine solche Umkehrung der Beweislast zugunsten der Petenten war nach der Rechtsprechung im Deutschen Reich unzulässig, in den besetzten Niederlanden machte Calmeyer von dieser Argumentation jedoch regen Gebrauch.[54] Biographische Einzelschicksale wie die Femma Fleijsmans und Laureen Nussbaums spielen eine große Rolle für die Anschaulichkeit und Greifbarkeit der Causa Calmeyer. Als Zeitzeuginnen stellen sie somit zentrale Akteurinnen in der Diskussion um Hans Calmeyer dar, was spezifisch für zeitgeschichtliche Debatten ist.[55]

---

52 Siehe Norbert FREI, Geschichtswissenschaft, in: DERS./Volkhard KNIGGE (Hrsg.), Verbrechen erinnern. Die Auseinandersetzung mit Holocaust und Völkermord, München 2002, S. 369-377, hier S. 370.

53 Siehe Michael SAUER, Geschichte unterrichten. Eine Einführung in die Didaktik und Methodik, Seelze [12]2015, S. 234 f.

54 Zur Strategie der Umkehrung der Beweislast siehe MIDDELBERG, Calmeyer, wie Anm. 1, S. 78 f. Siehe auch Laureen NUSSBAUM/Karen KIRTLEY, Shedding Our Stars. The Story of Hans Calmeyer and How He Saved Thousands of Families Like Mine, Berkeley 2019, sowie Laureen NUSSBAUM, Hans Calmeyer ist »ein stiller Held«, in: Osnabrücker Geschichtsblog, 16.6.2020 (https://hvos.hypotheses.org/5226) (Zugriff 8.8.2021). Auch Robert van Galen, dessen Mutter Ruth Van Galen-Hermann ebenfalls vor der Ermordung gerettet wurde, hat sich in die Debatte eingeschaltet. Er hat kritisch angemerkt, dass sich die Calmeyer-Debatte zu stark auf Einzelfälle konzentriere, und hat dazu aufgefordert, Calmeyer im geschichtlichen Zusammenhang zu betrachten. Siehe Robert VAN GALEN, Calmeyer ist immer noch ein Menschenretter, in: ebd., 17.7.2020 (https://hvos.hypotheses.org/5297) (Zugriff 8.8.2021).

55 Siehe GROSSE KRACHT, Kontroverse Zeitgeschichte, wie Anm. 3, S. 21.

## 3.2 Eine Petition gegen das »Calmeyer-Haus«: Heroisierungs-Vorwurf und kommunikative Anschlussfähigkeit der Debatte

Die Medialisierung des Schicksals der Holocaust-Überlebenden Femma Fleijsman wurde begleitet von der Kampagne »Keine Ehre für Calmeyer«, die in einer an die deutsche Bundeskanzlerin Angela Merkel gerichteten Petition gegen das geplante Calmeyer-Haus gipfelte. Federführend waren dabei Johannes van Ophuijsen, ein Professor für antike Philosophie, und der niederländische Journalist Hans Knoop, der in den 1970ern an der Enttarnung des Kriegsverbrechers Pieter Menten beteiligt gewesen war. Ende Mai 2020 wurde die Petition dem deutschen Botschafter in Den Haag übergeben. Die etwa 250 Petenten wollten erreichen, dass der Bund die zugesicherte Förderung im Falle einer Benennung des Museums nach Hans Calmeyer zurückziehen möge.[56] Die Argumentation schloss sich dabei der von Els van Diggele vorgebrachten Kritik an Calmeyer an.[57]

Mit Blick auf das geplante Museum wurde insbesondere befürchtet, ein Calmeyer-Haus könne sein Wirken heroisieren. Großen Widerhall erfuhr diese Befürchtung in der Berichterstattung der taz.[58] Dort stilisierte der Autor die Vertreter der Hans Calmeyer-Initiative zu sogenannten »Calmeyer-Glorifizierern«, die »seit jeher stark auf Emotionen und Gegnerbashing setzen statt auf geschichtswissenschaftliche Neutralität und erinnerungskulturelle Expertise. Osnabrück, glauben sie, bekommt durch sie einen neuen großen Sohn, besser noch als Oskar Schindler. Man muss ihn nur ein bisschen weißwaschen.«[59] Angesichts des Medienechos auf die niederländische Petition sah sich auch der Osnabrücker Kulturdezernent Beckermann in einer Stellungnahme zu versichern genötigt: »Dem Osnabrücker Projekt zu unterstellen, Calmeyer solle als ›Held‹ bezeichnet und dargestellt werden, ist falsch.«[60]

---

56  Siehe Deutsche Presse-Agentur, Petition an Kanzlerin Merkel. Niederländer protestieren gegen Hans-Calmeyer-Haus in Osnabrück, in: NOZ, 28.5.2020 (https://www.noz.de/lokales/osnabrueck/artikel/2060653/niederlaender-protestieren-gegen-hans-calmeyer-haus-in-osnabrueck) (Zugriff 8.8.2021).
57  Siehe Abschnitt 3.1. Siehe auch Brakmann, Täter oder Gerechter, wie Anm. 7, S. 140.
58  Siehe Harf-Peter Schönherr, Keine Lichtgestalt, in: taz, 1.6.2020 (https://taz.de/Umgang-mit-der-Shoa/!5686135/) (Zugriff 15.8.2021); ders., »Zur Lichtgestalt heroisiert«, in: ebd., 23.7.2020 (https://taz.de/!5701435/) (Zugriff 15.8.2021), ders., Mehr als ein Name, in: ebd., 23.7.2020 (https://taz.de/Mehr-als-ein-Name/!5695625/) (Zugriff 15.8.2021).
59  Ders., »Held« auf dem Rückzug, in: ebd., 13.9.2020 (https://taz.de/Ehrung-von-Nazi-Jurist-in-Osnabrueck/!5711977/) (Zugriff 10.8.2021).
60  Zit. nach Sebastian Stricker, Streit mit Niederländern eskaliert. Petition gegen Hans-Calmeyer-Haus – Stadt Osnabrück nimmt Stellung, in: NOZ, 3.6.2020 (https://

Am Vorwurf der angeblichen Heroisierung lässt sich erkennen, dass die Calmeyer-Debatte an zentrale erinnerungskulturelle Fragen angebunden ist, die nicht nur für die Wissenschaft, sondern auch für die Gesellschaft und deren Selbstverständnis von großer Bedeutung sind. Insbesondere ist die Debatte an die Fragen nach Widerstand und Täterschaft, nach Schuld und Verantwortung angeschlossen. Erscheint den Einen Calmeyer in erster Linie als tragischer Rettungswiderständler, so brandmarken ihn die Anderen vor allem als in den Holocaust verstrickten Mittäter. Diese allzu statischen Kategorien erschweren oftmals das historische Verständnis und sind in der Geschichtswissenschaft zu Recht kritisiert worden.[61] Für die Gesellschaft ist die Verständigung über Widerstand, (Mit-)Täterschaft und Schuld jedoch von zentraler Bedeutung: Wer hat Schuld auf sich geladen und nach dem Krieg seine Verstrickungen geleugnet? Wer ist dagegen »würdig«, als »Widerständler« erinnerungskulturelle Beachtung geschenkt zu bekommen? Mit dieser Stoßrichtung ähnelt die Calmeyer-Debatte beispielsweise den zahlreichen Diskussionen um Straßenumbenennungen und lässt sich als Auseinandersetzung um eine adäquate Ehrung Calmeyers lesen.[62]

Deutlich wird dies beispielsweise in einer Stellungnahme der Erich Maria Remarque Gesellschaft, in der der Vergleich zu weithin anerkannten Widerständlern gesucht wird: »Das [Calmeyers Rettungswerk, R.N.] ist vielleicht keine so offensichtliche Heldentat des Widerstandes wie die der unter dem Fallbeil der Nazis ermordeten Widerstandskämpfer der roten Kapelle, der Geschwister Scholl und eines Helden des christlichen Widerstandes wie Dietrich Bonhöfer [sic] – aber mindestens so effektiv und genauso mutig.«[63] Im oben zitierten taz-Artikel wird dagegen das nachträgliche »Weißwaschen« eines Täters vermutet, womit ebenfalls an einen zentralen erinnerungskulturellen Diskurs angeknüpft wird: nämlich den, dass die deutsche Gesellschaft ihre Schuld lange Zeit verschwiegen und damit – in Ralph Giordanos Worten – eine

---

www.noz.de/lokales/osnabrueck/artikel/2062799/petition-gegen-hans-calmeyer-haus-stadt-osnabrueck-nimmt-stellung) (Zugriff 10.8.2021).

61 Siehe Michael WILDT, ›Volksgemeinschaft‹ – eine Zwischenbilanz, in: Dietmar VON REEKEN/Malte THIESSEN (Hrsg.), ›Volksgemeinschaft‹ als soziale Praxis. Neue Forschungen zur NS-Gesellschaft vor Ort, Paderborn 2013, S. 355-369, hier S. 367, der diese Kategorien in Kontrast zu dem von ihm vertretenen Konzept zur Erforschung der ›Volksgemeinschaft‹ stellt.

62 Siehe Dietmar VON REEKEN/Malte THIESSEN, Ehrregime. Perspektiven, Potenziale und Befunde eines Forschungskonzepts, in: DIES. (Hrsg.), Ehrregime. Akteure, Praktiken und Medien lokaler Ehrungen in der Moderne, Göttingen 2016, S. 11-29, hier S. 11 f.

63 ERICH MARIA REMARQUE GESELLSCHAFT, Stellungnahme vom 1.10.2019, wie Anm. 19, S. 3.

»zweite Schuld« auf sich geladen habe.⁶⁴ In dieser Perspektive entspricht die unterstellte Reinwaschung Calmeyers einem revisionistischen Angriff auf eine kritische Erinnerungskultur. Das Heißlaufen der Calmeyer-Debatte ist also auch mit diesen Verknüpfungen zu den erinnerungskulturell brisanten Themenkomplexen von Schuld und Widerstand zu erklären. Klaus Große Kracht spricht hier von einer kommunikativen Anschlussfähigkeit zeitgeschichtlicher Debatten an das historische Selbstverständnis der Gesellschaft.⁶⁵

Angesichts der Verbindung der Causa Calmeyer zu diesen großen Themen der deutschen Erinnerungskultur sind die Emotionalisierung der Debatte und die Beteiligung vielfältiger Akteure nachvollziehbar. Welche Rolle kommt indes den Historikerinnen und Historikern in der Debatte dann noch zu? Beispielhaft lässt sich dies an den Beiträgen im Geschichtsblog des Osnabrücker Historischen Vereins verdeutlichen. Dort sind es insbesondere Petra van den Boomgaard und Mathias Middelberg, die auf der Grundlage ihrer vorherigen Forschungen auf die in »Het raadsel van Femma« vorgebrachten Thesen eingehen, diese mit dem Gesamtkontext kontrastieren und notwendigenfalls auch korrigieren.⁶⁶ Insofern bleiben die beiden Experten hier ihren fachlichen Rationalitätsstandards treu. Wenn auch dies nicht zu einer unmittelbaren Versachlichung der Debatte führen muss, so besteht doch zumindest die Möglichkeit, sich in einer emotional geführten Debatte auch historisch fundiert zu informieren.⁶⁷

## 4. Fazit

Über Hans Calmeyer und sein Wirken in den besetzten Niederlanden ist 2017 eine emotional geführte Auseinandersetzung losgebrochen. In der vorliegenden Arbeit wurde versucht zu ergründen, wie es zu dieser Eskalation des Austauschs über Hans Calmeyer kommen konnte. Dabei wurde die Causa Calmeyer mithilfe von Klaus Große Krachts Forschungen über zeitgeschichtliche Debatten untersucht. In dieser Perspektive hat sich herausgestellt, dass der Streit um Hans Calmeyer typische Merkmale einer zeitgeschichtlichen Debatte aufweist.

---

64 Siehe Ralph GIORDANO, Die zweite Schuld oder von der Last, Deutscher zu sein, Hamburg 1987, S. 11 f.

65 Siehe konzeptuell GROSSE KRACHT, Kritik, Kontroverse, Debatte, wie Anm. 4, S. 266 f.

66 Siehe VAN DEN BOOMGAARD, Darstellung des Gesamtkontextes muss quellennah erfolgen!, wie Anm. 46, und MIDDELBERG, Calmeyer war ein Menschenretter, wie Anm. 41. Siehe außerdem VAN DEN BOOMGAARD, Legal Evasion, wie Anm. 32, S. 5.

67 Zu dieser Besinnung auf die historische Kernkompetenz siehe auch GROSSE KRACHT, Kontroverse Zeitgeschichte, wie Anm. 3, S. 22 f.

So bildete der politische Beschluss von 2017, ein Museum über Hans Calmeyer einzurichten, den zentralen Aktualitätsbezug für die Entstehung der Debatte. Der Auseinandersetzung liegt – ähnlich der Calmeyer-Diskussion, die bereits zur Jahrtausendwende geführt worden war – die zugespitzte Frage zugrunde, inwieweit Hans Calmeyer als ein erinnerungswürdiger Rettungswiderständler angesehen werden kann oder als verstrickter NS-Funktionär gelten muss. Die Debatte ließ sich dabei als ein Kampf um die erinnerungskulturelle Deutungshoheit über Hans Calmeyer beschreiben. Das medial transportierte Bild zweier sich scheinbar unversöhnlich gegenüberstehender Parteien blendete eine eigentlich angebrachte differenziertere Sichtweise aus: Erst die strukturelle Eingebundenheit in das Besatzungsregime erlaubte es schließlich Calmeyer in seiner Position als »Rassereferent«, jüdische Menschen vor der Deportation zu bewahren.[68] Überdies hat sich gezeigt, dass die Zuspitzung der Debatte den Blick auf die eigentlich durchaus vorhandenen Schnittmengen in der historischen Beurteilung Calmeyers und in der vorgesehenen Konzeption des Museums versperrt.

Das 2017 gestiegene Interesse an der Thematik ließ sich als eine Vergesellschaftung der Geschichte Hans Calmeyers beschreiben. Die Massenmedien eigneten sich das Thema an und erweiterten dadurch den Kommunikationsraum erheblich. Damit stiegen – erfreulicherweise – auch die Partizipationsmöglichkeiten um ein Vielfaches. Einher ging dies jedoch mit einer Tendenz zur Entkontextualisierung von Calmeyers Handeln in den besetzten Niederlanden. Unter Ausblendung der historischen Bedingungen wurde Calmeyer zunehmend zur Reizfigur, deren ›richtige‹ Deutung auch zum umkämpften Gegenstand (partei-)politischer Auseinandersetzungen wurde. Die für zeitgeschichtliche Debatten bedeutsame Moralisierungsfähigkeit war *par excellence* gegeben: mit seiner Arbeit als »Rassereferent« entschied er in einer zugespitzten Sichtweise über Leben und Tod – eine Konstellation, die zur Bewertung und persönlichen Stellungnahme förmlich aufforderte. Demgegenüber wurde die historische Beurteilung in vielen Debattenbeiträgen in den Hintergrund gedrängt.

Diese Tendenz setzte sich 2020 fort, als die Calmeyer-Debatte mit dem Fall Femma Fleijsman neu befeuert wurde. Das »Rätsel von Femma« hatte die Diskussion um Hans Calmeyer auch in den Niederlanden wiederbelebt und wirkte sich auf die deutschsprachige Debatte maßgeblich aus. Es konnte beobachtet werden, dass sich die Calmeyer-Debatte zwar primär im nationalsprachlichen Rahmen bewegt, der Fall Femma Fleijsman jedoch aus den Niederlanden im Sinne eines transnationalen Übertragungsmoments in die deutschsprachige Diskussion eingeführt wurde und hier als neuer Aktualitätsbezug diente.

---

68  Siehe van den Boomgaard, Legal Evasion, wie Anm. 32, S. 24.

Am Beispiel Femma Fleijsmans ließ sich auch die große Bedeutung von Zeitzeuginnen in der Debatte ermessen. Vermittelt über das Buch von Els van Diggele und die dazugehörige Dokumentation von Alfred Edelstein legte Fleijsman als Zeitzeugin gewissermaßen Einspruch gegen eine vermeintliche Verklärung Calmeyers ein. Die in diesem Kontext von Els van Diggele erhobene Kritik an Calmeyer als Opportunisten ohne jegliche Rettungsabsicht stieß in Fachkreisen auf wenig Zustimmung: eine Beurteilung auf der Basis eines von Tausenden Fällen könne nur zu einem einseitigen Urteil führen. Auf den Verlauf der öffentlichen Debatte hatte das »Rätsel von Femma« indes maßgeblichen Einfluss und veranschaulicht die Vielfalt geschichtskultureller Deutungsangebote in der Debatte: neben Zeitungsartikeln und -kommentaren sowie öffentlichen Stellungnahmen sind es – wie gesehen – insbesondere Zeitzeugenberichte, populärwissenschaftliche Bücher und Dokumentationen, die in der Öffentlichkeit wahrgenommen wurden. In der öffentlichen Wahrnehmung nahm die einschlägige Forschungsliteratur somit nur eine Rolle unter vielen ein. Umso wichtiger ist es, dass sich die Calmeyer-Experten auch selbst aktiv in die Debatte eingeschaltet haben. Dabei bildete die Rekontextualisierung Calmeyers ein wichtiges Korrektiv in der Debatte, etwa durch den Verweis auf die Gesamtzahl der Fälle und die sich verändernden Handlungsspielräume seit Ende 1943. Insofern bestand in der normativ aufgeladenen Debatte durchaus auch das Angebot, es »besser« – das heißt geschichtswissenschaftlich fundiert – zu wissen.

Als ausschlaggebend für die Eskalation der Debatte hat sich deren kommunikative Anschlussfähigkeit an zentrale Fragen der deutschen Erinnerungskultur erwiesen. Dies ließ sich insbesondere an den Reaktionen auf die angeblich drohende Heroisierung Calmeyers ablesen – eine Befürchtung, die durch die niederländische Kampagne und Petition »Keine Ehre für Calmeyer« laut geworden war. Der Verdacht, hier könne ein vermeintlicher Nazi weißgewaschen werden und zu einem makellosen Helden stilisiert werden, ließ sich mit den erinnerungskulturell bedeutsamen Fragen nach Schuld und Widerstand im NS in Beziehung setzen. Die teils erbittert geführte Auseinandersetzung um das Rettungswerk und die damit unweigerlich verbundene Verstrickung Calmeyers in den Besatzungsapparat entspricht demnach auch einer Verständigung der Gesellschaft über das eigene Geschichtsbild. Gerade vor dem Hintergrund des allmählichen Verlusts der letzten Zeitzeugen und der damit verbundenen Historisierung des Nationalsozialismus ist dieser Selbstverständigungsprozess erklärbar.[69]

69 Siehe FREI, Geschichtswissenschaft, wie Anm. 52, S. 369.

Insgesamt zeigt sich die Calmeyer-Debatte somit als eine typische zeitgeschichtliche Debatte erstens mit deutlichen Aktualitätsbezügen in Form des beschlossenen Museums und des aus den Niederlanden übertragenen Falls Femma Fleijsman, zweitens mit einer ausgeprägten Moralisierungsfähigkeit durch die entkontextualisierte Darstellung Calmeyers sowie drittens mit der kommunikativen Anschlussfähigkeit an zentrale Fragen der deutschen Erinnerungskultur. Lohnenswert wäre es sicherlich, auch die niederländische Debatte und die dortigen Akteure stärker zu erforschen und mit der deutschen Debatte zu vergleichen. Indes ist die Calmeyer-Debatte auch hierzulande nicht abgeschlossen, so dass es sich lohnt, deren Fortlauf weiter zu untersuchen.[70] Die hinter der Debatte befindlichen Mechanismen zu bedenken, kann hierbei sicherlich zu einer nüchterneren Betrachtung führen. Vielleicht kann die damit verbundene Besinnung auf den historischen Forschungsstand dazu beitragen, Hans Calmeyer einen ihm angemessenen Platz in der Erinnerungskultur zuzuweisen.

---

70 So war für den Herbst 2022 eine bereits zwei Mal verschobene Fachtagung angekündigt, auf der mit Schwerpunkt auf Calmeyer über »Formen und Dimensionen der Resilienz unter deutscher Besatzung 1939-1945« diskutiert werden sollte. Die Tagung könnte einen neuerlichen Aktualitätsbezug für die Debatte bilden. Zum Programm der Tagung siehe Daniel GOLLMANN, Formen und Dimensionen der Resilienz unter deutscher Besatzung 1939-1945 (https://www.hsozkult.de/event/id/event-112232) (Zugriff 22.7.2022).

# Besprechungen

## Allgemeines

Müller, Philipp: *Geschichte machen.* Historisches Forschen und die Politik der Archive. Göttingen: Wallstein Verlag 2019. 517 S., 9 Abb. Geb. 44,90 €. ISBN 978-3-8353-3599-8.

Die Öffnung der Archive ist aus praktischer Perspektive ein Prozess ohne Abschluss. Philipp Müller zeigt in der Druckfassung seiner Habilitationsschrift, dass selbst der Anfangspunkt historisch nur schwer identifizierbar ist. Anhand zweier detaillierter Fallstudien zu den Archivpolitiken Bayerns und Preußens sammelt der Autor Evidenzen, um die These von einer spontanen Öffnung der deutschen Archive in Reaktion auf die Französische Revolution zu widerlegen. Mit Hilfe eines praxeologischen, stellenweise fast archivethnografischen Ansatzes rekonstruiert Müller den inkrementellen Wandel der Archive und ihrer Benutzung »im Spannungsfeld historischen Forschens und arkanpolitischer Maßnahmen« (S. 25). Müller entfaltet seine Anthithese zur Entstehung des modernen, historischen Archivs um 1800 über neun auf drei Teile gegliederte Kapitel.

Der erste Abschnitt beschreibt den Status der Archive als integraler Bestandteil der regierungspolitischen Arkansphäre: »Archive waren im 19. Jahrhundert nach wie vor herrschaftsrelevante Einrichtungen, sie erfüllten strategisch zentrale regierungs- und rechtspolitische Aufgaben und sicherten den Status quo der Herrschaft« (S. 103). Aus dieser rechtspolitischen Funktion leite sich ein auch in Dienstordnungen nachvollziehbarer Hang zum »secretum« ab. Die im frühen 19. Jahrhundert angestoßenen archivpolitischen Reformideen zerbrachen an Restauratoren wie Wilhelm zu Sayn-Wittgenstein-Hohenstein oder den Archiven selbst, die sich in erster Linie der Geheimhaltung des Archivschatzes verpflichtet sahen.

Der zweite Hauptteil der Studie beschäftigt sich mit den Modalitäten einer kontrollierten Öffnung der Archive. Die historische Nutzung der Bestände als Ergebnis eines selektiven Zugangs stellte eine voraussetzungsreiche Praxis dar: Die »Mikropolitik im Vorraum des Archivs« (S. 259) gründete auf Supplikationen, deren Erfolg von der Kenntnis entsprechender Schreibstrategien abhing. Bemerkenswerterweise geht Müller nicht explizit auf das zusätzliche Selektionskriterium, das fehlendes Wissen über die Bestände bildet, ein. Dabei ist es offensichtlich, dass die besprochenen Anfragen von einer hohen Treffsicherheit zeugen und damit ein Zirkulieren von Informationen zu den Beständen zwischen Archivsphäre und einer ausgewählten Öffentlichkeit implizieren. Die administrative Prüfung zielte auf die Persönlichkeit des Bittstellers, seine politische Integrität und seine wissenschaftlichen Leistungen.

Die Auswertung der Gesuche zeigt zudem, dass inhaltlich vor allem der vaterländischen Geschichte gewidmeten und von treuen Untertanen angestrebten Projekten Erfolg beschieden war. Müllers Schlussfolgerung, die politische Willkür hinter dem Vorgang entlarve die vermeintliche Liberalität einzelner Akteure wie des bayerischen Königs Ludwig I., ist damit plausibel geworden. Deutlich wird auch, dass das restriktive und selektive Archivregime nicht an der Pforte endete: Die arkanpolitischen Maßnahmen umfassten auch die Auswahl der Stücke und die Zensur der Exzerpte. Eine große Stärke der Studie besteht in der dichten Beschreibung einzelner Vorgänge, die neben dem ›Self-fashioning‹ der Forschenden die materiellen Arbeitsbedingungen berücksichtigt: Das Fehlen eines öffentlichen Lesesaals in der ersten Hälfte des 19. Jahrhunderts schob einer historischen Nutzung der Bestände räumliche Riegel vor, die sich nur in Ausnahmefällen ausheben ließen.

Im kürzeren dritten Hauptteil analysiert Müller die Wechselwirkung zwischen der Entwicklung der Geschichtswissenschaften und der Archivpolitik. Gestützt auf die quellenbasierte Untersuchung der vorhergehenden Kapitel demonstriert der Autor, wie die im 19. Jahrhundert aufkommende philologische Maxime an der materialen Verfügungsmacht der Archive kratzte und diese gleichzeitig reproduzierte, indem sie die »epistemische Autorität des Archivs« beförderte. An dieser Stelle fällt die spannende Auseinandersetzung mit den Archivkonzepten der französischen Philosophie des 20. Jahrhunderts insbesondere des Poststrukturalismus etwas oberflächlich aus. Es fehlt außerdem der Hinweis, dass der Überlieferungsbildung eine mindestens genauso dispositive Wirkmächtigkeit wie dem Nutzungsregime zukommt.

Die drei Hauptteile von Philipp Müllers Studie zeigen eindrücklich, dass im Anschluss an die Französische Revolution in den deutschen Archiven keine bedingungslose Öffnung stattfand. Der am Geheimen Staats- und Kabinettsarchiv in Berlin und den drei zentralen Archiveinrichtungen des bayerischen Königreichs – dem Geheimen Staatsarchiv, dem Allgemeinen Reichsarchiv und dem Hausarchiv – skizzierte Wandel zeichnet sich vielmehr durch ein »persistentes und intrikates Geflecht von Kontrolle und Öffnung, von fortwährender Geheimhaltung und gezielter Integration« aus.

In seinem »Schluss« versucht Müller noch eine grobe Periodisierung des Wandels der Archivpolitik. Kurz zusammengefasst: In den zwanziger und dreißiger Jahren begannen die Archivare in Berlin und München unisono über die logistische Überforderung angesichts der sich gesteigerten Anzahl an Anfragen zu klagen. Spätestens ab den 1850er Jahren wuchs der Druck seitens der Geschichtswissenschaft so weit, dass sich selbst das restriktive preußische Hausministerium gezwungen sah, der historischen Nutzung der Archive ein Ventil zu öffnen. Erst in den darauffolgenden Dekaden, die nicht mehr Teil der Kernuntersuchung Müllers sind, lässt sich ein schrittweiser Abbau der Nutzungsbarrieren beobachten.

»Geschichte machen« überzeugt nicht nur durch die handwerkliche Akribie des Autors und die Quellendichte der Arbeit, sondern auch durch seine diskursive Offenheit. Trotz der an präsentistischen Anspielungen gemessenen Schweigsamkeit Philipp Müllers finden die Leserinnen und Leser immer wieder Anknüpfungspunkte zu aktuellen

Debatten, etwa über die Bewertungsexpertise der Geschichtswissenschaft oder Diversität in der Archivnutzung. Die Zurückhaltung des Autors zeigt sich beispielsweise im Fehlen eines schnöden Hinweises darauf, dass die Öffnung der Archive ein offenes Projekt bildet, das auch heute keineswegs abgeschlossen ist. Wenngleich Philipp Müller sich in seiner Monographie auf die spätabsolutistische Archivpolitik des 19. Jahrhunderts beschränkt, ermöglicht seine Untersuchung das Ziehen einer Kontinuitätslinie zu der einschränkenden Klausel und anderen bis heute in Archiven gepflegten Kontrollpraktiken.

Wer heute in Bayern – wie auch in Niedersachsen – Archivalien einsehen will, muss ein »berechtigtes Interesse« nachweisen können. Gerade mit Generalisierungsangeboten wie der Periodisierung wird die exemplarisch untersuchte Öffnung der Archive auch für weitere historische Fallstudien anschlussfähig. Die rudimentären Andeutungen in Manfred Hamanns »Geschichte des Niedersächsischen Hauptstaatsarchivs in Hannover« lassen zunächst vermuten, dass die Öffnung in Hannover chronologisch ähnlich ablief. Nach Hamann wurde die Entwicklung der Archivbenutzung in Hannover von Christian Hoffmann und Kirsten Hoffmann institutionsgeschichtlich hinreichend erforscht. Philipp Müller ergänzt diese Fallstudien um eine transnationale Perspektive, Verflechtungen mit dem Wissenschaftsfeld und nicht zuletzt theoretische Versatzstücke zur epistemischen Sonderstellung der Archive.

Peter WEGENSCHIMMEL, Marburg

CHAPOUTOT, Johann: *Gehorsam macht frei*. Eine kurze Geschichte des Managements – von Hitler bis heute. Berlin: Propyläen 2021. 176 S., Geb. 22,00 €. ISBN: 978-3-549-10035-6.

Die Corona-Pandemie hat dem Weiterbildungsmarkt schwer zugesetzt. Zu den Leidtragenden zählt auch die Akademie für Führungskräfte der Wirtschaft, die im Jahr 2021 ihren Betrieb einstellte. Aldi, Bayer, BMW, Hoechst, Krupp und Thyssen – über 2000 Unternehmen schickten ihre Manager in die Seminare nach Bad Harzburg. 1989 war die Akademie für Führungskräfte der Wirtschaft schon einmal in Konkurs gegangen, bevor die Cognos AG, der neue Eigentümer, den Sitz vom Harzgebirge an den Bodensee verlegte. Mit ihrem Exit dankte auch das für die Phase des deutschen Wirtschaftswunders prägende »Harzburger Modell« ab. Eigentlich Anlass genug, um mit der historischen Aufarbeitung dieses Kapitels bundesrepublikanischer Geschichte zu beginnen; es ist aber schlicht eine Koinzidenz, dass pünktlich zum Marktaustritt die deutsche Übersetzung der ein Jahr zuvor als »Libres d'obéir. Le management, du nazisme à aujourd'hui« im Original vorgelegten Studie von Johann Chapoutot erscheint.

Der Autor bleibt diesmal nicht bei seinem Forschungsfeld der NS-Geschichte stehen; er nutzt Begriffe wie »Humankapital«, und »Produktionsfaktor« zum Aufhänger einer ideengeschichtlichen Verquickung der nationalsozialistischen Vorstellungen von

Menschenführung mit in der Bundesrepublik reüssierenden Managementkonzepten. Chapoutots Anliegen sei weder essentialistisch noch genealogisch: »es geht weder darum zu behaupten, das Management sei nationalsozialistischen Ursprungs […]. Es geht schlicht um eine Fallstudie, die sich auf zwei für das Nachdenken über die Welt, in der wir leben und arbeiten, interessante Befunde stützt«: Zunächst einmal hätten sich junge Juristen des Dritten Reichs intensiv mit Fragen des Managements befasst. Zum anderen deutet sich in ihren Texten ein nicht autoritäres Konzept von Arbeit an, das nach 1945 das Management-Modell der Bundesrepublik kennzeichnen sollte (S. 15).

Der industrielle Charakter des Massenmords an den europäischen Juden ist nach den Untersuchungen von Götz Aly und Michael Allen längst Konsens; weniger bekannt als die Organisationsformen technisch-fabrikmäßiger Vernichtung sind die theoretischen Managementideen, die die nationalsozialistischen Eliten hervorbrachten. In den ersten vier Essays untersucht der französische Zeithistoriker nicht nur die Texte des Gründers der Bad Harzburger Akademie Reinhard Höhn, sondern ein ganzes Netzwerk von jungen Akademikern, die vornehmlich im elitären Sicherheitsdienst des Reichsführers SS tätig waren. So propagierte der Staatssekretär Herbert Backe eine Auftragstaktik, die den Beamten die Wahl der Mittel zur Erledigung einer Aufgabe überließ, und auch sein Amtskollege Wilhelm Stuckart wollte angesichts des nach Osten expandierenden deutschen Lebensraums die Beamten »in den Genuss ›größtmöglicher Bewegungsfreiheit‹« (S. 22) kommen lassen.

Der an dieser Stelle ahistorische Blick Chapoutots verdeckt mögliche Nachwirkungen von Verwaltungsreformen der Weimarer Republik (u. a. der Büroreform). Im Gegenteil: Seine Argumentation stellt auf die Betonung eines Bruchs der NS-Eliten mit den verkrusteten preußischen Verwaltungsstrukturen ab und übergeht selbst die Tatsache, dass die jungen Juristen nach den Empfehlungen des Deutschen Instituts für wirtschaftliche Arbeit in der öffentlichen Verwaltung ausgebildet worden waren.

Mit Blick auf den Verwaltungsdiskurs des Dritten Reichs konstatiert der Zeithistoriker die Diskreditierung des Staates gegenüber einem Zeitalter der Menschenführung. Er schildert kursorisch, wie parastaatliche Institutionen aus der Erde schossen, ohne auf den Forschungsbegriff der Polykratie einzugehen. Die fundamentale Staatskritik, die Betriebsgemeinschaft und die Leistungsmenschen bilden die wesentlichen Komponenten der von Chapoutot analysierten Managementrichtlinie. Unerwähnt bleiben demgegenüber die von der polykratischen Struktur beförderten Elemente Konkurrenz und Rivalität auf der institutionellen Ebene, die Rüdiger Hachtmann in seinem Docupedia-Zeitschichte-Artikel als Keimzellen moderner Unternehmensführungs- und Managementlehren identifiziert.

Das Kapitel »Vom SS-Oberführer zum Management-Guru« beginnt mit einem biographischen Abriss zu Reinhard Höhn – es mag einer wissenschaftstraditionellen Differenz geschuldet sein, dass der Autor hier seine Quellen nicht explizit macht. Chapoutot präsentiert ihn als technokratischen Intellektuellen, dessen Obsession die Gemeinschaft war. Nach dem Einstieg des jungen Akademikers im Sicherheitsdienst der SS stieg er bis zum Oberführer auf. Trotzdem gelang es Höhn, unter einem Tarnnamen der Entnazifizierung zu entgehen. Der Autor verfolgt die Kontinuitäten im Netzwerk ehemaliger SD-Angehöriger, das Höhn eine zweite Karriere als Direktor der Deutschen Volkswirtschaftlichen Gesellschaft ermöglichte. Wieso die Standortwahl für die von ihm erträumte Hochschule nach dem Vorbild der Harvard Business School ausgerechnet auf Bad Harzburg fiel, bleibt leider im Dunkeln. Zu den Dozenten der im Jahr 1956 gegründeten Akademie für Führungskräfte der Wirtschaft zählten unter anderem der einstige Obersturmbandführer Justus Beyer oder Franz Alfred Six, SS-Brigadeführer und verurteilter Kriegsverbrecher. Chapoutot sieht in der Zusammensetzung des Lehrkörpers einen Beleg für ein Kontinuitätsnarrativ, das die Grundthese des Buchs bildet.

In den Kapiteln sechs und sieben klopft Chapoutot das im niedersächsischen Kurort unterrichtete Harzburger Modell auf weitere Kontinuitätsindizien ab. Besonders brisant ist die Frage, weshalb das von Höhn bereits in Ansätzen im Nationalsozialismus entwickelte »Management durch Delegation von Verantwortung« und »Arbeit durch Freude« in der neuen demokratischen Kultur der Bundesrepublik auf fruchtbaren Boden fiel. Titelgebend formuliert der Historiker, die Beschäftigten erlernten in den Seminaren einen Führungsstil, der auf der Freiheit beruhe »zu gehorchen, frei die von der Führung definierten Ziele umzusetzen« (S. 115). In einem Exkurs thematisiert Chapoutot, wie der Einfluss dieses Programms über die Privatwirtschaft hinaus reichte – ab 1969 sandte die Verwaltung ihre Beamten für Sonderseminare nach Bad Harzburg. Er kapriziert Höhn sogar zum »Propheten« (S. 120) des New Public Management, wenngleich der Autor auch hier Belege vermissen lässt. Eine kurze Recherche zeigt, dass Akten aus dem Regierungspräsidium Lüneburg im Niedersächsischen Landesarchiv Anhaltspunkte für die Einflussnahme auf die öffentliche Verwaltung bieten. Um die faktischen Auswirkungen auf die Verwaltung abschätzen zu können, fehlt es bisher an belastbaren verwaltungsgeschichtlichen Fallstudien.

Das letzte Kapitel ist dem Niedergang der Akademie für Führungskräfte der Wirtschaft gewidmet. In den 1970er Jahren veröffentlichte die SPD-Parteizeitung Vorwärts eine Reportage, die sowohl Verwicklungen zwischen Bundeswehr und Akademie als auch Höhns Vergangenheit enthüllte. Laut Chapoutot waren aber nicht etwa die Vorbelastungen der Beteiligten, sondern vor allem der inhaltliche Reformbedarf des Harzburger Modells ursächlich für den Niedergang der Akademie: »[D]er Professor und einstige SS-Oberführer hatte es nicht geschafft, sich gänzlich vom preußischen Verwaltungsethos zu lösen, das […] auf Kontrolle beruhte und geprägt war von Akten, Vorlagen, Regeln und Vermerken aller Art« (S. 126). Auftragstaktik und »Management durch Delegation« hatten ihren Zenit mit dem beginnenden Strukturwandel der 1970er Jahre überschritten; en vogue war nunmehr das aus den USA stammende »Management by Objectives«, das sich eine weitere Entbürokratisierung der Organisationssteuerung auf die Fahne schrieb.

Am Ende von Chapoutots Studie stehen Zitate aus Nachrufen überregionaler Zeitungen auf Reinhard Höhn; sie belegen, dass der SS-Oberführer 2000 noch als »großer Vordenker des modernen Managements« (S. 140) hofiert wurde. Für den Autor trägt seine Karriere sogar Parabelqualitäten: Allein durch das Ausklammern der rassistischen

Vorzeichen gelang es Höhn, wesentliche Pfeiler seiner Ideologie, vermittelt als innovative Managementideen, in die Nachkriegszeit zu transportieren. Als symptomatische Beobachtung zur historischen Einbettung des deutschen Wirtschaftswunders überzeugt das Gleichnis von den langen Armen des NS-Managers fraglos. Problematisch ist gleichwohl, wenn Chapoutot daraus eine pauschale Ursünde des Managements ableitet. Der politische Impetus bleibt wenig subtil: »Das Management und seine Welt sind nicht neutral, sondern ganz und gar verbunden mit einem Zeitalter der Massen, der Massenproduktion und der Zerstörung« (S. 142).

Entsprechend liest sich der Epilog wie ein Pamphlet, das auch aus Les Temps Modernes hätte stammen können und inhaltlich wenig Neues gegenüber dem Entfremdungsbegriff der 68er-Bewegung bietet. Einen weiteren Pfeil deutet Chapoutot nur an, ohne ihn angesichts der einseitigen Abrechnung mit dem Management überhaupt aus dem Köcher zu holen: das Nachleben der Staatsfeindlichkeit der NS-Ideologen im Neoliberalismus. Vermutlich liegt der Wert der Fallstudie weniger in den moralinsauren Auslassungen als in den Forschungsfragen, die sie en passant aufwirft: Auf welchen Prämissen beruht das Public Management und wie verlief ihre Diffusion in die Verwaltungspraxis hinein? Diese Lesart bildet aber bereits eine Kür; viel wichtiger ist, dass nach der Lektüre dieses Essays und der Kenntnisnahme der Causa Höhn die Annahme einer Stunde Null und einer gelungenen Entnazifizierung nach dem Zweiten Weltkrieg ihre Unschuld verloren hat.

Peter WEGENSCHIMMEL, Marburg

# Allgemeine Geschichte und Landesgeschichte

*Perspektiven der Landesgeschichte.* Festschrift für Thomas Vogtherr. Hrsg. v. Christine VAN DEN HEUVEL, Henning STEINFÜHRER und Gerd STEINWASCHER. Göttingen: Wallstein Verlag 2020. 758 S., 53 z.T. farbige Abb. = Veröffentlichungen der Historischen Kommission für Niedersachsen und Bremen Bd. 312. Geb. 49,00 €. ISBN: 978-3-8353-3747-3.

Die vorliegende Festschrift, in der sich im Auftrag der Historischen Kommission für Niedersachsen und Bremen 36 Autorinnen und Autoren mit 35 Beiträgen eingebracht haben, wurde zu Ehren von Thomas Vogtherr, dem langjährigen Vorsitzenden der Kommission und Inhaber des Lehrstuhls für mittelalterliche Geschichte an der Universität Osnabrück, anlässlich seines 65. Geburtstags herausgegeben. Nach einem Grußwort des Niedersächsischen Ministerpräsidenten Stephan Weil und einem Geleitwort der drei Herausgeber werden auf über 750 Seiten diverse Aspekte zur Landesgeschichte, zu den Historischen Hilfswissenschaften und zum Verhältnis von Archiv und Geschichtsforschung präsentiert, um das herausragende Wirken des Jubilars für die Landesgeschichte zu würdigen.

Die Aufsätze behandeln Themen vom frühen Mittelalter bis zur Zeitgeschichte, wobei Aspekte der Landesgeschichte Niedersachsens und Bremens zwar vordergründig behandelt werden, das Spektrum der Themen jedoch weit darüber hinausreicht. Die Fülle an quellenfundierten Beiträgen deckt die Landesgeschichte in ihrer ganzen Breite ab, ganz so, wie es Thomas Vogtherr als Mediävist, Archivar und Landeshistoriker in seinem wissenschaftlichen Lebenswerk vollzogen hat.

Angesicht der Fülle an Beiträgen und deren thematischer Vielfalt erscheint es nicht sinnvoll, alle 35 Texte einfach aufzuzählen. Kursorisch sei festzustellen: In der Regel kommen Autoren aus dem Umfeld der niedersächsischen Landesgeschichte, aus der deutschen Mediävistik, aus Vogtherrs Kollegenkreis an der Universität Osnabrück und aus Sachsen zu Wort. Namhafte Historiker und Archivare liefern einen bunten Strauß an Themen aus der Kirchen-, Kunst-, Landes-, Stadt-, Verwaltungs-, Wirtschafts-, Sozial-, Rechts-, Adels-, Archiv- und Forschungsgeschichte, der Heraldik, der Historiografie, der politischen und jüdischen Geschichte sowie zu ausgewählten Biografien.

Gerade diese Vielfalt macht die vorliegende opulente Festschrift zu einem wichtigen Werk nicht nur für die Landesgeschichte Niedersachsens. Manche heutzutage modern anmutenden Fragestellungen wie zum Beispiel Artenschutz (Beitrag Arnd Reitemeier), Migration (Beitrag Jochen Oltmer), politischer Extremismus (Beitrag Christoph Rass und Lukas Hennies), Demokratisierung (Beitrag Detlef Schmiechen-Ackermann), Erinnerungskultur (Beitrag Niklot Klüßendorf) und Stärkung strukturarmer Regionen (Beitrag Carl-Hans Hauptmeyer) sind im Grunde Themen, die in der Geschichte bereits beheimatet sind und nur auf ihre Wiederentdeckung warten.

Carl-Hans Hauptmeyers Ausführungen über »erfolgreiche metropolenferne Regionen« berührt ein Kernproblem niedersächsischer Landespolitik, wie der Emslandplan von 1950 unter stark veränderten ökologischen Anforderungen fortentwickelt werden kann, ohne den durch den erfolgreichen Flächenstrukturplan geschaffenen Wohlstand im Westen des Bundeslandes zu gefährden.

Mit dem Beitrag von Günther Heydemann über die russische Annexion der Krim im Februar 2014 erreicht der Themenkanon des vorliegenden Bandes schließlich die Tagespolitik. Heydemanns Hinweis, die Bundesrepublik Deutschland mache sich mit ihrer Energiepolitik zu stark vom russischen Gas abhängig, da unter anderem »eine kurz- oder langfristige Schließung der Gaspipelines durch Russland – aus welchen Gründen auch immer – grundsätzlich jederzeit möglich« sei (S. 634), ist – so muss man vom heutigen Tag aus feststellen – ungehört verklungen.

Vielfach erlebt die unter anderem von Thomas Vogtherr angeregte wissenschaftliche Diskussion zur Entstehung der Bistümer, Klöster und kirchlichen Strukturen im sächsischen Raum unter den Autoren eine breite Zustimmung und Ergänzung. Im Rahmen der geschichtswissenschaftlichen Texte – um einen letzten Beitrag hervorzuheben – vergleicht Gerd van den Heuvel die Geschichtsauffassungen von Justus Möser und Gottfried Wilhelm Leibnitz und kommt zu dem Urteil, dass gerade Justus Möser als einer der Väter der modernen Geschichtsschreibung sich scheinbar schwertat, die Quellen zu seinen Idealbildern kritisch zu bewerten.

Egal, welche Interessen der Leser verfolgen sollte, in der vorliegenden Festschrift wird er auf jeden Fall auf seine Kosten kommen. Der Band ist wärmstens zu empfehlen, und der Jubilar darf sich zu Recht freuen, dass ihm auf diese Weise so viel Respekt und Anerkennung gezollt wurde.

Jens HECKL, Münster

*Russlands Blick nach Nordwestdeutschland.* Politisch-dynastische Beziehungen vom 16. bis frühen 20. Jahrhundert im Spiegel von Dokumenten aus dem Niedersächsischen Landesarchiv. Hrsg. v. Gerd STEINWASCHER. Göttingen: Wallstein Verlag 2018. 295 S., 60 sw-Abb. = Veröffentlichungen des Niedersächsischen Landesarchivs Bd. 2. Kart. 29,90 €. ISBN 978-3-8353-3354-3.

Der vorliegende Band geht auf eine Ausstellung zurück, die im Sommer 2018 im Niedersächsischen Landesarchiv in Oldenburg gezeigt wurde, mit der Intention, anhand bislang unbekannter Urkunden aus dem Herzoglichen Hausarchiv in Oldenburg die Beziehungen der russischen Kaiser aus dem Haus Holstein-Gottorf-Oldenburg zum Herzogtum Oldenburg zu dokumentieren. Für die Publikation wurde der Blickwinkel erweitert auf die Geschichte der politisch-dynastischen Beziehungen nordwestdeutscher Territorien zu Russland mit dem Schwerpunkt auf der frühen Neuzeit. Dass der Band in die Veröffentlichungsreihe des Niedersächsischen Landesarchivs aufgenommen wurde, ist konsequent, entspricht er doch ganz wesentlich dem Konzept dieser Reihe, kaum bekannte Quellenbestände vorzustellen und diese in den historischen Kontext einzuordnen.

Die in den Beiträgen des Bandes vorgestellten Archivalien des Niedersächsischen Landesarchivs »spiegeln in ihren Inhalten die politisch-diplomatischen Kontakte und dynastischen Verbindungen der Welfen und des Hauses Oldenburg zum russischen Kaiserhaus wider.« So fasst es Gerd Steinwascher in der Einführung kurz zusammen (S. 9). Sechs Beiträge befassen sich mit den Beziehungen Russlands zum Welfenhaus, zwei mit den russischen Verbindungen zur Dynastie der Oldenburger. Die ersten beiden Beiträge des Bandes, verfasst von Christine van den Heuvel, haben enge Bezüge zum Elbe-Weser-Raum und sollen somit in dieser Rezension besonders hervorgehoben werden.

Christine van den Heuvel stellt in ihrer ersten Abhandlung mit dem Titel »Der unbekannte Osten – Zwischen Faszination und Schrecken« eine Handschrift vor, die im Niedersächsischen Landesarchiv in Stade liegt: den Bericht des aus Ahlen bei Münster stammenden Heinrich von Staden über den Moskauer Staat von 1578. Heinrich von Staden hatte sich eine Zeit lang im Umfeld des Zaren Ivan IV. aufgehalten und kannte somit Russland aus eigenem Erleben. Überliefert ist dieser für den Kaiser Rudolf II. verfasste Bericht über die Moskowiter Verhältnisse als spätere schwedische Kriegsbeute. Alexander Erskein, der als Kriegspräsident in der schwedischen Hauptarmee unter Hans Christoph von Königsmarck im Sommer 1648 an der Eroberung der Kleinseite in Prag mit dem Hradschin und der Plünderung der kaiserlichen Kunstkammer samt Bibliothek und Archiv teilgenommen hatte, brachte den Bericht mit nach Stade, als er nach dem Westfälischen Frieden zum Präsidenten bei der schwedischen Regierung der Herzogtümer Bremen und Verden berufen wurde. Diese Kriegsbeute liegt heute im Bestand des sogenannten »Stader Reichsarchiv« im Landesarchiv in Stade (Rep. 32 Nr. 217). Der Bericht des Heinrich von Staden, entstanden in einer Zeit, als die Moskowiter Großfürsten im Rahmen der Handelsbeziehungen der Hansestädte mit den östlichen Nachbarn zur Ostsee vordrangen, stillte das Informationsbedürfnis über die neue unbekannte Macht im Osten und prägte das deutsche Russlandbild in der zweiten Hälfte des 16. Jahrhunderts.

Der zweite Beitrag Christine van den Heuvels befasst sich mit den Beziehungen zwischen Kurhannover und Zar Peter I., die einerseits Bündnispartner, andererseits Kontrahenten waren. Die Abhandlung dokumentiert somit den eigentlichen Beginn der russisch-welfischen Beziehungen um 1700. Auf seiner Reise durch Europa traf der russische Herrscher 1697 in Coppenbrügge ein, wo es zwar nicht, wie geplant, zur ersten Begegnung mit dem Kurfürsten Georg Ludwig kam, wohl aber mit dem kurhannoverschen Hofstaat. Noch wurde der Zar als eher kurioser Außenseiter betrachtet. Dies änderte sich jedoch schnell, schon wenige Jahre später war Russland ein wichtiger Faktor in der europäischen Politik. Detailliert und kenntnisreich werden wir in diesem Beitrag durch die diplomatischen und militärischen Verwicklungen während des Großen Nordischen Krieges (1700-1721) geführt, in denen die damals schwedischen Herzogtümer Bremen und Verden eine nicht unwesentliche Rolle spielten. Die Verfasserin zeigt die jeweiligen Interessen auf, deutlich wird, wie sehr gerade die wechselvollen Beziehungen zwischen Russland und Kurhannover das Schicksal des Elbe-Weser-Raumes bestimmten. Am Ende des Großen Nordischen Krieges war Kurhannover hier der neue Landesherr. Schweden verlor Bremen-Verden und seine Großmachtposition in Nordeuropa. Zar Peter I. war der große Gewinner des Krieges, Russland nahm nunmehr eine starke Position im Ostseeraum ein.

Drei Beiträge werfen den Blick auf die dynastischen Verbindungen Russlands zum Haus Braunschweig-Wolfenbüttel im 18. Jahrhundert, die sich durch die Öffnung des Zaren Peter I. nach Westen ergaben. Christian Helbich schildert in seinem Beitrag »›Zum Nutzen der russischen Monarchie und größern Splendor des Hauses Braunschweig-Lüneburg‹ – Charlotte Christine Sophie von Braunschweig-Wolfenbüttel (1694-1715) als erste westeuropäische Kronprinzessin von Russland« die Ehe der Prinzessin mit dem Zarensohn Alexei, die auf einem Heiratsvertrag von 1709/11 gründete und mit einem Ansehensgewinn beider Höfe verbunden war. Die Prinzessin starb nach kurzer und wenig harmonischer Ehe bereits im Jahr 1715, kurz zuvor brachte sie jedoch einen Sohn zur Welt, der als Zar Peter II. 1727 für knapp drei Jahre die Herrschaft in Russland übernahm.

Martin Fimpel nimmt in seinem Beitrag »Braunschweig-Wolfenbüttel auf dem Zarenthron – Erfolg und Scheitern Anton Ulrichs des Jüngeren (Vater des Zaren Iwan VI.)« die Hintergründe und Folgen der Eheverbindung zwischen Anton Ulrich von Braunschweig-Wolfenbüttel und Anna Leopoldowna, Nichte der kinderlosen Kaiserin Anna Iwanowna, in den Blick. Die Hochzeit fand 1739 statt, der Sohn Ivan kam ein Jahr später zur Welt. Doch die welfische Thronnachfolge Ivans IV. nahm ein jähes Ende, als Elisabeth, die Tochter des Zaren Peter I., 1741 durch einen Putsch die Herrschaft übernahm. Die Familie Anton Ulrichs lebte seitdem in Gefangenschaft, Ivan IV. wurde 1762 umgebracht. Damit endete die welfische Regentschaft in Russland.

Silke Wagener-Fimpel stellt eine junge Welfin vor, die Tochter des Herzogs Carl Wilhelm Ferdinand zu Braunschweig-Lüneburg, die als Ehefrau des Prinzen Friedrich von Württemberg seit 1782 in Russland lebte: »Prinzessin Auguste von Württemberg (1764-1788) – geborene Prinzessin zu Braunschweig-Lüneburg am Hofe Katharinas der Großen«. Die von der Autorin ausgewerteten Archivalien im Landesarchiv in Wolfenbüttel dokumentieren die zerrüttete Ehe und das tragische Schicksal dieser jungen Frau, die bereits mit 23 Jahren im russischen Asyl starb. Sie fand bis zuletzt Unterstützung durch die Kaiserin Katharina II. Ein bewegendes Schicksal, das die Autorin eindrucksvoll und mit vielen passend ausgewählten Zitaten schildert!

Die dynastischen Beziehungen zwischen dem russischen Kaiserhaus und dem Fürstentum Braunschweig-Wolfenbüttel hatten auch Auswirkungen auf Diplomatie und Gesandtschaften. Dieser Frage geht Brage Bei der Wieden in seinem Beitrag »Wolfenbütteler und Blankenburger Gesandte in Sankt Petersburg« eindrucksvoll nach. Er stellt die Gesandten August Adolf von Cramm, Christian Friedrich von Kniestedt, Ludwig Hans von der Asseburg, Gebhard Johann von Keyserlingk, Georg Wilhelm von Sommerlatt und Christoph Friedrich Groß vor, sowie die im Landesarchiv in Wolfenbüttel überlieferten Gesandtschaftsberichte.

Der Herausgeber dieses Bandes, Gerd Steinwascher, richtet in seinem 113 Seiten umfassenden Beitrag mit dem Titel »Die russischen Kaiser aus dem Hause Holstein-Gottorf-Oldenburg und ihre Beziehungen zum Herzogtum Oldenburg« den Blick auf die russische, in St. Petersburg regierende Herrscherlinie des Hauses Holstein-Gottorf-Oldenburg, von der Entstehung in der zweiten Hälfte des 18. Jahrhunderts bis zum Ende im Jahr 1917. Der Verfasser stellt anschaulich und mit großer Kenntnis alle Herrscher dieses Hauses und deren Beziehungen zum Herzogtum Oldenburg vor.

Wolfgang Henninger befasst sich im abschließenden Beitrag mit dem Generalfeldmarschall und Ingenieur Burchard Christoph Reichsgraf von Münnich (1683-1767) in Russland, den er als geistigen Erbe Peters des Großen aus Oldenburg bezeichnet. Münnich stammte aus der oldenburgischen Wesermarsch zwischen Oldenburg und Bremen. Sein Vater Anton Günther Münnich (1650-1721) war oldenburgischer Deichgräfe, er wurde 1688 von seinem Landesherrn, dem dänischen König Christian V., in den dänischen Adelsstand erhoben. In den 1690er Jahren wurde er als erfahrener und angesehener Deichgräfe von der schwedischen Regierung auch zur Besichtigung des Deichwesens im Herzogtum Bremen berufen; er untersuchte u. a. die Deiche im Land

Wursten und im Land Kehdingen und reichte Vorschläge zu notwendigen Reparaturen ein. Der Sohn Burchard Christoph von Münnich machte im 18. Jahrhundert Karriere in Russland. Er ist ein typisches Beispiel für die nicht wenigen deutschen Fachleute und Beamten, die im 18. und 19. Jahrhundert im von einer deutschen Herrscherfamilie regierten russischen Kaiserreich wirkten. Münnich wurde von Zar Peter I. 1721 nach St. Petersburg geholt, als Wasserbauingenieur, Festungsbauer und Militär nahm er über einen langen Zeitraum wichtige Positionen ein.

Die vorliegende Publikation zeigt nicht nur die vielfältigen Verbindungen zwischen Nordwestdeutschland und Russland auf, sie stellt uns zudem schillernde Persönlichkeiten und ihre Schicksale vor und führt uns in das Russland vor allem des 18. Jahrhunderts. Und sie macht Lust auf weitere Forschungen in den Abteilungen des Niedersächsischen Landesarchivs. Eine lohnende Aufgabe und wichtige Ergänzung wäre die Auswertung der in russischen Archiven liegenden Quellen zu den Fragestellungen dieses Buches, insbesondere zur Politik des Zarenhauses gegenüber Nordwestdeutschland.

Beate-Christine Fiedler, Stade

Brüser, Joachim: *Reichsständische Libertät zwischen kaiserlichem Machtstreben und französischer Hegemonie. Der Rheinbund von 1658.* Münster: Aschendorff Verlag 2020. XI und 448 S., 31 sw-Abb., 16 Tbl. Kart. 62,00 €. ISBN 978-3-402-13406-1.

Die Reichspolitik der niedersächsischen Fürsten schien nach dem großen Werk von Georg Schnath zur *Geschichte Hannovers im Zeitalter der neunten Kur und der englischen Sukzession 1674 bis 1714* und den Untersuchungen von Walther Mediger zum Umfeld des Großen Nordischen Krieges für Jahrzehnte kein Thema der Landesgeschichte mehr zu sein. Der Aufschwung, den die rasch wachsende Forschung zum Alten Reich seit den 1970er Jahren nahm und die nach einem Zeitraum von mehr als drei Jahrzehnten in ihrer Gesamtheit zu einer Neubewertung des Reichs und seiner Glieder führte, hatte auf die historische Analyse der Politik nordwestdeutscher Reichsstände dagegen kaum Auswirkungen. Allein das 350-jährige Jubiläum des Westfälischen Friedens von Münster und Osnabrück im Jahr 1998 ist hier als Ausnahme zu nennen, belebten die Feierlichkeiten doch die Forschungen zum Friedenswerk von 1648 vor allem hinsichtlich seiner Rezeption und zeitlichen Reichweite bis zum Ende des 18. Jahrhunderts.

In die für die Geschichte Nordwestdeutschland nach 1648 bestehende Lücke stößt nunmehr die 2020 veröffentlichte Habilitationsschrift von Joachim Brüser über den Rheinbund von 1658, die bei Anton Schindling in Tübingen entstanden ist. Seit sich der Landeshistoriker Adolf Köcher – in seinen Studien in mehrfacher Hinsicht ein Vorläufer Georg Schnaths – in den Achtzigerjahren des 19. Jahrhunderts erstmals ausführlich und auf der Grundlage von seinerzeit noch unerschlossenen Archivalien des damaligen preußischen Staatsarchivs Hannover mit der Reichs- und Bündnispolitik der welfischen Territorien nach 1648 beschäftigte, ist diese Thematik seither nicht mehr eigens Gegenstand historischer Forschung gewesen. Dass diese nunmehr aufgegriffen und in der vorliegenden Veröffentlichung analysiert wird, beruht auf der nicht unbedeutenden Stellung, die die welfischen Territorien innerhalb der Verlaufsgeschichte des Rheinbundes spielten. Die Rezension – das sei angesichts der Fülle der dargestellten diplomatischen und politischen Querverbindungen unter den am Rheinbund beteiligten Reichsständen angemerkt – konzentriert sich daher vor allem auf die für die niedersächsische Landesgeschichte einschlägigen Aspekte.

In seiner Darstellung beschäftigt sich der Verfasser vorrangig mit der Gruppe der Reichsterritorien, die nach 1648 quasi als das »dritte Deutschland« über ihren Beitritt zum Rheinbund eine Strategie zu entwickeln suchten, die ihnen ein politisches Überleben zwischen den Großmächten Frankreich, Schweden und dem Kaiserhof sowie den stärkeren Reichsständen ermöglichen sollte. Es handelte sich dabei um Bündnisvorstellungen auf der Grundlage des 1648 zugestandenen Bündnisrechts der Reichsstände, die über die konfessionellen Grenzen der beteiligten Partner hinausgingen. Hinsichtlich seiner Vorgehensweise möchte Brüser »aus den Einzelergebnissen der jeweiligen Landesgeschichte in der Gesamtschau ein[en] Beitrag zur Reichsgeschichte« entwickeln (S. 31), um die von der älteren Forschung geprägte Sicht einer Trennung der ursprünglich als Gegensatz interpretierten Reichs- und Landesgeschichte zu überwinden (S. 34). Der Verfasser bekennt sich dabei ausdrücklich zur »traditionellen Disziplin der Geschichte der Außenbeziehungen« (S. 35), die er als eine mittlerweile rehabilitierte Disziplin favorisiert, ohne sich allerdings mit dem heuristischen Erkenntniswert der derzeit diskutierten Interpretationsansätze eines kulturalistischen Zugriffs auf die Diplomatiegeschichte auseinanderzusetzen.

Wenn Brüser in seiner Einleitung zudem darauf hinweist, dass es seine Absicht nicht sei, eine umfassende und erschöpfende Darstellung des Rheinbundes in den Jahren seines Bestehens zwischen 1658 und 1668 zu geben, so liefert er mit seiner vorliegenden Studie gerade das. Und hierin liegt vor allem der Gewinn der Untersuchung. So folgt der Einleitung ein erstes ausführliches Kapitel über die Vorgeschichte des Rheinbundes, zu denen u. a. auch der von den welfischen Herzögen initiierte Hildesheimer Bund von 1652 als frühes, zunächst noch protestantisches Bündnis gehörte. Die sicherheitspolitische Lage im Reich, der Regensburger Reichstag von 1653/54 als erste Reichsversammlung nach 1648, die Wahl Leopolds I. zum Kaiser und die politischen Absichten der 1658 an einem Bündnis interessierten, weil um ihre Unabhängigkeit besorgten Fürsten leiten über zum zweiten Kapitel zur Entstehung des Rheinbundes, das den Vorbereitungen der Verhandlungen und dem Inhalt des Bündnisvertrages gewidmet ist.

Der Darstellung der institutionellen Strukturen des Rheinbundes, seiner Gremien, seiner militärischen Ausstattung und seiner Finanzierung ist ein weiteres Kapitel vorbehalten. In einem vierten Kapitel werden die diplomatischen Erweiterungen des Bündnisses in dem Jahrzehnt bis 1668 dargestellt einschließlich der gescheiterten Beitritte, die in ihrer Summe auf die Gefährdungen des Rheinbundes verweisen, die in der Vielzahl der letztlich gegensätzlichen politischen Interessenlagen der beteiligten Reichsstände begründet waren. Das fünfte Kapitel – aus Sicht der Rezensentin vielleicht das interessanteste – vereinigt mehr als eininhalb Dutzend Einzelereignisse zwischen

1658 und 1668, bei denen der Rheinbund von einzelnen Mitgliedern um Hilfe angegangen bzw. diese zum Aktivwerden aufgefordert wurden. Ein Großteil dieser Ereignisse waren in Ablauf und Ausmaß für die Entwicklung des fürstlichen Territorialstaates im Nordwesten des Reichs von nicht unwesentlicher Bedeutung. Sie sorgten für Unruhe, zeigten sie in ihrer systemischen Art trotz aller Unterschiede doch Parallelen, die auf einen grundsätzlichen Gegensatz zwischen Landesherrn und Stadtherrschaft in der zweiten Hälfte des 17. Jahrhunderts hindeuteten.

Das galt für den militärischen Kraftakt zwischen Bischof Christoph Bernhard von Galen und der Stadt Münster, dem Konflikt zwischen dem Kurfürsten von Brandenburg und der Stadt Magdeburg, den Spannungen zwischen dem Kurfürsten von Köln und den Hildesheimer Landständen, aber auch gleichermaßen für die Auseinandersetzung zwischen der Reichsstadt Bremen und Schweden. In diesen hier nur beispielhaft genannten Fällen erwarteten die beteiligten Fürsten als Mitglieder des Rheinbundes im konkreten Fall Unterstützung bei der Konsolidierung ihrer Territorialmacht, die das Bündnis allerdings nicht vorsah.

Dem Rheinbund von 1658 war nach wenig mehr als zehn Jahren des Bestehens ein stiller Untergang beschieden, zu dem auch das Desinteresse beider Linien des Welfenhauses an einer Fortsetzung des Bundes beitrug. Der Gefahr einer militärischen Einmischung des Bundes in den Erbfolgestreit des Jahres 1665 zwischen den Brüdern Georg Wilhelm und Johann Friedrich von Braunschweig-Lüneburg hatten diese mit einer gütlichen internen Einigung noch zuvorkommen können. Sowohl zu Frankreich wie auch zu Schweden auf Distanz zu gehen, war wohl der Grund für das nachlassende Interesse des Welfenhauses an einer Forstsetzung des Rheinbundes. Gleichzeitig wandelte sich nicht nur in Hannover, Celle und Wolfenbüttel, sondern auch bei weiteren Mitgliedern des Rheinbundes das Verhältnis zum Kaiserhaus, das nach Brüser nicht mehr ausschließlich als Bedrohung der ständischen Liberät angesehen wurde, wie dies einst nach 1648 der Fall war.

Die auf umfangreicher Archivrecherche beruhende Veröffentlichung informiert umfassend zur Geschichte des Rheinbundes von 1658 und macht in ihrer Gesamtdarstellung, einschließlich der Auswirkungen auf den nordwestdeutschen Raum und die welfischen Territorien, fortan die Lektüre der älteren heute kaum noch lesbaren Forschungsliteratur, wie sie beispielsweise das zweibändige Werk von Köcher bietet, weitgehend überflüssig.

Christine van den Heuvel, Ronnenberg

Winterscheid, Helmut: *Die Walstedder Hypothekenbücher Band I-III*. Ein Schaufenster in die Walstedder Besitz- und Baugeschichte nach 1800. Münster: Aschendorff Verlag 2018. 256 S., zahlr. Abb. = Quellen und Forschungen zu Drensteinfurt Bd. 2. Geb. 29,80 €. ISBN: 978-3-402-18061-0.

Walstedde – seit 1975 Ortsteil von Drensteinfurt – liegt im Kreis Warendorf, Nordrhein-Westfalen, und zählte Anfang 2022 knapp über 3.000 Einwohner. Das eingemeindete Dorf kann auf eine bis in das Mittelalter zurückreichende Geschichte blicken. Als Siedlung im Dreingau wurde es im 9. Jahrhundert in den Urbaren der Abtei Werden an der Ruhr erstmalig erwähnt. Um 1100 kam es infolge einer Abpfarrung der Kirche St. Bartholomäus zu Ahlen in Walstedde zur Gründung einer Eigenkirche (St. Lambertus) durch das Stift St. Mauritz in Münster. In den Heberegistern des Stifts St. Mauritz wurde der Ort im 12. Jahrhundert bereits als Parochie bezeichnet.

Bis zur Industriellen Revolution war die Ortsstruktur Walsteddes vorrangig von ihrer frühneuzeitlichen Besiedlung, vom landwirtschaftlichen Gewerbe und dem örtlich erforderlichen Handwerk nebst Tagelöhnerei geprägt. Seit der ersten Hälfte des 19. Jahrhunderts etablierten sich neue Unternehmen (z. B. Kornbrennereien und Gastwirtschaften), so dass neue Häuser, Wohnstätten und Wirtschaftsgebäude aus dem Boden schossen und die Zahl der Einwohner anstieg. Erst infolge der Ansiedlung von Vertriebenen nach 1945 und aufgrund der verkehrstechnisch günstigen Lage Walsteddes sprossen in den vergangenen Jahrzehnten immer wieder neue Wohn- und Gewerbegebiete aus dem Boden, die den alten Ortskern durch Bebauung von Lücken verdichteten oder die an der Peripherie angesetzt waren, einhergehend mit Um- und Neugestaltungen der Infrastruktur. Dabei traf mit dem Wachsen des Ortes Althergebrachtes auf Neues.

Im vorliegenden Buch wertet Helmut Winterscheid die Grundeigentumsverhältnisse anhand der überlieferten drei Walstedder Hypothekenbücher, also der 1837 angelegten ersten preußischen Grundbücher des ehemaligen Kirchspiels, aus. Er beschreibt alle damals bebauten Haus- und Hofstellen von Walstedde mit seinen drei Bauerschaften Dorfbauerschaft Walstedde, Herrenstein und Ameke. Der Autor erwähnt Häuser, Kolonate und Kotten des 19. Jahrhunderts, die als Altbestand für die starre und feststehende Struktur der alten Hof- und Kotteneinheiten stehen, er benennt aber auch neu errichtete Haus- und Wohnstätten aus dem 19. Jahrhundert. Mithin lassen sich Wohnungen und Häuser nachweisen, die später aufgegeben und/oder abgerissen wurden. Ihm gelingt es mit beispielhafter Methode, die Siedlungs-, Besitz- und Sozialgeschichte eines kleinen Dorfes im 19. Jahrhundert miteinander zu verzahnen.

Nach einem Vorwort sowohl des Herausgebers als auch des Autors erhält der Leser eine Einführung in die preußischen Hypothekenbücher des 19. Jahrhunderts nebst Hinweisen zu den Grundsätzen der vorliegenden Edition. Dann führt ihn Helmut Winterscheids gleich einem Rundgang durch die Gemeinde Walstedde. Über einen eigenen, jeweils gleichförmig gestalteten Artikel stellt er insgesamt 233 Höfe, Kotten und Häuser vor, welche geographisch geordnet und auf Kartenausschnitten eingezeichnet werden. Für jede Stätte wird die historische und heutige Adresse angegeben, ebenso die kataster- und grundbuchamtlichen Angaben sowie die Größe des Grundstücks laut Katasterbüchern von 1867.

Als zentrale Elemente folgen zu jeder Haus- und Wohnstätte die Transkriptionen der in den handschriftlich geführten Hypothekenbüchern stehenden drei Rubriken über (I) die Eigentümer respektive Besitzer der Hausstätte, (II) die an den Grundherrn zu leistenden Abgaben und Dienste sowie (III) die auf ihnen lastenden Hypotheken inklusive aller grundbuchamtlich erfassten Änderungen und Ergänzungen bis zum Beginn des 20. Jahrhunderts. Gelegentlich fügt der Autor weitere Informationen zur Geschichte der

Hausstätte aus anderen Quellen hinzu, um das Bild der historischen Eigentumsverhältnisse abzurunden. Auf diese Weise liefert Winterscheid einen lebendigen Einblick in die Prosopographie einer kleinen münsterländischen Gemeinde und damit einen Blick auf die altansässigen Familien und deren soziale und wirtschaftliche Verhältnisse nebst familiären Verflechtungen.

Dem Rundgang durch die Gemeinde folgt ein Literaturverzeichnis nebst Angaben benutzter Periodika und aufgesuchter Archive. Als Anhänge kommen erstens eine Erläuterung zeitgenössischer Begrifflichkeiten vor, zweitens eine Zusammenstellung der Anschriften aller behandelter Hausplätze, drittens ein Namensregister, viertens ein Verzeichnis der vormaligen gutsherrlichen Eigentumsverhältnisse der älteren Hausstätten und fünftens ein Verzeichnis zu deren Baudaten.

Inhaltlich geht aus den transkribierten Rubriken der drei Hypothekenbücher hervor, dass die Bewohner Walsteddes ursprünglich zwar die Besitzer ihrer Wohnstätte waren, aber keine wirklichen Eigentümer. Ihr Besitz gehörte diversen Klöstern oder Adelshäusern. Die Bewohner befanden sich in gewisser Weise in einem Erbpachtverhältnis und hatten für die Nutzung der ihnen geliehenen Kotten und Häuser nebst zugehörigen Grundbesitz an den Eigentümer fixierte Abgaben und Dienste zu leisten. Erst die Französische Revolution gab den Anstoß zur sogenannten Bauernbefreiung, die aus den Besitzern Eigentümer machen sollte. Die Idee der Aufhebung der Leibeigenschaft sowie der Erbuntertänigkeit der Privatbauern wurde in Preußen im Rahmen der Stein-Hardenbergschen Reformen gesetzlich verankert und leitete schließlich die Bauernbefreiung ein. Die Besitzer hatten jedoch ihre Abgaben und Dienste an die Grundherren solange zu leisten, bis sie sich durch eine Geld-Ablösung freikaufen konnten.

Lokalgeschichtlich, aber auch familiengeschichtlich Interessierte werden Winterscheids Buch zu schätzen wissen. Die Erarbeitung eines Ortsfamilienbuchs und einer quellenfundierten Ortschronik wären ergänzend sinnvolle Publikationen zu den erschlossenen Hypothekenbüchern. Dem Heimatverein Walstedde e.V. und der Kulturscheune Walstedde e.V. wünscht der dort rein zufällig wohnende Rezensent, auf dessen Unterstützung beide Vereine setzen können, viel Erfolg bei neuen Projekten.

Jens HECKL, Münster

*Das Ende der Monarchie in den deutschen Kleinstaaten.* Vorgeschichte, Ereignis und Nachwirkungen in Politik und Staatsrecht 1914-1939. Hrsg. v. Stefan GERBER. Köln: Böhlau Verlag 2018. 354 S., 20 sw-Abb., 1 graph. Darst. = Veröffentlichungen der Historischen Kommission für Thüringen, Kleine Reihe Bd. 54. Geb. 45,00 €. ISBN: 978-3-412-50887-6.

Der vorliegende Band geht zurück auf eine dem Buchtitel gleichlautende Tagung, die die Forschungsstelle für Neuere Regionalgeschichte Thüringen im Oktober 2016 an der Friedrich-Schiller-Universität Jena veranstaltet hat. Der Band folgt nach der Einleitung hierbei dem Aufbau der Tagung in drei Panels. Stellte sich vor und im Ersten Weltkrieg die Frage nach *Stabilität oder Legitimitätsverfall?*, folgte für den Umwälzungsprozess folgerichtig diejenige nach *Revolution oder konstitutioneller Transformation?*, was nach dem Ende von Krieg und Monarchien schließlich vermögensrechtliche Auseinandersetzungen begründete und die Frage aufwarf: *Enteignung oder Entschädigung?*

Mit der Lektüre der Einleitung wird unmittelbar der ambitionierte Ansatz des Bandes deutlich. Herausgeber Stefan Gerber skizziert den Forschungsstand auch in vielen Bereichen abseits der zentralen Fragestellung äußerst detail- und kenntnisreich, was für die kommende Forschung auf diesem Gebiet ohne Frage sehr fruchtbar sein wird. Für die Leserin oder den Leser macht es das gedankliche Umreißen der zentralen Fragestellung hingegen etwas komplizierter. Eine prägnante Formulierung der Zielrichtung zum Einstieg des Buches hätte die exzellente Herausarbeitung der Forschungsdesiderata noch aufgewertet. Letztlich kann festgehalten werden, dass es Gerber darum geht, die durch die bisherige Konzentration auf Preußen und die deutschen Mittelstaaten noch bestehenden Forschungslücken durch eine komparativ angelegte Betrachtung diverser Klein- und Kleinststaaten im Kontext der Umwälzungen 1918/19 zu füllen (S. 23 ff.). Und um hier das Fazit vorwegzunehmen: Genau das leistet das Buch.

Der Begriff Kleinstaat war – wie Gerber einleitend herausarbeitet – schon zeitgenössisch negativ konnotiert, was sich nicht zuletzt in dem noch heute gängigen Terminus *Kleinstaaterei* offenbart. *Kleinstaat* sei demnach nicht nur deskriptiv in Bezug auf Territoriums- und Bevölkerungsgröße zu sehen, sondern implementiere stets auch eine politische Komponente (S. 18). So definiert der Autor einen Kleinstaat unter Ausschluss der deutschen Mittelstaaten Bayern, Sachsen, Württemberg, Baden und Hessen-Darmstadt anhand von beschränkter politischer Macht und dem Wunsch nach einem starken föderalen Gefüge als Schutz vor Mediatisierung. Dies korrespondiere allerdings mit der gleichzeitigen Ausnutzung der Leistungen des Staatenbundes, die ein Kleinstaat allein nicht bieten könne. Ferner kennzeichne sich der Kleinstaat durch die Besonderheit, dass in den Residenzstädten vor allem der kleinsten Staaten die politischen Aushandlungswege so kurz gewesen seien, dass es sich um Politik unter »Anwesenden« gehandelt habe (S. 20).

Neben der politisch-rechtlich Schiene nimmt der Band auch Bezug auf die Ebenen Öffentlichkeit und Identität. So führt Gerber weiter aus, dass ein großer Teil der Bevölkerung im Deutschen Reich den Kleinstaat als Lebenswirklichkeit wahrgenommen habe. Der häufig apostrophierte Nationalismus des wilhelminischen Deutschlands sei mit seinem »Identitätsangebot für die allermeisten Deutschen nur akzeptabel und attraktiv gewesen, wenn es als ›Verstärker‹ der tiefer verankerten partikularen Identität aufgefasst werden konnte« (S. 9). Was den Monarchen selbst betraf, sei mit dem Aufkommen einer größeren medialen Landschaft auch von diesen eine erhöhte Repräsentanz in der Öffentlichkeit gefordert worden (S. 15). Der Band behandelt mithin Kleinststaaten, ebenso wie etwas größere staatliche Gebilde. Aus nordwestdeutscher Sicht sind hier vornehmlich Schaumburg-Lippe und Braunschweig mit den zugehörigen Aufsätzen des rezensierten Bandes etwas intensiver in den Blick zu nehmen.

Die beiden Beiträge des ersten Abschnitts haben keinen direkten Bezug zu Niedersachsen oder der Hansestadt Bremen, geben aber bereits exemplarische Einblicke in das Spannungsfeld, welches sich aus der Kombination von Kleinstaat und Monarchie ergab. So greift Hagen Rüster in seinem Beitrag zur Grafschaft Greiz weit zurück in der Geschichte des 19. Jahrhunderts. Der Autor beschreibt Greiz, regiert von der älteren Linie des Hauses Reuß, als das Synonym des zeitgenössisch belächelten und mit wenig öffentlichem Ansehen versehenen Kleinstaats. Für seinen Monarchen, den eigensinnigen Fürsten Heinrich XXII. galt dies analog. In der Zusammenschau zeigt sich hier sehr anschaulich, wie delegitimierend auch schon rund 100 Jahre vor dem Siegeszug von Internet und sozialen Medien eine »schlechte Presse« wirken konnte. Oliver Riegg beschließt mit seinem Aufsatz zur Lebensmittelversorgung in den thüringischen Kleinstaaten im Ersten Weltkrieg den ersten Abschnitt des Buches. Aus der Perspektive des durch die Corona-Pandemie geprägten Jahres 2022 ist vor allem sein Verweis auf die Hamsterkäufe noch vor dem Kriegsbeginn 1914 interessant. Insgesamt kommt Riegg zu dem Fazit, dass die schlechte Nahrungsmittelversorgung zwar ein Malus auch in den thüringischen Staaten gewesen sei, jedoch insgesamt nur »ein kleiner Baustein in Bezug auf die revolutionären und gesellschaftlichen Umbrüche in diesen Jahren« (S. 82).

Der Aufsatz Martin Ottos kann als eine Art Einleitung für den zweiten und umfangreichsten Teil des Bandes verstanden werden. Otto betont, ohne sich auf ein bestimmtes Beispiel zu beschränken, den prozesshaften Charakter der dem Ende der kleinen Monarchien innewohnte. Trotz ihrer formell verfassungsmäßigen Eigenständigkeit und ausgestattet mit Reservatrechten etwa bei Eisenbahn und Armee seien die Kleinststaaten häufig eng verwoben gewesen mit den größeren Nachbarn. Neben der geringen Größe, die häufig einer effizienten Verwaltung entgegenstand, waren es auch Krisen innerhalb des Herrscherhauses, die die Verzichtbarkeit manch kleinen Staatswesens augenfällig werden ließen: Dies konnte etwa eine nichtstandesgemäße Liaison des Thronfolgers sein, aber auch das Aussterben einer dynastischen Linie (S. 98). Letztlich kommt Otto jedoch zu dem Schluss, dass das Scheitern der Monarchien nicht auf Ebene der einzelnen Kleinstaaten, sondern auf Reichsebene geschah.

Neben dem Beitrag Ottos umfasst der zweite Teil des Bandes zahlreiche Aufsätze zu den verschiedensten »revolutionären« Aspekten, die hier nur kursorisch aufgeführt werden können. So thematisiert Ralf Regener den Verlauf der Revolution im Fürstentum Anhalt, der aufgrund der pragmatischen Einstellung von linksliberalem und sozialdemokratischem Lager zum Herrscherhaus sehr moderat ausfiel. Helge Klassohn widmet sich am Beispiel eben dieses Territoriums der Diskussion um die Gründung der evangelischen Landeskirche Anhalts. Die Rolle der lippischen Landeskirche nach dem Ersten Weltkrieg behandelt Frank Oliver Klute, während Wilfried Reininghaus die »Meistererzählung« über die Rolle des lippischen Revolutionärs Heinrich Drake einer kritischen Würdigung unterzieht.

Nicht nur aufgrund des Tagungsortes, sondern auch wegen der historischen Gegebenheiten hat der Band einen leichten Schwerpunkt auf dem thüringischen Raum. Immerhin waren unter den 22 monarchisch geführten Bundesstaaten des deutschen »Fürstenbundes« von 1871 acht thüringische Kleinstaaten. Manuel Schwarz widmet sich entsprechend den letzten Jahren der dortigen Monarchien und Monarchen, während Stefan Gerber in einem zweiten Beitrag die Revolution 1918/19 in Gotha analysiert. Ronald Hoffmann widmet sich – dies aber bereits im letzten Abschnitt des Buches – den vermögensrechtlichen Auseinandersetzungen zwischen dem Haus Schwarzburg und dem Freistaat Thüringen nach 1918.

Durch den kleinen Landesteil Pyrmont umfasste das Fürstentum Waldeck-Pyrmont zwar heutiges niedersächsisches Territorium, das eigentliche Staatsgebiert lag jedoch auf jetzt hessischem Gebiet. Karl Murk bestätigt hierzu gewissermaßen den Befund, dass viele Kleinstaaten allein kein funktionierendes Staatswesen mehr darstellten und das Herrscherhaus als identitärer Kitt der Eigenstaatlichkeit fungierte. Karl Heinz Schneider schließlich behandelt mit Schaumburg-Lippe den einzigen Kleinststaat, der 1946 im Land Niedersachen aufging. Grundsätzlich kommt er zu dem Befund, dass diese Eingliederung in ein größeres Staatsgebilde rund 140 Jahre später als anzunehmen geschehen sei. Die Grafschaft bzw. das Fürstentum Schaumburg-Lippe habe als »überholter Kleinstaat« vielmehr einer großen Grundherrschaft entsprochen, die nur in Folge des Reichsdeputationshauptschlusses nicht mediatisiert worden sei (S. 152).

In der Folge bestand eine enge Bindung an Preußen, die aber selbst nach dem Ende der Monarchie nicht zu einem kompletten Anschluss führte. Ursächlich hierfür war einerseits die untypische Sozialstruktur des Landes mit vergleichsweise wenigen Menschen, die in der Landwirtschaft beschäftigt waren. Die Mehrzahl der Landesbewohner arbeitete in Bergbau und Glasindustrie. Andererseits verschaffte dies der starken Sozialdemokratie die Möglichkeit, in ihrer Hochburg auf kleinem Raum selbstbestimmte Politik zu machen. Dies fügt sich in die vom Autor aufgeführten Gründe für den milden Verlauf der Revolution. So hätten die geringen Kriegseinbußen in Verbindung mit der weitgehenden Funktionsfähigkeit des schaumburg-lippischen Staatswesens während des Krieges auch dazu geführt, dass innerhalb der Sozialdemokratie der Ruf nach einem Ende der Monarchie nicht allzu laut wurde. Nicht zuletzt habe die Finanzierung des Haushalts eine Rolle gespielt, wurde dieser doch zu großen Teilen aus dem Domanialvermögen des Fürstenhauses getragen. Die Trennung von staatswirtschaftlicher Finanzwirtschaft und fürstlicher Privatwirtschaft sei immens schwierig gewesen.

Spätestens mit dem Bekanntwerden der forschen Rückgabeforderungen des vormaligen preußisches Herrscherhauses gegen die Bundesrepublik im Jahr 2019 steht die Vermögensfrage der ehemals regierenden Häuser unter dem Schlagwort »Hohenzollerndebatte« wieder verstärkt in der Öffentlichkeit. Auch wenn Preußen das Gegenteil eines Kleinstaates war, liegt der Thematik eine Aktualität inne, die bei der Publikation des vorliegenden Sammelbandes nicht zu erahnen war. Cajetan von Aretin skizziert – den letzten Abschnitt des Buches einleitend – die grundsätzlichen staatstheoretischen Überlegungen zur Domänenfrage und zieht kursorisch die Mittelstaaten Bayern und Baden als Beispiele heran. Das Domanialvermögen habe sich grundsätzlich als Hausvermögen gekennzeichnet. Unweigerlich implementiert schon dies die Frage, wie eng verknüpft oder getrennt Staat und Fürst betrachtet wurden und wie sich das auf die vermögensrechtlichen Fragen nach der Umwandlung der Monarchien in parlamentarische Demokratien auswirkte.

Das im Rahmen der Wiener Schlussakte von 1819 etablierte »Monarchische Prinzip« legte die besondere Stellung des fürstlichen Staatsoberhauptes auch in der konstitutionellen Monarchie fest. So seien die meisten staatsrechtlichen Verträge weiterhin im Namen des Herrschers beurkundet und eine Rechtspersönlichkeit des Staates abgelehnt worden – eine Tatsache, die wohl den Ausschlag für eine großzügige postrevolutionäre Eigentumsregelung zugunsten der vormals regierenden Häuser gab. Ob von den Zeitgenossen auch das gegenteilige Argument diskutiert wurde, aus einem Gleichklang von Souverän und Staat ein grundsätzliches Eigentumsrecht des postrevolutionären (Volks-) Souveräns herzuleiten, thematisiert von Aretin nicht. Dies schmälert den Erkenntnisgewinn aus dem Aufsatz jedoch nur unwesentlich, spannt der Autor doch den Bogen bis in die Gegenwart und zeigt anhand der komplizierten Rechtslage und der vorangegangenen Verhandlungen mit den vormals regierenden Häusern den Gegensatz zwischen »absoluter Staatstheorie und parlamentarischer Staatspraxis« überaus anschaulich (S. 299).

Im Anschluss an diese grundsätzlichen Gedanken skizziert Burkhard Schmidt die juristischen Vermögensauseinandersetzungen zwischen dem vormaligen Braunschweiger Herzog Ernst August und dem nach der Revolution etablierten Freistaat Braunschweig. Schmidt beschreibt anschaulich, wie mit der Industrialisierung vor allem das linke politische Spektrum erstarkte und die Sozialdemokratie selbst im Herzogtum zu einem »Sammelbecken Linksradikaler aus ganz Deutschland« avancierte (S. 304). Wenig überraschend reklamierte der von der USPD dominierte Arbeiter- und Soldatenrat »alle herzoglichen Domänen und Güter« als Eigentum des neuen republikanischen Staates. Das Kammergut, welches auch Jagden und Forsten beinhaltete, umfasste insgesamt mehr als ein Viertel des Landesterritoriums. Hinzukommend hatten vor 1918 diverse Bergwerks- und einige Industriebeteiligungen im Eigentum der Welfen gestanden.

Sehr ausführlich gibt Schmidt im Folgenden ein Bild der sich über rund fünf Jahre hinziehenden Prozesse und Verhandlungen. Hierbei geht er detailliert auf die Akteure, deren politische Einbindung sowie die Erfolgsaussichten vor dem historischen Hintergrund aus. Letztlich stuft er den am 23. Juni 1925 geschlossenen Vergleich als für beide Seiten annehmbar ein (S. 315). Durch den Vertrag erhielt der Herzog nicht nur diverse Schlösser und Liegenschaften, sondern auch 3,5 Prozent des Staatsgebietes als Grundbesitz zugesprochen. Ferner wurde er in die neu gegründete Stiftung für Landesmuseum und Landesbibliothek eingebunden. Da dies in der Folge allerdings auch den Unterhalt der Einrichtungen und Schlösser betraf, entsprangen für den Herzog aus dem Vergleich ebenfalls beträchtliche finanzielle Lasten, deren letztes Resultat Schmidt gar in der Veräußerung von Kunstgütern durch den gleichnamigen Urenkel des letzten Braunschweiger Herzogs auf der Marienburg im Jahr 2005 sieht.

Arne Hoffrichter, Hannover

*75 Jahre Niedersachsen*. Einblicke in seine Geschichte anhand von 75 Dokumenten. Hrsg. v. Sabine Graf, Gudrun Fiedler und Michael Herrmann. Göttingen: Wallstein Verlag

2021. 407 S., zahlr. Abb. = Veröffentlichungen des Niedersächsischen Landesarchivs Bd. 4. Geb. 29,90 €. ISBN: 978-3-8353-3873-9.

Im Jahr 2021 konnte das Land Niedersachsen sein 75-jähriges Gründungsjubiläum begehen. Das Niedersächsische Landesarchiv nahm diesen besonderen Geburtstag zum Anlass, um anhand von 75 Dokumenten Einblicke in die Landesgeschichte ab 1946 zu gewähren. Der von Sabine Graf, Gudrun Fiedler und Michael Hermann herausgegebene Band knüpft inhaltlich und gestalterisch an eine Vorgängerpublikation aus dem Jahr 2016 an. Seinerzeit war anlässlich des 70. Landesgeburtstags die Geschichte Niedersachsens in einem größeren zeitlichen Rahmen von den Karolingern bis zur niedersächsischen Verfassung von 1993 anhand von 111 Dokumenten eindrucksvoll präsentiert worden. Die Konzeption beider Bände nimmt, wie man den jeweiligen Einleitungen entnehmen kann, ausdrücklich Bezug auf Neil Mac Gregors ungemein erfolgreiche Geschichte der Menschheit in 100 Objekten.

Das hier vorzustellende Buch kann ohne Weiteres als ein Spiegel niedersächsischer Zeitgeschichte bezeichnet werden. In den 75 ausgewählte Dokumente präsentierenden und kontextualisierenden Beiträgen von vier bis sechs Seiten Länge wird ein ausgesprochen breites Themenspektrum behandelt. Die Reihenfolge der nummerierten Beiträge ist chronologisch. Die Anschaulichkeit ist dank der zahlreichen hochwertigen Abbildungen hervorragend. Hinter der Bezeichnung »Dokument« verbirgt sich eine große Vielfalt unterschiedlicher Archivalien: neben klassischem Verwaltungsschriftgut unter anderem Druckschriften und Zeitungen, Karten und Pläne, Fotografien, Plakate und Verlautbarungen. Einen ersten Eindruck von der Bandbreite des im Buch präsentierten Materials vermittelt der auf Grundlage von Ausschnitten aus sechs Archivalien gestaltete Einband.

Es ist hier nicht möglich, alle 75 Beiträge im Einzelnen vorzustellen. Um dennoch einen Überblick zu vermitteln, wurden fünf Gruppen gebildet, denen sich jeweils mehrere Beiträge zuordnen ließen: Stationen niedersächsischer Geschichte, die Auseinandersetzung mit dem Nationalsozialismus, Migration und Flüchtlinge, Wirtschaft und Infrastruktur sowie schließlich gesellschaftlicher Wandel.

Zur ersten Gruppe zählt der erste von Stefan Brüdermann verfasste Beitrag »Niedersachsen begründen« (Nr. 1), in dem das sogenannten »Kopf-Gutachten« aus dem Februar 1946 vorgestellt wird. Diese Denkschrift des späteren Ministerpräsidenten Hinrich Wilhelm Kopf führt uns mitten hinein in die Gründungsphase des Landes. Auf der Grundlage älterer Überlegungen hatte Kopf seine Vorstellungen über den anzustrebenden Zuschnitt eines künftigen Bundeslandes Niedersachsen formuliert, das auch Bremen und Teile Westfalens umfassen sollte. Bekanntlich ließen sich diese Pläne aus verschiedenen Gründen nicht realisieren, und so wurde schließlich aus den Ländern Hannover, Braunschweig, Oldenburg und Schaumburg-Lippe auf der Grundlage der Verordnung Nr. 55 der Britischen Militärregierung am 6. November 1946 das Land Niedersachsen gegründet.

Eine der ersten und wichtigsten Maßnahmen der Westalliierten in ihren Besatzungszonen war die Etablierung demokratischer Strukturen auf den unterschiedlichen Ebenen. Ein wichtiges Element stellte dabei die noch vor der Landesgründung im September 1946 abgehaltene Kommunalwahl dar, die Axel Eilts in seinem Beitrag »Neubeginn unter britischer Aufsicht« (Nr. 7) anhand einer Bekanntmachung der britischen Militärregierung thematisiert. Wie schwer es der Niedersachsengedanke in einzelnen Landesteilen noch Jahrzehnte nach der Landesgründung hatte, zeigt Stefan Brüdermann unter der Überschrift »Niedersachsen trennen« (Nr. 46) über die 1975 in Oldenburg und Schaumburg-Lippe durchgeführten Volksabstimmungen über den Verbleib im Land Niedersachsen oder die Wiedererrichtung der alten Länder. Ausgangspunkt ist ein Stimmzettel aus dem Landkreis Schaumburg-Lippe. Das Ergebnis fiel so eindeutig wie überraschend für eine Trennung von Niedersachsen aus. Die Abspaltung wurde erst per Bundestagsbeschluss gestoppt, da weder Oldenburg noch Schaumburg-Lippe über die »Größe und Leistungsfähigkeit« zur Wahrnehmung ihrer Aufgaben verfügten.

Einen interessanten Aspekt auf dem Weg zur Stärkung eines »niedersächsischen Landesbewusstseins« beleuchtet Philip Haas mit der Niedersächsischen Landesausstellung »Stadt im Wandel« zur Kultur des nordwestdeutschen Bürgertums in der Vormoderne in Braunschweig im Jahr 1985 (Nr. 58). Diese beim Publikum erfolgreiche, organisatorisch aber mit Problemen behaftete Ausstellung stand im bundesweiten Kontext einer »Kette von Groß- und Landesausstellungen« vor allem zu mittelalterlichen Themen. Das zugehörige Dokument ist – ganz unspektakulär – ein Werbeprospekt.

Der vorletzte Beitrag des Bandes »KonVisionen« stammt von Nina Koch und setzt sich mit dem Abzug der britischen Streitkräfte nach der deutschen Wiedervereinigung sowie dem Problem der Konversion der bis dahin militärisch genutzten Liegenschaften in Osnabrück auseinander. Als Bezugspunkt dient das Titelblatt einer Werbebroschüre, mit der auf einer Immobilienmesse 2008 um Investoren geworben wurde.

Den zweiten hier ausgewählten Themenschwerpunkt bildet eine Reihe von Beiträgen, die der Auseinandersetzung mit dem Nationalsozialismus gewidmet sind. In den Jahren des Neubeginns stand dabei unter anderem die Frage der schuldhaften Verstrickung Einzelner im Vordergrund. Antje Lengnik stellt die Geschichte dieser in den Beständen des Niedersächsischen Landesarchivs umfassend überlieferten Verfahren in ihrem Beitrag zu Erfolg und Scheitern der Entnazifizierung in Niedersachsen am Beispiel eines einschlägigen Fragebogens vor (Nr. 8). Der juristischen Aufarbeitung der NS-Verbrechen widmet sich Thomas Brakmann (Nr. 15) am Beispiel des ersten westdeutschen Auschwitzprozesses, der 1952 in Osnabrück geführt wurde. Angeklagt war der SS-Mann Bernhard Rakers, der sich in verschiedenen Konzentrationslagern ernsthafter Verbrechen schuldig gemacht hatte und zu insgesamt 21 Jahren Haft verurteilt wurde. Das zugehörige Archivdokument ist eine Art Steckbrief, mit dessen Hilfe die Vereinigung der Verfolgten des Naziregimes (VVN) nach Zeugen gegen Rakers suchte. Ein weiterer Beitrag von Meike Buck (Nr. 18) befasst sich mit dem sogenannten Remer-Prozess 1952 in Braunschweig, den der damalige Braunschweiger Generalstaatsanwalt Fritz Bauer ins Rollen gebracht hatte, dessen Plädoyer als Dokument abgebildet ist.

Bis heute von Bedeutung ist die Frage nach einem angemessenen Gedenken an die Opfer des verbrecherischen NS-Staates. Von zentraler Bedeutung für Niedersachsen war die Einrichtung der Gedenkstätte Bergen-Belsen. Ihre Gründungsgeschichte schildert Nicolas Rügge (Nr. 19), abgebildet ist die Anfahrtsskizze für die Teilnehmer der Einweihungsfeier am 30. November 1952.

Flucht und Migration ist ein weiteres Thema, das mehrfach und aus unterschiedlichen Perspektiven in den »75 Dokumenten« aufgegriffen wird. Hierzu zählt die von den überlieferten Transportlisten ausgehende Darstellung der besonderen Herausforderungen, die in den an der Ostgrenze Niedersachsens gelegenen Flüchtlingslagern Mariental und Alversdorf nach dem Zweiten Weltkrieg zu bewältigen waren, durch Jürgen Diehl (Nr. 5). Eine Zeit lang mussten hier bis zu 8.000 Flüchtlingen und Vertriebenen pro Tag betreut werden. Der Folgebeitrag von Claudia Ressler ist der Problematik der Versorgung der Displaced Persons (DP's) im »Ausländerlager« Meerbeck gewidmet (Nr. 6), gegen dessen Aufrechterhaltung der Bürgermeister des Ortes – wie dem präsentierten Dokument zu entnehmen ist – mit Hinweis auf anhaltende »Übergriffe« der dort untergebrachten DP's Beschwerde führte.

Unter völlig anderen Rahmenbedingungen erfolgte Ende der 1970er Jahre die Aufnahme der vietnamesischen »Boat-People«, die vor der sozialistischen Regierung in Hanoi geflüchtet waren und unter anderem im niedersächsischen Norddeich eine neue Heimat fanden. Ihr Schicksal beleuchtet anhand von Fotografien und eines »Merkblattes für die Aufnahme vietnamesischer Schüler in Schulen« Astrid Parisius (Nr. 58). Ausgehend von einem One-Way-Flugticket nach Nürnberg befasst sich Romy Meyer mit der Geschichte der Spätaussiedler aus dem postsowjetischen Russland (Nr. 69). Ein Thema, dem auch in der Landesgeschichte in Zukunft vielleicht etwas mehr Aufmerksamkeit gewidmet werden sollte.

Eine dritte Gruppe von Beiträgen beschäftigt sich mit Themen aus den Bereichen »Wirtschaft und Infrastruktur«. Auf diese Weise erhält man interessante Einblicke in gescheiterte, erfolgreiche oder auch über Jahrzehnte beharrlich verfolgte Projekte. Ausgesprochen beeindruckend sind die Fotografien vom Bau der Okertalsperre aus den 1950er Jahren, die Christiane Tschubel als Anknüpfungspunkt für die Darstellung der Geschichte dieses Großprojektes zwischen ökonomischem Nutzen und ökologischen Kosten dienen (Nr. 17).

Von kaum zu unterschätzender Bedeutung für die niedersächsische Wirtschaft ist der Jade-Weser-Port in Wilhelmshaven. Dass der Beginn der Planungen für diesen Tiefwasserhafen bis Anfang der 1970er Jahre zurückreicht, zeigt ausgehend von den damaligen Planungsunterlagen Sven Mahmens (Nr. 38). Wie schnell ein Geschäftsmodell ins Wanken geraten kann, verdeutlicht die von Brage Bei der Wieden behandelte »Bäderkrise« im Harz (Nr. 70), als durch die Änderung gesundheitspolitischer Rahmenbedingungen die Besucherzahlen erhebliche Einbußen erlitten. Die dramatische Lage wird in dem abgebildeten Bericht der Bezirksregierung Braunschweig an das Innenministerium in Hannover vom 1. April 1997 geschildert.

Der letzte Schwerpunkt, auf den hier eingegangen werden soll, ist der gesellschaftliche Wandel, der auch die Geschichte Niedersachsens in den letzten siebeneinhalb Jahrzehnten prägt. In diesen Zusammenhang gehört der Beitrag von Kerstin Rahn zur studentischen Protestbewegung in den 1960er Jahren (Nr. 39). Ungewöhnlich: das vorgestellte Dokument ist in diesem Falle eine Schreibmaschinenschriftprobe aus der Überlieferung der Staatsanwaltschaft. Ein wichtiges Thema niedersächsischer Zeitgeschichte ist ohne jeden Zweifel die Anti-Atomkraftbewegung. Thomas Bardelle behandelt sie am Beispiel des Radiosenders »Freies Wendland« (Nr. 53). Präsentiert wird ein ikonisches Foto des Holzturms, in dem der Radiosender untergebracht war, aufgenommen anlässlich dessen polizeilicher Räumung im Juni 1980. Das letzte im Band vorgestellte Dokument ist das Niedersächsische Gleichberechtigungsgesetz von 2010, dessen Entstehungsumstände Stephanie Haberer erläutert.

Die wenigen Beispiele müssen – um den Rahmen einer Rezension nicht zu sprengen – hier genügen. Viele andere Themen vom Emslandplan über das Lager für Atommüll in der Asse bis hin zur Erwachsenenbildung in Niedersachsen und viele andere mehr hätten ebenfalls Erwähnung verdient. Umso nachdrücklicher sei der Band zur Lektüre empfohlen, der mit Hilfe des nach Personen, Orten und Sachen geteilten Registers bequem durchsucht werden kann.

Aus der Sicht des Rezensenten ist das rundum gelungene Buch nicht nur ein gewinnbringender Lesestoff für alle an der Geschichte Niedersachsens Interessierten, die von 41 Archivarinnen und Archivaren präsentierten »75 Dokumente« eignen sich darüber hinaus sicher auch als quellennahe Arbeitsgrundlage für Schule und Studium.

Henning Steinführer, Braunschweig

# Rechts-, Verfassungs- und Verwaltungsgeschichte

*Das Denkbuch des Bremer Bürgermeisters Daniel von Büren des Älteren 1490-1525.* Bearb. v. Adolf E. Hofmeister und Jan van de Kamp. In Verbindung mit der Historischen Gesellschaft Bremen hrsg. v. Staatsarchiv Bremen. Bremen: Edition Falkenberg 2021. 400 S., 20 sw-Abb. = Bremisches Jahrbuch, zweite Reihe Bd. 5. Geb. 42,00 €. ISBN: 978-3-95494-235-0.

Der Bremer Bürgermeister Daniel von Büren der Ältere (ca. 1460-1541) entstammte einer seit 1252 in Bremen nachweisbaren Familie. Sein Vater war der Eltermann Hermann von Büren, seine Mutter stammte aus der Ratsfamilie Brand. Nach dem Studium an der Universität Rostock ab 1477 erlangte von Büren in seiner Heimatstadt kommunale Ämter, indem er 1486 Struktuar an der St. Marienkirche, 1489 Ratsherr und 1500 Bürgermeister wurde. Häufig war er in diplomatischen Missionen für die Stadt unterwegs. 1538 trat von Büren vermutlich aus Altersgründen als Bürgermeister zurück. Dennoch begründete er die bis zum Jahr 1755 reichende Bremer Bürgermeister-Dynastie.

Im Jahr 1775 entdeckte der bremische Stadtarchivar und spätere Bürgermeister Liborius Diedrich Post (1737-1822) das durch von Büren angelegte Denkbuch. Die im Staatsarchiv Bremen überlieferte Originalhandschrift enthält neben mehreren Abschriften älterer Urkunden vor allem Notizen betreffend die Geschicke der Stadt Bremen in der Zeit von 1490 bis 1525. Die Sprache der Handschrift sind das Mittelniederdeutsche und das Lateinische im Wechsel, wobei das Mittelniederdeutsche jedoch deutlich überwiegt.

Neben der Originalhandschrift, die auf Grund der während des Zweiten Weltkriegs vorgenommenen Auslagerung und anschließenden Verwahrung in der Sowjetunion bzw. der DDR über Jahrzehnte hinweg nicht genutzt werden konnte (S. 14), liegen fünf jüngere Abschriften aus dem 18. Jahrhundert vor. Leider ist der nicht unbeträchtliche Überlieferungsverlust, der durch das Fehlen derjenigen 44 Blätter, die den Zeitraum zwischen dem 19. April 1510 und dem 16. Januar 1521 umfassten, vor der Entstehung der Abschriften eingetreten, so dass die Lücke durch andere Überlieferungen nicht mehr zu schließen war. Die Quelle ist nur wenig persönlich geprägt, es handelt sich also bei ihr um kein typisches Selbstzeugnis (vgl. S. 35).

Das Denkbuch, welches den Hauptteil der vorliegenden Publikation ausmacht, ist in zehn Abschnitte untergliedert (S. 59-331). Es enthält – wie gesagt – Aufzeichnungen aus den Jahren 1490 bis 1525 sowie Abschriften mehrerer Urkunden aus der Zeit von 1248 bis 1462. Die Aufzeichnungen sind anfangs zeitlich ungeordnet und folgen erst ab S. 90 der Edition der Chronologie.

Die Einträge betreffen Regierung und Verwaltung der Stadt Bremen, ihr Verhältnis zum Erzbischof und zu den anderen Landständen, insbesondere zum Domkapitel, Recht und Gerichtsbarkeit der Stadt und – allerdings seltener – ihren Handel und ihr Gewerbe. Vorzugsweise sind solche kleineren Rechtsgeschäfte der Stadt dokumentiert, an denen von Büren beteiligt war. Ebenso verhält es sich mit den Gerichtsverhandlungen sowohl zivilrechtlicher als auch strafrechtlicher Natur. Bemerkenswert ist hier die Erwähnung der im Jahr 1503 mit dem Tod bedrohten Geseke Brunes, welche man »scholde [...] gebrannd hebben umme toverige«; anscheinend der erste konkret überlieferte Fall einer Hexenverfolgung in Bremen (S. 109).

Ausführlich beschreibt von Büren den festlichen Besuch des hochbetagten Kardinals Raimund Peraudi (1435-1505) vom 14. bis 29. Mai 1503 in der Stadt, der verbunden war mit vielen Ablassverkäufen und Privilegienbestätigungen, aber auch feierlichen Gottesdiensten (»eyne lange herlicke mysse«; S. 104). Die im Kontext dieses Besuchs dem Bürgermeister von Büren von der älteren Forschung zugeschriebene Kritik an der Ablasspraxis wird von seinen Aufzeichnungen nicht bestätigt; im Gegenteil nehmen ihn die altkirchlichen Zeremonien und Frömmigkeitspraktiken noch ganz in ihren Bann (S. 102-109), wie auch die Bearbeiter in ihrer Einleitung hervorheben (S. 46 f.).

Weiter berichtet von Büren über die seit 1505 anhaltenden Streitigkeiten der Stadt mit dem Bremer Deutschordenskomtur Jasper von Münchhausen (um 1470-1519). Die Schilderung der Eskalation dieser Streitigkeiten im 1514/15 erhobenen Vorwurf, der Komtur sei Anstifter zur Münzfälscherei, wird im Denkbuch ursprünglich zweifellos vorhanden gewesen sein, gehört aber leider wohl zu dem oben erwähnten umfangreichen Textverlust für das betreffende Jahrzehnt (S. 176f., S. 199-202, S. 246).

Die hinhaltende Taktik der Stadt im Jahr 1523 angesichts der Forderung des Bremer Erzbischofs Christoph von Braunschweig-Wolfenbüttel, die Predigten des Augustiner-Mönchs Heinrich nicht zu dulden, beschreibt dann das Lavieren der im Übergang zur Reformation befindlichen Stadt zwischen der Sympathie für die neue Lehre und dem Bestreben, dem Erzbischof keinen Anlass zum Vorgehen gegen sich zu geben (S. 289-291 und S. 297f.).

Ein Anhang gibt Anlagen zum Denkbuch und sonstige Aufzeichnungen von Bürens wieder, darunter insbesondere Dokumente zu den genannten Auseinandersetzungen mit dem Deutschordenskomtur von Münchhausen. Beschlossen wird der editorische Teil mit dem Abdruck des Testaments von Bürens aus dem Jahr 1540 (S. 332-359).

Die S. 49-51 dargelegten editorischen Grundsätze sind transparent und nachvollziehbar dargelegt; die Wiedergabe des edierten Textes allerdings spiegelt auch in der Länge der Zeilen die Vorgabe in der Originalhandschrift wider, was aus editorischer Sicht nicht unbedingt erforderlich gewesen wäre und den Lesefluss bei der Lektüre der chronikalischen Aufzeichnungen doch etwas stört.

Ein Register der Orts- und Personennamen rundet die Edition ab und erleichtert ihre Benutzbarkeit (S. 360-398). Dieses Register wäre freilich bequemer zu nutzen, wenn es nicht auf die Blätter der Handschrift, sondern auf die Seitenzahl der Edition verweisen würde. Zudem scheint es unvollständig: Der Ratssyndikus Johann von Rene erscheint im Text deutlich häufiger, als dies der Index S. 389 nachweist (nur S. 102 und S. 105, nicht aber S. 135, S. 148, S. 151 usw.).

Eine bedeutsame Quelle für die Geschichte der Stadt Bremen an der Wende vom Mittelalter zur Neuzeit und die ersten Jahre der stadtbremischen Reformationsgeschichte steht damit nunmehr einem weiteren Kreis zur Verfügung. Die Publikation leistet zudem einen wesentlichen Fortschritt bei der historisch-kritischen Edition der Chronistik der Stadt Bremen bis zum 16. Jahrhundert. Den Bearbeitern Adolf E. Hofmeister und Jan van de Kamp gebührt dafür herzlicher Dank. Auf das Erscheinen der S. 8 angekündigten Edition des sogenannten Ratsdenkelbuchs – einer vergleichbaren Quelle, die jedoch mit den Jahren 1395 bis 1519 einen sehr viel längeren Zeitraum abdeckt – darf man gespannt sein.

Christian HOFFMANN, Hannover

## WIRTSCHAFTS- UND SOZIALGESCHICHTE

STEINSIEK, Peter-Michael: *Der Wald zwischen Harz und Aller in der Frühen Neuzeit (1510-1800)*. Braunschweig: Appelhans Verlag 2021, 224 S., 63 Abb., 12 Tab. = Quellen und Forschungen zur Braunschweigischen Landesgeschichte Bd. 57. Geb. 29,00 €. ISBN: 978-3-944939-43-8.

In der 2008 erschienenen Wirtschafts- und Sozialgeschichte des Braunschweigischen Landes vom Mittelalter bis zur Gegenwart heißt es zum Thema Forstwirtschaft lapidar: »Eine neuere Gesamtdarstellung liegt nicht vor« (Bd. II, S. 315-323). Umso mehr ist dem Braunschweigischen Geschichtsverein und seinem Vorsitzenden Brage Bei der Wieden zu danken, der das Legat seines verstorbenen Vereinsmitgliedes Günter Kunisch zur besonderen Förderung der Erforschung der braunschweigischen Forstgeschichte für dieses Buchprojekt eingesetzt hat. In Peter-Michael Steinsiek stand im Übrigen ein niedersächsischer Forsthistoriker als Autor zur Verfügung, der durch seine bisherigen Forschungsarbeiten vielfach ausgewiesen ist und etwa 2012 zusammen mit Johannes Laufer einen thematischen Wegweiser durch die Bestände des Niedersächsischen Landesarchivs zu Quellen zur Umweltgeschichte in Niedersachsen vom 18. bis zum 20. Jahrhundert vorgelegt hat.

Steinsiek skizziert im Einführungskapitel ausführlich die Ziele der Untersuchung, den Stand der Forschung, die Vielfalt der zur Verfügung stehenden Quellen, vornehmlich der im Niedersächsischen Landesarchiv überlieferten Forstbeschreibungen, sowie die sich ergebenden unterschiedlichen Perspektiven für die Waldentwicklung. Den Zustand des Waldes sieht er als Ergebnis des Zusammenwirkens von Boden und Klima, Witterungsfaktoren, Zusammensetzung und Eigenschaften der Waldvegetation, pilzlichen und wildlebenden tierischen Organismen, Wechselwirkungen mit benachbarten Ökosystemen, Weidetieren sowie Menschen als Nutzern und Gestaltern. Darüber hinaus beschreibt er die Wechselwirkungen zwischen der menschlichen Gesellschaft und dem Wald, das heißt die unterschiedlichen Akteursgruppen und deren Einwirkungsmöglichkeiten auf den Wald.

In politisch-geografischer Hinsicht beschränkt Steinsiek das Untersuchungsgebiet auf die Forsten des Wolfenbüttelschen und des Schöningischen Distrikts des Fürstentums Braunschweig-Wolfenbüttel mit Ausnahme der Exklave Calvörde; das heißt die vornehmlich der Aufrechterhaltung des Bergbaus dienenden Forsten des Harzdistrikts einschließlich Blankenburgs sowie des Weserdistrikts werden ausgeklammert. Der Untersuchungszeitraum umfasst die Frühe Neuzeit vom 16. Jahrhundert bis zum Ende des 18. Jahrhunderts, gelegentlich unter Einschluss des beginnenden 19. Jahrhunderts. Im Mittelpunkt der Analyse stehen Vorkommen respektive Verteilung, Ausdehnung, Baumartenzusammensetzung und Aufbau der fraglichen Forsten in der zeitlichen Entwicklung. Die zumeist sprechenden Kapitelüberschriften lassen eine allumfassende Bearbeitung des gewählten Untersuchungsthemas erkennen: »Flächenausstattung«, »Regelungen«, »Verwaltung«, »Wald-Wiesen«, »Ausländische Baumarten«, »Wem gehört der Wald?«, »Bewirtschaftung«, »Zeit für Reformen – Neue Forsteinrichtung«, »Erträge«, »Forstschutz«, »Wildtiere«, »Wildschäden in Feldern und Gärten«, »Holzmangel«, »Der Wald in der Frühen Neuzeit«. Zusätzlich wird die Veröffentlichung durch Begriffserklärungen, eine Konkordanz der ausgewerteten Forstbeschreibungen sowie durch Verzeichnisse der Literatur, der Quellen, Abbildungen und Tabellen erschlossen.

Beeindruckend ist auch die Auswahl des vornehmlich zeitgenössischen Abbildungsmaterials, welches den Textpassagen eine hohe Anschaulichkeit zukommen lässt. Diagramme ergänzen die Angaben zu Klima, Baumarten, Flächenaufteilung und Besitzstruktur. Bei den gezeigten kartographischen Quellen zu den behandelten Forstflächen spannt Steinsiek den Bogen vom Mascop-Atlas des Fürstentums Braunschweig-Wolfenbüttel aus dem Jahre 1573/74 über die Forstkarten aus dem Umkreis des Hofjägermeisters von Langen aus den Jahren ab 1748, die Gerlachsche Karte des Fürstentums Braunschweig-Wolfenbüttel aus den Jahren 1763-1775 und deren späteren Kopien bis zu beispielhaften Einzelkarten des 18. Jahrhunderts.

Zwischen Harz und Aller beherrschte der Mittelwald mit seinen Hauptbaumarten Buche und Eiche als »Nährwald« bis zum Ende des 18. Jahrhunderts das Bild, bevor mit den um 1750 seitens der Landesherrschaft eingeleiteten Forstreformen der Hochwald Schritt für Schritt an seine Stelle trat und die jahrhundertealte, enge Verbindung von Wald und Hof mit bäuerlicher Waldweide, Holznutzung sowie Entnahme von Plaggen und Laub ihr Ende fand. Der Autor nimmt ausdrücklich Bezug auf die 1990 erschienene umfassende Kulturgeschichte des norddeutschen Forstwesens von Walter Kremser, auf die Abhandlung von Kurt Schmidt zur Organisationsstruktur der braunschweigischen Forstverwaltung (1966) sowie auf die grundlegende Arbeit von Ernst Pitz zu Landeskulturtechnik, Markscheide- und Vermessungswesen im Herzogtum Braunschweig bis zum Ende des 18. Jahrhunderts (1967). Steinsieks Studie liefert alles in allem eine lesenswerte Vertiefung des oben genannten Werkes von Kremser, und zwar zeitlich und territorial eingegrenzt auf das im Titel genannte Gebiet und basierend auf der hervorragenden Quellenlage in der Abteilung Wolfenbüttel des Niedersächsischen Landesarchivs.

Hans-Martin Arnoldt, Braunschweig

Braun, Christina: *Die Entstehung des Mythos vom Soldatenhandel 1776-1813.* Europäische Öffentlichkeit und der »hessische Soldenverkauf« nach Amerika am Ende des 18. Jahrhunderts. Darmstadt/Marburg: Hesssische Historische Kommission Darmstadt und Historische Kommission für Hessen 2018. 296 S. = Quellen und Forschungen zur hessischen Geschichte Bd. 178. Geb. 28,00 €. ISBN: 978-3-88443-333-1.

Zwischen 1776 und 1783 stellten sechs deutsche Territorien gegen Zahlung von Subsidiengeldern insgesamt rund 30.000 Soldaten in den Dienst der Britischen Armee für den Einsatz gegen die 13 aufständischen Kolonien in Nordamerika. Den ersten Subsidienvertrag mit König Georg III. schloss Herzog Karl I. zu Braunschweig-Wolfenbüttel im Januar 1776 über die Vermietung von knapp 4.000 Soldaten. Kleinere Kontingente stammten aus Hessen-Hanau, Ansbach-Bayreuth, Waldeck und Anhalt-Zerbst.

Das mit Abstand größte Kontingent mit über 12.000 Soldaten stellte Landgraf Friedrich II. von Hessen-Kassel; so wurde »Hessian« zum us-amerikanischen Sammelbegriff der im Unabhängigkeitskrieg unter englischer Führung eingesetzten deutschen Truppen. Obzwar seit dem 17. Jahrhundert Subsidienverträge zur Entsendung von Soldaten in den Dienst fremder Kriegsherren durchaus nicht unüblich und durch das im Westfälischen Frieden (IPO VIII §2) den Reichfürsten zugestandene Bündnisrecht zulässig waren, wurde diese Praxis zunehmend seit der Mitte des 18. Jahrhunderts und mit Beginn des Nordamerikanischen Unabhängigkeitskriegs massiv kritisiert.

Truppenvermietungen, mit denen Landesherren zur Finanzierung ihres stehenden Heeres, infrastruktureller Projekte, nicht zuletzt aber ihres luxuriösen Lebensstils die Landeskasse füllten, wurden von der aufgeklärten Öffentlichkeit im Heiligen Römischen Reich als »Soldatenverkauf« oder »Menschenhandel« despotischer Fürsten angeprangert, wobei Landgraf Friedrich als herausragender und besonders skrupelloser Hauptprotagonist im Zentrum der Kritik stand. Die Soldaten selbst erscheinen den Kritikern mal als Opfer oder willfährige Untertanen, mal als freiwillig tätige Berufssoldaten. Auch in England wurde der Einsatz der Mietsoldaten kritisiert, und diese entweder als Instrumente oder gar Sklaven bzw. »Erfüllungsgehilfe(n)« (S. 118) deutscher Despoten betrachtet, zugleich aber auch als brutale Söldner und Gefahr für die Freiheit des britischen Gemeinwesens beschrieben.

Christina Braun hat mit ihrer an der Universität Marburg entstandenen Dissertation eine vergleichende Studie über die Entstehung des in Deutschland seit der Mitte des 19. Jahrhunderts fest etablierten Soldatenhandelsnarrativs vorgelegt. Sie stellt unter Einbeziehung von französischen Flugschriften den Diskurs in England und im Reich zwischen 1776 und 1813 gegenüber und untersucht »Bilder der Kritik« (S. 104 ff.) und »Funktionen der Bilder« (S. 198 ff.) aus der Perspektive der unterschiedlichen Akteure. In England wurde in Parlamentsdebatten und in der Presse der als Bürgerkrieg aufgefasste Krieg und die Rechtmäßigkeit des Einsatzes fremder Truppen in Nordamerika kontrovers diskutiert vor der Folie einer verbreiteten Ablehnung des Söldnerwesens einerseits und stehender Heere andererseits. Mit Blick auf die Personalunion sind Brauns Ausführungen über die während des gesamten 18. Jahrhunderts wiederkehrende anti-hannoversche Kritik zwar nicht neu. Sie führt aber aus, wie mit der Anmietung der deutschen Soldaten argumentiert wurde.

Denn der Einsatz in der Heimat unterdrückter und zugleich brutal agierender Söldnersoldaten diente, so zumindest eine als xenophob benannte Perspektive, dem hannoveraner König letztlich dazu, die Verfassung zu untergraben und die englischen Freiheiten abzuschaffen. Im Reich fiel die von Braun vorgestellte und in intellektuellen Zirkeln geführte Debatte grundsätzlicher aus. Die in den Zeitschriften des gebildeten, aufgeklärten und patriotischen Bürgertums und in literarischen Texten wie z. B. Schillers »Kabale und Liebe« oder Seumes »Mein Leben« formulierte Kritik an fürstlicher Gewinnsucht, absoluter Herrschaft und rücksichtslosem Despotismus wie am Untertanengeist der Bevölkerung, zielte zwar nicht auf die völlige Abschaffung des politischen Systems, doch wenigstens auf die Reform der Wehrverfassung und und Beschneidung der Fürstenmacht vor dem Hintergrund der politischen Forderungen des amerikanischen Freiheitskampfs.

Braun hat für ihre Studie aufgrund der unterschiedlichen Kritikergruppen höchst verschiedenartige Quellengattungen herangezogen, deren Vergleichbarkeit dahingestellt sein mag. Gleichzeitig kann sie aber – trotz gewisser Redunanzen – in ihren ausführlichen Textanalysen die Argumentationsmuster und -ziele der jeweiligen Kritikergruppe überzeugend offen- und die Existenz einer breiten zeitgenössischen Kritik bzw. eines Soldatenhandelnarrativs darlegen.

Stephanie HABERER, Hannover

WESKAMP, Manuel: »*Ehre, Frohsinn, Eintracht*«. Selbstverständnis, Mitgliederrekrutierung und Karrieremuster von Akademikern am Beispiel des Corps Saxonia Göttingen (1840-1951). Göttingen: Wallstein Verlag 2018, 558 S., 17 Abb., Geb. 39,90 €, ISBN: 978-3-8353-3249-2.

In der hier vorgestellten Dissertation folgt der Autor Manuel Weskamp zwei Forschungskontexten am Beispiel der Corps Saxonia Göttingen, einerseits der Studenten- und Korporationsgeschichte, andererseits der Adelsgeschichte. Seine Forschungen basieren auf dem vom Soziologen Pierre Bourdieu konzipierten Begriff »Habitus«. Nach Bourdieu bezeichnet »Habitus« das gesamte Auftreten eines Menschen, wobei das ökonomische, kulturelle, soziale und symbolische Kapital eine entscheidende Rolle spielt. Am Habitus eines Menschen lassen sich Rang und Status innerhalb der Gesellschaft ablesen. Ausgehend vom Habitus-Konzept nach Bourdieu geht der Autor der Fragestellung nach, inwieweit die deutschen Corps bewusst als Sozialisationsagenturen für eine adelig-bürgerliche Elitenbildung konstruiert wurden (vgl. S. 26).

Die vom Autor durchgeführte Untersuchung gliedert sich in vier Teile. Als Grundgerüst und Ausgangsbasis wird zunächst die Geschichte des Corps Saxonia Göttingen von seiner Gründung bis zur Rekonstruktion in den frühen Anfangsjahren der Bundesrepublik Deutschland betrachtet (Kapitel 2). Im 12. Dezember 1840 haben Studenten der Georg-August-Universität in Göttingen die Landschaftsmannschaft Saxonia gegründet mit dem Ziel, Brauchtum und gewachsene Traditionen zu pflegen. Vier Jahre später entstand hieraus die Studentenverbindung Corps Saxonia Göttingen, die seit 1848 Mitglied im Kösener Senioren-Convents-Verband (KSCV) ist. Das Corps ficht Mensuren und trägt Farben. Beginnend mit der Gründung des Corps zeichnet der Autor ausführlich die weitere Entwicklungsgeschichte im Kontext der historischen Ereignisse (Revolutionszeit nach 1848, Zeit der Reichsgründung, Kaiserreich, Erster Weltkrieg, Weimarer Republik, NS-Zeit, Zweiter Weltkrieg, Nachkriegszeit) nach, wobei Fragen zu Kontinuität und Wandel gestellt werden. Parallel stellt er innerhalb der verschiedenen Zeitschichten agierende Corps-Mitglieder und ihre Aktivitäten vor.

Das dritte Kapitel beinhaltet Selbstverständnis und Grundstrukturen des Corps Saxonia Göttingen. Der Autor geht hier der Frage nach, was das Corps und das Leben in und mit dem Corps ausmachte. Welche Auswirkungen hatten Zeiten der Aktivitäten auf die einzelnen Corps-Mitglieder und welche gemeinsamen Erfahrungen prägten das Corps (vgl. S. 31)? Hierzu untersucht der Autor zum einen die Gruppe der sogenannten »alten« Herren, bereits im Berufsleben stehende Corps-Mitglieder, zum anderen das aktive Corps mit seinen noch studierenden Mitgliedern. Eigenarten der einzelnen Individuen sowie unterschiedliche Einflüsse auf das Leben werden näher analysiert, abschließend wird das Corps mit seinen Mitgliedern noch in seinem sozialen Umfeld verortet.

Im vierten Kapitel analysiert der Autor die Rekrutierung von Mitgliedern für das Corps. Hierbei geht er auf die Aufnahmebedingungen sowie auf die soziale und geografische Herkunft der Mitglieder ein. Auch die Frage nach Strategien zur Nachwuchsgewinnung wird gestellt. Auffällig ist die Entwicklung bei der Zusammensetzung der Corps-Mitglieder, es lässt sich eine gewisse Tendenz zu einer Dominanz aus dem Adel stammender Mitglieder belegen.

Der Autor untersucht im fünften Kapitel die Lebenswege der Corps-Mitglieder. Zu den Karrieremustern zählen die Wahl der Studiengänge und die anschließenden Karrierewege im Berufsleben. Laufbahnen in Verwaltung und Justiz, beim Militär und in der Diplomatie stehen ebenso im Fokus der Untersuchung wie politische Ämter und Funktionen. Besonders prägend für die Karriere sind die lebenslangen Beziehungen der Corps-Mitglieder untereinander, heute würde man von sozialen Netzwerken sprechen.

Im sechsten Kapitel fasst Manuel Weskamp seine Arbeitsergebnisse zusammen. Am Beispiel der Corps Saxonia Göttingen hat der Autor die Formierung einer studentischen Sozialisationsagentur mit elitärem Anspruch näher betrachtet. Die Untersuchung ist als Sozialgeschichte einer von adeligen Mitgliedern dominierten Studentenverbindung angelegt. Für die genauere Analyse greift der Autor auf das Habitus-Konzept und den Kapitalbegriff des Soziologen Pierre Bourdieu zurück (vgl. S. 32). Nach Bourdieu ist soziales Kapital eine äußerst vergängliche Kapitalsorte. Für die Mitglieder des Corps Saxonia Göttingen galt dies nicht. Sie konnten dauerhaft und lebenslang auf das soziale Kapital zurückgreifen, das ihnen durch das Corps zur Verfügung stand.

Als Basis des Forschungsgegenstands konnten die umfangreichen Quellenbestände des Corps Saxonia Göttingen, die im Stadtarchiv Göttingen verwahrt werden, erstmals ausgewertet werden. Auch die Analyse der Mitgliederstatistiken und das Aufstellen einer Längsschnittstudie über das Corps Saxonia lieferten Antworten auf die vom Autor gestellten Fragen.

In den einzelnen Kapiteln sind Bilder abgedruckt, auf denen Aktivitäten der Corps-Mitglieder zu sehen sind. Am Ende der Publikation sind ein Glossar, ein Quellen- und Literaturanhang sowie Abbildungen, Grafiken und Tabellen zu finden. Die Publikation schließt mit einer Übersicht Preußischer Verwaltungsbeamter, die Mitglieder im Corps Saxonia Göttingen waren.

Die hier vorgestellte, umfangreiche Publikation von Manuel Weskamp gibt einen in die Tiefe gehenden Überblick über Entstehung, Etablierung und Verfestigung einer besonderen Studentenverbindung von 1840 bis in die unmittelbare Nachkriegszeit.

Studentische Corps-Verbindungen stehen nicht im unmittelbaren Focus soziologischer Forschungen. Blickt man jedoch basierend auf der Theorie des Soziologen Pierre Bourdieu auf diese gesellschaftliche Gruppierung, so eröffnen sich für die Leser der vorliegenden Publikation vielschichtige Facetten einer besonderen Sozialstruktur am Beispiel des Corps Saxonia Göttingen.

Petra Diestelmann, Hannover

*Der Gorleben-Treck 1979. Anti-Atom-Protest als soziale Bewegung und demokratischer Lernprozess.* Hrsg. v. Detlef Schmiechen-Ackermann, Jenny Hagemann, Christian Hellwig, Karolin Quambusch und Wienke Stegmann. Göttingen: Wallstein-Verlag 2020. 367 S., 77 Abb. = Schriften zur Didaktik der Demokratie Bd. 5 = Veröffentlichungen der Historischen Kommission für Niedersachsen und Bremen Bd. 309. Geb., 29,90 €. ISBN: 978-3-8353-3793-0.

Vor mehr als fast 45 Jahren dürfte kaum jemand in der Bundesrepublik Deutschland und darüber hinaus die kleine Ortschaft Gorleben im niedersächsischen Landkreis Lüchow-Dannenberg, an der Elbe gelegen, gekannt haben. Ende der 1970er Jahre änderte sich dies von einem Tag auf den anderen. Am 22. Februar 1977 benannte der niedersächsische Ministerpräsident Ernst Albrecht (CDU) die Region um die Ortschaft Gorleben als künftigen Standort für ein nukleares Entsorgungszentrum mit der Funktionalität eines atomaren Endlagers im unter Tage gelegenen Salzstock. Weiterhin sollte auf zwölf Quadratkilometern Fläche eine nukleare Wiederaufbereitungsanlage (WAA) für abgebrannte Brennelemente mit Eingangslager entstehen.

Unmittelbar nach dem Bekanntwerden dieser Entscheidung kam es zu ersten örtlichen Protestaktionen, die sich gegen die Pläne der niedersächsischen Landesregierung richteten, im schwach besiedelten Wendland mit Nähe zur innerdeutschen Grenze eine solches Projekt umzusetzen. Zu einer der geläufigsten Protestaktionen der ersten Jahre gehörte der sogenannte Gorleben-Treck, der Thema einer zweitägigen Sitzung des Arbeitskreises für die Geschichte des 19. und 20. Jahrhunderts der Historischen Kommission für Niedersachsen und Bremen im Juni 2019 war. Die Tagungsergebnisse mit aktuellem Forschungsgegenstand sind in der vorliegenden Publikation veröffentlicht. In 19 Beiträgen verteilt auf drei Sektionen schildern die Autorinnen und Autoren die Ereignisse um den Treck selbst, seinen Anteil und Einfluss auf die bundesrepublikanische Protestgeschichte sowie den heutigen Blick auf die Ereignisse, umgesetzt in Ausstellungen in Hannover und Lüchow.

Die erste Sektion ist dem Themenschwerpunkt »März 1979: Ein Protestzug aus dem Wendland nach Hannover« gewidmet. Mit den Entwicklungen um den Gorleben-Treck setzen sich die Autorinnen Katja Fiedler und Karolin Quambusch in ihrem Beitrag »Vom Wendland nach Hannover. Eine illustrierte Chronologie des Protestzugs« näher auseinander. Die Autorinnen verwenden für die Darstellung des chronologischen

Verlaufs der bäuerlichen Protestbewegung des Wendlandes sowohl schriftliche und als auch audiovisuelle Quellen.

Der als Gorleben-Treck bezeichnete Sternmarsch, zu dem die »Bäuerliche Notgemeinschaft Lüchow-Dannenberg« aufgerufen hatte, richtete sich sowohl gegen die Nutzung der atomaren Energie als auch gegen die geplante Kernenergieanlage bei Gorleben. Der Treck mit rund 350 landwirtschaftlichen Traktoren machte sich am 25. März 1979 in Gedelitz, einem Ortsteil der Gemeinde Trebel im Landkreis Lüchow-Dannenberg in Niedersachsen, in Richtung Hannover auf den Weg, wo er am 31. März 1979 mit der Abschlusskundgebung unter Beteiligung von circa 100.000 Protestierenden auf dem Klagesmarkt in Hannover endete. Dies war bisher die größte Anti-Atom-Demonstration, die sowohl in Niedersachsen als auch in der Bundesrepublik Deutschland stattgefunden hatte.

Im Anschluss an die Darstellung der chronologischen Ereignisse schildert Gabi Haas in ihrem Aufsatz »Der Gorleben-Treck und seine Folgen. ZeitzeugInnen erinnern sich« persönliche Erinnerungen beteiligter Aktivisten und Aktivistinnen des Trecks. Verschiedene gesellschaftliche Gruppen fanden in einem gemeinsamen Protest gegen den Bau der atomaren Anlagen im Wendland zusammen. Die vielschichtigen und kontrovers geführten Diskussionen um das Für und Wider der Atomenergie führten oftmals zu Meinungsspaltungen innerhalb von Familien, Vereinen, Parteien oder kirchlichen Institutionen. »Die harte Schule der Toleranz und Fähigkeit zum Kompromiss« (vgl. S. 54) war über Jahre gefragt und prägte sowohl die Entwicklung der Region als auch einer sich neuformierenden sozialen Bewegungen.

Im Beitrag »Der Gorleben-Treck als markantes Ereignis der niedersächsischen Landesgeschichte« thematisiert Detlef Schmiechen-Ackermann die Frage, ob der Gorleben-Treck Teil der Regional- oder Landesgeschichte bzw. der Zeitgeschichte ist. Während die drei Begriffe seit Jahrzehnten fest eingeführte Begrifflichkeiten für historische Teildisziplinen definieren, wird die neu zusammengesetzte Wortschöpfung »Landeszeitgeschichte« eher von Forschenden mit einem wissenschaftlich publizistischen Ansatz verwandt. Die Aufsätze in dem hier vorgestellten Sammelband benutzen versuchsweise auch für den niedersächsischen Kontext den Begriff der Landeszeitgeschichte (vgl. S. 62), um mehr zeitliche Nähe zum Forschungsgegenstand mit vielfältigen Möglichkeiten und methodischen Herausforderungen herzustellen.

Zum Abschluss dieser Sektion untersucht die Autorin Ecem Temurtürkan in ihren Beitrag »Der Gorleben-Treck als emotionaler Katalysator und identitätsstiftende Instanz« die Proteste gegen den Umgang mit der Atomenergie aus der Perspektive der Bewegungsforschung. Die unterschiedlichen sozialen und politischen Gruppen erzeugten ein emotionales »Wir-Gefühl«, das eine Reihe von Transformationsprozessen innerhalb der Zivilgesellschaft wie das Aufbrechen konservativer Strukturen in der Region, die Umstrukturierung der Geschlechterverhältnisse sowie letztendlich die Gründung einer neuen politischen Partei nach sich zogen. Somit war der Gorleben-Treck nicht nur durch seine Emotionalität als eine identitätsbildende gesellschaftliche Instanz zu begreifen. Er diente in diesem Zusammenhang auch als demokratische Lernerfahrung in einer Zeit, in der die »New Social Movements« zunehmend an Bedeutung gewann (vgl. S. 81).

Die zweite Sektion mit dem Themenschwerpunkt »Der Anti-Atom-Protest als soziale Bewegung im regionalen und europäischen Vergleich« beginnt mit dem Beitrag »Ein neues Kapitel? Der Kampf gegen die Atomenergie im Kontext der deutschen Protestgeschichte und ihrer Erforschung« von Philipp Gassert. Der Autor zeichnet als Erstes Entwicklungslinien der Anti-AKW-Bewegung nach, um dann diese Protestbewegung in die deutsche Nachkriegsprotestgeschichte einzuordnen. Im Anschluss analysiert er Entwicklung und Bedeutung der so entstandenen soziökonomischen Umbrüche in Verbindung mit dem Paradigmenwechsel für die sozialwissenschaftlich-historische Bewegungsforschung um 1980. Zuletzt geht er der Frage nach dem Nutzen einer Historisierung der sozialwissenschaftlichen Forschung im Rahmen der Neuen Sozialen Bewegungen (NSB) für die Geschichtswissenschaft nach.

Dieter Rucht zeichnet im zweiten Beitrag mit dem Titel »Der Lohn des langen Atems. Anmerkungen zur Geschichte der Anti-Atomkraft-Bewegung in Deutschland« den wachsenden Widerstand gegen eine zivile Nutzung der Atomenergie nach. Wer diesen Konflikt verstehen will, sollte sich den Ausgangspunkt der militärischen Nutzung der Atomenergie vergegenwärtigen. Seit dem Zweiten Weltkrieg ist die Atomenergie untrennbar mit dem Abwurf von Atombomben auf Hiroshima und Nagasaki verbunden. Die Erinnerung an diese Ereignisse lassen in der Zivilgesellschaft früh Zweifel am zivilen Nutzen der Atomenergie aufkommen. Anfang der 1970er Jahre formierte sich in der Bundesrepublik Deutschland Widerstand gegen den Einsatz dieser Energietechnologie. Verbunden mit dem wachsenden Widerstand gegen diese Energie sind die Orte Wyhl, Brokdorf, Wackersdorf und Gorleben zu nennen. Trotz eines anfänglich sehr extremen Ungleichgewichts zwischen politischen Entscheidungsträgern, Befürwortern und Gegnern der Atompolitik konnte langfristig betrachtet die Anti-Atomkraft-Bewegung in der Bundesrepublik Deutschland weitreichende Erfolge bei der Umsetzung der Atompolitik erzielen.

Wie groß das Interesse und eine damit verbundene Beteiligung der Zivilgesellschaft an den Entscheidungsprozessen der Atompolitik in der Bundesrepublik Deutschland war, schildert Stephen Milder in seinem Beitrag »Protest und Partizipation. Die Transformation der demokratischen Praxis in der Bundesrepublik Deutschland 1968-1983«. Am Beispiel der Proteste der südbadischen Bevölkerung gegen die Nutzung der zivilen Atomenergie analysiert der Autor neue Formen einer gesellschaftlichen Teilhabe an politischen Entscheidungen vor Ort. Die durch die Proteste ausgelöste Transformation innerhalb der Zivilgesellschaft unterstreicht einerseits die Bedeutung des öffentlichen Demokratieverständnisses, andererseits ist die Beteiligung der Bürger und Bürgerinnen an der politischen Selbstverwaltung ein wichtiger Schritt für die Demokratisierung Westdeutschlands nach dem Zweiten Weltkrieg (vgl. S. 149).

Neben dem aktiven Einwirken der Zivilgesellschaft auf regionalpolitische Entscheidungsprozesse konnten überregional soziale Netzwerke einen besonderen Einfluss nehmen. Den Nutzen dieser Netzwerke analysiert der Autor Andrew Tompkins in seinem Aufsatz »Alle Wege führen nach Gorleben. Transnationale Netzwerke der Anti-AKW-Bewegung der 1970er Jahre«. Die Anfänge der agierenden Gruppierungen der Anti-Atomkraft-Bewegung blieben zunächst eher regional beschränkt, so auch in Gorleben. Mit der wachsenden Zunahme einzelner regionaler Protestbewegungen wuchs das Bedürfnis nach Erfahrungsaustausch und Solidarität untereinander. Es entstanden größere Netzwerke über nationale Grenzen hinweg. Die Anti-AKW-Bewegung in Gorleben profitierte sehr stark von ihrer Einbettung in grenzüberschreitende Netzwerke (vgl. S. 174). Dieses galt vor allem für die Aktivitäten um den Gorleben-Treck im März 1979, die Besetzung des Bauplatzes für ein nukleares Entsorgungszentrum 1980 und die späteren Blockaden der Castor-Transporte.

Auch in dem Beitrag »Wackersdorf. Der letzte Kampf« von Janine Gaumer lassen sich ähnliche personelle und ideelle Verflechtungen wie bei der Protestbewegung in Gorleben belegen. Die Autorin zeichnet die unterschiedlichen Wege des Protestes um Wackerdorf nach. Es ging dabei immer um weit mehr als ›nur‹ um den richtigen Weg der Energieversorgung, wobei Orte wie Wackersdorf nicht nur für den Kampf zweier Lager stehen, von denen das eine in der Atomkraft die Lösung aller Energieprobleme und das andere in ihr eine Bedrohung sah (vgl. S. 191).

Betrachtet man die Umweltbewegung auf der niedersächsischen Seite der Elbe, so darf der Blick auf die andere Seite der Elbe hier nicht fehlen. Der Autor Marc-Dietrich Ohse geht in seinem Aufsatz »Die Bedeutung von Umweltfragen für dissidente Gruppen in der DDR« Fragen der Umweltprobleme in der DDR nach. 1979, im Jahr des Gorleben-Trecks, kam es in der DDR zur Gründung erster kleinerer Umweltgruppierungen, die sich außerhalb staatlicher Strukturen bewegten. Wer in der DDR Umweltschutz einforderte, forderte auch immer politisch den SED-Staat als solchen heraus (vgl. S. 206). In ihrem Beitrag »Protest als Cultural Heritage? Demokratieverständnis, Region und Erbe im Hannoverschen Wendland« untersucht Jenny Hagemann anhand des Begriffs des Cultural Heritage, wie im niedersächsischen Wendland an die Anti-Atom-Proteste erinnert und wie dieses Erbe an die nachfolgenden Generationen weitergeben wird.

Im Mittelpunkt der dritten Sektion steht die »Sonderausstellung ›Trecker nach Hannover‹: Medien, Gedächtnis, Didaktik«. Anlässlich des 40. Jahrestages des Gorleben-Trecks konzipierte das Historische Museum Hannover in Kooperation mit dem Institut der Didaktik der Demokratie, Studierenden des Historischen Seminars der Leibniz Universität Hannover und dem Gorleben-Archiv aus Lüchow eine Sonderausstellung, in der zeitgenössische Fotos, Dokumente, Zeitzeugenberichte und persönliche Erinnerungsstücke zu den Ereignissen rund um den Gorleben-Treck gezeigt wurden. Der Gorleben-Treck ist als wichtiges Element der Protestbewegung im Nachkriegsdeutschland zu verstehen (vgl. S. 225) und als ein Ereignis von weitreichender Bedeutung. Die verschiedenen Beiträge der dritten Sektion geben Impulse zur Vorbereitung und Durchführung der geplanten Ausstellungen, was für den Aufsatz von Katja Fiedler mit dem Thema »Das Plakat. Ein Medium, das Kunst und Protest verbindet.« und den von Christian Hellwig mit dem Titel »Populärkulturelle Mahnungen? Anti-Atom-Protest und atomarer Super-GAU als fiktionalisiertes Filmevent« gilt.

Mit ihrem Beitrag »Wie kommt der Protest ins Museum? Zur Ausstellung ›Trecker nach Hannover‹ im Historischen Museum am Hohen Ufer« beschreiben Katharina Rünger und Thomas Schwark den Weg zur Konzeption der Sonderausstellung. Museen mit ihrem Ausstellungsgut ermöglichen außerschulische Lernorte. Dem Konzept eines außerschulischen Lernortes folgt auch Karolin Quambusch in ihrem Beitrag »Geschichtslernen mit mobilen digitalen Medien. Ein interaktiver ›App-Rundgang‹ für Smartphone«. Im Aufsatz »Gorleben – Ein Fall für die historische-politische Bildung« thematisieren Michele Barricelli und Markus Gloe die Möglichkeit, über die Gorleben-Proteste im Rahmen der Geschichtsdidaktik Lehr- und Lernmittel zu gestalten. Aus dem Blickwinkel der studentischen Szene stellen Liam Harrold und Sarah Rieger in ihrem Beitrag »Die Beschäftigung mit dem Anti-Atom-Protest aus studentischer Perspektive« unterschiedliche Aktionsfelder vor.

Zum Schluss der letzten Sektion werfen Gabi Hass und Birgit Huneke in ihrem Beitrag »Das Gorleben Archiv. Gedächtnis des Widerstands und Impulsgeben für zivilgesellschaftliches Engagement« noch einen Blick auf die Überlieferung der vielfältigen analogen und digitalen Dokumente. Wie wichtig dieses Archiv in offener Trägerschaft mit seiner vielschichtigen Überlieferung ist, zeigte sich auf dem im April 2022 in Delmenhorst stattgefundenen Niedersächsischen Archivtag, auf dem das Gorleben-Archiv vorgestellt wurde.

In der hier vorgestellten Publikation sind viele Fotos abgedruckt, die unterschiedliche Ereignisse in verschiedenen Zeitschichten anschaulich illustrieren. Im Anhang finden sich ein Abkürzungs-, Literatur-, Quellen- und Abbildungsverzeichnis sowie die Kurzbiografien der Autorinnen und Autoren.

Seit Ende der 1970er Jahre wird Niedersachsen zum Schauplatz der Auseinandersetzung um die Nutzung der zivilen Atomenergie. Proteste unterschiedlichster Gruppierungen innerhalb der Zivilgesellschaft führen zu Veränderungen der politischen Kultur sowie des Parteienspektrums in Niedersachsen und darüber hinaus. Gorleben wird zum Symbol sowohl der regionalen als auch der überregionalen Antikernkraftbewegung in der Bundesrepublik Deutschland. Die 19 Beiträge dieses Sammelbandes, die den Werdegang der Antikernkraftbewegung beginnend mit dem Gorleben-Treck nachzeichnen, sind einerseits in sich abgeschlossen, andererseits lassen sie sich miteinander verbinden, so dass ein Gesamtbild entsteht. Die Beiträge sind äußerst lesenswert. Diese Lektüreempfehlung gilt nicht nur für jene Leserinnen und Leser, die Zeitzeugen dieser Ereignisse waren, sie gilt im Besonderen für jene, die die Ereignisse um den Gorleben-Treck aus Sicht der nachgeborenen Generationen unter dem Aspekt der »Landeszeitgeschichte« kennen lernen.

Petra Diestelmann, Hannover

# Kirchengeschichte

Schuster, Esther-Luisa: *Im Haus der Weisheit*. Das Wandmalereiprogramm aus dem ehemaligen Hildesheimer Domwestbau. Regensburg: Schnell & Steiner 2020, 168 S., 29 sw-, 19 farbige Abb., zwei Beilagen. = Objekte und Eliten in Hildesheim 1130 bis 1250 Bd. 5. Geb. 39,95 €. ISBN: 978-3-7954-3567-7.

Die Publikation von Esther-Luisa Schuster ist aus dem vom Bundesministerium für Bildung und Forschung finanzierten Verbundprojekt »Innovation und Tradition. Objekte und Eliten in Hildesheim 1130-1250« hervorgegangen und war als Teilprojekt »Tradition und Innovation in der Monumentalmalerei des Domes vor dem Hintergrund der Entwicklung von Bildverständnis und Bildgebrauch bei den Hildesheimer Klerikereliten des Hochmittelalters« am Kunsthistorischen Institut der Universität Bonn angesiedelt.

Zu Recht leitet die Autorin ihre Publikation mit dem Hinweis ein, dass der Hildesheimer Dom als UNESCO-Weltkulturerbe ein herausragendes Gesamtkunstwerk mittelalterlicher Kunst und Kultur und insbesondere für die weit exportierte Bronzekunst berühmt ist. Obgleich es zahlreiche Zeugnisse für monumentale Kunstwerke gebe, denke die kunsthistorische Forschung bisher aber kaum an Wandmalerei (S. 8) – ein Fakt, den die vorliegende Arbeit womöglich zu ändern vermag. Aus dem ursprünglichen Vorhaben, sowohl den inkrustierten Estrichfußboden aus der Apsis als auch die Wandmalerei des Tonnengewölbes aus dem Obergeschoss des niedergelegten Westbaus aufzuarbeiten, kristallisierte sich der Fokus auf letzteres heraus (S. 10).

Die Ausgangslage für die Erforschung der erst 1841 bei den Abrissarbeiten entdeckten und bis dahin völlig in Vergessenheit geratenen Wandmalerei ist denkbar schlecht. Lediglich in zwei kolorierten Nachzeichnungen von Friedrich Rudolph Brockhoff aus eben jenem Jahr ist die Wandmalerei überliefert und in verschiedenen Quellen erwähnt. Dass die Autorin die Aufarbeitung des Bildprogramms in ihrem Vorwort als hindernisreich beschreibt (S. 7), erscheint geradezu euphemistisch. Doch der Herausforderung hat sich die Autorin nicht nur gestellt, sie scheint sogar eine besondere Faszination auf sie ausgeübt zu haben. Ihre Begeisterung und ihr Elan sind spürbar an der Sorgfalt, die in ihre Publikation geflossen ist.

Diese besticht insgesamt durch eine klare, auf das Wesentliche reduzierte Gliederung, sie ist durch eine sehr dichte Informationsfülle geprägt und durch eine systematische Herangehensweise sowie durch eine nachvollziehbare Argumentation gekennzeichnet. Dass ihr zudem ein großer Sachverstand innewohnt, wird rasch deutlich. Schließlich befasste sich die Autorin in ihrer 2015 eingereichten und mit dem Romanikforschungspreis ausgezeichneten Dissertation »Kunst und Kanonisation. Visuelle Strategien der Kultvermittlung für ottonische Bischöfe in Köln und Hildesheim im 12. Jahrhundert« mit Kunstwerken verschiedenster Art, die den jeweiligen Bischof als Heiligen vor Augen führen. Die Hildesheimer Bischöfe betreffend konnte die Autorin also auf einen breiten Kenntnisstand zurückgreifen und war bestens mit den Kontexten vertraut. Dass sie sich hierbei explizit auch mit Bildorten und dem zielgerichteten Einsatz von Ikonographie und Inschriften beschäftigte, dürfte ihr durchaus nützlich gewesen sein.

In der Einleitung in Kapitel eins nimmt die Autorin vieles vorweg, was erst im Verlauf der Lektüre durch ihre detaillierten Erläuterungen verständlich wird (S. 9-16). Anschließend gibt sie in Kapitel zwei den überschaubaren Forschungsstand wieder: Lediglich Heimann (1890), Troescher (1926), Wolter-von dem Knesebeck (2001) und Foerster (2011) beschäftigten sich bisher ausführlicher mit der Wandmalerei. Angesichts der Quellen- und Forschungslage ist ihre Arbeit also überaus ambitioniert und bezieht vielfältige Disziplinen mit ein.

Um sich der Wandmalerei zu nähern, zieht die Autorin vier Quellen heran und beleuchtet zunächst jeweils kritisch deren Kontext und Aussagegehalt; zugunsten der Nachvollziehbarkeit befinden sich die erhaltenen Quellen unter den Transkriptionen im Anhang:

1.) Die Nachzeichnungen von Friedrich Rudolph Brockhoff aus dem Jahr 1841. – Im Auftrag des Landbaumeisters Wellenkamp dokumentierte der Hildesheimer Maler Brockhoff die Gewölbemalereien in zwei kolorierten Gouachen, die er 1841 fertigstellte. In Kapitel 3.1 beschreibt die Autorin die Nachzeichnungen und ordnet sie kurz ein. In Abb. 5, 6 und 6a werden sie als Umzeichnungen mit Inschriften abgebildet, die Heimann 1890 nach den seinerzeit überlieferten, inzwischen nicht mehr erhaltenen Notizen im Krätz-Nachlass veröffentlichte – Brockhoff hatte die Schriftbänder zwar angelegt, aber die Inschriften nicht ausgeführt; die Nachzeichnungen selbst erscheinen als Abb. 10, 11 und 30 unter den Farbabbildungen und zusätzlich als großformatige Beilagen – diese Entscheidung ermöglicht es dem Leser, sie neben die Publikation legen zu können, um sie stets vor Augen zu haben; unnötiges Hin- und Herblättern wird dadurch vermieden.

2.) Der Briefwechsel zwischen Brockhoff, Landbaumeister Clamor Adolph Theodor Wellenkamp und Landbauverwalter Georg Wilhelm Mittelbach sowie Rechnungen. – Ohne den Briefwechsel können die Nachzeichnungen nicht betrachtet werden, denn allein dieser lässt Rückschlüsse über deren Genauigkeit und somit über deren Aussagegehalt zu, was die Autorin in Kapitel 3.2 aufzeigt. Unter welchen Umständen der Maler Brockhoff tätig gewesen ist, ist bei der Rezensentin auf ein besonderes Interesse gestoßen (S. 39, S. 115). Ziel der Nachzeichnungen war eine getreue Dokumentation ohne künstlerische Eingriffe. Die von Wellenkamp vermerkten Abweichungen und dessen Forderung nach einer Behebung (S. 39, S. 109, S. 117 f.) lassen annehmen, dass die Nachzeichnungen nicht übermäßig exakt waren, dennoch bezeichnete sie Landbauinspektor Mittelbach 1866 in seinem Abschlussbericht als genau (S. 40 f., S. 121). In diesem schildert er die Auffindung der Wandmalereien und erläutert, dass zunächst versucht worden ist, sie abzunehmen bzw. möglichst viel von der Originalsubstanz zu bewahren. Dieses Vorhaben scheiterte, lediglich zwei größere Fragmente der Wandmalerei seien unversehrt geblieben (S. 120). Aus diesem Grund wurden unter Würdigung der besonderen Qualität der Wandmalerei die Nachzeichnungen in Auftrag gegeben.

3.) Die Holzkästen mit Wandmalerei-Fragmenten im Dommuseum Hildesheim. – In verschiedenen Quellen lassen sich Fragmente der Wandmalerei ermitteln, denen die Autorin in Kapitel 3.3 auf den Grund geht. Abbildungen derselben sind zum Teil einzig im Bildteil der 1926 veröffentlichten Dissertation Troeschers publiziert, der bedauerlicherweise verschollen ist, so dass sich deren Inhalte teilweise nur anhand der Veröffentlichungen, die auf dieser Grundlage erfolgten, rekonstruieren lassen. 1980 wurden zwei Putzfragmente entdeckt und mit den gesuchten Fragmenten identifiziert. Eine Abschrift des Altinventars vermerkt ein drittes Fragment im Roemer- und Pelizaeus-Museum, das im Zuge des Projektes wiederentdeckt worden ist (S. 43). Um zu eruieren, ob diese gegebenenfalls mit jenen Fragmenten identisch sind, die die Autorin nach Troescher in Kapitel drei als Quelle I benennt (S. 33), wurden sie durch die Restauratorin Nadia Thalguter untersucht: Zwar wurden die Fragmente als zusammengehörig identifiziert – allerdings sprechen die Befunde gegen deren einstige Zugehörigkeit der behandelten Wandmalerei. Als Ergebnis der restauratorischen Untersuchung hätte der Exkurs (S. 46f., S. 125-144) zugunsten einer Konzentration auf die Thematik aus Sicht der Rezensentin noch weiter gekürzt werden können.

4.) Der Nachlass des Johann Michael Krätz – C-Akten in der Dombibliothek Hildesheim. – Den einst im Nachlass des 1885 verstorbenen Bibliothekars Krätz erhaltenen Pausen und Skizzen Brockhoffs sowie den in Notizen überlieferten Farben, Maßen und sämtlichen Inschriften widmet sich die Autorin in Kapitel 3.4. Inzwischen sind diese Archivalien nicht mehr auffindbar, lassen sich jedoch aus Erwähnungen in anderen Publikationen zumindest annähernd nachvollziehen. Hierbei sind insbesondere die Inschriften eine bedeutende Quelle zur inhaltlichen Analyse der Wandmalerei. Im Zuge des Projektes konnte die Autorin im C-Bestand einen Zettel auffinden, auf dem die Inschriften aus dem oberen Register der Nord- und Südseite vermerkt sind (S. 49, S. 110). Dass die Inschriften 1890 bei Heimann in derselben Form wiedergegeben wurden, spricht womöglich für den Wahrheitsgehalt der Überlieferung.

Bereits im Vorwort stellt die Autorin die außergewöhnliche inhaltliche Qualität der Wandmalerei in Aussicht und bleibt auch nicht den Nachweis schuldig. Zunächst fasst sie in Kapitel vier das Bildprogramm zusammen, das sich über die Nachzeichnungen Brockhoffs sowie die 1890 bei Heimann und im C-Bestand überlieferten Inschriften ermitteln lässt. Im Anschluss ordnet die Autorin die Szenen jeweils ein, diskutiert mögliche Vorlagen und zieht Vergleichsbeispiele heran. Zudem fügt sie einigen Darstellungen thematisch vergleichbare Szenen anderer Wandmalereien hinzu, die dem Leser eine Vorstellung davon vermitteln, welche Bestandteile die Fehlstellen beinhaltet haben könnten. Dass sich im Scheitel eine monumentale Darstellung der Wurzel Jesse befand, sei unter Berücksichtigung der Datierung der Wandmalerei bemerkenswert, denn der Autorin zufolge handle es sich um eine der frühesten monumentalen Umsetzungen dieses Themas.

Die im oberen Register der Nordseite dargestellte Zacharias-Vision sei ebenfalls selten dargestellt worden und scheint in ihrer Gestaltung singulär zu sein. Das obere, beschädigte Register der Südseite zeige das Haus der Weisheit, wobei die sieben auf den Säulen sitzenden Frauen womöglich für die sieben Tugenden stehen. Das untere Register der Nordseite symbolisiere – durch einige Fehlstellen beeinträchtigt – die Zerstörung Jerusalems; hierzu scheint es keine direkten Vergleichswerke zu geben. Das untere Register der Südseite zeigte, obgleich es nicht vollständig erhalten ist, wahrscheinlich einen mariologischen Bezug in Form von Präfigurationen der jungfräulichen Empfängnis.

In Kapitel fünf beleuchtet die Autorin die Bildsystematik vor dem Hintergrund der Liturgie und Gelehrsamkeit in Hildesheim um 1150. Betrachtet werden hierzu vor allem die Schriftbänder im oberen nördlichen und südlichen Register, die – so ihre These – auf eine stark an die Rezeptionsgewohnheiten des Hildesheimer Klerus angelehnte Bildsystematik rückschließen lassen (S. 71). Da möglicherweise eine Anbindung an die Ortsliturgie angenommen werden könne, sei der Bildort in die Betrachtung einzubeziehen. Ein aus dem 12. Jahrhundert stammendes Lektionar aus dem Hildesheimer Dom hätte über einen Bezug zu Lesungen im Kirchenjahr Aufschluss geben können; da ein solches allerdings nicht mehr existiert, zieht die Autorin in Kapitel 5.1 Rupert von Deutz' *Liber De Divinis Officiis* zu Lesungen an den Hochfesten heran. Hierbei kann sie belegen, dass die Inschriften der oberen Register der Nord- und Südseite nahezu vollständig in der Auslegung nachvollzogen werden können. Die Analyse zeigt demnach eine mögliche Verbindung der Schriftbandtexte zu Lesungen des Kirchenjahres, wobei eine liturgische Einbindung in die Festkreise Weihnachten, Ostern und Pfingsten erfolgt (S. 74).

Da allerdings der Text auf dem Spruchband der Einzelfigur in der Zerstörung Jerusalems nicht erwähnt wird, kann eine Anbindung an die Lesungen des Kirchenjahres nicht ausschlaggebend für die Auswahl der Texte gewesen sein – ein Eindruck, der sich auf der Südseite verstärkt, denn die alttestamentlichen Texte seien nur zum Teil bei Rupert von Deutz repräsentiert (S. 73 f.). Um aber ein übergeordnetes Ordnungsprinzip, das der Auswahl und Zusammenstellung der Bilder und Texte zugrunde lag, zu ermitteln, zieht die Autorin in Kapitel 5.2 glossierte Bibeln heran: tatsächlich enthielt etwa die Buchstiftung des Bischofs Bruno eine vollständig glossierte Bibel – von wohl ursprünglich 28 zugehörigen Bänden sind aber nur zwei erhalten (S. 74). In der Darstellung der Wurzel Jesse manifestiere sich ein weit gespanntes Beziehungsnetz, das sich von der zugrundeliegenden Textstelle auf verschiedene weitere vorhandene Szenen erstrecke (S. 75). Aufgrund diverser Zusammenhänge vermutet die Autorin im fehlenden Teil des unteren Registers der Südseite eine Darstellung Aarons mit dem grünenden Stab (S. 76).

Insgesamt zeige die Untersuchung der Liturgie und Bibelglossen einen Systematisierungswillen in der Konzeption des Bildprogramms, das durch die Darstellung der Wurzel Jesse auf vielfältige Weise miteinander verbunden ist und mannigfaltige Deutungsansätze bietet (S. 77). Teile des Bildprogramms, vor allem die Szene der Zerstörung Jerusalems, bleiben hierbei aber unverständlich, so dass die Autorin im Folgenden eine andere Methode anbietet, um eine übergeordnete Konzeption zu ermitteln. Unter Einbeziehung der Thesen der bisherigen Forschungsliteratur stellt die Autorin in Kapitel sechs zunächst zentrale Fragen (S. 80) und legt damit gewissermaßen den Finger in die Wunde: Zu Recht weist sie darauf hin, dass, anders als auf der Südseite, auf der Nordseite im unteren Register nicht drei, sondern nur zwei Szenen dargestellt sind; zudem hätten die angenommenen Aussagen der dort angesiedelten Szenen auch mit anderen Szenen aus dem Alten Testament dargestellt werden können, wodurch sie eine gewisse Beliebigkeit hätten; sie weist außerdem darauf hin, dass alle Texte auf den Schriftbändern der Vulgata entstammen, nur die in der Szene der Zerstörung Jerusalems nicht. Ihr Rückschluss ist, dass eben diese Schriftbänder den Schlüssel zum Verständnis der Szene beinhalten müssen. Hier erreicht der Spannungsbogen ihrer Publikation einen Höhepunkt (ab S. 81): Mit plausibel dargelegten Argumenten präsentiert die Autorin im Folgenden eine Handschrift, die wahrscheinlich Grundlage für die Gesamtkonzeption gewesen ist.

In der Szene der Zerstörung Jerusalems enthielt das am Gürtel des Schreibers befindliche Schriftband die Inschrift *symbolum hierarchicum* – der Autorin zufolge handele es sich um ein Zitat aus der karolingischen lateinischen Übersetzung der *De Coelesti Hierarchia* des Pseudo-Dionysius Areopagita, deren Genese die Autorin zunächst skizziert. Nachvollziehbar kann sie durch die besonders ausführlich paraphrasierte Ezechielvision belegen (S. 82), dass die beiden Bildfelder im unteren Register der Nordseite exakte Umsetzungen des Textes wiedergeben (S. 83 f.). Hierin nimmt die Autorin wohl zurecht an, dass eine getreue Umsetzung dieser Stelle beabsichtigt gewesen ist und es demnach Kenntnis dieser Schrift in Hildesheim gegeben haben muss – eine Annahme, die sich erhärten lässt durch die in der Dombibliothek Hildesheim erhaltene Handschrift in der Übersetzung des Johannes Scotus Eriugena samt dem Kommentar Hugos von St. Viktor, die Bischof Bruno noch vor seiner Wahl zum Bischof dem Hildesheimer Dom gestiftet hat (S. 84). Da die Handschrift nach 1153 in die Bibliothek gelangt sein muss, nimmt die Autorin dies als *terminus post quem* für die Wandmalereien an. Nähert man sich nun auf dieser Grundlage erneut dem Bildprogramm, ergeben sich weitere bedeutende Aspekte:

Anschaulich erläutert die Autorin die bei Pseudo-Dionysius behandelten Aufgaben von Gleichnissen und Sinnbildern in der Heiligen Schrift, durch welche die Vermittlung auf eine abstrakte Ebene gehoben werde (S. 85); sie dienen der Veranschaulichung des Unsichtbaren. Die dargestellten Szenen sind durch einen verborgenen gemeinsamen Zweck miteinander verknüpft, nämlich die göttliche Wahrheit hinter der sinnlich wahrnehmbaren Erscheinung anzudeuten. Verständlich wird dies durch den Einbezug Hugos von St. Viktor, der in seinem Kommentar Bezug darauf nimmt und eine Erkenntnistheorie entwickelt, die sich mit der Bedeutung des Bildes bei der Suche nach Gott auseinandersetzt (S. 88). Der Mensch habe von Gott drei Augen bekommen: das Auge des Fleisches, das Auge des Verstandes und das Auge der Beschauung, die jeweils unterschiedliche Aufgaben erfüllen: Die Wahrnehmung der materiellen Welt, die Wahrnehmung der Seele und schließlich die Gotteserkenntnis. Die Sünde habe zur Erblindung des Auges der Beschauung geführt; das Auge des Verstandes sei entzündet; allein das Auge des Fleisches sei unversehrt geblieben. Dieses dreistufige Sehen werde in den Registern umgesetzt, die für das jeweilige Auge ausgelegt seien (S. 89). Die unteren Register sind mit dem Auge des Fleisches wahrnehmbar. Die oberen Register mit Schriften und Symbolen versinnbildlichen Visionen, Personifikationen, Präfigurationen, die mit der Seele wahrgenommen werden. Die Wurzel Jesse zeige die erstrebte Gotteserkenntnis mit dem Auge der Beschauung. Christus, als der vom Heiligen Geist Erfüllte, sei in der Lage, Gott zu schauen, weil sein Auge erleuchtet sei (S. 90).

Der Autorin zufolge sei die Wandmalerei also eine visuelle Umsetzung des Dionysius-Kommentars des Hugo von St. Viktor (S. 91). Man mag der Autorin bei dem Gedanken folgen, dass durch die Betrachtung der Bilder der Kommentar physisch abgeschritten und memorativ vergegenwärtigt werden konnte (S. 92). Die Rezeption des Textes und der Kommentierung sei einzigartig und unter den erhaltenen Denkmälern der mittelalterlichen Kunst eine Besonderheit, scheint das Bildprogramm der Hildesheimer Wandmalerei doch das einzige Kunstwerk des Mittelalters zu sein, das wörtliche Zitate aus den genannten Schriften aufweist. Der Schlüssel für die Erkenntnis waren die Inschriften in der Szene der Zerstörung Jerusalems, was deren Funktion generell aufwertet. Die Einflussnahme der theologisch-exegetischen und erkenntnisorientierten Bildung und Literatur der Hildesheimer Domkleriker werden in Bezug auf solch neue Bilderfindungen offensichtlich.

Die Entschlüsselung der Bildsystematik ermöglicht es, im Folgenden Überlegungen zur Funktion des Raumes und zu den Betrachtern anzustellen, was die Autorin in Kapitel sieben zusammenfasst. Die Wandmalerei befand sich in dem Raum zwischen den Türmen im Westbau des Domes, lag im ersten Obergeschoss und wurde nach Westen hin durch das Obergeschoss der Vorhalle verlängert (ab S. 93). Im Osten öffnete sich der Raum durch ein Rundbogenfenster. Nachdem die Autorin kurz die Diskussion um die Funktion eines solchen Raumes in den Kontext einordnet, kommt sie zu dem Schluss, dass von einem zum Langhaus geöffneten Kapellenraum zu sprechen sei. Es könne sich um eine Bischofskapelle gehandelt haben, wodurch sie zugleich die die These Wolter-von dem Knesebecks aufgreift, der vermutete, es habe einen Zugang aus dem Bischofspalast in das Obergeschoss des Westbaues gegeben (S. 95). In dieser Bischofskapelle hielten sich der Bischof und Mitglieder des Domkapitels auf, möglicherweise wurden hier hochrangige Gäste empfangen.

Das Bildprogramm richtete sich also ohne Zweifel an ein liturgisch und theologisch kenntnisreiches Publikum, die Ikonographie nimmt immer wieder Bezug auf das Priester- oder Bischofsamt und diente somit der Selbstvergewisserung. Die Anlage des Bildprogramms bedingt, dass sich die reale Präsenz des Bischofsamtes im Kreis der Betrachter abspielt. Als Vergleich zieht die Autorin der Dom zu Gurk in Kärnten heran (S. 97f.). In Kapitel acht nähert sich die Autorin nun dem möglichen Schöpfer der Konzeption, den sie – entsprechend ihrer Thesen – in Bischof Bruno vermutet. Zunächst skizziert sie dessen Leben anhand vorhandener Quellen (S. 99) und fasst seine umfangreichen Stiftungen zusammen, unter denen die Buchstiftungen besonders hervorzuheben seien (S. 100f.). Diesbezüglich hat die Forschung bereits darauf hingewiesen, dass Bischof Bruno sich mit den aktuellen Entwicklungen befasste, dies betrifft auch Werke der Frühscholastik. Nach Ansicht der Autorin habe er wesentliche Schriften gekannt, in denen die Auffassung von Bildern als Mittel der religiösen Unterweisung formuliert wird (S. 101-104).

Überzeugend fasst die Autorin in Kapitel neun die Ergebnisse ihrer Arbeit klar und verständlich zusammen: Die Wandmalerei bezeichnet sie als außergewöhnlich gelehrtes, von den zeitgenössischen Strömungen der christlichen Erkenntnistheorie beeinflusstes Bildprogramm, die Konzeption richtete sich an eine Bildungselite, in der sich die intellektuelle Sonderstellung Hildesheims niederschlägt, die wiederum in der überragenden Domschule wurzelt und verschiedentlich Einfluss auf die Bilderfindung nimmt. Den Raum benennt sie als ehemalige Bischofskapelle Bischof Brunos von Hildesheim, den sie als Auftraggeber und Konzeptor des Bildprogrammes ansieht.

Ihre eingangs bereits im Vorwort angerissenen und im Verlaufe der Arbeit präzisierten Thesen lassen sich anhand der gut überlieferten Dombibliothek und der anzunehmenden Rezeption der herangezogenen Schriften überprüfen und untermauern. Die Untersuchung bietet eine annähernde Datierung der Wandmalerei, stellt exemplarisch die immense Bedeutung von Inschriften heraus und regt an, sich bei vergleichbaren Werken nach diesem Vorbild erneut auf die Suche nach dem Ursprung der Texte zu begeben.

Ein weiteres bleibendes Verdienst für die weitere Erforschung ist, dass alle verfügbaren Quellen zu den Wandmalereien zusammengetragen, kritisch betrachtet und zum Teil erstmals, teilweise mit Transkriptionen, veröffentlicht wurden. Zudem wurde eine vollständige Bibliographie erstellt. Die Publikation liefert einen überaus bedeutenden Beitrag, um bei der künftigen Wertschätzung der Kunst des Hildesheimer Domes nicht nur auf die Bronzewerke zu schauen, sondern auch auf die Wandmalereien.

Karina DÄNEKAMP, Osnabrück

---

KLÖSSEL-LUCKHARDT, Barbara: *Mittelalterliche Siegel des Urkundenfonds Walkenried bis zum Ende der Klosterzeit (um 1578)*. Göttingen: Wallstein Verlag 2017. 877 S., 600 z.T. farb. Abb. = Corpus Sigillorum von Beständen des Staatsarchivs Wolfenbüttel Bd. 2 = Veröffentlichungen der Historischen Kommission für Niedersachsen und Bremen Bd. 288. Geb. 59,90 €, ISBN 978-3-8353-1962-2.

Grundwissenschaftliche Publikationen zählen bekanntermaßen in den seltensten Fällen zu den Kassenschlagern wissenschaftlicher Literatur. Gelten die Hilfswissenschaften schon in der Bezeichnung pejorativ verankert grundsätzlich seit jeher als *kleine Fächer*, die – wenn überhaupt – nur im Dunstkreis von Mediävistinnen und Mediävisten und/oder Archivarinnen und Archivaren bespielt würden, zeigt sich diese abseitige Stellung insbesondere für die Sphragistik.

So fehlte es auch für den niedersächsischen Raum über lange Zeit an einschlägigen Publikationen, die sich mit der hiesigen Siegelüberlieferung befassen. Zwar wurde schon zum Ende der 1960er Jahre ein »Niedersächsisches Siegelwerk« in die Arbeitsvorhaben der Historischen Kommission für Niedersachsen und Bremen aufgenommen, jedoch wurde dieses Projekt über die 1970er Jahre hinaus zunächst nicht weiterverfolgt. Erst seit 2003 kam es wiederum unter Ägide der Historischen Kommission zur Erarbeitung eines Siegelwerks für die Mitglieder des herzoglichen Hauses von Braunschweig und Lüneburg in Form einer online verfügbaren Datenbank. An die Erfassung dieser »Welfensiegel« schloss sich für das geistliche Siegelwesen im niedersächsischen Raum sodann die 2006 durch Isabelle Guerreau vorgelegte und 2013 publizierte Dissertation zu Klerikersiegeln der Diözesen Halberstadt, Hildesheim, Paderborn und Verden im Mittelalter sowie die Bearbeitung der Siegel der Urkundenfonds Marienberg und Mariental durch Beatrice Marnetté-Kühl an. Letztere erschien dabei als Vorgängerpublikation zum vorliegenden Band in der Reihe »Corpus Sigillorum von Beständen des Staatsarchivs Wolfenbüttel«.

Wie der Vorgängerband hat auch das Werk von Klössel-Luckhardt seinen Ausgangspunkt in der Bearbeitung der Siegel innerhalb eines in der Abteilung Wolfenbüttel des Niedersächsischen Landesarchivs überlieferten Urkundenbestandes (NLA WO 25 Urk). Der Urkundenfonds des im 12. Jahrhundert entstandenen Zisterzienserklosters Walkenried gelangte in den 1840er Jahren nach Wolfenbüttel und wurde bereits im Folgejahrzehnt zunächst durch Karl Ludwig Grotefend, und zuletzt in den 2000er Jahren durch Josef Dolle ediert. Die nun vorgelegte Bearbeitung des Siegelmaterials erscheint auch über den unbestreitbaren Wert des Urkundenbestands und der sich hier erhaltenen Siegel selbst hinaus angesichts der weit über die Grenzen des heutigen Niedersachsens reichenden Bedeutung der Klosteranlage höchst angemessen, gehört das im früheren Landkreis Osterode gelegene Kloster als Teil der Oberharzer Wasserwirtschaft doch seit 2010 zum UNESCO-Welterbe.

Der sich aus der geschilderten »fondsgebundene[n] Bearbeitung« (S. 11) der vorliegenden Arbeit umstandsgemäß ergebenen Heterogenität des Materials wurde dabei durch eine sinnvolle Orientierung an den jeweiligen Siegelführern begegnet. Nach einer Einführung und umfassenden Erläuterung zur Erfassung(-smaske) der Siegel (S. 17-99) gliedert sich der folgende Katalog (S. 101-804) somit in geistliche, adelige und bürgerliche Siegelführer. Die umfangreichen Register erleichtern das Auffinden der innerhalb dieser Kategorien mitunter unterschiedlich in hierarchischer, chronologischer sowie alphabetischer Rangfolge behandelten Beispiele. Als Endpunkt des Untersuchungszeitraums für die vorgestellten über 1000 Siegelabdrücke von annähernd 750 Typaren wurde ausgehend von der ersten Hälfte des 12. Jahrhunderts sinnvollerweise der Tod des letzten Abtes und damit das Ende der Klosterzeit 1578 gesetzt.

Dem ›Wunsch‹ der Autorin, »die einzelnen Objekte nicht nur in ein tabellarisch gefasstes System einzureihen, sondern sie als künstlerische oder zumindest kunsthandwerkliche Produkte zu erschließen« (S. 11), wird durch eine umfassende Beschreibung der Beispiele nachgekommen, bei der abseits einer bloßen Typologisierung die Bildmotivik auch ausführlich und gewinnbringend erläutert wird. Gerade vor diesem Hintergrund wären idealerweise natürlich farbige Abbildungen wünschenswert gewesen. Dass diese angesichts des Umfangs der Publikation von annähernd 900 Seiten bei einer gleichzeitig vertretbaren Preisgestaltung des Buches kaum umsetzbar gewesen sein dürften, erscheint nur nachvollziehbar (während die in einigen Fällen gänzlich fehlenden Abbildungen ohne Erklärung bleiben).

Gleichwohl hätte dieses Manko beispielsweise mittels Online-Verfügbarkeit oder durch einen beiliegenden Datenträger kompensiert werden können, zumal die weit über den (engen) niedersächsischen Rahmen hinausgehende Bedeutung Walkenrieds wie der behandelten Siegelführer auf diese Weise sicherlich noch deutlicher für und in der wissenschaftlichen Nutzung hätte unterstrichen werden können. Diese Detailfrage der Publikation sollte jedoch nicht darüber hinwegtäuschen, dass insgesamt eine für die absehbare Folgezeit substanzielle, weil detailreich erarbeitete und mit interdisziplinären kunsthistorischen Ansätzen angereicherte Darstellung entstanden ist, die zusammen mit dem 2002 und 2008 neu bearbeiteten Urkundenbuch Walkenrieds die Grundlage der weiteren Auswertung dieses überaus wichtigen Urkundenbestands des Landesarchivs schafft.

Pia MECKLENFELD, Oldenburg

*Der Hochaltar des Hildesheimer Domes und sein Reliquienschatz.* Hrsg. v. Michael BRANDT und Regula SCHORTA. Bd. 1: Saskia ROTH, Der Ort und seine Geschichte [Diss. Phil. Zürich 2009]. Bd. 2: Katalog und Quellen. Regensburg: Schnell & Steiner 2018. 648 S. [223 und 423], 221 farb. Illustrationen, 606 sw-Abb., 3 farb. Zeichnungen, 466 sw-Zeichnungen, 1 farb. Tabelle, 4 sw-Tabellen. = Quellen und Studien zur Geschichte und Kunst im Bistum Hildesheim Bd. 13. Geb. 148,00 €. ISBN: 978-3-7954-3361-1.

Gegenstand der hier zu besprechenden zweibändigen Publikation ist der im Jahr 872 geweihte Hochaltar der Domkirche zu Hildesheim. Nach der Bombardierung der Stadt Hildesheim am 22. März 1945, bei welcher der Hildesheimer Dom zerstört worden war, konnte der umfangreiche Reliquienschatz, der im Hochaltar verwahrt wurde, am 19. Juni des Jahres unversehrt geborgen werden. Die im Anschluss an die Bergung vorgenommene Inventarisierung der Fundstücke konnte allerdings nur summarisch erfolgen. Anschließend scheint der Reliquienschatz nicht unbedingt sachgemäß verwahrt worden zu sein; zumindest berichtet die Einleitung im ersten Band (S. 8) etwas kryptisch von einer akuten Bedrohung, indem die Reliquien vor allem an eine Restaurierungswerkstatt, aber auch an das Deutsche Textilmuseum abgegeben wurden. Die zu Beginn der 1970er Jahre aus der Restaurierungswerkstatt nach Hildesheim zurückgeführten Reliquien wurden in einer Abstellkammer am Kreuzgang des Domes gelagert und gerieten vorerst in Vergessenheit. Erst Ende der 1970er Jahre wurde der Bestand gesichert und erneut inventarisiert (S. 8 und S. 11 f.).

Der erste Band der hier zu besprechenden Publikation enthält unter dem Titel »Der Ort und seine Geschichte« vor allem die im Jahr 2009 von der Universität Zürich angenommene Dissertation von Saskia Roth über die Gestalt des ehemaligen Hildesheimer Hochaltars und die in ihm verwahrte Reliquiensammlung. Ziel ist die Analyse von

Funktion und Bedeutung des Hildesheimer Kastenaltars sowie der Erkenntnisgewinn über den Umgang mit den darin eingeschlossenen Reliquien. Der Hochaltar des Hildesheimer Domes nahm eine exponierte Lage am Ostende des Chorquadrats ein. Roth bezeichnet ihn mit Recht als den »kultischen Brennpunkt der Bischofskirche« (S. 103).

Die Autorin beschreibt zunächst die Form des Unterbaus (Stipes) des Altars und identifiziert diesen mit dem im Jahr 1061 von Bischof Hezilo errichteten Altar. Dieser Stipes hatte eine Grundfläche von 3,0 m x 1,6 m. Die von der älteren Forschung angenommene Weihe des Altars erst im Jahr 1281 weist sie zurück (S. 17-21). Ausstattungsstücke des Hochaltars aus der Mitte des 11. Jahrhunderts waren jedenfalls älter, so insbesondere die von Bischof Thiethard (928-954) gestifteten Altarverkleidungen, die bereits im 12. Jahrhundert durch eine Stiftung des Domherrn Siegfried erneuert wurden und erst in der zweiten Hälfte des 17. Jahrhunderts durch neue Verkleidungen ersetzt wurden (S. 21f.).

Im Lauf der Jahrhunderte wurde die äußere Gestalt des Altars den sich wandelnden liturgischen Formen angepasst. Die noch bis in die 1660er Jahre bezeugte goldene Tafel des Bischofs Thiethard dürfte zunächst die Vorderseite des Altarblocks verkleidet haben. Als der Altar später einen Retabelaufsatz erhielt, wurde die Tafel in diesen integriert. Im Stipes waren zwei erhöhte Öffnungen zur Aufstellung des Reliquiars des Heiligen Godehard und des Reliqiars der Dompatrone (beide heute im Diözesanmuseum Hildesheim) vorhanden, die wohl hinter dem Altar aufgesockelt waren.

Für das späte Mittelalter und das 16. Jahrhundert konstruiert Roth einen schrankartigen Retabelaufbau für Hildesheim nach dem überlieferten Halberstädter Muster. Die in diesem Schrank aufgestellten Reliquiare konnten durch Öffnen der Schranktüren den Gläubigen gezeigt werden. Die beiden genannten Reliquienschreine blieben an Ort und Stelle. Dabei handelt es sich zwar um eine hypothetische Rekonstruktion, die allerdings einiges an Wahrscheinlichkeit für sich beanspruchen kann. Roth schließt diese Gestalt des Hochaltars aus dem Umstand, dass in den Schatzverzeichnissen von 1438 und 1454 zahlreiche Reliquiare aufgelistet werden (rund 40 Objekte), als deren Verwahrort der Altar angegeben ist (vgl. S. 48 Abb. 32).

Dieses spätmittelalterliche Erscheinungsbild bestand bis in die erste Hälfte des 17. Jahrhunderts hinein. Im Jahr 1625 stiftete der Domdechant Walter von Letmathe für den Altartisch eine Ummantelung aus schwarzem Marmor mit Relieftafeln aus Alabaster (S. 51 Abb. 36). Heute sind nur noch einige Fragmente dieser alabasternen Relieftafeln erhalten (S. 17). Im Rahmen einer erneuten Umgestaltung schon 1665/67 wurden die Reliquienschränke des heiligen Godehard und der Dompatrone auf den neu errichteten Durchgängen zur Chorsakristei aufgestellt. Fünf auf einem mit schwarzem Samt überzogenen Brett angebrachte, von dem Goldschmied Anton Syring angefertigte Silberreliefs (heute im Dommuseum Hildesheim) traten an die Stelle der Tabula aurea des Bischofs Thiethard, die nun eingeschmolzen wurde.

Im Stipes des Domhochaltars befand sich eine tresorartige Kammer, in welche verschiedene Behältnisse, die Reliquien enthielten, eingeschlossen waren. Auf diese Weise erhob sich auch der Hochaltar der Hildesheimer Domkirche über den Gräbern der Märtyrer (S. 32). Der Reliquienschatz des Hildesheimer Domaltars basiert auf dem Fundus, der dem Altar bei seiner Weihe 1061 einverleibt worden war. Die Weiheinschrift führt nicht weniger als 83 Heiligennamen auf. Im Lauf der Jahrhunderte wurde dieser Fundus durch Neuerwerbung von Reliquien unter anderem jüngerer Heiliger (St. Franziskus; S. 113) erweitert, aber offenbar auch durch Überführung aus aufgelösten Reliquiaren oder Altarsepulchren (S. 171). Konkret lässt sich eine solche Translation für Reliquien aus dem aufgelösten Dominikanerkloster St. Pauli nachweisen (S. 106).

Bis zum ausgehenden 11. Jahrhundert war es nicht üblich, Reliquien sichtbar zu machen oder zu zeigen. Auf dem Laterankonzil von 1215 war dann allerdings schon ein Dekret erforderlich, welches die Zurschaustellung nackter Reliquien verbot. Für die öffentliche Verehrung entstanden kostbare Reliquiare als Behältnisse, in die Reliquien eingelassen waren. Solche Reliquien, für die keine eigenen Behältnisse angefertigt wurden, wurden zumindest in Textilien (Seide oder Leinen) eingeschlagen und im Stipes des Hochaltars eingeschlossen.

Die Reliquienaufbewahrung im Stipes wurde noch bei Inventarisierung 1680 festgehalten. Im Lauf des 18. Jahrhunderts ging dann aber offensichtlich die Kenntnis über dieses Altarsepulchrum verloren. Erst im Jahr 1833 wurde es wiederentdeckt, um dann abermals in Vergessenheit zu geraten. Im Visitationsprotokoll von 1943 heißt es immerhin, dass das Sepulchrum des Hochaltars zwar nicht festzustellen sei, es werde aber im Stipes vermutet (S. 56). Nach der Zerstörung der Domkirche wurde der Reliquienschatz dann im Stipes in zwei großen Holzkisten wieder aufgefunden (vgl. S. 42 Abb. 21).

Bereits bei der Inventarisierung von 1680 konnten nicht mehr alle Reliquien der Hildesheimer Domkirche einer konkreten Heiligengestalt zugewiesen werden. Beschriftungen und Kennzeichnungen hatten sich im Lauf der Zeit gelöst oder waren unlesbar geworden; die betreffenden Reliquien wurden nun als »innominatae« oder »incognitae« inventarisiert. Umgekehrt kann auch der slawische Verkaufsbrief, auf den weiter unten noch einzugehen ist, keinem Reliquienbündel mehr zugewiesen werden (S. 84 f.).

Dennoch kann Roth auf Grund der überlieferten Reliquien annähernd 200 Heilige, die im Hildesheimer Dom vor dem Hochaltar verehrt worden sind, aufführen. Eine Vielzahl dieser Reliquien ist bereits bei der Altarweihe im Jahr 1061 bezeugt. Ausführlich und detailliert wird für jede Heilige und jeden Heiligen dargelegt, welche Hinweise sich für ihre bzw. seine Verehrung im Hildesheimer Dom ermitteln lassen. Durch den Abgleich der 1945 geborgenen Überlieferung mit den schriftlichen Quellen des Hochmittelalters und der Frühen Neuzeit werden zudem auch Verluste nachgewiesen.

Auch andere Grenzen bei der Rekonstruktion werden deutlich: So lässt es sich offenbar leider nicht mehr feststellen, ob die Reliquien der Heiligen Cosmas und Damian, die der Hildesheimer und Bremer Domherr Kaspar von der Brüggeney-Hasenkamp im Jahr 1648 dem Bremer Domkapitel abgekauft hat (NLA Stade Rep. 1 Nr. 2288; auf diese Quelle ist der Rezensent in anderem Zusammenhang gestoßen) in den Hildesheimer Reliquienschatz eingegangen sind (vgl. S. 127-130). Ungeachtet solcher Informationslücken bleiben die Befunde Roths – Ergebnis einer intensiven Puzzlearbeit – sehr beeindruckend.

Im Anschluss an die Studie Roths stellt Aleksei Gippius ein slawisches Textfragment aus dem Domschatz vor (Kat. VI/1), wobei es sich um den Brief eines bulgarischen Geschäftsmannes handelt. Es ist leider nicht eindeutig zu ersehen, aber doch wohl wahrscheinlich, dass es sich um eine Begleitschrift zu einer Reliquie handelt. Es wäre dies ein Beleg für die »Mittlerrolle südslawischer Geschäftsleute auf dem Weg der christlichen Reliquien nach Deutschland« (S. 180).

Ein »Liber Precum« aus der Zeit um 1400, welches in einer Handschrift der Herzog August Bibliothek Wolfenbüttel überliefert ist, gibt eine Anleitung zum Gebet im Hildesheimer Dom vor verschiedenen Altären. Aus den Angaben lässt sich ein »Rundgang zum Gebet« vor den Altären des Domes vor 1412 rekonstruieren. Der Rundgang beginnt vor dem Hochaltar und und endet in der Laurentiuskapelle am Südflügel des Kreuzgangs (S. 183-185).

Es folgen in der Publikation das Verzeichnis der gedruckten Quellen und der Literatur (S. 189-208) sowie der handschriftlichen Quellen (S. 209), ein Verzeichnis der konsultierten Hildesheimer Kalendarien (S. 210), ein Namen- und Ortsregister (S. 211-216), der Bildnachweis (S. 221), ein Register der in diesem Band erwähnten Objekte des Hildesheimer Domschatzes und des Diözesanmuseums Hildesheim (S. 220) sowie eine Konkordanz der in diesem Band erwähnten Objekte mit dem in Band zwei veröffentlichten Katalog (S. 217-219).

Der zweite Band enthält den umfangreichen, von Regula Schorta sorgfältig bearbeiteten Katalog der Reliquien, die nach der Zerstörung des Domes 1945 geborgen werden konnten. Mehr als 600 Objekte – Reliquien, Reliquienhüllen und Reliquienkästen, dem Material nach Textilien, Seidenfragmente, Pergamentstreifen und Papierzettel mit Bezeichnungen und kurzen Beschreibungen – werden detailliert aufgelistet (S. 11-338).

Im Anhang dieses Bandes werden zentrale Quellen zum Hochaltar und zu seinem Reliquienschatz veröffentlicht, namentlich der Bericht über die Weihe des Domaltars 1061 (fehlt sowohl im Urkundenbuch der Stadt Hildesheim als auch im Urkundenbuch des Hochstifts Hildesheim und seiner Bischöfe) sowie Verzeichnisse des Domschatzes aus den Jahren 1409, 1438 und 1454, ein Schatz- und Reliquienverzeichnis von 1680 (mit einer Konkordanz zum Inventar), die Beschreibung des Hochaltars von Franz Engelke aus dem Jahr 1833, ein Protokoll über die Bergung der Reliquien aus dem Hochaltarstipes von 1945 sowie die Bestandserfassung von 1979/80 (ebenfalls mit einer Konkordanz zum Katalog). Eine nach dem Namensalphabet der Heiligen angeordnete Tabelle der Reliquien des ehemaligen Domhochaltars stellt die Konkordanz zu den genannten Schatzverzeichnissen sowie zu weiteren Verzeichnissen des 17. und 18. Jahrhunderts her und kennzeichnet – soweit feststellbar – den Ort der Verehrung im Dom (S. 401-421).

Mit der vorliegenden Publikation haben die Autorin und die Bearbeiterin ein eindrucksvolles Werk zur Frömmigkeitsgeschichte einer Domkirche in Mittelalter und Früher Neuzeit vorgelegt. Beeindruckend ist die Fülle an zum Teil ganz neuen Hinweisen auf die im Hildesheimer Dom gefeierte Liturgie; dies insbesondere vor dem Hintergrund, dass die Überlieferungslage durch den Verlust der Urkunden, Kopiare und sonstigen Handschriften von Hochstift und Domkapitel zu Hildesheim beim Brand des Staatsarchivs Hannover im Oktober 1943 ja erheblich gestört ist. Es ist sehr zu wünschen, dass die Reliquienschätze anderer Dom- und Stiftskirchen eine ähnlich ausführliche Aufbereitung erfahren.

Christian HOFFMANN, Hannover


SCHWARZ, Brigide: *Alle Wege führen über Rom*. Beziehungsgeflecht und Karrieren von Klerikern aus Hannover im Spätmittelalter. Göttingen: Wallstein Verlag 2021, 572 S., 62 Abb. = Veröffentlichungen der Historischen Kommission für Niedersachsen und Bremen Bd. 302. Geb. 49,00 €. ISBN: 978-3-8353-3455-7.

Das posthum erschienene Werk dieser im Februar 2019 verstorbenen Freundin der vatikanischen Überlieferung versammelt noch einmal zehn ihrer früheren und für diese Sammlung überarbeiteten Aufsätze zu einer Reihe von bürgerlichen Klerikern, die im 15. Jahrhundert in mehr als drei Generationen von der romfernen Landstadt Hannover aus Karriere in der Kirche machten. Schwarz griff dabei auf ihre Forschungen zurück, die sie im Rahmen ihres zweiten längeren Aufenthalts in Rom von 1988 bis 1992 für die Überarbeitung und Vollendung des vom verstorbenen Hermann Diener begonnenen Regestenwerks des »Repertorium Germanicum« für das Pontifikat Papst Eugens IV. (1431-1447) betreiben konnte. Nach diesem Aufenthalt kehrte sie in ihre Stellung als außerplanmäßige Professorin für mittelalterliche Geschichte an der Universität Hannover (1970-1998) zurück und wertete gerade auch für ihre dortigen Lehrveranstaltungen das Material aus und veröffentlichte es erstmalig in den Jahren 1997 bis 2001.

Dies machte Schwarz bewusst in sehr unterschiedlichen Publikationsorganen für ein breiteres wissenschaftliches Publikum, um die landes- und regionalgeschichtliche Forschung mit dem Reichtum des Quellenmaterials des Vatikanischen Archivs vertrauter zu machen und das mögliche Erkenntnisinteresse aufzuzeigen. Dieses Engagement ist ein Glücksfall für eine Region, deren relative Quellenarmut für die spätmittelalterliche Epoche durch die Kombination mit der vatikanischen Überlieferung durch sie erst richtig zum Sprechen gebracht werden konnte. »Kurie und Region« wurde denn auch passenderweise als Titel für die Festschrift zu ihrem 65. Geburtstag im Jahr 2005 gewählt.

Schwarz verstand es nicht nur, die Quellen dies- und jenseits der Alpen mit Hilfe der prosopographischen Methode in Verbindung zu setzen, sondern daraus auch erkenntnisleitende Fragestellungen für andere Regionen Deutschlands zu formulieren. So konnte sie nachweisen, dass es für die betreffenden Bürgersöhne aus dem Raum Hannover nur mit Hilfe der gemeinsamem Studienzeit in Bologna oder Rom und der kurialen Verbindungen möglich war, die eigentlich dem Adel oder dem Patriziat reservierten Positionen in der Kirche des Nordens zu erobern, indem sich die Aufsteiger zu Gruppen zusammentaten und sich ihrer Seilschaften bedienten.

Der spätere Bischof von Verden (1395-1399), Dietrich von Nieheim, war der ›spiritus rector‹ der ersten Generation, der zusammen mit Dietrich Reseler (Bischof von Dorpat 1413-1429), Johann Schele (Bischof von Lübeck 1420) und Ludolf Grove (Bischof von

Ösel 1438-1458), wenn auch zum Teil nur kurzzeitig, vier Bischofssitze im Norden bzw. Osten erobern konnte. Dazu gesellte sich Berthold Rike als Dompropst von Lübeck ab 1409 sowie in der nachfolgenden Generation im Osten Dietrich Nagel (Dompropst von Riga ca. 1440-1468), Ludolf Nagel (Dompropst von Ösel ca. 1458-1469) und im Norden Ludolf Quirre (Dompropst von Halberstadt 1453), Hermann Pentel (Propst von St. Blasii in Braunschweig 1438) und Volkmar von Anderten (Generaloffizial in Lübeck 1467). Dies sind die als »Hannoveraner« benannten Kleriker, die in Rom und in ihrer Heimatregion in engerem Kontakt untereinander standen und sich gegen die vielfältigen Widerstände der Fürsten und Domkapitel gegenseitig zu Ämtern und Pfründen verhalfen und deren kollektive Biographie sie mit Hilfe der prosopographischen Methode so eindrucksvoll zum Leben erwecken konnte.

Es sei aber an dieser Stelle auch darauf hingewiesen, dass Schwarz über Norddeutschland hinaus ähnliche Untersuchungen für ihre zweite Heimatregion Berlin und Brandenburg sowie den Niederrhein und Westfalen verfasst hat. Doch der Schwerpunkt ihrer Forschungen lag auch dank der von ihr herausgegebenen Publikationen zu den in Niedersachsen im Original 1988 bzw. in Niedersachsen und Bremen original und kopial vorliegenden Papsturkunden 1993 eindeutig in Norddeutschland.

Der Historischen Kommission von Niedersachen und Bremen ist es zu verdanken, dass sie den Bemühungen von Schwarz um eine Zusammenführung ihrer Forschungen in einem Sammelband Folge leistete und mit dem Bearbeiter Josef Dolle einen erfahrenen Mitarbeiter fand, der sich der Ergänzung der Aufsätze (vor allem zum Kloster Lüne und zur Seilschaft in Livland) und der umfangreichen Redaktionsarbeiten annahm, so dass die Veröffentlichung mit einem noch von der Verfasserin kurz vor ihrem Tod verfassten Vorwort, einem von Katharina Colberg zusammengeführten Quellen- und Literaturverzeichnis sowie einem von Christoph Schöner erstellten Register der Orte und Personen posthum erscheinen konnte. Damit sind die disparat veröffentlichten Aufsätze zu den Klerikern aus Hannover nunmehr aktualisiert und in einem Sammelband übersichtlich vereint.

Thomas BARDELLE, Stade

*Beiträge zur Geschichte der Reformation in Westfalen.* Hrsg. v. Werner FREITAG und Wilfried REININGHAUS.
Bd. 1: »Langes« 15. Jahrhundert, Übergänge und Zäsuren. Beiträge der Tagung am 30. und 31. Oktober 2015 in Lippstadt. Münster: Aschendorff 2017. 352 S., 54 sw.-Abb. = Veröffentlichungen der Historischen Kommission für Westfalen Neue Folge Bd. 35. Geb. 39,00 €. ISBN: 978-3-402-15126-6.
Bd. 2: Langzeitreformation, Konfessionskultur und Ambiguität in der zweiten Hälfte des 16. Jahrhunderts. Beiträge der Tagung am 27. und 28. Oktober 2017 in Lemgo. Münster: Aschendorff 2019. 391 S., 31 sw-Abb. + CD Reformationskonzert »Bekenntnis, Trost und Gotteslob«. Lieder der Reformationszeit aus Westfalen. = Veröffentlichungen

der Historischen Kommission für Westfalen Neue Folge Bd. 47. Geb. 44,00 €. ISBN: 978-3-402-15132-7.

Anlässlich des 500-jährigen Reformationsjubiläums führte die Historische Kommission für Westfalen zwei Tagungen durch. Zunächst wurde am 30. und 31. Oktober 2015 im Kulturraum Jakobikirche in Lippstadt unter den Stichworten »Übergänge und Zäsuren« das ›lange‹ 15. Jahrhundert mit seinen zahlreichen Reformansätzen in den Blick genommen. Diesem Kolloquium folgte am 27. und 28. Oktober 2017 eine zweite Tagung im Gemeindehaus St. Nicolai in Lemgo, welche der Langzeitreformation, der protestantischen Konfessionskultur und der als Mehrdeutigkeit (Ambiguität) beschriebenen konfessionellen Indifferenz. Den Herausgebern ist bewusst, dass das Jahr 1517 als Jubiläumstermin für die Einführung der Reformation in den Städten und Territorien des historischen Raumes Westfalen eigentlich nicht geeignet ist, da hier sehr viel eher erst die 1530er und 1540er Jahre in Frage kommen. Das »Nicht-Jubiläum« wird vielmehr als Chance gesehen, längerfristig laufende Prozesse in den Blick nehmen und darauf aufbauend die Einführung der Reformation als Einschnitt betrachten zu können (Bd. 1 S. 7; Bd. 2 S. 9).

Klosterreformbestrebungen und Frömmigkeitsbewegungen machten deutlich, dass die Veröffentlichung der Thesen Luthers im Oktober 1517 nicht auf eine unvorbereitete Welt traf, sondern das Anliegen um eine Erneuerung der Kirche ein dringendes geworden war. Dies wird verdeutlicht an den im ersten Band gedruckten Beiträgen von Edeltraud Klueting, Iris Kwiatkowski und Ulrich Meier zum Benediktiner-Nonnenkloster Herzebrock, zum Herforder Fraterhaus und zum Augustiner-Chorherrenstift Blomberg.

Etwa die Hälfte der Beiträge – elf von 23 – beschäftigt sich vorrangig oder ganz mit den Entwicklungen in westfälischen Städten. Dieser Befund scheint die These von A. G. Dickens aus dem Jahr 1974, wonach die Reformation in Deutschland in erster Linie ein städtisches Ereignis gewesen sei, zu bestätigen. Die Zahl der behandelten Kommunen allerdings, ihr unterschiedlicher Charakter als ländliche Kleinstadt oder aber als Vorort – die Forschungsansätze sind vielfältig und als instruktiv anzusehen. Exemplarisch sei der architekturgeschichtliche Ansatz in Roland Piepers Aufsatz in Band 1 über die Chorräume in den Ratskirchen und ihre repräsentativen Funktionen hervorgehoben. Seit der zweiten Hälfte des 14. Jahrhunderts erfolgten Neubauten von spätgotischen Großchören an städtischen Kirchen, zum Teil als Reaktion auf ähnliche Projekte an anderen Kirchen, wie beispielsweise bei der St. Johanniskirche in der Warburger Neustadt 1366 als Reflex auf eine entsprechende Baumaßnahme des örtlichen Dominikanerklosters. Die Einführung der Reformation brachte in den lutherisch gewordenen Städten nur eine »Bereinigung«, nicht aber eine Entfernung der altkirchlichen Ikonografie – im Gegensatz zu den reformiert werdenden Kommunen. Die Bautätigkeit beschränkte sich in der Folge zunächst auf die Fortführung solcher Maßnahmen, die unabdingbar waren.

Unter den wenigen explizit die territoriale Reformationsgeschichte behandelnden Beiträgern sei hier auf die Studie von Christof Spannhoff »›Reines Evangelium‹ und Herrschaftsausbau. Die Einführung der Reformation in der Grafschaft Tecklenburg« im ersten Band verwiesen, der die bisher als Zeitpunkt der Einführung der Reformation in der Grafschaft überlieferten Jahre 1525 bzw. 1527 kritisch hinterfragt und stattdessen eine prozesshafte Einführung ermittelt, welche die Jahre 1526 bis 1540 umfasste.

Mit den Landgemeinden setzt sich vor allem Nicolas Rügge (»Die lippischen Kirchengemeinden im Spiegel der Visitationen von 1542 und 1549«, Band 2) auseinander. Die Kirchenvisitationen der 1540er Jahre in der Grafschaft Lippe wurden noch von den mehr oder weniger engagierten Paderborner Archidiakonen durchgeführt und sollten wohl den Bekenntnisstand mit Blick auf das Interim überprüfen. Das Ergebnis war die Erkenntnis, dass die Reformation in der Grafschaft auch außerhalb der Städte feste Wurzeln geschlagen hatte.

Mit der Rolle des Adels bei der Annahme der Reformation beschäftigen sich die Beiträge von Peter Ilisch über den Adel als Kirchenherr von der Mitte des 15. bis zur Mitte des 16. Jahrhunderts (Band 1) und Bastian Gillner über die Reformation in den adeligen Herrschaftsbereichen (Band 2). Durch die Ausübung des Kirchenpatronats hatte der Adel Einflussmöglichkeiten auf die Konfession seiner Hintersassen. Am Ende des konfessionellen Zeitalters ermöglichte in den geistlichen Fürstentümern nur eine Entscheidung für den katholischen Glauben dem Adel die Teilhabe am Herrschaftssystem.

Sebastian Schröder betrachtet in seinem im zweiten Band enthaltenen Beitrag »Nonkonforme Nonnen und ›böse Lutterie‹. Zum Verlauf und zur Wahrnehmung des reformatorischen Geschehens in Kloster und Kirchspiel Herzebrock (1530er und 1540er Jahre)« vor allem quellenkritisch die Chronistik der Herzebrocker Nonne Anna Roede. Die Rückbesinnung auf die Geschichte, insbesondere die Bursfelder Reform »diente ihr zur Bewältigung einer krisenhaft empfundenen Gegenwart«. Die Infragestellung der althergebrachten Bräuche durch die Reformation führte zur Reflexion und Vergegenwärtigung der eigenen Position (S. 336 f.).

Der im westfälisch-niedersächsischem Grenzgebiet tätige Forschende bedauert die weitgehende Beschränkung vieler Beiträge auf den Raum des heutigen Landschaftsverbandes Westfalen-Lippe. Während der oben genannte Beitrag Piepers mit Blick auf die räumliche Situation des Spätmittelalters die heutigen Landesgrenzen ausdrücklich überschreitet, verzichten andere Autorinnen und Autoren leider darauf. Immerhin Stadt und Hochstift Osnabrück sowie die Niedergrafschaft Lingen werden in einigen anderen Beiträge mitbetrachtet; das Niederstift Münster und die Grafschaft Bentheim hingegen bedauerlicherweise nicht.

Der Verzicht auf eine Rezipierung der Forschungen von Tim Unger zur lutherischen Konfessionsbildung im Niederstift Münster lässt deshalb etwa den Beitrag von David M. Luebke über die Kleinstädte im Fürstbistum Münster (Band 2), der eben nur die Städte des Oberstifts in den Blick nimmt, unvollständig erscheinen. Auch Peter Ilisch (Band 1) nimmt nicht das Fürstbistum Münster, sondern nur das Oberstift in den Blick, so dass die Legende zur Karte »Adelspatronate im Fürstbistum Münster« (S. 97) nicht korrekt, weil eben unvollständig ist, denn auch Adelsfamilien im Niederstift verfügten über Kirchenpatronate. Diese Kritik – das sei ausdrücklich angemerkt – soll freilich nicht den Erkenntniswert dieser beiden auf breiter Quellenbasis beruhenden Beiträge in Frage stellen.

Insgesamt warten die in beiden Bänden versammelten Beiträge mit interessanten Befunden auf, die die reformationsgeschichtliche Forschung über Westfalen hinaus zu befruchten vermag. Die Benutzbarkeit beider Teile wird jeweils durch ein Personen- und Ortsregister erleichtert. Unter dem Titel »Bekenntnis, Trost und Gotteslob« – diese Besonderheit sei abschließend erwähnt – sind als Anhang zu Band zwei »Lieder der Reformation aus Westfalen« abgedruckt, die im Rahmen der zweiten Tagung 2017 in der St. Marienkirche in Lemgo vorgetragen worden sind. Dieses Reformationskonzert findet sich als willkommene Beigabe auf einer CD.

Christian Hoffmann, Hannover

Gauger-Lange, Maike: *Die evangelischen Klosterschulen des Fürstentums Braunschweig-Wolfenbüttel 1568-1613*. Stipendiaten – Lehrer – Lehrinhalte – Verwaltung. Göttingen: V & R unipress 2018. 645 S., 12 Abb. und 1 Karte. = Studien zur Kirchengeschichte Niedersachsens Bd. 49. Geb. 85,00 €. ISBN: 978-3-8471-0810-8.

Der vorliegende Band ist eine umfangreiche Studie zur Bildungsgeschichte in Niedersachsen im Zeitraum der nachreformatorischen Zeit bis zum Beginn des Dreißigjährigen Krieges. Grundlage der Publikation ist die Dissertation der Autorin Maike Gauger-Lange, die sie im Jahr 2016 an der Philosophischen Fakultät der Georg-August-Universität Göttingen eingereicht hatte. Neben der Danksagung, der Einleitung, acht folgenden Kapiteln, dem Quellenverzeichnis und den Registern besteht der Band aus einem recht umfangreichen prosopographischen Anhang. Die Autorin geht dem trotz vieler Forschungen noch weiterhin bestehenden Desiderat der historischen Bildungsforschung mit ihrer Untersuchung nach, und zwar anhand der Forschungsfrage, ob sechs von ihr ausgewählte Wolfenbütteler Klosterschulen als Stipendieneinrichtungen ein Teil des Prozesses der Konfessionalisierung im Braunschweiger Raum waren.

Zur Beantwortung dieser Forschungsfrage untersucht sie die historische Entwicklung der Klosterschulen im Zeitraum 1568 bis 1613, die verwaltungsinterne Infrastruktur sowie die Effekte der Förderungspolitik, und zwar anhand der institutionengeschichtlichen und kollektivbiographischen Methodik (S. 16). Sie liefert zu Beginn zunächst einige essentielle Begriffsdefinitionen ihrer Arbeit, zum Beispiel was mit dem Begriff des ›Stipendium‹ gemeint ist, um das wissenschaftliche Verständnis der Arbeit auf dem historischen Hintergrund zu ermöglichen (S. 25). Archivalische Quellen als Grundlage ihrer Forschung entstammen den Provenienzen des Niedersächsischen Landesarchivs, besonders der Abteilungen Hannover und Wolfenbüttel, und aus dem Landeskirchlichen Archiv Wolfenbüttel. Insbesondere handelt es sich um multiple funktionale Dokumente des Verwaltungsschriftgutes der untersuchten Klosterschulen (S. 36).

Gauger-Lange beginnt zunächst mit einem Rückblick auf das evangelische Schul- und Klosterwesen im ausgehenden 16. und im beginnendem 17. Jahrhundert in verschiedenen protestantischen deutschen Territorien. Im Rahmen der Reformation erließ zum Beispiel Braunschweig eine Kirchenordnung, die das Schulwesen berücksichtigte, denn alle Menschen sollten gemäß des reformatorischen Menschenbildes Zugang zu Bildung bekommen. Inwieweit dieser Wunsch in den protestantischen Landen flächendeckend verwirklich und umgesetzt wurde, stellt die Autorin aber aufgrund fehlender Quellen in Frage (S. 46 f.). Dennoch gab es einen erkennbaren Fortschritt im Bereich der Lehre, zum Beispiel eine Rückbesinnung auf die Autoren der Antike (S. 52). Klöster wurden von den Reformatoren nicht grundsätzlich abgelehnt, sondern es wurde von deren Seite an eine sinnvolle Umwidmung gedacht (S. 60), darunter auch zur Nutzung als Schulen, beispielsweise in Sachsen. Die Autorin hebt hervor, dass hier vor allem auch der Unterbringungsaspekt von Stipendiaten in Klostergebäuden hervorragt, denn sie trugen oft einen »Internatscharakter« (S. 62).

Im dritten Kapitel blickt die Autorin in Kürze auf einige Meilensteine der Durchsetzung der Reformation im Fürstentum Braunschweig-Wolfenbüttel zurück. Einige Klöster wurden entsprechend der lutherischen Lehre reformiert, wenige aber nur aufgelöst (S. 80 f.). Das Schulwesen wurde in einer bedeutenden Kirchenordnung von 1569 geregelt, in der auch die höheren und niederen Klosterschulen behandelt wurden (S. 86 f.). Über ihre ausgewählten sechs Wolfenbütteler Klosterschulen führt die Autorin einen historischen Überblick durch. Schon 1569 begann der Lehrbetrieb in den ersten Klosterschulen, zum Beispiel in Riddagshausen, wie es Gauger-Lange anhand von Konfitentenverzeichnissen belegt (S. 93). Diese Quellen sind zwar jahrgangsweise lückenhaft, dennoch belegen sie die Existenz der Klosterschulen Amelungsborn, Grauhof, Marienthal, Riddagshausen, Riechenberg und Ringelheim bis 1613 (S. 108).

Die Autorin geht dann der Frage der Aufsicht und Verwaltung im vierten Kapitel nach, denn diese wurden in der Kirchenordnung 1569 ebenfalls geregelt. So sollte das Konsistorium die Fachaufsicht über alle Schulen und Klöster im Fürstentum Braunschweig-Wolfenbüttel ausüben. Dennoch gab es auch oft Kompetenzstreitigkeiten mit dem Herzog als Teil der verwaltungstechnischen Wirklichkeit (S. 116 f.). Nach Gauger-Lange konnten die normativen formalen Bestimmungen der Kirchenordnung über die Aufsicht der Klosterschulen nicht unmittelbar und immer so auch durchgesetzt werden (S. 119), blieben aber funktionsfähig (S. 122). Neben anderen Gesichtspunkten der Verwaltungstätigkeit der sechs Bildungseinrichtungen schildert Gauger-Lange zum Beispiel recht ausführlich die Frage zwischen dem Konsistorium und weiteren Beteiligten, ob eine Zusammenlegung von Klosterschulen aus verschiedenen Gründen, zum Beispiel finanziellen, sinnvoll wäre.

Diese Diskussionskultur zwischen den verschiedenen Stellen zeigt, dass auch den Herzögen durchaus Grenzen in verwaltungstechnischen Fragen gesetzt werden konnten und deren Wille nicht immer durchgesetzt wurde (S. 137 f.). Gemäß dem protestantischen Bildungsideal wurde auch großer Wert auf die Ausbildung der Dozenten an den Klosterschulen gelegt (S. 145 f.). Auch die Aufnahme von Schülern und Stipendiaten unterlag strengen Maßstäben (S. 158). Dass die schulische Leistung ein wichtiges Kriterium für die Klosterschulen war, weist die Autorin ebenfalls nach. So forderten Klosterschulen bei mangelnden Leistungen des Schülers dessen Eltern auf, ihre Kinder von der Klosterschule zu nehmen, was auch zu Konflikten mit der Klosterschule führen konnte (S. 169 f.). Quellen belegen, dass die Versorgungslage für die Schüler dort wohl nicht immer zu ihrer Zufriedenheit und ausreichend war, Klagen gab es oft hinsichtlich schlechten Essens (S. 182). Dennoch war es nach 1569 gelungen, eine halbwegs geordnete Verwaltung der Klosterschulen zu etablieren, die Teil der Herrschaftszentrierung wurde (S. 193).

Im fünften Kapitel geht es um den Unterricht in den Klosterschulen, über den Gauger-Lange in den Verwaltungsakten ebenfalls Informationen recherchieren konnte. Eine interessante Entdeckung ist, dass oft die Hufeisenform als Sitzordnung in der Klasse angewandt wurde (S. 197). Die Erlangung der Kenntnis der lateinischen Sprache war schon in den ersten Klassen ein Anliegen der Klosterschulen (S. 204), so anhand von Lehrwerken wie beispielsweise der Katechismus Luthers, Melanchthons Grammatik oder Ciceros Briefe (S. 215). Die Kirchenordnung behandelte auch die Frage von Disziplinarmaßnahmen gegen Schüler, die zunächst verbaler Art zu sein hatten, körperliche Züchtigung aber war ein weitergehendes Mittel (S. 229). Die Autorin kommt zu dem Ergebnis, in ihren untersuchten Klosterschulen konnte ein fachlich geordneter Unterricht weitgehend erfolgen (S. 234).

Anschließend behandelt sie die Frage der Lehrkräfte, der Präzeptoren, im sechsten Kapitel. Dies führt sie kollektivbiographisch anhand archivalischer Quellen durch. So kamen die Präzeptoren an den Klosterschulen vor allem wegen Nichtverfügbarkeit im Braunschweiger Raum in der Mehrheit auch nicht aus diesem, sondern auch aus weiter entfernten Orten aus Herzog- und Fürstentümern des Alten Reiches (S. 240). Ebenso führt die Autorin weitere mikrobiographische Untersuchungen durch, unter anderem extrahiert sie die geistlichen Berufe der Präzeptoren aus den Quellen (S. 249). Da viele unter den Lehrkräften damals mehrere berufliche Ämter ausübten, hatte dieser Umstand auch negative Auswirkungen auf den Lehrbetrieb, zum Beispiel gehäufte Stundenausfälle (S. 259).

Im siebten Kapitel geht es um die Stipendiaten, zu denen Gauger-Lange wieder die kollektivbiographische Methode für eine Anzahl von 400 Personen heranzieht. Ihre Fallstudien für die Klosterschulen weisen nach, dass die Schüler doch mehrheitlich aus dem Braunschweiger Raum stammten (S. 263). Gauger-Lange rekonstruiert beispielhaft auch die soziale Herkunft von Schülern anhand der Angaben zu den Berufen der Eltern (S. 271). Das Durchschnittsalter der Schüler belegt sie mit etwa 16 Jahren (S. 287). Viele erfolgreiche Absolventen entschieden sich nach Abschluss der Klosterschule dann für ein Studium (S. 301), zum Beispiel in Helmstedt, viele gingen danach in den kirchlichen Dienst mit einer Pfarrstelle (S. 317).

Im achten Kapitel stellt sie einige exemplarische Lebensläufe vor. Unter mehreren Beispielen behandelt sie den Kantor und Organisten Heinrich Grimm, der 1608 in Amelungsborn aufgenommen wurde, später nach Magdeburg zog und dort die verheerende ›Magdeburger Hochzeit‹ 1631 erdulden musste (S. 332). Vielen aus der Reihe der Absolventen der sechs untersuchten Klosterschulen gelang durchaus eine beachtliche berufliche Laufbahn im späteren Leben.

Ihre vorangegangenen Ergebnisse fasst Gauger-Lange im neunten Kapitel in einer Schlussbetrachtung dann noch einmal zusammen. Das Quellen- und Literaturverzeichnis listet die Ressourcen dieser Arbeit akribisch nach Provenienzen geordnet auf, das Literaturverzeichnis mit knapp 50 Seiten belegt den Input der herangezogenen und gründlich studierten Fachliteratur. Ebenso gibt es ausgewählte reproduzierte Dokumente und edierte Schriftstücke. In einem zwölften Kapitel bringt die Autorin ihren ›Prosopographischen Anhang‹ der biographischen Auswertungen der Präzeptoren und Stipendiaten. Dieser dokumentiert noch einmal ihre akribisch durchgeführte Quellenrecherche zu den einzelnen Personen und die Transkription der Informationen für das Verzeichnis. Dieser Anhang hat mit seinen vielen biographischen Informationen zu den Einzelpersonen auch einen entsprechenden familiengeschichtlichen und genealogischen Wert für den Braunschweiger und Wolfenbütteler Raum vor fast 500 Jahren.

Gauger-Lange hat mit diesem Werk nicht nur eine aufwendige Regionalstudie zur niedersächsischen Bildungsgeschichte in der Frühen Neuzeit erfolgreich vorgelegt, sondern diese kontinuierlich und akribisch gemäß ihren gewählten wissenschaftlichen Methoden kritisch durchgeführt. Über die Funktion der Klosterschulen im Braunschweiger Raum liefert das Werk viele neue Erkenntnisse und regt zu weiterem Interesse an dem Thema an. Vor allem auch die Darstellung ihrer Ergebnisse und die präzise genutzte wissenschaftliche Sprache präsentieren die wissenschaftlichen Ergebnisse gut verständlich und fördern das Nachdenken über diese Form des Schullebens vor vielen Jahrhunderten. Nicht nur für den akademischen Bereich, sondern für alle Interessierten an der niedersächsischen Heimat- und Bildungsgeschichte ist es ein durch und durch lesenswertes Werk. Über einen Preis für diese Forschungsarbeit lässt sich deshalb nicht streiten.

Maik SCHMERBAUCH, Hildesheim

## GEISTES- UND KULTURGESCHICHTE

*Geschichte und Erinnerung in Niedersachsen und Bremen. 75 Erinnerungsorte.* Aus Anlass der Gründung der beiden Bundesländer vor 75 Jahren hrsg. v. Henning STEINFÜHRER und Gerd STEINWASCHER. Göttingen: Wallstein Verlag 2021. 512 S., zahlr., z. T. farbige Abb. = Veröffentlichungen der Historischen Kommission für Niedersachsen und Bremen Bd. 314. Geb. 39,00 €. ISBN: 978-3-8353-3872-2.

Die Varusschlacht, die Welfen, Worpswede oder die Erdölbohrung in Wietze: Der erste Blick in das Inhaltsverzeichnis des Bandes »Geschichte und Erinnerung in Niedersachsen und Bremen. 75 Erinnerungsorte« mag bei den Leserinnen und Lesern zunächst Fragezeichen hervorrufen. Tatsächlich eröffnet der Band, der zu den Landesjubiläen Niedersachsens und Bremens von der Historischen Kommission der beiden Länder verantwortet wurde, ein zeitlich und thematisch breites Panorama auf die Geschichte der Region. Genutzt wird hierfür das kulturwissenschaftliche Konzept der Erinnerungsorte, wie es seit den 1980er Jahren ausgehend von Pierre Noras Arbeiten zur französischen Erinnerungskultur entstand. Erinnerungsorte sind demnach nicht nur geographische Orte, sondern auch Personen, Ereignisse, Kunstwerke, Dinge oder Symbole, in denen sich Erinnerung manifestiert. Das zunächst im nationalen Rahmen vielfach aufgegriffene Konzept wurde seitdem unter anderem auf regionale Zusammenhänge übertragen, für Niedersachsen bereits 2012 für Oldenburg (Vgl. Oldenburger Erinnerungsorte. Vom Schloss bis zur Hölle des Nordens, von Graf Anton Günther bis Horst Janssen, hrsg. v. Mareike Wirkowski, Oldenburg 2012).

Die Vorgeschichte des zu rezensierenden Bandes ist umfangreich: Zunächst hatte der Arbeitskreis Geschichte des 19. und 20. Jahrhunderts der Historischen Kommission eine Beschäftigung mit dem Thema Erinnerungsorte in Niedersachsen und Bremen angeregt, wozu 2015 und 2016 zwei Arbeitstagungen in Hannover stattfanden. Dort vorgestellt wurden auch die Ergebnisse einer Umfrage unter Expertinnen und Experten, bei der zunächst 20 Erinnerungsorte Niedersachsens und Bremens identifiziert wurden, die auch so gut wie alle – teilweise in angepasster Form – im vorliegenden Band vertreten sind. Die auf den Arbeitstagungen sehr differenzierte Diskussion über konkrete Beispiele, aber auch über theoretische Überlegungen findet sich nur teilweise im vorliegenden Band wieder, was aber durch den Zuschnitt verständlich wird: Überschaubare Länge, anschauliche Bebilderung und eher essayistischer Charakter der Beiträge richten sich erkennbar nicht (nur) an Fachleute; überdies stellt die opulente Ausstattung des Bandes ihn in eine Reihe mit anderen, vergleichbaren Publikationen im Wallstein-Verlag (»Geschichte Niedersachsens in 111 Dokumenten«). Zumeist verzichten die Beiträge auf Fußnoten und bieten eine ausgewählte Anzahl von Literaturhinweisen für die weiterführende Auseinandersetzung.

Ein geschickter Schachzug ist die Begrenzung der Themen durch den Anlass der Landesjubiläen: 75 Erinnerungsorte sind eine breite und sehr abwechslungsreiche Auswahl, die aber durch ihre sozusagen zufällige Anzahl zugleich deutlich macht, dass der Band keine Vollständigkeit beanspruchen kann (S. 18). Diese Offenheit des Konzepts wird durch die Ankündigung unterstützt, dass der Band durch eine Internetpräsentation mit weiteren Themen ergänzt werden soll, die aktuell (August 2022) noch nicht online auffindbar ist. Diskussionen über Leerstellen in dem Projekt sind daher in gewisser Weise müßig, jedoch hätte ich mir einen weiteren Text zur Heimatbewegung gewünscht, z.B. zur Zeitschrift »Niedersachsen«. Dieser könnte eine Brücke zu der in der knappen, aber instruktiven Einleitung von Henning Steinführer und Gerd Steinwascher diskutierten Frage schlagen, inwiefern die Bundesländer selbst Erinnerungsorte seien (S. 15).

In einer Rezension auf begrenztem Raum thematische Schneisen durch einen so umfangreichen Band zu schlagen, ist keine leichte Aufgabe. Zunächst stellt sich angesichts des sechsseitigen Inhaltsverzeichnisses die Frage, nach welchem System die Beiträge geordnet sind. Offenbar hat man sich hier für eine chronologische Ordnung nach dem ersten Vorkommen der Phänomene entschieden. So stehen etwa die Beiträge zu Karl dem Großen (Thomas Vogtherr) und zum Sachsenhain in Verden (Justus H. Ulbricht) direkt nacheinander, weil sich beide auf die Sachsenkriege bzw. Karl den Großen und Widukind als Kontrahenten berufen. Der Sachsenhain selbst entstand aber erst 1935, so dass der Text von Ulbricht besonders die Erinnerung an das »Verdener Blutgericht« unter völkisch-nationalsozialistischen Vorzeichen thematisiert. Gemäß ihrer Aufgabe, die Erinnerungsorte in Gänze zu untersuchen, sind die Beiträge durchgängig epochenübergreifend angelegt, so dass die chronologische Ordnung schnell an ihre Grenzen stößt. Dadurch bleibt es der von der Themenfülle überwältigten Leserin bzw. dem Leser selbst überlassen, mit Hilfe der Querverweise im Buch thematische Verknüpfungen zu erschließen. Für die geplante Onlinepräsentation wäre es daher wünschenswert, die Erinnerungsorte anhand einer Karte, aber auch anhand verschiedener Kategorien und Zeitschnitte erschließen zu können.

Vielen Beiträgen gelingt es, die Erinnerungskultur ihres »Orts« sehr differenziert zu diskutieren und dadurch anregende, neue Perspektiven zu eröffnen. So bietet der Artikel über die unterschiedliche Rezeption Karls des Großen in Niedersachsen (Thomas Vogtherr) Anknüpfungspunkte an die gesamteuropäische Sichtweise auf den Herrscher (vgl. Joachim Ehlers, Charlemagne – Karl der Große, in: Deutsche Erinnerungsorte. Bd. 1, hrsg. v. Etienne François und Hagen Schulze München 2001, S. 41-55). Sehr nah an aktuellen Debatten ist beispielsweise der lesenswerte Beitrag über den »Bremer Elefanten« und seine Umwidmung zu einem Antikolonialdenkmal (Björn Allmendinger/Steven Heimlich). Zudem bieten dieser und viele andere Beiträge einen konzisen Überblick über ihr jeweiliges Thema. Wie bei einem so umfangreichen Werk und vielen Autorinnen und Autoren nicht anders zu erwarten, hinterlässt manches einen gemischten Eindruck.

Nicht auf dem aktuellen Stand der Forschung ist der Artikel über die Schaumburger Tracht(en) (Lu Seegers), der u.a. die nicht belegte These einer gescheiterten germanisch-deutschen »Urtracht« wiederholt und damit der Komplexität der Trachtenerneuerung im Nationalsozialismus nicht gerecht wird (vgl. Reinhard Bodner, Ein tragbares Erbe? Trachtenerneuerung vor, in und nach der NS-Zeit, in: Vom Wert des Erinnerns. Wissenschaftliche Projekte der Förderperiode 2014 bis 2018, hrsg. v. Beirat des Förderschwerpunktes Erinnerungskultur, Innsbruck 2020, S. 99-134; Kerstin Kraft, »Mode für alle, doch jedem das Seine«. Deutsche Mode und Bekleidung, in: Glanz und Grauen. Kulturhistorische Untersuchungen zur Mode und Bekleidung in der Zeit des Nationalsozialismus, hrsg. v. LVR-Industriemuseum Textilfabrik Cromford, Ratingen 2018, S. 92-147).

Auch der Zuschnitt einiger Themen ist diskussionswürdig: Lassen sich z.B. das Bier und die Fahrradproduktion im Beitrag über Einbeck (Christine van den Heuvel) tatsächlich als gemeinsamer Erinnerungsort deuten? Auch die Entscheidung für den außerhalb Wolfsburgs wohl wenig bekannten Roman »Die Autostadt« von Horst Mönnich aus dem Jahr 1951 (Michael Siems) als stellvertretenden Erinnerungsort für Wolfsburg und Volkswagen insgesamt erscheint ungewöhnlich.

Sehr deutlich macht der Band, dass Erinnerungsorte Produkt kontroverser gesellschaftlicher Debatten sind, die in unsere Gegenwart hineinreichen: Am Beispiel des

Grenzübergangs bei Helmstedt und Marienborn (Christian Hellwig, vgl. auch den Beitrag von Elizabeth Harding zur Universität Helmstedt) werden Brüche und Unterschiede in der Erinnerung an die deutsche Teilung sichtbar. Andere Beiträge und damit auch die behandelten Erinnerungsorte ergänzen sich komplementär, etwa beim Braunschweiger Residenzschloss (Henning Steinführer) und dem »Roten Schloss« der Arbeiterbewegung (Hans-Ulrich Ludewig). Eines von vielen Beispielen für eine sehr aktuelle Debatte ist der Bückeberg als Ort des Reichserntedankfestes zwischen 1933 und 1937 (Dietmar von Reeken), wo erst 2021 mit der Einrichtung eines Dokumentations- und Lernorts ein vorläufiger Schlusspunkt erreicht wurde.

Aus der Perspektive der westfälischen Landesgeschichte spannend sind die Schnittmengen zwischen den beiden Regionen, die sich vielfach zeigen, beispielsweise bei der Varusschlacht, der Erinnerung an Widukind (Sachsenhain), dem Westfälischen Frieden (Friedensstadt Osnabrück), Kardinal Clemens August Graf von Galen, der Weserrenaissance oder den Hollandgängern. Der hier erkennbare nordwestdeutsche Erinnerungsdiskurs reicht über die Bundeslandgrenzen hinaus, die in den Beiträgen auch jeweils souverän überschritten werden.

Bedingt durch die Heterogenität der Themen ist es kaum möglich, ein abschließendes Fazit zur Erinnerungskultur in Niedersachsen und Bremen zu ziehen, und es würde dem Grundgedanken des Projekts auch widersprechen. Ob es dabei ausschließlich ein Charakteristikum Niedersachsens ist, eine besondere Vielfalt historischer Regionen und Identitäten zu vereinen (S. 16, S. 254), mag aus vergleichender Perspektive dahingestellt sein. Der Band bietet jedenfalls ein breites Panorama der Erinnerungskultur in Niedersachsen und Bremen und stellt ein äußerst gelungenes Beispiel für einen regionalen Erinnerungsorte-Band dar. Einem so differenzierten Beitrag zu den Landesjubiläen sind daher zahlreiche Leserinnen und Leser besonders außerhalb der Fachcommunity zu wünschen.

Lena KRULL, Münster

ANDERMANN, Ulrich: *Humanismus im Nordwesten. Köln – Niederrhein – Westfalen*, Münster: Aschendorff Verlag 2018, 361 S. Geb. 56,00 €. ISBN: 978-3-402-13316-3.

Im Unterschied zu Süd- und Mitteldeutschland ist der nordwestdeutsche Raum von der Humanismusforschung bislang eher am Rande betrachtet worden. Diesen Missstand, der möglicherweise auch einer verspäteten Humanismusrezeption in der Region und weniger bedeutenden Vertretern geschuldet sein könnte, möchte der in Osnabrück lehrende Historiker Ulrich Andermann, ein ausgewiesener Kenner der spätmittelalterlichen und frühneuzeitlichen Bildungs- und Wissenschaftsgeschichte, mit dem vorliegenden Buch abhelfen. Sein Augenmerk liegt dabei regional auf dem niederrheinisch-westfälischen Bereich zwischen Groningen im Norden, Köln im Süden, Deventer im Westen und Münster/Osnabrück im Osten, wobei die vorliegende Besprechung vorrangig auf Bezüge zum niedersächsischen Raum hinweisen will. Den zeitlichen Rahmen seiner Untersuchung erstreckt Andermann von der vorreformatorischen Zeit bis zum Beginn der Konfessionalisierung, also etwa von der zweiten Hälfte des 15. bis zur ersten Hälfte des 16. Jahrhunderts. Eigene Archivstudien und dezidierte Werksanalysen hat der Autor, wie er in der Einführung (S. 13-25) schreibt, nicht durchgeführt, sondern er beschränkt sich auf eine Sichtung und teilweise Neubewertung von Drucken, Editionen und der Forschungsliteratur.

Andermann gliedert seine Arbeit in acht Hauptkapitel, die unterschiedlich umfangreich ausfallen, wobei das Hauptaugenmerk auf dem biographischen Teil (Kapitel III Die Humanisten: Leben und Werk, S. 33-149) und auf dem Abschnitt zu Wirkungsorten von Humanisten (Kapitel VI: Universität und Schulen als Wirkungsstätten, S. 181-243) liegt. Nach einer begrifflich-historischen Einordnung (S. 27-32) widmet sich der Autor den Lebenswegen und Werken von 13 vor- und 16 nachreformatorischen Vertretern, die aus dem Untersuchungsraum stammten und in diesem vorwiegend wirkten, wobei für insgesamt sechs dieser Humanisten (Jacobus Canter, Jacobus Montanus, Jacobus Greselius, Johannes Pollius, Henricus Sibaeus und Johann Glandorp) Bezüge zu Niedersachsen aufgezeigt werden können, da sie zumindest zeitweise in niedersächsischen Städten (v. a. Osnabrück) lebten oder Kontakte zu Personen in dieser Region pflegten. In einem Zwischenfazit hält Andermann fest, dass fast alle der untersuchten Humanisten Verbindungen nach Deventer und/oder Köln aufwiesen und die Mehrzahl ein Auskommen an einer Universität oder höheren Schule fand.

Nur knapp widmet sich Andermann dem Thema humanistischer Bibliotheken oder genauer gesagt Büchersammlungen (Kapitel IV, S. 151-162). Zu wenig sei hierzu bekannt, daher beschränken sich seine Ausführungen auf vier Beispiele. So lässt sich etwa für den vorwiegend in Osnabrück tätigen Jacobus Greselius anhand seines Testamentes belegen, dass er eine vergleichsweise große Anzahl juristischer Bücher besaß und dass sich sein humanistisches Interesse vorwiegend im Besitz von Schulbüchern widerspiegelte.

Im folgenden Kapitel (S. 163-179) geht Andermann auf humanistische Sozietäten ein, die er weitgehend als Äquivalent zu den Sodalitäten im süddeutschen Raum auffasst und die auf persönliche Initiative zur Kommunikation und zum gelehrten Austausch zustande gekommen seien (S. 178 f.). In der Region kann der Autor einige wenige solcher informeller Zusammenschlüsse feststellen: die sogenannte Akademie von Aduard, der Zirkel um Graf Hermann von Neuenahr, die Kreise um Valentin Engelhart (Köln), Rudolf Langen (Münster) und Gerhard Hecker (Osnabrück) sowie als höfische Gruppierung der Kreis um Konrad Heresbach und Johann von Vlatten in Düsseldorf.

Der Untersuchung von Universität (Köln) und höheren Schulen als Wirkungsorte von Humanisten widmet Andermann das zweitumfangreichste Kapitel (S. 181-243). Bei den höheren Schulen unterscheidet er bestehende Dom-, Stifts- und Pfarrschulen, die im Zuge der Reformation lediglich reformiert wurden (7 Beispiele), und städtische Neugründungen, die mit der Reformation entstanden (9 Beispiele). Wie genau der Humanismus Einzug in die Lehre hielt, kann allerdings zumeist nur ansatzweise geklärt werden, da normative Quellen oft fehlen und diese häufig auch nicht zwangsläufig umgesetzt wurden. Dennoch kann er einige Gemeinsamkeiten hinsichtlich ihrer Eigenschaften als humanistische Lehreinrichtungen beobachten: die Verdrängung der Alexander-Grammatik aus dem Unterricht, die Lektüre antiker und humanistischer Autoren sowie (zumindest partiell und zeitweise) die Etablierung eines Griechisch- und zum Teil Hebräischunterrichts. Die humanistisch beeinflussten Lehrkräfte selbst zeichneten sich durch ein hohes Maß an Mobilität aus, die sich aber weitgehend auf die Region selbst beschränkte. Eine Ausnahme bildete Johann Glandorp, der darüber hinaus auch im östlichen Niedersachsen (Braunschweig, Hannover, Goslar) tätig war.

Inwieweit humanistische Werke in der Region publiziert wurden, untersucht Andermann anhand von sieben größeren Druckorten mit zum Teil mehreren Offizinen (S. 245-270). Dabei geht er von der Hypothese aus, dass der Buchdruck für Humanisten von großer Bedeutung gewesen sei und dass daher Orte mit Druckereien eine besondere Anziehungskraft auf diese ausgeübt hätten. Andermann stellt fest, dass sich Druckereien in der Untersuchungsregion vor der Reformation vor allem auf Köln und Münster beschränkt hätten und eine weitere Verbreitung derselben erst im Zuge der Reformation erfolgte. Vielfach hätten sich die Druckereien zudem auf die Schulen ausgerichtet, um deren spezifische Bedürfnisse zu decken.

Einen Zusammenhang zwischen dem Humanismus und der Devotio moderna, den die ältere Forschung wie selbstverständlich vorausgesetzt hatte, kann Andermann im letzten Kapitel (S. 271-281) auch für den Nordwesten des Reiches nicht erkennen. Die Fraterherren, die er hierzu betrachtet, hätten selbst nie eigene Schulen unterhalten, sondern lediglich Schüler durch Unterkunft, Zugang zu ihren Bibliotheken oder eine seelsorgerische Betreuung unterstützt. Eine direkte Förderung des Humanismus durch die Fraterherren habe es aber nicht gegeben.

In einer Zusammenfassung versucht Andermann, Spezifika des Humanismus im Nordwesten herauszustreichen (S. 283-299). Auch in dieser Region sei der Humanismus ein vorrangig städtisches Phänomen gewesen. Ein berufliches Auskommen hätten die meisten der von ihm untersuchten Humanisten im höheren Schulwesen gefunden, so dass man auch von einem dezidierten Schulhumanismus sprechen könne. Höfische oder klerikale Humanisten waren danach eher die Ausnahme. Auch der Universität Köln kam in seinen Augen eine wichtige Rolle bei der Verbreitung humanistischer Ideen zu, hier v. a. der Artistenfakultät, während der Humanismus an anderen Fakultäten insbesondere vor der Reformation kaum Bedeutung hatte. Einen wesentlichen Unterschied zu anderen Regionen sieht Andermann im weitgehenden Fehlen historiographischer Werke aus der Feder von Humanisten, von einigen Lebensbeschreibungen abgesehen.

Der umfangreiche Anhang (S. 301-361) besteht aus einer tabellarischen Übersicht zur Schulbildung, zu Studienorten, Sprachenkenntnissen, Italienaufenthalten, Lehrorten bzw. amtlichen Stellungen ausgewählter Humanisten, einem Quellen- und Literaturverzeichnis sowie einem Personenregister. Auf ein ebenso sinnvolles Ortsregister wurde leider verzichtet.

Problematisch ist – darauf haben auch bereits andere Rezensenten hingewiesen –, dass sich der Autor häufig auf ältere Literatur beschränkt, deren Ergebnisse oft unhinterfragt übernimmt und neuere Publikationen zur Humanismusforschung nicht oder kaum berücksichtigt. Ob dies zu anderen Schlüssen hätte führen können, bleibt spekulativ. Die Abhängigkeit dieser Überblicksdarstellung von der unbefriedigenden Forschungslage für die Region ist aber ein Manko, das vielleicht durch ein anderes Vorgehen, etwa einer Sichtung der archivischen Quellen oder einer genaueren Werksanalyse, hätte beseitigt werden können. Dennoch bleibt festzuhalten, dass Andermann einen wichtigen Beitrag zur Behebung bestehender Desiderate der Humanismusforschung für den Nordwesten des Alten Reiches geleistet und Anstöße für künftige Forschungen in diesem Bereich gegeben hat.

Christian HELBICH, Hannover


*Farbe trifft Landkarte.* Colour meets Map. Katalog zur gleichnamigen Ausstellung im MARKK Hamburg. Hrsg. v. Kathrin ENZEL, Oliver HAHN, Susanne KNÖDEL und Joachim SCHLÜTER. Hamburg: Centre for the study of Manuscript Cultures 2021. 390 S., = Manuscript Cultures Bd. 16. Kart. 7,00 €. ISBN 978-3-944-19316-8.

Von August 2021 bis Januar 2022 lief im Hamburger Museum Am Rothenbaum Kulturen und Künste der Welt (MARKK, früher Museum für Völkerkunde) die Ausstellung »Farbe trifft Landkarte«. Die Ausstellung visualisierte »erste Ergebnisse« eines dreijährigen Forschungsprogramms, an dem die Universität Hamburg mit ihrem Centre for the Study of Manuscript Cultures (CSMC) und dem Mineralogischen Museum des Hamburger Centrum für Naturkunde sowie die Bundesanstalt für Materialforschung und -prüfung beteiligt waren. Mehrere Stiftungen traten als Förderer hinzu, so die Deutsche Forschungsgemeinschaft, das Bundesministerium für Bildung und Forschung, die Rudolf-August-Oetker-Stiftung, die Hubertus Wald Stiftung und die Ernst von Siemens Kunststiftung. Die untersuchten Landkarten stammen vorwiegend aus den Beständen der historischen »Commerzbibliothek« (heute Teil der »Stiftung Hanseatisches Wirtschaftsarchiv«) und der Landkartensammlung des MARKK. Zu Forschungsprojekt und Ausstellung ist ein komplett zweisprachig Deutsch/Englisch verfasster Katalog mit 390 Seiten und etwa ebenso vielen Farbabbildungen erschienen.

Die Karten im Katalog und in der Ausstellung sind ganz überwiegend gedruckte Exemplare der Zeit zwischen 1650 und 1850 mit einigen wenigen Vorläuferkarten. Sie entsprechen damit dem, was in der großen deutschlandweit vernetzten Datenbank IKAR als »Altkarten« erfasst ist. Die 16 beteiligten Bibliotheken und Archive haben dort ca. 300 000 Altkarten eingestellt. Die Datenbank ist seit dem Jahr 2000 über den Gemeinsamen Verbundkatalog Deutscher Bibliotheken (GVK) zugänglich.

In Hamburg haben sich das Hanseatisches Wirtschaftsarchiv und das MARKK mit ihren Kartenbeständen zu dem Forschungsvorhaben zusammengefunden. Die interessante Entstehungs- und Sammlungsgeschichte ihrer Landkartenbestände wird als Nebenthema abgehandelt. Die Hamburger Commerzbibliothek wurde 1735 gegründet und gilt als die älteste private Wirtschaftsbibliothek weltweit (S. 24). Ab 1737 ist die

»Anschaffung von Atlanten, Hafenplänen, Seekarten, Reisebeschreibungen, Hamburgensien« dokumentiert. Nach schweren Verlusten im Zweiten Weltkrieg und Schäden während der Hochwasserkatastrophe 1962 wird diese Sammlung seit 2008 als Teil der »Stiftung Hamburgisches Wirtschaftsarchiv« betreut. Rund 4000 Karten gehören heute zum Bestand. Der (Sicherungs?)-idee der Sammler geschuldet, waren in der Vergangenheit Einzelkarten zu individuellen Sammelatlanten zusammengebunden worden. Daneben besitzt die Commerzbibliothek auch ältere Verlagsatlanten in ansehnlicher Zahl.

Bedeutende Sammelatlanten der Commerzbibliothek sind die acht Exemplare mit ca. 1100 Karten, die der Hamburger Syndikus, Kartensammler und »Kartenschreiber« Johann Klefeker (1698-1775) zusammengetragen und -binden lassen hatte (S. 25). Sie wurden 1776 von der Bibliothek aufgekauft und bilden seitdem den Grundstock der Sammlung. Klefeker hatte die modernen Karten seiner Zeit angeschafft.

Eine zweite etwas jüngere Sammlung von ca. 1500 Karten stammt von dem Hamburger Prokuristen Abraham August Abendroth (1727-1786), der schon mit antiquarischem Interesse zu Werke ging und auch alte Karte in seine 13 prächtigen Sammelatlanten einfügte. Sie kamen 1787 in die Commerzbibliothek. Viele Karten sind so als Parallelexemplare aus beiden Sammlungen vorhanden und konnten verglichen werden. Da nach Übernahme der Atlanten ja keine relevanten Änderungen an den Karten mehr vorgenommen worden sein werden, hat man ein verlässliches Material zur Fragestellung des Forschungsvorhabens nach der »Altkolorierung«, wie sie im 18. Jahrhundert vorgenommen wurden.

Die Existenz solcher im 18. Jahrhundert angelegten Sammelatlanten zeigt mir, dass zeitgenössisch der Vertrieb von Einzelkarten gegenüber dem Verkauf von Atlaswerken eine wichtigere Rolle gespielt hat, als ich es in der Vergangenheit angenommen hatte. Heute sind vorwiegend Einzelkarten im Handel, die durch Auflösung von alten Atlanten gewonnen wurden. Ein solcher Vertriebsweg ist aber wahrscheinlich für das 18. Jahrhundert noch nicht anzunehmen. Die in der Sammlung ebenfalls gut vertretenen Verlagsatlanten gelangten erst im 19. und 20. Jahrhundert in die Commerzbibliothek, indem sie auf Antiquariatsauktionen erworben wurden.

Solche zu Büchern gebundene Karten sind heute eher schwierig im Rahmen von Ausstellungen zu präsentieren und zu digitalisieren. Einer der Klefeker-Atlanten scheint weitgehend aufgelöst worden zu sein, weil sich mehrere Karten daraus als Einzelblätter in der Ausstellung wiederfanden.

Als überraschend originelle Idee ist diesem westeuropäischen Kartenbestand die Kartensammlung des MARKK zu Ostasien gegenübergestellt. Diese 34 Karten oder Kartenwerke sind im Schnitt jünger, häufiger handgezeichnet und weniger stark koloriert. Ihre Erwerbungsgeschichte ist mit einigen wenigen Namen verbunden. Der Geologe Carl Christian Gottsche schuf Anfang des 20. Jahrhunderts eine Kartensammlung. Die Karten hatte er systematisch bei seinen beruflichen Tätigkeiten in Japan und Korea erworben (S. 26). Er überließ diese Sammlung 1912 dem Museum, wo sie den größten Teil dieses Kartenbestandes ausmacht. Andere Geber waren H. C. Meyer vom gleichnamigen Hamburger Handelshaus. Die Museumskuratoren Otto Samson und Gernot

Prunner unternahmen 1932 bzw. 1976 Sammelreisen nach Südostasien, und ein spezialisierter Kunsthändler bot dem Museum in der Nachkriegszeit Karten zum Kauf an.

Der zu besprechende Band besteht im Prinzip aus zwei Teilen; nämlich einem, den man in den Naturwissenschaften »Material und Methoden« nennen würde (S. 18-110), und dem Katalog der ausgewählten Karten. Letzterer ist etwas unübersichtlich weiter untergliedert, wobei aber der Unterschied von europäischen (S. 113-288) und asiatischen Karten (S. 289-368) die wichtigste Trennlinie abgibt. Ein Literaturverzeichnis (S. 370-381) und die Kurzbiographien der Beitragenden beschließen den Band.

Im Katalogteil finden sich zu allen abgebildeten Karten der eigenen Sammlungen Angaben zu Entstehungsort und Zeit, Herausgeber, Druckart bzw. Zeichnung, Größe, Vorbesitzer und Zugang sowie die heutige Signatur in Form einer übersichtlichen Tabelle. Für die abgedruckten Vergleichs- und Vorgängerkarten anderer Archive fehlen die systematischen Übersichtsangaben, nur im Abbildungsverzeichnis (S. 384) sind dazu die Internetadressen angegeben. Entstehungsort und -zeit beziehen sich wohl meist auf die datierbaren Atlasproduktionen, so dass vom Druck her identische Blätter mit unterschiedlichen Datierungen versehen werden (z. B. 3.10.3-1, S. 255 »Amsterdam 1. Hälfte 18. Jh.« bzw. 3.10.3-2, S. 256 »Amsterdam, 1662«). Leitender Gedanke wird dabei wohl gewesen sein, dass Atlasproduktion und Kolorierung in einem zeitlichen Zusammenhang stehen und der Kolorierung das Hauptinteresse gilt.

Zu jeder Karte gibt es im Katalogteil eine kartographiegeschichtliche Beschreibung. Die Angaben zu den jeweiligen Karten sind bei den europäischen Karten sehr lesenswert in ihrer thematischen Eindringtiefe. Im Kommentar zu einzelnen Karten werden Themenfelder wie Kartenlegenden oder die Einführung des Flächenkolorids abgehandelt. Alle Erläuterungen stammen von dem Historiker Benjamin von der Linde. Bei den asiatischen Karten sind sie sämtlich von der Sinologin Diane Lange verfasst. Wo vorhanden referieren Oliver Hahn und Peter Zietlow dann die Ergebnisse der Farbuntersuchungen. Schließlich gibt es noch die Kategorien »Vergleichskarten« und »Literaturhinweise«.

Die beeindruckende Zahl der Projektpartner und Geldgeber wurde gewonnen, weil die Mitarbeiter von Museum und Wirtschaftsarchiv einige innovative Ideen entwickelt hatten. Es geht dabei um »die Bedeutung und Funktion von Farbe auf Landkarten« (S. 24 f.). Die diesbezüglichen Fragen lauten: Welche Farben wurden benutzt? Welche Rohstoffe wurden für die Herstellung benötigt? Wie individuell sind Kolorierungen auf Karten? Welche Bedeutung wurden bestimmten Farben auf Karten zugeschrieben? Wer nahm die Kolorierung vor?

Vor Ort in Hamburg fanden sich Einrichtungen und Projektpartner, die bereit waren, sich an der Beantwortung der Fragen zu beteiligen. Das Hauptthema ist eine fächerübergreifende Bearbeitung der Karten mit einerseits materialkundlichen (naturwissenschaftlichen) und andererseits historischen (kartenkundlichen) Methoden. Bezüglich der naturwissenschaftlichen Untersuchungsmethoden sind die zerstörungsfreien Verfahren der Materialprüfung hochmodern und waren bisher nur an besonders wertvollen Bildmaterialien – z. B. an mittelalterlichen illustrierten Büchern oder im Rahmen von Echtheitsprüfungen – angewendet worden. Für Wirtschaftsarchiv und MARKK ergab sich aus dem Projekt zudem eine erweiterte Erschließung ihrer Bestände und vor allem die Gelegenheit zur Restaurierung von durch Wasser, Schimmel und Papierverlust geschädigter Karten. Die asiatischen Karten des MARKK erhielten mit der begleitenden Ausstellung die ihnen sonst wohl kaum zukommende öffentliche Aufmerksamkeit.

Das Projekt rückt dem Kolorierung genannten nachträglichen Farbauftrag auf zunächst einfarbigen Papierdrucke in den Fokus. Ein Ziel der Untersuchung war es, einen verallgemeinerbaren Sinn hinter dem Farbauftrag zu entdecken, der über die reine Illustration im Sinne von Erhöhung des visuellen Reizes und der Anschaulichkeit hinausgeht. Solche von den Autoren so benannten »Farbcodes«(S. 38) sind zwar im frühen 18. Jahrhundert vorgeschlagen worden (die Brüder Hübner in Hamburg, S. 39) und haben auch einige wenige Spuren in der Literatur der Zeit hinterlassen, aber der Einfluss dieser Hamburger Kartographen scheint mir in der Publikation deutlich überschätzt zu werden, weil ein viel größerer Erfolg suggeriert wird, als bei der Musterung größerer Zahlen von Vergleichskarten zu beobachten ist. Johann Hübner am Beginn des 18. Jahrhunderts gar die »Erfindung« des Flächenkolorits zuzusprechen (S. 175), ist angesichts von Karten, die bereits im 16. und 17. Jahrhundert diese Art der Verdeutlichung des Karteninhalts zeigen, eine (lokalpatriotisch motivierte?) Übertreibung.

Insgesamt hätte es sich sicher gelohnt, von einigen der gedruckten Karten eine möglichst große Anzahl zu ermitteln und durchzumustern, um so zu erkennen, wie weit die programmatischen Ideen Hübners und anderer sich in die Realität haben umsetzen lassen. Es wäre also die Sichtung eines viel größeren Kartenbestandes, als ihn die beiden Institutionen bereitstellen können, notwendig gewesen. Die Zahl der präsentierten oder zitierten Vergleichskarten ist sehr klein; sie stammen zudem erstaunlicherweise nicht aus den großen Kartenbibliotheken in Berlin, Göttingen, Hannover, London oder München, wo sie meist mehrfach vorhanden sind. Möglicherweise haben die Untersucher den Arbeitsaufwand gescheut, nichtdigitalisierte Karten in den Bibliotheken selbst anzusehen. Für die erste Karte des Katalogs (Allard, Ostfriesland, S. 112-117) lassen sich zehn Exemplare in Hannover, Göttingen, Berlin und München nachweisen.

Mein Eindruck ist, dass die Karten in entscheidenden Punkten abweichende Arten der Kolorierung aufweisen, so dass von einem Farbcode nicht gesprochen werden kann. Das (auch im Internet anzusehende) Exemplar dieser Ostfriesland-Karte aus der GWLB Hannover etwa zeigt eine intensiv ausgemalte Kartusche und ein deutlich anderes Flächenkolorid. Zu berücksichtigen ist ebenso, dass immer nur die kleine Zahl von drei bis vier Farben zur Verfügung stand, so dass auch von daher die Gestaltungsmöglichkeiten beschränkt waren.

Das Beispiel Seutter-Karten »Electoratus Hannover« (Fig. 3.5.1.1-2, S. 218-220) zeigt, dass Kolorierungen nicht nur unterschiedlich ausfallen, sondern auch unsinnige Hervorhebungen verursachen können. Beide Karten fanden sich in demselben Abendroth-Atlas. Bei der Karte mit alleiniger Nachziehung einiger Grenzlinien und Rotfärbung der Städte herrscht bezüglich der Grenzlinie eine ziemliche Willkür, die aber weiter nicht ins Gewicht fällt, weil Grenzlinien nur schwach gezogen wurden. Bei der anderen Karte ist durch ein unsinniges Flächenkolorid besonders der Küstenregion eine Landeseinteilung gegeben, für die es keine historische Begründung gibt. In beiden Karten sind von den Koloristen nicht nur im Druck vorgegebene Grenzen nachgezogen, sondern auch einfache Linien (oft Bäche) als Grenzen hervorgehoben worden, die gar keine Grenzen waren.

Es gibt bei der Kolorierung zwei grundsätzliche Alternativen: Einmal kann der Verleger diese vorgeben, d.h. er händigt seinen Koloristen ein Muster aus, nach welchem er die Karte seiner Offizin bearbeitet sehen will. Im anderen Fall wird der Kolorist von anderen Akteuren beauftragt und handelt nach deren bzw. seinen eigenen Vorstellungen. Ersteres würde zu einheitlichen Farbgebungen eines relevanten Teils der Auflage führen. Die Regel bei den vor mir unter diesem Aspekt betrachteten Karten scheint zu sein, dass »Altkolorierungen« ganz überwiegend an verschiedenen Orten und zu unterschiedlichen Zeiten entstanden, solche Karten in der Tendenz also eher Unikate sind. Auch bei der Frage nach der Grenz- oder Flächenkolorierung (oder einer Kombination aus beiden) lässt sich anhand der gebotenen Beispiele weder zeitlich noch inhaltlich ein Muster erkennen. Die Trennung in Kolorierung zur reinen Attraktivitätssteigerung und Kolorierung zur didaktischen Verdeutlichung (S. 191) scheint mir eine künstliche zu sein, da dem Kartenbild nach immer beide Ziele verfolgt wurden.

Es wurden erstmals im 18. Jahrhundert Karten mit Legenden versehen (S. 39, S. 169-171), in welche die Koloristen ihre Farbwahl eintragen konnten. Solche Legenden bestehen im Druck zunächst nur aus rechteckigen Kästchen mit einer Beschriftung z.B. für eine Herrschaft oder einen Landesteil. Der Kolorist entschied, welche Farbe er diesem Landesteil zuteilte, und trug das in der Karte auf und auch in die Legende ein. Dies setzte bei den Koloristen entweder gute regionalhistorische Kenntnisse oder eine ihnen mitgeteilte deutliche Vorlage voraus. Bei einer Rom-Karte von 1755 fand der Autor die in der Legende gedruckte bemerkenswerte Anweisung, welche Gebäude mit welcher Farbe zu kolorieren seien (S. 173). Mit dem Mehrfarbendruck (nach einigen wenigen experimentellen Vorläufern erst ab der Mitte des 19. Jahrhunderts in Europa; in Asien waren mehrfarbige Holzdrucke verbreiteter, S. 26f., S. 29) verloren die kolorierten Karten ihre Individualität, und das Problem der unterschiedlich kolorierten Karten mit gleicher Druckvorlage erledigte sich.

Der Vergleich von Karten gleichen Inhalts führt zu der Frage: Weiterdruck mit der alten Kupferplatte oder Kopie auf neuer Kupferplatte? Die Autoren schlagen vor, bei Druckkarten mit sehr ähnlichem Erscheinungsbild, aber unterschiedlichen Nebendarstellungen wie Kartuschen, Wappen, Widmungen oder bildlichen Darstellungen (z.B. Schiffen) in der Regel eine Kopie mit der Erzeugung einer neuen Druckplatte anzunehmen (z.B. Fig. 3.1.6-1 und 2, S. 131 und 133). Besonders bei den Mecklenburg-Karten (Fig. 3.4.1-1 bis 4, S. 207-213) fällt es mir schwer, den Satz so nachzuvollziehen, dass es sich um vier Karten handeln würde, die mit drei verschiedenen Kupferplatten gedruckt worden seien. Drei der Karten sind nämlich von den Autoren selbst zeitgleich datiert und dem gleichen Verleger zugewiesen worden und – soweit die Abbildungen das Urteil erlauben – auch bezüglich der Geländedarstellungen, Flüsse, Ortsnamen und Größe einander extrem ähnlich. Die Möglichkeit, dass Druckplatten verkauft und weitergenutzt, aber bezüglich der Kartuschen geändert und eventuell wegen Abnutzung nachgestochen wurden, ist aus meiner Sicht durchaus anzunehmen und sollte jedenfalls kritischer diskutiert und zusätzlich geprüft werden.

Neben der Druckfarbe schwarz wurden die Farben rot, grün, gelb, blau, violett und braun zum Ausmalen benutzt. 90 Karten wurden materialwissenschaftlich analysiert. Die Methoden der Farbuntersuchungen waren die »Röntgenfluoreszensanalyse (zur Elementaranalyse anorganischer Farbstoffe) sowie Raman- und Vis-Spektroskopie (zur Bestimmung organischer Farbstoffe)« (S. 44 f.). Wenn es reine mineralische Farben oder eine Mischung aus diesen sind, gelang die Identifizierung der Farbstoffe in der Regel mit der Röntgenfluoreszensanalyse. Nur bei den Kupferverbindungen war eine Umschreibung wie »wahrscheinlich Grünspan« wissenschaftlich notwendig (S. 105). Komplizierter war in dem Projekt die Bestimmung der aus organischem Material (Pflanzenteile) gewonnenen Pigmente. Seit dem 19. Jahrhundert kamen die chemisch synthetisierten Farben hinzu, auf die wegen zu geringer chemischer Unterschiede diese Art der beschädigungsfreien Untersuchung nicht mehr anwendbar ist (S. 56), was auch für in und nach dieser Zeit restauratorisch mit modernen Farben behandelte Karten und möglicherweise »nachkolorierte« Karten gilt. Zu den interessantesten Kapiteln von Publikation und Ausstellung gehört die Vorstellung der historischen Ausgangsmaterialien sowie der Bereitung von Farben daraus (S. 71-110).

Jedenfalls deckt der Vergleich der Ostasien-Karten im Hinblick auf verwendete Farben mit den europäischen Kartierungen weniger Unterschiede auf, als wohl zu erwarten gewesen wäre. Einige Unterschiede in den verwendeten Farbpigmenten und Farben organischen Ursprungs wurden gefunden, aber eher beeindruckend sind die Gemeinsamkeiten. Dies könnte auch damit zusammenhängen, dass die asiatischen Karten in der Tendenz eher aus dem späten 19. Jahrhundert stammen, in dem schon ein weltweit ausgedehnter Handel praktiziert wurde. Eine vertiefte Herkunftsanalyse der Farbstoffe, die die Handelsströme aufzudecken geholfen hätte, war bei dieser zerstörungsfreien Methode der Farbanalyse allerdings nicht möglich. Weiter konstatieren die Autoren, dass die europäische Art der Kartographie sich im 19. Jahrhundert auch in Asien durchsetzte (S. 43, S. 46).

Es handelt sich um ein spannendes innovatives Projekt, das zu Nachfolgeuntersuchungen bezüglich der Kolorierungsarten und eventuell dahinter stehender Absichten anregt. Die Arbeit liefert dem Kartenfreund viele Anregungen, worauf er zukünftig achten sollte und wie er seine Erkenntnisse erweitern kann. Für mit Karten befasste Archivare, Bibliothekare und andere Freunde historischer Karten ist es fast eine Pflichtlektüre. Es wäre zu wünschen, dass das Projekt weitergeführt und die Kartenbestände der Commerzbibliothek auch über das Internet recherchierbar werden, wobei ein Anschluss an die IKAR-Datenbank sicher die anwenderfreundlichste Lösung wäre.

Wolfgang DÖRFLER, Hesedorf

*Die Bibliothek des Mariengymnasiums Jever – ein Kosmos für sich*. Abbildungen und Essays. Herausgegeben v. Hartmut PETERS unter Mitarbeit von Hans-Jürgen KLITSCH und Hartmut KROLL. Mit einem Faksimile des Briefes von Ulrich Jasper Seetzen vom 25. Mai

1809 aus Kairo an Diedrich Ulrich Heinemeyer in Jever. Jever: Förderverein Bibliothek des Mariengymnasiums e. V., Jever 2020. 372 S., 280 Abb. Geb. 39,00 €. Ohne ISBN.

Historischen Schulbibliotheken steht in den vergangenen Jahren ein zunehmendes Interesse aus der Forschung und der buchhistorisch interessierten Öffentlichkeit gegenüber. 2021 gab Brigitte Klosterberg, Leiterin des Studienzentrums August Hermann Francke in Halle, den aus einer Tagung im Oktober 2017 hervorgegangenen Sammelband »Historische Schulbibliotheken: eine Annäherung« heraus, der den Bogen von der Frühen Neuzeit bis ins 19. Jahrhundert spannt und verschiedene historische Schul- und Gymnasialbibliotheken vorstellt, darunter die Bibliothek der Landesschule Pforta, die des Speyerer Gymnasiums oder die des Königlichen Pädagogiums zu Halle. Alte Schulbibliotheken können dabei, wie Kristina Hartfiel und Carolin Büttner in ihrem Beitrag schreiben, »ein Kulturgut ersten Ranges« sein, das »Aufschluss über die Geschichte der Bildungsanstalten, ihrer Angehörigen und der dortigen Wissensvermittlung« (S. 183) geben könne.

Schulbibliotheken sind eine bedeutende Quelle der frühneuzeitlichen Gelehrtenkultur und Wissensdiffusion und -zirkulation, sofern neben der überlieferten Sammlung ausreichend Aktenmaterial tradiert wurde, das auch Aussagen über die Nutzung, Beschaffung und Bewertung der im Regal stehenden Werke erlaubt. Insofern verwundert es nicht, dass mit dem zunehmenden Fokus auf Schulbibliotheken auch erste kooperative Netzwerke, wie das Netzwerk Historische Schulbibliotheken, entstehen, um den historisch durchaus eigenständigen Bibliothekstyp genauer auszuleuchten. Dieser Bibliothekstyp, auch das sei eingangs erwähnt, ist denn auch in älteren historischen Bibliotheksgeschichten weniger präsent oder eher randständig behandelt. Erschließung und Erforschung einzelner alter Schulbibliotheken – oder dessen, was von ihnen übrig ist, oftmals nicht am ursprünglichen Standort, sondern in Regionalbibliotheken vollständig oder teilweise überliefert – sind damit lohnende Unterfangen.

Eine historische Schulbibliothek weist die 1573 von der Regentin Maria von Jever gegründete Lateinschule auf, das heutige Mariengymnasium Jever. Dieser Bibliothek wurde mit dem hier vorliegenden, wissenschaftlich fundierten, sich aber zugleich an die Öffentlichkeit richtenden Sammelband ein wichtiger Meilenstein der Öffnung und eine gute Hilfestellung für historische Nutzerinnen und Nutzer an die Seite gestellt. Wie so häufig bei Schulbibliotheken gehen auch die frühesten Bestände der Bibliothek des Mariengymnasiums auf Bibliotheksnachlässe zurück, in diesem Fall den des jeverschen Beamten Remmer von Seediek (1500-1557) und den des Fürsten Johann Ludwig II. von Anhalt-Zerbst (1688-1746). Die Lateinschule erhielt diese Bestände im Jahr 1819 auf Geheiß des Herzogs von Oldenburg zugewiesen. Offenbar gingen diese Werke jedoch in eine bereits bestehende Schulbibliothek ein, wie Hartmut Peters in seiner Einleitung zur Geschichte der Bibliothek darlegt, denn »die Wurzeln einer nachweisbaren Schulbibliothek reichen in das erste Drittel des 17. Jahrhunderts« zurück (S. 21).

Neben dem Nachlass von Martin Sutorius – dessen grausige Geschichte der Autor als Anekdote nicht verschweigt – liegen weitere Eingänge vor, ab 1770 denn auch Bucherwerbungen, ermöglicht durch Fürst Friedrich August von Anhalt-Zerbst. Der dabei gesammelte Altbestand – rund 16.000 Titel bis zum Erscheinungsjahr 1918 – weist nicht nur eine hervorragende Schulbibliothek in universaler Gestalt auf, sondern auch einige »Besonderheiten« (Peters, S. 19), darunter »eine umfangreiche Sammlung von Handschriften zur regionalen Territorialgeschichte, ein kleiner, aber substantieller Bestand von historischen Musikalien sowie eine Kartensammlung« (Ebd.). Diesbezüglich recht aufschlussreich ist der Beitrag von Hartmut Peters zu den Musikalien der Bibliothek und der Wiederentdeckung von 53 Takten Partitur und neun Takten Bass-Stimme aus Händels früher Oper Almira, die nur in Jever überliefert sind. Der Fund belegt die vorzügliche Bedeutung dieser Schulbibliothek.

Ein Band, dessen Ziel nach Anja Belemann-Smit, der Leiterin der Bibliothek, darin liege, »einzelne Aspekte aus diesem Labyrinth des Wissens« (S. 15) vorzustellen, hat also erwartungsgemäß ein umfangreiches Programm zu absolvieren. Im Ergebnis löst der Band dieses Ziel dadurch ein, indem insgesamt 16 Autorinnen und Autoren 43 ganz unterschiedliche und breit gefächerte Artikel verfasst haben. Wie der Herausgeber Hartmut Peters im Vorwort erwähnt, entstand die Idee zum Buch aus einer im Jahr 2000 begonnen Artikelserie im »Jeverschen Wochenblatt«, in der Christoph Hinz zwanzig »Schätze aus dem Mariengymnasium« (S. 16) vorgestellte hatte.

An diese Idee hielten sich die Autoren in eher offener Form und stellen neben ausgewählten Preziosen der Sammlung auch historische Elemente der Geschichte der Bibliothek, ihrer Provenienzen, ihrer konfessionellen Bedeutung und ihrer Materialität vor. Neben der *Schedelschen Weltchronik*, Zeichenbänden aus fürstlicher Provenienz oder der *Physica Sacra* Scheuchzers liegen Texte zu verschiedenen Provenienzen, zu Teilsammlungen, zu Autorinnen als Schriftstellerinnen im Bestand der Bibliothek oder aber zu Buntpapieren oder einzelnen Karten vor.

Ebenso vielfältig wie die Auswahl der Themen ist die Gestaltung der Texte. Und man mag in dieser Offenheit einen eher problematischen Ansatz des Bandes erkennen, denn trotz aller Text-, Bild- und Objektmengen, trotz der Opulenz der Darstellung einzelner Aspekte fehlt ein wenig ein roter Faden, aus dem heraus der Facettenreichtum eine genauere Richtung erhält. Etwas wäre gewonnen, wenn die sich mit historischem Material beschäftigenden Texte zumindest mehr gen Chronologie oder Materialart bewegten. Etwas mehr Plan in das Labyrinth der Bibliothek brächte gewiss eine klarere Unterscheidung zwischen Texten, die sich der Sammlungsgeschichte widmen, Beiträgen, deren Aufgabe die Darstellung besonderer Cimelien ist, und Artikeln, die sich mit einzelnen Provenienzen und Themen der Materialität befassen. Das würde auch Lesenden eine leichtere Nutzung des Bandes ermöglichen.

Zugleich hätte dies auch den zuweilen sehr unterschiedlichen Eindruck von der Artikelqualität behoben, wenn einzelne Artikel neue und erstmalig publizierte Erkenntnisse zu Makulaturfragmenten oder Provenienzen der Schedelschen Weltchronik vorstellen, daran anschließend aber historische Stücke präsentiert werden, die stärker an der zum Teil reichlich vorhandenen Sekundärliteratur orientiert sind. Dieser Einwand mag aber mehr individuellem Geschmack geschuldet sein als problematischer Anlage.

Hier und da hätte ein kritischeres Lektorat genützt, um die Gesamtwirkung nicht im Detail zu entstellen. Nur um zwei Beispiele zu nennen: Im klug bebilderten und gut geschriebenen Artikel zur Weihnachtsflut von 1717 aus der Feder Britta Herzogs wird auf die kartographischen Ungenauigkeiten hingewiesen, so »fehlt zum Beispiel die Insel Föhr, was vermutlich auf einen Fehler beim Abzeichnen der Ausgangskarte zurückzuführen ist« (S. 271-272). Richtig daran ist, dass die Ausgangskarte tatsächlich unzureichend war, denn die Darstellung ist historisch überholt. Johann Baptist Homann hatte eine alte Karte als Vorlage eingesetzt, was insbesondere bei der Darstellung der nordfriesischen Inseln zum Tragen kommt, die im Zustand vor der Burchardiflut von 1634 mit der noch intakten Insel Strand dargestellt werden. Allerding ist Föhr auf der Karte gut zu erkennen. In der Abbildung auf S. 270 liest sich die Insel »FORA I.[nsula]«, einzelne Orte wie Wyk (im Kartenbild »Wyck«) und Dunsum (im Kartenbild »Dontsum«) sind zu erkennen, ebenso die historische Einteilung in Osterland und Westerland (letzteres als königliche Enklave Dänemarks). Ähnlich möchte man bei dem von Werner Menke verfassten Artikel zu Scheuchzers *Physica Sacra* mildernd eingreifen, denn nicht nur Scheuchzer hat Fossilien fehlerhaft gedeutet; das ist vielmehr ein Gebiet, auf dem alle seine Zeitgenossen, die sich am Sintflutbericht orientierten, treffsicher daneben lagen.

Leibniz hat bekanntermaßen das Skelett eines Einhorns rekonstruiert. Insofern ist die »grandiose Fehlleistung« (S. 241) eines zum Menschen gemachten Riesensalamanders eher ein Beleg wissenschaftlicher Praktiken, mit denen Scheuchzer schlichtweg einen führenden Anteil an den Diskursen seiner Zeit einnahm. Ob indes Scheuchzer, wie von Menke behauptet, eher für diese Interpretation in Erinnerung bleibt, die doch eher eine Anekdote darstellt, oder – wie im Forschungskontext doch deutlich stärker gewichtet – für sein naturwissenschaftlich-theologisches Werk, soll hier nicht diskutiert werden. Beide Beispiele sind Kleinigkeiten, schmälern aber etwas die Freude am Band. Das Ziel, einzelne Elemente des umfangreichen Reichtums dieser Sammlung vorzustellen, ohne dabei Vollständigkeit, die utopisch wäre, anzupeilen, und die Idee kurzweiliger, aber wissenschaftlich gut gearbeiteter Texte erfüllt der Band dennoch in hohem Maße.

Dabei bringt der Band ein großes, aber noch handliches Format mit, eine umfangreiche und in guter Druckqualität vorliegende Bebilderung, die sich nicht scheut, dem Detail Vorzug vor der Gesamtaufnahme des Objekts zu geben, und einen engagierten Stamm von Autorinnen und Autoren, der auch Abseitiges zeigt und darstellt. Schön ist nicht nur das beiliegende Faksimile eines Briefes von Ulrich Jasper Seetzen, dem zugleich, trotz der guten Lesbarkeit, eine Transkription und historische Erläuterung durch Hartmut Peters beigegeben wurde. Wahrlich ungewöhnlich und doch im Kontext der Schulbibliothek sinnig ist die enge Fokussierung auf den Kupferstich des Denklehrzimmers aus Christian Heinrich Wolkes »Anweisung für Mütter und Kinderlehrer« im Beitrag von Anja Belemann-Smit. Highlight der gesamten Auswahl des Bandes aber sind zwei von Kinderhand geschaffene Schmuckblätter, die von Matthias Bollmeyer qualitativ hervorragend in ihren historischen Kontext gebracht und als schöne Reproduktion doppelseitig wiedergegeben werden. Derartige Stücke, zu denen neben Scherenschnitten auch Quodlibet-, Prickel- und Textstickarbeiten zählen können, wurden in

Bibliotheken und Archiven nur selten überliefert, gewähren aber trotz ihrer kryptischen Überlieferung einen ganz unmittelbaren Zugang zur Alltagskultur von wohlhabenden Bildungs- und Kaufmannskreisen. Ein Glück, wer solches Papierwerk findet und beschreibt. Das spricht, wie der gesamte Band, für die Sammlung.

Matthias Wehry, Hannover

*Bitte eintragen! Die Besucherbücher der Herzog August Bibliothek 1667-2000.* Hrsg. v. Hole Rössler und Marie von Lüneburg. Wiesbaden: Harrassowitz Verlag 2021. 216 S., 80 meist farbige Abb. Geb. 19,80 €. ISBN: 978-3-447-11664-0.

»Errichtet ist sie« – die herzogliche Bibliothek in Wolfenbüttel, wie Charles-Louis de Secondat, Baron de la Brède et de Montesquieu, nach seinem Besuch am 24. September 1729 in sein Reisetagebuch eintrug – »als ein Oval von sehr großer Höhe, das von Wänden geformt wird, an denen innen wie außen die Bücher stehen. Dieses Oval bildet zudem die Mitte eines an den Ecken ausgebuchteten Vierecks, an dessen Wänden auch noch Bücher untergebracht sind«. Das Zitat über den fortschrittlichen Bibliotheksbau des Baumeisters Hermann Korb wie auch die Reproduktion einer kleinen schematischen Grundrisszeichnung von Montesquieus Hand finden sich in dem von Hole Rößler und Marie von Lüneburg herausgegebenen Band zu Besucherinnen und Besuchern, die sich in den Benutzerbüchern der heutigen Herzog August Bibliothek verewigt haben.

Der Zeitraum der in 21 kleinen Essays vorgestellten Eintragungen umfasst die Jahre 1667 bis 2000, davon sind zwei (Philipp von Zesen 1674, August Hermann Francke 1682) aus dem siebzehnten Jahrhundert, zehn (Gottlieb Stolle, Maria Magdalena Böhmer, Elisabeth Christine von Braunschweig-Bevern, Scidid Spada Habaisci 1727, Montesquieu 1729, Simon von Geldern 1755, Lessing 1. Besuch 1756, Johann Jacob und Ernestine Christine Reiske 1771, Georg Forster 1779, Katharina Schindler-Bergopzoomer 1782) aus dem 18. Jahrhundert. Auf das 19. Jahrhundert entfallen, nach einer Lücke zwischen 1782 und 1826, vier Besucher (Michael Kosmeli 1826, Ludwig Uhland 1842, Wilhelm Busch 1883, Emanuel La Roche 1893), ein gegenüber den anderen Jahrhunderten gänzlich »männlich« ausgewähltes Publikum. Zwischen den Jahren 1900 bis 2000 folgen fünf Besuchergruppen (Henriette und Leopoldine Hontschik 1909, Recha Rothschild 1921, eine Exkursion Kölner Theaterwissenschaftler 1929, Carl Schmitt 1934, Christo und Jeanne-Claude 2000).

Der Band richtet sich an ein breites Publikum und versucht, so das Vorwort von Rößler und v. Lüneburg, »einen Querschnitt« zu bieten, »der einen Eindruck von der Vielfältigkeit der Besuchergruppen« (S. 7) geben sollte. Im Mittelpunkt des Interesses der einzelnen Beiträge stehe »die Frage […], mit welchen Absichten und Wünschen der eine oder die andere nach Wolfenbüttel gekommen war« (S. 7). Da dies letztlich nicht immer zu klären sei, habe man »Platz für anregende Spekulationen« (S. 7). Diese werden nun, das sei im Vorab angemerkt, nicht dazu aufgewendet, sich in dubiose Phantastereien oder schräge Ankedoten zu begeben, sondern dazu genutzt, im Kleinen einen Quellenraum abzustecken, auf dessen Grundlage man zu Schlüssen oder zu diesbezüglicher Bescheidenheit gelangen könnte. Ein gutes Beispiel hierfür ist Lessings erster Besuch in der herzoglichen Bibliothek. Am 17. Mai 1756 sollte er erstmalig als Reisebegleitung von Christian Gottfried Winckler die Bibliothek sehen. Man wäre geneigt, diesen Erstkontakt als ein entscheidendes oder einschneidendes Ereignis zu stilisieren, eine Deutung, die vom Ende der Geschichte gesprochen wäre. Aber diesem Narrativ verweigert sich Kai Bremer klugerweise. Das von Lessing geführte Tagebuch ist nicht überliefert, der Briefwechsel mit dem Vater schweigt, es fehlt im Bericht der Reise der Zwischenhalt in Wolfenbüttel.

Das mag zwar, wie Bremer ausführt, angesichts der Hoffnung des Vaters, den Sohn einst in Bibliotheksdiensten zu sehen, irritieren, auch »angesichts von Lessings Lebenssituation 1756 insgesamt« (S. 90). Aber anstatt diese auf Grund mangelnder Quellen wenig ergiebige Diskussion fortzuführen, schwenkt er in die Entwicklung Lessings in den folgenden Jahren, ohne auch nur an Wolfenbüttel zurückzudenken, so wie es vermutlich auch Lessing zu diesem Zeitpunkt nicht getan hat. Das ist ein schönes Beispiel, eher den Quellen als eigenen Spekulationen zu folgen. Was dagegen hätte eine psychoanalytisch-literarische Analyse in dem Verschweigen Wolfenbüttels gegenüber dem Vater anrichten können!

Der Aufbau des Bandes ist gut verständlich: nach einem knappen, einladenden Vorwort führt Hole Rößler in die Besucherbücher der Herzog August Bibliothek ein, die man nicht falsch als Ausleihbücher verstehen darf, sondern – wie in frühneuzeitlichen Bibliotheken gängig – als eine Form von Fremdenbüchern, in denen sich die auswärtigen Besucher eintrugen, »von denen viele mehr an der äußerlichen Betrachtung von Büchern als an deren Lektüre interessiert waren« (S. 10). Den Unterschied zwischen Nutzung und Besuch kann Rösler auch statistisch festmachen: »Für den Zeitraum zwischen 1664 und 1713 sind im Ausleihbuch 993 verschiedene Personen registriert, im Besucherbuch hingegen finden sich für die Jahre 1667 bis 1705 5.518 Namenseinträge« (S. 10). Für die ersten neun Bände, die den Zeitraum 1667 bis 1951 zzgl. Goldenem Buch umfassen, lassen sich »rund 95.300 Einträge« feststellen. Das Team des Bandes hatte also eine breite Auswahl zur Verfügung; einige weitere mögliche Besucherinnen und Besucher erwähnt Rößler in seiner Einleitung, und in seinem Nachwort wird er herausstellen, dass nach heutigem Stand Goethe nie in Wolfenbüttel war.

Der Einleitung folgen die bis zu zehn Druckseiten (meist aber knapper) gehaltenen Artikel. Dem Herausgeberteam gelang hierbei eine kluge, zum Teil aus den Reihen der Herzog August Bibliothek stammende Auswahl von Autorinnen und Autoren. Andreas Herz, Jörn Münker, Martin Mulsow, Ulrike Gleixner, Jill Bepler, Peter Burschel und Tobias Mörike, Jürgen Overhoff, Asaph Ben-Tov, Kai Bremer, Sünne Juterczenka, Sven Limbeck, Dirk Sangmeister, Helmut Mojem, Alexander Košenina, Matthias Ballestrem, Gabriele Kämper, Jan Lazardzig und Thomas Köhler haben Beiträge zu Besucherinnen und Besuchern verfasst. Rößler hat zudem an zwei Beiträgen mitgewirkt, v. Lüneburg einen beigesteuert. Allen Beiträgen ist ihre Kurzweile gemein, und damit gelingt es dem Band, sich für die breite Öffentlichkeit interessant zu machen.

Das mag auch an der guten Auswahl der Besucherinnen und Besucher sowie der hinzugezogenen Quellen liegen, denn kein Besuch gleicht dem Thema nach dem anderen. Mal ist es ein Prinz vom Berg Libanon, dem sich Peter Burschel und Tobias Mörike durch Aktenstücke im Niedersächsischen Landesarchiv, Abteilung Wolfenbüttel, annähern und ihn so als »Grenzgänger im Europa der frühen Neuzeit« (S. 68) zeigen können. Dann wieder betritt ein Architekt aus Basel, Emanuel La Roche, die Bibliothek, um sie als Bautyp anlässlich des von ihm konzipierten Neubaus der Baseler Universitätsbibliothek zu besichtigen. Zuvor ist es eine Adelige, Elisabeth Christine von Braunschweig-Wolfenbüttel-Bevern, die spätere Gattin König Friedrichs II. von Preußen, die im Alter von neun Jahren die Bibliothek besichtigte, und mit ihr betreten dynastische Themen die Seiten des Buches.

Dabei ist das für historische Materialien notwendige kriminalistische Gespür auf der Seite der Autorinnen und Autoren. Ein Beispiel: Unter Sonntag, dem 10. September 1782, finden sich drei italienische Namen im Besucherbuch. Sven Limbeck gelingt es, diese zu decodieren: Der Eintrag des herrlich amüsant gewählten »Luiggi Parrasiti« ist nichts anderes als ein »Anagramm des Impresarios Michele Patrassi« (S. 109), der Nonsensname »Alberto Valcerca« dürfte auf die »Melodie einer beliebten Gaillarde (›O la val cerca‹)« (S. 109) zurückgehen und die Dame »Gherada Culagnia« ist dem Rollenverzeichnis von Salieris *La seccia rapita* entsprungen, die wenige Wochen zuvor »im Kleinen Theater am Braunschweiger Burgplatz von der Herzoglichen Braunschweigischen Hofoperngesellschaft« (S. 109) zur Aufführung kam. Bindeglied dieses Namenswirrwarrs ist die in den Aufzeichnungen benannte »Caterina Bergobzoomer«, der Primadonna besagter Operngesellschaft.

Eine Stärke der Beiträge besteht auch darin, sich nicht auf das Naheliegende oder Anekdotenhafte zu verlassen. Unter dem Eintrag vom 22. Juni 1934 werden zwei Besucher genannt, und Rößler ist so klug, nicht Ernst Jünger in den Mittelpunkt zu stellen, sondern seinen Begleiter Carl Schmitt, der Wolfenbüttel zwecks der Einsicht in den Nachlass des Staatsrechtlers Friedrich Julius Stahl besuchte. Schmitt setzte sich aktiv in der nationalsozialistischen antisemitischen Propaganda ein, indem er die Person Stahls mehrfach und fortgesetzt diffamierte, womit er in plattester Machart auf die »Diskriminierung der jüdischen Gesamtbevölkerung« (S. 170) zielte. Wäre Jünger nicht Nebenschauplatz, sondern stünde im Mittelpunkt des Beitrags, wäre dieser viel spannendere Einblick verborgen geblieben.

Der Band gibt zum Abschluss einen historischen Überblick über die Besuchspraxis in der Herzog August Bibliothek im Laufe der thematisierten Jahrhunderte, erneut aus der bewährten Feder Rößlers. Dieser Abschluss leistet noch einmal eine wichtige Unterstützung beim Verständnis des Bibliotheksbesuches der Vergangenheit: Erstens werden praktische Alltagsfragen wie die Anreise, die sich im Laufe der Zeiten und Moden wandelnden Schaustücke oder der Bezahlung für Führungen grob aufgefächert. Wichtiger aber ist die Bemerkung, bei den Besuchen sei zu berücksichtigen, dass »die Besucherinnen und Besucher Wolfenbüttels im Laufe der Zeit ganz verschiedene Bibliotheken zu sehen« bekamen (S. 181). Dass sich dies nicht nur auf Sammlungsebene, sondern auch in architektonischer Hinsicht niederschlägt, belegt der eingangs zitierte Bericht Montesquieus.

Ästhetisch ist der Band vorzüglich gestaltet: er weist nicht nur bei jedem handschriftlichen Besuchereintrag den Namenszug im Kontext der Seite des Besucherbuches in einer ganzseitigen Abbildung nach, er gibt auch Abbildungen umliegender Quellen wieder, darunter Postkarten, Gewänder der Gäste, Gemälde, Zollscheine und Kupferstiche. Der lebendige Eindruck wird noch durch insgesamt neun Zwischenseiten erhöht, auf denen für ausgewählte Jahreszahlen bedeutende Geschehnisse im Kontext der Bibliotheks- und Reisegeschichte vergegenwärtigt werden – der Bau des Bahnhofs, der Abriss der Rotunde oder die Ernennung von Leibniz zum Bibliothekar. Endnoten, Bildnachweise und ein Verzeichnis der Autorinnen und Autoren runden den Band ab, ein Register fehlt. Auf die abschließenden Anzeigen, deren Druckqualität irgendwie unangenehm rot-blau ist, ließe sich ohne Schande und Werbeverlust verzichten.

Aus der Perspektive eines Kollegen in der Bibliotheksnachbarschaft, der es gewohnt ist, auf Benutzerbücher zurückgreifen zu können, die der Bibliotheksschreiber Daniel Eberhard Baring in Anlehnung an die Exemplare der Wolfenbütteler Bibliothek 1720 in der hannoverschen Hofbibliothek einführte, kann man nur begeistert von diesem kleinen, klug konzipierten Bändchen sein. Ich gestehe gerne, nach der Lektüre habe ich mich an die zwei Bände der Besucherbücher in Hannover gesetzt – die Quellen fallen hier weniger umfangreich und schlechter geführt aus –, in der Hoffnung, dem ein oder anderen Besucher vor oder nach der Unternehmung nach Wolfenbüttel aufzulauern, mit zwiespältigem Ergebnis.

Der hier vorliegende Band belegt nicht nur Barings Aussage in seiner 1724 angefassten Bibliotheksgeschichte der hannoverschen Hofbibliothek, demnach diese Wolfenbütteler Besucherbücher »nicht ohn allen Nutzen« wären. Sie sind hier in diesem Band gut aufbereitet, facettenreich ausgewertet und geben damit einen faszinierenden Einblick in die Welt der Bibliotheksbesuche, von dem auch Fachfremde und Geschichtsinteressierte mit Genuss und Freude profitieren werden. Und so lässt man sich gerne so gekonnt und gelungen durch das Ausflugs- und Reisegeschehen aus knapp vier Jahrhunderten führen.

Matthias WEHRY, Hannover

REICH, Elisabeth: *Der Hansische Geschichtsverein. Entwicklung, Netzwerke, Geschichtsbilder.* Bielefeld: Verlag für Regionalgeschichte 2019. 439 S. = Göttinger Forschungen zur Landesgeschichte Bd. 23. Kart. 29,00 €. ISBN: 978-3-7395-1223-5.

In den letzten Jahren hat die Erforschung geschichtswissenschaftlicher Wissensproduktion deutlich an Fahrt aufgenommen. Dabei sind neben der akademischen Geschichtswissenschaft auch die seit dem späten 19. Jahrhundert entstandenen Historischen Kommissionen und die ebenfalls seit dem 19. Jahrhundert gebildeten und sich über das ganze Land ausbreitenden Geschichtsvereine verstärkt in den Blick geraten. Eine Studie über den 1870 gegründeten Hansischen Geschichtsverein fügt sich in diese Entwicklung sehr gut ein, weil sie das Spektrum der untersuchten Vereine nicht einfach nur durch einen weiteren ergänzt, sondern der Verein in zweifacher Hinsicht Besonderheiten aufweist, die seine Analyse besonders reizvoll machen: Zum einen handelte es sich bei ihm sozusagen um ein Mischwesen aus Historischer Kommission und Geschichtsverein: Organisiert als Verein (mit freier Beitrittsmöglichkeit), waren sein Aufgabenprofil, die Finanzierung seiner Aufgaben und auch seine Arbeitsweise eher mit einer Historischen Kommission vergleichbar.

Zum anderen waren nahezu alle anderen Geschichtsvereine in Deutschland lokal und regional organisiert und bezogen sich jeweils auf einen überschaubaren Raum. Der Hansische Geschichtsverein aber war (und ist) ein Verein, dessen Betätigungsfeld bedingt durch das historische Phänomen, mit dem er sich beschäftigt, international aufgestellt ist – und das heißt auch, dass nicht nur Deutsche in ihm Mitglied sind, sondern auch Interessierte aus anderen (heutigen) Nationalstaaten, die in früherer Zeit Teil der Hanse gewesen sind. Dies gilt sowohl für die Forscherinnen und Forscher, die sich mit der Geschichte der Hanse befassen, als auch für die außerhalb Deutschlands liegenden früheren Hansestädte, die korporative Mitglieder des Vereins waren bzw. sind.

Der Hansische Geschichtsverein ist also ein besonders lohnendes Forschungsfeld, dem sich Elisabeth Reich in ihrer von Arnd Reitemeier in Göttingen betreuten Dissertation gewidmet hat. Sie tut dies vor dem Hintergrund der bisherigen Vereinsforschung ohne ein explizites theoretisches Konzept oder eine übergreifende Fragestellung, sondern strebt an, die Geschichte und Bedeutung des Vereins in dreifacher Weise zu rekonstruieren: Zum einen geht es ihr um die Nachzeichnung der Vereinsgeschichte zwischen der Gründung 1870 bis ca. Ende der 1970er Jahre (wobei sie in einigen Teilen auch bis zur Gegenwart fortschreitet). Zum zweiten will sie die Netzwerke der handelnden Personen (und zum Teil auch Institutionen) analysieren und ihre Bedeutung für das Vereinshandeln ermitteln. Und zum dritten geht es ihr um die »Hansebilder« (S. 28 und 287), also die Narrative über die Hanse, die die Akteure konstruierten und durch ihre Publikationen zu verbreiten suchten. Grundlage für die Arbeit sind zum einen die Unterlagen des in Lübeck lagernden Vereinsarchivs sowie ergänzend einige Nachlässe von Protagonisten, zum anderen die Publikationen der Vorstandsmitglieder (insbesondere für die Untersuchung des dritten Bereiches).

In ihrem ersten Hauptteil gelingt der Autorin ein detailreiches, quellengesättigtes Bild der Vereinsgeschichte über einen Zeitraum von mehr als hundert Jahren, wobei ihr die Zusammenhänge zu den jeweiligen politischen Zeitläuften im Wechsel von mehreren politischen Systemen und Rahmenbedingungen besonders wichtig sind. Auf mehr als 120 Seiten wird diese Vereinsgeschichte chronologisch erzählt, wobei insbesondere in der Darstellung der NS-Zeit die sehr milde Deutung des langjährigen Vorsitzenden Ahasver von Brandt in seiner Vereinsgeschichte von 1970 deutlich und nachvollziehbar kritisiert wird, was die Verstrickung einzelner Akteure und des Vereins an sich in das NS-System angeht. Letztlich zeigt sich hier wie in vielen anderen Geschichtsvereinen eine ähnliche Gemengelage von partieller Gleich- und Selbstgleichschaltung, semantischer Anpassung an NS-Jargon und Fortsetzung wissenschaftlicher Arbeit.

Die Ausrichtung des Vereins brachte nach 1945 eine besondere Herausforderung mit sich; zwar waren Kontaktaufnahmen mit Forscherinnen und Forschern und Städten im west- und nordeuropäischen Raum bald wieder möglich, die deutsche Teilung aber bedeutete eine Abtrennung von vielen Wissenschaftlern und Hansestädten in der DDR: Akribisch analysiert die Autorin, wie es mit der Gründung einer »Arbeitsgemeinschaft des Hansischen Geschichtsvereins in der DDR« gelang, Arbeitsbeziehungen zumindest bis 1970 aufrechtzuerhalten, auch wenn man ständig unter politischer Beobachtung stand und Beeinflussungsversuche nicht ausblieben. Auf die chronologische Schilderung der Vereinsentwicklung folgen noch kürzere systematische Abschnitte, die sich der Mitgliederentwicklung (der Verein hatte meist um die 500 Mitglieder), den jährlichen »Pfingsttagungen« und den Publikationen (diverse Reihen sowie die »Hansischen Geschichtsblätter«) widmen; gerade bei letzteren kann die Autorin nicht mehr leisten als eine Darstellung der Rahmenbedingungen, eine intensive inhaltliche und wissen(schaft)sgeschichtliche Analyse der Veröffentlichungen muss weiteren Forschungen vorbehalten bleiben.

Im zweiten Hauptteil rekonstruiert die Autorin die Netzwerke der Vorstandsmitglieder (wobei sie keinen Bezug auf die sog. »(Historische) Netzwerkforschung« vornimmt, die in den letzten Jahren geradezu boomt – aber das muss vielleicht auch nicht sein). Sie konzentriert sich hierbei auf die Vorstandsmitglieder (im Zuge einer sich durchsetzenden Verwissenschaftlichung vor allem Archivare und Universitätsangehörige) und kann zeigen, wer hier mit wem intensiver zusammengearbeitet hat (und wer nicht). Ob hierbei auch persönliche Beziehungen, entstanden vor allem in Studentenverbindungen, eine Rolle spielten, wie sie in einem eigenen kleinen Abschnitt zu untersuchen versucht, muss weitgehend offenbleiben.

Im dritten Hauptteil schließlich geht es um die veröffentlichten »Hansebilder«, wobei sie sich vor allem auf »Gesamtdarstellungen« der Vorstandsmitglieder (und in der frühen Zeit auch Editionsarbeiten) bezieht, die sie nach bestimmten Begriffen und deren Verwendung durchsucht hat (Hanse, Hansestadt, Kaufmann, Handel, Schifffahrt, Sprache usw.). Sie kommt hier zu einer Reihe von interessanten Beobachtungen, die hier nicht im Detail wiedergegeben werden können; inwiefern diese »Hansebilder« rezipiert wurden, blendet die Autorin verständlicherweise aus, dies wäre Gegenstand weiterführender Forschungen. Verwiesen sei auf den Aufsatz von Lu Seegers im Niedersächsischen Jahrbuch 2020 (S. 183-197): »Hanseaten und das Hanseatische im 20. Jahrhundert. Deutungen und Praktiken«. Eine gute Zusammenfassung rundet schließlich Reichs Studie ab, die durch einen Anhang mit einer Reihe von Tabellen (z. B. zu den Mitgliedern und Vorstandsmitgliedern), einer Karte mit den Tagungsorten und einem hilfreichen Orts- und Personenregister sinnvoll ergänzt wird.

Insgesamt handelt es sich um eine gründliche Studie auf breiter Quellenbasis, die die Vereinsgeschichte und Vereinstätigkeit in über hundert Jahren überzeugend rekonstruiert und eine Fundgrube für die weitere Forschung darstellt (auch über viele der erwähnten Akteure, die zum Teil auch im Raum Niedersachsen wohlbekannt sind). Insbesondere im ersten Hauptteil hätte sich der Rezensent allerdings manchmal stärkere Schneisen im Dschungel der vielen, manchmal additiv hintereinander gestellten Vereinsdetails gewünscht, um das spannende Fallbeispiel mit den oben genannten Besonderheiten noch besser erschließen zu können; der die großen Linien nachzeichnende Schlussabschnitt liefert hierfür aber eine gute Grundlage. Und angesichts der Fokussierung auf die führenden Köpfe des Vereins geht auch ein wenig verloren, dass es sich auch um einen Geschichtsverein mit »normalen« Mitgliedern handelt, über die man relativ wenig erfährt – was aber auch der Quellensituation geschuldet sein mag, denn Vereinsforschung leidet unter dem Problem, dass in den überlieferten Quellen fast ausschließlich die Vereinsrepräsentanten zu Wort kommen.

Dietmar von Reeken, Oldenburg

*Im Einsatz für die Heimat.* 100 Jahre Heimatbund für das Oldenburger Münsterland 1919-2019. Hrsg. v. Michael Hirschfeld. Cloppenburg: Heimatbund für das Oldenburger Münsterland 2019. 287 S., einige Abb. Kart. 29,00 €. ISBN: 978-3-941073-27-2.

Die Erforschung der Geschichte der Heimatbewegung ist in den letzten Jahren ein gutes Stück vorangekommen, wobei sich allerdings die meisten Arbeiten vor allem auf die Gründungs- und Frühzeit im späten 19. und frühen 20. Jahrhundert und die NS-Zeit konzentriert haben. Fest- und Jubiläumsschriften von Heimatvereinen aus Anlass runder Geburtstage haben dazu ihren Beitrag geleistet – allerdings ist dieser Beitrag begrenzt, sind sie doch meist in ihrer Perspektive beschränkt und greifen selten auf die allgemeine historische Forschung, ihre Erkenntnisse und Methoden zurück. Es gab aber auch hier rühmliche Ausnahmen, wobei es durchaus hilfreich sein konnte, wenn nicht der Verein selbst seine Geschichte aufarbeitete, sondern (wenigstens: auch) eine Perspektive von außen eingenommen wurde. Bei dem vorliegenden Band handelt es sich in dieser Hinsicht, dies sei vorweggenommen, gewissermaßen um ein Mischwesen: Der Herausgeber und mehrere der Autorinnen und Autoren gewährleisten durch ihre wissenschaftliche Qualifikation und Erfahrung eine solide Rekonstruktion der Vergangenheit unter Bezugnahme auf die Forschung, gleichzeitig gibt es aber auch Beiträge, bei denen es eher um eine Bestandaufnahme der Aktivitäten der Institution aus der Binnenperspektive ohne größeren wissenschaftlichen Anspruch geht.

Aber im Einzelnen: 2019 feierte der »Heimatbund für das Oldenburger Münsterland« (die heutigen Landkreise Vechta und Cloppenburg) sein hundertjähriges Bestehen. Zur Vorbereitung hatte der Heimatbund den Vechtaer Historiker Michael Hirschfeld beauftragt, eine Tagung zur Geschichte des Vereins und eine Publikation vorzubereiten; die Vorträge auf der Tagung wurden für den Druck überarbeitet bzw. ergänzt und lagen zum Jubiläumsjahr 2019 als Buch vor. Der Heimatbund wurde unmittelbar unter dem Eindruck der Niederlage im Ersten Weltkrieg, der Revolution und der Schaffung der Weimarer Republik gegründet, nachdem zuvor in einzelnen Orten der Region bereits lokale Heimatvereine gebildet worden waren. Der Gründungsaufruf spiegelt die Haltung vieler Heimatbewegter in jener Zeit wider – es ging um Bewahrung der Heimat und ihrer Traditionen und Eigenart angesichts einer verunsichernden Moderne, und es ging auch um Deutschland: »Unser deutsches Vaterland liegt am Boden, und immer noch sind Kräfte am Werke, ihm den Rest zu geben. Es gilt dem Kampf gegen die Vernichtung, es gilt die gemeinsame Arbeit aller deutsch gesinnten Männer an dem Wiederaufbau unserer Heimat.« (Gründungsaufruf in der Oldenburgischen Volkszeitung vom 18. November 1919, abgedruckt im Band auf S. 9).

Michael Hirschfeld analysiert im umfangreichsten Beitrag des Bandes nüchtern und kritisch diese Gründungszeit, wobei er sich gegen die bisherige »Tendenz zur Selbstbespiegelung« (S. 11) wendet und den Bund in die damalige Heimatbewegungslandschaft einordnet – konservativ, von Eliten getragen, durch die katholische Prägung der Region und ihrer Protagonisten beeinflusst, aber zunächst nur sehr eingeschränkt völkisch aufgeladen. Im letzten Abschnitt wendet er sich der Neugründung des Vereins nach 1945 zu und stellt – auch dies im Einklang mit vielen anderen Studien – hohe personelle und argumentative Kontinuitäten fest. Die Entwicklung in der NS-Zeit, die in vielen Festschriften von Heimatvereinen lange Zeit ausgeblendet wurde, nimmt der kürzlich leider verstorbene Joachim Kuropka in den Blick und konzentriert sich (wohl auch durch die Quellenlage bedingt) vor allem auf die Aktivitäten von Heinrich Ottenjann, seit 1935 Vorsitzender des Heimatbunds und vor allem die treibende Kraft hinter der Gründung des heutigen Museumsdorfs Cloppenburg, des späteren »Flaggschiff(s) des Heimatbundes« (S. 104), die in der NS-Zeit nicht zuletzt durch eine opportunistische Annäherung an die Nationalsozialisten und durch deren Förderung gelang.

Vertieft werden diese Überlegungen durch zwei Beiträge des langjährigen Museumsdirektors Uwe Meiners, zum einen zu Ottenjann selbst (u.a. mit einer Widerlegung von Forschungsthesen des Oldenburger Historikers Ingo Harms zur angeblichen Verbindung von Museumsgründung und -aufbau auf der einen und der Vernachlässigung der Versorgung psychisch kranker Menschen durch den Landesfürsorgeverband Oldenburg auf der anderen Seite), zum anderen zur Entwicklung in den 1950er Jahren, die, wie Meiners zeigen kann, zumindest bei einzelnen Protagonisten des Heimatbundes durch erhebliche konservativ-zivilisationskritische Kontinuitäten geprägt waren. Umso bedauerlicher ist es, dass der Strang der Analyse der Geschichte des Bunds dann weitgehend abbricht, wäre doch eine gründliche Untersuchung auch angesichts der breiten Forschungslücke zur Entwicklung der Heimatbewegung insgesamt in den folgenden Jahrzehnten wichtig gewesen.

Stattdessen gibt es drei eher biographische Beiträge, die sich zentralen Akteuren des Heimatbunds (Georg und Elisabeth Reinke) widmen, was durchaus sinnvoll ist, weil Heimatvereine sowohl in der Öffentlichkeit als auch, soweit man das aus den Quellen feststellen kann, intern stark durch einzelne Persönlichkeiten geprägt waren. Die weiteren, eher deskriptiven Beiträge widmen sich wichtigen Handlungsfeldern (der vom Bund getragenen Heimatbibliothek, mehreren Ausschüssen und Unterorganisationen für Geschichte, Familienkunde, Umweltschutz und Naturkunde sowie Plattdeutsch) und den Beziehungen des Bundes zu den Heimatvereinen in der Region. Im Anhang finden sich nützliche Auflistungen der Versammlungen, der vom Bund veranstalteten Wanderfahrten und Bildungsreisen, der zentralen Repräsentanten in Vorsitz, Geschäftsführung sowie Ausschüssen und der vom Bund verliehenen Ehrungen.

Insgesamt: Ein Sammelband ist keine Monographie – und Sammelbände sind häufig geprägt durch eine gewisse Heterogenität. Dies ist auch hier der Fall, nicht was die Qualität angeht, sondern die Ausrichtung: Der Historiker im Rezensenten hätte sich mehr gründliche historische Analysen zur Entwicklung des Heimatbunds gewünscht, wie sie in einigen der genannten Beiträge angelegt sind, insbesondere auch für die Zeit nach den 1950er Jahren. Die Geschichte des Heimatbunds ist also noch nicht geschrieben (falls das von der Quellenlage her überhaupt möglich ist), aber der vorliegende Band liefert hierfür jenseits der früheren »Tendenz zur Selbstbespiegelung«, um noch einmal die Aussage des Herausgebers aufzugreifen, einen ersten wichtigen Baustein.

Dietmar von Reeken, Oldenburg

*Kulturgutschutz in Europa und im Rheinland*: Franziskus Graf Wolff-Metternich und der Kunstschutz im Zweiten Weltkrieg. Hrsg. v. Hans-Werner Langbrandtner, Esther Heyer und Florence de Peyronnet-Dryden. Wien-Köln-Weimar: Böhlau Verlag 2021. 542 S., 60 sw-Abb. = Brüche und Kontinuitäten. Forschungen zu Kunst und Kunstgeschichte im Nationalsozialismus Bd. 5. Kart. 65,00 €. ISBN: 978-3-412-51997-1.

Der Band versammelt 32 und damit die Mehrzahl der Beiträge einer im September 2019 im Kulturzentrum Abtei Brauweiler des Landschaftsverbandes Rheinland (LVR) veranstalteten wissenschaftlichen Tagung zum Thema »Kulturgutschutz in Europa und im Rheinland«. Anlass war ein von der Stiftung Deutsches Zentrum Kulturgutverluste in Magdeburg gefördertes Projekt der Vereinigten Adelsarchive im Rheinland und der Archivberatungsstelle des LVR zur Erschließung der archivischen Überlieferung des militärischen Kunstschutzes im Zweiten Weltkrieg. Im Fokus des Projekts – und damit auch der Tagung und der Beiträge des vorliegenden Bandes – stand der Nachlass des Kunsthistorikers Franziskus Graf Wolff-Metternich (1893-1978), der von 1928 bis 1950 Provinzialkonservator für die Rheinprovinz war und im Mai 1940 zum Leiter des militärischen Kunstschutzes beim Oberkommando des Heeres nach Frankreich berufen wurde.

Der Nachlass, der neben persönlichen Dokumenten die bislang vollständigste Überlieferung zum militärischen Kunstschutz im Zweiten Weltkrieg enthält, war 2013 an die Vereinigten Adelsarchive im Rheinland übergeben und von der Archivberatungsstelle des LVR erschlossen worden. Daran knüpfte wiederum das vom Zentrum Kulturgutverluste 2016 bis 2019 geförderte Projekt zur Erschließung der Gegenüberlieferung zum militärischen Kunstschutz und Kunstraub im Zweiten Weltkrieg in deutschen, französischen, belgischen, englischen und amerikanischen Archiven sowie von relevanten Nachkriegsarchivalien zur Einordnung und Rezeption des Nachlasses von Wolff-Metternich an. Die Ergebnisse wurden in einem Online-Sachinventar zusammengeführt (https://kunstschutz-wolff-metternich.de/recherche/marchiv/#!/suche) und im Rahmen der oben genannten Tagung öffentlich diskutiert. Der Band folgt im Aufbau im Wesentlichen der Struktur der Tagung, deren Ziele und Aufbau nach einer knappen Einführung und Abdruck der Grußworte von der Projektmitarbeiterin Esther Rahel Heyer skizziert werden (S. 29-34).

Die erste von insgesamt sechs Sektionen (»Kulturgutschutz im Kontext«) wird mit einem Überblick zu Evakuierungs- und Schutzmaßnahmen angesichts von Plünderung, Raub und Kulturgutverlagerungen von Arnaud Bertinet (S. 37-50) sowie gewinnbringenden Überlegungen von Sabine von Schorlemer zur Frage, ob die Ausarbeitung der 1954 angenommenen »Haager Konvention zum Schutz von Kulturgut im bewaffneten Konflikt« eine Reaktion auf eine »Stunde Null« nach 1945 oder einen völkerrechtlichen »Neubeginn« darstellte (S. 51-78) eingeleitet. Erst dann folgt der Beitrag von Esther Rahel Heyer zur Biografie von Franziskus Graf Wolff-Metternich und den im Nachlass enthaltenen Dokumenten, die vielfältige Rückschlüsse auf die Tätigkeiten des Kunstschutzes in Frankreich und damit für die Kontextforschung liefern (S. 79-114). Heyer skizziert die Problematik des fragwürdigen Begriffs »Kunstschutz« im Kontext der feindlichen Übernahme und Sicherstellung von Kulturgut im Zweiten Weltkrieg und die vor diesem Hintergrund drängende Frage, inwiefern sich auf Akteursebene Grenzen zwischen Kunstschutz und Kulturgutraub verwischen konnten.

Anhand der verschiedenen Stationen der Biografie von Wolff-Metternich – vom Provinzial- bzw. Landeskonservator über die Tätigkeit als Leiter des Kunstschutzes bis zur Übernahme von repräsentativen Funktionen beim Auswärtigen Amt nach 1945 – stellt Heyer Tagebuchaufzeichnungen, Korrespondenzen, Gegenüberlieferungen und spätere Selbstaussagen kritisch einander gegenüber und führt damit die Forschungsansätze einer länder- und archivübergreifenden Quellenerschließung vor Augen, mit deren Hilfe ein weitaus differenzierteres Bild über Wolff-Metternichs Tätigkeit in Paris, seine Entlassung aus dem Militärdienst 1942 und seine Karriere in der Nachkriegszeit skizziert werden kann als in bisherigen Studien zum Kunstschutz oder zur Person; mit Spannung darf die Dissertation der Autorin zur Biografie von Wolff-Metternich als »Projektionsfläche für Fremd- und Selbstinszenierung zwischen Kunst-Geschichte, Denkmal-Pflege und Kultur-Politik« erwartet werden, die an der Universität München von dem ebenfalls im Band vertretenen Christian Fuhrmeister betreut wird.

Fraglich bleibt, warum nicht dieser Beitrag oder der ursprünglich in die Tagung einführende Abendvortrag von Christina Kott, deren Aufsatz die Genese des militärischen Kunstschutzes im Ersten Weltkrieg unter Paul Clemen und der Reaktivierung im Zweiten Weltkrieg unter Clemens Schüler Wolff-Metternich nachzeichnet und Fragen nach dem Verhältnis von Kunstschutz und Kulturgutraub aufwirft (S. 115-140), an den Anfang gestellt wurden, statt den Abschnitt zu beschließen.

Der zweite Abschnitt (»Perspektive der Quellenforschung«, S. 141-182) stellt in vier Beiträgen das Projekt zur archivischen Erschließung eines Sachinventars zum deutschen militärischen Kunstschutz, Inhalt, Aufbau, Nutzungs- und Recherchemöglichkeiten des Online-Sachinventars sowie die vorbildlichen Projekte des Landesarchivs Baden-Württemberg zur themenorientierten Erschließung von Quellen zur Provenienzforschung vor. In der Zwischenzeit ist allerdings bereits, ergänzend zum Online-Inventar und dem hier besprochenen Band, der von Esther Rahel Heyer, Florence de Peyronnet-Dryden und Hans-Werner Langbrandtner herausgegebene Begleitband zum Sachinventar mit ergänzenden Dokumentationen und Materialien erschienen (»Als künstlerisch wertvoll unter militärischem Schutz!« Ein archivisches Sachinventar zum militärischen Kunstschutz im Zweiten Weltkrieg, Wien-Köln-Weimar, Böhlau-Verlag 2022: 688 Seiten, ISBN: 978-3-412-51997-1), so dass dieser Teil inzwischen zu vernachlässigen bzw. an anderer Stelle ausführlicher behandelt worden ist.

Der dritte Abschnitt ist dem »Kunstschutz in Frankreich« gewidmet und stellt in sechs Beiträgen angrenzende Themenbereiche wie die deutsche Militärverwaltung und Besatzung in Frankreich (S. 185-196), den französischen Kulturgutschutz während der Besatzungszeit (S. 197-209), die Fotokampagnen von Foto Marburg in Frankreich (S. 212-233) oder die Bibliothek der Kunsthistorischen Forschungsstätte Paris (S. 235-265) vor. Bedauerlicherweise hat der Beitrag von Nikola Doll, die im Auftrag des Deutschen Forums für Kunstgeschichte Paris die Netzwerke deutscher Akademiker vor allem von Foto Marburg und der Kunsthistorischen Forschungsstätte Paris untersucht (vgl. https://dfk-paris.org/de/research-project/zwischen-kunst-wissenschaft-und-besatzungspolitik-1207.html), keinen Eingang in den Band gefunden, hätte dieser doch die Rolle von Personen wie dem Leiter der Forschungsstätte, Hermann Bunjes (1911-1945), das Zusammenwirken von fotografischer Mobilisierung, Forschung und Kunstraub in Paris eindrücklich illustriert.

Aus niedersächsischer Perspektive ist in diesem Abschnitt vor allem der Beitrag von Christian Hoffmann zu Georg Schnath (1898-1989) und der Gruppe »Archivschutz« im besetzten Frankreich 1940 bis 1944 von Interesse (S. 267-284). Ähnlich gewinnbringend wie Esther R. Heyer in ihrem Beitrag zu Wolff-Metternich gelingt es auch Hoffmann, ein differenziertes Bild der kurzen Episode in der Biografie des vom NS-Regime profitierenden Landeshistorikers und Archivars, der als NSDAP-Mitglied zunächst jung Staatsarchivdirektor und kurz darauf Leiter der »Gruppe Archivwesen« der deutschen Militärverwaltung in Frankreich wurde und dort für den Archivschutz, aber eben auch für die Erstellung von Listen des von Frankreich »rückzufordernden« Archivguts zuständig war, anhand von ausgewählten, bislang nicht berücksichtigten Selbstzeugnissen aus dem Nachlass Schnaths und dessen (selbst-)rechtfertigenden Darstellungen der Nachkriegszeit aufzuzeigen.

Dies erfolgt anhand konkreter Beispiele wie Schnaths Festhalten am Provenienzprinzip, das er bis auf wenige Ausnahmen stets auch gegenüber Fachkollegen durchzusetzen wusste und nur im Fall eigener Forschungsinteressen (wenn es z. B. um Korrespondenzen von Gottfried Wilhelm Leibniz ging) aufzugeben bereit war, oder dem Verhältnis zu französischen Kollegen. Auf die sich daraus ergebenden Brüche und Herausforderungen einer biografischen Annäherung an Georg Schnath hat Thomas Vogtherr in den letzten

Jahren bereits mehrfach verwiesen, dessen historische Biografie Schnaths, basierend auf dem vollständig im Niedersächsischen Landesarchiv, Abteilung Hannover überlieferten Nachlass, sicher zur weiteren Erhellung nicht nur der kurzen Frankreich-Episode in Leben und Wirken des Landeshistorikers und Archivars beitragen wird.

Die vierte Sektion versammelt Beiträge zu den verschiedenen Kunstschutzabteilungen in den ehemals von Deutschland besetzten Gebieten (»Kunstschutz in besetzten Gebieten Europas«, S. 285-368) und beleuchtet Gemeinsamkeiten, vor allem aber eben auch die Unterschiede des Kunstschutzes in Italien, Frankreich, Russland und Griechenland. Christian Fuhrmeister betont daher in seinem Beitrag zum Kunstschutz in Italien 1943-1945 (S. 287-293) zu Recht die Notwendigkeit der Differenzierung angesichts von historischer Komplexität und heutiger europäischer Dimensionen. Sowohl dieser als auch der Beitrag von Ulrike Schmiegelt-Rietig über den »Kunstschutz an der Ostfront« spiegeln knapp die Ergebnisse langjähriger Forschungsprojekte, die bereits an anderer Stelle ausführlicher dokumentiert worden sind.

Dies gilt nicht für die detaillierten Ausführungen zu den Beziehungen des Kunstschutzes zum »SS-Ahnenerbe« und dem Deutschen Archäologischen Institut als Auftraggeber u. a. von illegalen Luftbildprogrammen in Griechenland von Raik Stolzenberg (S. 309-344), die auf den Forschungen des Autors im Rahmen einer bislang noch nicht publizierten Dissertation, eingereicht an der Universität Trier, basieren. Die Geschichte des DAI in Athen und das Netzwerk deutscher Archäologen in Griechenland während der NS-Zeit beleuchtet auch der Beitrag von Alexandra Kankeleit zum Schicksal der berühmten Bronzestatue des »Wagenlenkers von Delphi« (S. 345-368).

Weder aus nationaler oder gar internationaler noch niedersächsischer Perspektive scheint die fünfte Sektion zu »Kulturgutschutz im Rheinland« zunächst besonders relevant zu sein, sie resultiert jedoch folgerichtig aus der Doppelfunktion Wolff-Metternichs als Leiter des militärischen Kunstschutzes und seiner langjährigen Funktion als Provinzialkonservator und versammelt somit wichtige Beiträge zu Auslagerungsmaßnahmen und -orten im Rheinland, ein Themenfeld, das in den letzten Jahren auch für die Provenienzforschung zunehmend an Bedeutung gewonnen hat – hier sei neben den Projekten und Veröffentlichungen von Christian Fuhrmeister zum Kunstschutz in Italien vor allem auf den von Pia Schölnberger und Sabine Loitfellner im Auftrag der Österreichischen Kommission für Provenienzforschung herausgegebenen Sammelband zur »Bergung von Kulturgut im Nationalsozialismus. Mythen – Hintergründe – Auswirkungen« (Wien 2016) verwiesen.

Die Bearbeitung dieses Forschungskomplexes stellt für Niedersachsen bis auf vereinzelte Untersuchungen zu Auslagerungsorten oder dem Kunstgutlager Schloss Celle nach wie vor ein Desiderat dar. Von den in diesem Abschnitt versammelten Beiträgen ist vor diesem Hintergrund insbesondere der Überblick von Jan Schleusener zur »Denkmalpflege unter dem Hakenkreuz« und dem noch wenig erforschten Rheinischen Amt für Denkmalpflege im Nationalsozialismus (S. 371-398) ein Gewinn, zeigt er doch zugleich auf, welche Ergebnisse hier für die Provinz Hannover bzw. Niedersachsen, wo Quellen zum Amt des Provinzialkonservators (bzw. zur Staatlichen Museumspflege) im Niedersächsischen Landesarchiv, Abteilung Hannover vergleichsweise noch besser überliefert sind und mit noch weitgehend unerschlossenen Nachlässen von Provinzialkonservatoren im Niedersächsischen Landesamt für Denkmalpflege, z.B. dem Nachlass von Hermann Deckert (1899-1955), abgeglichen werden könnten.

Der Beitrag von Schleusener wird sinnvoll ergänzt von Hans-Werner Langbrandtner, der die Genese der Archivberatungsstelle der Rheinischen Provinzialverwaltung und damit auch deren Geschichte vor und während der NS-Zeit nachzeichnet (S. 399-421). Beiträge zum Kulturgutschutz rheinischer Bibliotheken und zum Bergungsort Schloss Homburg runden das Bild ab, wogegen der Projektbericht der Museumsberatungsstellen der Landschaftsverbände LWL und LVR zur Bedarfsermittlung »Provenienzforschung in NRW« an dieser Stelle etwas deplatziert erscheint (S. 449-459). Die Ergebnisse des Projekts wurden bereits mehrfach publiziert und sind inzwischen in die Einrichtung einer »Koordinationsstelle für Provenienzforschung in Nordrhein-Westfalen« gemündet (https://www.kpf.nrw/), die in Struktur und Zielsetzung an das 2015 auf Initiative des Niedersächsischen Ministeriums für Wissenschaft und Kultur initiierte Netzwerk Provenienzforschung in Niedersachsen angelehnt ist (https://www.provenienzforschung-niedersachsen.de/).

Entsprechend des weiten Bogens, den schon der Beitrag von Christina Kott zur Genese und Entwicklung des militärischen Kunstschutzes spannt, versammelt der sechste Abschnitt zu »Kulturgutschutz heute« Beiträge zum staatlichen französischen Kulturgutschutz und militärischen Kulturgüterschutz im 21. Jahrhundert (S. 465-494), welche die Brisanz bzw. Aktualität des Themas ebenso vor Augen führen wie die Notwendigkeit einer internationalen Vernetzung. Diese steht folgerichtig im Fokus des sechsten Abschnitts (»Zukunftsperspektiven: Diskussion und Vernetzung«, S. 497-531) mit Statements und Impulsen der Podiumsdiskussion und des Vernetzungstreffens der Tagung, die allesamt für aktive Vernetzung – sowohl institutionen- als auch länderübergreifend – plädieren, damit das »Gesamtkonstrukt Kunstschutz« mit weiteren lokalen, regionalen und nationalen Beispielen erhellt werden kann.

Auf die sich kurz einstellende Irritation angesichts der Struktur des ersten Abschnitts wurde bereits verwiesen, daneben hätten manche der kürzeren Projektberichte im zweiten oder fünften Abschnitt vielleicht auch zusammengefasst bis ausgelassen werden oder im zuletzt erschienenen Begleitband zum Online-Sachinventar Eingang finden können. Offen bleibt auch, warum allein die Beiträge von Arnaud Bertinet (s. oben) und Isabelle le Masne de Chermont (zum Kunstschutz in Frankreich zur Zeit der Okkupation, S. 197-209) in französischer Sprache abgedruckt wurden, zumal hier auf die deutschsprachigen Abstracts, die zur Tagung vorlagen, zurückgegriffen hätte werden können. Angesichts der Fülle und Heterogenität der Beiträge hätte es dem Band ohnehin gut getan, den Aufsätzen durchgängig mehrsprachige Abstracts voranzustellen. So ist z.B. auch die Startseite der Projekt-Website in Deutsch und Französisch gehalten (https://kunstschutz-wolff-metternich.de/). Es wäre auch ein Sach- und Personenregister anzuschließen, zumal ja es ja ein Anliegen der Tagung und des Bandes war, die Ergebnisse des Projekts in einen größeren Kontext zu stellen. Unabhängig von diesen wenigen strukturellen Monita bietet die Publikation insgesamt einen fundierten

Überblick und damit einen guten Ausgangspunkt für weitere vernetzte Forschung zum Themenkomplex des militärischen Kunstschutzes im Zweiten Weltkrieg.

Claudia ANDRATSCHKE, Hannover

# Geschichte einzelner Landesteile und Orte

BLAICH, Markus C./STADIE, Sonja/KAPPES, Kim: *Die Heldenburg bei Salzderhelden. Burg und Residenz im Fürstentum Grubenhagen.* Oldenburg: Isensee Verlag 2019. 148 S., 135 zumeist farbige Abb. = Wegweiser zur Vor- und Frühgeschichte Niedersachsens Bd. 32. Kart. 12,80 €. ISBN: 978-3-7308-1581-6.

In der Reihe »Wegweiser zur Vor- und Frühgeschichte Niedersachsens«, herausgegeben von der Archäologischen Kommission für Niedersachsen, werden Fundplätze und archäologische Ausgrabungen von der Steinzeit bis ins Mittelalter einer breiten Öffentlichkeit vorgestellt. Es handelt sich dabei oft um Einzelanlagen, aber ebenso auch um ganze Kulturlandschaften, wie zum Beispiel in dem 2010 erschienenen Band über das Schaumburger Land als Burgenland. Letzteres versucht auch der vorliegende, reich illustrierte Wegweiser zur Heldenburg bei Salzderhelden, östlich von Einbeck an der Leine gelegen.

Er stammt aus der Hand von drei Hauptautoren sowie drei weiteren Verfassern aus dem Bereich der Denkmalpflege und wendet sich an archäologisch und bauhistorisch Interessierte. Diese wie auch die Besucher der Burgruine finden hierin erweiterte Texte zu den Erläuterungen an jenen 17 Stelen, die im Jahr 2017 vor Ort im Rahmen von Sondierungsarbeiten (2015-2018) durch das Niedersächsische Landesamt für Denkmalpflege aufgestellt wurden. Diesen engen Konnex zu den Stelentexten sowie die Mehrautorenschaft merkt man dem Band allerdings auch an, da die Texte nicht selten Wiederholungen aufweisen.

Das Buch gliedert sich im Wesentlichen in vier größere Abschnitte. Zunächst werden die Heldenburg und ihre Geschichte im historisch-archäologischen Kontext beschrieben (S. 9-76). Der Leser findet hier Informationen zur Geschichte der Burg, die zwischen 1320 und 1596 den Herzögen von Braunschweig und Lüneburg im Teilfürstentum Grubenhagen als Residenz diente, und zur frühen Bauforschung. Ein Abschnitt zur Saline in Salzderhelden schließt sich unmittelbar an. Dies ist etwas unglücklich, da die Salzgewinnung in einiger Entfernung zur Burg geschah, deren Baubeschreibung (mit teilweise leider etwas ungenauen Bildbeschriftungen) dann auch im Anschluss erfolgt. Ein längeres, durch den Northeimer Stadtarchivar und früheren Einbecker Stadtarchäologen Stefan Teuber verfasstes Kapitel widmet sich den archäologischen Grabungen in der Burganlage und den dabei gemachten Funden, bevor dieser erste große Block mit knappen Darstellungen zur Funktion der Heldenburg als herzogliche Münzstätte und zu einem der Grubenhagener Landesherren, Herzog Albrecht I. (1361-1383), schließt.

Der zweite Teil befasst sich mit Erkenntnisgewinnen aus Sammlungen und Dokumentationen bei Institutionen der Denkmalpflege und Vereinen (S. 77-86), wobei aus Sicht eines Archivars ein etwas seltsamer Archivbegriff Anwendung findet. Konkret gemeint sind im Fall der Heldenburg v. a. Grabungsfunde und -berichte, die Denkmalkartei, Ortsinventare, aber auch Karten, Pläne und ältere Fotografien des Landesamts für Denkmalpflege und des Fördervereins der Heldenburg in Salzderhelden. Hier wären eigentlich noch die Archive, insbesondere das Niedersächsische Landesarchiv mit seinen Abteilungen Hannover und Wolfenbüttel, zu ergänzen gewesen, die Interessenten ebenfalls zahlreiche Quellen zur Geschichte der Burg bereitstellen, von denen andernorts im vorliegenden Buch auch manche als Reproduktionen zu finden sind, selbst wenn die Signaturen manchmal nicht stimmen.

Im dritten Teil (S. 87-142) werden 16 Burgen und Schlösser in der näheren Umgebung vorgestellt, von denen zwölf im Landkreis Northeim und vier im Landkreis Göttingen liegen. Angesichts der Fülle an bekannten Befestigungsanlagen in der Region (ca. 160) mussten die Autorinnen und Autoren eine Auswahl treffen. Diese erfolgte sinnvollerweise auf Grundlage von Burgtypen, so dass man hier repräsentativ Ausführungen zu Höhen-, Abschnitts-, Turmhügel-, Niederungs-, Stadt-, Felsen-, Ganerben- und Wasserburgen sowie zu Residenzschlössern und zu in Klöster umgewandelte Burgen findet, die in einer Karte markiert sind. Die Texte sind zwischen zwei und sieben Seiten lang und enthalten Informationen zur Lage, zur Erreichbarkeit und zur Geschichte sowie archäologische und bauhistorische Beschreibungen. Zu jeder Anlage werden einige Abbildungen sowie zur Orientierung Pläne und Grundrisse zur Verfügung gestellt.

Der Band schließt mit einem Literaturverzeichnis (S. 143-148), in welchem der Leser ausgewählte Publikationen zur Heldenburg selbst und zu Burgen in der Region Südniedersachsen sowie Überblickswerke zur Burgenforschung allgemein und zur Landesgeschichte findet. Von den wenigen Kritikpunkten abgesehen ist den Autorinnen und Autoren ein sehr informativer, gut illustrierter Band gelungen, der in dieser Form künftig gerne auch andere Burgenlandschaften Niedersachsens in den Blick nehmen kann.

Christian HELBICH, Hannover

*Die Novemberrevolution im Kontext.* Braunschweigische und deutsche Geschichte 1916 bis 1923. Hrsg. v. Ute DANIEL und Henning STEINFÜHRER. Wendeburg: Verlag Uwe Krebs 2020. 168 S., zahlreiche sw Abb. Geb. 25,00 €. ISBN: 978-3-932030-88-8.

*Die Zeit der Novemberrevolution in Braunschweig und ihre Protagonisten.* Hrsg. v. Henning STEINFÜHRER und Gerd BIEGEL. Wendeburg: Verlag Uwe Krebs 2020. 197 S., zahlreiche sw-Abb. Geb. 25,00 €. ISBN: 978-3-932030-87-7.

Im November 2018 jährten sich die revolutionären Ereignisse zum hundertsten Mal, die das Ende der monarchischen Staatsform im Deutschen Reich einläuteten und mit der Weimarer Republik zur ersten parlamentarischen Demokratie auf deutschem Boden führten. Verquickt mit einem ersehnten, aber unrühmlichen Kriegsende waren die Geburtswehen heftig. Aufstände, Streiks und bürgerkriegsähnliche Zustände begleiteten den Umbruch. Besonders in den industriellen Regionen kam es zu einem unversöhnlichen Gegenüber zwischen der gut organisierten Industriearbeiterschaft auf der einen und den bürgerlichen Führungsschichten bzw. der staatlichen Obrigkeit auf der anderen Seite. Dabei spielte auch die erfolgreiche bolschewistische Revolution in Russland 1917 eine Rolle, die als Hoffnung oder Bedrohung immer mitgedacht wurde.

Die Ausschläge waren im Freistaat Braunschweig und v.a. in dessen Landeshauptstadt heftig. Grund genug also, in Braunschweig mit zahlreichen Veranstaltungen und Publikationen an das Jubiläum zu erinnern. Der von Ute Daniel und Henning Steinführer herausgegebene Sammelband präsentiert Beiträge einer zweitägigen Tagung zur Novemberrevolution 1918 in Braunschweig im historischen Kontext, die vom Institut für Geschichtswissenschaft der TU Braunschweig und dem Stadtarchiv Braunschweig im November 2018 gemeinsam veranstaltet wurde und Teil eines von der Stadt Braunschweig ausgerichteten Projektes »1916-1923. Braunschweigs Weg in die Demokratie« war. Bereits im September 2018 hatten das Institut für Regionalgeschichte an der TU Braunschweig und das Stadtarchiv ein Symposium zu den Protagonisten der revolutionären Ereignisse in Braunschweig abgehalten. Die Ergebnisse stellen Gerd Biegel und Henning Steinführer in einem weiteren Sammelband vor. Beide Bände erweitern den Blick auf Kriegsende und Revolution und ergänzen die bisherigen Forschungen zu den lokalen Novemberereignissen.

Ute Daniel und Henning Steinführer weisen in ihrer Einführung zur Novemberrevolution im Kontext der braunschweigischen und deutschen Geschichte in der Umbruchszeit von 1916 bis 1923 auf die Gleichzeitigkeit von ersehntem Kriegsende und den verwirrenden Begleiterscheinungen der Revolution hin (»Krisen, Streiks, Schießereien, Putsche, Demonstrationszüge«), die auf die Zeitgenossen einstürmten und die damals wie auch in der späteren Erinnerung »die politischen Veränderungen ... in den Schatten treten ließen«. Dabei habe es eine »Vielzahl von lokalem, regionalem und nationalem Revolutionsgeschehen« mit gegenseitigen »Wechselwirkungen in die eine oder andere Richtung« gegeben (S. 8). Im Sinne der neueren Forschung müsse man Kriegsende und Revolution mit Blick auf die Fülle der unterschiedlichen Wahrnehmungen und Perspektiven analysieren.

Auch das Beispiel Braunschweig zeigt, dass schon während des Ersten Weltkriegs die Macht von Militär und Staat erodierte. Wie sehr, das analysiert Lina-Marie Sittmann anhand der Reaktionen des Generalkommandos in Hannover, des herzoglichen Staatsministeriums und der herzoglichen Polizeidirektion auf Straßenunruhen und Streiks. Auf eine derartige Störung der öffentlichen Ordnung durch Arbeiter, Frauen und Jugendliche antworteten sie mit harten Repressalien (»Gewissenlose Agitatoren« und »wild gewordene Weiber«, S. 43). Ein Lernprozess, so Sittmann, fand nur im Hinblick auf den effizienteren Einsatz von Repressionen statt. Das absolute Unverständnis für die Lage der Arbeiter, aus deren Reihen die meisten Kriegstoten kamen, führte spätestens seit 1916 bei diesem nicht unerheblichen Teil der Bevölkerung zu einer wachsenden Distanz zum monarchischen Staatsgefüge.

Vor diesem Hintergrund schildert Gerd Krumeich, wie sich nach Ludendorffs überraschendem Drängen auf ein sofortiges Waffenstillstandsersuchen durch die deutsche Seite im Oktober 1918 die Disziplin unter den kriegsmüden Soldaten auflöste. Dadurch wurde die Verhandlungsposition der deutschen Seite geschwächt. Hätte sich, so Krumeichs Analyse des Zusammenhangs zwischen »Revolution und Waffenstillstand 1918« (S. 63), das deutsche Heer an die Grenzen des Reiches zurückgezogen und dort Stand gehalten, so wäre das Deutsche Reich gegenüber den ebenfalls kriegsgeschwächten Gegnern ein Verhandlungspartner auf Augenhöhe geblieben, ein Waffenstillstand in Form einer bedingungslosen Kapitulation wäre möglicherweise vermieden worden.

Die hungernde Bevölkerung sah in der Fortsetzung des Krieges einfach keinen Sinn mehr. Denn mit dem abrupten Ende der Hoffnungen auf einen Sieg, so Jörn Leonhard, geriet das ohnehin überforderte deutsche Staatsgefüge in eine Legitimationskrise, die zu der für die deutsche Bevölkerung typischen Erfahrung der sich überschlagenden Ereignisse von »Kriegsende, Friedenssehnsucht und Revolution« (S. 15) führte. Leonhard wirft einen Blick auf die Durchhaltegesellschaften der europäischen kriegführenden Mächte und kommt zu dem Schluss, dass Durchhaltekrisen auch bei den Franzosen, den Briten und den Russen auftraten und Disziplinlosigkeit drakonisch bestraft wurde.

Im Deutschen Reich gab es jedoch im Vergleich zu Frankreich (»La Grande Nation«) und Großbritannien keine überstaatliche national einigende Idee. Noch einmal wird deutlich, wie verheerend es war, dass die Kriegführung allein in den Händen der deutschen Militärs lag, während beispielsweise in Großbritannien und Frankreich das Primat der Politik unangefochten blieb. Wie sehr Krieg und Kriegsende die Monarchie im Deutschen Reich beschädigten, zeigt Monika Wienfort (»Entsetzen. Enttäuschung. Weitermachen. Das Ende der Monarchie in Deutschland und die Führungsschichte des Kaiserreichs«, S. 139). Nach 1918 sehnten sich, so Wienfort, konservative Führungsschichten zwar nach einer autoritären Staatsform und einer entschlossenen Leitfigur, aber nicht nach der Rückkehr der Monarchie im Reich oder in den Ländern.

Die Vorgeschichte der Revolution war eng verwoben mit der Schlussgeschichte des Ersten Weltkrieges. Die zunehmenden sozialen und politischen Spannungen im Herzogtum Braunschweig seit 1916 fasst Hans-Ulrich Ludewig prägnant als »Verfeindlichung der Kriegsgesellschaft« (S. 33) zusammen. Er konkretisiert dies nicht nur anhand der Konflikte zwischen der Arbeiterbewegung auf der einen und Bürgern, Beamten und Vertretern von Staat und Militär auf der anderen Seite. Auch innerhalb der Arbeiterbewegung kam es zu heftigen Auseinandersetzungen. Die Frage der Bewilligung der Kriegskredite im Reichstag spaltete die Sozialdemokratische Partei. Während jedoch im Reich die Mehrheit der Parteimitglieder bei der verhandlungsbereiten M(ehrheits-)SPD blieb, wechselte in Braunschweig der überwiegende Teil 1917 zur radikaleren U(nabhängigen)SPD. Der Ton zwischen den beiden Gruppierungen war rau und feindselig, jedoch, so Ludewig, »die Differenzen zwischen der Arbeiterbewegung und den bürgerlichen Parteien wesentlich größer« (S. 41).

Bernd Rother und Thomas Kubetzky werfen einen Blick auf die Ereignisse zwischen November 1918 und April 1919. Kubetzky hat die Protokolle des Braunschweiger Landtags von März und April 1919 ausgewertet und kommt zu dem überraschenden Schluss, dass es der Landesversammlung quer durch alle Parteiungen gelang, unterhalb der propagandistischen Ebene und der großen politischen Fragen lösungsorientiert zusammenzuarbeiten, auch mit dem Rat der Volksbeauftragten. Dies gilt ebenso für die Krisensituation, als die Freikorpstruppen General Maeckers im April in Braunschweig einmarschierten, um den Rat der Volksbeauftragten als Regierung abzusetzen. Bernd Rother setzt sich unter dem Titel »Die Einheit bewahren. Braunschweigs Sozialdemokratie in der Revolution« mit der Spaltung der Arbeiterbewegung auseinander und weist mit Ausblick auf die Wiedervereinigung von MSPD und USPD 1922 darauf hin, dass in Braunschweig die USPD als »hegemoniale Kraft« die »Einheit der Arbeiterklasse weitestgehend bewahren konnte« (S. 110 f.).

Klaus Latzel erweitert den regionalen niedersächsischen Blick auf die revolutionären Ereignisse in Herzogtum und Stadt Braunschweig und analysiert das Geschehen in vergleichbaren Regionen des Deutschen Reiches. Dies führt zu interessanten Ergebnissen, denn es werden Muster deutlich. So seien sechs der 38 SPD-Bezirke zur USPD übergetreten. Eine Dominanz von USPD und Spartakusbund in der Revolutionsregierung habe es neben Braunschweig u. a. in Düsseldorf, Hamborn, Leipzig, Halle und Gotha gegeben. Verblüffend das Fazit: Die Einzigartigkeit der braunschweigischen Revolution zeigt sich in der Person von Minna Faßhauer. Als Volksbildungsministerin (November 1918 – bis Februar 1919) war sie die einzige Frau im Deutschen Reich, die in ein Ministeramt gerufen wurde – und das für eine lange Zeit.

Wer Minna Faßhauer war, das lässt sich in dem von Henning Steinführer und Gerd Biegel herausgegebenen Sammelband zu Protagonisten der braunschweigischen Novemberrevolution nachlesen. Der Band zeigt, dass der zeitweise in Misskredit geratene biografische Ansatz durchaus zu neuen Erkenntnissen für die Motive der handelnden Personen und damit für den Ablauf der Ereignisse führen kann. Mit Gerd Biegel (über Heinrich Jasper), Hans-Georg Aschoff (über Herzog Ernst August), Bernd Rother (über August Merges), Hans-Ulrich Ludewig (über Sepp Oerter), Frank Ehrhardt (über Minna Faßhauer), Dierck Hoffmann (über Otto Grotewohl), Brage Bei der Wieden (über Carl von Wolff), Henning Steinführer (über Hugo Retemeyer), Angela Klein (über Käthe Buchler) und Eckhard Fischer (über Heinrich Büssing) haben zehn Autoren acht Männer und zwei Frauen portraitiert, die als Personen »mehr oder weniger stark vom Revolutionsgeschehen betroffen waren« (Vorwort, S. 7).

Minna Faßhauer ist eine von ihnen. Als Dienstmädchen innerhalb der sozialdemokratischen Frauenarbeit politisiert, steht sie wie August Merges, Sepp Oerter oder Otto Grotewohl für die Möglichkeit eines sozialen Aufstiegs innerhalb der Arbeiterbewegung und einer modernen Parteiorganisation. Minna Faßhauer steht aber auch für ein Misstrauen in eine parlamentarische Staatsform mit bürgerlicher Beteiligung. 1917 von der MSPD in die neu gegründete USPD gewechselt, schloss sie sich nach ihrer Zeit als Ministerin im März 1919 der KPD an und wurde 1920 Mitglied der Kommunistischen

Arbeiterpartei Deutschlands (KAPD), die sich gegen die Arbeit in Parlamenten und Gewerkschaften und für betriebsnahe Aktionsgruppen aussprach. Wie viele aus der Arbeiterbewegung ging sie nach 1933 in den Widerstand, wurde verfolgt und nach ihrer Verhaftung schwer misshandelt. 1946 schloss sie sich der wiedergegründeten Braunschweiger KPD-Gruppe an. Sie starb 1949.

Die »Verfeindlichung der Kriegsgesellschaft«, die auch die Arbeiterbewegung untereinander erfasste, wird durch den biographischen Ansatz noch einmal erschreckend deutlich: Bernd Rother beschreibt in seinem Beitrag über August Merges, dass USPD und MSPD über die Mitglieder der jeweils anderen Partei nicht mehr als Individuen redeten, sondern als „ »Charaktermasken«, als Verräter, als Diktatoren oder als Verderber des Vaterlands« (Protagonisten, S. 80). Frank Ehrhardt weist auf frühzeitige Herabsetzungen der in den Augen des Bürgertums ungebildeten »Waschfrau-Ministerin« Minna Faßhauer hin, die die eigentliche Biografie bis heute ebenso überlagern wie die Überzeichnung durch eine »Geschichtsschreibung in KPD-Tradition« (Protagonisten, S. 97f). Auffallend ist, dass den in Versammlungen und Straßendemonstrationen erprobten stimmgewaltigen Sozialdemokraten eine Führungsschicht gegenüberstand, die sich aus der Enge braunschweigischer Honoratiorenpolitik nicht lösen konnte. Der junge Herzog Ernst August wirkt seltsam in der Vergangenheit verhaftet. Noch immer an der langen Leine seines Vaters und als Regent eines kleinen Herzogtums hätte er auch in Friedenszeiten nur wenig Spielraum gehabt, selbst zu gestalten. Mit Kriegsbeginn wurden wichtige exekutive Funktionen auf das preußische Generalkommando in Hannover übertragen. Er dankte als erster Fürst im Deutschen Reich einen Tag vor dem deutschen Kaiser, seinem Schwiegervater, ab.

Die beiden vorliegenden Publikationen ergänzen sich gut. Meike Buck ist die ästhetisch ansprechende klare Bild- und Textgestaltung zu verdanken, die Lesern und Leserinnen zum Blättern einlädt. Alle Kapitel beginnen mit einer Abbildung auf der linken Seite. Für den strukturgeschichtlich gegliederten Band wurden zeitgenössische Aufrufe aus der umfangreichen Plakatsammlung des Stadtarchivs Braunschweig ausgewählt, die Mark Opalka vorstellt. Für den biographischen Band leiten Fotos der jeweils portraitierten Protagonisten die Texte ein. Der biographische Ansatz wird einem breiteren Publikum den Zugang zu den Ereignissen erleichtern. Die anspruchsvoll gestalteten Bände machen Lust auf mehr braunschweigische Geschichte.

Gudrun FIEDLER, Stade

DROLDNER, Maren: *Verfolgung, Beraubung und Wiedergutmachung in Hildesheim 1933-1969.* Hildesheim: Stadtarchiv 2019. 360 S., 11 sw-Abb., = Schriftenreihe des Stadtarchivs und der Stadtbibliothek Hildesheim Bd. 38. Geb. 24,90 €. ISBN: 978-3-8067-8844-0.

Die vorliegende lokalhistorische Studie von Maren Droldner ist die für den Druck geringfügig veränderte, im Jahr 2017 an der Gottfried Wilhelm Leibniz Universität

Hannover eingereichte Dissertation »Verfolgung, Beraubung und Wiedergutmachung in Hildesheim 1933-1969«. Ziel der Autorin ist es, einen regionalgeschichtlichen Einblick in die Verfolgungs- und Beraubungsvorgänge an den Juden zu geben sowie die Durchführung der Wiedergutmachung darzulegen. Darüber hinaus soll die Regionalstudie verdeutlichen, dass die Verfolgung der Juden im Nationalsozialismus nicht im Verborgenen, sondern vor den Augen und teilweise mit aktiver Beteiligung von Teilen der Bevölkerung erfolgte.

Im Jahr 1933 lebten in Hildesheim 515 Juden. Grundlage der Untersuchung sind 64 Personen aus Hildesheim, die auf Grund der Verordnung über die Anmeldung des Vermögens von Juden vom 26. April 1938 nach Auffassung der Nationalsozialisten als Juden galten und ihr Vermögen angeben mussten. Die Untersuchungsgruppe war überwiegend männlich und über 50 Jahre alt. Bei Betrachtung des Berufsstandes überwogen die Kaufmänner (18 Personen), Bankiers (8 Personen), Witwen (17 Personen) und Privatmänner/Rentner (7 Personen).

Die Publikation beschreibt anschaulich in drei Kapiteln die Verfolgung und Wiedergutmachung am Beispiel der Hildesheimer Juden. Kapitel eins beschäftigt sich mit der Verfolgung und Beraubung der Hildesheimer Juden, Kapitel zwei mit der Wiedergutmachung nach dem Zweiten Weltkrieg. Im abschließenden dritten Kapitel werden fünf Einzelbeispiele von Verfolgten (ausschließlich Männer der Mittel- und Oberschicht) betrachtet, um die Verknüpfung von Verfolgung, Beraubung und Wiedergutmachung anhand der Einzelschicksale greifbarer zu machen.

In den beiden ersten Kapiteln werden chronologisch die Ereignisse der Verfolgung, Beraubung und Wiedergutmachung erläutert. Methodisch beginnt Droldner zuerst mit den Maßnahmen auf Reichs- bzw. Bundesebene, um anschließend die Situation in Hildesheim zu untersuchen. Ergänzend dazu werden die Auswirkungen der Maßnahmen auf die Hildesheimer Juden anhand von Einzelbeispielen geschildert. Da sowohl die Zusammensetzung der Bevölkerung hinsichtlich des Anteils der jüdischen Bevölkerung als auch das Wahlverhalten in Hildesheim identisch mit den jeweiligen Werten im Reich waren, lässt sich – so die Autorin – der Rückschluss ziehen, dass das Vorgehen des NS-Regimes gegen die jüdische Bevölkerung in Hildesheim analog zu dem im Reich erfolgte.

Für Hildesheim – und nach der Logik der Autorin dann eben auch übertragbar auf das gesamte Deutsche Reich – kommt Droldner in ihrer Untersuchung zu dem Schluss, dass es ein reges Interesse gab, die Juden aus dem Wirtschaftsleben zu verdrängen. In der Anfangszeit wurde diese wirtschaftliche Ausschaltung »von unten« betrieben. So hatten nichtjüdische Geschäftsleute die Möglichkeit, ihre jüdische Konkurrenz zu verdrängen, indem sie beispielsweise das Geschäft des jüdischen Mitbewerbers übernahmen. Ähnlich verhielt es sich bei der Übernahme privater jüdischer Grundstücke, die oft unter Wert verkauft wurden bzw. verkauft werden mussten, um beispielsweise die Auswanderung zu finanzieren. Ein Großteil der Bevölkerung bereicherte sich aber an beweglichem jüdischen Eigentum (Mobiliar, Hausrat, Kleidung), welches deren Besitzer vor Emigration oder Deportation zurücklassen mussten und auf Auktionen günstig erworben werden konnte. So machten sich letztlich viele Deutsche als Profiteure der Beraubung mitschuldig, stellt Droldner fest.

Die Wiedergutmachung führte dann nicht, wie von den Alliierten beabsichtigt, zur Wiederherstellung der alten Besitzverhältnisse – schon allein deswegen nicht, weil viele Juden eine Rückkehr nach Deutschland ausschlossen. Stattdessen endeten viele Verfahren mit einem Vergleich und häufig auch erst nach vielen Jahren, wobei die Opfer in ständiger Beweispflicht standen, um verlorenen Besitz oder Schaden an Gesundheit geltend machen zu können.

Das dritte Kapitel skizziert abschließend das Leben von fünf Hildesheimer Juden. Die Auswirkungen der ergriffenen antijüdischen Maßnahmen auf den Einzelnen werden ebenso deutlich wie das oft zähe und lange Ringen um Wiedergutmachungsleistungen. Die Quellenlage zur Bearbeitung des Themas konnte von der Autorin nicht sehr vielseitig betrieben werden. Durch den Bombenangriff auf Hildesheim im März 1945 war ein Großteil der Quellen aus der NS-Zeit vernichtet worden, sodass sich Droldner auf die Rückerstattungs- und Entschädigungsakten in der Abteilung Hannover des Niedersächsischen Landesarchivs als Hauptquelle konzentrieren musste.

Der Autorin gelingt es, eine gut lesbare und informative Schrift vorzulegen, die auch über Hildesheim hinaus Interesse verdient. Wenngleich die Maßnahmen und Folgen der Arisierung und Wiedergutmachung hinlänglich bekannt sind, so leistet Droldner dennoch mit ihrer Arbeit einen wichtigen Beitrag zur lokalhistorischen Judenverfolgung, die insgesamt einen sehr guten Einblick in die Verfolgung und Beraubung der Juden im Nationalsozialismus und die Bemühungen der Wiedergutmachung in der Nachkriegszeit gibt. Wie nur wenige Autoren vor ihr, beschäftigt sich Droldner nicht getrennt mit der Verfolgung oder der Wiedergutmachung, sondern verknüpft beide Themenbereiche gekonnt, sodass insbesondere anhand der Einzelbeispiele der Lebens- und Leidensweg der Hildesheimer Juden mitunter über 30 Jahre nachvollziehbar wird. Gleichzeitig bietet sie für beide Zeitabschnitte eine erste Lokalstudie für Hildesheim, da bisher weder zur Arisierung noch zur Wiedergutmachung in Hildesheim Einzelstudien vorliegen. Droldner leistet damit einen wichtigen Beitrag zur Geschichte Hildesheims, der auch dem interessierten Laien einen fundierten Einblick in die Thematik ermöglicht.

Sylvia GÜNTEROTH, Hannover

---

KESSLER, Johannes: *Das Aufkommen des Nationalsozialismus in Schaumburg-Lippe 1923-1933*. Göttingen: Wallstein Verlag 2018. 519 S., 62 Abb. = Schaumburger Studien Bd. 78. Geb. 39,00 €. ISBN 978-3-8353-3351-2.

Den (Aufstieg des) Nationalsozialismus als »Geschichte von unten« zu beschreiben, geht maßgeblich auf das Wirken des Münchner Zeithistorikers Martin Broszat zurück. Broszat und seine Kolleginnen und Kollegen vom Institut für Zeitgeschichte loteten zwischen 1973 und 1975 im so genannten »Bayern-Projekt« zum ersten Mal den Alltag und die Verhaltensweisen der Bevölkerung einer Region im NS-Regime wissenschaftlich aus (Überblick bei Michael Wildt, Das »Bayern-Projekt«, die Alltagsforschung und die »Volksgemeinschaft«, in: Martin Broszat, Der »Staat Hitlers« und die Historisierung des Nationalsozialismus, hrsg. v. Norbert Frei, Göttingen 2007, S. 119-129). Das innovative Projekt inspirierte weitere Forschungen, u. a. Lutz Niethammers Oral History-Studien (Lebenserfahrung und kollektives Gedächtnis. Die Praxis der »Oral History«, Frankfurt a. M. 1980) und Alf Lüdtkes These von der (NS-)Herrschaft als sozialer Praxis (Herrschaft als soziale Praxis, Göttingen 1991), die der Regionalgeschichtsforschung in den 1980er und 1990er Jahren neue Impulse gaben.

Von diesem Perspektivwechsel profitierte die Täterforschung, die die Verantwortung für die NS-Verbrechen auch bei den »kleinen Leuten« – den Aktivisten in den NSDAP-Ortsgruppen, aber auch in der zahlenmäßig größeren Gruppe der scheinbar unpolitisch Angepassten – verortete (Herbert Jäger, Verbrechen unter totalitärer Herrschaft. Studien zur nationalsozialistischen Gewaltkriminalität, Frankfurt a. M. 1982; Harald Welzer, Täter. Wie aus ganz normalen Menschen Massenmörder werden, Frankfurt a. M. 2005; Frank Bajohr, Von der Täterforschung zur Debatte um die ›Volksgemeinschaft‹. Anmerkungen zur Historiographie der NS-Zeit seit den 1990er Jahren, in: 1960-2010. 50 Jahre Forschungsstelle, hrsg. v. d. Forschungsstelle für Zeitgeschichte in Hamburg, Hamburg 2011, S. 55-68).

Wer sich also mit der NS-Diktatur befasst, kommt um die Region als Untersuchungsraum nicht mehr herum. Denn hier lassen sich wie durch ein Brennglas die individuelle Aneignung der NS-Ideologie – insbesondere des ›Volksgemeinschafts‹-Begriffs – und die Radikalisierung der Bevölkerung, die Ermöglichungsräume und Grenzen der Diktatur vor Ort empirisch in den Blick nehmen (Detlev Peukert, Volksgenossen und Gemeinschaftsfremde. Anpassung, Ausmerze und Aufbegehren unter dem Nationalsozialismus, Köln 1982; Volksgemeinschaft. Neue Forschungen zur Gesellschaft des Nationalsozialismus, hrsg. v. Frank Bajohr und Michael Wildt, Frankfurt a. M. 2009). Hierzu ist auch auf das von 2007 bis 2015 laufende Verbundprojekt »Nationalsozialistische ›Volksgemeinschaft‹? Konstruktion, gesellschaftliche Wirkungsmacht und Erinnerung vor Ort«, aus dem in den letzten zehn Jahren mehrere auf Bremen und Niedersachsen bezogene Regionalstudien hervorgegangen sind, zu verweisen (Der Ort der ›Volksgemeinschaft‹ in der deutschen Gesellschaftsgeschichte, hrsg. v. Detlef Schmiechen-Ackermann, Marlis Buchholz, Bianca Roitsch und Christiane Schröder = Nationalsozialistische ›Volksgemeinschaft. Studien zu Konstruktion, gesellschaftlicher Wirkungsmacht und Erinnerung, Bd 7, Paderborn 2018).

Johannes Kesslers Studie zum Aufkommen des Nationalsozialismus in Schaumburg-Lippe reiht sich ein in eine mittlerweile etablierte Forschungstradition. Ja, das Buch entstand sogar parallel zu den Debatten um das Für und Wider eines alltags- und regionalgeschichtlichen Zugriffs auf die NS-Zeit, mit Vorarbeiten aus den Jahren 1978 bis 1986, die mit der Veröffentlichung des 500 Seiten starken Buches 2018 zum Ende gekommen sind. Im Zentrum steht die Frage nach dem Aufstieg der NSDAP von einer kleinen Splitterpartei bis zur Massenbewegung im nach dem Ersten Weltkrieg entstandenen Freistaat Schaumburg-Lippe, ein Gebiet um die Städte Bückeburg, Stadthagen und Hagenburg südwestlich von Hannover. Kesslers Studie füllt ein Forschungsdesiderat zur NS-Geschichte der Region, wenngleich Fragen offenbleiben, die vor allem Quellenproblemen geschuldet sind. Seine Argumentation untergliedert der Autor in sieben Kapiteln und geht weitestgehend chronologisch vor.

In Kapitel 1 analysiert Kessler die Wirtschafts- und Sozialstruktur in Schaumburg-Lippe nach dem Ersten Weltkrieg. Ab 1918 konstatiert er insbesondere in den Städten einen starken Bevölkerungsanstieg. Die kreisfreie Stadt Stadthagen stach dabei als industrielles Zentrum heraus und war überwiegend sozialdemokratisch geprägt. Dagegen setzte sich die Einwohnerschaft Bückeburgs als einstiger Garnisonstadt und Fürstensitz vor allem aus Beamten, Militärs, Kaufleuten und Händlern zusammen, die traditionell konservativ wählten. Im überwiegend protestantisch eingestellten Freistaat stellten Jüdinnen und Juden eine Minderheit dar, die zwar rechtlich den christlichen Konfessionen gleichgestellt war, aber im wirtschaftlichen, gesellschaftlichen und politischen Leben kaum eine Rolle spielte.

Der Übergang von der Monarchie zur Republik verlief in Schaumburg-Lippe weitgehend ruhig, stellt Kessler im zweiten Kapitel fest. Zum einen trat die neue Regierung für ein konfliktarmes, integrativ-pragmatisches Zusammenwirken der alten und neuen politischen und gesellschaftlichen Kräfte ein. Zum anderen begünstigte die geografische Lage des Freistaats – weitab von den Brennpunkten und Krisenherden der Weimarer Republik – einen Machtwechsel in geordneten Bahnen. Dennoch entstanden auch hier demokratiefeindliche Parteien und Verbände, die Sammelbecken für nationalkonservative, deutschvölkische und antisemitisch-antikapitalistische Strömungen waren und zur Verbreitung völkischer Ideologie sowie zur Ausformung rechtsradikaler Milieus beitrugen. Besonders aktiv waren Anfang der 1920er Jahre die Deutschnationale Volkspartei als stärkste Oppositionspartei des bürgerlichen Lagers sowie der antisemitische Deutschvölkische Schutz- und Trutzbund, der den Freistaat bis zur Auflösung des Verbands 1922 mit einem dichten Netz an Geschäftsstellen und Niederlassungen überzog. Er wurde ab 1923 von der Frontkämpferorganisation Stahlhelm abgelöst. Dagegen konnte die nationalsozialistische »Bewegung« zunächst noch keinen Fuß in Schaumburg-Lippe fassen.

Die Anfänge der schaumburg-lippischen NSDAP wurden von wenigen Einzelpersonen vorangetrieben, wie Kessler in Kapitel 3 verdeutlicht. Dabei stach insbesondere der Drogerielehrling Adolf Manns als wohl wichtigster Aktivist heraus. 1922 scheiterte der Gründungsversuch einer ersten Ortsgruppe im Freistaat an bürgerlichen Vorbehalten und dem preußischen Parteiverbot. Eine Ortsgruppe im westfälischen Minden operierte aus der Illegalität heraus und umfasste auch Personen aus Schaumburg-Lippe wie den Lehrer Carl Eggers, der Bruder des späteren schaumburg-lippischen NSDAP-Bezirksleiters Friedrich Wilhelm Eggers. Enge Verbindungen bestanden zudem in die Provinz Hannover. Doch eine ernstzunehmende politische Kraft war der Nationalsozialismus zu diesem Zeitpunkt noch nicht. In der Reichstagswahl 1924 war die NSDAP weit unterlegen, weil sie nicht über die notwendigen Ressourcen und Kandidaten verfügte und sich die Weimarer Republik allmählich wirtschaftlich konsolidierte.

Wohl auch auf Grund dieser Bedeutungslosigkeit entschied die schaumburg-lippische Landesregierung, das NSDAP-Parteiverbot im Sommer 1924 aufzuheben. Kapitel 4 beleuchtet das »kurze Zwischenspiel« der NSDAP nach der Neugründung einer Ortsgruppe in Bückeburg 1925 bis zu deren schleichenden Selbstauflösung 1926/27. In diese Phase fiel die Entscheidung über den Aufbau einer eigenständigen NS-Landesorganisation, die in engem Zusammenhang mit der Neuordnung der Gauorganisationen in West- und Norddeutschland im Frühjahr 1925 stand. Schaumburg-Lippe gehörte danach parteiorganisatorisch der niedersächsischen Gaugliederung an, dennoch blieb die NSDAP hier auf Grund des schleppenden Aufbaus der NS-Parteigliederung, infolge von Sachproblemen und organisatorischer wie personeller Unzulänglichkeiten sowie geringer finanzieller Mittel eine »randständige Splittergruppe mit minimaler Anziehungskraft auf Außenstehende« (S. 120).

Im Oktober 1928 erfolgte die von der Öffentlichkeit weitgehend unbemerkte Wiederbelebung der NSDAP-Ortsgruppe Bückeburg durch Adolf Manns, Friedrich Wilhelm Eggers und weitere Einzelpersonen. Diese prägten ein bürgerlich-respektables und politisch moderates Erscheinungsbild der NS-Führungsschicht in Schaumburg-Lippe, was die Radikalität der Partei überdeckte und ihr gerade in bürgerlich-konservativen Kreisen zu wachsender Akzeptanz verhalf. Kapitel 5 ist daher vor allem den Biografien jener Personen gewidmet, die der NSDAP zum Neubeginn und späteren Durchbruch im Freistaat verhalfen. Männlich und kleinbürgerlich dominiert, entfaltete die Bückeburger Ortsgruppe eine rege Veranstaltungs- und Werbetätigkeit mit teilweise prominenten NS-Rednern.

Dabei spielte die 1928 begonnene, grundlegende Organisationsreform auf Reichsebene den Aktivisten in Schaumburg-Lippe in die Hände: Die Eingliederung des Freistaats in den Gau Süd-Hannover-Braunschweig hatte Vorteile u. a. bei der Rednerzuweisung, der Gestellung paramilitärischer SA-Einheiten für Propagandamärsche und Saalschutz sowie für die wechselseitige Mobilisierung für Veranstaltungen. Das hatte auch zur Folge, dass die Partei nun auch professioneller im Reichstagswahlkampf 1930 auftreten und – mittels ritualisierter Massenveranstaltungen mit NS-Prominenz, dem Einsatz der neuen Medien und eigenen Presseorganen – eine größere Zielgruppe erreichen konnte. Um 1930 hatte sich die NSDAP so als feste politische Größe in Schaumburg-Lippe etabliert, deren Wirken zunehmend von der Öffentlichkeit wahrgenommen wurde.

Als der Bückeburger Parteibezirk 1931 in den Gau Westfalen-Nord eingegliedert wurde, bedeutete das die Trennung jahrelang gewachsener personeller und organisatorischer Verbindungen zwischen Bückeburg und Hannover und erzwang eine Neuausrichtung der Parteiarbeit, die nicht ohne Konkurrenzen und Konflikte blieb. Insgesamt konnte dies den Aufstieg der NSDAP und ihrer Parteiorganisationen in Schaumburg-Lippe aber nicht mehr aufhalten, wie Kessler in Kapitel 6 darstellt. Nicht nur wuchs die Zahl der Ortsgruppen und differenzierten sich die Parteiorganisationen aus. Am wirkungsvollsten ließ sich die NS-Propaganda im Vereinsleben und in der Subkultur verbreiten. Mit Einrichtung von Parteibüros, SA-Heimen, Vereinslokalen und Treffpunkten verankerte sich die

NSDAP zudem sichtbar im öffentlichen Raum, die Entstehung des »Braunen Hauses« in Bückeburg symbolisierte das Ankommen der »Bewegung« in der Mitte der Gesellschaft.

Bei Gedenk- und Totenfeiern oder Veranstaltungen wie dem »Deutschen Tag« wurde die klassen- und parteiübergreifende (NS-Volks)Gemeinschaft inszeniert und zelebriert, die den Schulterschluss zu anderen Parteien und Verbänden ermöglichte und an allgemein verbreitete Überzeugungen, Sehnsüchte und Erklärungsmuster anknüpfte. Nicht zuletzt sammelten die NS-Aktivisten durch ihr scheinbar unpolitisches soziales Engagement Sympathien in der Bevölkerung. Neben der Selbstinszenierung als Volks- und Massenpartei blieben die Anwendung von Gewalt sowie die Verleumdung und Diskreditierung von politischen Gegnern in der NS-Presse probates Mittel der Machteroberungsstrategie.

Mit dem Einzug der NSDAP in das schaumburg-lippische Landesparlament 1931 eröffnete sich auch die politische Bühne als Agitationsraum. Doch die Machtübernahme, um die es in Kapitel 7 geht, gestaltete sich trotz gut entwickelter organisatorischer Strukturen und einer öffentlichkeitswirksamen Straßenagitation zunächst schwierig: In beiden Reichstagswahlen 1932 verfehlte die NSDAP die Mehrheit, ja erzielte ein »desaströses Abstimmungsergebnis« (S. 473). Erst die Regierungsübertragung an Hitler am 30. Januar 1933 führte auch in Schaumburg-Lippe zum Durchbruch des Nationalsozialismus. Nach der überragend gewonnenen Reichstagswahl vom 5. März 1933 wurde die sozialdemokratisch dominierte Landesregierung abgesetzt, der Landtag wurde aufgelöst und die demokratischen Selbstverwaltungsorgane der Städte und Gemeinden wurden gleichgeschaltet.

Schaumburg-Lippe durchlief, so resümiert Johannes Kessler, »im Kern keinen erkennbaren Sonderweg unter regionalen Einflussfaktoren. Vielmehr folgte der kleinste deutsche Partikularstaat ohne gravierende Abweichungen den generellen Entwicklungsmustern, die auch in andere Regionen des Deutschen Reichs mit ähnlichen konfessionellen, wirtschaftlichen und sozialen Rahmenbedingungen den historischen Prozess bis zum Untergang der Weimarer Republik bestimmten« (S. 493). Das sind insgesamt wenig überraschende Ergebnisse, die aber gängige Erklärungsmuster zum Aufstieg der NSDAP differenzieren, das Bild eines monolithischen NS-Herrschaftssystems relativieren und jeweils um die regionale bzw. lokale Komponente erweitern. Johannes Kessler hat dabei ein wichtiges Stück Quellen- und Forschungsarbeit geleistet, wenngleich das Buch in seinem Anspruch auf Vollständigkeit mitunter seine Längen hat und an einigen Stellen redundant wirkt. Nichtsdestotrotz ist der Band nicht nur regionalhistorisch Interessierten zu empfehlen, sondern einer breiten Leserschaft, die die Frage nach dem »Wie konnte es dazu kommen?« umtreibt.

Christine SCHOENMAKERS, Oranienbaum

WENTE, Ralf: *Lichtspiele im Schaumburger Land*. Göttingen: Wallstein Verlag 2020. 358 S., 143 teils farb. Abb. = Schaumburger Beiträge. Quellen und Darstellungen zur Geschichte Bd. 5. Geb. 29,00 €. ISBN: 978-3-8353-3684-1.

Erfreulich ist die Zunahme von wissenschaftlichen Publikationen zur Kino- und Filmgeschichte in ländlichen Räumen, die sich seit einiger Zeit verstärkt bemerkbar macht und bestehende Desiderate aufarbeitet. Hierzu zählt auch Ralf Wentes Monografie über die Lichtspiele im Schaumburger Land, die einen Zeitraum von der Entstehung des Films bis zum Jahr 2020 abdeckt.

Auf Grund eines fehlenden Vorworts oder einer Einleitung ist leider nicht ersichtlich, in welchem Kontext die Studie zustande kam. Dies erfährt man erst auf der Verlagsseite. So ist das persönliche »Interesse für die Kulturgeschichte analoger Medien« des Autors, der nicht aus den Kultur-, Medien- oder Geschichtswissenschaften kommt, der Anlass für die vorliegende Buchentstehung. Mit diesem Hintergrund ist verständlich, warum jüngere Forschungsansätze (zum Beispiel die Einflüsse bestimmter Personengruppen auf die Kinobetreiber und Kinobetreiberinnen und das Programm oder auch lokale Eigeninitiativen in Bezug auf Filmvorführungen) unberücksichtigt bleiben. Das bedeutet hingegen nicht, dass die Publikation für die wissenschaftliche Forschung unbrauchbar ist. Der Wert der Untersuchung liegt in der detailreichen Beschreibung und Entwicklung der dichten Schaumburger Kinolandschaft und bietet viele Anknüpfungspunkte für weitergehende Fragestellungen.

Zunächst zum Aufbau: In fünf Kapiteln mit stark variierender Länge geht es um die allgemeine Entstehung des Kinos in Deutschland (S. 9-39), um einen Überblick über die Entwicklung von Filmtheatern im Schaumburger Land in den einzelnen politischen Systemen (S. 41-92), um die Bedeutung von Kinonamen (S. 93-97), um eine chronologische Auflistung der Kinospielstätten in den Gemeinden des Schaumburger Landes (S. 99-339) sowie um eine Auflistung von in Schaumburg gedrehten Kinofilmen (S. 341-350).

Dem im ersten Abschnitt guten Überblick über die frühen Kinoformen (leider ohne jüngere Literatur) fehlt eine begriffliche Einführung und Abgrenzung. Das zweite Kapitel verdeutlicht, wie früh (1897) in der Untersuchungsregion erste Vorführungen – noch mittels Panorama – zustande kamen, und zwar in Bückeburg – neben beispielsweise Stadthagen, Rinteln oder Hessisch Oldendorf einer der Schaumburgischen Kleinstädte. Nach dem Ersten Weltkrieg waren dann auch Wanderkinos in den Dörfern zu finden (S. 47), was ebenfalls in anderen Regionen des Deutschen Reichs der Fall war. Jedoch gab es dort zwar mobile Kinos, hingegen keine Ladenkinos, wie sie in Städten entstanden. Vor dem Hintergrund, dass auch noch in den 1930er Jahren nicht jeder Haushalt an die sich stetig ausbreitende Stromversorgung angeschlossen war, ist dies erwartbar.

Positiv in diesem Abschnitt hervorzuheben ist der Blick des Autors in einigen Fällen über Schaumburg hinaus sowie die Einordnung von gezeigten Kinofilmen. Letzteres gelingt besonders im Abschnitt zur NS-Zeit: Hier werden Bezüge zu den gezeigten Filmen und zum Kriegsverlauf gezogen: Der Wendepunkt im deutschen Angriffskrieg hatte ab 1941 das vermehrte Vorführen von Propagandafilmen zur Folge. Interessanterweise reduzierte sich währenddessen zwar die Anzahl der gezeigten ausländischen Filme, diese wurden hingegen nicht komplett eingestellt (S. 77-82). Die Darstellung der weiteren allgemeinen Entwicklung – der Rückgang von Kinos besonders in den 1960er und 1970er Jahren – endet hier (im Gegensatz zu anderen Studien) glücklicherweise nicht.

Stattdessen kann Ralf Wente aufzeigen, dass zum einen 2018 noch eine vergleichsweise hohe Kinodichte im Untersuchungsgebiet vorzufinden war, zum anderen, dass zwischen 1990 und 2020 kein Kino dort geschlossen wurde.

Einen kurzen Exkurs bietet der dritte Abschnitt, der auf die Herkunft der Kinonamen eingeht. Dieser hätte jedoch kein eigener Unterpunkt sein müssen, sondern wäre passender im ersten Überblickskapitel gewesen.

Das bei weitem umfangreichste und aufwendig recherchierte vierte Kapitel dokumentiert die gesamte Kinoinfrastruktur im Untersuchungsgebiet. Dies sind die Stärke und zugleich das Alleinstellungsmerkmal der Untersuchung. Hier wird jedes Kino von seiner Entstehung bis zu seiner Schließung (oder bis zu seinem heutigen Umfang) akribisch vorgestellt. Von den Betreibern und Betreiberinnen bis zur Ausstattung und Nutzung der Gebäude erhalten die Leser und Leserinnen darüber hinaus auch zu jedem Kino eine Übersicht, die über die Adresse, die Betriebschronologie und -einstellung, die Nutzung des Gebäudes (oder des bei Abriss nachfolgenden Gebäudes) im Jahr 2020, die Sitzplatzanzahl bei Betriebsende sowie (falls bekannt) die letztgenutzten Projektionsmaschinen informiert. Eine solch dichte Dokumentation wäre für die Untersuchung anderer Regionen ebenfalls wünschenswert.

Die Publikation verdeutlicht, dass Lokal- und Regionalstudien für die Medien- und Kulturgeschichte unverzichtbar sind. Sie basiert quellentechnisch zuvorderst auf Zeitungsartikeln und -annoncen sowie auf Interviews; die Abbildungen stammen hingegen vielfach aus Stadt- und Privatarchiven sowie aus dem Niedersächsischen Landesarchiv. Bemerkenswert von ihrer Anzahl her und absolut wertvoll sind hierbei insbesondere die Anzahl an Fotografien von Kinosälen und Kinogebäuden.

Wünschenswert wäre das häufigere Verlassen der deskriptiven Ebene gewesen. So erfährt man beispielsweise wenig zu den Kinobesuchern und Kinobesucherinnen, ob die Kinos auch weiteren Nutzungszwecken zugeführt wurden, wie es in anderen ländlichen Orten der Fall war, oder zu möglichen Konflikten, die um Filminhalte entstanden. Dies liegt sicherlich in erster Linie an den analysierten Quellen, die teilweise tiefergehende Fragestellungen nicht zulassen.

Trotz dieser Mankos ist die Studie insgesamt detailreich sowie lesenswert und bestätigt den Wert der Erforschung von Mediengeschichte in Kleinstädten und dem ländlichen Raum insgesamt, die vielleicht anders als in der Metropole, aber sicherlich nicht defizitär ist. Weitere umfassende Regionalstudien zur Kinokultur und deren Auswirkung auf ländliche Gesellschaften sowie andersherum die Prägung kleinstädtischer und ländlicher Gesellschaften auf lokale Kinokultur zu regionalen und transnationalen Vergleichszwecken sind erstrebenswert. Die vorliegende Studie bietet ein sehr gutes Ausgangsmaterial für weitergehende Forschungsfragen.

Dörthe Gruttmann, Münster

# Personengeschichte

Conrad, Robert: *Salus in manu feminae.* Studien zur Herrschaftsteilhabe der Kaiserin Richenza (1087/89-1141). Husum: Matthiesen Verlag 2020. 651 S., zahlr. Abb. = Historische Studien Bd. 512. Geb. 79,00 €. ISBN: 978-3-7868-1512-9.

Nicht erst in Zeiten gendergerechter Sprache ziehen bedeutende Herrscherinnen und Formen weiblicher Machtausübung die Aufmerksamkeit der Geschichtswissenschaft auf sich. Ganz bewusst knüpft Robert Conrad in seiner vorliegenden Dissertationsschrift an die Studie von Mechthild Black-Veldtrup aus dem Jahr 1995 zur Kaiserin Agnes an. Ähnlich wie die heutige Leiterin der Abteilung Westfalen des Landesarchivs Nordrhein-Westfalen hat Conrad, der im Schuldienst arbeitet, es mit einer schwierigen Quellenlage zu tun, der er sich in methodischer Pluralität annähert. Im Zentrum seiner Monografie steht Richenza von Northeim (1087/89-1141), die Gemahlin Kaiser Lothars III. von Süpplingenburg. Zu ihr wird keine Biografie im engeren Sinne vorgelegt, sondern es soll »zum einen beleuchtet werden, welche Bedeutung die über die Herrschergemahlin vermittelten sozialen und politischen Bindungsformen für die Herrschaftsausübung Lothars III. besaßen, und zum anderen gefragt werden, welche Funktion ihr im Rahmen der konkreten Ausgestaltung des Verhältnisses von Fürsten und König zukam« (S. 19).

Dieser personenzentrierte Ansatz beruht auf der Prämisse, dass mittelalterliche Herrschaft »auf dem Agieren in Personenverbänden, die hauptsächlich durch Verwandtschaft, Freundschaft und Lehnsbeziehungen verbunden waren« (S. 19), basierte. Folglich soll herausgearbeitet werden, wie sich Richenza an der Seite ihres Mannes im Geflecht politischer Akteure bewegte und behauptete, während etwa Institutionen eine nachrangige Rolle spielen.

Robert Conrads diesbezügliche Untersuchung hinterlässt einen äußerst zwiespältigen Eindruck. In beeindruckender Weise bahnt sich der Verfasser Wege durch disparate Quellen und eine Flut an vorhandener Forschungsliteratur, gelangt souverän zu Urteilen und macht transparent, an welchen Punkten Unsicherheiten bestehen bleiben. Conrads Ausführungen zeugen von enormer Belesenheit, wissenschaftlicher Expertise und Akkuratesse – es lässt sich deutlich erkennen, wie hier jahrelange Arbeit in ein Projekt floss und in einer Studie gebündelt wurde. Zugleich stellt diese Abhandlung seine Leserinnen und Leser vor gewaltige Herausforderungen.

Erst nach gut 500 Seiten wird im Fazit deutlich, dass Robert Conrad kein Werk aus einem Guss, sondern eher so etwas wie einen Untersuchungszyklus »in mehreren Einzelstudien« (S. 505) erarbeitet hat. Diese sind vergleichsweise lose über ein gemeinsames Untersuchungsobjekt und Querverweise in den Fußnoten miteinander verknüpft. Überleitungen sind kaum gegeben, eine narrative Führung der Leserin bzw. des Lesers findet fast nicht statt. Hinzu kommt, dass Robert Conrad die heterogenen Einzeluntersuchungen mit zahlreichen Exkursen durchsetzt hat, die zumeist ein Thema auf eine allgemeinere und abstraktere Ebene heben sollen, aber dabei nicht selten ›vom Hölzchen aufs Stöckchen‹ führen, so dass das ins Auge gefasste Untersuchungsziel aus dem Blick gerät.

Werfen wir im Folgenden einen genaueren Blick auf die Einzeluntersuchungen. Auf eine recht knapp gehaltene Einleitung folgt ein Abschnitt zu Richenza von Northeim, also der späteren Kaiserin, vor ihrem Eheschluss, und ihrer Verwandtschaft. Allgemeinen Reflexionen zur Kategorie der Verwandtschaft im Mittelalter schließt sich ein zweiseitiger Abriss zu Richenzas Lebensdaten an, um schließlich ausführlich auf die Grafen von Northeim (die Familie ihres Vaters), die Brunonen (die Familie ihrer Mutter) und in einem Exkurs auf das Selbstbewusstsein der Brunoninnen einzugehen. Richenza – so die Quintessenz – war »mit dem im Mittelalter so wichtigen sozialen Kapital« (S. 45) bedeutender Verwandtschaft gut ausgestattet und folglich eine exzellente Heiratspartie. Das dritte Kapitel befasst sich mit dem Eheschluss der Protagonistin und ihrer Zeit als sächsischer Herzogin. Erratisch mäandert die Analyse zwischen Richenza selbst, dem Grafen Lothar, dessen Herkunft weitgehend im Dunkeln liegt, seinem Aufstieg, der bestimmenden Rolle von Richenzas Mutter Gertrud, der Opposition der sächsischen Großen gegen das salische Kaisertum, der Konkurrenz mit den Askaniern und innersächsischen Machtkämpfen.

All dies wird ergänzt um exkursartige Ausführungen zu einzelnen Quellen, etwa zum Traditionscodex aus dem Kloster Helmarshausen, sowie um verschiedene Zeugnisse zur Herzogszeit, die offenbar der Vollständigkeit halber mit einbezogen werden. Das Kapitel kreist um Gertrud und Lothar, der dank seiner Eheschließung und eines ebenso mutigen wie geschickten Agierens innerhalb der sächsischen Opposition »mit dem Rückenwind des Sieges auch seine eigene Stellung ausbauen« konnte (S. 58). Richenza spielt in diesem Geschehen bestenfalls eine passive Rolle. Dies ändert sich auch im vierten Abschnitt der Untersuchung wenig, dem ersten zur Kaiserin. Ziel ist es, ihre Reisewege und Aufenthaltsorte zu bestimmen, wobei Conrad gleich zu Beginn selbst einräumt, dass angesichts der Quellenlage »die Erstellung eines Itinerars fast unmöglich ist« (S. 69). In chronologischer Folge werden unter eingehender Untersuchung der Quellen die Jahre ihrer Herrschaft durchmessen, um schließlich zu dem Ergebnis zu gelangen, dass ihr Itinerar »nahezu identisch mit demjenigen Lothars III.« (S. 110) ist, so dass Conrad im Folgenden die hierzu einschlägige Studie von Oliver Hermann referieren kann.

In Kapitel fünf folgt ein zweiter analytischer Zyklus zur Kaiserin, der mit einem ähnlichen Problem konfrontiert ist: Betrachtet werden die urkundlichen Interventionen Richenzas, das heißt ihre in Königsurkunden überlieferte Erwähnung als Vermittlerin von Rechtsgeschäften zwischen einem Adressaten und ihrem Ehemann. Auf der Basis von 107 authentischen kaiserlichen Diplomen mit insgesamt 37 Interventionen prüft Conrad akribisch Richenzas Vermittlertätigkeit. Die Ergebnisse werden – wie auch bereits im vorhergehenden Kapitel – sehr eindrücklich durch Statistiken und Grafiken aufgearbeitet und präsentiert. Es mutet beinahe tragisch an, dass ähnlich wie bei den Reisen »keine Auffälligkeiten« festzustellen sind, sondern sich schlichtweg »die gesamte Breite der königlichen Urkundenausstellertätigkeit« widerspiegelt (S. 128). Gleichwohl kann hiervon plausibel ihre »Rolle einer Vermittlerin gegenüber den Fürsten« (S. 139) und ihre Mitwirkung an den »alltägliche[n] Reichsgeschäften« hergeleitet werden (S. 147). Damit wäre ein wichtiges Zwischenergebnis erzielt, das – wenn auch nur angedeutet – das weitere Buch leitmotivisch durchzieht: Richenza hatte entscheidenden *Anteil* an der Machtausübung ihres kaiserlichen Gatten, verschaffte diesem durch ihre verwandtschaftlichen Anknüpfungspunkte eine wichtige Machtressource und wirkte in einer Scharnierfunktion zu den Großen des Reiches. Ja, es lag eine regelrechte »Arbeitsteilung des Herrscherpaares« (S. 324) vor.

Im folgenden Kapitel, dem mit Abstand längsten des Buches, wird dies anhand verschiedener Erbstreitigkeiten, der Reichskirchenpolitik und der Auseinandersetzung und (zeitweiligen) Versöhnung mit den Staufern ausgeführt. Der Ausgleich mit diesen mächtigsten Konkurrenten bildete die Voraussetzung für Lothars zweiten Italienzug, auf dem ihn seine Gemahlin begleitete. In Reichsitalien tritt in Kapitel sieben eine Herrscherin hervor, die gestützt auf Verwandtschaft und Besitz sowie als Richterin eigene Akzente setzen konnte. Nach dem Tod ihres Mannes musste sie notgedrungen noch eigenständiger agieren, konnte aber nicht bis zur nächsten Kaiserwahl die Rolle einer Treuhänderin einnehmen, da sie ihren Schwiegersohn Heinrich den Stolzen zu befördern hatte. Letztlich unterlag sie den Staufern, die mit Konrad III. den nächsten Kaiser stellten, blieb aber eine der wichtigsten Akteure im Norden des Reiches und eine »Identifikationsfigur der Sachsen« (S. 343). Mehr als hundert Seiten sind im letzten Kapitel vor dem Fazit der Memorialüberlieferung Richenzas gewidmet. Hier wird unter Auswertung von Archivquellen für diese Kaiserin Neuland betreten, und interessante Einzelergebnisse können herausgestellt werden. Dennoch lässt sich ein Bezug zur Forschungsfrage allenfalls indirekt über die von Richenza ausgehende Stiftertätigkeit herstellen. Der Lesende wird durch Ausführungen überrascht, die in der Einleitung keine Rolle spielen (auch wenn die Memoria im Buchtitel genannt wird) und sich in gewisser Weise als separate Untersuchung darstellen.

›Salus in manu feminae‹ erscheint als ein Ensemble glänzender Bausteine, die sich aber nur unter großer Anstrengung zu einem Mosaik zusammensetzen wollen. Im Rückblick auf die Einzeluntersuchungen wird klar, dass eine gewisse chronologische Abfolge eingehalten wurde, die der Gliederung latent zugrunde liegt. Da die klar formulierte Forschungsfrage nicht auf eine lückenlose Biografie der Kaiserin abzielt, wäre es gewinnbringend gewesen, das Buch deutlich zu kürzen und auf das Wesentliche zu konzentrieren. Gleichwohl sei betont, dass Robert Conrad in einem Zyklus intensiver und detaillierter Analysen zahlreiche spannende und neue Einzelergebnisse herausarbeiten kann. Auch gelingt es ihm – vor allem im Fazit – das relativ dünne Quellengerüst zu einem Gesamtbild von Richenzas Herrschaft zusammenzusetzen, die – von Reichsitalien abgesehen – größtenteils eine Herrschafts*teilhabe* war. Hierdurch bedingt wurde nicht nur ein einschlägiges Standardwerk zu dieser Kaiserin, sondern auch zu Lothar III. vorgelegt sowie ein wichtiger und gewichtiger Beitrag zur weiblichen Herrschaft im Mittelalter erarbeitet.

Philip Haas, Wolfenbüttel

FAUST, Alexandra: *Eberhard Finen (1668-1726). Ein lutherischer Hofprediger zwischen Anpassung und Widerstand.* Braunschweig: Appelhans 2018. 164 S. = Beihefte zum Braunschweigischen Jahrbuch Bd. 20. Kart. 24,00 €. ISBN: 978-3-944939-35-3.

Eberhard Finen wurde 1668 als Sohn eines Kaufmanns und Ratsherrn in Braunschweig geboren. Nach dem Theologiestudium in Jena und Helmstedt erhielt er 1698 die Stelle eines Diakons an St. Stephani in Helmstedt und 1704 die des Dompredigers an St. Blasii in Braunschweig. Zwei Jahre später wurde er fürstlicher Beichtvater und Hof- und Schlossprediger in Wolfenbüttel und Braunschweig. Während dieser Zeit sah er sich mit zwei herausragenden Ereignissen im Wolfenbütteler Herzogshaus konfrontiert, die seine Stellungnahme als evangelischer Geistlicher herausforderten: Der unter erheblicher Pression vollzogene Übertritt der Prinzessin Elisabeth Christine zum Katholizismus, um die Vermählung mit Erzherzog Karl, dem späteren Kaiser Karl VI., zu ermöglichen, und die 1710 folgende Konversion ihres Großvaters Herzog Anton Ulrich.

Alexandra Faust beabsichtigt mit ihrer Untersuchung, die im Wintersemester 2015/16 vom Fachbereich 2 (Kultur- und Geowissenschaften) der Universität Osnabrück als Dissertation angenommen wurde und auf einer breiten Quellengrundlage und einer sorgfältigen Auswertung der zahlreichen Veröffentlichungen Finens basiert, nicht, eine umfassende Biographie des Hofpredigers vorzulegen. Im Mittelpunkt ihrer Ausführungen steht die Frage nach seinem Obrigkeits- und Amtsverständnis und der Reaktion des Landesherrn. Finen, der von der irenischen Tradition des Calixtinismus geprägt war und die übliche konfessionelle Polemik gegen Katholiken und Calvinisten vermied, kritisierte sowohl den Glaubensübertritt Elisabeth Christines als auch den Anton Ulrichs.

Allerdings blieb er von Sanktionen seitens des Landesherrn verschont, behielt seine Funktion als Beichtvater und Hofprediger und erfreute sich weiterhin der Gunst des Herzogs. Dies stand in einem deutlichen Gegensatz zum Fall der Hofgeistlichen Johannes Niekampp (1654-1716) und Albrecht Fiedler Knopff (1665-1715), die vehement öffentlich in Predigten gegen Anton Ulrichs Bestrebungen hinsichtlich der Konversion seiner Enkelin Stellung bezogen und dem Herzog den Ausschluss vom Abendmahl angedroht hatten. Gestützt auf Gutachten von Gerhard Wolter Molanus, Gottfried Wilhelm Leibniz und Christian Thomasius, die den Predigern zwar das Recht auf Kritik am Fürsten einräumten, aber die Strafandrohung und die Wendung an die Öffentlichkeit verurteilten, entfernte Anton Ulrich beide Geistlichen aus ihren Ämtern.

Die unterschiedliche Behandlung Finens, der durchaus mehrfach nachdrücklich gegen Anton Ulrichs Glaubenswechsel intervenierte, resultierte nach Fausts Meinung aus seinem Amtsverständnis. Finen nahm zwar das traditionelle Wächter- und Mahnamt gegenüber der Obrigkeit für sich in Anspruch; er vertrat aber anders als seine Vorgänger »nicht mehr die Auffassung von einem den Geistlichen zukommenden, über das bloße Mahnen hinausgehenden Strafamt« (S. 77). Hinzu kam, dass er von einer öffentlichen Verurteilung des Landesherrn absah und damit dessen Autorität unbeschadet blieb. Für Faust spiegelt sich in Finen der Wandel des Amtsverständnisses der Hofgeistlichen wider, der sich seit der zweiten Hälfte des 17. Jahrhunderts vollzog. Diese verstanden ihren

Beruf nicht mehr primär und ausschließlich als von Gott verliehen, sondern als ein im Auftrag des Fürsten ausgeübtes Amt.

Was die Erklärung des Verhaltens Anton Ulrichs betrifft, hätte man noch Folgendes akzentuieren können: Das harte Vorgehen gegen Niekampp und Knopff erschien für den Herzog auch deshalb notwendig, um einen politischen Schaden zu verhindern, der durch die Vereitelung der Verbindung zwischen Elisabeth Christine und Karl von Österreich entstanden wäre; dies hätte die Bestrebungen des Herzogs um Aufwertung seines Hauses konterkariert. Kritiken an seiner eigenen Konversion ertrug er generell mit einer gewissen Gelassenheit, weil die politische Brisanz geringer war.

Hans-Georg Aschoff, Hannover

Jäger, Eckhard: *Robert Geissler (1819-1893)*. Ein Zeichner von 2.000 Veduten. Biographie und Oeuvrekatalog. Bad Langensalza: Verlag Rockstuhl 2021. 192 S., 150 teils farb. Abb. Geb. 49,95 €. ISBN: 978-3-95966-580-3.

Robert Geissler (geboren 1819 in Göttingen, gestorben 1893 in Groß Schneen bei Göttingen) war vom Ende der 1840er Jahre bis 1890 in vielen Städten und auch in kleineren Ortschaften Nord- und Mitteldeutschlands als Portraitist, Landschaftsmaler, Photograph, Zeitungsreporter und Kriegsberichterstatter unterwegs. Auch als Schriftsteller, Theaterdichter und Verleger in Göttingen und Bremen und als Inhaber eines Lithographischen Instituts in Berlin war er tätig. 284 Städte und Ortschaften hat er als Handzeichnung, Lithographie oder Holzstich abgebildet.

In dem vorliegenden Band sind mehr als 2.000 Veduten (Stadtansichten) erfasst. Dabei entfallen rund 1.600 Blätter auf 153 kleinformatige Erinnerungsalben von 127 fast ausschließlich deutschen Städten, darunter auch viele niedersächsische Orte, von Braunschweig über Harburg und Lüneburg bis hin zu Wolfenbüttel. Besonders viele Blätter mit Harz-Ansichten sind darunter. Aber auch einige Städte der k. u. k. Monarchie (Alben von Karlsbad und Prag) sowie Bezüge zu Österreich sind nachgewiesen und abgebildet. Durch die realitätstreue Wiedergabe sind seine Arbeiten heute bedeutende Quellen für die Baugeschichte von Städten geworden, die im Lauf der letzten 150 Jahre erhebliche Veränderungen erfahren haben.

Es fallen regionale Schwerpunkte auf. Die Gegend um Göttingen und die Landschaft an der Oberweser, der Harz mit seinem Vorland und das nördliche Thüringen bilden einen Schwerpunkt. Es folgen die Städte Schleswig-Holsteins und Orte des Ruhrgebietes und am Niederrhein. Auch seine langjährigen Aufenthalte in Hamburg und Berlin haben ihren Niederschlag gefunden, während Sachsen, die Ostseeküste, Hessen und Franken deutlich weniger vertreten sind. Es fällt auch auf, dass er andere schon seinerzeit touristisch beliebte und erschlossene Regionen wie den Thüringer Wald, den Mittelrhein, Bayern, den Schwarzwald oder das Riesengebirge trotz seiner regen Reisetätigkeit nicht aufgesucht und dargestellt hat.

Der Autor, Dr. Eckhard Jäger aus Lüneburg (geb. 1941 in Leipzig), studierte Geschichte, Publizistik und Kunstwissenschaften in Heidelberg, Erlangen, Paris und Hamburg. Von 1966 bis 1980 war er Dozent an der Ost-Akademie Lüneburg, von 1980 bis 1993 stellvertretender Direktor des Norddeutschen Kulturwerks in Lüneburg. Er promovierte 1980 über die Kartographiegeschichte Preußens. Er ist Inhaber eines Kunstantiquariats in Lüneburg, Sachverständiger für Bücher und Druckgraphik des 16. bis 19. Jahrhunderts und Autor zahlreicher Arbeiten zur Kartographiegeschichte und zur Vedutenforschung. In rund zwanzigjähriger Sammel- und Forschungstätigkeit hat er das Leben und Werk des überaus fruchtbaren Vedutenzeichners Geissler recherchiert und ein auf größtmögliche Vollständigkeit angelegtes Werkverzeichnis vorgelegt.

Im Katalog werden in alphabetischer Folge der Städte zunächst die Städtealben, dann die Handzeichnungen sowie die als Einzelblätter erschienenen Lithographien und schließlich chronologisch die Holzstichillustrationen aufgeführt. Es folgen Zuschreibungen, Portraits, Genre, Gemälde, Bücher und andere literarische Arbeiten. Ein Register der Künstler, Drucker, Verleger und ein Verzeichnis der 284 Städte und Orte erleichtern den Zugang zu Geisslers umfangreichem Werk. Der sorgfältig recherchierte Oeuvrekatalog mit zahlreichen farbigen und schwarz-weißen Abbildungen der Ansichten enthält alle für heutige wissenschaftliche Arbeit unerlässlichen Angaben wie Titel, Bildtechnik, wenn möglich Datierung, Signaturen, Verlagsangaben, Maße, Angaben zu Veröffentlichungen und Literatur sowie zur Herkunft in öffentlichen und privaten Sammlungen.

Wer sich selbst einmal mit den oft anonym gebliebenen oder abseits der »großen« Kunst tätigen Malern, Zeichnern, Radierern und Lithographen des 18. und 19. Jahrhunderts beschäftigt hat, der weiß, wie viel Zeit, Briefe und heutige Internetrecherchen es kosten kann, um an manchmal einfachste biographische Daten zu diesem Personenkreis heranzukommen oder Art und Umfang dessen Schaffens zu erschließen. Umso dankbarer werden der auf diesem Gebiet Forschende, der Lokalhistoriker und der kunstgeschichtlich Interessierte für das hier zusammengetragene Material sein.

In der vorangestellten ausführlichen Biographie Robert Geisslers werden – ergänzt durch 50 kommentierte Briefe an und über Geissler in unterschiedlichsten Archiven und Sammlungen – dessen teils von großem Selbstbewusstsein, teils von großer wirtschaftlicher Not begleiteten Lebensstationen skizziert. Geissler wurde am 7. Februar 1819 in Göttingen geboren. Sein Vater, ein Mineralienhändler, war aus Leipzig dorthin gekommen. Seine Mutter, Tochter eines Kupferstechers, hat offensichtlich Geisslers Zeichentalent erkannt und gefördert. Nach dem Besuch des Göttinger Gymnasiums erhielt er Malunterricht bei einem Göttinger Porzellanmalerbetrieb. Auch in Berlin soll er nach eigenen Angaben als Porzellanmaler gearbeitet haben. Verschiedentlich wird über ein Universitätsstudium in Göttingen und Heidelberg berichtet, doch bestätigen die entsprechenden Matrikel dieses nicht. Gelegentlich führte er auch einen Doktortitel, angeblich einen Ehrendoktortitel für seine literarischen Arbeiten, wobei auch hier der Nachweis fehlt, wo er diesen erhalten hat. Auch andere Künstler der Zeit schmückten sich gerne als »Professor der Malerei« o.ä., ohne je einen solchen Titel erworben zu haben.

Nach der Heirat 1846 – die Ehe war mit sieben Kindern gesegnet, von denen einige in die Fußstapfen des Vaters traten – ernährte sich der Vater zunächst von der Portraitmalerei, später als Landschafter und Photograph. Mit Familie reiste er durch Norddeutschland. Stationen waren anfangs Celle, Hannover, Harburg, Bremen, Hamburg und Pyrmont, wobei er nach eigenen Angaben »aus der Hand in den Mund lebte.« Während eines ersten längeren Aufenthalts in Bremen (1855) erschien von ihm ein Album von Bremen mit 16 Ansichten.

Ein Jahr später war er in Wandsbek als Redakteur der Monatsschrift »Deutsches Familienbuch« tätig, um dann 1857 in Hamburg freiberuflich als Portrait- und Kunstmaler zu arbeiten, wobei erste Arbeiten mit Hamburger Motiven schon 1849 als Lithographie bei Charles Fuchs erschienen sind. Im Februar 1857 eröffnete er hier eine »Academie für Zeichnen und Malerei für Frauen.« Im November desselben Jahres wurde in der ABC Straße das »Photographische Atelier der Herren Rob. Geißler & Comp.« angezeigt. Während seines fünfjährigen Aufenthalts erschien 1859 auch eine literarische Arbeit, das Lustspiel in drei Aufzügen »Ein gefährlicher Nebenbuhler, oder Der Prinz ist im Wege«. Er selbst bewertete solche literarischen Arbeiten immer höher als seine graphischen. Unzufrieden mit den geschäftlichen Ergebnissen in Hamburg zog es ihn 1861 dann wieder in seine Geburtsstadt Göttingen, wo er einen Verlag gründete.

1860 sieht man von ihm auch erstmals Holzstiche in der viel gelesenen Leipziger »Illustrirten Zeitung«, für die er in späteren Jahren immer wieder tätig gewesen ist und nach 1880 fast ausschließlich als Illustrator gearbeitet hat. Seit 1863 erschienen in dieser auch Ansichten von Hannover: »Das Sommerfest des hannoverschen Künstlervereins zu Bella Vista am 2. Juni« (1863) – »Ansicht von Hannover« (1866) – »Ein durch einen Baum gesprengtes Grab auf dem Gartenfriedhofe zu Hannover« (1884) – »Die Kinderpflegeanstalt der Mechanischen Weberei zu Linden bei Hannover« (1884) – »Architekturbilder aus der Stadt Hannover« (1886). Bereits um 1870 war in Hannover in der Helwing'schen Hofbuchhandlung ein »Album von Hannover« mit 16 Tafeln erschienen, wie er auch viele andere benachbarte Ortschaften dargestellt hat.

1862 reiste er im Auftrag der Zeitschrift »Illustrirtes Familien-Journal für Unterhaltung und Belehrung« zur Weltausstellung nach London, war als Kriegsberichterstatter 1864 in Schleswig-Holstein und fuhr 1867 nach Paris, um über die dort stattfindende Weltausstellung zu berichten. Als künstlerische Erträge dieser Reisen liegen zahlreiche Holzstiche vor. Ab 1867 lebte Robert Geissler in Berlin, wo er mit Unterbrechungen bis 1890 blieb und als Schriftsteller und Inhaber von »Dr. Robert Geissler's Kunstanstalt« firmierte. Immer wieder war er auch noch im hohen Alter unterwegs, war auch mal wieder in Göttingen aktiv. In den vielen Jahren seines Schaffens hat er ein immenses Reisepensum absolviert, wovon u.a. seine Alben mit Veduten von 127 Städten Zeugnis ablegen, die er immer selbst nach der Natur gezeichnet hat, vielleicht z.T. aber auch mit dem Hilfsmittel der Photographie im Bild festgehalten hat. Zu seinem Lebensende zog er sich aufs Land nach Groß Schneen bei Göttingen zurück, wo er am 7. Oktober 1893 verstorben ist.

Für das Vorgehen und seine Arbeitsweise mögen die Harburger Arbeiten Geisslers von besonderem Interesse sein. Anfang des Jahres 1854 kam er auf seinen ausgedehnten Reisen auch nach Harburg. In den Harburger Anzeigen vom 7. Januar kündigte der Harburger Pastor Kulemann Geisslers Kommen an und empfahl den Harburgern den Künstler: »Der Portraitmaler Robert Geisler von Hannover wird in den nächsten Tagen hier eintreffen, um Aufträge auszuführen. Gern weise ich empfehlend auf denselben hin, da ich Oelgemälde und Zeichnungen von ihm gesehen habe, die sich durch große Ähnlichkeit wie auch durch Geist und Leben auszeichnen«. Die Portraitmalerei und -zeichnerei war bei solchen Künstlerreisen das »täglich Brot« und sofort bezahlte Arbeit, womit die Reisen und die Unterkünfte finanziert werden konnten, denn die in Lithographie und Holzstich angefertigten Ortsansichten erschienen ja oft lange Zeit später und brachten erst dann Einkünfte. Erstaunlich ist, wie wenig Portraits erhalten geblieben oder nachgewiesen sind.

Noch seltener sind Gemälde Geisslers überliefert. Im April 1854 kündigte der Künstler selbst seinen Aufenthalt in Harburg an: »Robert Geißler, Portraitmaler aus Hannover, beehrt sich seine Anwesenheit anzuzeigen und bezieht sich auf eine frühere, gütige Empfehlung des Herrn Pastor Kulemann. Etwaige Aufträge bitte ich womöglich gleich anmelden zu wollen. Hotel Stadt Lüneburg«. Der Aufenthalt des Künstlers 1854 in Harburg erbrachte auch zwei lithographische Harburger Stadtansichten, die von der Harburger Buchhandlung F. H. W. Reichenau zum Weihnachtsfest 1854 wärmstens empfohlen wurden: »Beide Ansichten sind von Meisterhand gezeichnet, sind unstreitig die schönsten Parthien von Harburg, welche bis jetzt im Druck erschienen und würden sich darum und namentlich für Auswärtige für Harburg sich interessierende Freunde zu Geschenken eignen«. 1997 konnte das Helms-Museum in Harburg einen größeren Restbestand eines dieser Blätter erwerben, dessen Exemplare dann zum 100jährigen Jubiläum des Museums noch einmal den Harburgern angeboten werden konnten.

Gut 30 Jahre nach seinem ersten Aufenthalt weilte Geissler noch einmal in Harburg, das sich in dieser Zeitspanne von einem Landstädtchen zu einem bedeutenden Industriestandort gewandelt hatte, was sich auch in der geänderten Auswahl der Motive widerspiegelt. 1885 erschien in der 1847 in Harburg gegründeten Danckwerts'schen Buchhandlung (K. Schauenburg) ein erster Reiseführer mit dem Titel »Harburg und die nächste Umgegend: Haacke und Emme, Rosengarten, Kleckerwald und Doren«. Beigebunden sind vier Karten und vier getönte Lithographien mit dem Kopftitel HARBURG. Sie sind jeweils signiert: N. d. Nat. v. Rob. Geissler, Berlin / Verlag v. R. Danckwerts, Harburg. Dargestellt sind nun nicht mehr romantische Ansichten der Stadt, sondern Bauten der neuen Zeit: Elbbrücke, Infanteriekaserne, Bürgerschule, Realschule I.O. (= Erster Ordnung). Diese Serie von Harburg-Ansichten entspricht in der ganzen Art den Geissler-Alben von anderen Städten.

Interessant ist in diesem Zusammenhang der Lithographiestein mit den Harburger Ansichten, der die technische Arbeitsweise Geisslers erläutert. Der Stein wurde 1907 dem Helms-Museum vom Geschäftsnachfolger der Danckwerts'schen Buchhandlung geschenkt. Er enthält alle vier Lithographien für die Vedutenserie von Harburg. Die kleinen Tonlithographien wurden also nicht jeweils von einem einzelnen Stein, sondern zu vier Motiven gebündelt von einem großen Stein gedruckt. Die Abzüge wurden dann in vier Einzelblätter zerschnitten. Der Verbleib des Lithographiesteines in Harburg lässt vermuten, dass die Ansichten zwar vom Künstler selbst auf den Stein gezeichnet, möglicherweise aber in Harburg in einer lithographischen Anstalt gedruckt worden sind.

Mit der vorliegenden Publikation ist es dem Autor gelungen, das bislang kaum erforschte Leben und Schaffen eines vielseitigen norddeutschen Künstlers des 19. Jahrhunderts umfassend zu würdigen.

Rüdiger Articus, Hamburg

*In des Teufels Küche.* Autobiografische Aufzeichnungen von Georg Schnath aus den Jahren 1945-1948. Hrs. v. Thomas Vogtherr. Göttingen: Wallstein Verlag 2021. 292 S., 9 sw-Abb. = Veröffentlichungen der Historischen Kommission für Niedersachsen und Bremen Bd. 313. Geb. 29,90 €. ISBN: 978-3-8353-3980-4.

»Der Eintritt in die Partei wurde niemandem zugemutet, Ich selbst vollzog ihn völlig freiwillig unter dem starken Eindruck des Festaktes von Potsdam am 21. März 1933. Denn ich sah in dem Händedruck Adolf Hitlers mit dem greisen Feldmarschall und Reichspräsidenten in gutem Glauben die endgültige Versöhnung zwischen den nationalen und sozialen Komponenten unserer neuen Geschichte. So gehörte ich zu den sogenannten ›Märzgefallenen‹«. Mit diesen Worten beschrieb Georg Schnath (1898-1989) in seinem Beitrag »Eines alten Archivars Erinnerungen an das Staatsarchiv Hannover aus den Jahren 1920 bis 1938« (in: Beiträge zur niedersächsischen Landesgeschichte. Hans Patze zum 65. Geburtstag. Hrsg. v. Dieter Brosius und Martin Last, Hildesheim 1984, S. 454-471, hier S. 470) seine Motive für den Eintritt in die NSDAP. Es folgt in dem – ansonsten sehr lesenswerten – Beitrag eine Reihe von mehr oder weniger amüsanten Anekdoten aus dem Archivarsalltag, die die Zeit des ›Dritten Reiches‹ als eher harmlos erscheinen lassen.

Schnath, 1898 in Hannover geboren, war nach kurzem Wehrdienst ohne Fronteinsatz 1916/17 und Studium 1917 bis 1922 – unterbrochen von zwei Freikorpseinsätzen im Baltikum 1919 und in Thüringen 1920 – in den preußischen Archivdienst eingetreten, hatte nach der Ausbildung zunächst am Brandenburg-Preußischen Hausarchiv in Berlin-Charlottenburg gearbeitet und war 1928 an das Staatsarchiv Hannover versetzt worden, dessen Leiter er 1938 wurde. Im Zweiten Weltkrieg wurde Schnath 1940 Leiter der Gruppe Archivschutz bei der deutschen Militärverwaltung im besetzten Frankreich. Auf dem Heimweg nach der Auflösung seiner Einheit wurde Schnath im Juli 1945 von den Amerikanern verhaftet und blieb bis zum Jahresende 1947 in französischem Gewahrsam. Erst nach Abschluss seiner Entnazifizierung konnte Schnath am 28. Dezember 1948 die Leitung des Staatsarchivs Hannover wieder antreten. 1959 wechselte er aus dem staatlichen Archivdienst auf die mehr oder weniger für ihn geschaffene Professur für Landesgeschichte an der Universität Göttingen, die er bis zu seiner Emeritierung 1967 innehatte.

Die hier veröffentlichten Texte Schnaths, von dem Osnabrücker Historiker Thomas Vogtherr in mustergültiger Weise ediert, stammen aus den ersten Nachkriegsjahren. Im oberbayerischen Bad Wiessee am Westufer des Tegernsees und im niederhessischen Hersfeld verfasste Schnath während der amerikanischen Internierung im Sommer 1945 unter dem Titel »Blick von den Bergen« eine »Zeitdiagnose« (S. 53-130). Die Erlebnisse und Gedanken, die ihn während der zunächst erneuten amerikanischen, dann französischen Internierungshaft (1945-1947) bewegten, fasste er in einem umfangreichen Text mit dem sprechenden Titel »In des Teufels Küche« zusammen (S. 131-252). In der Zeit vom Mai 1947 bis zum Januar 1948, während der Schnath im Pariser Militärgefängnis Cherche Midi auf seinen Prozess als Kriegsverbrecher wartete, erstellte er in lockerer Folge sogenannte »Lagebetrachtungen« (S. 253-280). Ein aus 66 Knittelversen bestehendes Gedicht mit dem Titel »Wanzenballade« aus dem Juni 1947, eines von mehr als 50 von Schnath während dieser Jahre verfassten Gedichte, ist schließlich als Beigabe zu sehen (S. 281f.).

Die Möglichkeit, die Vielzahl der in den hier publizierten Texten versammelten Aspekte im Rahmen einer Buchbesprechung angemessen anzusprechen, stösst angesichts des zur Verfügung stehenden Platzes rasch auf Grenzen. Deshalb sollen im Folgenden nur einige dem Rezensenten besonders bemerkenswert erscheinende Aspekte angesprochen werden.

In der Zeitdiagnose »Blick von den Bergen« aus dem Sommer 1945 unternimmt Schnath den Versuch, »unser allgemeines Geschick und mein persönliches Los zu bedenken«, wobei die allgemeinen Betrachtungen allerdings deutlich überwogen (S. 53). Befremdlich wirken Schnaths Versuche, den Nationalsozialismus und die Person Adolf Hitler zu rechtfertigen bzw. zu verteidigen. »Überzeugungen, die eine ganze Nation mit solch eindrucksvoller Geschlossenheit ergreifen und durchdringen wie der Nationalsozialismus in jenen Jahren des ersten hoffnungsvollen Anlaufs das deutsche Volk, können« – so Schnaths Ansicht – »nicht auf Grund falscher Irrlehre oder teuflischem Betrug beruhen« (S. 68). Diese Worte, niedergeschrieben wenige Wochen nach dem Ende des vom nationalsozialistischen Deutschland begonnenen Krieges von nie gekannter Zerstörungskraft und nie geahnter Unmenschlichkeit, befremden. Die Verantwortung des Nationalsozialismus für den verbrecherischen Krieg allerdings wird negiert durch fortwährende Hinweise, wonach der Nationalsozialismus die einzige Alternative gegen »das drohende Gespenst des Kommunismus« gewesen sei (S. 67). Wenn Schnath selber gelegentlich von der »Phraseologie des Nationalsozialismus« spricht (S. 56), so zeigt die Lektüre seiner hier edierten Texte, dass er selbst ihr – unbewusst? – erliegt.

Hinsichtlich der Person Hitlers legt Schnath dar: »Für eine historische gerechte Wägung und Wertung des Mannes und seines Werkes ist der Tag noch nicht gekommen, ja sie ist zu keinem Zeitpunkt weniger möglich als in diesem Augenblick, da Fluten des Hasses und des Abscheus über seinem Grabe zusammenschlagen« (S. 65). Und als ernst gemeintes Argument trägt Schnath vor: »Unter dem Ansog zielklarer staatlicher Arbeitsbeschaffungsmaßnahmen (Autobahnen) erholte sich die Wirtschaft von der tiefen Depression der Jahre 1930-32 und nahm einen ungeahnten Aufschwung« (S. 69). Schlagworte wie »volksbiologische Gesundung« ebenso wie Sätze wie »Von den Bühnen und aus dem Schrifttum verschwand mit dem bis dahin herrschenden jüdischen

Einfluß die Vergiftung und Zersetzung, die auf allen Gebieten des geistigen Lebens seit 1919 ins Kraut geschossen war« (beides S. 70) legen den nachwirkenden Antisemitismus des Verfassers offen zutage.

Die Rolle des ›Dritten Reiches‹ als ausschließlicher Aggressor wird negiert und den Siegermächten des Ersten Weltkriegs eine deutliche Mitverantwortung für den Kriegsausbruch im September 1939 zugewiesen: »Die Propaganda der Siegermächte war und ist bemüht, den Krieg von 1939 als einen planmässigen Überfall der Nazis und Faschisten auf die friedliebende übrige Welt hinzustellen [...] Eine derartige Vergröberung der Verantwortlichkeiten [...] wird den historischen Tatsachen ebensowenig gerecht wie der berüchtigte Schuldspruch von Versailles« (S. 71). Denn dass Deutschland »früher oder später um seine Daseinsrolle würde kämpfen müssen, wurde umso klarer, je höher der Haß und die Hetze gegen die neue Regierungs- und Lebensform des deutschen Volkes und gegen seine Erfolge im feindlichen Ausland emporloderten« (S. 72).

Immerhin konstatiert Schnath, dass die »verhängnisvolle Entwicklung« Nazi-Deutschlands »zum Unrechts-Staat«, der im »totalen Kriegseinsatz« schließlich die Methoden der »kriegsmäßigen Bedrückung und Unterdrückung des eigenen Volkes« verschärfte, »schon in den ersten Jahren nach der Machtergreifung eingesetzt« hatte (S. 82 f. und S. 90).

Der Antisemitismus war nach Schnath »nicht erst im Dritten Reich [...] eine im Grunde gesunde Reaktion des deutschen Volkes gegen die Gifte, die von und aus den übermässigen Einflüssen des Judentums auf unsere wirtschaftliche, geistige und politische Welt wirkten« (S. 99). Die Konsequenz aus einer solchen Geisteshaltung erschließt sich dem Verfasser selbst augenscheinlich überhaupt nicht, wenn er nur wenige Seiten später die Ermordung von Millionen deutscher und europäischer Juden als »menschenunwürdige[n] Ausrottungsprozess, der, den Blicken der deutschen Öffentlichkeit verborgen, um so entsetzlicher vor die Augen und Ohren der ganzen Welt getreten ist«, beschreibt (S. 100).

Die Aufzeichnungen »In des Teufels Küche« über die Jahre der Internierung und Kriegsgefangenschaft 1945 bis 1947 besitzen sehr viel größeren autobiografischen Charakter. Sie weisen einen systematischen Aufbau nach Stichpunkten auf – Lagervolk, Behandlung und Bewachung, Unterkünfte usw. – und wurden zum Teil noch im Juni / Juli 1947, zum Teil zeitnah, aber doch erst nach Schnaths Rückkehr nach Hannover verfasst. Hier philosophiert der sich keiner Schuld bewusste Autor darüber, wer wohl hinter seiner Inhaftierung stecken mag; »die wohl einzige Stelle, die allenfalls ein Recht und genügend Urteilsfähigkeit dafür gehabt hätte, die französische Staatsarchivverwaltung«, war es jedenfalls nicht. Den Vorwurf, sich am Kunstraub in den besetzten Gebieten beteiligt zu haben, weist Schnath entschieden zurück (S. 136). Die von ihm dabei eingenommene Märtyrerpose (»Einstehen für Wahrheit und Recht«) wirkt zwar aufgesetzt, ist aber als authentisch anzunehmen (S. 137).

Die Anschuldigungen, wegen derer Schnath und seine Schicksalsgenossen inhaftiert waren, werden von ihm zumeist als falsch oder zumindest »grotesk aufgebauschte Bagatellsachen« deklariert (S. 244). Reich sind die Aufzeichnungen an Informationen über seine Mitgefangenen. Auffällig sind die Vergleiche zwischen den Haftbedingungen in den Internierungslagern der alliierten Siegermächte und denen in den deutschen Konzentrationslagern, die sofort wieder die Frage nach der zeitigen Mitwisserschaft aufwirft: »Eine menschliche Entwürdigung und Erniedrigung beim Eintritt in die Haft war in einer den KL's vergleichbaren Weise nur bei der Aufnahme in französische Strafanstalten [...] zu verzeichnen« (S. 139).

Die »Lageberichte« aus dem Pariser Militärgefängnis Cherche Midi wiederum unterrichten – in unregelmäßigen Abständen – über den Zeitraum vom Mai 1947 bis Dezember 1947 (S. 253-280). Sie enden mit dem – von Schnath selbst entworfenen – Schlussbericht seines Pariser Anwalts. Schnath berichtet hier vorwiegend über seine persönlichen Verhältnisse und über den Stand seines Verfahrens. In der Haft fand er die Muße zur wissenschaftlichen Arbeit: Er verfasste einen biografischen Beitrag über seinen akademischen Lehrer Karl Brandi für die »Niedersächsischen Lebensbilder« und seine Jugenderinnerungen über das Leben in der Stadt Hannover zu Beginn des 20. Jahrhunderts (veröffentlicht 1998 unter dem Titel »Das Alte Haus«, S. 262 und S. 271).

Charakteristisch für die hier veröffentlichten Aufzeichnungen ist der Zweifel an der Fähigkeit des besiegten deutschen Volkes, die Aufgaben der Zukunft zu meistern. Zumal die deutsche Kultur, die für Schnath das Herzstück der abendländischen Kultur ist, dem Untergang geweiht ist: »Es mag dahin kommen, daß die deutsche Baukunst in einer gigantisch-primitiven Technik, die Stimme unserer Dichtung im Maschinengerassel und die Klangwelt Mozarts und Beethovens in Neger- und Jazzmusik untergehen« (S. 125).

Auch auf administrativem und kulturellem Gebiet sieht Schnath schwarz: Der Wiederaufbau von Staalichkeit im besiegten Deutschland werde von den Besatzungsmächten diktiert werden. »Der Staat wird wird jahrelang für nichts anderes sorgen können als für Obdach und Brot der verzweifelten deutschen Bevölkerung, in der alle hungern und frieren müssen« – zu Lasten der Kultur. »Eine leistungsfähige Verwaltung und eine blühende Wissenschaft wird es im zukünftigen Deutschland nicht geben« (S. 122 f.). Ähnlich sieht Schnath es konkret für seine Dienststelle, das Staatsarchiv Hannover, bei der er von vornherein davon ausgeht, dass für die anstehenden Aufgaben – Wiederaufstellung, Neuordnung und Neuerschließung der in ein neues Dienstgebäude überführten Bestände – die erforderlichen Arbeitskräfte nicht bereitgestellt werden (S. 128 f.). Die Aussichten gipfeln in der Frage: »Hat es überhaupt noch einen Sinn zu leben?« (S. 122). Die aus der Sicht der ersten Nachkriegsjahre vielleicht nachvollziehbare Pessimistik wurde – wie wir wissen – durch den Aufschwung der folgenden Jahrzehnte nicht bestätigt.

Auffällig ist, dass angesichts der Träume des Verfassers von seiner »Arbeitsstätte, das Staatsarchiv Hannover« und von der Arbeit mit seinen »alten Berufskollegen« (S. 250 f.) diese – namentlich Richard Drögereit, Rudolf Grieser, Günther Möhlmann, Theodor Ulrich – in den Texten überhaupt nicht vorkommen. Auch der Generaldirektor der preußischen Staatsarchive, Ernst Zipfel (1891-1966), oder andere Berufskollegen werden kaum oder gar nicht erwähnt. Lediglich der Direktor der Französischen Archive, Charles Samaran (1879-1982), von dem Schnath sich Entlastung in seinem Kriegsverbrecherverfahren erhofft, spielt immerhin in den »Lageberichten« eine Rolle.

Die Ambivalenz der in den hier publizierten autobiografischen Texten dargebotenen Weltsicht lässt sich an einem Beispiel verdeutlichen: »So schwach ich auch die Glaubensimpulse der christlichen Lehre in mir selber wirksam fühle« (S. 100), so sehr dankt Schnath doch »dem gütigen Gott, der mir in mancher Gefahr Leben, Gesundheit, geistige Frische und Arbeitskraft erhielt« (S. 128). Der Autor ist angesichts seiner in Trümmern liegenden Welt und ohne die Hoffnung, dass diese jemals wiedererstehen könnte, auf das Äußerste erregt und bis ins Mark getroffen.

Auffällig war es schon immer, dass im Jahr 1938 die Leitung eines der drei größten preußischen Staatsarchive einem noch nicht einmal 40-jährigen Archivar anvertraut worden ist. Erklärt wurde dies stets mit der besonderen Befähigung Schnaths, der verständlicherweise selbst keinerlei Anstalten machte, diese Sichtweise zu korrigieren. Nach der Lektüre der in dem hier zu besprechenden Band versammelten Ego-Zeugnisse ist allerdings wohl bis auf Weiteres von der Gegenthese auszugehen, nämlich dass der nationalsozialistische Generaldirektor Zipfel die Leitung des Staatsarchivs Hannover einem noch jungen, aber unbedingt linientreuen Gefolgsmann übertrug, der nach 1945 nichts Eiligeres zu tun hatte, als sich von ihm mit zum Teil öffentlich zur Schau getragener Entrüstung (vgl. Schnath, Eines alten Archivars Erinnerungen, S. 471) zu distanzieren.

Für die Publikation der einschlägigen Quellentexte, die eine Neubewertung der für die niedersächsische Landesgeschichte so zentralen Persönlichkeit Georg Schnath zwingend erforderlich machen, sei dem Herausgeber Thomas Vogtherr ausdrücklich gedankt. Wer auf Grund des bisherigen Kenntnisstands der Ansicht war, bei Schnath habe es sich um einen gutwilligen, durch den Nationalsozialismus aber irregeführten konservativen Menschen gehandelt, wird durch die Lektüre der in dem hier zu besprechenden Band versammelten Texte zweifellos eines Besseren belehrt. Es bleibt zu hoffen, dass Schnaths autobiografische Aufzeichnungen der Erforschung der Geschichte der niedersächsischen Archive während der Zeit des Nationalsozialismus neue Impulse geben mögen.

Christian HOFFMANN, Hannover

# NACHRICHTEN

## HISTORISCHE KOMMISSION FÜR NIEDERSACHSEN UND BREMEN

## Jahrestagung vom 17. bis 18. Juni 2022 in Cuxhaven

### 1. Bericht über die Jahrestagung[1]

Die diesjährige Mitgliederversammlung und Jahrestagung der Historischen Kommission für Niedersachsen und Bremen fand am 17. und 18. Juni 2022 unter dem Thema *Aspekte des Kolonialen in der Geschichte von Niedersachsen und Bremen* in Cuxhaven statt. Die wachsende Aufmerksamkeit für Themen der Kolonialgeschichte in Deutschland veranlasste auch die Historische Kommission für Niedersachsen und Bremen, mit ihrer Jahrestagung 2022 einen landesgeschichtlichen Beitrag zu der vielerorts intensivierten Debatte zu leisten. Diese Tagung war in drei Sektionen unterteilt. In den ersten beiden Sektionen wurde die Kolonialgeschichte als Gegenstand der Landesgeschichte Nordwestdeutschlands bis in die zweite Hälfte des 19. Jahrhunderts sowie in der Zeit des deutschen Kolonialreiches betrachtet. In der dritten Sektion fanden sich Impulsreferate zum erinnerungskulturellen Umgang mit dem kolonialen Erbe. Weiterhin fand am Abend des 17. Juni 2022 in der Cuxhavener Stadthalle Kugelbake eine Podiumsdiskussion unter ausgewiesenen Expertinnen und Experten statt.

Bei seiner Begrüßung betonten der Vorsitzende der Kommission Henning STEINFÜHRER (Braunschweig) sowie die Bürgermeisterin Silke KARALLUS (Cuxhaven) die Aktualität und Relevanz des kolonialgeschichtlichen Diskurses aus der landes- sowie stadthistorischen Perspektive, beispielsweise bei der Umbenennung von Straßen.

In seinem Eröffnungsvortrag gab Yves SCHUMACHER (Zürich) einen Einblick in die als fremd wahrgenommenen Welten an nordwestdeutschen Höfen der Frühen Neuzeit.

---

[1] Der Tagungsbericht ist online publiziert in: H-Soz-Kult, https://www.hsozkult.de/event/id/event-117730.

Schumacher zeigte anhand exemplarischer Beispiele die rechtsungleiche Behandlung der dunkelhäutigen Dienerinnen und Diener auf und verdeutlichte, dass der »Sklavenstatus« nicht mit Betreten des Alten Reichs oder durch die Taufe automatisch aufgehoben wurde.

Stephanie HABERER (Hannover) befasste sich vor dem Hintergrund der Personalunion zwischen Großbritannien und Hannover mit der Beteiligung hannoverscher Truppen an der britischen Eroberung Indiens im späten 18. Jahrhundert. Nach einer Einführung in den historischen Kontext und die Rolle der *East India Company* erläuterte Haberer die Entsendung der zwei neu errichteten Regimenter nach Südindien und ihre Beteiligung am Zweiten und Dritten Mysore-Krieg (1782-1784/1789-1792). Anschließend bot die Referentin einen Einblick in den Stand der Forschung sowie die Überlieferungslage insbesondere in der Abteilung Hannover des Niedersächsischen Landesarchivs. Haberer betonte den niedrigschwelligen Zugang zu den überlieferten Quellen anhand von jüngeren Editionen und digitalen Angeboten.

Thorsten HEESE (Osnabrück) beleuchtete die wirtschaftlichen Überseebeziehungen Osnabrücks von der Frühen Neuzeit bis zur Hochphase des Kolonialimperialismus. Osnabrück war in der Frühen Neuzeit eng mit dem kolonialen Dreieckshandel verflochten, und das Osnabrücker Leinen (*osnabrughs*) wurde wegen seiner Strapazierfähigkeit für die Arbeitskleidung Versklavter auf den Plantagen der Karibik und in Amerika hoch gehandelt. Heese zeigte, dass die Osnabrücker Wirtschaft in der Kaiserzeit überzogene ökonomische Hoffnungen hegte und trotz der nationalistisch übersteigerten Kolonialpropaganda an die frühere wirtschaftliche Blüte nicht anknüpfen konnte.

Sarah LENTZ und Jasper HAGEDORN (Bremen) schlossen die erste Sektion mit ihrem Vortrag über die Verflechtungen Bremens mit der atlantischen Versklavtenwirtschaft im 18. und 19. Jahrhundert. So zeigte Lentz beispielhaft anhand der Auswertung der Schiffslisten der niederländischen *Middelburgischen Commercie Companie*, dass aus Bremen stammende Seeleute auf Versklavtenhandelsschiffen an der Verschleppung von tausenden Menschen beteiligt waren. Hagedorns Untersuchung von Bremer Kaufleuten auf der dänischen Karibikinsel St. Thomas ergab weiterhin, dass alle in den dortigen Steuermatrikeln eingetragenen Bremer versklavte Menschen »besaßen«. Beide Referenten machten deutlich, dass diese Tiefenbohrungen nur die Spitze des Eisberges darlegen und die Notwendigkeit weiterer Forschung zur deutschen Verstrickung in atlantische Sklaverei und den Versklavtenhandel belegen.

Am Abend des ersten Veranstaltungstages fand in der Stadthalle Kugelbake in Cuxhaven eine öffentliche Podiumsdiskussion unter dem Titel: »Kolonialgeschichte – ein Teil der Landesgeschichte Nordwestdeutschlands?« statt. Unter der Moderation von Jochen OLTMER (Osnabrück) diskutierten als ausgewiesene Expertinnen und Experten Brigitte REINWALD (Hannover), Johanna BLOKKER (Cottbus) und Appolinaire A. APETOR-KOFFI (Bremen). Reinwald unterstrich, dass die Kolonialgeschichte ohne Frage ein Teil unserer Landesgeschichte sei, jedoch verdeutliche das gegenwärtige Unwissen, beispielsweise über Widerstandsdenkmäler in Tansania, die Unsichtbarkeit der vielfältigen Verflechtungen.

Bezüglich der Frage, ob Kolonialdenkmäler aus dem städtischen Raum entfernt werden sollten, argumentierte Blokker aus denkmalpflegerischer Perspektive, dass deren Entfernung einer Löschung von Lernerfahrungen gleichkomme und daher mit dem Verlust einer demokratischen Auseinandersetzung mit Unrechtsgeschichte gleichzusetzen sei. Apetor-Koffi erweiterte den Blickwinkel auf die Kolonialgeschichte als einem mit Traumata besetzten Thema. Den einst als »Kolonialhelden« gefeierten Verbrechern dürfe kein erinnerungskultureller Raum mehr geschenkt werden. Weiterhin verdeutlichte Apetor-Koffi, dass die koloniale Verflechtung und ihre historische Vermittlung einen multiperspektivischen Zugang bedürfen, wofür erst die Eröffnung von Räumen wie dieser Tagung erforderlich ist.

Der zweite Tag der Jahrestagung wurde nach der vormittäglichen Mitgliederversammlung von Tobias GOEBEL (Bremerhaven) mit seinem Vortrag über die maritime Infrastruktur des Norddeutschen Lloyd und seine Sammlernetzwerke in der deutschen Kolonialzeit eröffnet. Die Norddeutsche Lloyd spielt als eine der größten Reedereien des Deutschen Kaiserreichs eine wichtige Rolle im Ausstellungs- und Forschungsprogramm des Deutschen Schifffahrtsmuseums.[2] Goebel hinterfragte die Rolle der Reedereien, die diese während des Kaiserreichs bei der Entstehung von Museumssammlungen einnahmen.

In der dritten Sektion zum Thema »Koloniales Erbe und Erinnerungskultur« sprach Claudia ANDRATSCHKE (Hannover) über das von der Volkswagenstiftung finanzierte PAESE-Projekt.[3] In insgesamt acht Teilprojekten werden ausgewählte Bestände der größten Sammlungen in Niedersachsen in Braunschweig, Göttingen, Hannover, Hildesheim und Oldenburg gemeinsam mit Kolleginnen und Kollegen an niedersächsischen Universitäten sowie im multiperspektivischen Austausch mit Expertinnen und Experten aus den Herkunftsregionen in Kamerun, Namibia, Tansania, Papua Neuguinea und Australien untersucht. Das PAESE-Projekt verfolgt die Ziele, die Grundlagenforschung zu Erwerbswegen von ethnografischen Sammlungen aus kolonialen Kontexten in Niedersachsen, die Vernetzung und Kooperation mit Vertreterinnen und Vertretern der Herkunftsregionen und die transparente Veröffentlichung der erforschten Bestände und Forschungsergebnisse voranzutreiben. Die im Verbund entwickelte PAESE-Datenbank[4] bildet eine Voraussetzung für die Teilnahme der PAESE-Einrichtungen an der Pilotphase der »3 Wege-Strategie« von Bund und Ländern.

Peter JOCH (Braunschweig) stellte daraufhin vor, wie sich im Rahmen des PAESE-Projektes der transkontinentale Dialog am Städtischen Museum Braunschweig etablierte. Im Zentrum seines Vortrages standen Erfahrungen aus den Rückgaben von

---

2 Vgl. https://nachrichten.idw-online.de/2021/03/02/dsm-forscht-zur-kolonialgeschichte-des-norddeutschen-lloyds/.

3 Vgl. Projekt »Provenienzforschung in außereuropäischen Sammlungen und der Ethnologie in Niedersachsen« – https://www.postcolonial-provenance-research.com/.

4 Vgl. https://www.postcolonial-provenance-research.com/datenbank/.

konkreten Objekten aus ethnologischen Sammlungen, die nach ihrer Identifizierung und teilweise Entmystifizierung erfolgt waren.

Jana STOKLASA (Hannover) berichtete über Spuren von Kolonialgeschichte in niedersächsischen Archiven anhand von ausgewählten Quellenbeständen der Abteilungen Hannover und Bückeburg des niedersächsischen Landesarchivs sowie des Universitätsarchivs Hannover. Sie verwies auf die Forschungslücke bezüglich kolonialrevisionistischer Aktivitäten während der NS-Zeit anhand ausgewählter Beispiele im hannoverschen Stadtraum, wie dem Göring-Kolonialhaus. Im Rahmen ihrer Auseinandersetzung mit den Quellen schlussfolgerte Stoklasa, dass bei der Erforschung von Kolonialgeschichte als einer Verflechtungsgeschichte ebenso die Tradierungen und Überlieferungen von Nachkommen in den sogenannten Herkunftsländern einzubeziehen sind, um nicht ausschließlich eurozentrische Perspektiven zu reproduzieren.

Das abschließende Referat von Henning STEINFÜHRER war dem erinnerungspolitischen Umgang mit dem 1925 errichteten Braunschweiger Kolonialdenkmal gewidmet, das seit den 1960er Jahren regelmäßig im Zentrum lokalhistorischer Debatten steht.

Im Rahmen der Tagung wurde deutlich, dass im Zusammenhang mit der Erforschung von (deutscher) Kolonialgeschichte insgesamt von einer strukturellen Ungleichheit oder, wie Andratschke es bezeichnete, von einer Asymmetrie des Kolonialismus gesprochen werden kann. Diese ergibt sich aus der Fokussierung auf hiesige Kolonialakteure und ihre Aktivitäten sowie aus der mangelnden Einbeziehung von Tradierungen und Überlieferungsformen in den sogenannten Herkunftsländern. Angesichts des für die koloniale Verflechtungsgeschichte bezeichnenden Clashs von Kulturen wurde in den Debatten deutlich, dass die Notwendigkeit eines multiperspektivischen Zugangs besteht, um über einseitige Betrachtungen aus der Perspektive der »Eroberer« hinauszugelangen. Heese betonte weiterhin, dass die Selbstverständlichkeit von Kolonialismus sowie die Verschränkungen mit Alltagsformen und damit auch die sprachliche Dimension zu beachten seien. Die Vielfalt der Beiträge warf einige Schlaglichter auf verschiedene Aspekte des Kolonialen in der niedersächsischen und bremischen Landesgeschichte und eröffnete neue Räume für Diskussionen.

Die Herausgabe eines Tagungsbandes unter dem Titel »Aspekte des Kolonialen in der Geschichte von Niedersachsen und Bremen« ist vorgesehen.

Jana STOKLASA, Hannover

## 2. Bericht über die Mitgliederversammlung; Jahresbericht

Die Mitgliederversammlung fand am Sonnabend, 18. Juni 2022, im Schloss Ritzebüttel in Cuxhaven statt. Der Vorsitzende Dr. Henning Steinführer (Braunschweig) eröffnete die Versammlung (TOP 1), stellte die fristgemäße Einladung und durch Augenschein die Beschlussfähigkeit fest. Nach Ausweis der Teilnehmerlisten waren 32 Mitglieder und Patrone bzw. Vertreter von Patronen anwesend, die insgesamt 49 Stimmen führten. Änderungen der Tagesordnung wurden nicht gewünscht. Die Anwesenden erhoben sich zur Ehrung der verstorbenen Mitglieder Dr. Christian Moßig (25.1.2022), Dr. Wilfried Ehbrecht (30.1.2022) und Prof. Dr. Dr. Diedrich Saalfeld (12.5.2022). Die Historische Kommission wird das Andenken an die Verstorbenen in Ehren halten.

Anschließend erstattete der Vorsitzende den Jahres- und der Schatzmeister Michael Heinrich Schormann (Hannover) den Kassenbericht für das Jahr 2021 (TOP 2).

Die Jahrestagung und die ordentliche Mitgliederversammlung unterlag coronabedingt folgenden Änderungen. Die vom Jahr 2020 in das Berichtsjahr 2021 verschobene und für Osnabrück vorgesehene Jahrestagung fand am 11. Juni virtuell statt. Davon abgekoppelt wurde die Mitgliederversammlung, die am 22. November 2021 in der Neustädter Kirche in Hannover abgehalten wurde.

Herr Steinführer berichtete über das von der Historischen Kommission in Zusammenarbeit mit mehreren Universitäten, Bibliotheken und Archiven geplante Projekt »Digitales Portal der Landesgeschichte in Niedersachsen und Bremen«, das der wissenschaftlichen Forschung, der schulischen Bildung, der Erinnerungskultur und der interessierten Öffentlichkeit neue Zugänge zu den weiten geschichtlichen Themenfeldern bieten soll. Dieses Anliegen wird Mitte des Jahres den Regierungen und Landtagen beider Länder vorgestellt werden.

Herr Steinführer berichtete weiterhin über den von der Stiftung Niedersachsen dotierten Preis für niedersächsische Landesgeschichte, der 2021 an Malte de Vries für seine Dissertation »Die Implementation der Reformation in Braunschweig (1528-1599)« (Vandenhoeck & Ruprecht 2021) verliehen wurde. Mit Blick auf ein flexibleres Bewerbungsverfahren für diesen Preis möchte Herr Steinführer das Gespräch mit der Stiftung Niedersachsen suchen.

Der Vorsitzende dankte der Geschäftsstelle für die routinierte und gewohnt gute Organisation der Finanzen der Historischen Kommission.

Der Schatzmeister erläuterte daraufhin den Kassenbericht für das Haushalts- bzw. Rechnungsjahr 2021 anhand der tabellarischen Übersichten, die den Mitgliedern und Patronen mit der Einladung zur Mitgliederversammlung zugegangen sind. Einnahmen in Höhe von 166.846,48 € standen Ausgaben in Höhe von 166.348,32 € gegenüber. Der Kassenstand wies folglich zum Jahresende ein Guthaben in Höhe von insgesamt 498,16 € auf. Die Ausgaben wurden überwiegend für Projekte und an zweiter Stelle für das Personal getätigt.

In den Haushalt 2021 sind zweckgebundene Fördermittel Dritter eingegangen: 20.500 Euro für das Pro*Niedersachsen-Projekt »Who was who in Wolfenbüttel?«.

Zudem hat die Stiftung Niedersachsen den Preis für niedersächsische Landesgeschichte mit 5.000 Euro dotiert.

Die Kassenprüfung erfolgte am 28. April 2022 durch die Herren Dr. Thomas Franke (Wennigsen) und Prof. Dr. Hans Otte (Hannover) und ergab keine Beanstandungen. Herr Otte beantragte demzufolge die Entlastung des Vorstandes (TOP 3). Die Mitgliederversammlung gewährte die Entlastung ohne Gegenstimme bei Stimmenthaltung des Vorstands.

Die nun anstehenden Wahlen (TOP 4) wurden moderiert von Prof. Dr. Gerd Steinwascher (Oldenburg) und unterstützt von Frau Petra Diestelmann, Frau Dr. des. Jana Stoklasa und Frau Regina Süßner (alle Hannover).

Die Amtszeit des Geschäftsführers Dr. Hendrik Weingarten (Hannover) war turnusmäßig abgelaufen. Der Geschäftsführer stand für eine Wiederwahl nicht zur Verfügung. Der Ausschuss hat zur Wahl als Geschäftsführer Dr. Jörg Voigt (Hannover) vorgeschlagen. Weitere Kandidaten wurden nicht nominiert.

Die Amtszeit des Schatzmeisters Michael Heinrich Schormann M.A. (Hannover) war turnusmäßig abgelaufen. Der Schatzmeister stand für eine Wiederwahl zur Verfügung und wurde dazu vom Ausschuss vorgeschlagen. Weitere Kandidaten wurden nicht nominiert.

Die Amtszeit der Ausschussmitglieder Dr. Brage Bei der Wieden (Wolfenbüttel), Dr. Stefan Brüdermann (Bückeburg), Prof. Dr. Dagmar Freist (Oldenburg), Prof. Dr. Dietmar von Reeken (Oldenburg) und Dr. Paul Weßels (Aurich) war turnusmäßig abgelaufen. Bis auf Frau Prof. Freist standen die bisherigen Mitglieder für eine Wiederwahl zur Verfügung und wurden dazu vom Ausschuss vorgeschlagen, ebenso wie Dr. Nicolas Rügge (Hannover). Weitere Kandidaten wurden nicht nominiert.

Für die Zuwahl als wissenschaftliche Mitglieder waren vom Ausschuss vorgeschlagen: Dr. Elke Gryglewski (Vorschlag: Henning Steinführer), Dr. Philip Haas (Henning Steinführer), Dr. Maria Hermes-Wladarsch (Konrad Elmshäuser) und Dr. Martin Schürrer (Sabine Graf). Alle Kandidaten waren durch die den Mitgliedern und Patronen vorab mitgeteilten biographischen Informationen genügend charakterisiert, sodass von einer weitergehenden Vorstellung abgesehen werden konnte. Die Mitglieder und Patrone stimmten in geheimer Stimmabgabe für die Zuwahl der genannten Kandidaten.

Es folgten die Berichte der Arbeitskreise (TOP 5) über den Zeitraum seit der letzten Jahrestagung. Der Geschäftsführer berichtete, dass sich die Situation des Arbeitskreises »Wirtschafts- und Sozialgeschichte« seit der letzten Versammlung nicht geändert hat. Über die weitere Entwicklung soll beraten werden, sobald die Pandemielage dies sinnvoll zulässt.

Für den Arbeitskreis »Geschichte des 19. und 20. Jahrhunderts« berichtete der Vorsitzende, dass der Arbeitskreis am 12. März 2022 im ZeitZentrum Zivilcourage in Hannover in Präsenz getagt hat. Thema war die Besatzungszeit in Norddeutschland. Für November 2022 ist dort erneut eine Tagung geplant, Thema werden die Displaced Persons in Niedersachsen und Bremen sein. Dann soll auch das neue Sprecherteam eingeführt werden.

Das Sprecherteam des Arbeitskreises »Geschichte der Juden« war nicht vor Ort. PD Dr. Frank Wolff erstattete schriftlich Bericht: Coronabedingt musste der im Frühjahr geplante Autorenworkshop erneut verschoben werden. Im Rahmen der »Woche der Brüderlichkeit 2022« kooperierte der AK mit der Gesellschaft für Christlich-Jüdische Zusammenarbeit in Osnabrück. Rabbiner Prof. Dr. Andreas Nachama stellte sein neues Buch »12 Jahre – 3 Monate – 8 Tage« vor. Die Veranstaltung, war mit ca. 70 Gästen sehr gut besucht. Besonders erfreulich war die heterogene Zusammensetzung des Publikums. Geplant ist eine Folgeveranstaltung zur Wirkungsgeschichte von Hannah Arendt. Für den Spätsommer bzw. frühen Herbst ist eine Jahrestagung geplant. Kooperiert wird mit der Forschungsstelle Bet Tfila – Forschungsstelle für jüdische Architektur in Europa der TU Braunschweig und dem Landesamt für Denkmalpflege in Hannover (Veranstaltungsort); der Arbeitstitel lautet »Jüdische Topographien in der Landesgeschichte«.

Für den Arbeitskreis »Geschichte des Mittelalters« berichtete die stellvertretende Sprecherin Dr. Julia Kahleyß über die digital durchgeführte Veranstaltung am 3. Dezember 2021. Schwerpunkt waren digitale Editionen. Die insgesamt abnehmende Zahl mediävistischer Dissertationen erschwert die Gewinnung von Referentinnen und Referenten für die Veranstaltungen des Arbeitskreises. Eine Befragung der AK-Mitglieder ergab eine breite Mehrheit für hybride Tagungen (statt ausschließlich virtuell oder in Präsenz). Dies soll aufgegriffen werden, die nächste Veranstaltung soll am 8. Oktober 2022 im NLA in Hannover hybrid stattfinden. Für 2023 ist eine Tagung zum Quedlinburger Rezess 1523 in Göttingen geplant.

Die stellvertretende Vorsitzende berichtete für den Arbeitskreis »Frühe Neuzeit«, dass die Herbsttagung am 3. Dezember 2021 zum Thema Objekte der Aufklärung virtuell stattgefunden hat. Am 11. März 2022 ist die Neuwahl des Sprecherteams erfolgt. Neu gewählt wurden als Sprecher Prof. Dr. Marian Füssel (Uni Göttingen), als stellvertretende Sprecherin Dr. Stefanie Freyer (Klassik Stiftung Weimar) und als Schriftführerin Dr. Sandra Donner (Museum Wolfenbüttel). Für den 4. November 2022 ist eine Veranstaltung im NLA in Hannover zum Bauernkrieg geplant: Bauern im Konflikt. Land – Eigentum – Gewalt (16. Jh.). Die Mitgliederversammlung bestätigte die Wahl des Sprecherteams des Arbeitskreises einstimmig.

Der Vorsitzende dankte abschließend allen, die sich in den Arbeitskreisen der HiKo engagieren sowie auch dem Niedersächsischen Landesarchiv und der Moderhack-Stiftung für die umfassende Unterstützung.

An Veröffentlichungen sind im Berichtsjahr erschienen:

1. Niedersächsisches Jahrbuch für Landesgeschichte
Band 93 (2021) ist zum Jahresende ausgeliefert worden. Er enthält aufgrund der verschobenen Jahrestagung 2020 keine Vorträge, dennoch ist ein breites Spektrum mit Beiträgen von der Frühneuzeit bis zur Nachkriegszeit entstanden.

2. Veröffentlichungsreihe
In der Veröffentlichungsreihe der Kommission sind im Berichtsjahr folgende Werke erschienen:

Bd. 302: Brigide Schwarz, Alle Wege führen über Rom. Beziehungsgeflecht und Karrieren von Klerikern aus Hannover im Spätmittelalter.

Bd. 308: Barbara Scheuermann, Ulrich Scheuermann (Hg.), Briefe und Schriften des jungen Karl Goedeke.

Bd. 313: Thomas Vogtherr (Hg.), In des Teufels Küche. Autobiografische Aufzeichnungen von Georg Schnath aus den Jahren 1945-1948.

Bd. 314: Henning Steinführer, Gerd Steinwascher (Hg.), Geschichte und Erinnerung in Niedersachsen und Bremen. 75 Erinnerungsorte.

Zu den neu eingereichten Arbeiten und laufenden Projekten (TOP 6) konnte der Geschäftsführer mitteilen, dass – teils vorbehaltlich letzter Überarbeitungen – folgende Manuskripte im Berichtsjahr zum Druck in der Veröffentlichungsreihe der Kommission angenommen worden sind:

Horst-Rüdiger Jarck (Bearb.), Urkundenbuch Riddagshausen. Dieses Werk soll am 24. September 2022 im Kloster gemeinsam mit der Stiftung Braunschweiger Kulturbesitz und dem Braunschweigischen Geschichtsverein vorgestellt werden.

Ingo Schwab (Bearb.), Urkundenbuch Bardowick.

Otto Merker (+), Die Entwicklung des Leinengewerbes im Süden des kurhannoverschen Staates 1660-1870 (bearb. von Christian Hoffmann).

Dann gab Herr Steinwascher die inzwischen vorliegenden Wahlergebnisse bekannt (TOP 7). Die Versammlung hatte Dr. Jörg Voigt einstimmig zum neuen Geschäftsführer gewählt, Michael Heinrich Schormann M.A. einstimmig mit einer Enthaltung als Schatzmeister wiedergewählt. Dr. Brage Bei der Wieden, Dr. Stefan Brüdermann, Prof. Dr. Dietmar von Reeken und Dr. Paul Weßels sind mit großer Mehrheit als Ausschussmitglieder wieder- und Dr. Nicolas Rügge neu gewählt worden. Die vorgeschlagenen wissenschaftlichen Mitglieder waren ebenfalls mit großer Mehrheit gewählt worden. Von den genannten Personen waren Dr. Bei der Wieden, Dr. Brüdermann, Prof. Dr. von Reeken, Herr Schormann und Dr. Voigt anwesend und nahmen die Wahl an.

Für die nächste Jahrestagung und Mitgliederversammlung (TOP 8) überbrachte der Vorsitzende eine Einladung der Stadt Osnabrück für Freitag/Sonnabend 23./24. Juni 2023, welche die Mitgliederversammlung annahm. Die Tagung werde voraussichtlich in den Räumen der Universität stattfinden und den »regionalen Auswirkungen des Westfälischen Friedens« gewidmet sein.

Der Vorsitzende dankte den Stifterländern Niedersachsen und Bremen (TOP 9) für die kontinuierliche Unterstützung auch in schwierigen Zeiten. Er dankte weiter dem scheidenden Geschäftsführer Hendrik Weingarten sehr herzlich für die vergangenen fünf Jahre vertrauensvoller erfolgreicher Zusammenarbeit im Vorstand der Historischen Kommission.

Weitere Wortmeldungen gab es nicht, sodass der Vorsitzende die Mitgliederversammlung gegen 10:10 Uhr schließen konnte.

Jörg Voigt, Hendrik Weingarten, Hannover

# Berichte aus den Arbeitskreisen

## Arbeitskreis Geschichte des Mittelalters

Am 3. Dezember 2021 fand die zweite, verkürzte und digitale Sitzung des Arbeitskreises Geschichte des Mittelalters mit knapp 50 Teilnehmerinnen und Teilnehmern statt. Die Sitzung war dem Thema »Digitalisierung – Wege in die Zukunft?« gewidmet. Nach der Begrüßung durch den Sprecher des Arbeitskreises, Arnd Reitemeier, und Hinweisen auf Publikationen und Veranstaltungen hielt Arend Mindermann den ersten Vortrag über die »Konzeption und Konzeptionsanpassungen bei den niedersächsischen Fondseditionen am Beispiel des Verdener Urkundenbuchs«. Das »Urkundenbuch der Bischöfe und des Domkapitels von Verden« folgt mit seinen drei Abteilungen der Konzeption Wilhelms von Hodenberg. Die Urkunden der Bischöfe und des Domkapitels bilden die erste Abteilung, die zweite beinhaltet die Urkunden des Verdener Andreasstiftes und die dritte ist den Urkunden der Stadt Verden gewidmet. Der Landschaftsverband der ehemaligen Herzogtümer Bremen und Verden in Stade griff Mitte der 90er Jahre des 20. Jahrhunderts diese Konzeption auf und übertrug Mindermann die Bearbeitung der Bände der ersten Abteilung. Die ersten vier Bände, welche die entsprechenden Urkunden bis zum Jahr 1470 enthalten, sind in den Jahren 2001 bis 2019 erschienen. Ein abschließender fünfter Band ist derzeit in Arbeit.

Angesichts der großen, bereits im 16. Jahrhundert einsetzenden Störungen der Überlieferung erschien für die 1. Abteilung des Verdener Urkundenbuchs eine reine Fondsedition wenig sinnvoll. Diese Konzeption wurde deswegen in mehreren Punkten modifiziert, die im Vortrag vorgestellt und begründet wurden. Dazu gehören u. a. die Versuche, die Verluste der eigentlichen Überlieferung auszugleichen. Ediert wurden Urkunden, die von den Verdener Bischöfen oder dem Domkapitel ausgestellt bzw. empfangen wurden, die Bände 1-4 sind demnach nach einem erweiterten Pertinenzprinzip publiziert. Der 5. Band wird hingegen angesichts der Menge der Überlieferung weitgehend eine reine Fondsedition abbilden. Hingewiesen wurde von Mindermann darauf, dass der Wallstein-Verlag bestrebt ist, elektronische Publikation zu verbreiten, so dass Band 4 bald digital vorliegen soll und Band 5 ebenfalls nach einer gewissen Zeit als elektronische Publikation folgen wird. Es gibt Bestrebungen, auch die ersten drei Bände digital zur Verfügung zu stellen.

Dem schlossen sich die Ausführungen von Miriam Mulzer und Jan-Hendrik Hütten über »Hybride und digitale Editionen. Vor- und Nachteile am Beispiel des Editionsvorhabens der Tagebücher von Herzog Ludwig Rudolf und Herzogin Christine Luise von Braunschweig-Wolfenbüttel« an. Eingeführt wurde die Betrachtung mit allgemeinen Bemerkungen zu den Unterschieden der verschiedenen Editionsformen. Die klassische

Form ist die gedruckte Edition in Buchform. Seit den 1990er Jahren sind ergänzend elektronische Editionsformen hinzugekommen, was in der Regel eine Retrodigitalisierung der Buchedition meint.

Der wesentliche Unterschied zwischen gedruckter und elektronischer Edition besteht lediglich in der Erscheinungsform und in der damit einhergehenden besseren Verfügbarkeit über das Internet oder einen Datenträger. Sie können aus reinen Bilddigitalisaten gedruckter Editionen bestehen oder aber in Form von PDF-Dateien vorliegen, die mitunter sogar im Volltext durchsuchbar sind. Die elektronischen Editionen bieten, abgesehen von der einfacheren Verfügbarkeit, ansonsten kaum mehr Vorteile als eine Printedition. Unter digitalen Editionen als dritte Editionsform werden dagegen Editionen verstanden, deren Kern digitale Daten sind, die losgelöst von ihrer späteren Präsentations- oder Erscheinungsform stehen und aus denen im Nachgang verschiedene Ausgabeformate generiert werden können. Digitale Editionen werden gewöhnlich im XML-Format erstellt, sie benutzen das Vokabular der TEI, wodurch sie sowohl menschen- als auch maschinenlesbar sind. Das führt zu diversen Nutzungsmöglichkeiten, die sowohl das leisten können, was eine elektronische Edition ebenfalls kann, aber andererseits weitere Optionen bieten.

Die größten Herausforderungen der digitalen Editionen bzw. von digitalen Publikationen im Allgemeinen sind eng mit Fragen nach der digitalen Langzeitarchivierung, der Verfügbarkeitshaltung und der Datenpflege verknüpft, was aktuell innerhalb des Bibliotheks- und Archivwesens stark diskutiert wird – Stichpunkt: Forschungsdatenmanagement. Forschungsdaten sind digitale Editionen der Geisteswissenschaften. Ein Mehrwert digitaler Editionen liegt in der möglichen Verknüpfung von Daten und den daraus sich ergebenden erweiterten Auswertungsmöglichkeiten. Normdaten machen Entitäten wie Personen, Institutionen, Orte oder Werke eindeutig identifizierbar. Sie verbessern die Interoperabilität der Daten und ihre mögliche Nachnutzung. Im Fall der Selbstzeugnisse werden die Gemeinsame Normdatei (GND) sowie GeoNames für die Ortsangaben und PPNs für die Identifizierung von Literaturangaben verwendet. Über die Verknüpfung der Daten werden maschinengestützte Auswertungen möglich, in die auch externe Datenbankbestände einbezogen werden können. Voraussetzung dafür ist eine entsprechend hohe Datenqualität.

Im Projekt wurde beispielsweise mithilfe der in der GND und WikiData hinterlegten Verwandtschaftsbeziehungen eine Visualisierung der Verwandtschaftsverhältnisse zwischen den in den Tagebüchern genannten Personen realisiert, eine Visualisierung durch Karten ist ebenfalls möglich. Letztere zeigen alle in den Tagebüchern von Christine Luise und Ludwig Rudolph vorkommenden Ortsbezeichnungen. Als Einschränkung ist zu beachten, dass nur solche Orte angezeigt werden können, die über entsprechende Identifikatoren verfügen. An der Herzog August Bibliothek wird derzeit ein einheitliches Editionsschema entwickelt, das ein gemeinsames Vokabular für die Erstellung digitaler Editionen bieten und künftig für alle Projekte an der HAB verbindlich sein soll. Resümierend stellten die Vortragenden fest, dass digitale Editionen viele Möglichkeiten bieten und gegenüber der klassischen Druckedition und den elektronischen

Editionen einen echten Mehrwert darstellen. Hingewiesen wurde jedoch darauf, dass jedes Editionsprojekt prüfen muss, welcher Weg der Beste ist, da ja unterschiedliche Geldmittel und Personalstellen vorhanden sind.

Auf Grund der zurzeit noch schwierigen und sich schnell verändernden Rahmenbedingungen erscheinen die hybriden Editionen, also die Kombination von digitaler und gedruckter Edition, erst einmal als eine praktikable, jedoch zeit- und kostenintensive Übergangslösung. Die vielfach noch ungeklärte Langzeitarchivierung bremse noch das Vertrauen in die dauerhafte Verfügbarhaltung digitaler Editionen. Hier ist ein Umschwung erkennbar – das Vertrauen in das Digitale wächst!

Den abschließenden Vortrag hielt Sabine Graf zum Thema »Verfügbarmachung von Digitalisaten, Transkriptionen und Editionen im Niedersächsischen Landesarchiv«. Das Niedersächsische Landesarchiv betrachtet seit Beginn des 21. Jahrhunderts die Online-Veröffentlichung von Erschließungsinformationen und digitalisiertem Archivgut als strategische Fachaufgabe mit hoher Priorität. So sind mittlerweile 92 % des gesamten Archivguts in dem Archivinformationssystem »Arcinsys Niedersachsen und Bremen« (https://www.arcinsys.niedersachsen.de/arcinsys/) nachgewiesen. Mithilfe verschiedener technischer Verfahren (z. B. Digitalisierung vom Schwarz-Weiß-Film) wird seit nunmehr 15 Jahren analoges Archivgut digitalisiert, um dessen Benutzung zu erleichtern und die Originale zu schützen. Soweit die digitalisierten Bestände keiner rechtlichen Nutzungseinschränkung unterliegen, werden deren Reproduktionen als Teil der Erschließungsdatensätze über »Arcinsys« als Public domain veröffentlicht.

Der Anteil des online recherchier- und benutzbaren Archivguts liegt aktuell mit 100.000 Archivguteinheiten und etwa 4,5 Mio. Digitalisaten zwar noch im einstelligen Prozentbereich, wird sich aber perspektivisch kontinuierlich erhöhen. Die Struktur des Arcinsys-Datensatzes zur einzelnen Archivale bietet bereits die Möglichkeit, zusätzlich zum Regest oder zum Aktentitel weitere textliche Informationen, also auch Transkriptionen und Editionen, mit aufzunehmen. Neben der Anreicherung von Einzelstücken stellt die Vortragende die im Rahmen eines Retrokonversionsprojekts digitalisierten Urkundenbücher aus der Schriftenreihe der Historischen Kommission vor. Die Editionen der nach dem Fonds-Prinzip bearbeiteten Urkundenbestände der Abteilung Hannover stehen zusammen mit den Registereinträgen als Text in Arcinsys zur Verfügung und können bestandsübergreifend durchsucht werden. In ihrem Fazit hob Graf hervor, dass digitale Arbeitsmethoden und digitale Technik zur Standardisierung und Normierung zwingen, um Doppelarbeit zu vermeiden und Forschungsergebnisse langfristig zu sichern. Dies könne nur gelingen, wenn frühzeitig Absprachen getroffen und Ressourcen gebündelt würden.

*Kontakte*
*Sprecher*     Prof. Dr. Arnd Reitemeier
              Institut für Historische Landesforschung, Kulturwissenschaftliches Zentrum Heinrich-Düker-Weg 14, 37073 Göttingen
              Tel.: (0551) 39-21213
              E-Mail: arnd.reitemeier@phil.uni-goettingen.de

|                    |                                                          |
|--------------------|----------------------------------------------------------|
| *Stellv. Sprecherin* | Dr. Julia Kahleyß                                      |
|                    | Magistrat der Stadt Bremerhaven                          |
|                    | Stadtarchiv                                              |
|                    | Hinrich-Schmalfeldt-Str. – Stadthaus 5, 27576 Bremerhaven |
|                    | Tel.: (0471) 590-2121                                    |
|                    | E-Mail: Dr.Julia.Kahleyss@magistrat.bremerhaven.de       |
| *Schriftführerin*  | Dr. Nathalie Kruppa                                      |
|                    | Akademie der Wissenschaften, Germania Sacra              |
|                    | Geiststraße 10 37073 Göttingen                           |
|                    | Tel.: (0551) 39-21559                                    |
|                    | E-Mail: nkruppa@online.de                                |

# Arbeitskreis für die Geschichte der Frühen Neuzeit

Nachdem im Jahr 2020 alle Aktivitäten des Arbeitskreises Frühe Neuzeit auf Grund der Corona-Pandemie ruhten, wurden diese im Jahr 2021 wieder aufgenommen. Der turnusmäßige Frühjahrsworkshop fand am 9. April 2021 im Online-Format statt. Thematisiert wurden die organisatorische Neuausrichtung des Arbeitskreises vor dem Hintergrund des zum Jahr 2022 geplanten Wechsels des Sprecherteams sowie die inhaltliche Gestaltung der Herbsttagung. In Abstimmung mit den beteiligten Vertretern und Vertreterinnen der niedersächsischen Universitäten, Museen, Bibliotheken und Archive, die sich seit mehreren Jahren im Arbeitskreis engagieren, wurde unter anderem beschlossen, die Struktur der alljährlichen Herbsttagung dahingehend zu präzisieren, dass es künftig einerseits eine stärkere Vernetzung zwischen den sammelnden und forschenden Institutionen geben solle. Diese sollen sich in einer entsprechenden Sektion unter dem Schlagwort »Objektgeschichten« wiederfinden. Damit wäre ein Forum geschaffen, in dem sich Archive, Bibliotheken und Museen mit ihren spezifischen Objekten und Fragestellungen deutlicher einbringen könnten. Andererseits solle den zahlreichen wissenschaftlichen Projekten ein Platz in Form einer Sektion zur Vorstellung eingeräumt werden, an der sich insbesondere der wissenschaftliche Nachwuchs beteiligen soll.

Des Weiteren wurde vorgeschlagen, dass das übergeordnete Thema der jeweils folgenden Herbsttagung im gemeinsamen Austausch während der jeweils aktuellen Tagung gefunden werden soll und sich alle Mitwirkenden um potentielle Vortragende bemühen mögen. Der Frühjahrsworkshop diene dann nur noch der Konkretisierung der Tagung, weniger der inhaltlichen Gestaltung. Um Mitwirkende für eine Tagung zu gewinnen, soll künftig auch auf ein Call for Papers zurückgegriffen werden. Zudem wurde vorgeschlagen, den Arbeitskreis künftig auch im digitalen Raum sichtbarer zu machen, etwa durch einen Blog, aber vor allem durch eine allgemein verbesserte Darstellung auf der Internetseite der Historischen Kommission. Damit könne eine bessere Vernetzung der Arbeitskreise untereinander, aber auch zu anderen wissenschaftlichen Akteuren und Akteurinnen der Frühneuzeit-Forschung in Niedersachsen und Bremen angestrebt werden. Die Umsetzung der genannten organisatorischen Vorschläge obliegt maßgeblich dem künftigen Sprecherteam, welches Anfang des Jahres 2022 gewählt werden soll.

Bereits für die Herbsttagung 2021 wurde die neue Struktur übernommen, so dass am 3. Dezember 2021 erstmals aktuelle Forschungsprojekte in der neuen Sektion »Projektvorstellungen« sowie Objekte aus verschiedenen niedersächsischen Sammlungen in der neuen Sektion »Objektgeschichten« präsentiert werden konnten. Auf Grund der sich verschärfenden Pandemielage musste die ursprünglich als Hybridveranstaltung geplante Herbsttagung kurzfristig als Online-Format abgehalten werden. »Objekte der Aufklärung«, so der Titel der Herbsttagung, veranschaulichte einen Zugang zum

Thema der Aufklärung, der sich nicht ausschließlich auf spezifische Persönlichkeiten der Zeit fokussierte, sondern ebenso eine objektgeschichtliche Betrachtungsweise auf die kulturelle Bewegung des 18. Jahrhunderts einbezog.

Zu Beginn führte Joëlle Weis von der Herzog August Bibliothek Wolfenbüttel in ihrem Vortrag »Die neue Nützlichkeit. Sammlungsobjekte und ihre Funktionen im 18. Jahrhundert« die Teilnehmenden durch die aufklärerischen Diskurse über Nützlichkeit bzw. das »aufklärerische Nützlichkeitsparadigma« und zeigte auf, wie dieses unter Herzog Karl I. von Braunschweig-Wolfenbüttel (1730-1780) auf die sogenannte Braunschweiger Wunderkammer übertragen wurde. Entsprechend der Unterscheidung von materieller und immaterieller Nützlichkeit wurde den verschiedenen Sammlungsschwerpunkten des herzoglichen Kunst- und Naturalienkabinetts verschiedene Funktionen zugeschrieben. So sollte etwa die Forschung an einzelnen naturwissenschaftlichen Objekten unter anderem zum ökonomischen Nutzen des Landes beitragen und der Ausbildung der künftigen Beamtenschaft dienen, die Beschäftigung mit einzelnen Kunstobjekten aber den individuellen Geschmack schulen und damit einen Beitrag zum ethisch-moralischen Verständnis der Gesellschaft leisten.

Die Verknüpfung konkreter Nützlichkeitserwartungen an die herzogliche Sammlung beinhaltete zugleich eine Verschiebung ihrer funktionalen Aufgabe dahingehend, dass diese zum Gemeinwohl der Gesellschaft beitragen müsse und folglich auch von der Öffentlichkeit zu rezipieren sei. Die geringe Resonanz der Öffentlichkeit auf diese neue Funktionalität – es standen immer noch eher die kuriosen als die lehrreichen Objekte im Mittelpunkt des Interesses – führte unter anderem dazu, dass die Herzöge von Braunschweig-Wolfenbüttel die Sammlung zum Ende des 18. Jahrhunderts weitgehend für die öffentliche Nutzung schlossen und auch die auf Universalität angelegte Sammlungsstrategie Herzog Karls I. beendeten. Im Wesentlichen, so das Fazit, habe sich unter dem Einfluss der Aufklärung die »Braunschweiger Wunderkammer« in ihren Strukturen und Funktionen nicht grundlegend verändert. Vielmehr seien unter Hinzuziehung des »Nützlichkeitsparadigmas« neue, spezifische Erwartungshaltungen an die Sammlungen herangetragen worden, um vor allem ihre Relevanz zu rechtfertigen.

Insgesamt drei laufende Forschungsprojekte zu unterschiedlichen Aspekten der Aufklärungsforschung wurden in der neuen Sektion »Projektvorstellung« vorgestellt. Wiebke Hemmerling von der Akademie der Wissenschaften zu Göttingen stellte das Forschungsprojekt »Gelehrte Journale und Zeitungen als Netzwerke des Wissens im Zeitalter der Aufklärung« anhand der Indexierung respektive der Erschließung von Zeitschriften des 18. Jahrhunderts vor. Neben dem konkreten Erschließungsprozess der einzelnen Daten sowie den wesentlichen Funktionen der im Entstehen befindenden Forschungsdatenbank machte sie zusätzlich deutlich, dass sich in dieser Datenbank künftig nicht nur die Programmatik der aufklärerischen Journale, Zeitungen und Zeitschriften widerspiegeln wird, sondern diese ebenso dazu dienen soll, unter anderem den Wissens- und Kulturaustausch während der Aufklärung abzubilden. Künftige Forschungsvorhaben, beispielsweise im Bereich der Mediengeschichte oder etwa mit Blick auf die Entwicklung und Rezeption der Wissenschaftsterminologie, können auf Daten des Forschungsprojektes aufbauen, die Forschungsdatenbank somit zu einer wichtigen Quelle der Aufklärungsforschung werden.

Kommunikationsprozesse und personelle Netzwerke der Aufklärung sind die Schwerpunkte der Promotionsprojekte von Jennifer Staar und Kathleen Burrey, die am IKFN der Universität Osnabrück im Rahmen der Forschungsprojekte »Justus Möser im Netzwerk der deutschen Aufklärung« und »Aufklärer in Staatsdiensten« erarbeitet werden. Ausgehend von der Person Justus Möser (1720-1794) erläuterten Staar und Burrey zum einen, inwiefern die Kommunikation Mösers in verschiedenen Medien, vor allem in den Osnabrücker Intelligenzblättern und in seinem Briefwechsel, den aufklärerischen Diskurs zu bestimmten Themen, beispielsweise der Errichtung einer Hebammenanstalt in Osnabrück, beeinflusste. Zum anderen legten sie am Beispiel des Münzwesens dar, mit welchen Methoden Möser die aufklärerischen Diskurse in konkrete Politik umzusetzen versuchte und dabei seine politische Position, die im Spannungsverhältnis zwischen dem Landesherrn und den Landständen stand, zur Durchsetzung aufklärerischer Reformideen einsetzte.

In der ebenfalls neuen Tagungssektion »Objektgeschichten« wurden vier Objekte und ihre jeweiligen Bezüge zur Sammlung, aus der sie stammen, sowie zu spezifischen Aspekten der Aufklärung vorgestellt. Brage Bei der Wieden erläuterte verschiedene Periodentabellen der Forstwirtschaft aus einem Atlas der Unteren Blankenburgischen Forsten von 1732, welcher in der Abteilung Wolfenbüttel des Niedersächsischen Landesarchivs überliefert ist. Anhand der präzise berechneten Tabellen und der dazugehörigen kolorierten Illustrationen wurde unter anderem die repräsentative Klassifizierung von forstwirtschaftlichen Prozessen aufgezeigt sowie die gestiegene Bedeutung von Holz als regionaler Wirtschaftsfaktor erläutert.

Ulfert Tschirner machte anhand einzelner bis heute im Museum Lüneburg überlieferter Objekte, beispielsweise am sog. surinamischen Frosch, die Geschichte der Sammlung des Celler Hofarztes Johann Daniel Taube (1725-1799) deutlich und zeigte, welche aufklärerischen Diskurse die Neuorganisation der Sammlung nach Übernahme durch die Lüneburger Ritterakademie beeinflussten. Unter Federführung von Ludwig Albrecht Gebhardi (1735-1802) wurde die Sammlung gemäß einer auf den akademischen Lehrbetrieb zugeschnittenen »aufklärerischen Wissensordnung« klassifiziert, verzeichnet und entsprechend in eine Kunstkammer, ein Mineralien- und Fossilienkabinett sowie ein Animalia- und Vegetabiliakabinett unterteilt und aufgestellt.

Aus den Beständen des Residenzmuseums im Celler Schloss stellte Juliane Schmieglitz-Otten zwei Flugblätter aus der Zeit der Aufklärung vor. Sie entstanden mit einer Vielzahl weiterer Flugblätter während der sog. Struensee-Affäre, die sowohl die beteiligten Personen – den königlichen Leibarzt am dänischen Hof Johann Friedrich Struensee (1737-1772) und Königin Caroline Mathilde (1751-1775) – als auch zentrale Reformprojekte, die von Struensee gemäß aufklärerischen Vorstellungen im Königreich Dänemark angestoßen hatte, diffamierten. Das Flugblatt »Die großmächtigste Königin zu Pferde« zeigt unter anderem die in Hosen reitende Königin und kritisierte damit indirekt auch den medizinischen Fortschritt der Aufklärung hinsichtlich der Bedeutung von freier Bewegung bzw. Sport für die Gesundheit. Das Flugblatt mit dem Titel »Sey genügsam, Struensee« verunglimpfte die neuen Ideale einer auf aufklärerischem Diskurs basierenden Erziehung, die, unter anderem im Sinne Rousseaus, eine neue dem Kind zugewandte Pädagogik propagierte.

Einen Sammlungsschrank aus dem Besitz von Johann Heinrich Burkhard (1676-1738), unter anderem Leibarzt der Herzöge von Braunschweig-Wolfenbüttel, aus der Sammlung des Schlossmuseums Wolfenbüttel, präsentierte Sandra Donner. Anhand des Sammlungsschrankes, der aus einer Serie von fünf in Form und Dekor identischen Möbeln stammt und sowohl Schubkästen als auch weitere Fächer aufweist, können Rückschlüsse auf die Organisation der umfangreichen privaten Münz- und Medaillensammlung von Johann Heinrich Burkhard gezogen werden. Ebenso illustriert das Möbel exemplarisch die Bedeutung von Sammlungen in Zeiten der Aufklärung, deren Hauptmerkmal die Ordnung nach neuen, wissenschaftlichen Kriterien war. Die Provenienz des Schrankes, der für sich genommen bereits ein kostbares Schaumöbel darstellt, kann auf Grund der Erwähnung in den Reiseberichten der Brüder Zacharias Konrad (1683-1734) und Johann Friedrich von Uffenbach (1687-1769) bis ins Jahr 1728 zurückverfolgt werden.

Die Abschlussdiskussion rekurrierte auf den engen Zusammenhang zwischen Sammlung und Objekt, der während der Vorträge deutlich geworden sei. Die angenommenen Einflüsse aufklärerischer Diskurse auf einzelne Sammlungen finden sich nur bedingt in neuen Klassifikations- und Ordnungsschemata wieder. Einzelne Objekte aus der Zeit der Aufklärung in den Blick zu nehmen sowie diese losgelöst von ihren jeweiligen Sammlungszusammenhängen zu betrachten und damit auf eine konkrete Objektgeschichte der Aufklärung zu fokussieren, wäre für die weitere wissenschaftliche Forschung inklusive verschiedenster Perspektivierungen, etwa aus der Geschlechtergeschichte, eine lohnende Fortführung der Tagung. Auf Grund der breiten Zustimmung aus dem Plenum soll der objektgeschichtliche Zugriff für die kommende Herbsttagung erneut aufgegriffen werden.

*Kontakte*
*Sprecher*    Prof. Dr. Marian Füssel
              Georg August Universität Göttingen, Seminar für Mittlere und Neuere Geschichte, Heinrich-Düker-Weg 14, 37073 Göttingen
              Tel.: (0551) 3924652
              E-Mail: Marian.Fuessel (at) phil.uni-goettingen.de
*Stellv. Sprecherin*    Dr. Stefanie Freyer
              Klassik Stiftung Weimar – Zentrum für Klassikforschung, Forschungsreferentin
              Stabsreferat Forschung | Friedrich Nietzsche Kolleg
              Platz der Demokratie 2, 99423 Weimar
              Tel.: 03643/545 631
              E-Mail: stefanie.freyer@klassik-stiftung.de

*Schriftführerin* Dr. Sandra Donner
Museum Wolfenbüttel – Leitung
Stadtmarkt 3-6, 38300 Wolfenbüttel
Tel.: (05331) 9246-0
E-Mail: museum@wolfenbuettel.de

# Arbeitskreis für die Geschichte des 19. und 20. Jahrhunderts

Auf Grund der Corona-Situation mussten die vom Arbeitskreis für das Jahr 2021 geplanten Aktivitäten verschoben werden.

*Kontakte*
*Sprecher*    Prof. Dr. Detlef Schmiechen-Ackermann
Leibniz-Universität Hannover, Institut für Didaktik der Demokratie
Königsworther Platz 1, 30167 Hannover
Tel.: (0511) 762-17449
E-Mail: Schmiechen-A@web.de

*Stellv. Sprecher*    Prof. Dr. Jochen Oltmer
Universität Osnabrück, Institut für Migrationsforschung und Interkulturelle Studien (IMIS)
Neuer Graben 19/21, 49069 Osnabrück
Tel.: (0541) 969-4365
E-Mail: joltmer@uni-osnabrueck.de

*Schriftführer*    Oliver Schael
Friedrich-Ebert-Stiftung, Fritz-Erler-Forum Baden-Württemberg
Werastraße 24, 70182 Stuttgart
Tel.: (0711) 248394-41; Fax: (0711) 248394-50
E-Mail: oliver.schael@fes.de oder oliver.schael@gmx.de

# Abstracts der Aufsätze

### Geschichtskultur – ein Konzept mit Potenzial für die Landesgeschichte? Von Dietmar von Reeken

Das Konzept der Erinnerungsorte richtet sich vor allem auf konkrete Phänomene, die in unterschiedlichen gesellschaftlichen Kontexten erinnert werden und denen eine besondere Fähigkeit zur (z. B. lokalen oder regionalen) Identitätsstiftung zugeschrieben wird. Allerdings erschöpft sich hierin der gesellschaftliche, kulturelle oder politische Umgang mit Vergangenheit ja nicht. In dem Beitrag geht es daher darum, ein Rahmenkonzept vorzustellen und zu diskutieren, das geeignet sein könnte, alle Formen des Umgangs mit Vergangenheit bzw. Geschichte in den Blick zu nehmen: das vor allem in der Geschichtsdidaktik entwickelte Konzept der Geschichtskultur. Der Beitrag stellt dieses Konzept und einige theoretische Modelle vor und diskutiert, ob und inwiefern dieses Konzept heuristisches Potenzial auch für die landesgeschichtliche Forschung besitzt, wo es bislang kaum rezipiert wurde. Abschließend werden einige Perspektiven für die Erforschung lokaler und regionaler Geschichtskulturen aufgezeigt.

### Historical culture – a potential concept to approach regional history? By Dietmar von Reeken

The concept of memory spaces is primarily related to certain entities that are remembered in relation to different social contexts and are considered to build a specific (e.g. local or regional) identity. However, the social, cultural, or political approach to the past is not limited to memory spaces. The aim of the article is to present and discuss a particular concept that could be useful to focus on and relate to the past or history: the concept of historical culture, which was primarily established in history didactics. The article presents this concept as well as several theoretical models and discusses whether and to what extent it is a heuristic concept potentially suitable for the research of regional history, where it has hardly been considered, yet. Finally, some research perspectives on local and regional historical cultures are given.

### Der Bremer Roland – ein kommunaler und nationaler Erinnerungsort. Ein städtisches Denkmal und seine überörtlichen Bezüge. Von Jörn Brinkhus

Dieser Beitrag behandelt den Bremer Roland als einen nationalen und kommunalen Erinnerungsort, auch im Vergleich zu den Rolanden auf dem Gebiet des heutigen Niedersachsens. Dabei werden die verschiedenen Interpretationen, Narrationen und

Praktiken rund um die monumentale Freiplastik dargestellt: die politischen Deutungen als ein kommunales und föderales Freiheitsdenkmal, die gelehrte Kritik ebenso wie die populär- und hochkulturellen Aneignungen seit der Frühen Neuzeit, die Neuerfindung des Rolands als ein Nationaldenkmal durch Bremer Politiker und politisierte Schriftsteller mit bisweilen deutschlandweiter Reichweite seit 1800, seine Bedeutung als Versammlungsort bei öffentlichen Inszenierungen und als Gegenstand wissenschaftlicher Forschung sowie schließlich die Bedeutungsverschiebungen nach 1945, insbesondere die Umdeutung zu einem Symbol für die Westbindung der jungen Bundesrepublik. Diese Neudeutungen fielen zumeist mit Zäsuren der deutschen Geschichte zusammen (1803/1806, 1815, 1871, 1945 und 1989).

The Bremen Roland – a local and national memory space. An urban monument and its supra-local references. By Jörn BRINKHUS

This article pictures the Bremen Roland as a national and local memory space and compares it to other Roland monuments in the present region of Lower Saxony. It presents various interpretations, narratives, and cultural practices encompassing the free-standing sculpture, e.g. the political interpretations as a local and federal monument of freedom, scholarly criticism, as well as popular and advanced cultural attributions that have occurred since the early modern period of history. Moreover, it shows Roland's reinvention as a national monument by Bremen politicians and writers of political text, sometimes reaching a Germany-wide audience since 1800. Roland's importance as a meeting place for public events and as an object of scientific research is described as well. It finally points to the shift in meaning after 1945, especially its reinterpretation as a symbol of the young Federal Republic's ties to the West. These new interpretations mostly coincided with turning points in German history (1803/1806, 1815, 1871, 1945, and 1989).

Graf Wilhelm – ein schaumburg-lippischer Erinnerungsort. Von Stefan BRÜDERMANN

Graf Wilhelm zu Schaumburg-Lippe ist ein besonders aussagefähiges Beispiel eines Erinnerungsortes, weil er seit 250 Jahren ganz unterschiedlich interpretiert und in ganz verschiedene, ja gegensätzliche Bezüge gesetzt wurde. Die Erinnerung an ihn wurde an gewandelte Zeitsituationen angepasst und sein Beispiel unterschiedlichen Interessenlagen dienstbar gemacht. Schon zu seinen Lebzeiten wurde er als bemerkenswerte Persönlichkeit wahrgenommen, bald zum Idealregenten der Aufklärung stilisiert. Anfang des 19. Jahrhunderts erlangte Graf Wilhelm größere erinnerungspolitische Bedeutung als Vordenker der preußischen Militärreformen, er wurde so Bestandteil der preußischen Militärtradition. In der NS-Zeit wurde Wilhelm schließlich zum »Erfinder der Wehrpflicht« reduziert und als völkische und soldatische Führerfigur im Sinne des Nationalsozialismus umgedeutet. Eine erinnerungspolitische Wende erfolgte nach dem Zweiten Weltkrieg, indem sein militärisches Engagement zunächst kritisch gesehen wurde, bis er auf der Basis seines theoretischen Werkes als Ahnherr der militärischen Abschreckung eingeordnet wurde.

## Count William – a memory space in Schaumburg-Lippe. By Stefan Brüdermann

Count William of Schaumburg-Lippe is a particularly meaningful example of a memory space because he has been interpreted in very different ways over the past 250 years. Very different, even contradictory, references have been reported. The memory of him was modified in changing times and his example as a regent was made to serve different interests. Even during his lifetime, he was perceived as a remarkable personality, soon stylized as the ideal regent of the Enlightenment. At the beginning of the 19th century, Count William gained greater significance as a pioneer of Prussian military reforms, and he thus became part of the Prussian military tradition. During the Nazi period, William was finally reduced to the ›inventor of conscription‹ and reinterpreted as a racial and soldierly ›Führer‹ figure in line with National Socialism. A turning point of cultural remembrance took place after the Second World War, when his military commitment was at first viewed critically, until he was classified as the ancestor of military deterrence, based on his theoretical work.

## Die Konsumgenossenschaft Hannover – ein »erkalteter« Erinnerungsort. Von Jana Stoklasa

Unser Wissen über die Vergangenheit, welches Gemeinschaften kollektiv teilen und auf welches soziale Gruppen Bezug nehmen, um die Formierung ihrer Identität historisch zu begründen, ist von der Dynamik zwischen Erinnern und Vergessen geprägt. Im Beitrag werden die Geschichts- und Selbstbilder der deutschen Konsumgenossenschaften bzw. das Fehlen eines Bewusstseins bezüglich ihres sozialreformerischen Beitrags mithilfe des heuristischen Modells der Erinnerungsorte dekonstruiert. In Anlehnung an Charles Maier nutze ich die Begrifflichkeit des Erkaltens von bestimmten historischen Ereignissen in unserem Geschichtsbewusstsein und erprobe die Konzeption vom »erkalteten« Erinnerungsort am Beispiel der hannoverschen Konsumgenossenschaft. Über diesen mikrohistorischen Zugang überprüfe ich die These, dass das Erkalten von deutschen Konsumgenossenschaften als Erinnerungsorten im kollektiven Gedächtnis auch mit dem Umgang mit ihrer NS-Vergangenheit in der Nachkriegszeit zusammenhängt.

## The Hanover consumer cooperative – a »cooled down« memory space. By Jana Stoklasa

Our knowledge of the past, collectively shared by communities and refered to by social groups to historically reflect their identity, is shaped by the dialectic of remembering and forgetting. By applying the heuristic concept of memory spaces, the article is dismantling the historical perception and self-images of the German consumer cooperatives and the lack of awareness of their contribution to social reform. Based on Charles Maier's work, I apply his »cooling down« concept of certain historical events in our historical consciousness and take it to the test on the Hanover consumer cooperative. Using this micro-historical approach, I examine the thesis that the »cooled down« collective memory of German consumer cooperatives is related to how their Nazi past was dealt with in the post-war period.

### Ten Years After – Die Sachsenmission in neuer Beleuchtung. Von Theo Kölzer

Der Beitrag resümiert eine seit zehn Jahren geführte Diskussion über die Etablierung der Bistümer im frühmittelalterlichen Sachsen und verteidigt das neue Verständnismodell. Der Vorgang wird als gestreckter Prozess verstanden, der erst unter Ludwig dem Deutschen einen vorläufigen Abschluss fand. Ältestes Bistum ist Paderborn (spätestens 815/822), und parallel entstand als ältestes Kloster Corvey; die frühen Missionszentren in Visbek und Meppen sind Konstrukte der Forschung. Die Bistümer entwickelten sich aus den an die Metropolen Köln und Mainz angebundenen Missionsbezirken, zunächst noch ohne feste Grenzen, die vielmehr in praxi durch die Amtsgewalt des Bischofs bestimmt wurden. Eine erste Gründungswelle aus ›privater‹ Initiative erfolgte erst seit der Mitte des 9. Jahrhunderts; lokale Patronage war und blieb bedeutsam. Das Papsttum hatte direkten Anteil erst an der Errichtung der Erzdiözese Hamburg-Bremen (893), beschränkte sich zuvor auf die Begründung von Missionslegationen und die Ernennung von Missions-Erzbischöfen.

### Ten Years After – The Saxon mission in a new light. By Theo Kölzer

The paper summarizes a ten-year-long discourse about the foundation of bishoprics in early mediaeval Saxony, defending the new theory. This means that the institutional formation is now understood to have been a prolonged process which did not come to a temporary end before the reign of Louis the German. Paderborn turns out to be the oldest bishopric (not later than 815/822), with the monastery of Corvey having been founded at the same time. The supposed missionary centres of Visbek and Meppen are merely scholarly artefacts. The bishoprics evolved from missionary districts attached to the archbishoprics of Cologne and Mainz. Initially they had no defined boundaries, but were in fact determined by the bishop's purview of authority. A first wave of foundations of monasteries and convents (Stifte) on the basis of ›private‹ initiatives can only be attested from the middle of the 9th century onwards. Local patronage and support were and remained important. The Pope first merely instituted legations and designated missionary archbishops; direct interference did not take place before the foundation of the archbishopric of Hamburg-Bremen in 893.

Digital, interdisziplinär, vernetzt – Überlegungen zur Neuedition der »Braunschweigischen Reimchronik« als einer zentralen Quelle niedersächsischer Landesgeschichte im 13. Jahrhundert. Von Oliver AUGE und Gesine MIERKE

Im Zentrum des Beitrags steht das Vorhaben einer digitalen Edition und interdisziplinären Erschließung der »Braunschweigischen Reimchronik«. Diese für die Welfengeschichte zentrale Quelle wurde Ende des 13. Jahrhunderts im Umkreis Herzog Albrechts I. von Braunschweig-Lüneburg verfasst. Die digitale Edition soll die Reimchronik durch eine passgenaue Datenmodellierung und den Aufbau eines Webportals mit benutzerfreundlicher Visualisierung und Abfragemöglichkeiten für neue Forschungsfragen aufbereiten. Überdies soll die bislang für die niedersächsische Landesgeschichte schmerzlich fehlende Neuausgabe durch einen ausführlichen interdisziplinären Kommentar, der dem gegenwärtigen geschichts- und literaturwissenschaftlichen Forschungsstand Rechnung trägt, ergänzt werden. Der Beitrag stellt das Projekt vor und erläutert exemplarisch, wie der Kommentar aus interdisziplinärer Perspektive den historischen Kontext sowie sprachliche Besonderheiten, literarische Muster und stilistische Mittel erschließt.

Digital, interdisciplinary, connected – considerations on editing the ›Braunschweigische Reimchronik‹ as a central source of Lower Saxony's history in the 13th century. By Oliver AUGE and Gesine MIERKE

The article is focusing on the idea of a digital edition of the ›Brunswick Rhyme Chronicle‹ allowing interdisciplinary assessment. The historical source, which is central to the history of the Guelphs, was written by a person within the inner circle of Duke Albrecht I of Braunschweig-Lueneburg, at the end of the 13th century. It is intended to have a digital version of the rhyme chronicle to facilitate new approaches of research, through data modeling techniques and by building a web portal with user-friendly visualizations and query options. The new edition, which has so far been painfully missing for the history of Lower Saxony, is to be supplemented by a detailed interdisciplinary commentary that takes the current state of historical and literary research into account. The article presents the project and explains how the commentary reveals the historical context as well as linguistic features, literary patterns, and stylistic techniques from an interdisciplinary perspective.

Promotionen als Problem der Göttinger Universitätsgründung zwischen politischem Reformwillen und akademischer Eigendynamik. Von Holger BERWINKEL

Für die Einweihung einer Universität der Frühen Neuzeit waren feierliche Massenpromotionen unverzichtbar. Der Beitrag untersucht die Ordnung des Promotionswesens in der Gründungsperiode der Göttinger Georg-August-Universität (1734-1737) durch die hannoversche Regierung unter der Leitung Gerlach Adolph von Münchhausens. Er rekonstruiert den Zielkonflikt zwischen der erkannten Notwendigkeit einer grundsätzlichen bildungspolitischen Korrektur, den Anforderungen des Staatsdienstes und dem Nahziel eines repräsentativen Zeremoniells. Thematisiert werden das akademische Umfeld der ersten Göttinger Promotionen, die Interessenlagen der Akteure sowie die Aushandlungsprozesse zwischen den Fakultäten und der Regierung. Vornehmlich anhand der Akten der Medizinischen und der Juristischen Fakultät im Universitätsarchiv Göttingen wird das Bild einer stringenten, aufgeklärten Reformpolitik differenziert.

Doctorate awards causing a problem for the Goettingen university inauguration, drawn between political reform and academic momentum. By Holger BERWINKEL

In the early modern period, ceremonies awarding many doctoral degrees were required for the inauguration of a university. The article examines the doctoral system in the time of establishing the Georg-August-University in Goettingen (1734-1737) by the Hanoverian government under the direction of Gerlach Adolph von Muenchhausen. The article details the conflict of different objectives: the acknowledged need for a fundamental change in education policy, the demands of the civil service, and the immediate objective of an official ceremony. It examines the academic environment of the first doctorate awards in Goettingen, the interests of the actors, and the negotiation process between the faculties and the government. Primarily based on the files of the medical and legal faculties in the University Archives of Goettingen, a picture of a stringent, enlightened reform policy in its many facets is drawn.

Pandemie in der Provinz. Zur Quellenproblematik der »Spanischen Grippe« in ländlich geprägten Regionen. Von Sebastian MERKEL

Die geringe Dokumentation der »Spanischen Grippe« auf dem Lande ist dem Historiker Malte Thießen zufolge auf vier Faktoren (öffentlicher Raum, medizinische Ressourcen, Medienlandschaften, politische Deutung) zurückzuführen. Anhand dieser wird die in aller Regel marginale Quellenüberlieferung für verschiedene Gebiete des heutigen Niedersachsen dargestellt. Darüber hinaus plädiert der Beitrag für die Erweiterung der bisher in regionalgeschichtlichen Forschungen verwendeten Quellengattungen und formulierten Fragestellungen. Denn nur so wird es künftig möglich sein, mehr als bereits bekannte und allgemeingültige Aussagen über die Pandemie treffen zu können. So sollte beispielsweise diversen wirtschafts-, medizin- und religionshistorischen Fragen vermehrt Aufmerksamkeit gewidmet werden. Zugleich sind unterschiedlichste Quellenbestände heranzuziehen, auch wenn dies mit einem erheblichen Mehraufwand einhergeht.

Pandemic in the province. The historical source issue of the »Spanish flu« in rural regions. By Sebastian MERKEL

According to the historian Malte Thießen, the poor documentation of the »Spanish flu« in rural areas can be assigned to four factors: public space, medical resources, media landscape, and political interpretation. Based on these four factors, the generally marginal heritage of historical sources for various regions of the present Lower Saxony is described. The article suggests to extend the types of historical sources and questions that have been used in regional historical research so far. Only this way will it be possible in the future to make other than the already known and generally valid statements about the pandemic. More attention should be paid, for example, to different economic, medical, and religious historical questions. Besides, a range of different historical sources must be consulted, even if this involves considerable additional effort.

Altertümer, Landesgeschichte, Archivare und Sachsenmission. Die Ausgrabung eines sächsischen Missionskloster in Brunshausen, das es niemals gegeben hat. Von Philip HAAS

Während die ältere Forschung die Sachsenmission als geplantes Großunternehmen verstanden hat, konnte in den vergangenen Jahrzehnten auf Grundlage diplomatischer Untersuchungen ein differenzierteres Bild gezeichnet werden. Vorliegender Beitrag ergänzt diese neueren Erkenntnisse in wissenschaftshistorischer Perspektive, indem die Grabungen nach einem angeblichen Missionskloster in Brunshausen unter Leitung des Archivars Hans Goetting und des Museumsmitarbeiters Franz Niquet analysiert werden. Das interdisziplinäre Projekt, welches in Kontinuität zur Forschung der Zwischenkriegszeit stand, wird in lange Entwicklungslinien der Landesgeschichte und Archivistik eingebettet. Methodisch innovativ sollten bereits vorgefasste Thesen belegt werden, wozu ein dünnes Quellenfundament einseitig interpretiert wurde. Als identitätsstiftende Unternehmung fanden die Grabungen dennoch großen Widerhall und erlauben damit über die Wissenschaft hinaus einen Einblick in entsprechende gesellschaftliche Erwartungen der damaligen Zeit.

Antiquities, regional history, archivists, and Saxon mission. The excavation of a Saxon missionary monastery in Brunshausen that never existed. By Philip HAAS

Previous research understood the Saxon mission as a planned large-scale enterprise. Based on investigation of diplomatics, however, a more comprehensive picture could be drawn in recent decades. This article complements the newer findings from a scientific-historical perspective by analyzing the excavations of an alleged missionary monastery in Brunshausen, which was headed by the archivist Hans Goetting with the help of the museum employee Franz Niquet. In continuation of interwar period research, the interdisciplinary project is embedded in long development lines of regional history and archival studies. Preconceived theses were to be substantiated in a methodically innovative way. For this purpose, a thin historical source base was interpreted one-sidedly. As an identity-forming project, the excavations nevertheless met with great response. Beyond science, they allow an insight into social expectations of the time.

Die Diskussion um Hans Calmeyer und seine Rolle in den besetzten Niederlanden: Eine debattengeschichtliche Darstellung der Jahre seit 2017. Von Rasmus Niebaum

Der Beitrag thematisiert die seit 2017 neu entfachte öffentliche Debatte um die »richtige« Erinnerung an den NS-Beamten und Rettungswiderständler Hans Georg Calmeyer. Dieser war von 1941 bis 1945 in den besetzten Niederlanden als sogenannter »Rassereferent« zuständig für die Entscheidung in Zweifelsfällen jüdischer Abstammung und trug in dieser Funktion dazu bei, 3.000 bis 3.500 Menschen vor der Deportation zu bewahren. Die Diskussion um Calmeyer und seine Rolle in den besetzten Niederlanden wird unter Rückgriff auf die debattengeschichtlichen Forschungen Klaus Große Krachts untersucht. Dabei werden die Auslöser und der Verlauf der aktuellen Debatte sowie die beteiligten Akteure beleuchtet. Es wird argumentiert, dass die emotional geführte Debatte einen Hang zur Dekontextualisierung von Calmeyers Handeln aufweist, womit eine Moralisierung des Diskurses einhergeht. Überdies wird zur tiefergehenden Erklärung nach der kommunikativen Anschlussfähigkeit der Debatte an zentrale Fragen der deutschen Erinnerungskultur gefragt.

The discussion about Hans Calmeyer and his role in the occupied Netherlands: A history of the discourse since 2017. By Rasmus Niebaum

The article focuses on the public discourse that has been ongoing since 2017 about the ›correct‹ memory of the Nazi civil servant and rescue resistance fighter Hans Georg Calmeyer. From 1941 to 1945, he was the so-called ›race officer‹ in the occupied Netherlands, responsible for making decisions in cases of doubt about Jewish origin. In this capacity, he helped to save 3,000 to 3,500 people from deportation. The discourse on Calmeyer and his role in the occupied Netherlands is examined with the help of Klaus Große Kracht's research on debate history. The article highlights the causes and the development of the current discourse as well as the actors involved. It is argued that the emotional debate has the tendency to decontextualize Calmeyer's actions, which is accompanied by a moralization of the discourse. For a more in-depth explanation, the article questions the communicative connectivity of the discourse to central questions of the German cultural memory.

# Verzeichnis der besprochenen Werke

ANDERMANN, Ulrich: *Humanismus im Nordwesten. Köln – Niederrhein – Westfalen* (Christian HELBICH) . . . . . . . . . . . . . . . . . . . . . . . . . . . . . 356

*Beiträge zur Geschichte der Reformation in Westfalen.* Hrsg. v. Werner FREITAG und Wilfried REININGHAUS. Bd. 1: »Langes« 15. Jahrhundert, Übergänge und Zäsuren. Bd. 2: Langzeitreformation, Konfessionskultur und Ambiguität in der zweiten Hälfte des 16. Jahrhunderts (Christian HOFFMANN) . . . . . . . . . . . . 347

*Die Bibliothek des Mariengymnasiums Jever – ein Kosmos für sich. Abbildungen und Essays.* Herausgegeben v. Hartmut PETERS unter Mitarbeit von Hans-Jürgen KLITSCH und Hartmut KROLL (Matthias WEHRY) . . . . . . . . . . . . . . 364

*Bitte eintragen! Die Besucherbücher der Herzog August Bibliothek 1667-2000.* Hrsg. v. Hole RÖSSLER und Marie von LÜNEBURG (Matthias WEHRY) . . . . . . 368

BLAICH, Markus C./STADIE, Sonja/KAPPES, Kim: *Die Heldenburg bei Salzderhelden. Burg und Residenz im Fürstentum Grubenhagen* (Christian HELBICH) . . . . . . . 381

BRAUN, Christine: *Die Entstehung des Mythos vom Soldatenhandel 1776-1813. Europäische Öffentlichkeit und der »hessische Soldatenverkauf« nach Amerika am Ende des 18. Jahrhunderts* (Stephanie HABERER) . . . . . . . . . . . . . . . . 325

BRÜSER, Joachim: *Reichsständische Libertät zwischen kaiserlichem Machtstreben und französischer Hegemonie. Der Rheinbund von 1658.* (Christine VAN DEN HEUVEL) . . . . . . . . . . . . . . . . . . . . . . . . . . . . . . . . . . . . . . . . 309

CHAPOUTOT, Johann: *Gehorsam macht frei. Eine kurze Geschichte des Managements – von Hitler bis heute* (Peter WEGENSCHIMMEL) . . . . . . . . . . . . . . . 301

CONRAD, Robert: *Salus in manu feminae. Studien zur Herrschaftsteilhabe der Kaiserin Richenza (1087/89-1141)* (Philip HAAS) . . . . . . . . . . . . . . . . . . 395

*Das Denkbuch des Bremer Bürgermeisters Daniel von Büren des Älteren 1490-1525.* Bearb. v. Adolf E. HOFMEISTER und Jan VAN DE KAMP (Christian HOFFMANN) . . . 321

DROLDNER, Maren: *Verfolgung, Beraubung und Wiedergutmachung in Hildesheim 1933-1969* (Sylvia GÜNTEROTH) . . . . . . . . . . . . . . . . . . . . . . . . . . 386

*Das Ende der Monarchie in den deutschen Kleinstaaten. Vorgeschichte, Ereignis und Nachwirkungen in Politik und Staatsrecht 1914-1939.* Hrsg. v. Stefan GERBER (Arne HOFFRICHTER) . . . . . . . . . . . . . . . . . . . . . . . . . . . . . 313

*Farbe trifft Landkarte. Colour meets Map. Katalog zur gleichnamigen Ausstellung im MARKK Hamburg.* Hrsg. v. Kathrin ENZEL, Oliver HAHN, Susanne KNÖDEL und Joachim SCHLÜTER (Wolfgang DÖRFLER) . . . . . . . . . . . . . . 359

FAUST, Alexandra: *Eberhard Finen (1668-1726). Ein lutherischer Hofprediger zwischen Anpassung und Widerstand* (Hans-Georg ASCHOFF) . . . . . . . . . . 398

*75 Jahre Niedersachsen. Einblicke in seine Geschichte anhand von 75 Dokumenten.* Hrsg. v. Sabine GRAF, Gudrun FIEDLER und Michael HERRMANN (Henning STEINFÜHRER) . . . . . . . . . . . . . . . . . . . . . . . . . . . . . . . . . . . . 317

GAUGER-LANGE, Maike: *Die evangelischen Klosterschulen des Fürstentums Braunschweig-Wolfenbüttel 1568-1613.* Stipendiaten – Lehrer – Lehrinhalte – Verwaltung (Maik SCHMERBAUCH) . . . . . . . . . . . . . . . . . . . . . . . . . 350
*Geschichte und Erinnerung in Niedersachsen und Bremen. 75 Erinnerungsorte.* Aus Anlass der Gründung der beiden Bundesländer vor 75 Jahren hrsg. v. Henning STEINFÜHRER und Gerd STEINWASCHER (Lena KRULL) . . . . . . . . . . . . . . . . 353
*Der Gorleben-Treck 1979.* Anti-Atom-Protest als soziale Bewegung und demokratischer Lernprozess. Hrsg. v. Detlef SCHMIECHEN-ACKERMANN, Jenny HAGEMANN, Christian HELLWIG, Karolin QUAMBUSCH und Wienke STEGMANN (Petra DIESTELMANN) . . . . . . . . . . . . . . . . . . . . . . . . . . . . . . . . . 329
*Der Hochaltar des Hildesheimer Domes und sein Reliquienschatz.* Hrsg. v. Michael BRANDT und Regula SCHORTA. Bd. 1: Saskia ROTH, Der Ort und seine Geschichte. Bd. 2: Katalog und Quellen (Christian HOFFMANN) . . . . . . . . . . 342
*Im Einsatz für die Heimat.* 100 Jahre Heimatbund für das Oldenburger Münsterland 1919-2019. Hrsg. v. Michael HIRSCHFELD (Dietmar VON REEKEN) . . . . . . 374
*In des Teufels Küche.* Autobiografische Aufzeichnungen von Georg Schnath aus den Jahren 1945-1948. Hrs. v. Thomas VOGTHERR (Christian HOFFMANN) . . . . 403
JÄGER, Eckhard: *Robert Geissler (1819-1893). Ein Zeichner von 2.000 Veduten.* Biographie und Oeuvrekatalog (Rüdiger ARTICUS) . . . . . . . . . . . . . . . . 399
KESSLER, Johannes: *Das Aufkommen des Nationalsozialismus in Schaumburg-Lippe 1923-1933* (Christine SCHOENMAKERS) . . . . . . . . . . . . . . . . . . . 388
KLÖSSEL-LUCKHARDT, Barbara: *Mittelalterliche Siegel des Urkundenfonds Walkenried bis zum Ende der Klosterzeit (um 1578)* (Pia MECKLENFELD) . . . . . . . . . 340
*Kulturgutschutz in Europa und im Rheinland*: Franziskus Graf Wolff Metternich und der Kunstschutz im Zweiten Weltkrieg. Hrsg. v. Hans-Werner LANGBRANDTNER, Esther HEYER und Florence de PEYRONNET-DRYDEN (Claudia ANDRATSCHKE) . . . . . . . . . . . . . . . . . . . . . . . . . . . . . . . . . 374
MÜLLER, Philipp: *Geschichte machen.* Historisches Forschen und die Politik der Archive (Peter WEGENSCHIMMEL) . . . . . . . . . . . . . . . . . . . . . . . 299
*Die Novemberrevolution im Kontext.* Braunschweigische und deutsche Geschichte 1916 bis 1923. Hrsg. v. Ute DANIEL und Henning STEINFÜHRER (Gudrun FIEDLER) . . . . . . . . . . . . . . . . . . . . . . . . . . . . . . . . . . . . 382
*Perspektiven der Landesgeschichte.* Festschrift für Thomas Vogtherr. Hrsg. v. Christine VAN DEN HEUVEL, Henning STEINFÜHRER und Gerd STEINWASCHER (Jens HECKL) . . . . . . . . . . . . . . . . . . . . . . . . . . . . . . . . . 304
REICH, Elisabeth: *Der Hansische Geschichtsverein. Entwicklung, Netzwerke, Geschichtsbilder* (Dietmar VON REEKEN) . . . . . . . . . . . . . . . . . . . . . 371
*Russlands Blick nach Nordwestdeutschland.* Politisch-dynastische Beziehungen vom 16. bis frühen 20. Jahrhundert im Spiegel von Dokumenten aus dem Niedersächsischen Landesarchiv. Hrsg. v. Gerd STEINWASCHER (Beate-Christine FIEDLER) . . . . . . . . . . . . . . . . . . . . . . . . . . . . . . . . . . 306

SCHUSTER, Esther-Luisa: *Im Haus der Weisheit*. Das Wandmalereiprogramm aus dem ehemaligen Hildesheimer Domwestbau (Karina DÄNEKAMP) . . . . . . . . 334

SCHWARZ, Brigide: *Alle Wege führen über Rom*. Beziehungsgeflecht und Karrieren von Klerikern aus Hannover im Spätmittelalter (Thomas BARDELLE) . . . . . . . 346

STEINSIEK, Peter-Michael: *Der Wald zwischen Harz und Aller in der Frühen Neuzeit (1510-1800)* (Hans-Martin ARNOLDT) . . . . . . . . . . . . . . . . . . . . . 323

WENTE, Ralf: *Lichtspiele im Schaumburger Land* (Dörthe GRUTTMANN) . . . . . . 392

WESKAMP, Manuel: *»Ehre, Frohsinn, Eintracht«*. Selbstverständnis, Mitgliederrekrutierung und Karrieremuster von Akademikern am Beispiel des Corps Saxonia Göttingen (1840-1951). (Petra DIESTELMANN) . . . . . . . . . . . . . . . 327

WINTERSCHEID, Helmut: *Die Walstedder Hypothekenbücher Band I-III. Ein Schaufenster in die Walstedder Besitz- und Baugeschichte nach 1800* (Jens HECKL) . . . . . . . . . . . . . . . . . . . . . . . . . . . . . . . . . . . . . . . . . 311

*Die Zeit der Novemberrevolution in Braunschweig und ihre Protagonisten*. Hrsg. v. Henning STEINFÜHRER und Gerd BIEGEL (Gudrun FIEDLER) . . . . . . . . . . . 382

# Anschriften der Autoren der Aufsätze

Prof. Dr. Oliver Auge, Christian-Albrechts-Universität zu Kiel, Historisches Seminar, Abteilung für Regionalgeschichte mit Schwerpunkt Schleswig-Holstein, Leibnizstraße 8, 24118 Kiel

Dr. Holger Berwinkel, Universitätsarchiv Göttingen, Papendiek 14, 37073 Göttingen

Dr. Jörn Brinkhus, Staatsarchiv Bremen, Am Staatsarchiv 1, 28203 Bremen

Dr. Stefan Brüdermann, Niedersächsisches Landesarchiv – Abteilung Bückeburg, Schlossplatz 2, 31675 Bückeburg

Dr. Philip Haas, Niedersächsisches Landesarchiv – Abteilung Wolfenbüttel, Forstweg 2, 38302 Wolfenbüttel

Prof. em. Dr. Theo Kölzer, Birkenweg 17, 35444 Biebertal

Sebastian Merkel, M.A., Stadtarchiv Winsen (Luhe), Schloßplatz 1, 21423 Winsen (Luhe)

PD Dr. Gesine Mierke, Technische Universität Chemnitz, Institut für Germanistik und Kommunikation, Thüringer Weg 11, 09107 Chemnitz

Rasmus Niebaum, Wesselstraße 1, 30449 Hannover

Prof. Dr. Dietmar von Reeken, Carl von Ossietzky Universität Oldenburg, Institut für Geschichte, 26111 Oldenburg

Dr. Henning Steinführer, Stadtarchiv Braunschweig, Schlossplatz 1, 38100 Braunschweig

Dr. des. Jana Stoklasa, Historische Kommission für Niedersachsen und Bremen, Am Archiv 1, 30169 Hannover

# Verzeichnis der Mitarbeiter

Dr. Claudia Andratschke, Hannover, 376. – Dr. Rüdiger Articus, Hamburg, 399. – Prof. Dr. Hans Georg Aschoff, Hannover, 398. – Prof. Dr. Oliver Auge, Kiel, 167. – Dr. Thomas Bardelle, Stade, 346. – Dr. Holger Berwinkel, Göttingen, 189. – Dr. Jörn Brinkhus, Bremen, 35. – Dr. Stefan Brüdermann, Bückeburg, 73. – Karina Dänekamp, Osnabrück, 334. – Petra Diestelmann, M. A., Hannover, 327, 329. – Dr. Wolfgang Dörfler, Hesedorf, 359. – Dr. Beate-Christine Fiedler, Stade, 306. – Dr. Gudrun Fiedler, Stade, 382. – Dr. des. Dörthe Gruttmann, Münster, 392. – Sylvia Günteroth, M. A., Hannover, 386. – Dr. Philip Haas, Wolfenbüttel, 245, 395. – Dr. Stephanie Haberer, Hannover, 325. – Dr. Jens Heckl, Münster, 304, 311. – Dr. Christian Helbich, Hannover, 356, 381. – Dr. Christine van den Heuvel, Ronnenberg, 309. – Dr. Christian Hoffmann, Hannover, 321, 342, 347, 403. – Dr. Arne Hoffrichter, Hannover, 313. – Prof. em. Dr. Theo Kölzer, Biebertal, 143. – Dr. Lena Krull, Münster, 353. – Dr. Pia Mecklenfeld, Oldenburg, 340. – Sebastian Merkel, M. A., Winsen (Luhe), 225. – PD Dr. Gesine Mierke, Chemnitz, 167. – Rasmus Niebaum, Hannover, 281. – Prof. Dr. Dietmar von Reeken, Oldenburg, 17, 371, 374. – Dr. Maik Schmerbauch, Hildesheim, 350. – Dr. Christine Schoenmakers, Oranienbaum, 388. – Dr. Henning Steinführer, Braunschweig, 15, 317. – Dr. des. Jana Stoklasa, Hannover, 119, 409. – Prof. Dr. Thomas Vogtherr, Osnabrück, 7. – Dr. Jörg Voigt, Hannover, 413. – Dr. Peter Wegenschimmel, Marburg, 299, 301. – Matthias Wehry, Hannover, 364, 368. – Dr. Hendrik Weingarten, Hannover, 413.